불로소득 시대

부자들의 정체

불로소득 시대
부자들의 정체

· 우리는 왜 부자들을 감당할 수 없는가? ·

앤드류 세이어 지음 | 전강수 옮김

Why We Can't Afford
the Rich

여문책

차례

그림 목록 _ 6   옮긴이 서문 _ 7   추천사 _ 12

1장 • 도입부 _ 17

1부 부의 추출에 대한 안내

2장 • 위험한 세 단어: '벌이', '투자', '부' _ 63

3장 • 노력소득과 불로소득 _ 73

4장 • 지대, 무엇에 대한 대가인가? _ 84

5장 • 이자, 무엇에 대한 대가인가?: 고리대에 관해 이야기할 필요가 있다 _ 97

6장 • 생산에서 나오는 이윤: 자본가와 불로소득자의 차이는 무엇인가? _ 131

7장 • 고양이 가죽을 벗기는 다른 방법 _ 150

8장 • 부자는 일자리를 창출하지 않는가? 그 외 다른 반론들 _ 181

2부 부자들을 제자리에 두기: 무엇이 사람들의 수입을 결정할까?

9장 • 우리의 부는 어디서 나올까? 공유부의 중요성 _ 211

10장 • 그러니까 무엇이 보수를 결정하는가? _ 227

11장 • 평평한 운동장의 신화 _ 258

3부 부자는 어떻게 더 부유해지는가
: 위기 발발에서 그들은 어떤 역할을 했을까?

12장 · 위기의 뿌리 _ 269
13장 · 핵심 승자들 _ 316
14장 · 요약: 경제위기와 불로소득자의 귀환 _ 341

4부 부자들을 위한 부자들의 지배

15장 · 부자들의 지배는 어떻게 작동하는가? _ 351
16장 · 숨기기 _ 372
17장 · 법의 부패: 법 위에 군림하든지 아니면 법을 만들든지 _ 388
18장 · 자선사업은 어떤가? _ 414
19장 · 계급: 전쟁을 말하지 말라! _ 426

5부 나쁘게 벌어서 나쁘게 쓴다: 소비에서 이산화탄소로

20장 · 부자들의 지출 _ 439
21장 · 반전: 지구 온난화가 모든 것을 압도한다 _ 461
22장 · 결론: 이제 무엇을 할 것인가? _ 488

후기 _ 525   감사의 말 _ 537   미주와 출처 _ 540   찾아보기 _ 601

그림 목록

[그림 1-1] 1913~2011년 영국 상위 1퍼센트의 몫 _ 21

[그림 1-2] 1947~1979년 미국 가구 실질소득 평균의 변화 _ 22

[그림 1-3] 1979~2012년 미국 가구 실질소득 평균의 변화 _ 22

[그림 1-4] 2008~2010년 영국 총자산의 분포 _ 24

[그림 1-5] 미국 상위 계층의 자산: 상위 1퍼센트 내 여러 그룹이 가진 국가 자산의 몫 _ 25

[그림 1-6] 1900~2011년 개인소득세의 최고 한계세율 _ 27

[그림 1-7] 미국의 자산 분배: 실제, 추정, 이상理想 _ 34

[그림 7-1] 헤징과 투기의 뫼비우스 띠 _ 170

[그림 12-1] 1959~2005년 미국 생산직 노동자와 비감독직 노동자의 생산성과 시간당 보수 _ 276

[그림 12-2] 1970~2010년 영국의 시간당 소득과 노동생산성 _ 277

[그림 20-1] 건강과 사회 문제는 상대적으로 더 불평등한 나라에서 더 열악하다 _ 454

[그림 20-2] '그냥 스푼을 씻어 쓰세요' _ 458

[그림 21-1] 감축과 수렴 _ 471

[그림 21-2] '유례없는 이윤 획득 기회' _ 481

일러두기

• 이 책은 2015년 영국 아카데미의 피터 타운센드상을 받은 앤드류 세이어Andrew Sayer의
  *Why We Can't Afford the Rich*를 우리말로 옮긴 것이다.
• 원주는 각 부별로 미주 처리했으며, 본문 대괄호 안의 설명은 모두 옮긴이가 단 것이다.

『불로소득 시대 부자들의 정체』는 영국의 저명한 사회학자 앤드류 세이어가 현직 교수 시절에 집필한 마지막 작품이다. 도덕경제학을 연구한 대표적 학자로 알려진 세이어는 사회과학 방법, 사회철학, 윤리, 불평등, 계급 등 실로 광범위한 분야를 연구 대상으로 삼았는데, 이 책에는 그가 평생 연구한 내용들이 녹아들어 있다. 단, 초점은 부자들의 불로소득 취득과 그로 말미암은 불평등 확대와 기후위기에 맞춰졌다. 세이어는 지난 수십 년간 진행된 불평등 확대의 배후에는 생산이 아니라 부의 이전에 따른 불로소득 취득이 자리하고 있다고 주장한다.

1980년대 이후 불평등이 심화했음은 토마 피케티의 방대한 연구로 밝혀졌지만, 그것이 주로 부자들의 불로소득 취득에 따른 것임을 논증한 것은 세이어가 처음이다. 이 책이 출간된 다음 현대 자본주의를 불로소득의 관점에서 분석한 저작들이 이어졌다. 가이 스탠딩Guy Standing의 『불로소득 자본주의』(여문책, 2019), 마리아나 마추카토의 『가치의 모든 것』(민음사, 2020), 브렛 크리스토퍼스의 『불로소득 자본주의 시대』(여문책, 2024)가 대표적이다. 바야흐로 '불로소득 자본주의론'이 본격적으로 전개되기 시작한 것이다. 나는 이를 현대 자본주의 분석에 새 지평이 열린 것으로 평가하고 싶다.

방대한 데이터를 활용해 불평등 심화의 실태를 구명함으로써 전 세계 경제학계에 경종을 울린 토마 피케티조차 불로소득이 그 배후에 있다는 사실을 인지하지는 못했다. 이는 그가 토지와 자본재를 뭉뚱그려 '자본'의 범주 속에 포함한 데서 여실히 드러난다. 사실 경제학자들이 늘 불로소득의 존재를 인식하지 못했던 것은 아니다. 예컨대 고전학파 경제학자 중에는 '지대=불로소득'을 인지하고 그것을 경제 분석의 중심에 둔 사람이 여럿이다. 특히 '최후의 고전학파'라고 불리는 헨리 조지는 불후의 명저 『진보와 빈곤』(김윤상 옮김, 비봉출판사, 2016)에서 지대=불로소득이 분배 불평등과 주기적 불황의 근본 원인이라는 것을 명쾌하게 논증한 바 있다.

19세기 말 고전학파를 비판하면서 등장한 신고전학파 경제학은 토지를 경제학에서 추방하는 일종의 '작전'을 벌였다(미국에서 벌어진 일이다). 메이슨 개프니Mason Gaffney에 따르면, 이는 19세기 말에서 20세기 초에 전 세계를 휩쓸고 있던 헨리 조지 경제학을 논파하기 위한 것으로, 토지를 추방하면 헨리 조지도 추방할 수 있다고 믿고서 벌인 짓이었다. 이 작전을 수행한 대표적인 학자는 J. B. 클라크Clark, E. R. A. 셀리그먼Seligman, R. T. 일리Ely, 프랜시스 워커Francis A. Walker, 프랭크 나이트Frank Knight 등이다. 이들은 미국에서 신고전학파 경제학의 아버지로 일컬어진다. 개프니는 헨리 조지의 인기에 두려움을 느낀 미국의 지주 세력이 이 일을 지시했다고 주장했다. 이 작전의 결과 토지와 함께 헨리 조지가 경제학에서 추방되자, 불로소득 개념도 서서히 자취를 감추었다. 현실 경제에서 불로소득은 늘 엄청난 영향력을 미치고 있음에도 경제학은 그것을 파악하고 분석할 수 있는 개념 틀을 상실했으니 비극이 아닐 수 없다.

세이어의 『불로소득 시대 부자들의 정체』는 경제학의 역사에서 실종되어버린 불로소득의 개념을 복원시켰다는 면에서 의의가 크다. 이로써 앞으로 경제학은 현실의 문제를 좀 더 정확하게 파악할 수 있는 무기를 갖추게 된 셈이다. 그러니 경제학자들은 세이어가 사회학자라는 이유로 이 책을 폄하해서는 안 될 것이다.

세이어는 사람들의 욕구를 충족시키는 재화와 서비스를 생산하는 부의 '창출'과 기존 자산의 소유를 통해 다른 사람이 창출한 생산물을 뽑아내는 부의 '추출'을 구별한다. 그는 전자를 통해 얻는 소득을 노력소득으로, 후자를 통해 얻는 소득을 불로소득으로 정의한다. 전통적으로 불로소득이란 독점을 바탕으로 얻는 특권이익으로 규정되었는데, 세이어는 새로운 개념 규정을 통해 불로소득의 범위를 확장했다. 그는 토지에서 생기는 지대뿐만 아니라 은행 대출, 불평등한 분업, 부동산 투기와 금융 투기, 금융 중개 과정의 가치 절도를 통해 얻는 이익까지도 불로소득으로 간주한다. 이자나 이윤까지도 불로소득의 일종으로 보는 데 대해서는 논란의 여지가 있지만, 현대 사회에서 불로소득이 다양한 형태로 존재할 수 있음을 논증했다는 점에서 큰 의의가 있다고 나는 판단한다.

세이어는 통계 분석이나 논증에만 머물지 않고 부자들, 특히 슈퍼리치들이 어떤 방법으로 부를 추출하고 집중하는지 구체적인 실상을 보여준다. 그는 경제위기 상황에서 불로소득자들이 '돈 놀음'을 통해 오히려 부를 집중한 사실을 밝혔으며, 그들이 부 추출을 위해 조세회피처 활용, 법률 왜곡, 위선적 자선사업 시행, 언론을 통한 사실 은폐 등 다양한 방법을 적극적으로 활용한다는 사실도 폭로했다. 이와 같은 부자들의 불로소득 취득은 불평등을 확대해 결국 자본주의의 기능을 떨어뜨린다는 것이 세이어의 결론이다.

그는 영국과 미국 등 선진국의 정치인들이 슈퍼리치의 불로소득 추구에 얼마나 적극적으로 협조하는지도 상세하게 밝혔다. 독자들은 토니 블레어, 데이비드 캐머런, 보리스 존슨, 버락 오바마 등 우리에게도 이름이 알려진 정치 지도자들의 민낯이 드러나는 것을 확인하고 놀랄지도 모른다. 이 책을 읽어가다 보면 대한민국에서 벌어지고 있는 것으로 짐작했던 일들이 영국과 미국 등 선진국에서도 광범위하게 저질러지고 있다는 사실을 알게 될 것이다. 이것이 한국의 독자들을 위로할 것인가, 아니면 절망시킬 것인가 자못 궁금하다.

세이어는 부자들의 불로소득 취득이 자본주의의 기능을 떨어뜨릴 뿐만 아니라 지구의 지속 가능성을 심각하게 약화시킨다고 주장한다. 불로소득 자본주의는 불가피하게 이중위기(경제위기와 기후위기)를 초래한다는 것이다.

대한민국에서 살아가고 있는 사람들은 불로소득이 자신들의 삶에 얼마나 중대한 영향을 끼치고 있는지 피부로 느끼고 있다. 불평등 확대, 저성장, 저출생, 지방 소멸이 모두 여기서 비롯되고 있으니 그럴 수밖에 없다. 단, 학자들이 객관적인 자료와 논증을 통해서 그 사실을 분명히 보여주지 못하고 있다는 점이 문제다. 실사구시를 추구하는 학자들이 절실히 요구되는 이유다. 오늘날 대한민국에서 돈을 벌고자 하는 사람들이 세이어가 말하는 방식대로 행하고 있다는 사실이 객관적으로 확인된다면, 우리는 여기에 어떻게 대처해야 할까? 이 책 22장에서는 그 방안을 구체적으로 제시하고 있다. 그러니 독자들은 책을 읽다가 중도에 포기하지 말고 마지막까지 읽기 바란다.

　나이를 먹어서 그랬는지, 원서의 분량이 많아서 그랬는지 번역에 예상보다 많은 시간이 들었다. 원고 마감이 지났는데도 묵묵히 기다려준 여문책 소은주 대표에게 감사의 마음을 전한다. 책을 쓰거나 번역할 때 늘 격려하고 기도해주는 아내와 가족에게도 고맙다는 말을 전하고 싶다. 깜깜한 터널을 빠져나왔다는 생각에 잠시 큰 기쁨을 느끼지만, 또 어떤 일이 기다리고 있을지 기대도 되고 걱정도 된다.

2024년 4월

전강수

앤드류 세이어는 책 제목[한국어판의 부제 "우리는 왜 부자들을 감당할 수 없는 가?"가 원서의 제목이다]이 시사하는 것보다 훨씬 많은 내용을 담은 매우 훌륭한 책을 썼다. 이 책은 우리가 왜 부자들을 감당할 수 없는지에 대해서 뿐만 아니라 우리가 왜 계속해서 부자들을 감당하고 있는지도 설명해준다. 부자들이 우리에게 퍼붓는 이데올로기는 자신들의 특권을 정당화하려는 것이지만, 진실을 완전히 뒤집어놓는다. 불평등이 가공할 수준에 이르면, 부자들은 우리 모두를 속여서 자신들이 일자리, 번영, 그리고 우리가 가치 있게 여기는 모든 것의 원천이라고 생각하게 만들려고 애를 쓴다. 하지만 조지 몽비오George Monbiot의 말을 바꾸어 표현하자면, 우리가 부자들의 말을 믿지 않게 되는 순간 정부는 불평등에 대처해야만 하며, 그렇지 않으면 혁명이 일어난다. 따라서 부자들이 스스로 정당화하기 위해 동원하는 논리들을 세이어가 하나씩 해체하는 것은 중요한 정치적 행위다.

이 책은 가벼운 논조로 쓰여서 심층적인 연구들을 밖으로 드러내지 않는다. 전문용어도 별로 없고 때로는 재미있기도 하지만, 단순히 '읽기

편한 책'이라고 말한다면 이 책의 진지한 목적을 오해하는 것이다. 무엇보다도 세이어는 우리 사회가 '끔찍한 이중위기'(경제위기와 기후위기)를 극복하는 데 일조하고 싶어 한다. 하지만 세계가 직면한 위협들을 다루는 책이나 기사를 읽는 일은 너무도 자주 소비주의의 한 형태가 되고 만다. 우리는 그것들을 읽고는 잘 알게 됐다고(아니, 다른 사람들보다 더 잘 알게 됐다고) 느낀다. 논의 중인 문제가 위협적일수록 '추리소설'의 줄거리처럼 신나게 느껴지기 쉽다. 잘 알게 되면 우리의 문화적 자본도 증가하고 할 말도 많아지겠지만, 이 책을 읽고 나면 우리 자신이 해결책의 일부가 되어야 함을 깨닫게 될 것이다.

환경과 불평등의 접점에 관해 다루면서, 세이어는 세계 인구의 7퍼센트가 모든 온실가스 배출량의 50퍼센트에 책임이 있다고 한 파칼라 Pacala의 말을 인용한다. 그러나 부유한 세상에 사는 우리가 비행기 여행을 하지 않고, 자동차 없이 생활하며, 고기를 안 먹더라도, 직간접의 탄소 배출량은 3분의 1 이상 줄어들지는 않을 것이다(우리가 달성해야 하는 80~90퍼센트 감축 목표에 크게 기여하는 것은 아니다).

다행히 많은 탄소 배출과 행복은 불가분의 관계에 있지 않다. 탄소 배출량이 영국이나 미국 등 많은 부유한 국가들의 1인당 배출량보다 훨씬 적은 나라들이 높은 수준의 행복과 기대수명을 실현한다. 진실은 이렇다. 부유한 선진 사회(특히 부자와 가난한 자 사이에 더 큰 소득격차가 존재하는 사회)는 행복을 창출한다는 면에서는 매우 비효율적이다. 세계보건기구 WHO 통계에 따르면, 불평등이 심한 부국에서는 20퍼센트 이상의 인구가 우울증, 불안장애, 약물·알코올 중독 등 다양한 정신질환에 시달리고 있다. 가장 평등한 국가의 세 배 수준이다. 아울러 공동체 생활의 강건함과 타인에 대한 신뢰도에 관한 척도를 보면, 더 평등한 사회일수록 더 높다는 것을 확인할 수 있다. 내가 『영혼의 수준The Spirit Level』에서 말했듯이, 불평등에 대처하는 것은 지속 가능성과 높은 수준의 행복을 달성하는 길로 나아가기 위한 중요한 발걸음이다.

선진 세계에 사는 사람들이 유례없는 안락한 삶과 물질적 번영을 실현했지만, 앞으로 그 기준을 더 높이더라도 행복에는 별 변화가 일어나지 않는다. 그때부터는 사회환경과 사회관계의 질이 매우 중요하다. 사회생활과 사회관계가 건강과 행복에 필수적임을 보여주는 연구는 많다. 그러나 물질적 불평등이 크게 확대되면, 지위가 더 중요해지고 지위경쟁과 지위 불안정이 점점 더 사회생활의 질을 떨어뜨린다. 사회적 불안과 우리가 어떻게 보이고 어떤 평가를 받는지에 대한 염려가 점점 심해지고 있다. 그 결과 사람들은 사회생활이 즐거움이 아니라 시련에 가깝다고 느끼기 시작하고, 데이터가 보여주듯이 점차 사회생활에서 멀어진다.

불평등은 지위 불안정성을 증폭시켜 소비주의를 자극하기도 한다. 소비주의는 지속 가능성에 대한 최대의 장애물이다. 소비를 적게 해야 한다는 견해는 어떤 내용이든 마치 우리의 사회적 지위와 삶의 질에 대한 공격인 것처럼 여겨져 반대에 직면할 것이다. 하지만 불평등을 줄이면, 사회적 지위의 중요성도 줄어들 것이며 동시에 사회관계와 실질적인 삶의 질이 개선될 것이다. 불평등을 줄이는 일은 지속 가능성과 더 높은 수준의 행복을 결합시키려고 할 때 첫 번째 발걸음이 되어야 한다.

지난 30년 동안 그렇게 많은 나라에서 불평등이 심화한 중요한 이유는 이미 부유한 사람들의 소득이 다른 모든 사람의 소득보다 훨씬 빨리 증가했다는 데 있다. 지금 슈퍼리치super-rich들은 자신들이 우리 가운데 살아감으로써 우리에게 친절을 베푸는 우월한 존재라고 여긴다. 세이어가 분명히 밝히듯이, 우리가 불평등을 줄이고, 좀비처럼 화석연료를 점점 더 많이 채굴하는 짓을 중단하려면 부자들의 경제적·정치적 지배를 종식해야만 한다.

리처드 윌킨슨Richard Wilkinson

노팅엄 대학교University of Nottingham

사회역학과 명예교수

1장

도입부

좋아요. 계급전쟁은 있어요. 그런데 전쟁을 벌이는 것은 우리 부자 계급입니다. 우리가 이기고 있어요(워런 버핏Warren Buffett, 재산 440억 달러로 추정됨, 버크셔 해서웨이Berkshire Hathaway 의장이자 최고경영자CEO, 『뉴욕타임스』, 2006년 11월 26일자에서 인용).[1]

우리는 여러 해에 걸쳐 부자들이 나머지 사람들과 분리되는 이상한 현상을 목도하고 있다. 상위 1퍼센트가 국부에서 점점 더 많은 몫을 차지하는 반면, 저소득층과 중산층이 차지하는 몫은 점점 더 줄어들고 있다. 지난 80년 동안 부자들은 최악의 위기 때도 계속해서 더 부유해졌다. 대중이 도산한 은행을 구제하기 때문에, 부자들은 은행에 갈 때든 조세회피처에 갈 때든 어떤 상황에서도 웃을 수 있다. 한편, 간신히 먹고살기도 힘든 사람들에게 식량을 제공하는 새로운 유형의 은행이 증가하고 있다. 긴축정책의 부담은 최하층에 가장 무겁게 돌아가는 반면, 상위 10퍼센트, 특히 상위 1퍼센트는 오히려 보호받는다. 일반적으로 위기에 책임이 적은 사람일수록 소득 대비 희생은 더 크다. 청년 실업도 급증하고 있다. 스페인과 그리스에서 청년 실업률은 50퍼센트를 넘어섰다. 이는 청년들의 인생이 터무니없이 낭비되고 있음을 뜻한다. 많은 나라에서 청년층은 자기 부모 세대가 경험한 번영을 누리기 어려울 것으로 보인다. 우리 시대의 경제문제에 대한 해답을 가장 소중한 자산인 사람을 더 낭비하는 데서 찾고 있으니 이 얼마나 우스꽝스러운 일인가? 한편, 정치인들은 점점 더 부자들의 지배를 받으며 계속해서 부자들의 이해를 옹호하고, 복지 수급자와 저소득층에게 낙인을 찍거나 그들을 처벌하면서 대중의 관심을 분산시킨다. 슈퍼리치가 장악한 언론은 그런 정치인들을 응원한다.

부자와 나머지 사람들 간의 간극이 확대된 것이 사실이라 할지라도, "부자들을 감당할 수 없다we can't afford the rich"는 주장을 어떻게 감히 할 수 있을까? 여기에 간단한 해답이 있다.

부자들의 부는 대부분 다른 사람들이 생산하는 재화와 서비스에서 시작된다. 부자들은 배당금·자본이득·이자·지대rent 등의 형태로 다른 사람이 생산한 부를 빨아들인 다음, 그 상당 부분을 조세회피처에 은닉한다. 그들은 경제생활과 언론, 정치를 지배하기 때문에 그들의 특수한 이해와 세계관이 민주주의를 제약하기에 이른다. 부자들의 소비는 과도하고 낭비적이기 때문에 가난해서 지원을 받아야 할 사람들에게 자원이 배분되지 못하게 만든다. 그들의 탄소 발자국carbon footprints은 급증하고 있으며, 그들 중 다수는 화석연료 생산에 이해관계를 갖고 있다. 부자들의 행위는 지구를 위협하고 있다.

물론 이와 같은 간단한 진술은 실제 주장과 증거를 제시하지 않은 것은 말할 필요도 없고, 타당한 주장이 되기에 필요한 많은 요건을 갖추지 못하고 있다. 즉시 동의하는 독자들도 있을 것이고, 약간의 반론을 제기하는 사람들도 있을 것이다. 그러나 내 주장을 믿지 못하고 화를 내는 사람도 있을 것이다. 부자들을 감당할 수 없다는 주장은 그들이 나머지 사람들에게 **비용**이자 부담임을 암시하는 것 아닌가? 부자들은 우리에게 정말 필요한 부와 일자리의 창조자, 기업가, 투자가 아닌가? 수많은 사람을 이롭게 할 생산물을 고안한 빌 게이츠Bill Gates 같은 기업가는 자신의 부를 가질 자격이 있지 않은가? 부자들은 자신들이 벌어들인 돈을, 원하는 대로 지출할 자격이 있지 않은가? 누가 감히 그들의 소비가 과도하다고 말할 수 있는가? 부자들이 소비를 저탄소형으로 바꾸어 탄소 발자국을 감축하는 일이 불가능하다는 말인가? 만일 부자들이 사라진다면, 세상은 그들이 보여주었던 박애 정신과 그들의 소비가 유발하던 '낙수효과trickle-down effect'를 그리워하지 않을까? 사실, 이 책은 '성공한 사람들'[토니 블레어Tony Blair 전 영국 수상(재임 기간은 1997~2007년)이 자주 썼던 말이다]을 향한 '질투의 정치'가 작동한 결과물이 아닌가? 우리는 이들 '고액 자산가'에게 시기심을 표하기보다는 감사해야 하지 않을까?

부자들이 부를 창출하는 것이 아니라 추출한다extract고 주장하면, 반드시 반론이 제기된다. 그와 같은 반론에 대답하는 것이 이 책의 최대 과제이며, 따라서 책의 상당 부분은 그런 내용으로 채워진다. 물론 다른 반론에 대한 답도 들어 있다. 책을 읽어가다 보면, 이 책은 질투의 정치가 아니라 **불의의 정치**the politics of injustice를 다룬다는 사실이 드러날 것이다. 사실 질투의 정치라는 말은 논리와 증거를 회피하고자 하는 자들이 입에 올리는 값싼 비방에 지나지 않는다. 나는 부자들을 시기하지 않는다. 사실 나는 그런 시기심을 완전히 엉터리라고 여긴다. 하지만 나는 부자들에게 다른 사람들이 생산한 부를 추출하고 자신들의 이익을 위해 사회를 지배할 수 있도록 허용하는 불의한 체제에 대해서는 분노한다. 이 체제는 불의할 뿐 아니라 심각하게 고장 나 있고 비효율적이다. 그 결과 극심한 생존경쟁이 벌어지는 비인간적인 사회가 만들어진다.

부자들의 부가 어디서 오는지 검토해야 할 시기가 무르익었다. '점령하라 운동Occupy movement' 덕분에 상위 1퍼센트와 나머지 99퍼센트 간의 격차가 점점 더 벌어지고 있고 상위 1퍼센트가 정치를 지배하고 있다는 사실이 수면 위로 드러났다. 전후 호황의 마지막 시기인 1970년대 이후 부자들이 화려하게 귀환하고 있다. 이는 많은 나라에서 국민소득 중 부자들에게 돌아가는 몫이 급증하고 있다는 데서 확연히 드러난다. [그림 1-1]에서 알 수 있듯, 우리는 지금 20세기 초의 불평등 수준으로 돌아가고 있다. 자본주의의 황금시대라 불리는 1950년대 초에서 1978년 사이에는 상위 1퍼센트가 세전 총소득에서 차지한 몫은 겨우 5.9~9퍼센트에 지나지 않았지만, 지금은 13퍼센트를 초과한다.

[그림 1-1]과 같은 U자형 곡선은 미국·영국·캐나다·아일랜드·호주에서 유난히 두드러진다. 스웨덴과 노르웨이는 이 나라들보다는 덜하다. 이탈리아·스페인·뉴질랜드·아르헨티나에서도 변동이 좀 크기는 하지만 부자들의 귀환이 확인된다. 최근 중국에서도 상위 계층의 소득이 급증했다. 한편, 프랑스·덴마크·일본에서는 이 현상이 훨씬 덜하다. 이 나라들에서는 상위 1퍼센트의 몫이 U자형이 아니라 L자형 곡선의 형태를 보인다. 독일의 경우 상위 1퍼센트가 국민소득에서 차지하는 몫이 꽤 평평한 곡선의 형태를 보이지만 전후에 그 수준이 높아졌다. 반면, 네덜란

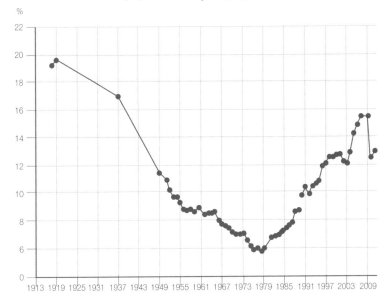

[그림 1-1] **1913~2011년 영국 상위 1퍼센트의 몫**

출처: Alvaredo, F., Atkinson, A. B., Piketty, T and Saez, E., The world top income database, http://topincomes.g-mond.parisschoolofeconomics.eu/

드와 스위스에서는 상위 1퍼센트의 몫이 전후 호황기 이후 오히려 줄어들었다.[2]

[그림 1-2]와 [그림 1-3]은 부자들이 귀환한 곳에서 어떤 일이 일어났는지를 보여준다. 세계에서 가장 앞선 자본주의 경제를 가졌다고 알려진 미국의 경우다. 왼쪽 다섯 개의 막대는 전체 인구를 인원수가 같은 다섯 부분으로 나누되, 맨 왼쪽 막대는 가장 가난한 20퍼센트, 그다음 막대는 그 위의 20퍼센트, 그다음 막대는 또 그 위의 20퍼센트를 나타내게 했

[그림 1-2] **1947~1979년 미국 가구 실질소득 평균의 변화**

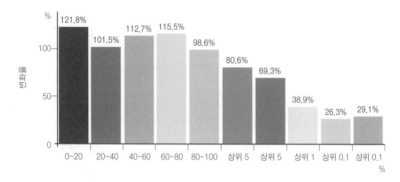

출처: 콜린 고든Colin Gordon이 수집한 인구조사국과
경제정책연구소Census Bureau and Economic Policy Institute의
데이터로 작성. 소득에는 이전소득이 포함됨. 상위 소득(시장 소득)은 다음의 데이터를 사용.
Piketty and Saez, World top incomes database. 상위 5퍼센트의 수치는 양 출처에 다 나옴.
http://www.epi.org/blog/growing-growing/

[그림 1-3] **1979~2012년 미국 가구 실질소득 평균의 변화**

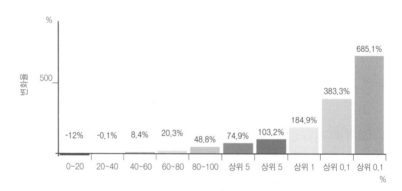

출처: 콜린 고든의 데이터로 작성. 소득에는 이전소득이 포함됨.
상위 소득(시장 소득)은 다음의 데이터를 사용.
Piketty and Saez, World top incomes database. 상위 5퍼센트의 수치는 양 출처에 다 나옴.
http://www.epi.org/blog/growing-growing/

다. 두 그림에서 오른쪽 다섯 개의 막대는 상위 5퍼센트 내의 분할이다. [그림 1-2]는 전후 전반기의 상황을 보여준다. 이때는 대다수 인구가 전후 호황의 혜택을 누렸다. 저소득 가구의 실질소득이 다른 계층보다 약간 더 빠른 속도로 늘었고, 상위 5퍼센트의 소득은 그보다 느린 속도로 증가했다. 하지만 1979년부터 상황은 완전히 반전되었다([그림 1-3]). 이보다 더 극적인 변화는 있을 수 없을 것이다. 1979년 이후 모든 계층의 소득이 정체하거나 아주 느린 속도로 증가했다. 하지만 조금 더 들어가서 보면 새로운 사실이 드러난다. 가장 가난한 20퍼센트는 상당한 소득 상실을 겪었던 반면, 부자들은 경제성장의 과실을 몽땅 집어삼키며 개가를 높이 불렀다. 상위 0.01퍼센트의 실질소득은 무려 685퍼센트 증가했다.[3] 2008년 붕괴 이후에도 이런 현상은 계속되고 있다. 실은 긴축정책 탓에 부자와 나머지 사람들 간의 격차가 더욱 확대되고 있다. 이 정책은 "우리는 모두 함께 그 가운데 있다"는 레토릭이 시사하는 바와 정반대로, 저소득층과 중간 계층에 심각한 타격을 가했다.

사실 상위 1퍼센트와 99퍼센트 간의 불평등보다는 상위 1퍼센트 내의 불평등이 훨씬 더 심하다. 영국에서 상위 1퍼센트에 속하는 사람들이 얻는 소득은 약 10만 파운드에서 수십억 파운드 사이에 분포한다.[4] 더 중요한 것은 부유하면 할수록 소득도 더 빨리 증가했다는 사실이다. 상위 0.5퍼센트의 소득 증가 속도는 상위 1퍼센트 내 나머지 사람들보다 더 빨랐지만, 상위 0.1퍼센트에는 못 미쳤다. 상위 0.01퍼센트의 소득 증가 속도는 더 빨랐다.[5]

자산(개인이 축적한 재산에서 부채를 뺀 값)의 불평등은 소득 불평등보다 훨씬 더 심하다. 이 또한 계속 심해지고 있어서 문제다. 미국에서 상위

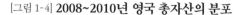

[그림 1-4] **2008~2010년 영국 총자산의 분포**

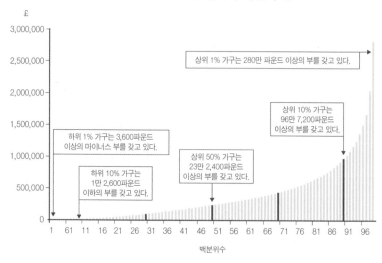

상위 1% 가구는 280만 파운드 이상의 부를 갖고 있다.

상위 10% 가구는 96만 7,200파운드 이상의 부를 갖고 있다.

하위 1% 가구는 3,600파운드 이상의 마이너스 부를 갖고 있다.

상위 50% 가구는 23만 2,400파운드 이상의 부를 갖고 있다.

하위 10% 가구는 1만 2,600파운드 이하의 부를 갖고 있다.

백분위수

출처: Hills, J., Bastagli, F., Cowell, F., Glennerster, H., Karagiannaki, E, and McKnight, A. (2013) 'Wealth distribution, accumulation, and policy', Centre for the Analysis of Social Exclusion, CASEbrief 33.

1퍼센트는 국가 자산의 35퍼센트를 소유하는 반면, 하위 40퍼센트는 겨우 0.2퍼센트밖에 못 갖고 있다. 2008~2010년 영국에서 상위 1퍼센트의 구성원은 각기 280만 파운드 이상을 소유하고 있었다(상위 1퍼센트가 소유한 국가 자산의 비중은 14퍼센트였다). 부자들에게 자산을 은닉할 기회가 주어지고 있었던 점을 고려하면, 이 수치는 분명 과소평가되었다고 해야 한다([그림 1-4]). 영국 자산의 28퍼센트는 스스로 벌어서 형성한 것이 아니라 상속받은 것이다.[6] 인구의 절반은 23만 2,400파운드에 못 미치는 자산을 소유하고 있었고, 가장 가난한 10퍼센트는 1만 2,600파운드에도 못 미치는 자산을 가지고 있었다.

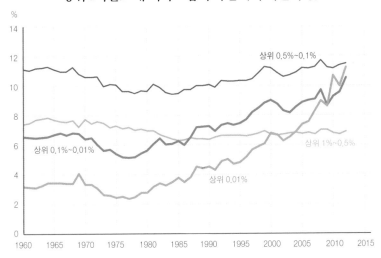

[그림 1-5] **미국 상위 계층의 자산:**
상위 1퍼센트 내 여러 그룹이 가진 국가 자산의 몫

출처: Saez, E. and Zacman, G. (2014) 'The distribution of US wealth, capital income and returns since 1913',
http://gabriel-zucman.eu/files/SaezZucman2014Slides.pdf

지난 100년간 상위 1퍼센트가 소유한 자산의 비중도 U자형 곡선의
형태를 보인다. 또 지난 40년에 걸쳐 자산 증가는 상위 1퍼센트 내 최상
위 계층에서 집중적으로 일어났다는 사실도 분명하다. 1970년대 중반
미국에서 상위 0.01퍼센트가 가진 국가 자산의 몫은 3퍼센트에 미치지
못했으나, 2013년에는 그 비중이 11퍼센트를 넘어섰다([그림 1-5]). 같은
기간에 상위 0.1퍼센트의 나머지 구성원들이 가진 몫은 약 6퍼센트에서
약 11퍼센트로 증가했다. 반면, 상위 1퍼센트의 나머지 구성원들이 가진
몫에는 큰 변화가 없었다. 현재 미국에서 가장 부유한 0.1퍼센트(2,000만

달러 이상을 갖고 있다)는 국가 자산의 5분의 1 이상을 소유하고 있음을 알 수 있다.

전 세계의 상황은 더욱 심해서 실로 충격적이다.

세계를 소유한 사람들: 2014년 옥스팜Oxfam 보고서의 통계[7]

- 세계에서 가장 부유한 85명이 세계 인구 중 하위 50퍼센트가 가진 것과 같은 금액(35억 달러)의 자산을 소유하고 있다.
- 현재 전체 인구의 단 1퍼센트가 세계 자산의 46퍼센트를 소유하고 있다.
- 전 세계에서 가장 부유한 1퍼센트가 가진 자산은 110조 달러에 달한다. 이는 하위 50퍼센트가 가진 자산의 65배다.
- 세계 인구의 70퍼센트는 지난 30년간 경제적 불평등이 증가한 나라에 살고 있다.[8]

부자가 더 부유해진 것은, 상위 계층이 더 진취적이고 역동적으로 부를 창출했기 때문일까? 오늘날의 자본가들(또는 기업가라고 해도 좋다. 그들은 그렇게 불리길 원한다)은 전후 호황기에 그들보다 적게 받고 일했던 선배들보다 경제발전을 훨씬 더 잘 이끌고 있을까? 경제 통계를 보면 그 반대가 사실임을 확인할 수 있다. 경제성장률은 전후 호황기 때보다 낮다. 부자들이 부유해진 것은 빠른 경제성장의 효과가 아니라 경제성장이 둔화했음에도 더 많은 몫을 가져가기 때문이다. 도대체 그들은 어떻게 이런 일을 할 수 있었을까?

[그림 1-6] **1900~2011년 개인소득세의 최고 한계세율**

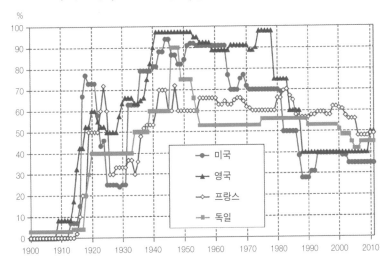

출처: Piketty, T., Saez, E. and Stantcheva, S. (2011) 'Optimal taxation of top labor incomes: a tale of three elasticities', Working Paper 17616, National Bureau of Economic Research, MA

부자들은 국민총소득에서 더 많은 몫을 가져갈 뿐 아니라 최고세율의 현격한 하락 덕분에 가져간 몫을 더 많이 지킬 수 있게 되었다([그림 1-6]).[9] 1930년대 이후 한동안 부자에게 적용하는 세율은 치솟았는데, 영국·미국·프랑스·독일에서는 무려 90퍼센트까지 올라갔다. 부자에게 적용하는 세율이 50퍼센트 이하로 떨어진 지금, 이는 믿기지 않는 사실이다. 많은 나라의 정부들은 이를 더 낮추려고 계속 노력하고 있다. 최고세율이 높았을 때 하늘은 무너지지 않았다. 그런 나라들은 오히려 호황을 누렸다. 하지만 지금 우리는 부자에게 과세하면 성장이 저해된다는 말을 늘 들으며 살고 있다.

우리는 지금 1920년대, 1930년대의 대공황 이래 가장 깊은 경기침체를 경험하고 있다. 1930년대에는 미국이 뉴딜정책을 펼치며 했던 것처럼 부자들에게 부과되는 세금을 높이고 금융을 엄격하게 규제하는 방식의 대응이 이뤄졌던 반면, 지금은 대서양 양쪽 어디에서도 이런 일은 일어나지 않고 있다. 부자들은 교묘하게 그런 일을 피했고, 금융 부문은 아무렇지 않게 더 큰 피해를 안겨주고 있다.

　내가 책 제목["우리는 왜 부자들을 감당할 수 없는가?"]을 이렇게 정한 것은 부자들에 대한 비판적 검토의 필요성을 알리기 위해서였다. 그러나 논의의 초점은 특정 개인이 아니라 부와 권력의 **원천**과 그것들을 정당화하는 방법에 맞추었다. 현실의 가장 나쁜 측면을 상징하는 특정 개인(예를 들면 끝없는 탐욕으로 사업에 실패하거나 위험관리를 무책임하게 했는데도 오히려 두둑한 보상을 받고, 은행을 불안정하게 만들거나 다른 사람들의 연금과 집을 위험에 빠뜨렸으면서도 도리어 사례를 받았던 사람들)을 추적하는 것은 늘 구미가 당기는 일이다. 금융위기를 다룬 많은 책에는 스스로 '우주의 주인'이라 부르기를 좋아한 금융 거인financial giants의 성장과 실패의 이야기가 빠지지 않는다. 자신의 실패로 생긴 결과를 다른 사람들에게 떠넘기고는 예전 지위를 유지할 수 있었던 사람들의 이야기는 더 많이 나온다.

　그러나 초점을 개인에게만 맞추면, 진정한 원인(그들이 이용할 수 있었던 규칙, 제도, 상황)에는 눈을 감기가 쉽다. 인간의 탐욕을 강조하는 것도 마찬가지로 구미가 당기는 일이다. 탐욕이 문제가 되었던 사례는 많다. 하지만 단지 반감을 표하는 것만으로는 별 효과가 없다. 탐욕을 자극한 환경을 다룰 수 없기 때문이다. 그 환경이 그대로 있는 한, 그것을 이용해 많은 이에게 해를 끼칠 수 있는 누군가가 다시 나타날 것이다. 지금은 아니더라도 장차 새로이 등장할 것이다. 물론 우리와 마찬가지로 그들도 자신의 행동에 책임을 져야 한다. 그러나 우리는 이를 뛰어넘어, 그들이 다른 사람들의 희생을 바탕으로 부자가 되도록 허용한 환경에 관심을 가질 필요가 있다. 따라서 이 책은 부자나 슈퍼리치를 비난하기 위한 것이 아니다. 내가 특정인을 거론하는 경우 그것은 오로지 좀 더 일반적인 논점을 부각하기 위한 것이다.

우리가 부자들을 감당할 수 없는 이유를 밝히려면, 그들이 얼마나 부유한지, 어떻게 돈을 벌었으며 어떻게 돈을 쓰는지를 묘사하는 데 머물러서는 안 된다. 부자들과 금융위기를 다루는 많은 책이 하지 못하는 일을 해야만 한다. 그것은 바로 부자들이 가진 부의 정당성legitimacy을 따지는 일이다. 하지만 부자들이 얼마나 부유한지 인식하는 것도 중요하다. 나는 일반인이 소화하기 어려운 통계 수치들로 독자들을 괴롭히고 싶지 않다. 하지만 몇 가지 통계는 제시할 필요가 있다. 우리 사회가 얼마나 불평등한지, 부자들이 얼마나 부유한지 인지하는 사람이 거의 없기 때문이다.

첫째, 부자라고 할 때 어떤 사람을 의미할까? 얼마나 부유해야 부자라고 부를까? 절대 수치(연간 10만 파운드 이상 또는 연간 100만 파운드 이상)로 구분해야 할까, 아니면 비율(상위 1퍼센트 또는 상위 0.1퍼센트)로 구분해야 할까?

절대 수치도, 상대적 비율도 모두 유용하다. 또 소득과 자산을 구분하는 일도 중요하다. 소득은 일정 기간 발생하는 화폐의 흐름flow이고, 자산은 개인이 축적한 재산에서 부채를 뺀 값이다. 자산 분배는 소득 분배보다 훨씬 불평등하다. 내가 부자와 나머지 사람들을 가르는 기준은 어디일까? 이 책 많은 부분에서 나는 주로 상위 1퍼센트와 그 내부 분파(상위 0.1퍼센트와 나머지, 상위 0.01퍼센트와 나머지 등)에 초점을 맞추어 그들이 국민소득에서 차지하는 몫의 크기와 추이를 살핀다. '점령하라 운동'의 주역들은 의식하지 못한 채로 1퍼센트와 99퍼센트를 나누었는데, 이는 영국에 꼭 들어맞는, 정곡을 찌른 분할이었다. 급진적 통계학자이자 사회지리학자인 대니 돌링Danny Dorling에 따르면, 1919~2009년에 상위 1퍼센트 내 여러 분파가 총소득에서 차지한 몫은 다 같은 방향으로 변했으나, 99퍼센트가 차지한 몫과는 반대 방향으로 등락했다. 1퍼센트의 몫이 많아지면 99퍼센트의 몫은 줄어들었다. 이는 이 두 그룹의 몫을 합치면 100퍼센트가 되기 때문만은 아니었다. 상위 20퍼센트의 몫이 늘고 하위 80퍼센트의 몫이 줄거나, 상위 35퍼센트의 몫이 늘고 하위 65퍼센트의 몫이 줄 수도 있었으며, 더 복잡한 상황이 될 수도 있었다.

그러나 실제로는 그렇게 되지 않았다. 주요 분할선은 1퍼센트와 99퍼센트 사이였다. 상위 1퍼센트에 비해 몫이 줄어드는 현상은 하위 90퍼센트에서 두드러졌지만, 90퍼센트 이상 99퍼센트 미만의 몫도 지난 20년 사이에 약간 줄어들었다. 다른 말로 하면, 현재 영국에서는 국민소득에서 차지하는 몫에 관한 한, 99퍼센트 중 최상층조차 상위 1퍼센트보다는 99퍼센트의 나머지와 더 많은 공통점을 갖고 있다.[10] 미국의 경우 경계가 그만큼 뚜렷하지는 않다. 전후 호황기 이후 상위 1~4퍼센트가 국민소득에서 차지하는 몫이 약간 증가했으니 말이다. 그러나 영국과 마찬가지로 상위 1퍼센트의 몫은 대폭 증가했다.

부자들의 문제는 소득이나 자산의 양과 관련된 문제일 뿐만 아니라 그들이 취하는 돈이 어디서 오는지와 관련된 문제이기도 하다. 내가 주장하려고 하는 바는 부자일수록 소득 중 불로소득의 비중이 클 것이라는 점이다. 불로소득이란 생산과정에는 기여하지 않고 권력을 기반으로 획득하는 소득을 가리킨다. 따라서 질적인 차이도 존재한다.

얼마나 부유해야 부자인지가 아니라 얼마나 많아야 지나치게 많은지를 생각하는 경우 이 문제가 중요해진다. 소득과 자산이 어느 정도 수준이면 과도하거나 정당화되기 어려운 걸까?[11] 다음 중 어느 경우가 여기에 해당할까?

- 기여한 것보다 더 많을 때(특별한 이유 없이 다른 사람들에게 보조를 받고 있을 때)
- 다른 사람들이 그들에게 지불할 수 있는 것보다 더 많을 때
- 자신의 복지를 위해 필요한 것보다 더 많을 때
- 지구 자원에 대한 자신의 몫보다 더 많을 때

정답은 우리가 어떤 특수한 문제를 논의하는지에 따라 달라진다. 탄소 발자국과 기후변화가 문제라면, 부유한 나라에 사는 사람들 다수가 지나치게 많은 부를 누린다고 볼 수 있다. 물론 미국과 호주에 사는 사람들은 프랑스와 스웨덴에 사는 사람들보다 이산화탄소 배출을 훨씬 더 많이 한다. 전 세계가 미국과 같은 양의 이산화탄소를 배출하는 경우, 그것을 흡수하려면 지구가 다섯 개 필요할 것이다. 미국 인구는 전 세계 인구의 5퍼센트에 불과하지만, 미국의 이산화탄소 배출량은 전 세계 배출량의 4분의 1에 달한다.[12] 일반적으로 소득이 높으면 탄소 발자국도 크다. 한편, 이 책에서 다른 여러 문제를 논의하는 경우에는 지나치게 많은 부를

누리는 사람들의 숫자가 부유한 국가 내에서도 매우 적다는 점에 주목한다. 기후변화가 우리에게 최대의 위협임이 틀림없지만 말이다.

상상할 수 없는 부

2007년 금융위기 이후 100만, 10억, 1조 등의 숫자가 익숙해졌다. 하지만 많은 사람이 말했듯이 그런 숫자들이 얼마나 큰지 인지하기는 어렵다. 우리는 10억 파운드(100만 파운드의 1,000배)가 엄청난 금액이라는 것을 알지만, 실제로 얼마나 큰지 상상하기는 어렵다. 한 가지 방법이 있다. 10억 파운드를 가질 때까지 매초에 1파운드를 받는다고 상상해보라. 한 시간 후 3,600파운드가 되는 것을 보면, 10억 파운드를 얻기까지 시간이 얼마 걸리지 않으리라고 생각할지 모른다. 하지만 10억 파운드를 얻으려면 31년 8개월을 기다려야만 한다. 그러니 수십억 파운드를 가진 사람은 실로 엄청난 부자다. 10억의 1,000배인 1조(요즘 금융위기 대처에 필요한 금액을 계산하는 데 자주 활용되는 단위)를 가지고 말하자면, 매초에 1파운드를 받아서 1조 파운드를 만들려면 약 3만 2,000년이 걸린다.

딜로이트 회계법인인Deloitte auditors에 따르면, 2011년 100만 달러 이상을 가진 미국 가구의 자산은 38.6조 달러였다. 그 가운데 6.3조 달러는 해외계좌에 숨겨져 있다. 딜로이트사는 2020년까지 전 세계에서 100만 달러 이상을 가진 사람들의 자산은 전 세계 GDP를 합친 금액의 약 네 배에 해당하는 202조 달러에 달할 것으로 예상했다.[13]

사람들은 불평등을 과소평가한다

사람들이 불평등을 어떻게 보는지를 다룬 많은 연구에 따르면, 사람들은 자기가 속한 사회의 불평등을 크게 과소평가한다.[14] [그림 1-7]은 그와 같은 연구 중 하나(미국의 마이클 노턴Michael Norton과 댄 애리얼리Dan Ariely 가 행한 연구)에서 인용한 것이다. 맨 위 막대에는 미국의 실제 자산 분배 상태가 표시되어 있다. 상위 20퍼센트가 미국 전체 자산의 약 84퍼센트 를 소유하고 있다. 그다음 20퍼센트는 약 11퍼센트를 소유한다. 그런데 하위 20퍼센트와 그 바로 위 20퍼센트는 아예 보이지도 않는다. 그들이 총자산에서 차지하는 몫이 너무 작아서 그래프상에 표시되지도 못한 것 이다. 중간 막대는 미국인 5,000명이 미국의 자산 분배 상태에 대해 짐작 하는 바를 요약한 것이다. 그들은 상위 20퍼센트가 가진 몫이 총자산의 60퍼센트에 못 미칠 거라고 잘못 추측했다. 이처럼 그들은 미국 사회의 불평등을 크게 과소평가하기는 하지만, **여전히** 미국 사회가 매우 불평등 하다고 생각한다. 마지막 막대는 그들이 공정한 분배라고 여기는 상태를 보여준다.[15]

영국도 비슷하다. 2,034명의 영국인을 대상으로 한 ICM 여론조사 에 따르면, 그들은 상위 20퍼센트가 자산의 25퍼센트를 차지하고 하위 20퍼센트가 15퍼센트를 차지하는 것이 이상적이라고 생각했다. 그들은 상위 20퍼센트가 자산의 40퍼센트를 차지하고 하위 20퍼센트가 20퍼 센트를 차지하고 있으리라 **짐작했다.** 그러나 **실제로는** 전체 가구의 상위 20퍼센트가 연금을 포함한 자산의 60퍼센트를 차지하고 하위 20퍼센트 가 차지하는 몫은 1퍼센트도 안 된다.[16]

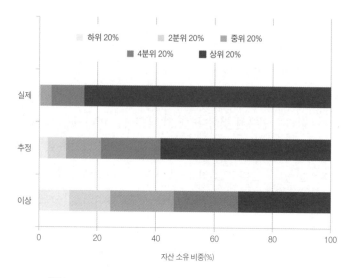

[그림 1-7] **미국의 자산 분배: 실제, 추정, 이상**理想

하위 20% 2분위 20% 중위 20%
4분위 20% 상위 20%

자산 소유 비중(%)

출처: Norton, M .I. and Ariely, D. (2011) 'Building a better America—wealth quintile at a time'. *Perspectives on Psychological Science*. 6(1), pp. 9~12.

영국에서 조세와 사회연금을 제외한 순소득을 기준으로 상위 1퍼센트에 들려면, 적어도 연간 8만 파운드는 벌어야 한다.[17] 그런데 상위 1퍼센트의 평균 총소득은 25만 파운드다. 이 말은 상위 1퍼센트 중 일부는 8만 파운드보다 훨씬 많이 벌고 있음을 뜻한다. 2012년 미국에서 상위 1퍼센트에 들려면, 적어도 세전 소득 기준으로 최소한 39만 3,941달러를 벌어야 했다. 그런데 상위 1퍼센트의 평균소득은 126만 달러에 달했다.[18] 상위 1퍼센트 내에서도 소득 분배는 매우 불평등하다. 상위 0.1퍼센트에 들려면 적어도 155만 달러의 소득이 필요하고, 상위 0.01퍼센트에 들려면, 적어도 720만 달러가 필요하니 말이다. 게다가 지난 40년간 상위로 올라가면 갈수록 국민소득에서 차지하는 몫은 더 빠르게 증가했다.

부자일수록 금융자산(주식·채권, 기타 금융투자상품)의 비중이 높은 경향을 보인다. 금융자산은 상위 10퍼센트가 소유한 총자산의 13퍼센트를 차지했는데, 그 대부분은 상위 1퍼센트에게 집중되어 있었다. 반면, 하위 50퍼센트가 차지하는 몫은 4퍼센트에도 못 미쳤다.

지난 15년 동안에 최고로 부유한 1,000명은 훨씬 더 부유해졌고, 금융위기 이후 잠깐 주춤하기는 했지만, 지금은 다시 더 부유해지고 있다. 영국에서 10억 파운드 이상을 가진 사람은 2010년에 53명이었으나, 2014년에는 104명으로 늘었다. 미국의 경우를 분석한 이매뉴얼 사에즈 Emmanuel Saez에 따르면, 2009~2011년의 회복기에 상위 1퍼센트는 나머지 99퍼센트의 희생하에 더 부유해졌다. 따라서 이때의 회복은 분명히 다수의 회복은 아니었다. 2009~2010년에 상위 0.01퍼센트는 소득 증가분의 37퍼센트를 가져갔고, 가구당 평균 420만 달러를 벌었다.[19] 미국의 상위 400가구가 소유한 자산은 하위 50퍼센트가 소유한 자산과 크기가 같다. 아래 상자글의 내용을 보면 영국에서 상황이 어떻게 전개되었는지 짐작할 수 있다.

영국 최고 부자 1,000명이 소유한 자산

1997년	980억 파운드
2008년	4,130억 파운드
2010년	3,360억 파운드

2012년	4,140억 파운드
2013년	4,500억 파운드
2014년	5,190억 파운드

출처: 『선데이 타임스Sunday Times』 부자 리스트

5,190억 파운드는 영국에서 5.9년치 교육 예산, 3.7년치 국가보험 지급액, 그리고 4.2년치 공공 의료 예산에 해당한다. 또 연간 복지 지출의 4.6배에 해당하기도 한다.[20] 이 정도로 멈추고 다른 이야기를 할 테니 이 수치들이 어떤 의미인지 깊이 생각해보기 바란다. 영국의 인구는 6,390만 명이다. 최고 부자 1,000명의 자산만으로도 이 인구의 가장 중요한 필요를 여러 번 충족시킬 수 있음을 아는가?(혹시 이렇게 하면 문제를 해결할 수 있을까?) 노령층 때문에 연금 지출과 건강보험 지출이 늘어난다고 우려하는 사람들이 있지만, 그 문제는 슈퍼리치 자산의 연간 증가액만 가지고도 쉽게 해결할 수 있다. 정말 터무니없는 일 아닌가? 왜 우리는 금융 부문의 성장에 대해서는 환호를 올리면서도 건강 부문의 성장은 문제시하는 걸까?

블룸버그 억만장자[billionaire: 10억 파운드 이상의 재산 소유자] 웹사이트에 따르면,[21] 2012년 전 세계에서 상위 억만장자 100명이 1.9조 달러를 갖고 있었는데, 그것도 그 한 해 동안 2,400억 달러가 늘었다. 옥스팜의 계산으로는 이 금액의 약 4분의 1(660억 달러)만 가지고도 전 세계 모든 사람의 생활수준을 빈곤선(하루에 1.25달러) 이상으로 끌어올릴 수 있다.[22]

부자는 어떤 사람일까?

짐작건대 부유하면 할수록 남성일 가능성이 크다. 영국의 경우 상위 0.1~1퍼센트의 84퍼센트, 가장 부유한 납세자 0.1퍼센트(약 4만 7,000명) 의 90퍼센트 이상이 남성이다. 상위 1퍼센트는 주로 많은 조직의 본부가 자리 잡은 런던과 영국 남동부에 거주한다. 상위 1퍼센트의 아래쪽 절반에 속하는 사람들로는 소기업 소유자, 상위 경영자, 상위 건강 전문가 등을 꼽을 수 있다. 상위 1퍼센트 내에서 위로 올라가면 갈수록 금융 부문과 부동산 부문에 종사하는 사람들이 많아지며, 자본이득·배당금·주식과 그 밖의 금융자산에서 얻는 소득의 비중이 커진다.

2013년 『포브스Forbes』 억만장자 리스트에 따르면, 세계 최고의 부자는 760억 달러의 순자산을 가진 빌 게이츠다[2024년 현재 빌 게이츠는 6위로 밀려났으며, 1위는 LVMH 그룹의 베르나르 아르노Bernard Arnault 회장, 2위는 테슬라의 일론 머스크Elon Musk다]. 2위는 720억 달러를 가진 카를로스 슬림 헬루Carlos Slim Helu인데, 그는 멕시코인으로 여러 해 동안 1위를 차지하기도 했다. 그는 멕시코의 통신산업이 민영화될 때 그것을 장악해서 부자가 되었다. 이는 국가의 독점기업을 민영화하면 어떤 결과가 초래되는지 보여주는 좋은 사례. 도입부를 시작하면서 워런 버핏이 계급전쟁을 두고 내뱉었던 솔직한 말을 소개했는데, 그는 4위다. 가장 부유한 여성은 525억 달러를 가진 크리스티 월턴Christy Walton으로 9위를 차지했다. 그녀는 월마트 재산 일부를 상속받아 부자가 되었다. 월턴 가족 중 다른 세명은 상위 20위 안에 들었다. 135억 달러를 가진 언론계 거물 루퍼트 머독Rupert Murdoch은 78위다.[23]

부자와 슈퍼리치 중에 유명인은 **극소수**다. 유명인 중에서 가장 부자인 스티븐 스필버그Steven Spielberg는 30억 달러를 가졌는데『포브스』리스트에서 337위다. 그다음은 27억 달러를 가진 오프라 윈프리Oprah Winfrey로 442위다. 영국에서는『선데이 타임스』가 자사의 부자 리스트를 홍보하기 위해 종종 유명인들의 사진 몽타주를 싣는데, 미국의 경우와 마찬가지로 그들 가운데 최상위권까지 올라가는 사람은 거의 없다. 2012년에 유명인 중 가장 부유한 사람은 폴 매카트니Paul McCartney로 6억 6,500만 파운드를 갖고 있다. 하지만 그가 이렇게 높은 위치까지 올라간 것은 미국인 상속녀 낸시 셰블Nancy Shevell과 결혼했기 때문이다. 작가 J. K. 롤링Rowling이 148위이고, 베컴 가족이 395위다. 그들보다 상위에 있는 슈퍼리치들은 대부분 영국 대중에게 잘 알려지지 않았다.

영국에서 상위 여섯 명은 모두 외국 국적을 가진 거주자들이다. 그들은 세금 우대 조치에 이끌려 영국에 왔다. 133억 파운드를 가진 1위 알리셔 우스마노프Alisher Usmanov는 러시아 최대의 철광석 생산자다. 2위 레오나르드 블라바트니크Leonard Blavatnik도 러시아인으로 음악, 알루미늄·석유·화학 등의 산업에 광범위하게 종사하고 있다. 3위는 힌두자 Hiduja 형제들로 인도와 해외에서 전력·자동차·방위 산업에 진출한 부친의 대기업을 상속받았다. 4위는 인도 출신의 철강 기업가 락시미 미탈 Lakshimi Mittal로 러시아에서 국영기업이 민영화될 때 그것들을 인수해 부자가 되었다. 5위는 첼시 축구 클럽의 소유주로 유명한, 러시아 출신의 로만 아브라모비치Roman Abramovich로 석유를 위시해 광범위한 부문에 진출한 투자회사를 가지고 있다. 6위는 노르웨이 출신의 키프로스 시민으로 선박 기업과 석유 기업을 소유한 존 프레데릭센John Frederiksen이다. 이들처럼 영국 내에 영구 거주지가 없는 사람들Non domiciles은 영국과 아일랜드에 고유한 특정 법률을 활용해서 이익을 누린다.

영국과 아일랜드의 법률에 따르면, 영구 거주지가 다른 곳이라고 주장할 수 있는 사람들은 영국 이외의 지역에서 취득하는 소득과 자본이득에 대한 세금을 피할 수 있다. 돈을 영국으로 가져오지만 않는다면 말이다.[24] 8위는 영국 출신 중 최고 부자인 웨스트민스터 공작Duke of Westminster으로 78억 파운드를 소유하고 있다. 그는 랭커셔, 체셔, 스코틀랜드, 캐나다 등지의 부동산과 런던의 요지를 상속받았다.[25] 전 세계 슈퍼리치 중 극소수만이 자신의 전문 분야를 금융 부문이라고 밝히지만, 비금융 사업에 종사하는 사람들도 장사하고 거래하면서 금융에 깊이 관여한다.[26] 사실 그들이 철강 기업, 전력 기업, 통신 기업 등을 소유하는 이유도 금융이득을 얻는 데 있다.

부자들은 왜 자꾸 더 큰 몫을 차지할까?

지난 40년 동안 부자들의 몫이 커진 것은 자본주의의 발전과 밀접한 관련이 있다. 가장 중요한 것은 **신자유주의**라고 부르는 새로운 정치적·경제적 이념이 등장했다는 사실이다.[27] 신자유주의는 1980년대에 마거릿 대처Margaret Thatcher와 로널드 레이건Ronald Reagan이 처음 주창한 이래 후계자들에게 계승되었는데, 그들은 보수당과 노동당, 그리고 공화당과 민주당에 두루 퍼져 있다. 신자유주의는 2007~2008년의 금융위기와 이후 이어진 침체기에 실패가 명백히 드러났는데도, 오히려 활기를 회복하고 있다. 이 이념은 세 가지 핵심 특징을 가진다.

 1. **시장은 경제조직의 최적 형태 또는 기본 값**이며, 규제가 적을수록 잘 작동한다고 가정한다. 경쟁시장은 효율에는 상을 주고 비효율에는 벌을 줌으로써, 우리에게 행위를 개선할 동기를 부여한다. 반면, 정부와 공공 부문은 일을 조직적으로 꾸려가지 못한다. 독점적일 뿐 아니라 자기만족, 비효율, 정실주의에 빠지기 쉽기 때문이다. 따라서 정부는 가능한 한 많은 것을 민영화해야 한다. 금융시장에 대한 규제는 철폐해야 하며, 노동시장은 유연하게 만들어야 한다(사실 유연한 노동시장이라는 말은, 임금이 올라갈 수도 내려갈 수도 있지만, 안정성은 거의 없는 일자리를 옹호하기 위해 만든 정치적 암호다). 공공 부문에서 민영화할 수 없는 부분이 있으면, 거기서는 실적표를 만들어 순위에 따라 상을 받거나 벌을 받도록 해야 한다. 개인, 학교, 대학, 병원, 박물관 등이 지원금을 놓고 경쟁하게 만드는 것이다. 복잡한 경제를 관리하는 일에서 투표함은 시장과 같은 결과를 만들어낼 수 없으므로, 민주주의는 제한될 필요가 있다. 사람들은 시장 거래를 통해 자신을 더 잘 표현할 수 있다. 놀랍게도 신자유주의자들은 반反민주주의적 의제를 감춰두고 있다.

 2. 신자유주의의 등장과 함께 **정치와 문화**도 시장 근본주의의 경향을 띠게 된다. 일상생활에서 작은 변화를 많이 경험하면서 우리는 점점 시장 합리성에 적합한 방식으로 생각하고 행동하게 된다. 게다가 언론은 우리에게 이기적인 소비자와 요령 있는 투자자(항상 '지혜로운 투자'로 소득을 보충할 수 있는 새로운 방법을 찾는 사람)가 되라고 권유한다. 위험과 책임은 개인에게 전가된다. 일자리 부족은 국가의 책임으로 인식되기는커녕

아예 사실인정조차 되지 않는다. 일자리를 찾지 못하는 무능한 개인(게으름뱅이, 실패자)만 남는다. 불의는 없고, 단지 나쁜 선택과 불운한 개인만 있다. 이제 우리는 '실패자'라는 단어에서 동정이 아니라 경멸을 떠올린다. 충분한 임금을 주는 일자리를 발견하지 못해서 복지국가가 필요한 사람들은 한계로 내몰리며, 실제적 또는 잠재적 거짓말쟁이로 취급받고 낙인찍힌다.

국가의 건강보험과 연금은 줄어들고 민간건강보험과 민간연금이 그 자리를 차지한다. 당신은 혼자다. 기회와 위험이 존재하는 세상을 통과하면서 자유롭게 선택하고 자유롭게 실패하라. 우리는 스스로를 공동체의 구성원이 아니라 타인에 대한 책임이 전혀 없는 경쟁하는 개인으로 간주하게 된다(공동체의 구성원이라면, 자신이 할 수 있는 일로 공동체에 공헌하고 공동체 발전의 성과를 누리며 위험을 함께 나누고 서로 돕는다). 의료 서비스를 받고 싶은가? 여기를 클릭하라[민간건강보험에 가입하라는 뜻]. 자녀가 유리한 지위를 누리게 하고 싶은가? 사교육에 돈을 쓰라. 우리는 모든 것을 경쟁으로 얻어야 한다. 실제로는 부자들만 가능한 일이지만 모두가 가능하다고 생각해야 한다. 모든 사람이 노력만 하면 얻을 수 있다.

우리는 스스로를 노동시장에서 판매하는 상품이자 '자신을 경영하는 기업가'로 여기게 됐다. 그래서 이력서를 중시하는 관행과 자기를 홍보하는 문화가 출현했다. 교육은 점점 아이들을 이런 틀에 맞추는 수단으로 전락했다. 이런 경향에 저항하고 싶은 사람도 있겠지만(이 책을 읽는 사람 다수가 그럴 것이다), 신자유주의 사회에서 그것을 완전히 벗어날 수는 없다. 시장을 이용하고 실적표를 의식하며 경쟁하는 삶이 우리가 할 수 있는 유일한 선택이 됐기 때문이다.

3. 신자유주의는 그 영향을 많이 받은 나라들에서 **경제적 계급구조의 변동**을 가져왔다. 권력과 부가 부자들에게 이동했을 뿐 아니라(선진국에서 조직 노동이 약화하고 1퍼센트가 부유해진 사실에서 극명하게 드러난다). 부자들 안에서 재화와 서비스의 생산으로 돈을 버는 사람들에게서 기존 자산을 운용해 투기이익·지대·이자·자본이득을 얻는 사람들에게로 권력의 이동이 일어났다. 후자를 일컫는 전통적인 용어는 '불로소득자rentier'다. 위에서 언급한 변화에서 이익을 얻는 것은 바로 그들이다. 정치체제로서 신자유주의는 1퍼센트를 위해 99퍼센트를 희생시킴으로써 불로소득자의 이해를 옹호한다. 이에 관해 좀 더 자세한 내용은 1부에서 살펴보기로 하자.

위의 첫 번째 특징과 두 번째 특징을 탐구하고 비판한 사람은 많다. 그러나 세 번째 특징에 주의를 기울인 사람은 많지 않다.

다른 접근: '도덕경제학'

규제 완화와 금융의 놀라운 성장이 신자유주의의 핵심이다. 부자들의 등장과 1929년 대공황 이후 최대의 경제위기에 결정적인 영향을 미친 것도 두 요인이다. 지금까지 2007년 금융위기를 다룬 책이 많이 나왔다. 그 가운데 일부는 우리가 사태를 이해하는 데 도움을 준다. 그러나 다수는 기자가 열의를 가지고 취재해서 기사를 쓴 것 같은 느낌을 주면서도, 금융위기가 발발한 과정과 그때 핵심적인 역할을 한 인물들에 대해 피상적으로 서술하는 데 그친다. 혹자는 금융기관의 오만한 행태에 초점을 맞추어 경영 부실, 판단 착오, 법률 위반이 의심되는 행위를 지적한다. 신용경색과 경기침체는 좀 더 근본적인 요인(위기에 취약한 자본주의의 속성)이 존재함을 보여주는 증거라고 주장하는 사람도 있다.

『불로소득 시대 부자들의 정체』는 금융위기만 다루는 책은 아니다. 이 책은 위기를 초래하고 지속시키는 요인, 즉 경제구조를 다룬다. 경제를 가끔 고장 나는 기계로 보는 것이 아니라 **사람들 사이의 복잡한 관계망**(점점 전 세계로 확장되고 있다)으로 인식한다. 이 관계망 안에서 사람들은 재화와 서비스의 생산자, 투자자, 각종 소득의 수령자, 납세자, 소비자로 활동한다. 이 책에서 확인하는 문제들은 자본주의만큼이나 역사가 오래됐지만, 지난 40년 사이에 금융이 부상하면서 훨씬 더 심각해졌다. 이 책은 비합리성과 체제의 실패에 초점을 맞추는 것을 넘어, 불의라든가 지금 당연하게 여겨지고 있는 권리와 실천의 도덕적 정당성까지 다룬다. 경제 안에서 각자 다른 지위에 있는 사람들이 일하는 대가로 얼마를 받아야 하는지를 다룰 뿐만 아니라 먼저 그들의 지위가 정당한지를 따진다. 사람들이 지금의 일을 하게 된 것은 정당한가?

물론 소외, 불안정성과 빈곤, 쳇바퀴 돌 듯하는 노동과 소비, 경제적 모순과 비합리성, 환경 파괴 등 여러 측면에서 자본주의를 비판해온 역사는 길다. 이런 비판에서 배울 수 있는 유익한 내용도 있다. 하지만 부자들의 권력이 엄청나게 커졌고 불평등이 확대된 지금, 우리는 이런 일이 일어나게끔 허용한 제도와 실천에 초점을 맞추는 새로운 유형의 비판을 가할 필요가 있다. 경제정의와 경제위기를 다루는 책들은 대개 의심의 대상으로 삼아야 할 제도와 실천을 주어진 것으로 간주한다. 그러나 이 책은 금융위기 때 최고조에 달한 오래된 경제관계의 불의함을 지적한다.

이 책에 담긴 내용은 '도덕경제학moral economy'이다.[28] 그렇다고 여기서 내가 탐심에 대해 지루한 설교를 늘어놓으려는 것은 아니다. 경제조직의 기본 특징에 대한 도덕적 정당화를 평가하는 것이 나의 목적이다. 이 책은 받을 수 있는 것과 받을 자격(또는 필요)이 있는 것 간에 엄청난 격차가 생겼다는 사실을 중시한다. 받을 자격의 문제를 생각할 때, 얼마나 받아야 하는지는 정하기 어려운 문제다. 그러나 부자들의 경우 실제로 받는 것이 그들이 누리는 권력과 깊은 관계가 있다는 사실만큼은 쉽게 입증할 수 있다. 부자들이 얻는 소득은 대부분 토지와 화폐 등의 자산을 운용해서 다른 사람들이 생산한 부를 뽑아낸 것이다. 그런 소득은 **불로소득**이다. 더욱이 지난 35년 동안 금융의 경제 지배, 곧 '금융화'가 강화되면서 부자들은 불로소득의 원천을 확장할 수 있었고, 그 결과 예전보다 훨씬 더 부유해졌다.

이 책은 화폐와 재화뿐만 아니라 경제생활에서 쓰이는 언어도 다룬다. 근대 경제의 역사는 경제적 실천을 어떻게 표현하고 범주화할 것인지를 둘러싸고 벌어진 투쟁의 역사이기도 하기 때문이다. 이 투쟁은 어떤 단어가 용인될지 안 될지에 영향을 미친다. '투자', '투기', '도박' 등의 단어는 각기 다른 평가를 받는다. 투기꾼 또는 도박꾼이라 불리기보다는 '투자자'로 불리기를 더 좋아하지 않을 사람이 어디에 있겠는가? 최상위 은행가가 얼마를 '벌었다earned'고 할 때, 우리는 벌었다는 말의 의미가 무엇인지 질문해볼 수 있다. 그 은행가가 경제에서 추출한 부는 과연 정당한가? 부자들과 권력자들이 언어를 둘러싼 투쟁에서 크게 승리하는 바람에, 우리가 경제생활에 관해 이야기할 때 그들의 행위는 드러나지 않는다. 주류 경제학은 무의식적이었을지는 몰라도 이 과정을 도와준 공범이었다. 자본주의에 비판적이라고 해석될 수 있는 말은 모조리 회피했으니 말이다.

부자들을 감당할 수 없는 이유를 밝히려면 기본적인 경제문제를 다뤄야겠지만, 보통 하는 것과 다른, 좀 간단한 방법으로 접근하려고 한다. 가장 근본적으로는 근대 주류 경제학이 망각해버린 사실, 즉 경제학은 **물자의 제공**provisioning을 다루는 학문임을 기억할 필요가 있다. 인류학자와 페미니스트 경제학자가 가르치듯, 경제학은 각 사회가 생존에 필요한 물자를 어떻게 조달할 것인지를 다루는 학문이다.[29] 물자 제공을 위해서는 음식·집·옷·신문 등의 재화와 교육, 조언·정보 제공, 돌봄 노동 등의 서비스를 생산하는 **노동**이 필요하다. 대부분의 물자 제공은 사람들 사이의 사회관계를 수반한다. 사람들은 생산자·소비자·소유자·대부자·차입자로서 관계를 맺는다. 물자 제공이 조직화하는 것은 이 관계를 통해서다. 어떤 물자 제공은 시장을 통해 이뤄지지만 그렇지 않은 것도 있다. 시장과 비시장을 나누는 경계가 경제의 한계를 결정하지는 않는다. 누군가를 위해 식사를 준비하는 무보수 노동은 팔기 위해 피자를 만들거나 컴퓨터와 보험을 판매하는 것과 똑같은 경제활동이다.

경제학자들과 정치학자들은 대부분 경제 주체를 오로지 독립적이고 강건한 성인으로 간주한다. 그들은 아무것도 할 수 없는 아기(스스로 물자를 조달할 수 없어서 다른 사람에게 의존해야 하는 존재)로 인생을 시작했고, 시간이 지나면 질병·장애·노화 등의 이유로 자신과 다른 사람을 위해 물자 제공을 할 수 없는 단계에 도달한다는 사실을 망각한 듯하다. 이런 상황 전개에 예외는 없다. 우리는 모두 그 과정을 통과한다. 그런 의미에서 그것은 보편적이다. 우리는 부모가 우리를 위해 했던 모든 노동에 대가를 지불할 수는 없다. 미래 세대도 마찬가지다. **다른 사람에게, 특히 세대 간에 의존하는 것은 인간됨의 필수 조건이다.** 그것은 우리가 사회적 동물, 철학자 알래스데어 매킨타이어Alasdair MacIntyre가 표현한 바로는 '의존적이고 합리적인 동물'이라는 사실에서 유래한다. 우리는 혼자서는 살아갈 수 없다.[30] 로빈슨 크루소는 사회에서 양육을 받았기 때문에 살아남을 수 있었다. 신생아 크루소가 혼자였다면 단 몇 시간도 살지 못했을 것이다. 크루소와 마찬가지로 우리도 지구의 자원에 의존해 살아간다. 지구를 훼손하면 우리는 번성할 수 없다.

아동이 너무 어려서 부모에게 되돌려줄 것이 없을 때 부모의 양육을 받을 권리가 있음을 부정할 사람은 아무도 없을 것이다. 그러나 내가 만일 당신에게 물을 공급하고 있는 회사를 산 다음 요금을 10퍼센트 더 청구함으로써 엄청난 돈을 번다면, 그걸 괜찮다고 할 것인가? 그런 행위는 방어 가능한 의존 형태인가? 내가 만일 당신이 평생 규칙적으로 다니는 공원이나 해변을 차지한 다음 방문할 때마다 요금을 청구한다면, 그걸 괜찮다고 할 것인가?

의존은 상황에 따라 옹호할 수도 있고, 옹호하지 못할 수도 있다. 우리는 서로 의존하기 때문에, 경제활동에는 항상 공정과 정의의 문제가 따른다. 당신은 공정한 대가를 받고 있는가? 사람들 중 일부가 돈을 너무 많이(혹은 적게) 번다든지, 세금을 너무 많이(혹은 적게) 낸다든지 하는 것은 옳은가? 대학생은 학비를 내야 하는가? 저축하면 이자를 받아야 하는가? 아동 수당은 더 늘려야 하는가, 줄여야 하는가? 그것도 아니면 아예 없애야 하는가? 돌봄 노동자에게 돈을 더 많이 주어야 할까, 한 푼도 주지 말아야 할까? 회사가 파산할 때 손해는 누가 감당해야 할까? 산업의 쇠퇴로 생겨난 미활용 공장 부지를 정리하는 비용은 누가 내야 할까? 공해 처리 비용은 누구에게 부담시켜야 할까? 이런 질문들은 **도덕경제학**과 관련된 것이다. 나는 우리가 이런 문제들에 대해 훨씬 더 많이 생각할 필요가 있다고 믿는다. 아무리 익숙한 경제제도라 할지라도, 단순히 변화시킬 수 없는 현실로 받아들이거나 주관적 '선호' 또는 '가치'(이는 이성의 영역을 넘어서는 요소다)의 문제로 여기지 말고, 공정하고 정당한지 따져 봐야 한다.[31]

사람들은 가끔 정당한 이유로, 받는 것보다 더 많이 주기도 하고, 주는 것보다 더 많이 받기도 한다. 부모 자식 관계가 여기에 해당한다. 하지만 권력 이외에는 다른 이유가 없는데도 그렇게 하는 사람들이 있다. 성차별주의자인 남성은 별 이유 없이 여성의 가사 노동에 무임승차한다. 이런 유의 무임승차는, 특히 사람들이나 조직들 사이에 심한 권력 불평등이 존재하는 곳에서 이뤄지기 쉽다. 다른 사람들에게도 필요한 핵심 자산을 소수가 장악하면 반드시 권력 불평등이 발생한다.

할 수 있기 때문이다

도덕경제에 대해 생각하는 일은 중요하다. 하지만 그것은 경제제도를 **설명**하는 일과는 다르다. 우리가 경제문제를 처리하는 방식 가운데 무엇이 좋고 공정한지를 놓고 민주적으로 의사결정을 하거나 신중하게 생각해서 정한 것은 거의 없다. 대부분은 권력의 산물이다. 사람들이 어떤 일을 하고 얼마를 받는지를 설명할 때 최선의 답은 '**할 수 있기 때문**because they can'이다. 대기업의 CEO들이 왜 자신에게 그토록 많은 돈을 지급할까? 할 수 있기 때문이다. 그들은 정당화하는 논리를 제시하기도 한다. 하지만 그들의 논리는 늘 취약할 뿐만 아니라 설득력이 떨어진다. CEO들은 다수 대중이 부당하다고 여겨도 급료 인상을 관철할 수 있다. 그들의 급료를 둘러싼 소란은 한두 주 만에 잦아든다. 돌봄 노동자들의 임금이 왜 그렇게 낮은가 하는 질문에 대한 대답은, 그들이 가진 권력이 형편없어서 그 정도가 **받을 수 있는** 전부라는 것이다. 정당하게 **받아야 한다**는 것과 실제 받는 것은 별개의 문제다. 정당화와 설명은 다르다. 기존 경제제도를 옹호하는 주장은 대부분 놀라울 정도로 취약하다. 그러나 사람들이 기존 제도를 자연스럽게(사물이 원래 그런 것처럼) 여기기 시작하면, 옹호론은 권력을 기반으로 존속할 수 있다.

지주와 낯선 사람

여기 사람들이 당연히 생각하는 경제제도의 사례가 있다. 바로 소수가 토지를 사적으로 소유하도록 허용하는 제도다. 어떤 지주의 땅에 무단 침입한 낯선 사람의 이야기를 아는지 모르겠다. 지주가 "내 땅에서 나가시오" 하고 말하자 그 낯선 사람은 지주에게 이 땅을 어떻게 갖게 되었는지 물었다. "우리 아버지에게 받았소." 지주가 대답했다. 그랬더니 "그럼 당신 아버지는 땅을 어디서 얻었어요?"라는 질문이 돌아왔고, 지주는 "할아버지에게 받았소" 하고 대답했다. 이 질문과 대답은 계속 이어질 수밖에 없었다. "그렇다면 당신 조상 가운데 맨 처음 이 땅을 얻은 분은 어떻게 그럴 수 있었소?" 하고 낯선 사람이 물었다. "땅을 얻기 위해 다른 사람과 싸웠지요." 지주가 대답했다. "맞아요." 낯선 사람이 말했다. "나는 이 땅을 놓고 당신과 싸워야겠소. 만일 당신 조상이 맨 처음에 땅을 차지한 것이 정당한 일이었다면, 지금 내가 이 땅을 빼앗아도 괜찮지 않겠소? 그리고 만일 당신 조상이 맨 처음에 땅을 차지한 것이 정당하지 않은 일이었다면, 지금 당장 이 땅을 빼앗는 것이 정당하지 않겠소?"

이 이야기가 충격적이긴 하지만, 더 나은 대안이 무엇인지는 분명치 않다. 토지사유제를 그대로 두고 땅을 모든 사람에게 똑같이 분배해야 할까? 아니면 토지는 공공이 소유하고 개인은 국가한테 땅을 임차해 사용하며, 지대 수입의 용도는 민주적으로 결정되도록 해야 할까? 이 이야기는 적어도 토지사유제를 무비판적으로 받아들이는 우리에게 큰 충격으로 다가온다. 이 위기의 시대에 우리는 좀 더 많은 충격이 필요하다.

주류 경제학은 자본주의(인류 역사에서 최근에 등장한 경제조직)의 특수성을 보편적이고 영원하며 합리적이라고 여긴다. 시장 교환을 경제활동의 본질적 특징으로 간주하며,[32] 모든 물자 제공에 필수적인 생산과 노동을 부차적인 요인으로 격하시킨다. 주로 사람과 재화의 관계(우리가 오렌지를 몇 개 살지 결정하는 것은 무엇일까?)에 초점을 맞추고, 사람 사이의 관계에는 거의 관심을 보이지 않는다.

주류 경제학은 경험적 연구보다는 '돼지가 날 수 있다면' 같은 가정에 근거를 둔 수학 모형을 더 가치 있게 여긴다. 현실 경제에 거의 관심을 기울이지 않기 때문에, 예컨대 화폐와 부채에 관해 언급할 말도 별로 없다. 당연한 일이지만, 이 음울한 과학은 금융위기를 예측하는 데 실패했다. 엘리자베스 영국 여왕이 "왜 아무도 위기가 다가오는 것을 몰랐나요?" 하고 질문했을 때, 경제학자들이 얼마나 당황했을지 안 봐도 뻔하다.

　나는 비판적 시각을 가진 사상가들(아리스토텔레스Aristoteles, 애덤 스미스Adam Smith, 카를 마르크스Karl Marx, 존 메이너드 케인스John Maynard Keynes, 기독교 사회주의자 리처드 토니Richard H. Tawney와 소위 '비주류 경제학자들' 그리고 정치평론가들)의 저작에 기대어 논의를 전개할 것이다. 의미심장하게도, '비주류 경제학자들'과 정치평론가들 가운데 다수가 작금의 위기를 **예측했다.**

자본주의에는 좋은 점도 있고 나쁜 점도 있다

이 책은 부자에 대한 비판일 뿐만 아니라 자본주의에 대한 비판이기도 하다. 그런데 자본주의는 여러 면에서 좋기도 하고 나쁘기도 하다. 마르크스와 엥겔스Engels가 『공산당 선언The Communist Manifesto』[한국어판: 이진우 옮김, 책세상, 2018]에서 상찬했듯이, 자본주의가 유례없는 기술과 과학의 발전을 낳았고, 과거에는 크게 분리되어 있던 세계의 여러 부분을 통합했다는 사실에는 의심의 여지가 없다. 다만 마르크스와 엥겔스는 많은 노동자의 생활수준이 개선되리라고 여기지는 않았다. 노동자들은 착취당하지 않을 때보다 착취당할 때 형편이 더 나아졌다. 물론 그것은 실패자가 없었다든지 자본주의에 대한 더 나은 대안이 있을 수 없다든지 하는 이야기는 아니다.

언론은 세계를 선과 악의 복잡한 혼합으로 묘사하는 이야기보다는 선이냐 악이냐를 따지는 단순한 이야기를 선택하도록 압박하는 경향이 있다. 이 책이 자본주의의 유익을 무시하거나 과거 소비에트 진영의 국가 사회주의를 정당화한다고 여기지 말기 바란다. '워싱턴도 아니고 모스크바도 아니다'(과거든 현재든)가 나의 슬로건이다. 최근 러시아에서는 이런 말이 돌고 있다고 한다. "마르크스는 공산주의에 관해서는 완전히 틀렸지만, 제기랄, 자본주의에 관해서는 맞았어!" 자본주의의 동학과 그것이 만들어내는 불평등에 관한 마르크스의 견해는 다른 누구보다도 뛰어나지만, 그렇다고 해서 그가 자본주의에 관해 완전히 옳은 견해를 펼쳤다고 생각하지는 않는다. 나는 마르크스에 대해 비판적인 사람들의 견해도 참조할 것이다. 만일 당신이 내게 스미스주의자냐, 마르크스주의자냐, 케인지언이냐 혹은 다른 무엇이냐 하고 묻는다면, 나는 언제든 맞기도 하고 아니기도 하다yes and no고 대답할 것이다. 스미스, 마르크스, 케인스가 옳다고 생각되는 경우 나는 맞다고 대답할 것이고, 그들이 틀렸다고 생각되는 경우에는 아니라고 대답할 것이다.

정의로운 세상에 대한 믿음

다른 사람들이 가난해서 부자들이 부유한 것은 아니라는 견해가 신노동당[New Labor: 1990년대에 토니 블레어가 영국 노동당을 이끌면서 붙여진 이름]

과 보수당의 신조信條가 되었다. 직업 정치인이라면 누구라도 이 주장을 앵무새처럼 노래하지 않으면 안 된다. 그래야만 자기 정당을 후원하는 기업가들과 슈퍼리치가 소유하는 언론사들을 기쁘게 만들 수 있다. 증거나 논리는 필요 없다. 성경에 손을 얹고 맹세하듯이 믿음을 고백하기만 하면 된다. 그들이 무엇을 믿고 싶어 하든, 이 책에서 나는 부자가 나머지 사람들의 희생 위에서 부유해졌음을 입증할 것이다.

부자들과 부족한 것이 없는 사람들은 자신의 노력과 특별한 능력에 비추어 받을 것을 받았다고 여기기가 얼마나 쉬운지 모른다. 그들은 부유한 나라에서, 게다가 많은 경우 부유한 가정에서 우연히 태어났다는 사실을 무시한다. 그러나 그것은 엄청난 이점으로 작용했다. 그들이 쓰는 값싼 생산물은 가난한 나라 사람들이 만들고 재배한 것임을 간과하기가 얼마나 쉬운지. 가난한 나라 사람들은 일하는 내용에 비해 훨씬 적은 보수를 받는다. 대안이 거의 없기 때문이다.

그러나 자신의 부에 대해 가질 자격이 있다고 믿는 것은 부자만이 아니다. 나머지 사람 중에도 그렇게 생각하는 이가 많다. '그들이 벌었으니 당연히 그들의 것'이라는 생각은 심지어 저소득층 속에서도 흔히 발견되는 정서다. 미국의 심리학자 멜빈 러너Melvin Lerner는 이런 정서를 '세상은 정의롭다고 여기는 믿음the belief in a just world'이라고 부른 바 있다.[33] 거칠게 말해, 우리는 받을 자격이 있는 만큼 받고, 받은 것은 누릴 자격이 있다는 소리다. 부자들이 부를 누릴 자격이 있다고 믿는 것은 지나치게 관대한 생각이다. 가난한 사람들이 운명을 누릴 자격이 있다고 여기는 것은 그렇지 않지만 말이다. 부자들이 부를 누릴 자격이 있다고 여기면 그들을 부당하게 옹호하기 마련이다. 러너가 말했듯이, 세상을 정의롭다고 여기는 믿음은 착각이다. 그것은 일종의 희망 섞인 생각에 지나지 않는다. 필요가 인정받고 노력과 장점이 보상을 받는 정의로운 세상에서 살고 싶지 않은 사람이 어디 있겠는가? 하지만 우리가 원하는 대로 되지는 않는다.

2007년 금융위기 이후 사람들은 부자, 특히 은행가에 대해 예전보다 더 비판적으로 바뀌었다. 하지만 공적 문제를 바라보는 태도에 관한 최근의 여론조사에 따르면, 사람들은 하위 계층에게는 훨씬 더 비판적이다. 하위 계층 사람들은 '복지 수급 엄마', '가난뱅이 청년', '쓰레기 같은 백인', '일하지 않는 거지' 등의 말로 경멸당한다. 게다가 사회가 더 불평등해질수록 구성원들은 불평등에 대해 덜 비판하게 되는 것 같다.[34]

부자들의 지배

경제권력은 정치권력이기도 하다. 토지와 화폐 같은 자산을 지배하면 정치권력까지 갖게 된다. '경제의 최고 핵심부'(점점 금융 부문을 뜻하는 말이 되어가고 있다)를 지배하는 사람들은 정부(민주적으로 선출된 정부도 포함한다)에 자신들의 지시를 따르도록 압력을 행사할 수 있다. 그들은 돈을 다른 곳으로 옮기겠다고 협박하고, 감당하기 어려운 이자율이 아니면 정부에 대출을 해주지 않으며, 금융규제를 최소화하라고 요구한다. 또 정치자금을 후원한 대가로 자금을 조세회피처에 숨기고 세금을 덜 낼 수 있게 해달라고 요구한다. 탐사보도를 전문으로 하는 기자들은 정치권 자리와 핵심 금융기관 자리를 왔다 갔다 하는 사람들이 있으며, 심지어 위기

[2007년] 이후에도 금융이 규제를 받지 않고 지배력을 유지하도록 강력한 로비 그룹이 움직인다는 사실을 폭로했다. 유명한 금융기관들이 불법적 자금 세탁, 내부 거래, 이자율 조작에 관여했지만, 영국에서는 아무도 기소당하지 않았으며 벌금형이 내려진 경우에도 실제 벌금이 부과된 적은 없고 서로 협의해서 '합의'에 도달하는 정도로 그쳤다. 그 금융기관들이 이익을 챙기는 사이에 그것들이 유발한 손해는 몽땅 대중이 걸머졌다. 다수 대중은 소득과 복지 서비스의 급격한 감소로 고통을 받았다. 물론 많은 정치인은 상류층 출신이어서 부자를 돕는 일은 숨 쉬는 것만큼 자연스럽다. 그러나 상류층 출신이 아니라고 하더라도 '우리의 대표자들'은 점점 다수 대중을 대표하지 않는 경향을 보인다. 정치인들이 부자들을 돕는 일을 거부하고 싶어도 금융기관의 이해에 좌우되는 환경에서 벗어나기 어렵다.

돈을 어떻게 쓰는가?

부자들의 문제는 어떻게 돈을 벌었는가 하는 문제를 넘어서 어떻게 돈을 쓰는가 하는 문제로 발전한다. 그들이 사치품에 돈을 마구 쓰는 바람에, 생산자들은 가난한 사람들에게 제공해야 할 재화와 서비스를 생산하는 대신 사치품을 생산하게 된다. 경제가 왜곡되는 것이다. 이는 노동과 희소한 자원의 낭비다.

부자들은 어떤 경우에는 저소득층의 처지를 더욱 악화시키기도 한다. 예를 들어 주택 가격을 저소득층의 능력 범위 밖으로 밀어 올리는 경우다. 슈퍼리치들은 너무 돈이 많아서 물건을 사는 데 다 쓸 수가 없다. 그래서 그들은 남는 돈으로 부동산, 기업, 금융자산을 매입하는 등 투기에 나선다. 이런 행위는 다른 사람들이 생산한 부를 더 많이 뽑아갈 뿐, 생산적 투자를 유발하지는 못한다.

부자들만큼 지구를 무겁게 밟고 있는 사람은 없다. 개인 전용기와 대저택은 거대한 탄소 발자국을 만든다. 하지만 불편한 사실도 있다. 우리 대부분은 그들보다 작은 탄소 발자국을 만들지만, 부유한 나라의 탄소 발자국은 여전히 지구가 용납할 수준을 크게 넘어서고 있다. 돈으로 따지면 감당할 수 있는 정도라고 할지라도, 고삐 풀린 지구 온난화 과정을 중단시키려면 고탄소-대량소비형 생활방식을 유지해서는 안 된다.

우리는 심각한 문제에 봉착했다. 경제위기는 물론이고 그보다 더 크고 위협적인 위기(기후변화)가 그늘을 드리우고 있기 때문이다. 경제위기에 대한 해법은 성장이라고 알려져 있다. 그러나 성장은 지구 온난화를 가속한다. 지구를 구하려면 부유한 나라들이 균제상태[성장이 한계에 달해 1인당 국민소득이 일정한 수준에 머물게 되는 상태] 혹은 탈성장 경제로 전환해야 하지만, 자본주의가 존속하려면 성장이 필요하다. 성장은 자본주의의 DNA 속에 들어 있다. 소련의 국가사회주의가 환경문제를 다루는 데 서툴렀다는 사실은 이미 입증되었다. 우리에게는 다른 모델이 필요하다.

결론이 어둡기는 하지만, 매우 중요하고 긍정적인 정반대 메시지도 있다. 부유한 나라에 사는 많은 사람이 이미 달성한 생활수준을 넘어서면, 부가 더 많아진다고 해서 행복이 증진되지는 않는다는 것, 그리고 행복의 수준은 더 평등한 나라에서 더 높다는 것이다. 일정 수준의 문턱을 넘어서면, 행복은 평등성 향상, 스트레스 감소, 운동, 다른 사람들과 함께하기, 돌보고 돌봄 받기, 관심·기술·프로젝트 개발하기, 좁게 정의된 직업의 범위를 넘어서 세상을 경험하기 등을 통해서 증진된다. 극심한 경쟁을 끝내면 우리와 지구는 많은 유익을 얻을 것이다.

이 책의 개요

이 책에서 펼치는 기본 주장은 간단하다. 물론 길게 이야기하려면 몇 가지 복잡한 내용도 나올 수 있다. 하지만 나는 그 가운데 실제로 제일 중요한 것들만 다루려고 한다. 많은 논점에 대해 독자들의 반론이 나올 수 있다. 나는 논의를 진행하면서 일부 반론에 대해서는 답을 하겠지만, 몇 가지 반론은 서로 강하게 연결된 문제를 다 설명할 때까지 남겨둘 것이다. 그러므로 독자들은 인내심을 갖기 바란다. 여러분의 반론에 대한 답은 몇 페이지 뒤에 나올지도 모르니까. 사소한 반론은 미주에서 다루겠다. 내가 참고한 문헌들도 거기에 나온다. 장chapters의 순서대로 읽는 것이 제일 좋을 듯하지만, 사례나 여담을 다룬 중간중간의 상자글은 순서 없이 읽어도 괜찮다.

1부 '부의 추출에 대한 안내'에서는 우선, 익숙한 세 단어('벌이', '투자', '부') 때문에 우리가 경제문제를 생각할 때 얼마나 헤매게 되는지를 밝힌다. 경제가 어떻게 작동하는지 파악하기 어려워지는 데에도 세 단어의 영향이 크다. 그다음 부자들의 부가 어디서 나오는지를 이해하는 데 결정적인 열쇠가 되는 요소를 제시한다. 노력소득과 불로소득의 구분이다. 이어지는 장들에서는 현대 경제에서 불로소득이 취하는 다양한 형태를 설명한다. 1부의 마지막 장에서는 부자들의 소득을 옹호하는 사람들이 제기하는 몇 가지 공통된 반론을 다룬다. 부자들이 일자리 창출, 기업가 정신, 경제조정의 효율성 증진과 같은 중요한 역할을 한다는 내용이다.

2부 '부자들을 제자리에 두기'에서는 우선, 우리의 부가 얼마나 예전 세대의 노동에 의존하는지를 다룬다. 두 번째 장에서는 노력소득의 결정 요인이 무엇인지 검토한다. 여기서는 지금까지 간과했던 고급 일자리와 저급 일자리 간의 분업과 그로 말미암아 발생하는 불평등을 조명한다. 세 번째 장에서는 우리의 사회적 지위는 우리의 노력과 능력에 따라 결정된다고 믿는 평평한 운동장의 신화 또는 능력주의의 실체를 폭로한다. 그렇게 함으로써 우리는 부자들을 경제적 불평등의 재생산이라고 하는 좀 더 넓은 자리에 두고 생각할 수 있다.

3부 '부자는 어떻게 더 부유해지는가: 위기 발발에서 그들은 어떤 역할을 했을까?'에서는 지난 40년 사이에 부자들이 증가하면서 금융위기가 배태된 과정을 다룬다. 금융 부문이 엄청나게 팽창하는 가운데 어떻게 극소수가 유례없는 규모로 부를 추출해서 부유해질 수 있었는지 밝히는 것이 핵심이다. 그다음 금융 확장의 핵심 수혜자들(금융 중개인, CEO, 부동산 과다 보유자)이 애초에 부를 어떻게 형성했는지 설명한다.

4부 '부자들을 위한 부자들의 지배'에서는 금융 엘리트가 어떻게 민주주의를 억압해 정부로 하여금 부자들의 이해(부자들이 조세회피처를 활용해 부를 은닉하는 것까지 포함한다)를 옹호하게 하는지 밝힌다. 부자들은 금융위기로 발생한 사회적 비용을 다른 사람들에게 떠넘기고, 자신들이 한 짓에 쏟아질 관심을 다른 데로 돌리는 일에 놀랄 만한 실력을 발휘했는데, 이를 설명하는 것도 4부의 과제다.

5부 '나쁘게 벌어서 나쁘게 쓴다: 소비에서 이산화탄소로'에서는 부자들이 돈을 어떻게 쓰는지, 경제를 어떻게 왜곡하는지에 대해 비판적으로 검토한다. 부자들은 자원과 노동을 낭비하고, 자신들보다 하위에 있는 사람들을 부추겨 낭비적 소비를 모방하게 한다. 게다가 부자들은 지구의 운명을 위협한다. 이를 설명하면서 부유한 나라에서는 물질적 재화를 더 많이 소비한다고 해서 행복이 증진되지는 않는다는 사실도 밝힌다.

결론에서는 우리가 직면한 끔찍한 이중위기(한편으로 심각한 금융위기, 다른 한편으로 고삐 풀린 지구 온난화)를 조명한다. 해오던 대로 하는 것은 선택사항이 될 수 없다. 우리에게는 급진적인 변화가 필요하다. 이는 경제활동의 목적과 삶의 방향을 재검토하는 일까지 포함한다. 따라서 우리는 근본으로 돌아가야 한다. 나는 선언문을 발표할 수는 없지만, 필요한 일을 하는 데 활용할 **몇 가지** 새로운 방법을 제시하고자 한다.

작금의 위기에 대해, 또 자신들이 초래하지도 않은 손해의 비용을 지불해야 하는 현실에 대해 분노하는 사람이 많다. 앞으로 선진국에서는 많은 사람이 실업, 예전보다 많은 부채, 주거비 문제, 부족한 국가 지원, 수도·전기·가스 요금의 인상, 공공 부문의 축소와 자금 부족 등의 문제로 고통을 겪을 것이다. 매우 불평등한 사회에서 태어나 가난하게 자란 사람들은 그들 앞에 놓인 기회를 활용하지 못했다는 이유로 비난과 멸시를 받고 있다.

그러나 우리는 이 모든 일의 대부분이 부자들의 성장 때문에 발생했다는 사실을 알아야 한다. 매우 저평가되어 있는 20세기 초의 급진 사상가 토니가 말했듯이, "사려 깊은 부자들이 빈곤문제라고 부르는 것을 사려 깊은 빈자들은 부의 문제라고 부른다. 둘 다 정당한 표현 아닌가?"[35]

58

Why We Can't Afford the Rich

1부

부의 추출에 대한 안내

어떤 경제든 물자 제공에 기여하는 사람들과 제공된 물자를 소비하는 사람들에게 의존한다. 모든 사람이 물자 제공에 기여할 수는 없지만, 살아가기 위해 소비는 해야 한다. 농사, 기계나 소프트웨어 생산, 생산물 배달, 교육, 훈련, 돌봄 등으로 기여하는 사람들은 보통 노동할 수 없는 다른 사람들(사랑하는 가족일 수도 있고, 공동체 구성원 또는 가끔은 그 범위 밖의 사람들일 수도 있다)을 돕기를 꺼리지 않는다. 반면, 단지 다른 사람들에게 필요하지만 그들이 갖고 있지 않은 핵심 자원을 장악해 부를 추출하거나 다른 사람들이 자원을 이용할 때 요금을 부과함으로써 소득을 얻는 사람들도 있다.

앞으로 보겠지만, 이는 부자들이 가진 이례적인 부의 핵심 부분이다. 부의 창출이 아닌 부의 추출과정에 접근할 수 있다는 점은 부자임을 표시하는 특징이다. 부자들을 감당할 수 없는 이유를 이해하기 위해서는 부의 추출이 어떻게 이뤄지는지 살펴봐야 한다. 1부는 부의 추출에서 활용되는 주요 방법에 대해 검토한다.

그런데 경제활동을 묘사하고 이해하기 위해 사용하는 단어가 체계적으로 오해를 일으키는 경우가 있다. '벌이'와 '투자' 같은 단순한 단어조차 위험할 정도로 애매하고, 많은 사실을 은폐한다. 신비화에 맞서려면 이런 단순한 용어가 쓰이는 방식을 드러내야 한다. 또 예전에 경제학 문헌에서 흔히 볼 수 있었던 노력소득과 불로소득의 구분을 되살려야 한다. 2장과 3장은 이 문제를 다룬다. 이런 문제를 다루고 난 다음이라야 부의 추출을 제대로 이해할 수 있다.

부의 추출에서 전통적으로 말하는 3대 메커니즘은 지대, 이자, 기업 소유로 얻는 이윤이지만, 그보다는 덜 명백한 다른 메커니즘도 존재한다. 1부의 나머지 장에서는 이것들을 차례로 다룬다. 단, 마지막 8장에서는 부자들을 옹호하는 가장 일반적인 반론 몇 가지(부자들은 일자리를 창출한다. 특별하고 기업가 정신이 있고 혁신적이다. 따라서 그들은 부자가 될 자격이 있다. 그들의 부는 낙수 효과를 통해 다른 사람들에게 혜택을 준다 등등)에 대해 대답한다. 또 주류 경제학자들에게서 나올 만한 반론에 대해서도 대답한다.

2장

위험한 세 단어
: '벌이', '투자', '부'

다른 분야의 용어도 그렇지만, 경제용어에서 한 단어가 전혀 다른 뜻을 가질 수 있다. '벌이', '투자', '부'와 같은 단어는 단조롭고 위험하지 않은 듯하지만, 현대 사회에 존재하는 중요한 경제적·도덕적·정치적 차이를 은폐한다. 이 단어들은 경제적 실천에 관한 생각과 가정을 상기시키지만 (이 생각과 가정이 사람들의 행위를 일정한 방향으로 유도한다), 동시에 많은 사실을 숨긴다. 예컨대 부자들은 '투자자'이기 때문에 돈을 '벌었으며', 따라서 모든 일은 완전히 정의롭고 적절하다고 여기기가 얼마나 쉬운가? 부의 과도한 집중으로 생기는 문제를 이해하려면, 이 단어들이 숨기고 있는 결정적 차이가 드러나도록 그것들을 철저히 분석할 필요가 있다. 우리가 우리와 부자를 포함한 다른 사람들의 행위를 평가하는 데 그 단어들이 영향을 미치기 때문이다.

'벌이'

어떤 사람이 '나는 올해 얼마를 벌었다'고 말할 때, 단지 얼마를 지급받았다는 뜻으로 말했을 수 있다. 그러나 '내'가 그 얼마를 **벌었다**고 특히 강조해서 말한다면, 자신은 지급받은 그 돈을 **받을 자격이 있음**을 암시하고 있을 가능성이 크다. 자신이 많이 노력해서 좋은 성과를 거두었다고 느낄 수도 있다. 이처럼 어떤 언어는 다른 일들에 대해서는 다른 단어로 표현한다.

하지만 영어를 비롯한 다른 많은 언어는 그렇게 표현하지 않는다. 한 단어에 두 가지 의미가 들어 있다는 점은 사람들로 하여금 받을 자격이 있는 것을 받았다고 생각하게 하는 데 매우 유용하다. 그래서 극빈층이 부자들을 두고 '돈을 벌었으니까 가질 자격이 있지' 하고 말하는 것이다. 또 부자들도 자신들이 부자가 될 자격이 있을 뿐 아니라 특별하며, 저소득층은 열등하다고 생각하는 것이다.[1] 돈벌이하는 모든 사람이 과세는 당연히 자기 소유가 되어야 할 부를 강탈하는 수단이라고 여기는 것도 그 때문이다.

소득과 자산은 재능이나 노력과는 거의 관련이 없는데, 거기에는 많은 이유가 있다. 이를 이해하려면 소득과 자산이 어디에서 나오는지는 물론이고, 애초에 재능을 키우고 노력을 권장한 요인이 무엇인지 살펴볼 필요가 있다. 이 책의 많은 부분이 이 문제와 관련이 있다.

'투자'

투자는 분명히 좋은 것이다. 이 단어에는 후광이 있다. 우리는 사람들을 훈련하고, 더 좋은 인프라와 통신망을 만들고, 기술을 개선하는 등 미래를 위해 투자할 필요가 있다. 여기서 말하는 투자는 재화와 서비스의 생산이나 기술의 발전을 가능하게 하는 자원의 제공을 수반한다. 그러나 상찬의 의미를 담고 있는 이 용어는 부의 원천을 위장한다는 점에서 경제용어 중 가장 위험하고 애매한 단어다. 이 단어는 방금 말한 것과는 전혀 다른 행위를 설명하는 데 종종 쓰인다. 다른 사람에게 이자를 받고 돈을 빌려주는 행위(돈을 빌린 사람도 그 돈으로 투자하지 않고 소비한다)나 값이 올라갈 것으로 기대해 부동산·금·예술품·주식 등의 기존 자산을 사는 행위 따위다.

투자라는 말에는 전혀 다른 두 개의 개념이 들어 있다.

1. 대상에 초점을 맞춘 정의

이 정의는 투자자(사람과 조직)들이 어디(예를 들어 인프라, 설비, 사람)에 투자하는지와 그 유용성, 미래에 발생할 편익에 초점을 맞춘다. 학교, 풍력 발전, 철도, 훈련 프로그램 등은 우리의 역량을 키움으로써 장기적인 편익을 가져다준다. 이런 투자는 새로운 재화와 서비스의 생산과 기술 개발을 가능하게 한다. 다시 말해 유용한 성질을 가진 물자(정치경제학의 용어로 사용가치)의 생산을 늘린다. 예컨대 교육 환경을 개선하고, 에너지원을 더 깨끗하게 만들고, 여행 수단을 개량하고, 노동자의 숙련을 증진하는 것 등이 여기에 해당한다. 마모된 설비를 고치거나 대체하는 일도 포함할 수 있다. 이것들은 모두 실물투자 혹은 객관적 투자라고 부를 수 있다.

2. '투자자'에 초점을 맞춘 정의

이 정의는 지출, 대출, 저축, 금융자산 매입, 투기 등을 통해 '투자자'가 얻는 금융이득에 초점을 맞춘다. 그 행위들이 객관적 투자에 도움을 주는지 또는 사회적으로 유용한 것을 제공하는지와는 상관이 없다. 다른 말로 하면, 사용가치 면에서 투자가 가져올 편익이 아니라 투자자에게 얼마나 많은 돈을 안겨주느냐에 초점을 맞춘다. 금융 부문은 돈의 출처에는 무관심하므로 '투자'를 주로 이런 의미로 쓴다. 객관적 투자를 통해 얻은 100만 파운드는 대출 이자로 획득한 100만 파운드나 주식투기로 벌어들인 100만 파운드와 아무런 차이가 없다. 돈은 돈일 뿐, 결정적인 차이는 은폐된다. 수익을 안겨줄 것으로 기대하는 경우, 도박(다른 이들의 돈으로 하는 도박을 포함)도 '투자'라고 부른다. 다리 이용자들에게 이용료를 걷기 위해 설치한 요금소도 오늘날의 경제용어로는 요금소 소유자를 위한 '투자'라고 부를 수 있다. 다리는 이미 존재하고, 요금소 소유자는 다리의 유지나 개량을 위해 어떤 노력도 하지 않는데도 말이다.

왜 이것이 문제가 될까? 같은 용어로 다른 현상을 설명하면 사람들은 부의 추출을 부의 창출로 오해할 수 있기 때문이다. 투자는 첫 번째 의미로는 부를 창출하는 행위를 뜻하지만, 두 번째 의미로는 부를 추출하는 행위를 뜻한다. 개인이나 기관이 진정한 투자를 위해 돈을 대는지, 아니면 단지 '투자자'에게 자금을 제공하는 수단에 돈을 대는지를 구분하지 않는 것은 자본주의의 비합리성을 보여주는 대표적인 관행이다. 우리가 투자라는 단어를 쓰는 방식 때문에, 이 사실은 드러나지 않고 은폐된다.

투자의 두 가지 용법이 가리키는 행위들 사이에 필연적인 연관은 없다. 당신은 진정한 투자에서 수익을 올릴 수도 있고, 올리지 못할 수도 있다. 당신 개인은 그 투자로 아무 수익도 올리지 못한다고 할지라도 다른 곳에서 물질적인 혜택을 창출할 수도 있다. 예컨대 나라 반대편 끝에 당신에게는 필요 없는 병원을 설립하는 경우를 생각해보라. 당신은 그 때문에 돈을 잃을 수도 있지만, 당신의 행위가 만일 다른 이에게 혜택을 가져다준다면, 여전히 첫 번째 의미의 투자라고 부를 수 있다. 부모들은 자녀를 키울 때 기울이는 노력이 이와 같다고 느낄지 모른다. 두 번째 정의의 관점에서는 이런 사례를 **나쁜** 투자로 간주할 것이다.

금융이득에만 초점을 맞추는 용법으로 객관적 투자를 전혀 창출하지 않는 행위를 평가할 수도 있다. 자산 탈취에서 드러나듯, 그런 행위는 생산을 중단하고 회사 물건을 팔아치워서 단기 이득을 얻기 위해 객관적 장기 투자를 희생할 수 있다. 이는 부정적인 영향을 낳을 수밖에 없다. 투기꾼은 늘 자신을 '투자자'라고 부른다.

두 가지 용법은 서로 다른 두 가지 느낌을 유발하기도 한다. 첫 번째 용법을 주로 쓰는 경우, 우리는 자신을 위해서나 다른 사람을 위해서나 뭔가 생산적인 일을 했다는 만족감을 느낄 것이다. 반면에 두 번째 용법을 주로 쓰는 경우, 신중하고 현명하게 행동해서 돈을 벌었다는 식의 자기 본위적인 느낌, 다시 말해 현명한 '투자자'라는 느낌이 들 것이다. 두 번째 의미의 투자자는 자신의 저축이나 금융 거래를 통해 생산적 투자가 이루어졌는지 아닌지 모른다. 상당한 수익을 올리고 있는데, 무엇 때문에 그런 일에 신경을 쓰겠는가? 하지만 잘 알다시피 그것은 경제발전에는 중요한 요소다. 은행들은 우리의 자산과 저축을 '투자'로 생각하도록 유도하고, 자산과 저축이 우리를 위해 더 '열심히 일하도록' 도와주겠다고 제안한다. 과거에는 순전히 쓰임새에 초점을 맞추어 생각하던 것(예컨대 주택을 가족이 함께 사는 집으로 인식했다)을 돈이 된다는 이유로 '투자'로 여겨야만 하게 됐으니 아이러니가 아닐 수 없다.

첫 번째 용법보다 두 번째 용법이 더 부상한 데는 '금융화한' 자본주의의 영향이 컸다. 금융화한 자본주의는 사람들을 조직화해서 재화와 서비스를 생산하게 하는 힘든 사업보다 돈으로 돈을 버는 일을 더 중시한다. 의식하지도 못한 채 서로 다른 두 가지를 하나로 취급하는 것은 실로 이상한 일이다. 진보적 논평가들조차 종종 두 가지 의미 사이에서 미끄러진다[잘못 인식한다는 뜻]. 그 때문에 두 번째 의미(즉, 투자자 중심)의 투자에 이해관계를 가진 사람들은 손쉽게 혼동을 조장한다. 그 결과 기능(사물이 어떻게 작동하는가)의 차이뿐만 아니라 도덕적 차이(유용한 물자의 창출에 기여하는 것과 뭐든지 가리지 않고 수익만 올리는 것 간의 차이)까지 은폐되어 버린다.

적절한 용어가 존재하지 않기 때문에, 나는 앞으로 두 번째 의미의 투자에는 작은따옴표를 붙이거나 '금융투자'라는 표현을 쓸 것이다. 이 '투자'는 생산적 의미의 투자를 포함할 수도 있고 그렇지 않을 수도 있다. 그러나 그것은 경제의 다른 곳에서 돈을 추출하는 수단에 불과할 수도 있다.

'부'

이 단어가 무엇을 은폐하는지 밝히려면 우선 화폐의 개념을 명확히 할 필요가 있다. 화폐는 많은 기능과 효력이 있지만, 우리의 논의와 관련해 가장 중요한 것은 **다른 사람의 노동과 생산물과 서비스에 대한 청구권**의 기능이다. 다른 사람들은 이 청구권을 용인할 필요는 없지만, 생활 자금이 필요해서 우리에게, 우리가 원하는 무엇인가를, 우리가 받아들일 수 있는 가격으로 팔고자 한다면, 그때는 이 청구권이 먹힐 것이다. 화폐는 다른 사람들이 우리에게 팔고자 하는 물건을 가지고 있을 때만 가치를 갖는다는 뜻이다. 우리에게 물건을 파는 사람들은 자신들이 다시 뭔가를 사려고 할 때 우리에게서 받은 화폐가 받아들여지리라는 믿음이 있을 때만 우리의 화폐를 받아들이려고 할 것이다. 따라서 화폐 그 자체는 동전이든 지폐든 사소한 물건에 지나지 않는다. 훨씬 더 중요한 점은 화폐가 하나의 사회현상이며 믿음과 신뢰를 수반하는 사람들 사이의 사회관계를 상징한다는 사실이다.

화폐는 권력의 한 형태이기도 하다. 부자들은 평범한 사람들의 노동에 대한 청구권을 다른 사람들보다 훨씬 많이 갖고 있다. 시장복음주의자들은 모든 사람이 화폐를 사용해 자신이 원하는 것에 '투표'할 수 있다는 이유로 시장을 민주주의와 비교하기를 좋아하지만, 그것은 우스꽝스러운 비교다. 투표인들이 던지는 표의 수에 엄청난 차이가 있어서 소수에 불과한 부자들이 나머지 사람들을 이길 수 있기 때문이다. 나중에 보겠지만, 대부분의 사람은 화폐를 얻으려면 재화와 서비스를 생산해야만 하는 반면, 부자들은 생산하지 않고서도 화폐를 얻을 수 있다. 생산하는 다른 사람들에게서 뽑아내는 것이다.

화폐는 권력의 한 형태이기는 하지만, 궁극적으로는 판매를 위해 생산하는 재화와 서비스에 의존한다. 혹자는 경제를 단순히 사람들이 물건을 서로 사고파는 시스템으로 보지만, 우리는 그 물건이 먼저 생산되어야 한다는 사실을 강조한다. 생산이 선행하지 않으면 사고팔 물건은 금방 사라질 것이다.

그렇다면 부는 어떤가? 회계학적 용어로 부는 우리가 가진 모든 재산과 소유물의 시장가치에서 우리가 다른 사람들에게 빚진 모든 금액('부채')을 뺀 것이다. 주어진 기간에 발생하는 화폐의 흐름인 소득과는 달리, 부는 보통 일정한 시점에 화폐가치를 가진 스톡stock 또는 축적된 물건의 시장가치로 정의한다. 그러나 화폐와 무관하지만, 우리에게 유용하고 중요한 다른 의미의 부도 존재한다.

우리는 어떤 물건들을 팔고 싶을 때 일정한 값을 받고 팔 수 있어서가 아니라 우리에게 유익을 끼치거나 의미가 있기 때문에 귀하게 여긴다. 이것은 사용가치적 부로서, 재화와 서비스, 인프라, 우리가 일을 잘하고 잘 사는 데 필요한 축적된 지식과 정보 등이 여기에 해당한다. 다시 말하지만, 대부분 인간 노동의 산물인 재화와 서비스가 없으면 화폐는 아무런 가치도 없다.

어찌 보면 작금의 경제위기는 사람들이 이 기본 진리를 망각하고 돈이 돈을 번다고 착각한 데서 시작되었다. 만일 우리가 '부'라는 단어의 금융적 의미만을 기억한다면, 오스카 와일드Oscar Wilde가 말한 대로 "모든 것의 가격은 알지만, 가치는 하나도 모르는" 사람들과 같아질 것이다.[2]

부에 관한 지혜로운 생각

아리스토텔레스는 진정한 부란 재산과 화폐의 축적이 아니라 그 자체로 유용한 물건과 행위라고 생각했다.[3] 그가 보기에 화폐는 목적을 달성하기 위한 수단에 불과한데 그 자체를 목적으로 여기는 것은 미친 생각이었다. 존 러스킨John Ruskin은 "어떤 물건의 가치는 당신이 지불하려는 대가가 아니라 그것이 당신에게 끼치는 유익으로 측정해야 한다"고 믿었다. 우리는 가끔 다른 것을 포함하기도 한다. '당신의 건강은 당신의 자산(부)'이라고 말하는 사람이 있는가 하면, 우리도 가끔 우리의 삶을 풍요롭게 하는 모든 것(우정과 사랑, 자연, 예술, 문학, 과학, 음악, 춤, 스포츠 등)을 포함하도록 단어의 의미를 확장한다. 러스킨은 "부는 없고 인생이 있을 뿐이다. 사랑, 기쁨, 경탄의 능력이 들어 있는 인생 말이다" 하고 말하기도 했다.[4]

나는 이 책 마지막 부분에서 이런 논평들을 단지 시적인 사치로 여기지 말고, 우리의 경제와 사회를 조직하는 더 나은 방법을 모색할 때 꼭 염두에 두어야 한다고 주장할 것이다. 그렇게 하지 않는다면, 지구를 구하고 가난한 사람들의 삶을 개선하리라 기대하지 말아야 한다.

이제 여러분은 단어에 다른 용법이 있다는 점에서 세 용어 사이에 유사성이 존재한다는 사실을 눈치챘을 것이다. 투자라는 단어를 사람들의 활동으로 유용한 결과를 얻어내는 과정이라는 의미로도, 단지 화폐 제공자에게 금융이득을 가져다주는 모종의 행위라는 의미로도 쓰듯이, 부라는 단어 역시 유용하고 유익한 물건이나 관계라는 의미로도, 소유물이 시장에서 팔리는 값이라는 의미로도 쓴다. 마찬가지로 벌이라는 단어는 당연히 보수를 받아야 할 어떤 행위를 의미할 수도 있고, 그냥 수령액을 의미할 수도 있다. 각각의 경우에 유용한 활동과 관련된 의미(사용가치)와 화폐 획득과 관련된 다른 의미(교환가치)가 공존한다. 각각의 경우에 두 가지 의미가 함께 쓰이면서 서로 엮이는 때가 있고, 그럴 필요가 없는 때가 있다. 부자들의 문제와 민망한 세상의 상태를 이해하고 싶다면, 용어의 다른 의미를 혼동하는 일을 피해야 한다.

3장

노력소득과 불로소득

부자들을 감당할 수 없는 가장 중요한 이유를 밝히려면 **노력소득**과 **불로소득**의 구분을 되살릴 필요가 있다. 이 구분은 정치경제학, 사회주의 사상, 과세의 역사에서 근본적인 중요성을 갖고 있었다. 오늘날 소득 신고서의 여러 항목에도 그 흔적이 남아 있다. 이 구분은 따분하게 들리기는 하지만, 엄청나게 중요하다. 정치적으로 그것은 다이너마이트와 같다. 최고 부자들이 소득의 상당 부분을 자격 없이 획득한다는 사실을 암시하기 때문이다. 흥미로운 점은 지난 40년 사이(부자들의 불로소득이 팽창한 시기)에 긴 역사를 가진 이 구분을 적용하는 사람이 사라졌다는 사실이다.

우선, 노력소득부터 살펴보자. 대충 말하자면, 이 소득은 임금과 월급을 받는 피고용인들과 자영업자들이 재화와 서비스를 생산한 대가로 받는 금액이다. 이는 그들의 소득에 받을 자격이 있는 금액이 정확히 반영된다는 뜻은 아니다. 그들의 소득은 다른 사람들이 사용할 수 있는 재화와 서비스의 제공에 기여해야만 주어진다는 뜻이다.

나중에 보겠지만, 사람들이 노동의 대가로 받을 자격이 있는 금액과 실제로 받는 금액 간의 연관은 매우 약하다. 전자는 측정하고 싶어도 잘 안 된다. 그러나 그들의 소득은, **노동을 토대로 하며** 그들이 생산하고 배달하는 재화와 서비스가 **사용가치**(예를 들어 영양가 있고 맛있는 식사, 수학 수업의 교육 효과, 난방 시스템을 통해 제공되는 온기 등)를 갖는다는 의미에서 노력소득이다. 따라서 여기에는 **두 가지** 기준이 있는 셈이다. 노력소득은 노동을 토대로 한다는 것과 사용가치 생산에 직간접적으로 기여하는 노동을 토대로 한다는 것 말이다.[5] 이 점은 중요하다. 조금 뒤에 보겠지만, 유용한 재화와 서비스를 전혀 생산하지 않고 오로지 다른 사람들에게서 돈을 추출하는(대가로 아무것도 만들어주지 않고) 노동도 가능하기 때문이다.

어떤 노력소득은 나중에 얻는다. 피고용인들이 임금의 일부로 내는 국가보험의 보험료는 은퇴 후 국가연금과 그 외 다른 혜택의 원천이다. 그러므로 어떤 사람이 지금 일하지 않으면서 혜택을 받고 있다고 해서, 그들의 소득을 불로소득이라고 단정해서는 안 된다. 그들은 과거에 벌어서 쓰지 않은 것을 되돌려 받는 중인지도 모른다.

많은 재화와 서비스는 시장에서 화폐와 교환되기 때문에, 사용가치뿐만 아니라 교환가치도 갖는다. 우리는 화폐를 가지고 시장에 나온 다른 물건들을 살 수 있다. 그러나 판매 목적으로 생산하지 않고 조세로 비용을 조달하는 것들도 많다. 정부는 이런 재화와 서비스를 생산하면서 경찰관, 공공 도서관 사서, 학교 교사 등 국가 부문 노동자들에게 소득을 지급한다. 공공 부문 노동자들은 민간 부문 노동자들 못지않게 부(유용한 재화와 서비스)를 생산할 수 있다. 이런 재화와 서비스를 생산하려면 노동, 노동자들이 사용하는 재료와 에너지, 노동자들에게 필요한 훈련 등에 비용이 든다. 임금을 받지 않는 노동도 가족 식사, 육아, 노인 돌봄과 같이 삶에 필수적인 재화와 서비스를 생산할 수 있다. 그래서 이런 일을 하는 사람들에게 국가가 보수를 지급하자는 주장이 나온다. 돌봄 노동이 없이는 어떤 사회도 존속할 수 없는데도, 돌봄 노동으로 부자가 되는 사람은 아무도 없다.

우리는 형체를 가진 물질(예컨대 발 위에 떨어뜨릴 수 있는 물건)을 생산하지 않는 노동은 비생산적이라고 여기는 오래된 편견을 거부할 필요가 있다. 예를 들어 아동에게 독서를 가르치는 것보다 더 생산적이고 사회적으로 유익한 일이 있을까?(말쟁이들이 '할 수 있는 사람은 하라. 할 수 없는 사람은 가르치라'고 떠드는 것을 앵무새처럼 따라 하는 사람들은 생각을 바꿀 필요가 있다.) 권면과 정보·치유·훈련·교육·오락 같은 비물질적인 서비스도 엄청나게 유익하다. 물질적 생산에서뿐 아니라 이런 비물질적인 서비스의 제공에서 전문가를 기대한다면, 그들에게 소득을 지급해야 한다. 그래야만 그들이 노동에 대한 보수 또는 보상을 받고 그 일을 계속할 수 있다. 또 돈을 벌지 않는 노동은 가치가 없으며 민간 부문만 부를 생산한다고 여기는 편견도 버려야 한다. 이미 본 바와 같이 화폐와 금융자산은 판매를 목적으로 하는 재화와 서비스가 존재하는 경우에만 가치를 갖지만, 학교교육처럼 무료로 제공하는 재화와 서비스도 있다.

어떤 노동은 재화와 서비스의 생산·분배에 간접적으로 관계하지만, 물자 제공이 효율적으로 이뤄지려면 꼭 필요하다. 회계는 조직에서 자금의 사용을 감독하고 관리하는 데 필요하고, 경찰은 사람과 재산을 보호하는 데 필요하다. 물건을 파는 조직은 재화 소유권의 이전을 대장에 기록하고 돈을 받는 노동자들이 필요하다(슈퍼마켓 계산원이 하는 일이 바로 이

것이다).[6]

노력소득은 재화나 서비스의 제공에 토대를 두지만, 불로소득은 그렇지 않다. 이 소득에는 매우 다른 두 가지 형태가 있다.

1. 기부를 통해 생기는 불로소득 또는 정당한 불로소득('이전소득')

어떤 불로소득은 수령자들이 돈을 벌 수 있는 노동을 할 수 없다는 사실을 근거로 하여 무상으로 주어진다. 아동, 노인, 환자, 임금을 지불받는 노동을 할 수 없는 사람들이 이런 유형의 불로소득을 얻는다. 소득 제공자는 가족일 수도 있고 국가일 수도 있다. 이 경우에 불로소득은 **필요**를 근거로 정당화되는 것 같다. 물론 가족 간에는 사랑이 개입하기도 하지만 말이다. 사실 우리는 이런 소득을 불로소득으로 여기지도 않는다. 그 정당성이 너무나도 명백하기 때문이다. 생산자들에게 아동, 노인, 환자, 임금을 지불받는 노동을 할 수 없는 사람들을 지원하기 위해 지금 소비하는 양보다 조금 더 많이 생산해야 한다고 말하면, 그들은 반대하지 않을 것이다. 다른 이들을 지원하기 싫어하는 사람들도 있지만, 우리가 다 그런 마음이면 세상은 끝장날 것이다. 우리는 모두 삶의 중요한 영역에서 다른 사람들의 돌봄과 지원에 의존한다.

우리가 공공심이 충만해서 다른 이들에게 좋고 문명사회라면 꼭 있어야 한다는 이유로 쓰지 않을 물건을 만들어 그들을 지원할 수도 있지만, 거기에는 보통 자기 이익이라는 요소가 들어 있기 마련이다. 미래에 어떤 사고와 질병이 우리를 덮칠지 누가 알겠는가? 자기 이익과 일반적 이익이 언제나 반대되지는 않는다. 오히려 양자는 상호 보완적일 때도 있다.[7] 내가 건강을 유지하려고 노력한다고 해서 이기적인 게 아니다. 그것은 내가 자기 이익을 추구하는 것이며, 그렇게 할 때 나는 다른 사람에게 쓸데없이 부담을 주지 않으려고 신경을 쓴다. 하지만 어떤 때는 문제를 피할 수가 없다. 이런 취약성은 인간이 존재하는 곳이라면 어디서나 나타난다. 따라서 그런 위험을 모두 모아서 함께 나누는 사회 안전망을 구축하는 것은 이치에 맞는 이야기다. 우리가 다 함께 그런 제도를 지원한다면, 그것은 단지 선물이 아니라 권리의 원천이 될 수 있다. 권리는 의무적으로 지켜줘야 하지만, 선물은 줘도 그만, 안 줘도 그만이며, 받는 사람은 결함을 가진 존재로 취급당하기 쉽다. 켄 로치Ken Loach의 영화 〈1945년의 정신The Spirit of '45〉이 강렬하게 상기하듯이, 영국의 복지국가는 신자유주의자들이 그 기반을 흔들고 오명을 뒤집어씌우기 전에는 노동자들이 세금을 통해 수혜자와 기여자로 참여하며 자랑거리로 여기던 제도였다.

반면에 민간보험은 필요가 아니라 지불 능력을 근거로 운영한다. 국가건강보험National Health Service이 충분하지 않은 미국에서는 2012년 현재 4,860만 명이 건강보험에 가입하지 못했다(당시 4,680만 명의 미국인이 공식 빈곤선 아래에서 생활하고 있었다).[8] 그보다 더 많은 사람이 덜 심각한 질병만 혜택을 받는 보험에 가입하고 있었다. 이런 상황에서 사고와 질병은 사람들의 삶에 치명적인 영향(실직, 주택 압류, 사업 실패, 갑작스러운 빈곤)을 끼칠 수 있다. 영국인들은 민간건강보험 회사가 만성적인 자금 부족에 시달리는 국가건강보험을 건너뛰고 자기들에게 오라고 권유하는 이메일이나 편지를 받을 때가 있다. 거기에 숨은 뜻은 '우리 주주들에게 돈을 두둑하게 지급할 수 있도록 우리에게 돈을 달라'는 것이다. 민간보험 회사는 보험료를 낼 수 없는 사람들에게는 냉정하다.

실제로 누가 이전소득을 받을 자격이 있는지는 사회마다 다르다. 하지만 일반적으로 거기에는 도덕적 책무, 의무와 공평성에 대한 감각, 모든 사람에게 자기 이해가 있다는 인식, 문화적 기준, 복지 혜택을 얼마나 제공하는 것이 득표에 유리한지에 관한 정치적 결정 등이 복합적으로 작용한다. 이 문제는 민주정치에서 공통되는 논쟁거리다. 이전소득 지급의 가장 중요한 근거는 보통 수혜자들이 가난하고 소득을 얻을 수 있는 노동을 할 수 없다는 것, 또는 그들에게 일자리가 충분하지 않다는 것이다. 하지만 집단적·개인적 판단도 중요하다. 요컨대 이전소득은 **필요를 토대로 한다.**

2. 추출되는 불로소득

이것은 앞의 형태와는 매우 다르다. 이 불로소득은 토지, 빌딩, 설비와 같이 이미 존재하는 자산을 지배하는 사람들이 추출한다. 다른 사람들은 이 자산들을 갖고 있지 않지만 필요하기 때문에, 그것들을 사용하는 경우 사용료를 내야만 한다. 불로소득자들은 스스로 노동을 할 수 있건 없건, 소득을 벌 수 있건 없건, 그들에게 돈을 내는 사람이 공정하다고 여기건 여기지 않건 간에 불로소득을 얻을 수 있다. 어떤 자산, 예를 들어 주택이 이미 존재한다면, 유지비 말고는 생산비가 전혀 들지 않는다. 불로소득자들이 기존 자산에서 불로소득을 얻는 것은 '자격이 있어서'도 아니고(예전에 없던 것을 새로 추가하지 않는다), 그들이 가난해서 스스로 먹고 살 수 없는 존재라고 다른 사람들이 판단해서도 아니다. 오로지 그렇게 할 수 있기 때문이다. 이는 핵심 자산의 불평등한 소유와 지배에 근거를 둔 권력이다. 1930년대에 J. A. 홉슨Hobson은 이를 '부당 소유improperty'

라고 불렀다.[9] 대부분의 경우, 불로소득자들은 법적으로 그들에게 기존 자산을 지배하고 원하는 대로 처분할 자격을 부여하는 소유권을 배경으로 이 지배력을 행사한다. 이런 유형의 불로소득은 **자산에 토대를 둔 것으로, 이 책의 논의에서 중심 위치를 차지한다.**

노력소득은 노동에 근거를 둔 것으로 사용가치 생산에 의존하고, 이전소득, 곧 기부를 통해 생기는 불로소득은 필요를 근거로 정당화되지만, 자산의 지배에서 생기는 불로소득은 권력 외에는 아무 근거도 없다.

비렁뱅이? 게으름뱅이?

신자유주의 성향의 정치인들과 타블로이드 신문은 늘 복지 혜택에 의존하는 사람들을 '비렁뱅이'라고 비난한다. 최근 영국 연립정부 [2010년 영국 총선에서 제1당을 차지했으나 과반 확보에는 실패한 보수당이 자유민주당과 함께 구성한 정부로, 2015년 총선에서 보수당이 단독 과반을 차지하면서 종료되었다]의 한 인사는 이들을 '게으름뱅이'라고 불렀다. 이런 비난을 들으면 몇 세기 전에 자격 있는 가난한 사람과 자격 없는 가난한 사람을 구분하던 것이 떠오른다. 역사가 존 웰쉬먼John Welshman이 밝혔듯이, 사회과학자들은 지난 120년 동안 여러 차례 그 구분의 증거를 찾아달라는 의뢰를 받았지만, 아무것도 찾지 못하고 빈손으로 연구를 마쳤다.[10] 복지 수혜자들을 비렁뱅이나 게으름뱅이라고 부르는 것은 동료 시민에 대한 수치스러운 모략이다. 그 이유는 다음과 같다.

- 현재 복지 혜택을 받는 많은 사람은 과거에 국가보험에 보험료를 내는 것을 포함하여 노동으로 사회에 기여해왔고(앞으로 기여할 수도 있다), 그들 모두가 어떤 형태로든 세금을 납부해왔다. 설사 소득세를 내지 않았다고 하더라도 구입하는 물품에 부과되는 부가가치세 VAT는 납부했을 것이다. 가장 어린 사회 구성원을 제외한 모든 사람은 이렇든 저렇든 납세자다. 따라서 그들은 수혜자인 동시에 기여자다. 실제로 많은 사람은 연기된 노력소득을 받고 있을 뿐이다. 복지는 '혜택'보다는 권리라고 부르는 것이 옳다. '혜택'은 자선활동을 연상시키기 때문이다.

- 단기 일자리가 생기면서 실업자는 계속 실업 상태에 있는 것이 아니라 일을 했다가 안 했다가 하는 상태에 놓인다. 2008년 이후 실질임금이 하락하는 바람에 '워킹 푸어working poor'가 늘어나서 일하지 않는 가난한 사람들의 수를 크게 초과하게 됐다.[11]

- 많은 사람이 심신을 쇠약하게 만드는 질병이나 심각한 장애 때문에 일을 할 수가 없다. 영국에서 보수당-자유민주당 연립정부는 환자와 장애인을 상대로 충격적인 캠페인을 벌였는데, 일할 형편이 아닌 사람들에게 일자리를 구하거나 복지 수급액 삭감을 받아들이라고 강요하는 내용이었다.

- 많은 사람이 임금을 받지 않고 다른 사람을 돌보는 중요한 일을 한다. 고용되지 않고 하는 일이 많고, 화폐가 아닌 부도 많다. 돌봄 노동은 행복에 필수적이므로 지원을 받을 필요가 있다.

- 일자리가 충분하게 없어서 실업자가 되는 사람들이 많다. 이는 명백한 사실인데도 신자유주의자들과 무비판적인 언론들은 늘 외면

한다. 지난 3년 동안 영국에서 구직자와 빈 일자리의 배율(추정치)은 5대 1[12]에서 8대 1 사이에 있었다. 어떤 지역은 빈 일자리 하나에 구직자가 20명이다. 구직자들이 숙련을 향상하면서 아무리 열심히 일하더라도 이 배율은 변하지 않을 것 같다. 흥미롭게도 실업은 대량 해고와 투자 중단의 역사를 가진 지역에서 집중적으로 발생한다. 실업률은 무기력한 '게으름뱅이'가 많은 지역에서 높고, 부지런한 주민(영국 재무부 장관 조지 오스본George Osborne은 '노력하는 사람'이라고 불렀다)이 많은 지역에서 낮은 것이 아니다. 여덟 명(혹은 다섯 명)이 한 자리에 다 갈 수는 없잖아요, 장관님.

합리적이고 문명화한 사회의 시민이라면 누구라도 위와 같은 사람들을 도와야 한다는 의무감을 느낄 것이다. 이제 우리는 소득 계층에서 이들과 정반대 끝에 있는, 받을 자격이 없는 사람들에게 관심을 돌려야 한다.

불로소득에 대해 던져야 할 의문이 한 가지 더 있다. 불행히도 사람들은 이 의문을 너무나 자주 간과한다. 아무것도 생산하지 않는 사람이 어떻게 살아갈 수 있을까? 그들이 생산에 기여하지 않고도 재화와 서비스를 소비하고(부자들의 경우는 엄청난 양을) 있다면, 도대체 누가 그 재화와 서비스를 생산하는 걸까? 답은 이것밖에 없다. **어떤 사람들이 생산하지 않고 소비할 수 있다면, 재화와 서비스를 생산하는 다른 사람들이 자신들이 소비하는 것보다 더 많이 생산해야만 한다. 달리 말하자면, 다른 누군가가 잉여를 생산해야만 한다.** 이들은 임금이나 월급을 받기는 하겠지만,

일부 노동에 대한 대가는 못 받는다. 1929년 기독교 사회주의자 토니는 다음과 같이 말했다. "일하지 않고 소유함으로써 살아가는 사람은 근면하게 일하는 다른 사람의 지원을 받아야만 한다. 따라서 그들을 상찬하고 격려하는 것은 너무나 비싼 사치다."[13]

어떤 사람은 불로소득과 노력소득을 동시에 얻을 수도 있다. 예컨대 집을 한 채 더 가지고 그것을 임대해 임대료를 받는 노동자들은 노력소득과 함께 불로소득을 얻을 수 있다. 주택 가격 상승에 기대어 돈을 벌거나 주식 거래로 돈을 벌어서 노력소득에다 불로소득을 더하는 사람도 있다(이 두 경우에 기회를 잡는 사람은 대부분 부자다). 나중에 보겠지만, 사람들이 노력소득과 불로소득을 동시에 얻는 다른 방법도 있다. 모든 사람을 한 가지 소득만을 얻는다고 칼로 무 자르듯이 분류할 수 있으리라 기대해서는 안 된다. 한 사람이 두 소득을 동시에 얻고 있다고 하더라도, 두 소득을 구분해내기는 쉽다. 실제로 소득 신고서를 작성할 때 우리는 그 둘을 구분해야 한다.

단순히 자산을 소유하는 것만으로 얻는 불로소득은 누가 그 혜택을 누리건 문제가 있다. 생산이나 필요가 아니라 권력에 토대를 두기 때문이다. 뒤에서 보겠지만, 진짜 부자들의 소득은 대부분 생산이 아니라 권력에서 나온다. 많은 평범한 사람들이 소액의 자산 기반 불로소득을 얻는다는 사실 때문에 방 안에 있는 코끼리를 놓쳐서는 안 된다. 부자들은 이 불로소득을 다른 사람보다 훨씬 많이 얻는다. 미국의 정치경제학자 마이클 허드슨Michael Hudson의 말을 들어보자.

인구 중 가장 부유한 1퍼센트가 부에서 나오는 소득(즉, 특권이익)의 57.5퍼센트를 갖는다. 이 이익(이자, 지대, 자본이득)은 기본적으로 사업을 해서 얻는 대가가 아니다. 그것은 순전히 시장을 내리누르는 요인에 불과하다. 가장 부유한 사람들에게 공짜 점심을 제공하는 것 말고는 시장을 '자유롭게' 하지 않는다. 전체 인구의 상위 20퍼센트가 이 소득의 약 86퍼센트를 차지한다.[14]

자, 이제 정치경제학자들이 밝힌 불로소득의 주요 유형을 살펴볼 차례다. 그 가운데 가장 덜 논쟁이 될 지대에서 시작해 이자, 그리고 좀 더 논쟁이 될 이윤으로 나아갈 것이다. 그런 다음 주식 보유와 '가치 절도value-skimming'까지 살펴볼 것이다. 이 작업에는 시간이 필요하다. 그 가운데 몇 가지(특히 대출 이자)는 방대한 함의를 갖기 때문이다. 그러나 부동산 거품과 상환 불능 부채로 촉발된 이 위기의 시대에 제물이 되지 않으려면, 불로소득의 유형을 잘 이해할 필요가 있다. 이것들은 모두 부가 추출되는 형태로서 주로 부자들에게 이익을 안겨준다.

4장

지대, 무엇에 대한 대가인가?

나라의 토지가 모두 사유재산이 되면, 지주들은 뿌리지 않은 곳에서 거두려고 하고, 심지어 토지의 자연적 생산물에 대해서까지 지대를 요구한다. 노동자가 숲의 나무, 들의 풀, 지구의 모든 자연적 열매를 얻으려면 채취비용(노력) 외에 추가적인 가격을 지불해야 한다(토지가 공동 소유일 때는 채취하는 노력만 들이면 충분하다). 추가적인 가격이란 채취 허가의 대가를 뜻한다. 노동자는 자신이 채취하거나 생산한 것의 일부를 지주에게 납부해야 하는 것이다. 이 부분(같은 말이지만 이 부분의 가격)이 토지의 지대다(애덤 스미스).[15]

사람은 지구를 만들지 않았다. …… 사유재산이 될 수 있는 것은 지구 그 자체가 아니라 토지개량물의 가치뿐이다(토머스 페인Thomas Paine).[16]

도로를 건설하고, 거리를 조성하고, 철도 서비스를 개선하고, 전깃불로 밤을 낮처럼 만들고, 전차가 이리저리 미끄러지듯 다니고, 물을 저수지에서 수백 마일 떨어진 산속으로 보내는 동안 지주는 가만히 앉아 있다. 이 모든 개량을 가능하게 하는 것은 노동이며, 비용은 다른 사람들이 낸다. 그 가운데 가장 중요한 것들은 지방정부와 지방세 납부자들이 감당하는 비용으로 추진한다. 토지 독점가들은 개량에 전혀 기여하지 않지만, 개량 덕분에 그들의 땅값은 눈에 띄게 상승한다. 그들은 사회에 어떤 공헌도 하지 않으며, 공공복지를 위해 기여하는 바도 전혀 없다. 심지어 자신들의 부가 증가하는 과정에도 전혀 기여하지 않는다. 토지 독점가들은 사회에 공헌한 정도가 아니라 정확히 피해를 준 정도에 비례해서 토지 불로증가不勞增價를 얻는다(윈스턴 처칠Winston Churchill).[17]

소수가 토지를 소유하고 있다면, 그들은 '자신들의' 토지를 이용하는 대가로 다른 사람들에게 지대를 부과할 수 있다. 모든 사람이 토지 위에서 살아야 하고 새로운 토지를 생산하기는 쉽지 않기 때문이다. 토지와 광물 또는 다른 유용한 자원은 이미 존재하기 때문에, 지대는 유용한 물건을 창출한 데 대해 주는 대가가 아니다. 토지를 만들기 위해 비용을 낸 사람은 없다. 게다가 소유권 그 자체는 토지를 더 생산적으로 만들지 못한다. 지주가 토지를 개량하거나 토지 위에 무언가를 짓는 경우에만 그의 소득은 노력소득이 될 수 있다. 단, 전부 그런 것은 아니고 개량 노동의 대가에 해당하는 것만 그렇다. 그것을 초과하는 부분은 미국의 개혁가 헨리 조지Henry George, 그리고 나중에는 윈스턴 처칠이 '불로증가'라고 불렀다. 지주가 토지를 사서 임대용 건물을 짓는 곳에서 임차인은 건물 건축비에 상응하는 대가 외에 순전한 경제적 지대까지 낸다. 마이클 허드슨의 추정에 따르면, 미국 국민소득의 33~35퍼센트가 지대다. 지대 소득을 종종 '벌이'라고 부르지만, 실은 그렇지 않다. 토니가 말했듯이 지대는 다른 사람들의 노력에 부과하는 사적 조세와도 같다.[18]

기존의 자산이나 자원을 소유함으로써 불로소득을 얻는 사람을 정치경제학에서는 **불로소득자**라고 부른다. 대지주이자 영국에서 여덟 번째 부자[19]인 웨스트민스터 공작이 대표적인 사례다.

토지사유와 불로소득자를 공인하는 이 익숙한 제도는 전혀 다른 형태로 개혁할 수 있다. 만일 국가가 토지를 소유한다면, 국가는 그것을 개인과 민간 조직에 임대할 것이고, 이 경우에 발생하는 불로소득은 국가(중앙정부든 지방정부든)가 수취해서 민주적으로 결정된 용도에 쓸 수 있을 것이다. 따라서 존 스튜어트 밀John Stuart Mill이 말했듯이, "이는 국민에게 유리한 지대 징수가 될 것이다." 그보다 앞서 토머스 페인도 "모든 경작자는 공동체에 보유 토지에 대한 지대를 빚지고 있다"고 말한 바 있다.[20] 한편, 토지사유제에서는 세금으로 지대를 징수할 수 있을 것이다. 근대 초기였다면 지대 불로소득을 가장 먼저 과세해야 할 대상으로 여겼을 것이다. 당시 정부가 불로소득이 아니라 노력소득에 과세하려고 했다면 얼마나 이상했을까?

애덤 스미스가 정확히 인식했듯이, 불로소득자의 불로소득은 생산자들이 스스로 소비하는 물자의 양을 초과해 생산하는 잉여에서 나온다. **불로소득자들은 다른 사람들의 노동에 무임승차하는 것이다.** 어떤 사람이 지대로 100만 파운드를 받는다고 하면, 그 돈은 그것으로 살 수 있는 재화와 서비스가 존재해야만 가치를 갖는다. 이 재화와 서비스는 다른 사람들이 어디에선가 생산해야만 존재할 수 있다. 건강한 성인이 불로소득을 얻는다면 그건 정당하지 않은 일이다. 우리는 이런 현실에 맞서야만 한다.

토지가치와 지대는 시간이 갈수록 상승하는 경향이 있다. 특히 도시가 발달하고 인프라가 개선됨에 따라 토지의 불로증가는 늘어난다. 이것은 '개발이익' 또는 우발이익이라고 한다. 영세 불로소득자들도 많은데, 그들도 개발이익의 혜택을 누린다. 15만 파운드 하는 주택을 사서 현재 상태로 유지하기만 하다가 나중에 20만 파운드에 파는 경우, 인플레이션에 따른 상승분을 공제한 차익은 불로소득이자 우발이익이다. 그러나 가장 많은 이익을 누리는 것은 부자들이다.

억만장자 골목: 슈퍼리치에게 혜택이 쏟아지는 거리

영국에서 두 번째로 부유한 거리인 런던 비숍 가Bishops Avenue에는 대저택이 즐비한데 그중 3분의 1이 비어 있다. 그 주택들은 대부분 조세회피처에 등록된 아주 부유한 외국인들이 소유하고 있다. 그들은 조세회피 목적으로 그 주택들을 1년에 잠깐 사용할 뿐이다. 어떤 주택은 몇 년 동안 빈 채로 낡아가고 있다. 하지만 그 주택들의 시장가치는 수백만 파운드씩 올랐다. 이는 집주인이 자기 부동산에 뭔가 했기 때문이 아니라 단지 런던에서 개발이 이뤄져서 생긴 일이다. 집주인들은 그 주택들을 '투자' 목적으로 샀다. 이는 '개발이익'이라는 형태로 다른 사람이 생산하는 부에 무임승차하는 방법이다.[21]

정부는 그런 집주인들에게 '주택세'를 부과하는 대신, 공공주택에 거주하면서 남는 방을 빌려주고 임대료를 받는 저소득층에게 가혹한 '방세'를 부과하는 쪽을 선택했다. 그들은 남는 방이 없는 작은 집에 갈 수도 있겠지만, 그런 주택은 턱없이 부족하다. 있는 사람은 더 받아 넘치게 되고, 없는 사람은 있는 것마저 빼앗긴다.

지대를 특허권, 와이파이, 스타, 유명인에게 확대 적용하기: 경제적 지대

우리는 지대를 토지나 부동산을 이용하는 대가로 여기는 경향이 있지만, 경제학자들은 지대의 의미를 기존의 희소한 자산을 통제함으로써 추출하는 불로소득으로 확장했다.

토지의 공급은 고정되어 있으므로 통상 수요가 공급을 초과한다. 그 때문에 토지 소유자는 비소유자에게서 지대를 추출할 수 있다. 그런데 다른 재화도 힘으로 공급을 제한할 수 있다. 여기에는 법적 강제가 따를 수도 있고 그렇지 않을 수도 있다. 어떤 생산물이나 기술을 독점하고 있거나 전속시장[captive market: 소비자가 특정 상품을 살 수밖에 없는 시장]을 가진 기업은 가격을 완전경쟁시장에서 받을 수 있는 수준 위로 밀어 올릴 수 있다. 그때 얻는 소득 가운데 일부는 지대다. 철도나 정보통신망 같은 대규모 인프라의 경우, 모든 사용자가 서로 소통할 수 있도록 해주는 공통 기술을 보유하는 데서 생기는 이익이 있다. 공통 기술 제공자는 이 '자연스러운 독점'을 활용해 사용자에게서 지대를 추출할 수 있다. 기업들이 로비와 뇌물로 정부를 움직여 자신들에게 유리한 기술 기준과 규제를 승인(독점권을 부여하는 것과 같다)하도록 할 때도 그 기업들이 노리는 것은 경제적 지대다. 정보기술IT에 호환성이 필요하다는 사실 덕분에 마이크로소프트는 윈도Windows 운영체계를 팔아서 막대한 지대를 추출할 수 있었다. 윈도의 가격은 소프트웨어 생산비를 훨씬 초과한다. 특정 기술에 대한 특허권을 가지면, 다른 사람들이 그 기술을 활용할 때 사용료를 부과해서 지대를 추출할 수 있다. 좀 작은 규모로는 호텔이나 다른 업체들이 와이파이(한번 설치하면 거의 비용이 들지 않는다) 접근권을 팔아 경제적 지대를 추출하는 경우를 들 수 있다.

재화와 서비스를 공급하기는 하지만 지대 획득이 목적인 '소프트파워'[정보과학이나 문화·예술 등이 행사하는 영향력]의 사례도 있다. SNS는 사용자들에게 다른 사람들과 접촉할 수 있는 통로를 제공하는데, 수익의 주된 원천은 광고 공간을 허락하고 얻는 경제적 지대다.

기업들은 더 나은 제품을 더 싸게 공급하는 방식으로 경쟁할 수 있다. 하지만 지대 추구, 즉 사용자에게서 지대를 추출하는 데 활용할 수 있는 자산과 자원을 통제하는 방식으로 경쟁할 수도 있다. 세계은행World Bank 수석 경제학자였던 조지프 스티글리츠Joseph Stiglitz는, 부자들이 얻는 수익은 상당 부분 지대 추구가 활발해진 결과라고 주장했다. 그는 특히 금융 부문에서 행해진 지대 추구에 주목했다. 그에 따르면, 지대 추구는 소득을 한 집단에서 다른 집단으로 이전할 뿐만 아니라 경제에 부정적인 영향을 끼치기도 한다. 부를 창출하는 생산적인 용도에서 단순히 부를 추출하는 용도로 자원을 분산시키기 때문이다.[22] 지대 추구에서 생기는 돈은 생산에 재투자되지 않은 채 비생산적인 불로소득자의 주머니로 흘러들어간다.

오랫동안 전 세계 최고의 부자였던 카를로스 슬림 헬루는 멕시코 일반 전화의 90퍼센트, 모바일 전화망의 80퍼센트를 소유하면서 정치적 기획을 통해 엄청난 우발이익, 즉 경제적 지대를 얻었다.[23] 크리스티아 프릴랜드Chrystia Freeland에 따르면, 슬림의 소득은 멕시코인 40만 명의 연평균 봉급과 같다.[24] 슈퍼리치 가운데 두드러지는 러시아와 인도의 신흥 부자들은 기존 기업을 대폭 할인된 가격으로 매수하면서 부를 축적했다. 특히 예전 국영기업의 민영화 과정에서 그들은 눈부신 활약을 보여주었다. 물이나 철도 등의 공공사업을 민영화하면, 불로소득자에게 결정적으로 유리하다. 앞에서 말했듯이 민영화는 신자유주의의 대표 정책이다.

물, 전기, 철도, 도로, 병원 등을 통해 일반 국민에게서 지대를 추출하는 방법

영국에서 이 모두는 국영기업을 통해 국가가 완벽하게 통제해왔다. 국가가 그것들을 소유했으며 독점인 경우가 많았고, 인프라와 서비스의 공급을 담당했다. 대가는 일반 국민이 직접 혹은 조세로 지불했다. 서비스의 품질은 시기와 상황에 따라 달랐다. 국영기업들은 이따금 생산자의 이해를 소비자의 이해보다 더 많이 고려했지만, 그렇다고 주주들을 위해 단기 이윤을 끊임없이 남겨야만 하는 부담을 지지는 않았다(이에 대해서는 뒤에서 살펴보겠다). 기업의 성과에 대해서는 정부가 책임을 졌다. 이 기업들이 민영화되자, 그것들은 상당 기간 소득원을 보장받는 민간 독점 기업이 되었다. 물론 민영화 과정에 참여한 사람들은 계약을 따기 위해 경쟁을 해야 했지만, 일단 계약을 성사시키고 나면 대중에게서 많은 돈을 우려낼 기회를 누릴 수 있었다. 광고와는 달리, 그 기업들은 기업활동을 열심히 할 필요가 없다. 민영화 이후 수도요금은 거의 두 배로 올랐다.[25]

하지만 그것은 더는 정부의 문제가 아니다. 제임스 미크James Meek가 지적하듯이, 적어도 그 기업들이 국영이었을 때는 조세를 통해 부자들로 하여금 나머지 사람들보다 비용을 더 많이 부담하게 하고, 소득 재분배 효과가 발휘되도록 할 수 있었다. 그러나 그 기업들이 민영화되자(영국에서는 최고세율이 40퍼센트로 떨어진 시기에 이 일이 처음 일어났다), 부자들은 서비스에 대한 대가로 자신들에게는 푼돈에 불과한 금액을 낼 수 있었지만, 나머지 사람들은 비싼 비용을 치르지 않을 수 없게 되었다.[26] 정치인들은 민영화된 기업들이 가격을 인플레이션율보다 더 높이 인상할 때 초조해서 양손을 쥐어짜겠지만, 그들이 손쓸 수 있는 일은 아니다.

지대 추구가 활발해지고 있는 새로운 분야가 있다. '지식재산권'은 따분하게 들릴지도 모르지만, 다른 사람들에게서 지대를 추출하려고 하는 기업들에 새로운 가능성을 열어주었다. 중대한 결과를 가져왔음은 물론이다. 지식재산권이란 아이디어와 그것을 표현한 것에 대한 소유권을 뜻하는데, 상표나 특허권(일정 기간 발명의 소유권을 인정하는 것) 또는 저작권(일정 기간 책·음악·미술·사진·영상을 만든 사람의 권리를 보호하는 것) 등을 포괄한다. 일정 기간 지식재산권 소유자들은 아이디어와 그것을 구현한 생산물을 독점적으로 판매하거나 다른 사람들에게 요금을 받고 사용을 허가할 수 있다.

한 개인이나 한 기업이 발명을 하려면 비용이 많이 들 수 있다. 발명에 드는 비용을 회수할 수 있음을 알아야 그들에게 혁신하려는 동기가 생긴다. 다른 사람이 그들의 발명품을 즉시 복사해 팔면서 무임승차할 수 있다면, 그들은 당연히 억울할 것이다. 발명가가 특허권을 얻을 수만 있다면 그는 자기 발명품의 소유권을 갖게 되고, 다른 사람에게 발명품을 빌려줄 때는 요금을 받을 수 있다. 이를 잘 활용하면 발명가들이 발명 비용을 회수하게 해주면서, 동시에 다른 사람들이 발명품을 사용하고 더 발전시키게 해줄 수 있다. 그러나 발명가들이 발명 비용을 회수하게 해주는 것과 특허권과 저작권을 빌미로 다른 사람들에게 요금을 부과하는 것은 완전히 별개의 문제다. 실제로 특허권과 저작권을 가진 사람들은 발명 비용을 훨씬 초과하는 요금을 사용자들에게 부과한다. 그 결과 혁신과 그 혜택의 확산은 저지당하고, 특허권 보유자는 다른 사람들에게서 지대에 해당하는 금액을 징수할 수 있다. 이는 부를 추출하는 또 다른 형태다.

뉴욕의 영화 제작자 커비 퍼거슨Kirby Ferguson은, 우리는 아무 생각 없이 선현들의 아이디어를 빌리고 복사하고 그것에서 이익을 얻으면서도, 다른 사람들이 '우리'의 아이디어를 대가 없이 쓰도록 허용하기는 꺼린다는 사실을 발견했다. 월트 디즈니Walt Disney는 〈백설공주〉, 〈피노키오〉, 〈이상한 나라의 앨리스〉 같은 영화를 제작할 때는 공중 도메인에 있던 스토리를 무료로 갖다 썼으면서, 자기 영화의 저작권이 소멸할 때가 되자 그것을 연장하기 위해 로비를 벌였다. 스티브 잡스Steve Jobs는 "우리(애플)는 늘 아무 부끄럼 없이 위대한 아이디어를 훔쳤다"고 말한 적이 있다. 그러나 애플은 다른 기업이 자사의 아이디어를 모방하거나 모방한 듯 보일 때는 즉각 고소하는 것으로 유명하다. 퍼거슨이 말했듯이, "우리 대부분은 우리가 주체인 한, 표절에 대해 전혀 문제를 느끼지 않는다."[27]

지난 수십 년 사이에 '지식재산권'의 범위가 넓어지면서 지대 추출의 원천도 넓어졌다. 씨앗,[28] 소프트웨어, 경영방식, 그리고 '금융혁신'의 상징인 파생상품 등이 이 원천에 새로이 포함되었다. 특허법은 특정 발명들을 보호했지만, 소프트웨어 재산권은 개발자들이 그 범위를 넓히려고 노력해왔기 때문에, 경계가 느슨하고 아우르는 범위가 훨씬 넓다. 현재 모든 특허 분쟁 가운데 62퍼센트가 소프트웨어와 관련이 있다. 지식재산권이 발달하면서 소송이 대규모 사업으로 발전했다. 그 사업의 핵심 역할은 막대한 지대의 추출을 지원하고, 지식과 문화의 발전에 매우 중요한 아이디어 경쟁과 각색을 억누르는 것이었다.[29] 당신은 어떤 아이디어를 제시한 다음, 누군가 그것을 복제했다는 이유로 그에게 소송을 걸 수 있다. 비록 당신이 스스로 그 아이디어를 활용할 뜻이 없이 개발했더라도 그렇다. 지식재산권이 과열된 행동과 분쟁의 대상으로 떠오른 것은 놀라운 일이 아니다.

사람들은 부자를 생각할 때 흔히 스포츠·텔레비전·영화의 스타들과 가수들을 떠올린다. 타이거 우즈, 리오넬 메시, 폴 매카트니, 안젤리나 졸리, 오프라 윈프리 같은 사람들 말이다(하지만 그들은 부자들 가운데 아주 작은 비중일 뿐 아니라 슈퍼리치에도 끼지 못한다). 그들은 많은 사람이 특별하게 여기는 일, 팬들의 삶을 풍성하게 해주는 일을 하는 사람들이다. 그러니 그들의 소득은 엄청나긴 하지만, 노력소득이 아닐까? 그러나 아무도 따르려고 하지 않는다면, 그들은 부자가 될 수 없음을 기억할 필요가 있다.

많은 경우에 그들은 능숙한 솜씨로 정말 열심히 일하지만, 적어도 부분적으로는 유전자의 이점을 누린다. 농구 선수의 예외적인 키, 체력 단련에 힘쓰는 운동선수의 인내심, 모델의 광대뼈, 눈, 긴 다리를 떠올려보라. 토지 혹은 토지의 자연적 비옥도처럼 이런 요인들은 노동과 훈련의 산물이 아니라 상속받은 자산이다.

축구 선수의 사례를 생각해보자. 영국 프리미어 리그 축구 선수들의 연봉은 평균 116만 파운드[약 19억 5,800만 원]다. 그들에게는 수천 명의 팬이 있지만, 경제적 불평등에 대한 태도를 조사한 한 여론조사에 따르면, 축구 선수들은 대중이 인정하는 '받을 자격의 목록'에서 최하위였다. 그들은 심지어 은행가들보다 아래에 있었다.[30] 그러나 우리는 그들의 숫자가 많지 않다는 사실을 기억해야 한다. 그들은 500명이 채 안 되는데, 이는 영국 인구의 0.00076퍼센트에 불과하다. 그들보다 더 부유하지만 이름이 알려지지 않은 기업 부문의 부자들보다 훨씬 적은 숫자다. 축구 선수들은 기술을 발전시키고 활용하는 데 드는 비용(아무리 많이 들었다고 할지라도)보다 훨씬 많은 금액을 챙길 수 있다. 수천 명 혹은 수백만 명이 그들이 하는 경기를 보고 싶어 하면, 한 명이 내는 입장료는 크지 않을지라도 입장료를 다 합치면 거액이 될 것이다. 선두권에 있는 축구 클럽들의 막대한 수입에서 축구 선수들의 연봉으로 나가는 부분이 제일 많다는 사실(영국 프리미어 리그 클럽 수입의 70퍼센트[31])은 놀랄 일이 아니다. 약간의 능력 차이가 막대한 수입의 차이로 이어진다. 클럽이 최고의 경쟁 무대에 진입해 트로피를 따고 수익성이 높은 광고와 협찬 거래를 성사시킬 수 있는지가 바로 그 능력 차이로 결정되기 때문이다.

축구 선수들이 받을 자격이 있는 금액을 받고 있다고 여기는 팬들도 있다. 좀 덜 받아야 한다고 여기는 팬들이 있다고 할지라도 상관없다. 그들은 여전히 한 게임에 20~40파운드(심지어 얼마가 되든)를 기꺼이 내려고 할지 모른다. 어쨌든 축구 선수들은 일부 팬들이 그렇게 받으면 안 된다고 생각하는데도 현재의 연봉을 받는다. 다른 이유는 없다. 그렇게 할 수 있기 때문이다. 주요 리그에서 모든 최고 선수들의 연봉을 50퍼센트 삭감한다고 해도, 그들이 예전처럼 잘 뛰지 못할 이유는 없다. 지난 몇 년 사이에 축구 기술 수준과 체력은 확실히 좋아졌다. 하지만 선수들의 소득이 과거(예컨대 40년 전) 소득의 20배가 되었다고 해서, 그것이 그들의 기술과 노력이 그만큼 늘었음을 뜻하지는 않는다. 변한 것은 관중과 시장의 규모다. 이 변화는 정보통신기술의 발전(특히 텔레비전 중계료를 생각해보라)과 광고주들의 협찬 그리고 축구용품 판매가 가져온 결과였다.[32] 이런 요인들의 발전 속도는 축구 스타의 공급 속도보다 훨씬 빨랐다. 사실, 정의상 스타란 수가 적고, 경우에 따라 독특한 자질을 발휘하는 사람들이다.

가요계와 영화계의 톱스타들에 대해서도 같은 이야기를 할 수 있다. 그들의 소득은 그들이 기여한 것뿐만 아니라 경제적 지대까지 반영한다. 실제로 글로벌 미디어의 성장으로 고객 수가 급증하면서 그들이 얻는 경제적 지대의 크기도 증가했다. 하지만 스타들은 한 가지 중요한 면에서 여타 지대 수취자들과 다르다. 살아갈 장소가 필요한 사람들과는 달리, 스타들의 노래를 듣고 연기를 보기 위해 돈을 내는 사람들은 어떤 압력도 받지 않고 자유롭게 노래를 듣고 연기를 본다. 지주는 다른 사람들에게 피해를 주지만, 스타들은 서비스를 제공한다. 필요 이상으로 비싸서 문제지만 말이다.

　몇몇 사업 분야에는 특수한 '스타'들(디자이너와 기술자가 많다)도 있다. 그들은 최고의 기술과 노하우, 혹은 적어도 다른 사람들을 압도하는 명성을 가지고서 자신들의 연봉을 경제적 지대를 포함하는 수준까지 밀어 올릴 수 있다. 스타 교수들을 영입해 재정 면에서 보상을 받고 대학 순위도 올라가는 대학이 많아질수록 당사자들은 더 많은 보수를 요구할 수 있다. 이는 종종 성과에 대한 보상이라고 불리지만, 이 피고용인들의 성과는 보수에 큰 영향을 받지 않는다. 이는 단지 지위 흥정의 문제이자 할 수 있는 한 많이 요구하는 문제일 뿐이다.

5장

이자, 무엇에 대한 대가인가?
: 고리대에 관해 이야기할 필요가 있다

오늘날 이자는 지대와 마찬가지로 희생에 대한 보상이 아니다(J. M. 케인스, 1936).[33]

당신이 젊다면, 신용카드 부채, 학생 대출, 자동차 대출 등 부채에 대해 걱정하고 있을지 모른다. 당신이 집을 사고 싶다면(사람들 대부분에게 이는 훨씬 더 많은 부채를 지는 것을 뜻한다), 어떻게 집 살 돈을 마련할 수 있을까? 많은 사람에게 부채위기는 책에서 읽은 저 먼 곳의 사건이 아니다. 정치인들은 '소유자 국가'라는 아이디어를 설파하지만, '채무자 국가'가 더 적절하다.

부채, 더 구체적으로는 대출 이자에 대해서는 좀 더 면밀한 검토가 필요하다. 그것은 불로소득의 두 번째 중요한 형태다. 지대보다 복잡하기는 하지만, 지대와 공통점도 많다. 지대는 토지와 부동산 같은 자산을 지배해서 얻지만, 이자의 원천이 되는 자산은 다른 사람들에게 빌려주는 화폐다. 사실 정치경제학자 앤 페티포Ann Pettifor는 이자를 '화폐에 대한 지대'라고 부른다.[34] 이자는 신자유주의에서 엄청나게 중요하다. 특히 역사상 유례가 없을 정도로 심하게 진행되는 부채위기의 와중에 경제가 흔들리고 평범한 사람들의 삶이 위협받고 있는 지금, 우리는 이자의 본질에 대해 명확히 해둘 필요가 있다. 대출에 이자를 부과하는 것은 공정하며 대출을 장려하기에도 좋은 방법이라는 생각이 일반화되어 있다. 그러나 그것은 경제적 부작용을 가져올 뿐만 아니라 사회적으로도 불의하다. 그리고 그 두 문제는 연결되어 있다.

심지어 은행에서 돈을 빌리거나 신용카드를 쓸 때 다른 사람들이 예금해둔 돈을 빌린다는 생각이 널리 퍼져 있다. 나중에 보겠지만, 실제로 이는 진실이 아니다. 은행이 빌려주는 돈은 은행이 무無에서 창조하는 것이다. 그런데도 은행은 대출에 이자를 부과한다. 국가가 통제하는 중앙은행이 '더 많은 돈을 찍겠다'고 하면, 언론과 주류 경제학자들은 즉시 비판하며 인플레이션을 초래할 것이라고 경고한다. 그러나 그들은 민간은행이 새로운 화폐 대부분을 일상적으로 창조한다는 사실을 모르거나, 알더라도 인정하고 싶어 하지 않는다. 민간은행은 화폐를 창조할 때 규제를 거의 받지 않으며 공적 책임도 지지 않는다. 이에 대해서는 뒤에서 좀더 자세히 살펴보기로 하자. 여기서는 우선, 은행은 이미 존재하는 화폐로 대출을 한다고 가정하고, 이자 그 자체를 다룰 필요가 있다.

2007년 부채위기를 겪고 난 다음인데도 이자 부과는 대중의 생각 속에 쉽게 자리 잡았다. 대출기관은 채무자에게 호의를 베푸는 것같이 보인다. 그러므로 채무자는 감사하는 마음을 가져야 할 것 같다. 대출자는 궁극적으로 저축자다. 여기서 저축자란 저축 계좌에 신중하게 '투자'하며 자신의 저축이 기업에 생산적 투자를 위한 자금으로 대출되리라 기대하는 사람이다. 그는 자신의 행위가 이기심과 공공의 이익을 잘 조화시켜서 경제를 이롭게 하리라 믿는다. 이자는 그에 대한 보상이다.

반면, 채무자는 자신이 열등하고, 결함이 있으며, **빚진 존재**라고 인식한다. '부채'라는 단어 자체가 이런 신호를 채무자에게 보낸다. 부채 상환이 늦어진 채무자(평범한 사람이건 정부건)는 반드시 부채를 다 갚아야 한다. 약속은 약속이다. 부채를 탕감하려면(부채를 지는 것이 죄라도 되는 듯 탕감 대신에 '용서'라는 말도 자주 쓰였다), 저 신중한 대출자들, 즉 금융 후원자들이 손해를 감수해야 한다. 더구나 채무자들은 아무런 교훈도 받지 않고, 조만간 다른 사람들의 도움을 받을 수 있으리라 기대한다. 지금까지 이야기한 내용이 부채에 대한 많은 사람의 생각이다. 뉴욕 대학교 교수로 '월스트리트를 점령하라' 운동에서 활약한 니콜라스 미르조에프Nicholas Mirzoeff의 말을 들어보자.

부채는 모든 사람(주권국가를 비롯해 주택 소유자, 소액 단기 대출의 희생자 등)을 짝퉁 도덕과 협박 아래 굴복시킨다. 빚을 갚아라. 그렇지 않으면 당신은 나쁜 사람이며 귀국은 나쁜 나라다. 조만간 나쁜 일을 당할 것이다.[35]

이런 방법으로 채권자는 경제적·이념적 지배력을 유지한다. 반면에 '부채'라는 말이 부정적인 뉘앙스를 풍기기 때문에, 그 이면에 해당하는 '신용credit'이라는 말(이 말은 긍정적인 뉘앙스를 풍긴다)을 더 좋아할 수도 있다. 소비자 금융 산업에서는 영리하게도 이쪽을 선택했다. 과거에는 부채가 부담이자 부끄러움의 원천으로 여겨졌지만, 지금은 더 호소력이 있는 '신용'이라는 이름을 가지고 사회의 일원이 될 자격이 있음을 보여주는 지표로 여겨지게 되었다(업체들이 신용카드로만 돈을 받는 경우 카드가 없는 사람은 배제된다). 예전에 평범한 사람들은 지역 은행의 직원에게 장시간 심사를 받아야만 대출을 받을 수 있었지만, 지금은 금융기관들이 '쉬운 신용easy credit'의 세례를 퍼붓는다. 신용카드 소지자는 자기 돈으로 물건 값을 치르는 것과 빌려서 물건 값을 치르는 것의 차이를 쉽게 까먹는다. '신용할 수 있는 사람'은 집, 차와 다른 제품들을 장차 자기 돈이 충분해질 때까지 기다리지 않고 지금 살 수 있다. 모기지 대출을 받으면, 우리는 바로 존경스러운 부동산 소유자의 반열에 올라설 수 있다. 주택 가격의 125퍼센트를 대출받으면, 그 돈으로 당신은 집을 사고 가구까지 들여놓을 수 있다. 이 얼마나 관대한가? 신용 제공은 우리의 절제력과 미래에 돈을 벌 능력을 신뢰한다는 의사표시처럼 보인다. 하지만 마우리지오 라자라토Maurizio Lazzarato에 따르면, "신용카드는 카드 소지자를 영원한 채무자로 만드는 가장 간단한 방법이다."[36] 또 부채는 사람들을 부채 상환을 위해 일하게 만들면서, 장기에 걸쳐 채권자에게 불로소득을 안겨준다.

숨겨진 이자hidden interest도 있다. 기업들은 보통 대출금 이자를 소비자에게 전가한다. 매달 구매 대금을 갚으면서 자신은 이자를 내지 않는다고 여기는 신용카드 소지자들은 틀렸다. 신용카드 결제 형식으로 물건을 파는 소매업자들은 어떤 방식으로든 이자를 내야 하며 그것을 재화 가격에 포함해 우리에게 전가한다. 독일의 경제학자 헬무트 크로이츠Helmut Creutz의 계산에 따르면, 독일 음료수 가격의 38퍼센트가 숨겨진 이자다. 숨겨진 이자는 정부 보조금을 받은 주택의 지대에는 77퍼센트, 독일의 한 가계가 재화를 구매하기 위해 평균적으로 지출하는 금액에는

40퍼센트가 들어 있다.[37]

한편, 부채 이자에 관해 논하는 다른 방법이 있다. 이 방법은 매우 오래된 것으로 **고리대** 문제를 다룬다. 데이비드 그레이버David Graeber가 그의 명저 『부채, 첫 5,000년의 역사Debt: The First 5000 Years』에서 밝혔듯이, 고리대는 수천 년 동안 분노의 대상이었으며 지금도 몇몇 종교(예컨대 이슬람)에서는 정죄의 대상이다.[38] 비판의 화살이 향하는 곳은 돈을 빌려주고 빌리는 일 그 자체가 아니라 이자를 받고 돈을 빌려주는 일이다. 이 전근대적인 용어는 착취와 억압을 연상시키기 때문에, 시대착오적이고 부정적으로 들릴지 모른다. 근엄한 종교적 목소리로 하는 비난은 종종 근본주의라는 이유로 무시되는데, 실제로 별 호소력이 없다. 우리도 그런 비난을 신성해 보이지만 자의적인 권위의 지지를 받는 도그마로 여겨서 무시할 수도 있다. 우리는 여전히 고리대라는 말을 과도한 이자율을 표현하는 데 쓰기는 하지만, 그냥 '이자'에 관해 이야기하면 좀 더 현대적이고 합리적이고 정죄하지 않는 것처럼 들릴 수 있다.[39] 하지만 고리대에 대한 비판은 열심히 탐구하고자 하는 우리에게 많은 것을 가르쳐준다. 저축과 대출에 이자가 오가는 것은 현대 생활에서 완전히 규격화됐기 때문에, 그런 관행이 특이하다는 사실을 쉽게 인지하지 못할 수 있다. 더 나은 견해를 가지려면 과거로 되돌아갈 필요가 있다. 그런 의미에서 고리대에 대한 비판은 도움이 된다.

첫 번째로 알아야 할 것은 고리대 개념이 중시하는 사실, 즉 부채는 단순히 화폐의 총합이 아니라 빌려주는 사람과 빌리는 사람 사이의 사회관계라는 점이다. 이렇게 표현하면, 이 사실은 너무나도 분명해서 더 말할 필요가 없어 보인다. 그러나 우리는 부채가 '자산'으로 거래되고 금융투기의 대상이 될 수 있는 세상에서 살기 때문에 그것을 쉽게 잊어버린다. 이 세상에서 우리는 부채를 순전히 양(종종 어마어마한 크기다)으로만 말하고, 누가 누구에게 얼마를 빚지고 있는지는 드러내지 않는다. 역사를 통해 볼 때, 부채를 둘러싼 사회관계의 가장 중요한 형태는 현금이 남는 사람과 현금이 부족한 사람 사이에 성립하는 관계다. 그 경우 상대적으로 부유한 사람과 상대적으로 가난한 사람 사이의 경제적 불평등은 애초에 부채관계가 형성되기 위한 전제조건이다.

만일 인플레이션의 효과를 배제한 실질 이자율이 영(0)이라면, 거래가 시작된 배경은 그렇지 않을지라도 적어도 거래의 결과는 평등하다. 하지만 실질 이자율이 양(+)이라면, 부채 상환액이 부채액을 초과하게 되므로 불평등이 늘어나고, 대출자는 채무자의 상대적 취약성을 이용할 수 있게 된다. 채무자가 상환 불능 상태에 빠지지 않고 부채를 모두 상환했을 경우, 순흐름net flow으로 계산하면 그동안 화폐는 가난한 사람들에게서 부자들에게로 흘러갔을 것이다. 부자들은 이자를 통해 저소득층에게서 화폐를 '빨아들일hoover-up'[40] 수 있다. 세계적 규모에서는 제3세계 국가에 제공되는 차관(흔히 '원조'라고 부른다)이 빈국에서 부국으로 향하는 화폐의 순흐름을 만들어낸다. 예컨대 2005년 최빈국으로 흘러들어간 원조 404억 달러의 원리금 상환액은 432억 달러에 달하는 것으로 추정되었다.[41]

지대와 마찬가지로 이자는 자산을 기반으로 한 불로소득이다. 어떤 노력도 필요 없다. 대출 제공에 약간의 행정 비용이 들 수도 있지만, 금액이 얼마 안 될뿐더러 차입자에게 전가할 수도 있다. 지대와 마찬가지로, 이자는 소득을 얻기 위해 재화와 서비스를 생산하는 사람들이 잉여를 생산하는 것을 전제한다. 그래야 대출자들이 불로소득으로 구입할 물자가 존재할 수 있기 때문이다. 따라서 지대와 마찬가지로, 이자는 생산자들에게 기생충과 같다. 마이클 허드슨의 표현에 따르면, 이자는 경제에 '사중적 비용'[dead-weight cost: 사회 전체의 후생이 감소해서 생기는 비용]으로 작용한다.[42] 그것은 단순한 이전transfer, 즉 제로섬 게임이 아니라 네거티브섬 게임negative-sum game이다. 다시 말해 이자는 다른 요인들이 일정하다면 경제를 악화시킨다.

우리의 주장이 오용되는 것을 막아야 한다

국가사회주의나 파시즘에 장악당한 사회에서는 자산을 기반으로 한 불로소득은 기생충이라는 주장을 엉뚱하게, 특히 반유대주의적 방식으로 활용했다. 금융에 종사하는 유대인들을 공격하는 것이 목적이었다. 다른 지역의 신나치Neo-Nazi와 반유대주의 그룹도 그렇게 했다. 나는 독일과 오스트리아에서 이 책의 내용을 강의했을 때, 공통되는 반응에 직면했다. 기생충 같은 단어를 들으면 반유대주의의 움직임이 머릿속에 떠오르며, 그런 움직임을 다시 소개하는 것은 위험하다는 지적이었다. 그런데 영국이나 스칸디나비아 국가들에서 강의할 때는 그런 반응은 없었다. 아마도 역사가 달라서 그랬을 수도 있고, 반유대주의의 역사에 관해 몰라서 그랬을 수도 있다. 파시즘이 등장하기 오래전에 이미 금융과 유대인의 연계는 시작되었다. 기독교는 고리대를 금지했던(이자 자체를 금지하지는 않았다) 반면에, 유대교는 **비**유대인에게 돈을 **빌려주는** 경우 고리대를 허용했기 때문이다(기독교도 때로는 내부자와 외부자로 나누어 고리대 허용 여부를 결정했다).

더욱이 대금업은 기독교 사회나 무슬림 사회에서 사는 유대인들이 가질 수 있는 몇 안 되는 직업 중 하나였다. 예컨대 오스트리아에서 유대인들은 19세기 초 해방될 때까지 토지를 소유할 수 없었고, 농민이나 제조업자가 될 수도 없었다[오스트리아 제국은 오랫동안 유대인 차별 정책을 시행했다. 유대인은 도시의 특정 구역에만 거주할 수 있었고, 특정 직업에만 종사할 수 있었다. 또 토지 소유와 교육 기회도 제한되었다. 필자는 이 정책이 19세기 초에 폐지된 것을 두고 해방이라고 쓰고 있다]. 이처럼 고리대를 허용하고 금지했던 이유는 따로 있는데도, 반유대주의는 희생양과 분노의 타깃을 만들어냈다.

그래서 나는 그와 같은 위선의 역사와 비열하고 초라한 반유대주의를 사실로 인정하면서도, 나 자신을 반유대주의는 물론 그와 관련된 표현과는 완전히 분리하고자 한다. 내 주장은 종교나 인종 혹은 일반화된 고정관념을 통해 형성된 여타 집단들과는 전혀 관계가 없다. 내가 말하려는 바는 다른 사람들에게 필요한 기존 자산을 지배함으로써 불로소득을 얻는 문제에 관한 것이다.

누구라도 불로소득을 얻을 수 있다. 오늘날 서로 다른 종교를 가진 사람들과 종교를 갖지 않은 사람들이 부지불식간에 불로소득을 얻고 있다. 집값 폭등으로 우발이익을 얻는 경우를 생각해보라. 이것은 우리가 좀 더 공정한 사회를 원한다면 꼭 염두에 두어야 할 내용이다. 내 주장을 가로채서 반유대주의적인 내용으로 왜곡하려는 사람들은 강하게 비판해둘 필요가 있다. 어떤 주장을 잘못 다루는 경우 좋은 내용이 나올 수가 없다.[43]

신용카드 청구서에 부과하는 복리 이자의 경우, 미결제 이자는 원금에 추가하기 때문에 다음 번 이자는 늘어난 원금을 토대로 해서 계산한다. 그 결과 부채는 기하급수적으로 늘어날 수 있다. 이는 엄청나게 중요한 사실이다. **복리 이자율이 5퍼센트인 경우 원금은 14년마다 두 배가 된다.**

복리 이자는 일반적으로 일정 기간 금액이 고정되는 지대와 **달리**, 또 생산에서 생기는 이윤과도 달리, 대출자에게 계속 **증가하는** 불로소득을 안겨줄 수 있다. 하지만 이는 지속 불가능한 일이다. 이자율이 경제성장률보다 낮지 않은 한, 부채는 결국 상환 불가능한 수준까지 늘어날 것이다. 어떤 물건이라도 기하급수적으로 늘어나면 마지막에는 위기가 찾아온다. 자연을 보면, 어떤 개체는 일정 기간 기하급수적으로 증가할 수 있지만, 나중에는 증가세가 둔화하다가 마침내 멈추는 것이 보통이다. 물론 암세포의 증식처럼 예외도 있다.

복리 이자: '세상에서 가장 나쁜 것'?

"우리가 1985년까지 빌렸던 돈은 약 50억 달러였는데, 갚은 돈은 약 160억 달러였습니다. 그런데도 우리는 여전히 약 280억 달러를 빚지고 있다는 말을 듣습니다. 그 280억 달러는 해외 채권자들이 매긴 불의한 이자율 때문에 생겼습니다. 여러분이 제게 세상에서 가장 나쁜 것이 무엇이냐고 묻는다면, 저는 복리 이자라고 대답하겠습니다."(나이지리아 전 대통령 올루세군 오바산조Olusegun Obasanjo가 2000년 일본 오키나와에서 열린 G8 정상회담 후 행한 연설)[44]

알베르트 아인슈타인Albert Einstein은 복리 이자를 '우주에서 가장 강력한 힘'이라고 불렀으며, 미국 재계의 거물 J. P. 모건Morgan과 록펠러John D. Rockefeller는 '세계 8대 불가사의'라고 말했다.[45]

여기서 문제가 되는 것은 신용이 아니라 이자, 특히 복리 이자다. 신용은 화폐(다른 사람의 노동에 대한 청구권)를 이용할 수 있는 사람들에게 제공하는 유용한 수단이다. 자본주의가 정상적으로 작동하려면 늘 신용이 필요하다. 최소한 지출과 수입의 일시적 차이를 메우기 위해서라도 신용은 필요하다. 신용이 없으면, 기업들은 다음 번 생산을 위한 비용을 지불하기 전에 받을 돈이 들어오기를 기다려야만 하는 제약에 계속 시달릴 것이다. 신용은 그런 때에 사업이 계속될 수 있게 해주며, 기업들이 소모적인 생산 중단으로 기다리지 않고 일상의 경제, 즉 지속적 활동의 효과를 마음껏 누릴 수 있게 해줌으로써 생산과 상업이라는 바퀴에 기름칠하는 역할을 한다.

지출이 이루어진 후 오랜 시간이 지나야 수익이 발생하는 대규모 장기 투자에도 신용이 필요하다. 애덤 스미스가 말했듯이, 그와 같은 '생산자 대출'은 '소비자 대출'과는 달리, 기업이 생산 방면에서 얻는 이익으로 상환한다. 기업이 투자에 착수하기 위해 충분한 현금을 마련할 때까지 기다려야만 하는 경우와 비교하면, 이 대출은 더 많은 생산과 효율성, 성장을 가져온다. 단, 이자율이 높아지면, 대출자들이 이익을 더 많이 뽑아가고 경제 전체가 누리는 혜택은 그만큼 감소한다.[46]

모기지와 신용카드를 비롯해 '소비자 대출'은 소비자로 하여금 물품 구매를 앞당기게 해서 일시적으로 성장을 촉진할 수도 있지만, 장기적으로 이자 상환의 부담 때문에 소비는 감소할 수밖에 없다. 신용의 혜택이 무엇이건 간에 이자 부과는 사중적 비용을 증가시켜 그 혜택을 줄인다. 이자 부담 때문에 생기는 소비와 투자의 침체는 '부채 디플레이션'이라고 부르기도 한다.

일반적으로 대출자는 상환 불능 상태에 빠질 위험이 더 큰 사람들에게는 더 높은 이자율을 매긴다. 미국에서 가난한 사람들은 부자들에 비해 자동차 대출 이자를 50~60퍼센트 더 낸다. 대출자는 이것을 위험에 대비하는 보험의 한 형태라고 합리화할지 모르지만, 그것은 신용을 얻기 어려운 사람들을 더 쉽게 상환 불능 상태에 빠지게 만드는 역설적인 효과를 낳는다. 이는 고리대에 내포된 기본 모순이다. 높은 복리 이자율은 채무자를 빈곤에 빠뜨리는 수단이다. 게다가 대출자는 보통 채무자에게 담보를 요구하기 때문에, 상환 불능의 경우에 채무자는 자산 일부를 대출자에게 넘겨주어야만 한다.

머니 채리티The Money Charity에 따르면, 2014년 영국에서는 주택이 20분마다 한 채씩 압류당했다.[47] 그리하여 채권자는 불평등을 이용해 채무자의 자산까지 빼앗을 수 있게 되었다. 최근 수십 년 사이 국제적 수준에서 자산 박탈을 자행했던 것은 국제통화기금IMF과 세계은행이었다. 두 기구는 신용조건을 개선하기 위한 조건으로 공기업을 민간에 매각하라고 채무국에 줄곧 요구해왔다.

'채무 속박'의 경우, 대출자는 채무자를 사실상 노예화한다. 채무자가 부채를 갚으려고 대출자를 위해 일을 해야만 하는 처지에 빠지는 것이다. 하지만 결코 채무 상환은 불가능한데, 이는 대출자가 처음부터 의도

한 것이다. 채무 노예는 1956년 국제법으로 금지되었으나, 몇 나라에서 다양한 형태로 존속하고 있다.[48] 전 세계 대부분 지역에서 채무 노예가 소멸했다고는 하지만, 채무자가 상환 불능을 호소할 때는 채권자가 모든 일을 결정하고 채무자에게 명령을 내린다. 오래전 고리대 비판자들이 주장했듯이, 부자들은 고리대를 통해 가난한 사람들을 노예로 만들 수 있다.

오늘날 우리는 이와 유사한 현상을 유럽에서 발견할 수 있다. 국채를 소유한 자들(즉, 정부에 대출한 자들로 대부분 대규모 민간은행과 '투자'펀드다)은 그리스·아일랜드·스페인과 같은 채무국(더 정확히는 그 나라의 평범한 사람들)에 허리띠를 졸라매고 공공자산을 매각하라고 요구하고 있다. 그리스는 채무를 상환하기 위해 외국인들에게 토지와 부동산을 매각해왔다. 이는 그들에게 자산 박탈을 통한 이익 취득의 기회를 제공했다. 이에 관해서는 3부에서 상세히 살펴보기로 하자.

자금 대출은 이자율이 높지 않더라도 부자들에게 상당한 소득을 안겨줄 수 있다. 실질 이자율(인플레이션의 영향을 제외한 이자율)이 연 3퍼센트인 경우, 100만 파운드의 여유자금을 가진 사람은 아무 일도 하지 않고 그 돈을 대출함으로써 매년 3만 파운드의 소득을 얻을 수 있다. 이 금액은 2011~2012년 중위 가계소득 2만 3,208파운드보다 훨씬 크다. 이 중위 가계소득은 대부분 노력소득으로 1,700시간 일해서 얻는 소득과 같은 크기다. 3퍼센트의 복리 이자를 10년간 받고 나면 대출자의 초기 '투자금'은 134만 3,916파운드로 늘어날 것이다. 실제로 부자들은 이보다 더 높은 수익률을 누릴 수 있다. 궁극적으로 불로소득자가 받는 이자는 재화와 서비스를 생산하는 사람들에게서 나올 수밖에 없다.

2014년 초 영국의 평균 가계부채(모기지 포함)는 5만 4,472파운드(모기지를 제외하면 6,018파운드)였다. 개인 부채에 대한 하루치 이자 납부액은 총 1억 6,200만 파운드다.[49] 쓴맛을 보면서도 이자율이 얼마나 높은지 깨닫지 못하는 사람이 많다. 소비자 금융에서는 고리대금업에서나 볼 수 있는 고율의 이자율이 일반화했다. 어떤 백화점 연계 신용카드는 매년 20퍼센트 이상의 이자를 부과한다. 2014년 영국의 홈베이스 앤드 도로시 퍼킨스Homebase and Dorothy Perkins 카드의 연간 이자율은 29.9퍼센트였다.[50] 매일 15억 파운드의 거래가 신용카드로 결제되고 있다.

소위 페이데이payday 대출[다음 급여일까지 빌려주는 단기 소액 대출]은 엄청난 이자율을 적용한다는 점에서 독보적이다. 예컨대 페라툼Ferratum은 연간 2,591퍼센트의 이자를 부과하고 있고, 영국에서 페이데이 대출로 가장 유명한 웡가Wonga는 5,853퍼센트의 이자를 부과하고 있다.[51] 이는 끔찍하게 들리겠지만, 웡가는 사랑스럽고 재미있는 노인들(베티, 얼, 조이스)이 나와서 소소한 대화를 나누는 텔레비전 광고를 통해 자사의 대출을 홍보한다. 이는 현대판 고리대가 얼마나 미화되고 있는지 잘 보여준다. '쉬운 신용'이 가장 비싸다. 웡가의 설립자 에롤 대믈린Errol Damelin과 존티 허위츠Jonty Hurwitz가 5,000만 파운드를 벌었다는 것은 전혀 놀라운 일이 아니다.[52]

부채가 정상으로 인식되는 것이 현실이지만, 대출에 이자를 부과하는 것을 비윤리적이며 충격적인 짓으로 봐야 하는 상황이 여전히 존재한다. 당신이 지금 각종 청구서 대금을 내는 데 어려움을 겪고 있어서 부자 친구에게 약간의 돈을 빌려달라고 요청한다고 상상해보라. 친구가 "좋아. 단, x퍼센트의 이자(아마도 복리 이자)를 내야만 해" 하고 대답한다고 하자. 이런 대답은 관계를 위태롭게 할 것이다. 친구라는 사람이 당신을 이용하려고 하기 때문이다. 그가 그렇게 답하지 않았다면 자비로운 행동으로 보였을 텐데, 그렇게 답하는 바람에 천박하고 착취적인 행동이 되고 말았다. 게다가 부채를 상환하지 못하는 경우 재산을 넘겨줘야 한다는 요구까지 덧붙인다면 더욱 충격적일 것이다.

따라서 우리는 이자를 비인격적인 경제 거래에서 직면하는 어쩔 수 없는 현실로 받아들이더라도, 인격적인 관계에서는 일반적으로 그렇게 하지 않으며 또 그렇게 하는 것에 반대한다.[53] 우리가 이렇게 반응하는 데는 과거에 사람들이 고리대를 비판할 때 제시했던 것(종교적이든 세속적이든)과 비슷한 이유도 있다. 그것은 부자들이 이자로 가난한 사람들의 취약한 처지를 이용해 먹는다는 사실이다.[54]

하지만 사람들이 고리대에 관해 매일 하는 생각에는 이상한 모순이 존재한다. 친구가 부과하려는 이자는 비합리적이고 충격적인 것으로 보지만, 은행과 같은 대출기관이 부과하는 이자는 필수적인 비용으로 간주한다는 점이다. 또 우리는 저축에서 이자 얻기를 기대한다. 이자란 다른 누군가가 우리에게 불로소득을 지급해야 함을 뜻한다는 것을 알지 못하고 그러겠지만 말이다.[55] 한 사람이 받는 이자는 항상 다른 사람이 지는 부채다.

이러한 모순이 있는데도 이자를 요구하는 친구의 사례는 이자가 대출자의 일시적인 희생과 차입자의 최종적인 상환이 서로 일치[금액이 일치한다는 뜻]하는 상황을 대출자가 차입자의 희생으로 이득을 얻는 상황으로 바꾸어버린다는 사실을 명확히 보여준다. 인플레이션으로 대출자의 이익이 사라지지 않는다면, 상환액의 가치가 대출액을 초과하기 때문이다. **채권자는 보통 채무자보다 부유하기 때문에 이자는 불평등을 확대하기 마련이다.** 헬무트 크로이츠의 추정에 따르면, 독일에서 소득 하위 80퍼센트에 속하는 사람들은 저축으로 받는 이자보다 대출 이자와 재화의 가격 속에 숨은 이자로 더 많은 금액을 지불한다. 그들 가운데 많은 금액을 저축할 여유가 있는 사람은 거의 없기 때문이다. 다음 10퍼센트에 속하는 사람들은 내는 이자와 받는 이자가 대략 같고, 상위 10퍼센트에 속하는 사람들은 내는 이자보다 받는 이자가 더 많다. 상위 10퍼센트 가운데 가장 부유한 사람들은 최대의 차익을 누린다[[그림 5-1]. 단, 이 그림은 폴리시 출판사Policy Press 측의 요청으로 한국어판에는 포함하지 않는다]. 포지티브 머니Positive Money의 추정에 따르면, 영국에서도 상위 10퍼센트만이 내는 이자보다 받는 이자가 더 많다. 그 차이가 가장 많은 계층은 물론 상위 1퍼센트다.[56] 대출 이자를 통한 재분배는 불평등의 주요 원인이다.

모기지, 신용카드, 자동차 대출, 페이데이 대출 등에 대한 이자는 은행과 여타 금융기관이 얻는 불로소득의 주요 원천이다. 금융기관들은 그 불로소득을 다양한 방법으로 '투자'하거나 종종 다른 사람들에게 다시 대출해서 더 많은 이자를 뽑아낸다.

정부 부채는…… 보통의 납세자들에게서 부유한 증권 보유자들에게로 소득을 상향 재분배하는 수단으로 볼 수 있다. 정부는 부유한 사람들에게 과세하는 대신 돈을 빌리고 그들에게 이자를 낸다. 소비자 신용도 부자들을 더 부유하게 만든다. 임금 정체로 고통받으면서 비자카드로 수입과 지출의 균형을 맞추는 사람들은 매달 해야만 하는 결제를 통해 채권자들의 지갑을 부풀릴 뿐이다.[57]

매일 늙어가고 빚은 더 늘어간다: 미국의 신자유주의와 중간 계층

하버드 대학교 법학 교수였던 엘리자베스 워런Elizabeth Warren은 1970년대 이후 미국의 중간 계층에게 무슨 일이 일어났는지 추적했다. 이 기간에 남성의 임금은 제자리걸음을 했다. 같은 기간에 많은 여성이 노동시장에 들어와서 가계의 소득 획득에 참여했다.

워런은 중위 소득을 얻는 가계들이 매년 저축을 얼마나 하는지, '리볼빙 부채'[신용카드 이용대금 중 일정 비율만 갚으면 나머지 금액은 대출로 전환되어 결제가 자동 연장되는 방식 때문에 생기는 부채]가 얼마나 큰지 살펴보았다. 1972년 중위 소득을 얻는 가계는 소득의 11퍼센트를 저축했고 그들의 리볼빙 부채는 소득의 1.4퍼센트에 불과했다. 하지만 2005년이 되면 그런 가계의 저축률은 마이너스 1.4퍼센트로 떨어지고 부채는 소득의 15.6퍼센트에 달하게 된다. 이때 그 가계들은 여성이 가계소득에 추가하는 금액과 예전에 저축하던 금액을 몽땅 지출하고도 모자라 무려 소득의 15퍼센트에 달하는 신용카드 부채를 지고 있었던 셈이다.

왜 이렇게 됐을까? 워런은 그것이 생활필수품에 대한 과소비 때문에 생긴 현상이 아님을 보여주었다. 실제로 옷·식료품·가전제품 등에 대한 지출은 이 제품들의 실질 가격이 **하락하는** 와중에도 **감소했다.** 반면, 같은 기간에 침실 세 개와 화장실 한 개를 갖춘 주택의 모기지 비용은 76퍼센트나 상승했다. 이자율은 떨어졌지만, 주택 가격이 폭등했기 때문이다. 한편 건강보험료는 74퍼센트 상승했고 조세는 25퍼센트 늘었다. 물론 주택·건강보험·세금에 드는 지출은 차를 바꾸거나 새 옷을 사는 것과는 달리 연기할 수가 없다. 건강보험이 보장하는 의료 서비스가 줄어드는 바람에 질병이나 상해로 가계소득이 위협받을 위험성이 높아졌다. 자녀가 있는 가계는 실직·의료문제·가정파탄으로 파산할 가능성이 매우 커졌다. 실제로 워런은 이혼한 가정보다는 파산한 가정에서 사는 아동이 더 많다는 사실을 발견했다.

이것은 정확히 신자유주의가 초래한 결과다. 일반인들의 소득 중 부동산에 대한 지대와 부채에 대한 이자로 불로소득자의 수중에 들어가는 부분이 점점 더 증가했다. 예전에 누진 과세로 비용을 일부 조달하던 공공사업들이 민영화되어 전보다 제한된 납세자 그룹에 비용을 감당시키고 있다.[58]

이자를 받고 대출하는 사람들은 분명히 차입자들이 상환 불능 상태에 빠지기를 바라지 않는다. 그러나 차입자들이 부채를 청산하고 다시 빌리지 않는다면, 그것은 대출자들에게 나쁜 소식이다. 불로소득 취득이 중단되기 때문이다. 대출자 입장에서는 차입자들을 가난하지만 상환 능력이 있고 복리 이자를 낼 수 있는 채무 상태에 묶어두는 것이 이상적이다. 그리고 차입자들이 복리 이자 때문에 어려움을 겪을 때, 모두가 한꺼번에 상환 불능 상태에 빠지지 않는 한, **대출자는 더 많은 이익을 얻는다.**

정치경제학의 언어로 냉정하게 말하자면, 이는 극히 역진적인 소득 재분배 형태다. 그러므로 채무자들(개인이든 기업이든 국가든)을 도덕적 결함이 있는 존재로 묘사하는 사람들에게서는 위선과 기만의 느낌을 강하게 받을 수밖에 없다. 채권자들은 부채가 연장되어야만 계속해서 불로소득을 얻을 수 있다. 일부 채권자들이 부채를 빨리 갚는 사람들에게 벌금을 부과하는 것은 그 때문이다.

부자들은 대중을 돕기 위해 세금을 내기보다는 그들에게 이자를 받고 대출해서 불로소득을 늘리고 싶어 한다. 신자유주의 정부는 기꺼이 부자들의 세금을 깎아주며, 공공자산을 그들에게 매각하고, 정부의 교육지출을 이자를 낳는 학비 대출로 대체한다. 그런 다음 정부는 공공 부문에 필요한 자금을 민간 부문에서 빌려야만 하는데, 이는 권력과 정책에 대한 부자들의 영향력을 증대시킨다. 마우리지오 라자라토가 말했듯이, "상환은 의무고, 대출은 권리(선택권)다."[59]

물론 부자들이 채무자가 되는 상황도 존재한다. 그러나 이는 다른 유형의 사회관계다. 그들의 부채 비용은 나머지 사람들의 부채 비용보다 적다. 신용도가 높고 담보로 제공할 자산이 많기 때문이다. 부자들은 위험이 낮다고 평가되기 때문에 가난한 사람들보다 이자를 적게 낼 뿐만 아니라, 이자율이 같다고 하더라도 1파운드의 가치는 부자보다 가난한 사람에게 훨씬 크기 때문에 부자들이 느끼는 부담은 가난한 사람들이 느끼는 것보다 가볍다. 부유한 개인이나 회사(금융기관 포함)는 기업을 인수하거나 투기적 벤처를 설립하기 위해 다른 부유한 개인과 회사한테 돈을 빌린다. 이자로 내야 할 돈보다 더 많은 돈을 벌 수 있으리라는 기대를 품고서 말이다.

경제학자들은 종종 우리더러 경제를 교환의 총합으로 이해하라고 권유한다. 나는 당신이 팔고 싶어 하는 물건을 받는 대신에 이 돈을 당신에게 준다. 교환이 성사되고 나면 상대방에 대한 의무는 끝난다. 하지만 부채관계는 이와 다르다. 부채가 모두 상환될 때까지 부채관계는 지속한다. 여기서 우리는 고리대에 대한 좀 더 심층적인 비판, 즉 **이자 부담은 미래에 대한 청구권을 창출한다**는 말을 떠올리게 된다. 이자를 받고 하는 대출은 궁극적으로 재화와 서비스의 생산 증가분으로 지탱되는 것이기 때문에 지속적인 성장이 필요하다. 물론 경제성장을 한다고 해서 현재의 부채액을 모두 상환할 수도 없다. 필립 코건Philip Coggan에 따르면, "지난 40년 사이에 세계는 부를 창출하는 일보다 부에 대한 청구권을 창출하는 일에서 더 많은 성과를 올렸다."[60] 미시적 차원에서 볼 때, 개별 채무자들은 현재의 지출을 줄여서(근검절약을 통해) 이자를 낼 수 있다. 하지만 전체 경제의 차원에서는 사태가 다르게 전개된다. 많은 사람이 소비를 줄이면, 기업의 매출이 줄어든다. 이는 노동자 해고로 이어지고, 소득을 잃은 노동자들의 부채 상환은 더 어려워진다. 따라서 정부가 강요하는 긴축생활은 부채 상환에 필요한 성장을 방해하므로 사태를 악화시킬 뿐이다. 채권자가 부채를 탕감해주지 않는다면, 채무자가 이자를 낼 수 있도록 경제성장이 이뤄져야만 한다. 그러므로 이자를 받고 하는 대출은 달성 불가능하며 환경적으로 지속 불가능한 경제를 요구하는 셈이다. 그리고 채권자들이 미래를 지배하는 한, 부채는 채권자들의 지배를 미래에까지 연장한다.

성장이 지속하고 부채가 그다지 크지 않은 동안에는 고리대가 용인될 수 있을지 모른다. 그러나 제로 성장의 시기에 들어가면 고리대는 용인되기 어렵다. 복리 이자가 허용되고 있는 것은 이상한 일이다. 이자율이 인플레이션을 보상하는 수준에서 결정되어 최초 대출금의 가치와 채권자에게 상환하는 돈의 가치가 같아지는 것이 합리적이다. 이자율이 인플레이션율을 초과하는 정도가 심하면 심할수록 그만큼 용인되기도 어려워진다.

여기까지가 현대판 고리대 비판이다. 이 비판은 거룩한 권위나 기타 자의적으로 설정한 권위에 의존하지 않고 공정성과 인간의 복지라는 기준에 근거를 둔다는 점에서 세속적이다. 물론 이자에 대한 옹호론도 존재한다. 이에 대해 검토하기 전에, 은행 대출과 신용의 기원에 대한 일반적인 오해가 존재한다는 사실을 인식할 필요가 있다. 우리는 이를 바로잡아야 한다. 오랫동안 금융 부문이 철저한 검토를 피할 수 있었던 것은 이 오해 때문이다. 이를 바로잡지 않으면 착각은 지속될 것이다.

은행은 어떻게 공짜로 화폐를 창조해서 우리에게 이자를 부과할까?

현대 화폐제도의 진수는 민간은행이 종종 행하는 어리석은 대출을 통해 이루어지는 화폐의 공짜 창조다(마틴 울프Martin Wolf).[61]

나는 은행이 이미 존재하는 화폐의 거래를 중개하지 않는다는 사실을 이해하는 것이 절대적으로 중요하다고 믿는다. 은행은 화폐와 신용을 무無에서 새로 창조한다(아데어 터너Adair Turner, 영국 금융감독청 전 의장).[62]

자본주의는 화폐를 발행하고는 그것을 이익으로 여긴다(메리 멜러Mary Mellor).[63]

사람들은 대부분 이자를 자신들의 저축이나 부채와 연결해 생각하고, 대출은 항상 다른 누군가의 저축에서 나온다고 가정한다. 은행은 우리의 저축을 다른 이들에게 빌려주며 예금 이자와 대출 이자의 차이로 돈을 번다고 상상하기도 한다. 이 견해에 따르면, 은행은 열심히 일하고 알뜰히 저축하는 사람들과 경제의 미래에 투자하는 사람들을 연결하는 '중개자'다.

이 그림에는 심각한 오해의 소지가 있다. 은행은 저축자들이 저축을 일시에 몽땅 인출하지는 않으리라고 가정하고 예금액보다 훨씬 많은 금액을 대출하는 정도(대학에서 널리 가르치는 '부분지급준비제도' 이야기다)로 만족하지 않는다. 중요한 점은 은행이 이자를 낳는 신용(차입자의 시각에서는 부채)의 형태로 전자화폐를 **창조**할 힘을 갖고 있다는 사실이다. 차입자의 계좌에 숫자를 적어 넣는 것만으로 대출이 이루어지니 말이다. 은행은 예금이 들어오기를 기다리기보다는 예금을 **창조**한다.[64] 은행이나 신용카드 회사에서 돈을 빌릴 때, 우리는 은행이 이미 갖고 있던 돈을 받는 것이 **아니다**. 사실 '대출lending' 자금은 정확한 용어라고 하기 어렵다. 은행이 대출해주는 돈은 은행이 이미 갖고 있던 것이라는 의미를 내포하기 때문이다.[65] 전통적인 경제이론에서는 저축이 투자(대출)를 결정한다고 주장하지만, 그것은 난센스다. 대출은 주로 신용화폐의 창조에 의존한다.[66] 대출 여부를 결정할 때 가장 중요한 고려사항은 채무 불이행의 위험과 차입자가 충분한 담보를 가졌는지 여부다.[67] 이 '신용화폐'의 생산

비용은 무시해도 될 정도라서, **이 경우 이자는 물론이고 원금까지도 분명히 노력 없이 생기는 돈이다.** 은행이 다른 사람들의 저축을 차입자에게 대출함으로써 그에게 호의를 베푸는 것이 아니라, 오히려 차입자가 은행으로 하여금 신용화폐(이자 형태로 불로소득을 얻는 원천)를 창조하게 함으로써 호의를 베푸는 것이다. 앤 페티포가 말했듯이, 은행은 "기생충처럼 생산 부문에서 화폐를 추출한다."[68] 은행 이자는 차입자에 대한 사적 조세다.

텔레비전 뉴스에서 화폐 공급이 증가하는 것을 보도할 때 대개 지폐가 인쇄되는 장면을 보여주지만, 현대 경제에서 화폐는 대부분 은행이 신용으로 창조하는 전자화폐다. 이 화폐는 전자 계정에 수치를 기입하는 것만으로 창조되기 때문에 '생산'하는 데 거의 비용이 들지 않는다. 은행은 화폐를 창조할 뿐만 아니라 그 과정에서 이자를 추출할 수 있는 면허를 갖고 있다. 중앙은행은 분명히 동전과 지폐를 만드는 독점권을 갖고 있지만, 현금은 전자화폐에 비해 현저하게 감소했다. 영국에서 현금은 모든 화폐의 5퍼센트에도 미달한다.[69] 가령 우리가 한 은행에서 돈을 빌리고, 우리 고용주의 다른 은행 계좌를 통해 월급을 받고, 또 다른 은행의 계좌로 직접 돈을 송금해 청구서를 결제할 때, 동전이나 지폐가 교환될 필요는 없다. 은행이 현금 형태의 화폐가 필요한 경우에는 중앙은행에서 무한정 빌릴 수 있는데, 그에 따르는 이자 비용은 자기 고객들에게 떠넘긴다.[70]

사실상 은행은 '가공자본'을 **창조**할 수 있다. 여기서 이자 형태의 불로소득은 현재의 잉여(재화와 서비스의 잉여)가 아니라 미래의 잉여에 의존한다. 궁극적으로 화폐가 생산적 투자를 위해 대출되지 않더라도 미래의 생산이 증가해서 거기서 이자가 나와야 한다.[71] 이 일은 가공자본의 특정 대출자가 통제하지 못하는 전체 경제에 의존한다.[72] 이는 도박이다. 가공자본의 창조가 성장을 촉진할 수 있지만, 그것이 성장의 속도를 초과해 이뤄지는 일은 너무도 쉽게 일어날 수 있다. 실제로 지난 30년 동안 이런 일이 과도하게 일어나서 작금의 위기를 초래했다.

신용 창조의 경제적 중요성과 그것 때문에 은행이 갖게 되는 권력을 생각하면, 그에 대해 엄격한 감독이 실시되고 있으리라 짐작하겠지만 영국의 사정은 그렇지 않다.

새로 창조되는 신용이 GDP에 직접 기여하는 거래에 쓰이는지 아닌지를 감독하는 장치는 없다. 기존 자산(금융자산과 실물자산)에 신용을 투입하는 거래는 GDP에 기여하기는커녕 지속 불가능한 자산 인플레이션에 기여한다. 그리고 GDP에 기여하는 신용이 생산적 거래에 이용되는지 소비 거래에 이용되는지 감시하는 장치도 없다(소비 거래에 이용되는 신용은 바로 인플레이션 압력을 초래한다).[73]

나중에 살펴보겠지만, 실제로 신용화폐는 주로 기존 자산의 거래에 투입된다.

하지만 신용화폐의 창조에는 선한 면도 있다. 그것이 없다면 차입자들은 빌려줄 수 있는 저축이나 여유자금을 가진 사람들에게 의존해야만 한다. 신용 창조는 이미 존재하는 화폐를 빌려주는 사람들이 누리는 독점력을 약화하고 이자율을 낮추어 경제가 그들에게 의존하는 상태에서 벗어나도록 도울 수 있다. 그러나 실제로는 이렇게 되지 않았다. 민간은행들이 자기 이익을 위해 신용화폐를 이용했기 때문이다. 신용화폐의 창조를 유익하게 만들려면, 그것을 극소수의 이기적인 엘리트가 지배하는 민간은행에 맡길 것인지 아니면 별도의 기관에 맡길 것인지, 또 그것을 수행하는 기관을 어떻게 통제할 것인지 가늠해보아야 한다. 민간은행(자체 이해관계도 있고 주주도 있다)에 불로소득을 제공할 필요성 때문에 사회의 경제발전이 제약을 받아야 할까? 아니면 민주적 책임성을 갖춘 공공은행이 신용 창조를 맡아서 최저 이자율로 실물투자를 지원하도록 해야 할까? 후자에 대해서는 신자유주의자들이 격렬하게 반대한다. 그들은 자신들이 누리는 불로소득의 사적 원천(거의 알려지지 않고 있다)을 소중하게 여긴다.

사적인 신용화폐가 지배하기 때문에 우리는 부채에 관한 생각을 바꿀 수밖에 없다. 그 본질을 모르는 사람들은 힘들여 벌어들인 돈을 다른 이들에게 빌려주는 데 대한 보상이 바로 이자라고 여기는 경향이 있다. 대출자는 검소하고 신중한 반면 차입자는 그렇지 않은 것처럼 보이고, 이자 지불은 대출자의 미덕에 대한 보상인 것처럼 보인다. 이런 따뜻하고 도덕적인 이야기는 매력적으로 보이지만, 엄격하게 말해서 화폐 대출의 행정 비용을 초과하는 이자는 불로소득이다. 게다가 그렇게 '훌륭한' 기원을 가진 신용은 거의 없다. 따라서 우리는 그런 신용이 존재하는 것처럼 생각해서는 안 된다.

하지만 이자 **옹호론자**들은 어떻게 생각할까? 나중에 보겠지만, 표준적인 이론에서는 민간은행이 창조하는 신용화폐의 존재를 인정하지 않는다. 더욱이 거기에는 다른 문제도 있다. 아래에서는 이에 대해 살펴보기로 하자.

옹호론 ①: 우리는 모두 성인으로서 계약에 동의한다

이 견해에 따르면 우리는 성인으로서 돈을 빌리거나 빌려주려는 다른 이들, 이자를 내거나 받을 용의가 있는 다른 이들과 자유롭게 계약을 맺을 권리를 갖는다. 우리의 재산으로 무슨 일을 하는지, 누구와 계약을 맺는지는 전적으로 우리에게 달려 있다. 사기와 강제에 대항할 보호장치를 제공하는 것 외에 국가가 할 일은 없다. 이것은 고전적 자유주의의 주장이다. 이 견해의 우파 버전에서는 사기를 피할 모든 책임을 차입자에게 지운다. 채무 불이행 상태에 빠져서 집을 압류당한 저소득층과 서브프라임 모기지 차입자들은 금융 지식을 더 많이 쌓았어야 한다. 대출자들은 정보와 지식의 비대칭을 이용한 데 대해 죄책감을 느낄 필요가 없다. 세상은 원래 힘든 경쟁이 벌어지는 곳이다. 티파티[Tea Party: 2009년 미국 오바마 대통령이 세금을 쏟아부어 경기를 부양하는 정책을 추진했을 때 이에 반발해 출현한 극우 보수단체로 공화당 내 한 분파로도 존재한다]가 주장하듯 "당신의 모기지는 내 문제가 아니다." 이보다 조금 유연한 버전에서는 사기와 협박이 없다면 이자는 괜찮다고 본다.

하지만 부채와 관련해서 협박이란 무엇인가? 소득이 적어서 자녀들에게 크리스마스 선물을 사줄 수 없는 부모의 사례를 들어보자. 그들이 선물을 사려면 매우 높은 이자율로 돈을 빌려야 한다. 우파 인사들은 자유로운 개인이 강제를 받지 않고 자유롭게 선택한 결정은 아무런 문제도 유발하지 않는다고 말할 것이다. 그러나 그 부모가 느낄 수치심과 선물을 받지 못하는 자녀들이 가질 무가치하다는 느낌을 생각해보라. 이런 상황은 사실상 협박의 한 형태다. 학자금 대출의 경우를 떠올려보라.[74]

장학금을 받지 않는 경우, 빚을 지지 않고 대학 공부에 필요한 돈을 마련할 수 있는 학생은 거의 없다. 그들은 학위를 갖지 않고 사는 위험이 너무 커서 부채와 이자는 당연히 지불해야 하는 비용이라고 여긴다. 강제는 없지만, 청년들이 학위 없이 일자리(좋은 일자리는 고사하고)를 얻기가 어렵다는 사실은 학자금 대출도 협박의 한 형태임을 뜻한다. 물론 모든 대출이 이와 같지는 않다. 예를 들어 일부 신용카드 소지자들은 스스로 쓸데없이 과소비를 하다가 망한다.

그러나 어쨌든 우리는 마치 사람들이 평등한 존재인 것처럼 서로 빌려주고 빌리는 계약을 맺을 수 **있어야 한다**는 고전적 자유주의의 사고에서 빌려주고 빌리는 것이 실제 동등한 관계라는 가정으로 넘어가지 않도록 주의할 필요가 있다. 맞다. 우리는 모두 빌리고 빌려줄 권리를 갖고 있고, 그 점에서 형식적으로는 평등하다. 하지만 실제로는 많은 부채가 경제적 불평등에 의존한다. 어떤 사람들은 대출할 수 있는 여분의 화폐를 갖고 있든지, 아니면 은행처럼 신용화폐를 창조할 권리를 갖고 있든지, 하여간 다른 사람들보다 더 많은 힘을 갖고 있지 않은가? 고리대는 그와 같은 불평등을 활용한다.

옹호론 ②: 이자는 절제의 대가

이자에 대한 또 다른 옹호론은 화폐 사용을 연기한 대가가 이자라고 주장한다. 채권자가 일정한 금액(예컨대 1,000파운드)을 5년 후에 갖는 것보다 지금 갖는 것을 선호한다고 가정하자. 그 채권자가 돈을 다른 사람에게 빌려준다면 그는 화폐 사용을 연기한 데 대한 보상을 받을 자격이 생기며, 그래야만 기꺼이 그 돈이 없이도 지내려 할 것이다. 고전적인 프로테스탄트의 분위기를 풍기는 이 옹호론은 돈을 지출하지 않는 데 대한 보상이 바로 이자라고 여긴다.[75]

사실 사람들이 현재의 부보다 미래의 부를 덜 가치 있게 여긴다는 주장에는 의심의 여지가 있다. 예를 들어 자신의 연금에 대해 걱정하는 사람은 미래의 부를 더 가치 있게 여길지 모른다. 환경 보호의 관점에서 보면, 미래를 현재보다 덜 가치 있게 여기는 것은 화를 자초하는 짓이며 환경 파괴의 비용을 담당해야 할 미래 세대에게 벌을 주는 것과 같다. 많은 경우에 부유한 채권자들은 남는 돈을 지출할 생각은 없고 단지 대출해서 불로소득을 얻기 위한 수단으로 여긴다. 앞에서 보았듯이, 은행은 기존 화폐의 사용을 연기함으로써 이익을 얻는 것이 아니라 새로운 신용화폐를 창조하는 데서 이익을 얻는다. 은행은 절제해야 할 대안적 행위가 없다. 어떻게든 하려고 하는 행위, 게다가 비용이 거의 들지 않는 행위에 대해 보상할 필요가 있겠는가? 그런 보상은 대식가에게 밥을 먹는다는 이유로 보상금을 주는 것과 마찬가지다. 어쨌든 실제로 이자는 사람들이 받을 자격이 있다는 주장에 호소한다고 해서 생기는 것이 아니다. 그것을 결정하는 것은 대출자와 차입자의 상대적 힘이다.

옹호론 ③: 이자는 위험 감수의 대가

우리가 돈을 다른 사람, 특히 낯선 사람에게 빌려주는 경우, 우리는 위험을 떠안게 되고 그에 대한 보상으로 이자를 받는다. 대출이 위험할수록 이자율은 높아야 한다. 이자율은 신용의 흐름을 규제하기도 한다. 이자율이 높으면, 채권자들은 더 대출하려고 하고 채무자들은 과도한 위험을 지지 않으려고 한다(아주 절박한 상황이라면 과도한 위험이라도 감수하려고 할 것이다). 이자율의 차이는 금융 '투자자'의 위험 평가에 유용하다. 물론 채무자들이 채무 불이행 상태에 빠질 수 있고 담보(예컨대 모기지 주택)가 있다고 해서 모든 대출이 안전하지는 않기 때문에 대출자들이 가끔 손해를 보기도 한다. 이자를 위험 감수의 대가로 보는 이 견해는 앞의 두 옹호론보다 강력하지만, 몇 가지 중요한 사실을 간과하고 있다.

첫째, 앞에서 보았듯이, 위험한 상태에 있다고 평가되는 차입자들에게 높은 이자율을 적용하면 그들이 곤란해질 위험이 커진다. 이는 채무를 지고 있는 저소득층은 물론이고 공적 부채에도 타당한 말이다(유럽, 특히 그리스의 사례를 생각해보라). 대부분 민간은행인 채권 보유자들이 경제가 취약한 상태에 있는 나라들에 더 높은 이자율을 요구하면, 그 나라들의 경제가 더 취약해져서 상환 능력도 떨어지기 마련이다.

둘째, 대출 위험은 통상 대출자와 차입자가 균등하게 감당하지는 않는다. 이는 그다지 놀라운 일이 아니다. 신용이란 차입자가 대출자에게 지원을 요청해야만 한다는 사실에서 분명히 드러나는 힘의 불균형을 전제하기 때문이다. 차입자가 스스로 통제할 수 없는 사건으로 어려움에 빠지면, 대출자는 개의치 않고 이자를 받으려 한다. 특히 복리 이자가 적용되는 경우 대출자는 어려움에 빠진 차입자한테서 더 많은 이익을 얻을 수 있다. 페티포가 말하듯이, "임금이나 이윤과는 달리, 고리대에서 얻는 이익은 가치가 부가되었건 손실이 발생했건 상관없이 고정된다."[76] 대출이 위험한 실물투자에 자금을 공급해 성공하는 경우, 대출자가 차입자와 이익을 나눠 갖는 것이 합리적인 것 같다. 투자가 가능하도록 차입자가 도왔기 때문이다. 그렇다면 대출자가 손실을 나눠 감당하는 것도 합리적일 것이다. 실패한 사업을 지원하는 나쁜 투자를 했기 때문이다. 이는 시장이 수요와 공급의 관계에 따라 사람들에게 상과 벌을 준다는 원리에 부합한다. 예컨대 이슬람 은행처럼 적어도 원리상으로는[77] 이익과 손실이 대출자와 차입자 사이에 배분되도록 신용을 규제하는 사례도 있다. 그러나 현대의 신자유주의 경제에서는 어떤 경우든 대출자는 이익을 얻는다. 기업이 도산하는 경우 대출자는 통상 그 기업의 자산에 대한 청구권을 갖는다.

국가가 감세 조치와 파산법으로 유용한 재화와 서비스를 생산하는 기업보다 대출자를 더 많이 보호하기 때문에 위험은 불균등하게 배분된다. 세계적인 차원에서는 최강 국가의 정부, 세계은행, 국제통화기금이 채무국들에 가혹한 정책을 강요할 수 있다. 빚 받으러 돌아다니는 건달들처럼 이 기관들은 글로벌 채권자들의 집행자다.

셋째, 차입자가 위험을 더 많이 부담할수록 대출자는 대출할지 말지 걱정할 필요가 줄어든다. 반면, 차입자와 대출자가 위험을 분담하는 경우 차입자가 어려움에 빠지면 대출자가 위험을 일부 부담하므로, 대출자는 대출에 대해 좀 더 신중하게 판단하게 되고, 차입자의 투자 계획을 면밀하게 평가해서 위험을 줄이기 위한 조언을 제공할 공산이 크다. 다시 말해 대출자와 차입자 간의 비대칭성은 무분별한 대출과 현명하지 못한 투자를 조장한다. '우리가 함께하는 일이니 잘되게 하자'가 아니라 '그건 네 문제야, 어쨌든 나는 이자를 받아야겠어'라는 논리가 지배하게 된다.

그러면 대출자는 실물투자에 대한 책임을 분담하지 않고 그 사업을 단지 금융'투자'로만 취급할 수 있다. 게다가 대출자는 언제든지 대출보험에 가입해서 그 비용을 차입자에게 전가할 수 있다.

넷째, 사실 **은행은 새로운 생산에 대한 위험한 투자를 위해 대출하는 기관이라는 이미지와는 반대로, 이런 대출을 거의 하지 않는다.** 아직 존재하지 않는 상환 수단을 염두에 둔 대출보다는 기존 자산을 매입하기 위한 대출이 대부분이다(미국과 영국의 경우 70퍼센트).[78] 기업에 대출하는 경우에도 그 돈은 대부분 자사주를 매입하거나 다른 기업을 인수하기 위해 자금을 모으는 일에 투입된다. 이런 일은 실물투자가 아니라 단지 소유권 변경에 불과하다. 오늘날에는 어떤 규모의 기업이든 실물투자 자금을 대부분 내부적으로, 즉 대출이 아닌 사내 유보 이윤에서 조달한다.

허드슨에 따르면, 미국의 은행은 주로 임대용 부동산을 취득하는 일에 대출한다.[79] 그 경우 대출은 또 다른 불로소득의 원천을 활성화하며, 임대료 수입은 대출금 상환에 쓰인다. 더욱이 최근 몇 년간 막대한 부채 증가의 대부분은 투자 목적이 아니라 자동차 구입용으로 대출하는 소비자 신용 분야에서 발생했다. 사람들은 은행에 예치한 돈이 경제발전을 지원하는 데 이용된다고 생각할지 모르지만, 실제로 그렇게 들어가는 돈은 거의 없다. 은행은 가장 기본적인 기능에서 실패했다.

다섯째, 부채가 발생하기 쉬운 불평등한 경제적 상황 외에도, 대출자에게 유리하고 위험을 차입자에게 떠넘기는 정보의 비대칭성이 존재한다. 조지프 스티글리츠가 말한 바와 같이, 미국의 경우 힘 있고 탐욕스러운 은행들이 서브프라임 주택시장에서 "우리 사회에서 가장 교육 수준이 낮고 재정적으로 취약한 사람들에게 비싼 모기지를 판매하면서 사람들이 이해할 수 없도록 비용에 관한 세부사항을 작은 글씨로 적어서 숨기는 방식으로 '약탈적 대출'을 행하고 있다."[80] 다시 말하지만, 차입자가 자신의 부채에 대해 전혀 책임이 없다는 말을 하려는 것은 아니다. 약탈적 대출과 무책임한 차입은 서로를 먹여 살린다. 물론 그렇더라도 대출자에게 불로소득이 제공된다는 점에는 변함이 없다.

여섯째, 금융화한 경제에서 중요해진 좀 더 기술적인 문제가 있다. 대출자가 대출을 다른 기관에 증권(매입자에게 불로소득 지급을 약속하는 금융자산)으로 되팔 수 있다면, 위험 분포의 비대칭성은 더욱 커진다. 대출자는 위험을 줄이면 더 많은 신용을 발행하고 지급준비금 대비 대출의 비율에 가해지는 자본 규제에서 벗어날 수 있다. 옹호론자들은 이를 위험 관리 또는 위험 분산이라고 부르지만, 이 기법이 오히려 더 위험한 대출을 조장하는 경우가 너무 많다. 이에 관해서는 금융위기를 다룰 때 좀 더 설명하기로 하자. 무엇보다도 나쁜 점은 은행이 '너무 커서 도산할 수 없다'고 여겨지면, 위험을 신중하게 관리할 이유가 줄어든다는 사실이다. 문제가 생기면 납세자들이 구제해주리라고 믿기 때문이다. 우리는 어떤 집단이 다른 집단의 부채를 자산(즉 믿을 만한 소득원)으로 취급할 수도 있다는 사실에 대해 진지하게 생각해봐야 한다.

마지막으로, 이자를 위험 감수의 대가로 보는 견해는 위험을 기준으로 이자를 부과하는 것을 순전히 신중함의 문제[신중한 사람이 위험을 감수할 때는 대가를 주어야 한다]로 다루려고 한다. 통상 위험 감수자는 평범한 사람보다 더 강하고 대담할 뿐만 아니라 남들이 놓치는 기회를 포착할 수 있는 더 똑똑한 사람이다. 하지만 '위험 관리자'라는 용어에서 알 수 있듯이, 그는 또한 신중한 사람이기도 하다. 더 흔한 진실은 이들이 대부분 기존 자산을 상대로 대출하고, 더 넓은 경제에 미치는 결과보다는 자신의 수익에만 관심이 있으며, 일반적으로 차입자의 상대적 약점을 이용한다는 점이다.

옹호론 ④: 이자가 유일한 길이다(실용적 옹호론)

자본주의에서 신용은 매우 중요하다. 저축률이 높지만, 저축자들이 여윳돈을 쌓아두기만 한다고 상상해보라. 어려울 때를 대비해 돈을 매트리스 밑에 숨겨두는 경우가 이에 해당한다. 유통되는 돈이 충분하지 않으면 생산자가 재화를 판매할 수 없으므로 경제가 침체할 것이다. 비자본주의 경제에서도 신용은 유용하다. 실용적 옹호론은 이자가 사중적 비용으로서 신용의 이점을 감소시키기는 하지만, 신용을 얻으려면 대출자에게 이자를 제공하는 방법밖에 없다는 점을 강조한다.

이자는 여윳돈이 재활용되고 효과적인 일에 투입될 수 있도록 돕는 역할을 한다. 이자는 필요악이다. 물론 이 말은 다른 경우에는 타당해 보일지 몰라도 은행이 창조하는 신용화폐에는 해당하지 않는다. 신용은 상업이라는 수레바퀴에 기름을 치는 역할을 하는데, 거기서 이자는 윤활 기능을 높이기도 하지만 모래를 뿌리기도 한다.

이슬람 은행에서는 원칙적으로 고리대를 금지하며, 공공선을 위해 이자를 기대하지 않고 저축하도록 권장한다. 신용은 실물투자와 불우이웃을 돕는 일에 투입된다.[81] 그러나 전 세계 많은 나라에서 친구나 친척에게 빌려주는 경우 말고는 무이자로 대출해야 한다는 도덕적 기준은 존재하지 않는다. 이런 도덕적 경제 원칙에 대한 강한 지지가 형성되지 않은 상황에서 가장 현실적인 대안은 이자를 규제하고 책임 있는 공공은행을 만드는 것이다. 이 은행은 신용할 수 있다고 판단되는 사람들에게서 불로소득을 최대한 추출하는 대신, 경제 전체에 도움이 되는 곳에 저금리 또는 제로 금리로 신용화폐를 발행해줄 수 있다.

실용적 이자 옹호론은 기존의 화폐를 빌려주거나 빌리는 상황에는 적용할 수 있지만, 우리 대부분이 무에서 신용화폐를 창조하는 은행에서 돈을 빌린다는 점을 고려하면 타당성이 떨어지는 주장이다.

우리가 위의 옹호론들에 대해 어떻게 생각하든, 그것들은 여기서 일어나고 있는 일을 설명하지 못한다. **대출자들이 이자를 부과하는 것은 이자를 받을 자격이 있음을 입증할 수 있다거나 경제 전체에 좋다거나 하기 때문이 아니다. 단지, 할 수 있어서 이자를 부과한다.** 물론 대출자들은 통상 시장이 감당할 수 있는 만큼 이자를 부과한다. 어떤 옹호론을 내세우건, 그것은 우리가 내린 불로소득의 정의에 부합한다.

이제, 이상의 논의를 요약해보자.

이자는 최근 수십 년 동안 불로소득 가운데 가장 빨리 증가한 부분이자 오늘날 경제위기의 핵심 원인이다. 보통, 사람이나 국가가 부채를 진 경우 갚는 것만이 '공정하다'고 생각한다. 하지만 사실상 가난한 사람이 부자에게 지급하는 보조금과도 같은 이자를 공정하다고 할 수 있을까? 하물며 복리로 지급되는 이자야 일러 무엇 하겠는가? 우리는 현대판 고리대를 거론할 필요가 있다. 대부분의 이자 옹호론은 대출자의 입장에서 있지만, 고리대를 거론하면 대출자와 차입자 사이의 사회관계(보통 불평등한 관계)에 주목하고 양쪽 모두를 고려하게 된다.

신용은 유용할뿐더러 효율적인 현대 경제에 정말 필수적인 요소지만, 이자는 불로소득이자 경제에 사중적 비용으로 작용하며 부를 위쪽으로 재분배하고 미래 세대에게 막대한 부담을 안겨준다. 윤리적 의문이 제기되고 역기능을 일으키는 이자에 대해서는 이자율을 최소화하는 방식으로 대처하는 것이 최선이다. 신용을 배분하는 다른 방법이 필요하다.

저축예금을 이용하든 신용화폐를 창조하든 신용의 배분을 통제하는 사람은 상당한 힘을 갖는다. '경제의 지휘부'를 통제하면서 경제발전의 양상을 만들어갈 수 있기 때문이다. 민간은행에 이러한 권한을 허용하는 경우, 권한에 따르는 책임은 예금자(채권자)와 주주에게 돌아간다. 민간은행은 이익이 나고 주식 가치가 계속 상승하는 한 대출이 어디로 가건, 경제에 어떤 영향을 미치건 상관하지 않는다. 금융'투자'는 실물'투자'와는 거의 관련이 없다는 말이다. 놀랍게도 오늘날 금융 엘리트들은 개인·기업·정부를 대상으로 이자를 추출하는 것이 부를 창출하는 한 형태라고 여긴다. 이들에게 돈은 돈일 뿐이니, 출처가 어디든 무슨 상관이겠는가?

6장

생산에서 나오는 이윤
: 자본가와 불로소득자의 차이는 무엇인가?

이제 부를 추출하는 세 가지 형태 중 마지막이자 자본주의 비판과 가장 연관성이 높은 형태인, 민간 소유자나 주주가 취하는 생산이윤에 대해 알아보자.

일상적인 대화에서 우리는 '이윤profit'이라는 용어를, 발생하는 상황과 관계없이 수입이 비용을 초과할 때 그 잉여를 지칭하는 것으로 느슨하게 사용하는 경향이 있다. 어떤 재화를 10파운드에 사서 다른 사람에게 15파운드를 받고 판다면 5파운드의 이윤을 얻었다고 말할지 모른다. 하지만 5파운드가 가치를 가지려면, 그 돈으로 살 수 있는 다른 재화나 서비스가 어딘가에서 판매되고 있어야만 하고, 판매 이전에 생산되어야만 한다. 생산자가 비용을 충당할 수 있을 만큼만 생산한다면 이윤은 있을 수 없다. 그보다 더 많이 생산하고 판매하는 경우에만 이윤이 존재할 수 있다. 따라서 이윤은 재화를 화폐로 교환하는 과정에서 모습을 드러낼 수 있지만, 전체 경제에서 이윤의 원천은 교환이 아니라 생산에 있다.

누군가가 싸게 사서 비싸게 팔아 체계적으로 이윤을 얻을 수 있으려면, 경제 어딘가에서 잉여 재화가 생산되고 있어야만 한다.

노동자가 소유하는 소규모 협동조합들이 시장에서 판매하기 위해 재화와 서비스를 생산하는 경제를 상상해보자. 각 협동조합은 판매 수입 중 얼마를 임금으로 가져갈지, 얼마를 투자하고 얼마를 저축할지 결정해야 한다. 수입과 비용의 차액을 이윤이라고 부르든 다른 이름으로 부르든, 그것이 생산물의 가치와 임금·건물·원료·설비·에너지 등 생산에 들어가는 모든 비용의 차액이라는 점은 분명하다. 협동조합들이 이 비용보다 더 큰 가치를 지닌 재화나 서비스를 생산하고 판매하지 않는다면, 잉여나 이윤을 얻지 못할 것이다.

오늘날 협동조합은 전체 기업 중 극히 일부에 불과하다. 자본주의 사회에서 대부분의 기업은 자본가 또는 주주(이에 대해서는 나중에 설명하겠다)가 사적으로 소유한다. 이 경우 피고용인인 노동자는 기업을 소유하지도 않고, 설비·건물·원료를 소유하지도 않는다. 그리고 놀랍게도 자신의 노동을 통해 생산한 물건에 대한 소유권도 전혀 없다! 자본주의 사회에서 당연시되는 이상한 소유권법 때문에, 그들의 노동으로 거둔 결실 가운데 어느 부분도 그들의 것이 되지 않는다.[82] 노동자가 자신의 노동으로 거둔 결실을 가질 수만 있다면, 그들(경영자든 일반 노동자든)은 기업이 벌어들인 수입 중 얼마만큼을 임금으로 가져갈지, 나머지 잉여를 어떻게 처리할지 결정할 수 있다. 그러나 그들은 소위 '생산수단'도 생산물도 소유하고 있지 않기 때문에 권력도 거의 없으며 생산수단을 소유한 사람들(자본가들)에게 의존할 수밖에 없다('기업가'라는 아부성 용어를 쓰지 않는 이유에 대해서는 8장에서 설명하기로 하자).

지주와 대출자는 불로소득자로서 기존 자산을 통제함으로써 돈을 번다는 사실을 앞에서 지적한 바 있다. 그렇다면 이미 존재하는 생산수단을 소유한 자본가는 불로소득자와 다를까? 그렇기도 하고, 아니기도 하다.

　우리에게 필요한 것은 거의 모두 생산되어야 하며, 이를 위해서는 생산수단이 필요하다. 그러나 요리시설 같은 것을 제외하면 우리 대부분은 필요한 물건을 생산할 수 있는 생산수단이 없기 때문에, 생산수단을 소유하거나 통제하는 사람들에게 의존할 수밖에 없다. 스스로 노동자 계급이라고 생각하든 중산층이라고 생각하든, 생계를 위해 다른 사람들(생산수단을 소유하고 노동자를 고용할 용의가 있는 사람들)에게 의존한다는 점에서는 차이가 없다. 자본주의 사회에서 생산수단은 대부분 소수가 사적으로 소유한다. 고전적인 의미에서[83] 자본가는 생산수단을 소유하고 사용해서(아울러 다른 사람들을 고용해서) 재화와 서비스를 생산함으로써 이윤을 얻는 사람이다(상장 기업의 경우 소유권은 주주들이 나눠 갖지만, 여기서 중요한 것은 소유권이 한 개인에게 귀속되는지 혹은 주주들을 대표하는 회사에 귀속되는지가 아니라 이윤의 원천이다).

　자본가는 위에서 말한 의존성을 이용해 사람들을 고용한 후 자기 소유의 생산수단으로 노동하게 함으로써 판매용 재화와 서비스를 생산할 수 있다. 하지만 자본가 입장에서는 이윤을 얻을 수 없다면 이런 일을 할 필요가 없다. 이윤 획득은 노동자를 고용하고 원료·설비·에너지 등을 조달하는 데 드는 비용보다 더 많은 가치를 갖는 재화와 서비스를 노동자가 생산할 때 비로소 가능해진다. 그렇지 않으면 이윤은 제로가 될 것이다. 그러므로 노동자의 임금은 그들이 생산한 것과 등가等價가 아니다. 그것은 노동자가 생산에 기여하는 것을 반영하지 않는다. 단지 그들에게 일을 시키는 데 필요한 것을 반영할 뿐이다. 무엇이 임금을 결정하는지에 대해서는 뒤에서 자세히 설명하기로 하자.

혹자는 여기서 자본가들 간의 경쟁으로 혁신과 유례없는 경제발전이 촉진되고, 그 혜택을 노동자들이 확실히 누린다고 반론하고 싶을지도 모른다. 이 문장의 전반부는 확실한 사실이고, 후반부도 종종 사실이다. 그러나 둘 다 내가 방금 주장한 내용과 모순되지 않는다!

게다가 노동자가 없으면 소유주가 생산수단으로 할 수 있는 일은 아무것도 없다. 따라서 노동자와 자본가 사이에는 상호 의존성이 존재하며, 서로가 서로를 필요로 한다. 하지만 더 약한 쪽은 피고용인이다. 사실상 그들은 자신들을 고용해서 이윤을 얻으라고 자본가 겸 고용주를 설득해야만 한다.[84] 심지어 일부 고용주는 구직자에게 "내게 이윤을 주기 위해 무엇을 할 것인가"라고 노골적으로 묻기도 한다. 뻔뻔하게 보일 수도 있지만, 고용주 입장에서는 꼭 필요한 질문이다. 지난 30년 사이에 신자유주의가 부상하면서, 젊은이들은 자신을 시장에서 거래되어야만 하는 존재로 인식하고 고용주를 설득하기 위해 취업용 이력서를 잘 작성하라는 충고를 받게 되었다. 한편, 교육기관은 학생들이 노동시장에 잘 적응할 수 있도록 준비시키는 것을 최우선 과제로 삼게 되었다. 고용주에 대한 노동자의 의존성이 문화적으로 강화된 것이다.

생산수단은 노동자의 생산성을 높여서 그렇지 않은 경우보다 훨씬 더 많이 생산할 수 있게 하므로 정말 중요하고 필수적인 요소다. 쉽게 생각하면, 기계와 컴퓨터가 차이를 만들어내기 때문에 그런 장비의 소유자나 '제공자'가 혜택을 누려야 한다고 말할 수 있다. 강자에게 아첨하기를 좋아하는 주류 경제학은 자본가들이 얻는 이윤을 자본(즉 생산수단)의 기여에 대한 대가로 정당화한다. 그러나 단지 생산수단을 **소유**하는 것만으로는 생산성이 높아지지 않는다. 생산성을 높이려면 생산수단을 **사용**하고 작동시켜야 하는데, 생산수단을 소유만 하는 순수 자본가는 이 일을 노동자와 매니저에게 맡긴다. 패스트푸드 체인점과 그곳의 설비를 소유한 채 노동자들이 생산하는 이윤으로 살아가는 삶은 종일 햄버거를 굽는 삶과는 다르다. 노인 요양원 체인을 소유하고 거기서 생기는 이윤으로 살아가는 삶은 입소자들을 씻기고 입히고 먹이고 돌보는 노동을 하며 살아가는 삶과는 다르다. 집을 정리하고 관리하는 노동을 하는 것과도 다르다. **소유 그 자체는 아무것도 생산하지 않는다.**[85]

협동조합에서 노동자들이 생산수단을 소유하고 있다면, 생산물 판매 수입과 임금, 기타 비용의 차액은 자본가가 아닌 노동자들에게 돌아갈 것이다. 물론 그 수입은 생산시설을 단순히 소유하는 것이 아니라 작동시킴으로써 발생하는 것이지만 말이다. 협동조합에서 생산수단 작동으로 생기는 이익은 소유만 하고 일하지 않는 사람들이 차지하는 것이 아니라 생산을 위해 생산수단을 작동시키는 사람들이 나눠 갖는다.

순수 자본가, 즉 기업을 소유만 하고 경영은 다른 사람에게 위임하는 자본가는 부의 창출에 기여하지 않는다. 그들은 피고용인보다 우월한 지위를 이용해 노동자(관리자 포함)가 만드는 생산물의 가치와 생산비의 차액을 전유할 뿐이다.[86] **따라서 그들의 소득은 불로소득이다.** 그것은 임대료와 마찬가지로 생산적인 기여가 아니라 기존 자산에 대한 사적 통제에 의존한다.

하지만 모든 자본가가 그렇게 수동적인 역할에 머무는 것은 아니고, 일부는 기업 경영에 관여한다. 이들은 **일하는 자본가**라고 부를 수 있다.

그들이 얻는 이윤의 **일부**는 일을 조직하고 계획하는 데 도움을 준다는 점에서 **노력소득**이고, 다른 **일부**는 희소한 자산을 소유하면서 노동자의 의존성을 이용해 이윤을 추출한다는 점에서 **불로소득**이다. 일하는 자본가에게 박수를 한번 보내도 좋을 것 같다.

모든 조직에는 관리자가 필요하다. 마르크스가 말했듯이, 바이올리니스트 한 명에게는 지휘자가 필요 없지만 오케스트라는 그렇지 않다.[87] 그러나 관리자가 아무리 필요하더라도 그가 소유주일 필요는 없다. 지휘자는 악기를 소유할 필요도 없고, 오케스트라가 벌어들이는 수입을 혼자서 관리할 필요도 없다. 그는 피고용인일 수도 있고 동료 단원들이 선임한 공동 소유주일 수도 있다.

영국 텔레비전 프로그램 〈드래곤스 덴Dragons' Den〉에 나오는 '드래곤들'을 생각하면, 자본가의 모델로 인기 있는 것은 순수 자본가가 아니라 일하는 자본가인 것 같다. 이 프로그램에 출연하는 예비 자본가들은 드래곤들에게서 새로운 벤처 사업을 위한 지원을 받으려고 노력한다. 드래곤 같은 자본가들은 순수 자본가들보다 더 정당해 보인다. 드래곤들은 초보자에게 사업 관련 조언을 해줄 수 있지만, 그들의 관심은 단지 조언에 대한 대가가 아니라 새로운 사업의 소유권 지분을 확보해서 이윤을 뽑아내는 데 있다. 물론 해당 사업에 고용되는 노동자들은 프로그램에서 거의(전혀?) 언급되지 않는다.

재화와 서비스를 생산하는 기업을 소유함으로써 이윤을 얻는 순수 자본가는 불로소득자와 매우 비슷해 보인다. 하지만 차이점도 있다. 그들의 소득은 불로소득이지만, 한 가지 '장점'은 갖고 있다. 적어도 생산활동을 지원하는 데서 그들의 소득이 생긴다는 점이다. 지대로만 소득을 얻는 지주는 재화와 서비스를 생산하는 사람들이 만드는 잉여에서 이익을 얻으면서도, 부를 창출하는 일에서는 건설적인 역할을 전혀 하지 않는다. 순수 자본가 역시 이 잉여에서 이윤을 얻지만, 그들은 지주와 달리 잉여 창출에서 중요한 역할을 하며 또 그렇게 하는 동안에만 이윤을 얻을 수 있다. 마르크스는, 자본가들은 생산에 자금을 지원하지만 단순히 대출이나 투기로 돈을 버는 사람들은 '기생충 계급'에 속한다고 생각했다.[88] 정치경제학자 데이비드 리카도David Ricardo, 카를 마르크스, 헨리 조지, 그들의 뒤를 잇는 많은 학자가 주장했듯이, 자본가와 지주(그리고 기타 불로소득자)는 상반된 이해관계를 갖는다. 지대가 노동자의 생활비를 증가시켜 임금 상승 압력을 초래하고, 지주한테서 토지를 임차하는 자본가에게 간접비를 발생시키기 때문이다. 두 경우 모두 지대는 산업이윤을 압박한다. 대출 이자도 자본가들이 얻을 이윤을 줄인다. 자체 이윤으로 투자금을 조달할 수만 있다면 이자를 낼 필요가 없으므로, 기업은 내부 투자를 선호하는 경향이 있다.

다시 한 번 강조하지만, 소득원과 사람이 일대일로 대응할 필요는 없다. 자본주의적 생산 기업에 종사하는 자본가들은 재화와 서비스의 생산에서 이윤을 얻기도 하지만, 이자 수익 또는 주식'투자' 수익을 올리기도 한다. 마치 한 사람이 몇 개의 모자를 쓰고 있는 것과 같다.

자본주의 사회에서 개별 기업은 다른 기업들과 경쟁하고 있으며 평균 이하의 이윤을 내는 기업은 더 높은 이윤을 내는 기업에 밀려나기 쉬우므로 위에서 말한 한 가지 장점은 더 강화된다. 개별 기업은 계속 사업을 영위하려면 절약하거나 혁신해야만 한다. 이를 위한 방법에는 여러 가지가 있다. 단순히 임금이나 연금과 같은 비용을 삭감하거나 노동자가 더 열심히 일하게 만드는 방법에는 한계가 있다(노동자는 대가 없이는 일하려고 하지 않으며,[89] 아무 속도로나 일할 수 있는 것도 아니다). 가장 근본적이고 반복 가능한 경쟁력 확보 방법은 더 선진적이고 효율적인 생산수단을 도입하거나 더 매력적인 제품을 개발해서 기존 제품을 대체하는 것이다. 마르크스와 엥겔스가 『공산당 선언』에서 인정했듯이, 자본주의를 역동적이고 혁명적으로 만드는 것은 바로 이러한 경쟁의 압력과 그것이 생산에 미치는 영향력이다. 따라서 생산에 관여하는 자본가의 이윤은 한편으로는 불로소득자의 소득처럼 기생적이지만, 다른 한편으로는 숙주를 생존시키고 그 성장을 지원하는 데서 생긴다.

그러나 3부에서 살펴보겠지만, 신자유주의에서 단기적인 이윤 창출의 압박과 자본의 이동성 증가로 자본가들은 장기적으로 생산 방면에 투자하기보다는 기업을 약탈해 수익을 올리고 다시 새로운 기업으로 옮겨가 같은 짓을 반복하는 일에 더 많은 관심을 기울이게 되었다.

자본주의의 일부 측면에 찬사를 보낼 수는 있지만, 그와 함께 그 모순에도 주의를 기울일 필요가 있다. 노동자들은 임금을 포함한 생산비를 초과하는 재화와 서비스(가치 기준)를 생산해야 하지만, 실업 상태거나 비공식 부문에서 일하면서 자본에 전혀 착취당하지 않는 것보다는 이런 식으로 착취당하는 쪽이 더 나을 수 있다. 그러나 그들이 일하는 회사를 소유하면서 다른 사람에게 불로소득을 제공하지 않아도 된다면, 그때는 그보다도 더 나은 삶을 살 수 있지 않겠는가?

개별 자본가가 기업을 소유하는 위의 모델은 시대에 뒤떨어진 것이 아니냐고 말할 수도 있다. 대기업은 대부분 주주가 소유하고 피고용 관리자가 운영하지 않는가 말이다. 이제 그런 기업에 대해 알아보자.

주식과 배당금: 기괴한 제도

"우리의 첫 번째 의무는 주주들에 대한 것이다." 2012년 '주주의 봄 shareholder spring' 때 주주들은 탐욕스러운 CEO에 맞서 자신들의 권리를 주장하려고 했다는 이유로 찬사를 받았다. 주식 보유는 항상 어떤 경쟁 세력한테서도 지켜내야 하는 정당한 관행으로 쉽게 받아들여진다. 경제생활에서 꼭 있어야만 하는 가구처럼 보이는 것이다. 그래서 주식 보유가 얼마나 이상한 현상인지 알아차리게 되는 것은 그것을 정당화하려고 애쓸 때뿐이다. 전후 호황기에는 미미한 현상에 불과했던 주주의 힘은 최근 수십 년 동안 소위 주주 운동의 성장과 함께 엄청나게 증가했다. 경제위기를 초래하는 주요 원인이 됐을 정도다.

주식은 불로소득의 중요한 원천이다. 비록 많은 사람이 그 소득을 투자에 대한 보상으로 여기지만 말이다. 주식은 주주에게 배당금(주식 발행 기업의 이윤 중 일부를 받을 수 있는 권리에 근거해 주어지는 돈)을 제공하지만, 그 금액은 기업이 창출하는 이윤의 규모, 주식의 유형, 기업의 전략에 따라 달라진다. 또 주식을 보유하면 기업 회의에서 의결권을 행사할 수 있다. 물론 그런 회의에서 지배적인 역할을 하는 것은 연금기금이나 보험회사 같은 대규모 기관 주주지만 말이다. 가장 중요한 것은 기업의 이윤과 기대 이윤이 변함에 따라 주가가 등락하기 때문에 주식시장에서 주식을 사고팔아 이익을 얻을 수 있다는 점이다. 얼핏 보면 배당금은 기업에 투자하고 위험을 감수한 데 대한 보상처럼 보인다. 기업 실적이 나쁘면 배당금이 없을 수도 있고,[90] 기업이 파산하면 주주들은 투자금을 잃는다. 물론 그 이상의 사태는 벌어지지 않기 때문에 '유한책임'이라는 용어가 나왔다.

그러나 주식 거래의 97퍼센트 이상이 2차 시장[이미 발행된 유가증권이 투자자 간에 거래되는 유통시장]에서 매매된다는 점을 생각하면, 겉으로 보이는 것은 진실과 거리가 멀다는 것을 알 수 있다. 따라서 대부분의 '투자자'처럼 내가 기존의 주식을 매입하면, 내가 지불하는 돈은 기업이 아니라 이전 주주의 수중에 들어간다. 다시 말해, 나는 기업에 실물투자는 하지 않은 채 기업에서 생기는 미래소득의 흐름에 대한 권리(무기한 지속할 수 있는 권리)를 매입한 것이다.[91] 토니가 말했듯이, 주식은 "주주가 어떤 서비스를 제공하든 상관없이 소득을 안겨준다."[92] 내가 기업이 최초 공개를 할 때 발행하는 주식을 직접 그 기업한테서 매입한다고 하더라도, 그래서 기업이 주식 매각 자금을 실물투자를 위해 쓸 수 있다고 하더라도(물론 기존 자산 매입 등 다른 용도로도 쓸 수 있지만), 왜 내가 한시적이거나 일정한 상한이 있는 보상이 아닌 무기한·무한정 보상을 받아야 하는지는 분명하지 않다. 기업이 발행한 채권을 매입하는 경우(주식을 매입하는 것이 아니라 자금을 빌려주는 경우), 채권에 대한 이자는 불로소득이기는 하지만 제한이 있다. 반면, 채권 보유자는 일반적으로 기업의 사정에 상관없이 빌려준 돈을 상환받기 때문에 주식 보유자와는 달리 위험이 거의 없다.

하지만 주식 매입자는 대부분 배당금보다는 주가가 오르내릴 때 적절한 시점에 주식을 사고팔아 버는 수익을 선호한다. 주식 소득의 약 3분의 2는 주가 상승에서 발생하며, 배당금에서 발생하는 소득은 3분의 1 미만이다.[93] 평균 이상의 이윤을 내는 기업은 높은 배당금을 지급할 뿐만 아니라 주가가 올라서 주주에게 이익을 안겨줄 가능성이 크다. 또 주주들은 주식을 단기 차입을 위한 담보로 이용할 수도 있다. 점점 더 많은 사람과 기관이 주식시장에 진입해서 수요가 공급을 초과하는 경우(1980년대 이후 실제로 이런 일이 벌어졌다), 주가가 전반적으로 올라 주가 인플레이션으로 이어질 수 있다. 많은 사람이 이를 경제성장과 '투자자'의 신중함과 기업가 정신의 증거라고 착각한다. 컴퓨터나 자동차 같은 일반 제품의 수요가 증가하면, 공급도 따라서 증가한다. 또 이런 제품의 가격이 상승하면 수요량이 줄어들고, 가격이 하락하면 수요량이 늘어난다. 하지만 주식시장은 이런 식으로 작동하지 않는다. 기업들은 주가 하락을 촉발할까 봐 조심하기 때문에, 신주 공급을 꺼린다. 또 '투자자'는 가격이 오를 것이라 예상되는 주식을 사고 싶어 한다. 따라서 주식시장은 일반 상품시장과 근본적으로 다르다.

어릴 적 교훈: 마태복음의 원리

어렸을 때 나는 열일곱 살이 되면 차를 살 수 있으리라는 희망을 품고 용돈 대부분을 저축했다(1950년대에 요크셔 출신 부모님 밑에서 자란 나는 근검절약과 함께 만족감을 나중으로 미루는 습관을 몸에 익혔다). 10대 초반 학교 수학 시간에 이자를 계산하는 방법을 배우면서 나는 내 목표를 달성할 기회가 없음을 깨닫게 되었다. 이자율이 낮아서 내 우체국 계좌의 저금은 빨리 불어나지 않았고, 등교 전에 신문 배달을 해서 돈을 더 벌어도 마찬가지였다. 나는 사람들이 어떻게 부자가 될 수 있었는지, 어떻게 고액 연봉으로 형성할 수 있었던 금액보다 더 많은 자산을 갖게 됐는지 궁금해지기 시작했다. 그러던 중 지지부진한 우체국 계좌보다 더 위험하기는 해도 주식과 투기로 더 높은 수익을 올릴 수 있다는 사실을 알게 되었다. 그러나 그렇게 되려면 가까운 미래에 내가 조달할 수 있는 수준을 훨씬 뛰어넘는 금액만큼 주식을 사야만 했다.

부자가 되려면 부자여야만 했다. 또 부자들은 부유한 부모를 두고 돈을 상속받는 경우가 많다는 것도 알게 되었다. 그때까지 '불로소득'에 대해 들어본 적이 없었지만, 그런 현실은 불공평하다고 생각했다. 부는 능력이나 노력과는 별 관련이 없다는 것이 분명해졌다(물론 나는 그 반대를 믿고 싶었다). 당시 복지국가, 특히 NHS, 국가주택, 공교육 등이 필요를 분배의 기준으로 삼고 있었음에도, 나는 그에 대해 많이 생각해본 적이 없었다. 필요도 능력도 다 소용이 없었다. 오히려 '가진 사람은 더 받을 것이다'[마태복음 26장 29절]가 규칙이었다.

존 메이너드 케인스는 주주에 대해 말하는 가운데 "불로소득자, 즉 아무 기능도 못 하는 투자자를 안락사시켜야 한다"고 주장했다.[94] 그는 범위를 넓혀서 주식회사, 즉 주주가 소유한 기업을 설명하면서 다음과 같이 썼다.

주식회사가 등장한 결과 오늘 지분을 사서 내일 팔고, 순간적으로 소유한 것에 대한 지식과 책임이 전혀 없는 수많은 개인 사이에 [기업의] 소유권이 나뉘면서 소유와 경영의 분리가 한 국가 내에서 심각한 문제로 떠올랐다. 게다가 동일한 원칙이 국제적으로 그것도 [오늘날과 같은] 비상시국에 적용된다면 그건 도저히 견딜 수 없는 일이다. 내 소유에 대해 내가 책임을 지지 않고, 내 소유를 운영하는 사람들이 나에게 책임을 지지 않으니 말이다. 내 저축을 지구 어디든 자본의 한계효율이 가장 크거나 이자율이 가장 높은 곳에 투자하는 쪽이 유리하다는 재무적 계산이 나올 수 있다. 그러나 소유와 운영 사이의 거리가 먼 것은 인간관계에서 악惡이며, 장기적으로는 긴장과 적대감을 조성해서 재무적 계산을 무의미하게 만든다는 사실이 경험적으로 축적되고 있다.[95]

더그 헨우드Doug Henwood의 표현을 빌리면, "그들[주주들]은 노동자 소유권의 산 증거다."[96]

그러나 이는 사실 금융'투자'와 실물투자 사이의 간극, 즉 모든 가용자원으로 금융이익을 추구하는 행위와 새로운 인프라, 기술과 훈련을 창출하는 행위 간의 간극, 그리고 생산활동에 기여하지 않으면서도 거기서 이익을 얻는 사람과 생산활동에 기여하지만 이익을 덜 얻는 사람 사이의 간극이 확대된다는 것을 뜻한다. 케인스가 아무 기능도 못 하는 투자자를 비난하기 전에 토니는 다음과 같이 썼다.

통상 재산이라고 하면 여러 부담이 수반되었는데, 주식은 이를 대부분 제거한 재산에 대한 소유권이다. 그것은 소득을 창출하기도 하고 소유자가 마음대로 처분할 수도 있다. 이를 통해 소유자는 한 번도 여행해보지 않은 국가의 부를 상속받을 수도 있고, 이름도 모르는 기업의 파트너가 될 수도 있다.[97]

주주는 대개 부재不在 소유주다. 이들은 보유자산을 다각화함으로써 하나의 자산만 가진 개인 소유주처럼 특정 자산에 얽매이지 않고 다양한 출처에서 불로소득을 얻을 수 있다. 그들은 소유권의 내용을 마음먹은 대로 쉽게 변경할 수 있다. 모든 것을 빨리 팔 수 있다고 믿는 유동성 숭배는 책임과 헌신을 포기하게 만든다. 장기적으로 노동에 관심을 품고 헌신하지만 거기서 발생하는 이윤에 대해서는 아무런 권리도 누리지 못하는 피고용인들의 이해와는 상관없이, 주식은 순전히 주주 개인의 이익을 위해 매매된다. 피고용인들과는 달리, 통상 2차 시장에서 주식을 매입하는 외부인들은 '분배 이윤'이라는 형태로 기업 수입의 일부에 대한 권리를 누린다. 더 큰 문제는 주주의 권한이 커질수록 경영진이 비용을 절감해 주주에게 더 많은 배당금을 지급하려고 하므로, 노동자가 일자리를 잃을 가능성이 커진다는 점이다.

주식 소유권을 둘러싼 논쟁은 오랜 역사를 갖고 있다. 거의 2세기 동안 그 정당성에 대해 광범위한 논란이 있었다.[98] 물론 가장 큰 우려를 불러일으킨 것은 유한책임(자산 전체를 소유하는 사람들과는 달리, 주식 소유자는 기껏해야 투자금만 잃을 뿐 기업에서 발생한 부채에 대해서는 책임을 지지 않는다는 사실)이었다. 그 논쟁은 먼지가 쌓일 정도로 오래됐음에도 이 이상한 경제제도의 정당성은 여전히 의심스럽기만 하다. 주식에서 기이한 점은 유한책임이라기보다는 무기한 불로소득을 제공하는 자산이 될 수 있다는 사실이다. 아래로 떨어질 위험에는 제한이 있지만, 이익을 얻어 위로 올라가는 데는 제한이 없다.[99]

주식시장은 이런 불로소득에 대한 권리를 사고파는 시장이자 기업을 지배하기 위한 시장이다. 주식 거래 가격은 배당금과 미래 주가 변동에 대한 주주들의 평가와 기대를 반영한다. 주가가 하락하고 증권거래소에서 수백만 파운드가 '날아가 버린다'고 해서, 기업이 재화와 서비스의 생산에 투자하지 않아 실물경제가 영향을 받았음을 뜻하지는 않는다. 주가하락은 기업이 대출을 받으려 할 때 담보가 감소함을 의미할 수는 있다. 하지만 대기업이 실물투자 자금을 조달하는 것은 일반적으로 차입이 아닌 이윤의 재투자를 통해서다.

주주가 생산적인 투자를 가능하게 하고 그렇게 함으로써 수입의 일정 부분을 차지할 수 있는 권리를 가진다는 생각은 이제 거의 신화에 가깝다. 이런 생각은 19세기 영국에서 중산층 주주들이 철도 건설에 자금을 지원했을 때에나 들어맞는다. 지금 주식 보유는 실물투자와 크게 분리되어 있으며, 주주들이 실물투자에는 기여하지 않은 채 이익을 얻으려고 경쟁하는 게임이 되고 말았다. 우리는 부재 주식 보유의 정당성을 당연시해서는 안 된다. 부재 주식 보유는 아무 기여도 하지 않은 소유주가 헌신적이고 의존적인 피고용인들의 기여를 통해 이익을 얻을 수 있는 수단에 불과하다.

하지만 우리는 모두 이 게임에 연루되어 있지는 않은가? 많은 사람의 연금이 주식에 '투자'되지 않는가? 주식 보유는 평범한 사람들 사이에 보편화하지 않았는가? 많은 사람이 개인 종합자산 관리 계좌Individual Savings Accounts 등을 통해 저축 일부를 관리형 투자펀드에 넣고는 주가 상승의 혜택을 간접적으로 누리면서 세금 특혜까지 받지 않는가? 그렇다면 일반 국민도 국가의 부를 나눠 갖는 것 아닌가?

많은 사람의 연금이 주식 보유와 투기를 통한 불로소득 창출에 의존하고 있고, 또 많은 사람이 주택 가격 상승으로 불로소득을 얻었음에 비추어, 피고용인이면서 동시에 영세 불로소득자인 사람들이 매우 많다고 해야 한다. 그들은 불로소득 게임에서 단역에 불과하다. 그러나 그들이 소극적이기는 하지만 대대적으로 이 게임에 참여한다는 사실은 이데올로기적으로 중요하다. '평범한' 사람들이 습관적으로 지대 추구를 소득원으로 삼으며 부유한 불로소득자가 자신들을 위해 일하고 있다고 여길 수 있기 때문이다. 신문의 경제면은 지대 추구를 신중하고 현명한 행동으로 여기도록 평범한 사람들을 부추긴다. 마치 신중함과 현명함만이 불로소득을 정당화하는 듯 말이다.[100] 더 중요한 것은 이런 투자가 많은 평범한 사람들의 재산을 탐욕스러운 금융기관의 전략에 묶어둔다는 사실이다. 최근의 위기 상황에서 평범한 사람들의 저축을 이용해 수수료와 비용을 챙기면서도 그들의 연금을 보호하지 않는 금융자본의 무책임한 행태를 개탄하는 목소리가 높았던 데는 다 이유가 있다.

하지만 우리 모두가 불로소득자는 아니다.

첫째, 지난 50년 동안 영국에서 개인의 주식 소유는 상대적으로 줄어들었다. 런던증권거래소 상장 주식 가운데 개인 소유 주식의 비중은 1963년 54퍼센트에서 2010년 10퍼센트로 감소했다. 개인이 소유한 주식의 양도 줄었다. 게다가 상위 1퍼센트 부유층이 나머지 사람들보다 더 많은 주식을 소유하고 있다.[101] 1980년대에 마거릿 대처가 국영기업 민영화를 추진하면서 모든 사람이 주식을 소유하는 '대중 자본주의'를 표방했지만, 예상대로 실현되지는 않았다. 국영기업 민영화로 일반인이 매입할 수 있었던 주식은 신속한 이익 실현을 위해 대부분 대규모 기관 '투자자'에게 빠르게 팔려나갔다. 당시 이런 일회성 불로소득이 인기가 있었던 것은 맞지만, 1980년대 민영화가 대중 자본주의를 만들어냈다고 할 수는 없다.

둘째, 영국 성인 인구의 약 절반(51퍼센트)과 전체 가구의 40퍼센트만이 연금을 보유하고 있고, 인구의 절반 이상은 노후를 충분히 보장받지 못하고 있다.[102] 게다가 연금 불입금을 '투자'하는 일은 기관 투자자가 대신 맡는다. 직장연금과 개인연금은 평균적으로 자본의 3분의 2 이상을 주식시장에 투자한다.[103] 개인연금 가입자가 '투자자'가 될 수 있다는 말인데, 그들 대부분은 저축과 '투자'를 할 수 있을 만큼 노력소득이 충분히 많고 안정적인 사람들이다. 하지만 그들은 기껏해야 파트타임 불로소득자에 지나지 않는다. 맨체스터 대학교 사회문화변화연구센터CRESC의 연구팀이 '운 좋은 40퍼센트'라고 부르는 사람들이 영국 전체 저축의 80퍼센트를 보유하고 있으며, 이 가운데 연금과 생명보험의 비중이 점점 더 커지고 있다. 이런 유형의 저축이 늘어나자 주가 인플레이션이 일어났고, 운 좋은 40퍼센트가 그 이익을 누렸다.[104] 1990년대에 주식시장으로 유입된 이런 자금의 규모는 영국 전체의 생산적 투자액과 맞먹었다.[105]

셋째, 배당금과 주식 거래 이익의 형태로 발생하는 불로소득의 수혜자에 부유층뿐만 아니라 일부 여유 있는 사람들도 포함된다고 해서 문제가 가벼워지지는 않는다. 여기에 민주적인 요소라곤 전혀 없다. 다시 한 번, '가진 사람은 더 받을 것'(세금 감면과 함께)이라는 말로밖에는 이를 설명할 수가 없다. 이는 노력소득이 아니라 자산 기반 불로소득이며, 불로소득을 낳는 것은 권력이다.

운 좋은 40퍼센트는 연금과 자본이득으로 영세 불로소득자가 될 수는 있지만, 그들의 소득 중 대부분은 직장에서 버는 노력소득이다. 그들 가운데 상당수는 연금을 통해 주식에 간접적으로 '투자'해서 버는 것보다 더 많은 금액을 대출 이자나 임대료로 대★불로소득자에게 지불한다. 불로소득자는 불로소득의 궁극적 원천인 재화와 서비스를 생산할 노동자가 필요하지만, 노동자와 불로소득을 누리지 않는 우리는 그들이 필요하지 않다는 것, 그리고 연금은 민주적으로 합의된 부과 방법에 따라 국가가 더 합리적이고 정당하게 징수할 수 있다는 것을 기억해야 한다.

소유주·주주 대 피고용인: 이해관계자는 누구인가?

우리는 왜 소유주, 특히 자신의 주식이 가져다줄 이익에만 관심이 있는 주주가 기업에 대해 배타적인 영향력을 행사하는 반면, 피고용인은 아무 영향력도 행사하지 못하는지에 대해 계속 질문해야 한다. 노골적으로 불공정한 이 제도는 합리적 논쟁이 아닌 힘이 승리한 역사적 투쟁의 산물임에도, 우리는 마치 '원래 그런 것'인 양 그것을 당연시한다. 자본가는 자격이 있어서가 아니라 할 수 있어서 노동자가 생산하는 생산물과 수입을 소유한다.

여기서 문제는 단순한 사유재산이 아니다. 주택을 소유한다고 해서 자본가가 되는 것은 아니다. 이윤을 창출하기 위해 사람들을 고용해서 재화와 서비스를 생산하는 일에 주택을 활용하지는 않기 때문이다. 주택을 팔 때 자본이득이라는 이익을 얻을 수 있지만, 그것은 사람들을 고용해 그들이 생산하는 재화와 서비스의 가치를 일부 취해서 생기는 것이 아니다. 문제는 생산수단의 소유권이 소수의 손아귀에 집중되는 것을 제한하지 않는다는 사실과 피고용인에게는 생산수단과 생산물에 대한 소유권이 없다는 사실이다.

영국에서 전前자본주의 시대에는 상인들이 실 같은 재료를 사서 인근 농촌 지역에 흩어져 있던 농민들에게 선대先貸해 천을 만들게 하고, 돈으로 대가를 지불한 다음 생산물을 팔아서 이윤을 남기곤 했다. 그런데 그들은 농민들이 스스로 생산물의 일부를 판매해 이윤을 얻는다는 사실을 발견했다. 일부 상인들은 이 사실을 근거로 노동자들을 한 지붕 아래 모아서 직접 감독하고 생산물을 '횡령'하지 못하게 막았다. 자본주의적 소유권은 이런 전략을 법적으로 뒷받침했다.

7장

고양이 가죽을 벗기는 다른 방법

지대, 이자, 이윤은 부를 추출하는 세 가지 전형적인 원천이지만, 다른 중요한 방법도 있다.

자본이득, 자산 인플레이션, 거품

불로소득자는 지대나 이자뿐만 아니라 자산의 시장 가격 상승분인 '자본이득'으로도 이익을 얻을 수 있다. 자본이득을 실현하기 위해 자산을 매각해야 할 수도 있지만, 계속 보유하더라도 미실현 자본이득 덕분에 회계 장부 상태가 개선되고 대출 시 적용되는 담보 가치도 늘어난다.

자산 인플레이션은 신자유주의의 핵심 특징이다. 자동차나 케이크에 대한 수요가 증가할 때 처음에는 가격이 상승할 수 있지만, 이에 대응해서 자동차나 케이크가 더 많이 생산되기 때문에 가격은 도로 하락할 가능성이 크다. 주식이나 주택과 같은 자산의 경우, 은행 신용의 팽창으로 수요가 증가할 수 있다. 하지만 그 경우 공급 측면에서 반응이 일어나기는 어려우므로 가격이 상승한다. 자산 가격이 상승하면 소유자는 금융자산 측면(재화와 서비스에 대한 잠재적 청구권)에서 서류상 더 부유해지지만, 이는 추가적인 부의 창출을 반영하는 것은 아니다. 따라서 여기에는 이런 자산을 구매할 여력이 없는 사람들을 포함한 다른 이들의 희생이 수반되어야 한다.

앞서 살펴본 바와 같이, 지난 30년 동안 주가가 상승한 것은 경제성장 때문이 아니라, 개인연금을 통해 금융'투자'에 참여하는 사람들이 늘어나면서 대규모 기관 '투자자'가 성장했고, 그런 가운데 주식에 대한 수요가 꾸준히 증가했기 때문이다. 반면에 주식 공급은 상당히 정체되어 있었다. 주가가 상승하자 자본이득을 누리려는 매수자가 늘어났고, 이는 주가를 더 상승시켰다. 이러한 '선순환'은 자산 인플레이션을 유발해 불로자산을 빠르게 증가시켰다. 윌리엄 탭William Tabb이 말했듯이, "자산에 대한 청구권이 매매되면······ 일종의 자기 강화 과정으로 이어질 수 있다. 즉, 종이 청구권의 가격이 상승하므로 그것을 담보로 더 많은 돈을 빌리고 더 많은 자산을 사들인다. 이는 다시 가격을 더 상승시킨다. 이 과정은 무한정 반복될 수 있다."[106]

이 과정이 계속되는 동안 불로소득자의 무임승차는 점점 더 커진다. 마침내 사람들이 더 높은 가격을 지불할 의사가 없거나 능력이 없는 단계가 되면 거품이 꺼진다. '문이 닫히기 전에 방을 빠져나가는' 사람들, 즉 가격이 폭락하기 전에 매도하는 사람들은 자본이득을 얻을 수 있지만, 그렇지 않은 사람들, 특히 자산을 사려고 돈을 빌린 경우 큰 손실을 볼 수 있다. 일부 '투자자'는 거품이 형성되고 있으며 다른 사람들도 그것을 안다는 사실을 잘 인지하고 있지만, 그렇다고 해서 그들이 거품에서 이익을 얻으려는 시도를 멈출 것 같지는 않다. 결국 그들이 하지 않으면 다른 사람들이 할 것이다.

자산 거품이 꺼질 때 가치 손실은 수십억 달러, 심지어 수조 달러에 달할 수 있다. 하지만 이는 서류상 가치일 뿐, 재화와 서비스의 생산에서 수십억 달러의 손실이 발생하는 것은 아니다. 이 사실은 주택이나 다른 자산의 부풀려진 서류상 가치를 담보로 많은 돈을 빌려서 가치가 폭락해도 여전히 그 돈을 갚아야 하는 사람들에게 작은 위안이 될지도 모른다. 금융기관이 자산 매입을 위한 대출을 늘림으로써 신용을 기반으로 한 자산 인플레이션을 유발하는 경우 거품의 비합리성은 증폭된다.

가장 친숙한 사례는 주택 가격 거품이다. 영국에서는 주택 소유자 중에 주택 가격이 상승해서 관련 비용을 충분히 감당할 수 있으리라는 믿음으로 터무니없이 많은 모기지 대출(종종 부동산 시세의 100퍼센트를 초과했다)을 받거나 재대출을 받으려는 사람들이 나타났다. 대출받기가 쉬웠기 때문에 주택 구매자는 주택에 더 많은 돈을 지불할 수 있었고, 그 결과 주택 가격이 상승했다. 그러자 가격이 상승하는 자산이 담보라는 이유로 더 많은 대출이 이뤄졌다. 주택 가격이 이자율보다 빠르게 상승하는 한, 구매자는 이득을 보았다.

그러나 가격이 상승하는데도 주택 건설업자들은 거의 반응을 보이지 않았다. 공급을 늘릴 때 가격과 지대가 하락할 것을 우려했기 때문이다. 그들은 토지를 비축하지만, 예상 수익이 가장 높을 때만 그 위에 건물을 짓는다. 토지를 인위적으로 희소하게 만드는 것이다.[107] 많은 주택을 지어 가격 하락의 위험을 감수하기보다는 가격이 상승하는 동안 소량의 주택을 지어 판매하는 쪽이 더 많은 돈을 벌 수 있다. 도시 계획으로 신규 개발을 제한하는 것도 토지의 희소성을 유지하는 데 도움이 될 수 있다. 집값이 비싼 지역에서 토지의 희소성이 나타난다고 해서, 집값이 저렴한 지역에서 집을 지어 그 지역으로 배송할 수는 없다.

차입자에게서 이자를 받고, 대출을 다른 금융기관에 매각한 후 다시 새로운 고객에게 대출할 수 있게 되자, 은행은 더 많은 한계 계층, 즉 저소득층에게 신용을 제공하게 된다. 처음에는 그들을 '티저 금리'[초기 일정 기간 적용하는 낮은 금리]로 유혹한 다음 곧바로 높은 이자율을 적용해 무거운 부채 비용을 부담하게 한다. 주지하듯이 이는 서브프라임 모기지를 둘러싼 운명적인 이야기다.

기존 주택 소유자는 지역 집값이 상승한다는 소식을 들으면, 타이밍을 잘 잡아 집을 팔고 싶은 마음이 생긴다. 하지만 자본이득을 실현하리라는 기대로 너무 많은 사람이 그렇게 하면, 시장에 매물이 넘쳐나서 가격이 급락한다. 거품은 실제로 매물로 나온 주택의 수가 구매자가 구매하려는 주택의 수보다 적은 동안에만 유지된다. 그러나 수요 측면에서 변화가 일어나도 거품이 터질 수 있다. 즉, 일부 주택 구매자가 일자리를 잃는 등 작은 교란 요인만 생겨도 상승하던 시장이 붕괴할 수 있다. 집을 잃는 사람이 생기는가 하면, 주택의 가치가 부채액보다 적지만 여전히 부채를 갚아야만 하는 '마이너스 자산' 상태에 빠지는 사람도 생긴다. 특히 신용이 중요한 역할을 하는 자산시장은 원래 불안정하고 호경기와 불경기를 반복하기 쉽다.[108]

신자유주의가 주택을 이용해
불로소득자의 이익을 지키는 방법

1980년대 영국에서 신자유주의가 자리를 잡은 이후, 정부는 엄청난 주택 가격 인플레이션과 불로소득자의 불로소득 증가를 초래하는 정책을 펼쳐왔다. 아마도 의도적이지는 않았을 것이다. 사실 그들이 '불로소득자'의 의미를 알고 있는지조차 의심스럽다. 제임스 미크는 이런 정책의 역사를 훌륭하게 추적했다.[109] 마거릿 대처 정부는 지방 당국으로 하여금 세입자들에게 대폭 할인된 가격으로 공공임대주택을 매각할 수 있게 했지만, 매각 대금으로 새로운 임대주택을 건설하는 것은 막았다. 이는 영국에서 행해진 최대 규모의 민영화로 그 가치가 400억 파운드에 달했다. 이 정책은 임대주택을 산 사람들에게는 당연히 인기가 있었지만, 임대료로 내던 돈은 모기지 대출자에게 돌아갔다. 공공임대주택을 관리하던 위원회는 남은 주택을 개량할 자금이 부족했고, 이는 결국 공공임대주택의 노후화를 촉진할 수밖에 없었다. 그 결과 공공임대주택과 그 세입자에게 새로운 낙인이 찍혔다. 하지만 신노동당은 이 정책을 되돌리지 않았다.

민간 부문의 임대료가 상승하자 저소득층을 위한 주택 보조금 지급에 정부 자금이 더 많이 투입됐지만(공공임대주택 세입자를 위해 지출하던 금액보다 훨씬 더 많이), 그 대부분이 즉각 지주의 수중으로 들어갔다. 1980년대 이후 주택 공급은 인구 증가와 가구당 인원수 감소로 발생한 주택 수요 증가를 따라잡는 데 참담하게 실패했다. 연간 신규 주택 건설은 1970년 40만 호에서 2010년 12만 호로 감소했다. 따라서 1997년부터 2008년 붕괴 직전까지 주택 가격이 세 배로 오른 것은 절대 놀라운 일이 아니다. 그러자 정부는 주택을 매입해 임대하는 사람들에게 모기지 대출 이자와 주택 유지보수 비용에 대해 총 130억 파운드에 달하는 세금 감면(불로소득자에게 직접 지급하는 보조금)을 청구할 수 있게 해주었다.[110] 최근 연립정부는 '주택 매입 지원Help to Buy' 제도를 통해 이미 부유한 사람들의 주택 매입을 지원했다(이 제도는 평균 주택 가격이 24만 7,000파운드고 5퍼센트의 선불금이 저소득층 구매자가 감당할 수 있는 수준을 넘어서는 상황에서 최고 60만 파운드의 주택 매입을 지원한다). 생산적인 투자를 되살리기 위한 아이디어를 상실한 정부는 다음 총선 때 경기가 회복되고 있다는 느낌을 만들어내기 위해 새로운 집값 거품을 일으키는 방법을 동원한 것이다. 도대체 누가 신자유주의 정부를 반反인플레이션 정부라고 말했는가?

주택은 마치 현금 인출기처럼 되고 말았다. 주택 가격이 상승하고 담보 가치가 증가함에 따라 주택 소유자는 주택의 '가치를 잠금 해제'해서 신차 구입, 휴가, 결혼식, 자녀 교육비 등 원하는 용도에 쓸 현금을 미리 확보할 수 있도록 재대출을 권유받았다. '잠금 해제된 가치'는 자산 인플레이션으로 발생한 불로소득이다. 이는 재화와 서비스의 생산에서 나오지 않으며, 오히려 생산적인 활동에 자원이 투입되지 못하게 방해한다. 사실, 일부 주택 소유자는 주택을 개량하거나 건물을 증축하거나 단열을 개선하는 등의 노력을 기울인다. 그러니까 그들은 당연히 더 높은 가격을 받을 자격이 있다고 생각한다. 하지만 이 경우는 주택의 사용가치가 높아져 집을 사는 사람이 더 많은 유익을 얻기 때문에, 주택 가격 인플레이션의 사례가 될 수 없다. 집값 상승은 그것을 신중한 중산층의 권리처럼 취급하는 신문(때때로 주택 가격 상승에 직면한 최초 구입자의 불리한 처지를 개탄하기도 한다)의 눈에는 고기와 채소처럼 보인다. 터무니없게도 주택 가격 상승은 신규 주택 부족과 과도한 신용의 결과임에도 마치 경제적 활력의 증거처럼 취급되며, 정치인들은 그것이 선거 승리에 도움이 될 것이라 여긴다.

1980년대 정치만화와 코미디 프로그램에는 중산층이 자신의 집값이 얼마나 올랐는지 자랑하는 디너파티 장면이 자주 등장했다. 그들은 우쭐하며 자축하는 가운데 그것이 운運의 문제임을 어렴풋이 인식해서 쑥스러워하기도 했지만, 자신들은 성공한 사람들이기 때문에 어쨌든 그럴 자격이 있다고 여겼다. 부풀려진 권리의식은 부유층에게 공통된 악惡이다.

주택 소유자들은 자기 집을 단순한 주거 공간이 아닌 '투자'로 간주하도록 권유받고 있다. 그들은 심지어 모기지 부채를 '투자'로 여기기까지 한다. 어떤 사람은 그것을 자기 힘으로 불로소득자가 되기 위해 밟아야 하는 한 단계로 보기도 한다. 하지만 아무 일도 하지 않았는데도 집값이 오를 것이라고 기대하는 이유는 무엇일까? 중고 자동차나 중고 자전거를 살 때는 원래 가격보다 낮은 가격을 낼 것이라고 예상하지 않는가? 왜 주택은 그렇지 않을까? 혹자는 집값 상승 덕분에 보통의 주택 소유자가 국가의 경제성장에 동참할 수 있다는 말로 이를 정당화하려고 했다. 가끔은 그랬을지 모른다. 하지만 이는 필요에 기반을 둔 이전지출처럼 민주적 의사결정에 따라 이뤄진 잉여의 분배가 아니라, 다른 사람들이 생산한 부를 일부 계층이 사유화한 것에 지나지 않는다.

주택 가격 인플레이션과 신노동당

아래 내용은 영국 노숙자 자선단체인 쉘터Shelter의 웹사이트에서 발췌한 것이다.

지난 40년 동안 식료품 가격이 집값과 같은 비율로 상승했다면, 치킨 한 마리 값은 51.18파운드가 됐을 것입니다.

우유 4파인트[1파인트는 0.568리터]는 10.45파운드, 빵 한 덩어리는 4.36파운드가 됐을 겁니다. 우리는 음식 가격이 이렇게 되는 것은 받아들이지 않을 것입니다. 그렇다면 왜 주택 가격이 이렇게 된 것은 받아들이는 걸까요? 무언가 바뀌지 않는다면, 우리 세대는 자신의 집을 마련하기 위해 큰 어려움을 겪어야만 할 것입니다.[111]

2005년 신노동당은 신자유주의적 성향을 드러내며 이렇게 선언했다.

"더 많은 사람이 자산 가치 증가의 혜택을 누려야 합니다. 주택은 거주 공간일 뿐만 아니라 자산이기도 합니다. …… 주택 소유에 대한 지원은 더 많은 저소득층이 주택 자산 가치 증가의 혜택을 누릴 수 있도록 만들 것입니다."[112]

이는 자산 인플레이션과 부의 창출을 혼동하는 전형적인 신자유주의식 오류로, 그 과정에서 불로소득을 증대시키고 주로 부유층을 이롭게 하는 반면, 저소득층을 주택 소유에서 더 멀어지게 만든다.

영국과 같은 나라들에서 많은 사람이 이런 비합리적인 상황에 사로잡혀 있으며, 일부는 자본이득을 얻기 위해 여기에 적극적으로 대처한다. 하지만 주택 판매자는 보통 구매자이기도 하므로 자본이득을 얻었을지라도 집을 줄이지 않는 한 모든 이득이 즉시 사라질 가능성이 있다. 그러니 이런 경우는 문제가 간명하지 않다. 집을 두 채 가진 사람은 다시 집을 살 필요가 없으므로 이보다 나은 위치에서 집을 팔 수 있다. 그들에게 주택의 사용가치, 즉 주거 공간이라는 가치는 금융'투자'에서 고려하는 시장가치보다 덜 중요하다. 많은 사람이 한 걸음 더 나아가 '매입 후 임대'를 대상으로 하는 모기지 대출을 받은 후 주택에서 얻는 임대료로 부채를 상환한다.[113] 그들은 '투자'한 주택의 가치가 떨어질 수도 있기 때문에 위험을 감수하는 것은 맞지만, 그들의 위험 감수는 실물경제에는 아무런 기여도 하지 않는다. 여기서 생기는 이득은 궁극적으로는 다른 사람의 노동에 기생해서 얻는 것이다.

물론 정상을 참작할 상황이 있을 수 있다. 연금이 충분치 않은 사람들이 주택 자본이득으로 은퇴 후 소득을 마련한다면, 누가 그들을 비난할 수 있겠는가? 게다가 그들은 영세한 불로소득자에 불과하다. 그러나 이는 개인적인 해결책일 뿐 그 아래에 깔린 구조적인 문제를 건드리지는 않는다. 은퇴 후 필요에 기반을 둔 충분한 소득을 제공하지 못하는 국가연금, 많은 사람이 저축을 못 하게 만드는 부족한 임금, 다른 사람에게 무임승차할 수 있는 권한을 소유자에게 부여하는 사적 토지 소유, 자산 기반 불로소득을 노리는 쟁탈전에서 이미 부유한 사람들에게 유리한 쪽으로 편향된 무한경쟁 게임의 존재 등을 떠올려보라. 부과방식pay-as-you-go의 국가연금은 사실상 청년층에게서 노년층으로의 이전지출이다. 하지만 그것은 기존 자산을 통제해 다른 사람을 압박하는 것이 아니라 민주적으로 결정할 수 있다는 점에서 긍정적이다.

　이상에서 살펴본 불합리성은 불로소득 체제의 기생적 특성에서 기인하는 더 광범위한 불합리성을 반영한다. 불로소득자는 인플레이션과 애증의 관계가 있다. 화폐가 저렴해지면 불로소득자가 받는 이자의 가치가 떨어진다. 인플레이션율이 3퍼센트일 때 1,000파운드를 3퍼센트 이자율로 1년 동안 빌려주면 불로소득은 사실상 0이 된다. 그러나 실질 이자율이 낮거나 제로에 가까우면 차입자에게 좋은 소식이 될 뿐만 아니라, 사중적 비용이 최소화하기 때문에 경제에도 좋다. 따라서 강력한 불로소득자들은 인플레이션 억제를 중시하는 정부를 선호한다. 물론 차입자는 소비자이기도 하므로 그들의 소득이 인플레이션을 따라잡지 못하면 소비재 가격의 상승으로 손해를 본다. 1980년대와 1990년대의 신자유주의 정부는 공식적으로는 물가 안정을 바라는 소비자의 이해를 지원함으로써 은밀하게 불로소득자를 도왔다. 하지만 불로소득자들이 좋아하는 인플레이션 유형이 하나 있는데, 바로 자산 인플레이션이다. 이는 신자유주의가 감추고 있는 더러운 비밀이다. 자산 인플레이션은 자산이 없어서 노력소득에 의존해야만 하는 사람들에게서 자산을 소유하고 그것으로 불로소득을 얻는 사람들에게로 부를 재분배한다.

가치 절도

지대·이자·생산이윤, 그리고 자산 인플레이션에서 얻는 자본이득만이 불로소득의 원천은 아니다. 금융 부문에서 많은 사람이 소액의 커미션만 받고 수백만 파운드가 걸린 인수합병과 같은 대규모 거래를 주선해서 큰돈을 벌었다. 이는 건수의 비중은 작을지 몰라도 총액은 크다. 사실 그들은 큰 계산대 옆에 서 있는 셈이라서[114] 법을 어기지 않고도 거기에 쉽게 손을 댈 수 있다. 그러므로 사회적 이익이 있는지에 상관하지 않고 가능한 한 많은 거래(자산 소유권 이전)를 성사시키는 것이 그들에게 이익이다. 그들은 별것 아닌 일을 하면서도 큰 이익을 얻는다. 변호사들도 대규모 금융 거래에 수반하는 복잡한 법률 업무를 통해 이익을 얻을 수 있다. 마이클 허드슨에 따르면, 미국에서 주식의 평균 보유 기간은 20초, 외환의 평균 보유 기간은 30초라고 한다. 의심할 여지 없이, 어떤 거래는 경제에 유익하고 경제적 효율성을 높일 수 있지만, 어떤 거래는 다른 사람들이 부를 추출하는 것을 돕고서 그 일부를 대가로 받는 간접적인 부 추출에 지나지 않는다.

사회문화변화연구센터 연구원들은 이를 '가치 절도'라고 부르며, 금융 중개인들이 금융 부문 성장의 숨겨진 수혜자였음을 보여준다. 고소득이지만 대개 익명으로 활동하는 금융 중개인이 대중에게 널리 알려진 CEO보다 훨씬 많다. 센터의 연구원들은 시티[City of London: 런던 중심부의 구시가지로 전 세계 금융의 중심지다]의 경우 투자은행, 헤지펀드, 사모펀드, 기타 증권 거래업에 대표 또는 파트너 수준으로 고용된 고위급 중개인과 법률·회계 지원 서비스를 제공하는 사람들을 합하면 약 1만 5,000명에 이를 것으로 추정한다.[115]

일하는 부자들은 어떨까? 부 추출로 급여 받기

오늘날 부자들이 대개 소득의 대부분을 월급 형태로 얻는 반면, 자본이득·배당금·이자 등으로 소득을 얻는 사람은 극소수에 불과하다는 점을 고려할 때, 핵심 자산의 소유와 통제만을 근거로 불로소득자와 부 추출을 논하는 이 모든 이야기가 이상하게 들릴지도 모른다. 그래서 과거의 게으른 부자 불로소득자와 오늘날의 '일하는 부자'를 대조적으로 묘사하는 사람들이 있다. 일하는 부자라는 말은 최근 몇 년 사이에 인기를 끌었다. 부자들에게 자명한 정당성을 부여하는 것으로 보이기 때문에 그건 별로 놀라운 일이 아니다. 그들은 소득을 얻으려고 일을 하는데 여기에 '불로'라는 말을 붙일 수는 없지 않은가? 과거의 불로소득자는 오늘날의 월급쟁이 경영자로 대체되지 않았는가?

'불로소득자'는 실로 오래된 용어다. 오늘날 작가들이 이 용어를 쓸 때 그들은 종종 1848년 존 스튜어트 밀이 했던 유명한 설명을 인용한다. "그들은 일하지도 않고, 위험을 감수하지도 않고, 절약하지도 않으면서 잠자는 동안에도 점점 더 부유해진다. 사회정의의 일반 원칙에 비추어 볼 때 그들은 이러한 재산 증가에 대해 어떤 권리를 가질까?"[116] 사실 그들 중 일부는 깨어 있을 때 지대·이자·자본이득의 원천을 더 많이 찾기 위해 일하는 적극적인 불로소득자였을 것이다.

그러니까 의문이 남는다. 어떻게 노동에 대한 급여 형태의 소득이 '불로소득'이 될 수 있을까? 노동이 지대 추구, 이자 부과 또는 이 책에서 다루는 다른 방법으로 불로소득을 추출하는 일과 관련이 있다면 그럴 수 있다. 크리스티아 프릴랜드는 이렇게 썼다. "지금은 지대를 추구하는 부

호라도 먹고살기 위해 일을 한다. 카를로스 슬림이나 러시아 신흥 재벌들은 먼 옛날 조상들이 정복한 영지가 아니라 자신들이 직접 획득한 지대로 부를 일궜다.”[117] 3장에서 노력소득을 재화와 서비스('사용가치')를 생산하는 데서 나오는 것으로, 불로소득을 다른 사람에게 없지만 필요한 기존 자산을 통제하는 데서 나오는 것으로 정의했던 것을 기억한다면, 지대나 이자를 추출하고 새로운 불로소득 원천을 관리하는 일을 하는 사람이 받는 급여는 후자에 속한다고 해야 한다.

당신이 대출 회사나 부동산 회사와 같은 불로소득자 조직('비금융' 회사들도 그런 조직이 하는 활동에 점점 더 관여하고 있다)에서 월급을 받고 일한다면, 당신은 한걸음 떨어져 있는 불로소득자다. 폴 크루그먼Paul Krugman이나 토마 피케티Thomas Piketty 같은 비판적인 논평가와 연구자조차 이 점을 간과한 채 상위 0.1퍼센트에게 지급되는 급여를 액면 그대로 받아들이고 있다. 미국에서는 상위 0.01퍼센트에 속하는 사람들이 소득 대부분을 급여에서 얻고 있지만, 100년 전에는 그런 사람들이 소득 대부분을 자본이득에서 얻었다.[118] 그러나 지대·이자·이윤·자본이득·투기와 기타 불로소득 원천 등에서 생기는 수입은 불로소득자 조직의 경영진이나 그보다 낮은 직급의 노동자에게 '급여'로 지급될 수 있다. 실제로 불로소득의 수령인은 단순 소유자보다는 최고경영진일 가능성이 더 크다. 신자유주의에서 번창한 신흥 불로소득자들은 전 세계에서 가장 수익률이 높은 자산을 차지하기 위해 서로 경쟁한다.

부자들 가운데 일부는 단순히 부유한 부모의 재산을 상속받은 자들이 아니라 '자수성가'한 사람들이라는 주장이 있다. 『포브스』는 2012년 미국의 억만장자 리스트에 등재한 1,226명 중 840명을 '자수성가'로 분류했다. 하지만 그렇다고 해서 이들이 꼭 자신의 기여를 통해 '자신의' 부를 '만들었다'는 뜻은 아니다. 그들은 스스로 부를 추출했을지 모른다. 지대를 징수하거나 빚을 회수할 때 반드시 문을 두드리며 돈을 걸을 필요는 없다. 이자를 받기 위해 부채를 매입하고 자산 인플레이션에 편승해 투기를 벌이는 방법도 있다. 돈을 더 많이 벌기 위해 돈을 굴리면서 끊임없이 최대 이익을 추구하는 일은 풀타임 직업이 되었으며, 그런 일자리를 얻기 위한 경쟁도 치열하다.[119] (많은 부자가 자신을 변호하며 장시간 일한다고 주장할지 모르지만, 중간치 임금이나 저임금을 받는 많은 사람도 그건 마찬가지다.[120] 연봉 300만 파운드를 받는 금융 부문 최고위 직원이 연봉 2만 파운드를 받는 노동자보다 150배 더 열심히 효과적으로 일한다고 할 수 있을까?)

최고 지위에 오르면 받는 보수의 규모를 고려할 때, 그 자리를 차지하려는 경쟁은 치열할 수밖에 없다. 다른 조건이 동일하다면, 가장 열심히 일하고 똑똑한(그리고 아마도 다른 사람들과 가장 잘 연결된) 사람들이 이 경쟁에서 이길 가능성이 크다. 하지만 그보다 중요한 사실은 그들이 노리는 것이 다른 사람들이 생산한 부를 추출할 수 있는 자리, 실제로 그렇게 하라고 요구받는 자리라는 점이다. 특히 불로소득자 조직에서 일하는 경우, 그들의 급여는 반드시 생산적 기여를 반영하지는 않는다(앞서 살펴본 바와 같이, 불로소득자 조직이 아니더라도 어떤 자리는 기여도가 보장하는 것보다 더 많은 몫을 차지할 수 있도록 허용한다). 똑똑하고 일 중독자라는 점이 엄청난 연봉을 받을 자격이 있음을 의미하지는 않는다.

영국에서 총소득 35만 1,137파운드 이상인 상위 0.1퍼센트가 가장 많이 몰려 있는 곳이 금융 중개업(30퍼센트)과 부동산 관련업(39퍼센트) 등 부의 추출기회가 두드러지는 직종이라는 사실은 놀라운 일이 아니다. 보너스도 소득 분배의 상위 계층에게 집중적으로 지급되고 있다. 피고용인 중 상위 1퍼센트는 연봉의 40퍼센트를 보너스로 받지만, 하위 90퍼센트는 연봉의 5퍼센트만 보너스로 받는다. 금융 부문에서는 급여의 25퍼센트 이상이 현금 보너스의 형태로 지급되고 있는데, 이 역시 상위 계층에게 집중되고 있고 주식과 스톡옵션이 추가로 지급되기도 한다.[121] 상위 0.1퍼센트 중 34퍼센트가 기업 임원이며, 상위 1~0.1퍼센트 중 24퍼센트도 마찬가지라는 사실 역시 놀라운 일이 아니다.[122] 임원은 기업 수입의 처분 방향을 통제할 수 있는 직책임을 기억하라. 상위 계층 사람들은 항상 다른 사람보다 자신들을 먼저 챙기는 경향이 있다.

최고경영진 외에 수요가 많은 희소한 기술을 갖추고 좋은 자리에 배치된 피고용인들도 1퍼센트 안에 들어갈 수 있다. 병원 고문顧問과 최상위 변호사가 대표적이다. 법률 서비스와 의료 서비스를 제공하는 피고용인은 상위 1퍼센트에 속할지라도 대부분 그중 하위 절반[상위 1~0.5퍼센트]에 속한다. 이 경우 그들이 생산적인 기여를 한다는 것은 거의 확실하지만, 희소성과 강한 협상력이 그들의 배경이라는 점에 주목할 필요가 있다. 그들은 다른 경우에 받을 수 있는 것보다 더 많은 몫을 받을 수 있는 강력한 위치에 있다.

우리는 급여를 받는 부자들이 두드러지게 드러난다는 점을 인정하면서도, 소득 피라미드의 위쪽으로 올라갈수록 비급여소득의 비중이 커진다는 점을 간과해서는 안 된다. 영국의 경우 상위 0.1퍼센트는 소득의 17퍼센트를 '투자'에서 얻는 반면, 평균적인 납세자는 7퍼센트를 '투자'에서 얻는다. 물론 전자의 경우 후자보다 소득 액수가 훨씬 더 크다[따라서 '투자'에서 얻는 소득의 절대 금액도 전자가 후자보다 훨씬 더 크다]. 수당과 연금 같은 다른 소득원을 고려할 때, 1퍼센트는 전체 소득에서 급여가 차지하는 비중이 평균적 납세자보다 낮다. 이 비중은 상위 1~0.1퍼센트의 경우 61퍼센트, 상위 0.1퍼센트 부자의 경우 58퍼센트인 반면, 평균적 납세자(장애 수당 등 민주적으로 승인된 이전소득을 받을 수도 있다)의 경우 69퍼센트다.[123] 또 전체 계층 가운데 상위 10퍼센트(그리고 그 안에서는 최상위 계층)만이 내는 이자액보다 받는 이자액이 더 많다는 사실을 기억하자.

앞으로 살펴보겠지만, 금융과 신자유주의의 부상으로 권력은 생산적 자본에서 불로소득자에게로 크게 이동했다.

투기는 어떻게 봐야 할까?

투기는 호평을 받은 적이 거의 없지만, 2007~2008년 경제위기 시에는 '카지노식 은행업'이나 '다른 사람 돈으로 도박하기'와 연관되어 평소보다 더 많은 의심과 경멸의 대상이 됐다. 투기꾼들이 터무니없는 위험을 감수했을 뿐만 아니라, 특히 대부분의 사람이 유용한 일을 제공한 대가로 받는 많지 않은 보수와 비교할 때, 그들이 누린 이익이 합당하지 않게 보인다는 이유에서다. 이것이 공정할까? 아니면 투기는 잘못 이해되고 있지만, 사회적으로 유익한 활동일까?

우리는 이미 경제문제를 논의할 때 용어가 어떻게 우리를 오도할 수 있는지 살펴본 바 있다. 네덜란드 정치학 교수인 마리케 드 후데Marieke De Goede는 금융의 역사에서 금융활동에 유리한 용어와 불리한 용어의 사용을 둘러싼 갈등이 계속되었음을 보여주었다. '투자', '투기', '도박',

'사기', '악마의 짓' 등이 대표적인 사례다.[124] 이런 활동에 이해관계를 가진 사람들은 의심스러운 관행을 은폐하기 위해 자신들에게 유리한 용어의 사용을 확대하려고 노력했다. 그 결과 투기꾼들은 자신을 '투자자'라고 부른다. 이런 현상은 '위험 관리'에 관한 논의에서도 찾아볼 수 있다. '투기'는 '도박'보다 악취가 좀 덜 나는 용어지만, 양자 사이에는 거의 차이가 없다. 하지만 투기가 개인 투기꾼뿐만 아니라 경제에도 도움이 된다고 주장하는 옹호론도 있다.

궤도를 벗어난 오해 하나를 예로 들어보자. 모든 실물투자는 새로운 생산물이나 시도가 성공할지 아닐지를 추측하고 위험을 감수한다는 점에서 투기적이다. 식량생산을 확대하는 일에 투자할지 말지를 결정하는 데는 위험 감수가 따르기 마련이고, 미래 식량 가격을 예측하려고 노력하는 것은 결정을 내리는 데 도움이 될 수 있다. 하지만 그것은 단지 식량 가격이나 다른 가격에 베팅하는 일과는 매우 다르다. 전자는 생산적이지만, 후자는 그렇지 않다(나중에 보겠지만 간접적인 이점은 있을지도 모른다). 이처럼 서로 다른 것을 똑같이 취급하려는 것은 투기를 정당화하는 하나의 방법에 지나지 않는다.[125]

투기는 어떤 물건을 이용하기 위해서가 아니라 금전적 이득을 얻기 위해 사고파는 것과 관련이 있다. 투기꾼은 석유나 밀같이 사용할 수 있는 상품을 거래할 수도 있지만, 그것들을 소비하는 일에는 전혀 관심이 없다. 말horse에 돈을 거는 도박꾼처럼 투기꾼은 말을 사육하고 훈련하고 경주하는 사업에 관여하지 않으면서도 돈은 벌고 싶어 한다. 투기는 가장 단순하게는 여러 곳의 가격 차이를 동시에 이용하는 형태('재정 거래')로 이루어진다. 예컨대 생산물이 풍부하고 저렴한 곳에서 사서 희소하고 비싼 곳에서 팔거나, 이자율이 낮은 곳에서 돈을 빌린 다음 이자율이 높은 곳에서 빌려주는 것이 이에 해당한다.

전자 거래의 발달로 많은 금융투기는 세밀하게 조정되고 자동화된 행위로 발전했다. 투기꾼들은 거래 가능한 자산의 미세한 가격 차이를 마이크로초[microsecond: 100만분의 1초] 단위로 이용할 수 있다.[126] 마진율은 미미하고 일시적일지 모르지만, 거래 규모가 수백만 파운드에 달하고 초당 수천 번씩 거래가 이루어질 수 있는 경우에 이익은 엄청날 수밖에 없다.

투기꾼들은 반드시 위험을 감수하는 경향이 강한 별개의 전문가 그룹은 아니며, 연금기금이나 금융·비금융 기관, 또는 여유 현금을 보유한 개인일 수도 있다. 수백만 명의 저축과 연금 불입액이 금융상품에 투기적으로 '투자'되고 있다는 것은 그 돈을 납입한 사람들의 경제적 안정성이라는 면에서뿐만 아니라, 돈을 관리하는 사람들(펀드 매니저와 그 팀)의 활동에 인간적 방패와 같은 역할을 한다는 점에서 분명히 우려할 만한 일이다. 펀드 매니저와 동료들은 스스로 큰 손해를 입을 각오를 해야겠지만, 거품이 팽창하는 국면에서는 잘할 수 있다. 그들은 축적해둔 자산을 이용해 불가피한 거품 붕괴를 벗어날 가능성이 크지만, 그들에게 돈을 맡긴 소규모 저축자들은 그렇지 않다. 닷컴 거품이 꺼졌을 때 연금기금은 큰 타격을 입었다. 충분히 예상되는 일이었지만, 연금제도에 중대한 위협을 가한 요인은 소규모 저축자들의 돈을 자산 거품을 노린 투기에 이용한 것이 아니라, 연금 수급자의 수명이 길어지고 그들에게 너무 '관대한' 연금이 주어지는 것이라는 주장이 나왔다.

투기는 시간 경과에 따른 가격 변화를 이용하려는 시도와도 관련이 있다. 선물시장에서 투기꾼은 한 달 후의 석유 일정량이나 1년 후의 외화 일정액 같은 것을 미리 합의된 가격으로 매입하는 계약을 맺는다. 투기꾼이 기대하는 대로 시장 가격이 합의된 가격보다 상승하면, 제품을 새로운 시장 가격에 일반 매수자에게 매도함으로써 그보다 낮은 합의 가격으로 미리 매입했던 데서 오는 이익을 챙길 수 있다. 또 투기꾼은 미래의 특정 시점(만기일)에 어떤 상품을 특정 가격에 사거나 파는 '옵션'을 매입할 수도 있다. 특정 가격에 사는 옵션의 경우, 정해진 시점의 시장 가격이 더 높아야 투기꾼이 이익을 얻는다. 특정 가격에 파는 옵션의 경우, 반대로 정해진 시점의 시장 가격이 더 낮아야 투기꾼이 이익을 얻는다. 예상대로 일이 풀리지 않으면, 투기꾼은 옵션을 행사하지 않기로 선택하고 옵션 비용만 잃는다. 그들은 양쪽 모두에 베팅할 수도 있다. 이상의 내용은 '파생상품'의 비교적 간단한 사례들이다. 파생상품이란 석유·구리·주식·채권·이자율·통화·로열티·기온과 같은 비가격 척도의 가격 변동에 베팅할 수 있도록 만들어놓은 금융상품을 가리킨다. 파생상품은 심지어 다른 파생상품의 가치와도 연결될 수 있다.

투기에 대해 더 자세히 살펴보기 전에 그와 관련되는 행위인 **헤징** hedging에 대해 검토할 필요가 있다. 헤징은 한 활동에서 발생하는 손실이 다른 활동에서 발생하는 이익으로 상쇄되도록 해서 손실의 위험을 줄이는 방법이다. 예컨대 항공사의 이윤은 연료 가격 상승에 취약하기 때문에 항공사는 미래의 어느 날짜에 특정 가격으로 연료를 구매한다는 내용으로 선물 계약이나 옵션 계약을 체결함으로써 보호장치를 마련할 수 있다. 아니면 유가 상승에서 생기는 이익을 기대해 석유 회사의 주식을 매입할 수도 있다. 헤징은 위험을 줄이고 기업과 피고용인이 경제적 안전을 누릴 수 있게 함으로써 장기 투자를 위한 좀 더 안정적인 여건을 조성한다는 점에서 사회적으로 유익할 수 있다. 그러나 헤징은 근본적인 위험을 줄이는 것이 아니라 특정 경제 주체가 위험에 노출되는 것을 줄일 뿐이다. 헤징의 부정적인 면은 근본적인 위험에 대해 무언가 해야겠다는 압박감을 줄인다는 점, 심지어 이러한 안정감이 더 심한 위험을 감수하도록 부추길 수 있다는 점에 있다.

헤징은 헤저[hedger: 헤징하는 사람]가 베팅할 사람을 찾을 수 있는 경우에만 성사될 수 있다. 다음 달에 항공기 연료를 특정 가격에 구매할 수 있으려면, 그 시점에 그 가격에 판매하겠다고 합의할 사람, 즉 '거래의 상대편에 설 사람'을 찾아야만 한다. 거래가 선물 계약이라면, 상대방은 시장 가격이 헤저가 지불하기로 합의한 가격보다 낮은 수준이 될 것이라 예상하고 거래할 것이다. 거래가 특정 가격에 매입하는 옵션 계약이라면, 상대방은 헤저에게 베팅할 가치가 있으며 옵션 가격이 자신에게 유리하다고 판단해서 거래에 임할 것이다. 계약을 맺는 어느 쪽이든 이익이 된다고 판단하면 옵션을 팔 수도 있다. 선물 계약 만기일이 가까워지면, 다른 사람들이 선물 보유자에게 더 높은 가격을 내려고 할 수도 있다. 하지만 어떤 경우든 탱고를 추려면 두 사람이 필요하다.

따라서 투기와 헤징은 종종 상호 보완적이며, 둘 사이의 경계는 모호하다. 기업은 파생상품으로 업종에 고유한 위험을 헤징하지만, 투기꾼들은 단지 돈을 벌기 위해 동일한 파생상품(특히 옵션과 선물)을 활용한다.[127] 발생 가능한 손실을 헤징하려는 것이 아니라 아무 데나 베팅하려고 그리 하는 것이다. 그런 다음 그들은 이 베팅까지 헤징할 수도 있다. 따라서 헤징과 투기는 뫼비우스의 띠와 같은 관계에 있다. 둘은 때로는 반대편에

[그림 7-1] 헤징과 투기의 뫼비우스 띠

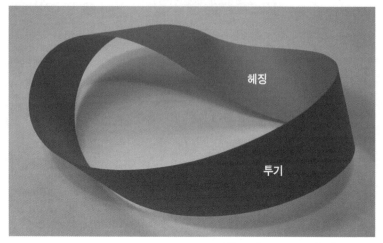

헤징

투기

출처: http://en.wikipedia.org/wiki/Mobius_strip

서 상호 보완하는 것처럼 보이기도 하고, 때로는 같은 편에 있는 것처럼 보이기도 한다([그림 7-1]). 어느 쪽이든, 이런 활동을 옹호하려면 신중함의 의미를 내포한 '헤징'이라는 용어가 '투기'보다 더 낫다.

그러나 투기를 옹호하는 몇 가지 알려진 방법이 있으며, 언제나 헤징으로 포장하는 것은 아니다. 한 실무자의 이야기를 들어보자.

다른 거래인 수십만 명과 마찬가지로, 나도 하루나 이틀 또는 몇 달 후의 일반 재화 가격을 예측하려고 노력한다. 재화 가격이 오를 것으로 생각되면 오늘 사서 나중에 판다. 가격이 내려가고 있다고 생각되면 오늘 판다. 우리 투기꾼들이 우리의 이익을 챙기는 과정에서 전 세계의 생산자들로 하여금 적절한 시점에 제대로 품질을 갖춘 정확한 양의 재화를 지나친 낭비 없이 공급하게 하고, 그것이 사람들이 원하는 것, 그리고 그들이 쓸 수 있는 돈과 딱 맞아떨어지도록 한다는 것은 기적이다. …… 수확량이 너무 적어 정상적인 속도로 소비를 충족시키지 못할 때는 투기꾼들이 개입해 농작물을 구매함으로써 희소성에서 생기는 이익을 챙기려고 한다. 이들의 구매로 가격이 상승해 소비가 억제되기 때문에, 공급량이 적은 상태는 더 길게 갈 수 있다. 높은 가격에 고무된 생산자가 재배나 수입을 확대하면 공급 부족은 더 줄어든다. 한편, 투기꾼들은 가격이 비현실적인 수준으로 높아지면 매도에 나선다. 이는 가격을 낮추어 소비와 수출을 자극하고 잉여를 줄인다.[128]

이런 관점에서 보면, 투기꾼은 시장이 제대로 작동하도록 돕고 투자를 자극해 수요 증가에 대응하도록 해준다고 할 수 있다. 하지만 그들이 그렇게 하려고 의도하는 것은 아니다. 이는 아마도 투기행위가 만들어낸 의도하지 않은 결과일 것이다.

식량은 필수적인 재화고 농작물이 자라는 데는 오랜 시간이 걸리므로 생산자가 생산량을 빠르게 늘릴 수 없다는 점을 생각하면, 빈약한 수확에 투기한다고 하는 위의 이야기는 별로 호소력이 없다. 게다가 수입할 잉여 농작물이 다른 곳에 없을 수도 있다. 식량위기와 전쟁이 불러오는 무역 중단은 투기꾼들에게 희소식이다. 만일 투기꾼이 소수에 불과하고 그들이 생산량 대부분을 미리 사들인다면, 소비자를 궁지에 빠뜨릴 수도 있다. 공급 부족과 가격 변동이 발생해서 투기꾼이 활용할 수 있다면 그것은 당연히 그들에게 이익이다. 그러나 생산과 소비가 비교적 빨리 반응하는 경우, 이런 형태의 투기는 시장을 더 효율적으로 작동하게 만들고, 생산자와 소비자의 행동을 더 잘 조율하며, 투기꾼의 이익을 넘어서는 편익을 창출할 수 있다. 문제는 대부분의 투기가 주식시장 같은 자산시장에서 발생한다는 점이다.

자산시장은 공급이 쉽게 늘어나는 상품시장처럼 작동하지 않는다. 불로소득자의 불로소득 추출을 돕는 시장을 '더 잘' 작동하게 만드는 것은 윤리적이지도 않고 경제적 합리성도 없다. 투기 옹호론자들은 이렇게 쉽게 이해할 수 있는 투기의 사례를 제시하면서, 그러니까 대부분의 투기는 괜찮다는 결론을 끌어내고 싶어 한다. 조지 쿠퍼George Cooper가 지적하듯이, 금융시장이 기적적인 결과를 이끌어낸다는 것을 보편적인 주장으로 만들기 위해 빵 같은 생산물의 사례(일반 생산물시장에서는 수요와 공급이 상호 작용해서 시장을 안정시킨다)를 들먹이는 것은 경제학자들이 즐겨 쓰는 수법이다.[129]

몇 가지 다른 예를 더 생각해보자.

첫째, 부동산 투기다. 부동산 개발업자들은 통상 도심에 가까운 토지를 매입해서 새로운 용도(상업용·사무실용)로 전환하는 사업을 선호한다. 이런 용도의 부동산은 현재 용도보다 임대료가 더 높기 때문이다. 앞서 살펴본 바와 같이, 개발업자들은 토지를 비축한 뒤 가격이 오를 때까지 개발을 미루는 경향이 있다. 그사이에 기존 건물은 방치되어 노후화하고 도시 환경은 퇴락한다. 그에 따라 사회적 비용이 발생하는 것은 불가피하다. 이런 경우 투기는 공급을 늘리는 것이 아니라 오히려 억제한다.

많은 기업(특히 중국 기업)이 식량, 바이오 연료 작물, 희귀 광물에 대한 수요가 증가할 것으로 예상하고 아프리카의 토지를 사들이고 있다. 앞으로 생산자에게서 지대를 추출하려는 것이다. 주류 경제학에서는 자원의 최선 사용(가장 수익성이 높은 자원 사용)을 촉진한다는 점에서 이런 행위를 당연히 정당하다고 보지만, 그것은 예외 없이 다른 사람들에게 중대한 사회적·환경적 비용을 떠안긴다. 그 결과 지역의 생산자들은 토지를 상실하고 경제적 안정도 잃는다. 항상 그렇듯이 우리는 '누구를 위한 효율성인가?', '누구의 이해에 부합하는가?'를 물어야 한다. 때때로 시장에서 사람들이 이기심에 따라 행동하면 더 광범위한 편익이 창출된다고 해서 항상 그리되는 것은 아님을 기억해야 한다.

이자율이 낮은 국가(예컨대 2007년의 일본)에서 자금을 빌려서 이자율과 수익률이 높은 국가에서 대출하거나 '투자'해서 차익을 챙기는 '캐리 트레이드carry trade'에 대해 살펴보자. 이 또한 투기의 한 형태다. 2007년 미국 서브프라임 위기의 배후에는 자금원 중 하나였던 일본 엔화가 있었다. 캐리 트레이드는 높은 이자율에 대해서는 하방 압력을, 낮은 이자율에 대해서는 상방 압력을 가한다. 이자율에 하방 압력이 가해지는 경우, 차입자가 혜택을 입거나 약탈적 대출이 촉진된다. 투자 지원 정책의 일환으로 이자율을 낮게 유지하는 국가에서는 캐리 트레이드로 자금이 빠져나가는 바람에 정책이 좌초할 수 있다. 경제발전에 대한 국가의 자기 결정권이 약해지는 것이다.

투기꾼들은 거품 형성기에는 자산을 사고팔아 돈을 벌고, 거품 소멸기에는 '공매도short-selling'로 돈을 번다. 공매도가 이뤄지는 과정은 다음과 같다. 석유 회사 주식처럼 자주 거래되는 주식의 가격이 하락하리라 예상되거나 이미 하락하고 있다고 가정해보자. 공매도자는 기존 소유주에게 수수료를 내고 일정 기간(예컨대 6개월) 주식을 빌린다. 그다음 즉시 그 주식을 주당 10파운드에 팔고, 나중에 주가가 7파운드로 떨어졌을 때 그 가격으로 같은 수량의 주식을 다시 사면 원래 소유자에게 그대로 되돌려줄 수 있다. 그 과정에서 공매도자는 주당 3파운드에서 차용 수수료를 뺀 금액을 번다. 이는 바로 이해하기는 어렵지만, 실제로 작동한다(주식이나 다른 자산 또는 상품이 공매도 대상이 되려면, 금·통화·인기 주식처럼 동질적이거나 '대체 가능'해서 매도자가 같은 수량을 되살 수 있다는 확신을 가질 수 있어야만 한다). 이는 가격 하락을 촉진함으로써 시장이 더 효율적으로 작동할 수 있게 만든다. 자신의 소유가 아닌 물건을 팔 수 있도록 허락받는다는 것은 이상하게 보일 수 있다! 하지만 금융 부문에서는 다른 곳에서 허용되지 않는 일이 종종 행해진다.

최근 수십 년 사이에 중요해졌으며 위기 발발에 큰 영향을 끼친 또 다른 요인이 있다. 바로 '레버리지'를 이용한 투기가 점점 더 과열되고 위험한 양상을 띠고 있다는 점이다. 이것은 빌린 돈을 가지고 더 큰 베팅을 하는 행위를 가리킨다. 10만 파운드의 선물 계약을 매수하면 10만 파운드의 이익(100퍼센트 수익)을 얻을 수 있는 경우, 100만 파운드를 빌려서 더 많이 매수하면, 다른 조건이 동일한 경우, 100만 파운드의 이익을 얻을 수 있을 것이다. 대출 이자를 지불해야 하지만 이익에 비하면 별것 아니다. 이자율이 5퍼센트라면 '단' 5만 파운드만 지불하면 되기 때문에 95만 파운드가 남는다. 자기 돈으로 겨우 10만 파운드를 얻는 것보다 훨씬 낫다. 거부할 수 없을 정도의 매력 아닌가? 베팅이 정확할 경우, 거래 규모가 커질수록 이익도 더 커진다. 하지만 베팅이 실패해 원금을 날리는 경우, 105만 파운드를 상환해야 한다는 심각한 문제가 발생한다. 레버리지는 이익과 손실을 증폭시키고, 따라서 위험도 증폭시킨다.[130] 몇몇 은행은 더 큰 '투자'(즉, 다른 사람의 돈으로 베팅)를 해서 더 많은 이익을 얻을 목적으로 자본금의 30배의 돈을 빌려 레버리지 거래를 했다. 이 은행들은 '투자'의 30분의 1만 실패해도 곤경에 처할 수밖에 없었다. 레버리지는 이번 위기의 발발에서 중요한 역할을 했다. 이는 실패할 가능성이 있는 신기술에 투자할 때 하는 '위험 관리'나 '위험 감수'가 아니라 **위험 창출**이다. 돈을 제공하는 사람들은, 위험을 감수하고 대가를 치르는 것은 투기꾼이 아니라 자신이라는 사실을 깨닫게 될 것이다. 투기꾼이 이익을 챙기고 손실은 다른 사람에게 떠넘기는 현상은 이번 위기의 핵심 특징이다.

'부채'인가, '레버리지'인가?

'부채'라는 단어는 어감이 좋지 않지만, '레버리지'라는 단어는 긍정적인 느낌을 준다. 이 단어는 별을 따려고 자산을 활용한다는 뜻을 가진 동사로 자주 쓰인다. 금융공학자들은 아르키메데스의 지렛대에 힘을 가할 수 있는 지점이 있었다는 사실을 잊은 채 자신들이 설 땅을 확보하지 않고도 세상을 움직이려고 한다(로빈 블랙번Robin Blackburn, 2008).[131]

이런 투기행태들을 어떻게 평가해야 할까? 헤징은 그 자체로만 보면 신중해 보이지만 투기와 밀접하게 연결되기 때문에, 사회적 편익을 낳는지 아닌지가 모호하다. 다른 여러 금융상품과 금융행위도 마찬가지다. 그것들에 대해서는 사회적 편익을 창출하는 여부를 사례별로 검토해야 한다. 일반적으로 투기는 돈이라는 자산을 통제해서 불로소득을 얻을 수 있는 활동이다. 때로는 약간의 사회적 편익을 가져오기도 하지만, 엄청난 위험을 초래할 수도 있다. 레버리지가 활용되는 경우가 전형적인 사례다. 니콜라스 샥슨Nicholas Shaxon은 이렇게 말한다. "[금융]시장에서 약간의 투기적인 거래는 정보를 개선하고 가격의 움직임을 원활하게 한다. 그러나 이런 거래의 규모가 기초 거래량보다 100배 이상 커지면 결과는 재앙이다."[132] 투기에 막대한 에너지가 투입되고 있다면, 이는 그 경제가 생산으로 이윤을 창출하기보다는 가격에 베팅해 이익을 얻는 쪽에 몰두하고 있음을 시사한다.

소수의 핵심 플레이어가 시장을 지배하는 경우, 투기는 물론이고 **시장 조작**과 **내부자 거래**가 이뤄질 여지가 있다. 소수의 막강한 기업이 지배하는 금융 부문에서는 특히 더 그렇다. 이들 기업은 여러 가지 일에 관여하기 때문에 다른 기업이 얻을 수 없는 정보에 쉽게 접근할 수 있다. 특히 시장이 반응할 이벤트에 대한 사전지식(예를 들어 주식 공개매입이나 기업 이윤 증가 등)을 확보해 주가 상승 전에 주식을 사고 얼마 후 팔아서 이익을 남길 수 있다. 그러나 이런 행위를 감지하기는 어렵다. 영국 금융 당국이 "시장 청결도 측정"이라는 멋진 제목으로 작성한 보고서에 따르면, 런던 증권거래소에서 이뤄지는 거래의 30퍼센트 이상이 내부자 거래와 관련되어 있다고 추정할 정도로 부정행위가 많았다.[133] 닷컴 거품 때 투자은행들은 지분을 가진 특정 신생 기업의 전망을 부풀려 떠벌린 후 그 주식을 프리미엄을 붙여 팔았다. 2000년에 거품이 터져 잘 속아 넘어가는 고객들이 손해를 입었지만, 이미 자본이득을 실현한 투자은행에는 별문제가 되지 않았다.

투자은행은 고객들을 서로 대립시키거나 고객들에게 베팅할 수도 있다. 예를 들어 고평가됐다고 판단하는 신용 파생상품을 고객들에게 판매하면서, 동시에 파생상품이 폭락할 때 보상을 받는 신용 부도 스와프credit default swap: CDS를 매수함으로써 그들에게 베팅하는 전략이다. '동전의 앞면이 나오면 우리가 이기고, 뒷면이 나오면 그들이 진다'[어떤 결과가 나오든 우리가 이긴다는 뜻]는 고전적인 전략을 따르는 것이다. 전쟁에서 양쪽을 모두 무장시켜 이익을 얻는 무기상처럼 이들은 경쟁에서 양쪽 모두를 '도울' 수 있다.

지금 골드만삭스는 놀라울 정도로 거래의 여러 면에 동시에 관여한다. 골드만의 상업은행 부서는 고객과 경쟁하면서 동시에 그들을 고객으로 상대하고 있고, 자기자본 거래 부서는 그들과 대립하는 거래를 할 수 있다. 한 기업을 대표하면서 동시에 그 기업의 매각을 추진하거나, 자기자본으로 그 기업을 인수하려고 하거나, 다른 고객을 위해 인수경쟁에 뛰어들 수도 있다.[134]

무엇보다도 중요한 사실은, 맨 위에서 부를 집중하는 것은 투자은행이라는 점이다.

헤지펀드: 금융'투자'의 서부 개척지

헤지펀드 매니저는 살찐 고양이 중 가장 살찐 고양이로, 주요 기업이나 은행의 CEO들보다 훨씬 많은 돈을 버는 경우가 허다하다. 그들은 금융 생태계에서 주요 포식자가 되었지만, 다른 종과 마찬가지로 다른 이들(특히 자금과 중개 서비스의 상당 부분을 제공하는 투자은행들)에게 의존하고 있다. 실제로 많은 은행과 보험 회사가 자체 헤지펀드를 보유하고 있다.[135] 미국에서 그들의 전성기는 2007년과 2009년이었다. 그 사이에 경기침체에 따른 하강기가 잠시 있었다. 헤지펀드 매니저 상위 25명은 2009년에 각각 평균 10억 달러 이상을 벌었는데, 그 가운데 존 폴슨John Paulson이 49억 달러를 벌어서 1위를 차지했다.[136] 그들은 어떻게 그 많은 돈을 벌었을까?

헤지펀드는 부유한 '투자자'들에게 받은 거액을 '투자'하는 개인 소유 기업이다. 부유한 투자자는 개인일 수도 있고, 보험 회사나 투자은행 같은 금융기관일 수도 있다. 헤지펀드는 개인 소유이기 때문에 다른 금융기관에 적용되는 많은 규제를 피할 수 있다. 그래서 상장 기업에 매력적인 '투자' 창구가 될 수 있다. 헤지펀드는 손실을 방지하기 위해 헤징을 활용할 수도 있지만, 대부분 자산(주식·채권·통화, 금·구리·석유 같은 상품, 파생상품 등)의 가격 변동을 이용해 레버리지 투기를 하거나 파산 기업과 저평가된 기업을 인수함으로써 이익을 얻는다. 그들의 금융상품 운용은 방어적이지 않고 공격적이다.

헤지펀드는 가격이 상승할 것이라 예상되는 자산을 매수하고 가격이 하락할 것이라 예상되는 자산을 공매도함으로써, 가격이 상승할 때뿐만 아니라 하락할 때도 이익을 얻으려고 한다. 이는 시장 변화에 대한 단순한 대응이 아니라 시장 변화 자체에 영향을 끼치는 방법이다(헤지펀드가 거품을 부풀리는 경우를 생각해보라). 에발트 엔헬런 Ewald Engelen과 그의 공동 연구자들이 주장했듯이, 헤지펀드는 도구가 아니라 무기다.[137] 1992년 9월 16일 '검은 수요일'에 억만장자 조지 소로스George Soros는 파운드화가 유럽 환율조정장치European Exchange Rate Mechanism에서 퇴출될 것이라 예상하고, 파운드화를 공매도해서 10억 파운드를 벌었다. 파운드화가 과대평가되었음을 간파해, 환율 방어에 열을 올리던 잉글랜드 은행과의 대결에서 승리를 거뒀던 셈이다.[138] 많은 찬사를 받았던 노던 록 은행Northern Rock bank이 2008년 곤경에 처했을 때, 헤지펀드는 주식을 공매도한 후 주가가 바닥을 치자 다시 매입했다.[139] 2013년 영국의 로열메일Royal Mail이 시장 가격보다 훨씬 낮은 가격으로 주식을 발행해 민영화되었을 때, 공격적인 헤지펀드가 최대 주주가 되었다.

헤지펀드 매니저의 보수체계는 독특하다. 대부분이 수익을 냈는지 손실을 봤는지에 상관없이 자산의 2퍼센트와 수익의 20퍼센트를 받는다. '투자'된 금액을 고려하면 이는 엄청난 금액이 될 수밖에 없다. 게다가 수익은 '자본이득'으로 간주되기 때문에 그들에게 적용되는 세율도 낮다. 예컨대 미국에서 헤지펀드 매니저는 수익에 대해 단 15퍼센트의 세율을 적용받고 있다. 그러니 많은 헤지펀드 사장들이 슈퍼리치인 것도 당연하다.

지대, 이자, 이윤, 주식 보유, 가치 절도, 투기 등 지금까지 우리가 살펴본 모든 종류의 부 추출은 자산을 이용해 99퍼센트 사람들에게서 불로소득을 추출할 여유가 있는 부자들에게 혜택을 준다. 99퍼센트 중 상위에 속하는 사람들 가운데 상당수가 주식 보유와 투기로 불로소득을 추출하는 기관의 연금을 보유하고 있으며, 일부는 스스로 주식을 소유하고 있는 것도 사실이다. 많은 사람이 집값 인플레이션 덕에 불로소득을 얻었다는 점에 비추어, 피고용인이면서 동시에 영세 불로소득자인 사람들이 많다고 해야 한다. 그들은 불로소득 게임에서 단역에 불과하다.

그러나 그들이 소극적이기는 하지만 대대적으로 이 게임에 참여한다는 사실은 이데올로기적으로 중요하다. '평범한' 사람들이 습관적으로 지대 추구를 소득원으로 삼으며, 부자들에게 주로 혜택이 돌아가는 것을 정당화하는 논리가 만들어지고, 부유한 불로소득자가 다른 사람들을 위해 일하고 있다는 착각이 생기는 것은 그 때문이다. 신문의 경제면은 지대 추구를 신중하고 현명한 행동으로 여기도록 평범한 사람들을 부추긴다. 마치 신중함과 현명함만이 불로소득을 정당화하는 듯 말이다.[140] 게다가 많은 사람의 재산이 탐욕스러운 금융기관의 전략에 묶여버린다는 점도 중요하다. 금융기관들은 평범한 사람들의 저축을 이용하고 수수료와 비용을 챙기면서도 그들의 연금을 보호하지는 않는다.

물론 불로소득자들은 자신들의 부가 다른 사람의 희생으로 얻어진 것이라는 사실을 부인하고, 스스로 부를 창출했다고 여길 것이다. 하지만 그들은 착각하고 있다. 부를 추출하는 방식은 지난 30년 동안 크게 성장했고 위기 발발에 주요 원인으로 작용했지만, 기본적인 메커니즘은 오랫동안 존재해왔다. 이 책이 위기뿐만 아니라 부를 소수에게 집중시키는 자본주의 경제의 기본 메커니즘을 다루는 것은 그 때문이다.

8장

부자는 일자리를 창출하지 않는가? 그 외 다른 반론들

앞서 제기한 주장들은 논란의 여지가 있으므로, 새로운 논의를 진행하기 전에 잠시 반론들에 대해 살펴보는 것이 좋겠다. 여기서 다루려는 반론은 두 가지인데, 하나는 언론에 자주 보도되거나 일상생활에서 종종 듣는 반론이고, 다른 하나는 주류 경제학자들이 제기하는 좀 더 기술적인 반론이다.

부자는 일자리를 창출하지 않는가?

"당신이 마지막으로 가난한 사람에게서 일자리를 얻은 것은 언제입니까?" 미국 티파티의 슬로건은 그렇게 시작한다. 미국인들은 슬로건을 잘 만드는데도 티파티는 당황스러울 정도로 멍청한 슬로건을 내걸었다. 가난한 사람에게서 일자리를 얻을 수 없다는 것은 **당연**하지만, 그렇다고 해서 부자들이 일자리를 창출한다는 이야기가 따라 나와서는 안 된다. 그들은 다른 사람들에게 일자리를 선물하는 데 자기 이익을 쓸 정도로 특별한 힘과 의지를 가진 존재가 아니다. 이에 대해 미국의 억만장자 닉 해나우어Nick Hanauer는 아주 솔직하게 말한다. "부자들의 세금을 깎아 주고 그들의 부를 늘려줄 때 일자리가 창출되는 것이 사실이라면, 오늘 날 우리 사회에는 일자리가 넘쳐났을 것이다."[141] 지난 40년 동안 소득과 금융자산이 부자들 쪽으로 엄청나게 이동했음에도 일자리의 유례없는 증가가 발생하지 않은 이유는 무엇일까?

무엇보다도 먼저, 부자와 슈퍼리치가 여윳돈으로 어떤 일을 하는지 살펴볼 필요가 있다. 그들은 통상 그 돈으로 실물투자나 금융'투자'를 해서 더 많은 돈을 벌려고 한다. 금융'투자'를 하는 경우, 시장 변동에 베팅하든, 소득을 낳는 자산을 매입하든, 아니면 불로소득을 추출할 다른 방법들을 동원하든, 그들의 행위가 일자리를 창출하지는 않는다. 어떤 '투자'는 기업을 인수해 그 일부를 매각(다른 말로는 자산 탈취)할 목적으로 행해진다. 이는 일자리 감소로 이어지기가 쉽고, 장기적으로는 기업의 생산 능력을 감퇴시킨다.[142] 실제로 일자리를 줄여서 이윤을 늘려온 기업들이 많다. 미국에서 연간 2,700만 달러의 연봉을 받던 야후!Yahoo!의 CEO 스콧 톰슨Scott Thompson은 4년간 여섯 차례나 대규모 감원을 단행한 데 이어 2012년 4월에는 회사 인력의 약 14퍼센트에 해당하는 2,000개의 일자리를 감축한 바 있다.[143]

부자들이 설비 확충, 훈련, 신규 인프라 건설 등 생산적인 실물투자에 자금을 투입한다고 하더라도, 그것은 일자리 창출로 이어질 수도 있고 그렇지 않을 수도 있다. 어떤 기업은 사업을 확장할 때 더 많은 사람을 고용해야 하지만, 그렇지 않은 기업(즉, 노동 강도를 높이거나 업무를 자동화해 고용 노동자 수를 줄임으로써 이윤을 더 많이 창출하려는 기업)도 있다. 닉 해나우어가 분명히 말했듯이, 더 많은 노동자를 고용하는 것은 '자본가에게 최후의 수단'이다. 노동자를 더 고용하면 생산량을 늘릴 수 있지만, 더 싸게 생산량을 늘릴 다른 방법이 있다면 기업은 그렇게 할 것이다.

따라서 생산적인 투자라도 일자리를 늘릴 수도 있고 줄일 수도 있다고 해야 맞다. 지난 수십 년 동안 선진국에서는 '일자리를 낳지 않는 성장'이 계속되었다. 부자들이 통제하던 부의 비중이 지금보다 훨씬 작았던 1950년대·1960년대 전후 호황기와 비교해보라. 당시에는 성장이 전반적인 일자리 창출로 이어졌고 실질임금도 증가했다.

전체 경제에서 일자리 수는 주로 총수요의 수준에 따라 달라진다. 해나우어가 주장하듯이, 평범한 사람들은 단지 돈을 지출함으로써 일자리를 창출한다. 일자리 수는 사람과 기업이 더 많은 돈을 지출할 때 늘어날 가능성이 가장 크다. 총수요는 개별 기업의 통제 범위 안에 들지 않는다. 그것은 개별 기업을 둘러싼 환경이다. 수요가 증가하지 않으면 기업은 성장할 수 없다. 현재 자본주의 경제가 위기에 직면한 것은 많은 부유한 국가에서 수십 년 동안 총수요가 정체되어 있었고, 소비자 신용의 대규모 확대만이 총수요를 증가시킬 수 있었다는 사실에 크게 기인한다. 재화와 서비스의 생산을 통해 이윤을 얻기는 더 어려워졌다. 그 결과(원인이기도 하다), 지난 30~40년 사이에 투자는 재화와 서비스를 생산하는 소위 비금융 기업에서 돈으로 돈을 버는 금융 기업으로 크게 이동했다.

부자들에게 돌아가는 국민소득의 비중이 변하면 총수요는 어떻게 달라질까? 이는 총지출력이 변화하는 것이 아니라 지출력을 가진 사람의 구성이 변화하는 경우다. 부자들이 재화와 서비스를 구매하는 데 쓰는 돈의 비중은 다른 사람들보다 작다. 저소득층은 당장 먹고살기 위해 가진 돈을 모두 지출해야 하므로 저축할 여력이 없다. 소득이 증가하더라도 기본적인 물품을 구입하거나 부채를 상환하는 데 쓸 가능성이 크다. 중간층은 소액을 저축할 수 있고, 소득이 늘면 지출과 저축을 늘릴 수도 있다. 해나우어는 이를 더 간단하게 설명한다. 평균적인 위치에 있는 사람보다 수백 배, 수천 배 더 버는 사람은 그 소득으로 자동차(또는 주택)를 수백 대(채), 수천 대(채) 사지는 않는다. 부자들은 엄청나게 많은 금액을 자신을 위해 지출할 수 있지만, 그 돈이 그들의 전체 소득에서 차지하는 비율은 다른 사람들에 비해 매우 낮다. 케인스의 용어로 말하자면, 부자들은 다른 사람들보다 '한계소비성향'이 낮다. 따라서 다른 조건이 동일한 경우, 부자들에게 소득을 재분배하면 총수요는 감소하고, 저소득층에게 소득을 재분배하면 총수요는 증가한다.

이는 '낙수효과'론이 틀렸음을 뜻한다. 물론 부자들은 하인을 고용하고 회계사, 세무사, 그리고 사치심을 충족시키는 서비스에 대한 수요를 창출하지만, 거기서 생기는 일자리는 소비성향이 아주 높은 서민층에게 소득이 재분배되는 경우보다 훨씬 적다. 부자들에게서 하위 계층으로 돈이 흘러내리도록 하는 방법 가운데 최선은 부자들에게 세금을 부과하거나, 애초에 불로소득을 추출하지 못하도록 막는 것이다! 앤 페티포에 따르면, 낙수효과는 돈을 부자들의 수중에 안겨주는 지대와 이자의 '독점 효과' 때문에 쪼그라든다.[144]

다시 티파티의 슬로건으로 돌아가 보자. 일자리는 생산수단과 금융을 통제하는 사람들이 창출한다. 물론 그들에게도 수요와 비용이라는 제약이 따른다. 돈이 없는 사람들은 일할 사람을 고용할 생산수단이 없으므로 일자리를 창출하지 못한다. 그들이 일자리를 창출하려면 자본이 필요한데, 어디서 그것을 구할 수 있을까? 이 질문은 우리가 부자들에게 의존할 수밖에 없음을 함축하지는 않는다. 기업이나 협동조합 같은 조직에서 보수를 적게 받는 소유주와 경영자도 총수요가 허용하는 경우 일자리를 창출할 수 있다. 아니면 국가가 할 수도 있다. 국가가 대중교통과 같은 판매용 서비스를 제공하고 이에 대한 수요가 증가하면, 생산성을 높일 방법이 마땅치 않은 경우, 고용을 늘려야 한다. 국가는 학교처럼 서비스를 사용자에게 무료로 제공하는 곳에서도 일자리를 창출할 수 있다. 세금을 인상하거나 전용해서 교육 관련 일자리를 더 많이 만들 자금을 마련하면 된다.

그러나 여기서 생각해볼 문제가 있다. 예를 들어 패스트푸드 체인을 소유한 개인 자본가의 경우 생산량이 주어져 있을 때 임금 지출을 최소화하는 것이 합리적이지만, 다른 조직들이 노동자들에게 풍족한(게다가 상승하는) 임금을 지불하는 것은 그들에게 이익이 된다. 노동자들에게 풍족한 임금이 지급되면, 햄버거나 다른 재화가 더 많이 팔려서 모든 기업에 이익을 안겨주기 때문이다. 마르크스와 케인스가 지적했듯이, 자본주의의 모순 중 하나는 자본가 일반의 이익이 개별 자본가의 이익과 상충한다는 점이다. 신자유주의는 이러한 집단적 행동의 중요성을 무시하고, 자본가들이 개별적 이익만을 추구하도록 부추긴다. 그 대가는 궁극적으로 자본가들이 치를 수밖에 없다. 한동안은 세계화를 통해 노동력이 싼 곳에서 사람들을 고용하고 소득이 높은 곳에서 생산물을 판매함으로써 이 문제를 피할 수 있는 것처럼 보였다. 하지만 그 결과 부유한 국가(특히 제조업 부문)에서 일자리의 '공동화'가 진행되었으며, 이는 수요의 위축으로 이어졌다.

부자들이 집단적으로 일자리 창출을 제한하는 데는 또 다른 이유가 있다. 고용이 너무 많이 늘어나면, 실업에 대한 공포가 줄어든 노동자들이 임금 인상을 요구하기 때문에 임금 인플레이션이 발생할 가능성이 크고, 이는 이윤을 압박할 것이다. 임금 인플레이션은 불로소득자인 부자들에게도 타격을 가할 것이다. 그들이 빌려준 부채의 가치를 떨어뜨리기 때문이다. 부자들이 정부에 인플레이션을 억제하도록 압력을 가하고 높은 실업률이 도움이 된다고 느끼는 것은 그 때문이다.

'기업': 부자들은 기업가가 아닌가?

용어가 어떻게 오해를 불러일으킬 수 있는지 보여주는 또 다른 사례가 있다. 불로소득자는 스스로를 불로소득자라고 부르지 않으며, 스스로를 자본가라고 부르는 자본가는 많지 않지만, 그들 중 다수는 스스로를 '기업가entrepreneur'라고 부른다. '기업가'나 '기업'과 같은 긍정적인 용어는 그렇게 불릴 자격이 없는 존재까지도 포괄할 수 있다.

기업심이 있다는 것은 지략이 있고 혁신적이며 결단력 있고 대담하다는 뜻이다. 기업심이 있으면 주도권을 발휘하고 고상한 아이디어를 현실화해서 유익한 결과를 만들어내는 위험한 모험에 뛰어든다. 이는 분명히 좋은 자질이다. 기업심을 가진 사람이나 기업가로 인정받고 싶지 않은 사람이 어디에 있겠는가? 하지만 이 용어들의 문제는 종종 다른 뜻으로도 쓰인다는 데 있다.

자질 또는 미덕의 뜻을 담은 '기업'은 언어학자들이 말하는 불가산명사non-count noun지만, 가산명사count-noun인 '기업'은 종종 사기업과 동의어로 여겨진다.[145] '기업가'라는 용어도 마찬가지다. 이는 기업의 **미덕**을 사기업의 특성으로 연결시킬 뿐만 아니라 비기업적으로 보이는 공공부문은 사기업과 전혀 다르다는 것을 암묵적으로 드러내는 멋진 효과를 낳는다. 용어를 이렇게 사용하면 사기업과 공기업의 차이는 정의定義의 문제처럼 보이기 때문에, 이런 암묵적인 주장을 뒷받침하려고 굳이 논증할 필요가 없다. 사기업은 기업이고, 그 소유주는 기업가(즉, 기업심을 가진 특별한 사람)이며, 사기업이 아닌 것에서는 기업심이 발휘될 수 없다.

하지만 좀 더 생각해보면, 다음의 사실을 알 수 있다.

1. 이미 많은 돈을 가지고 있다면 사업자금을 **조달**하는 데 유리하다는 것은 분명하지만, 기업가나 기업심을 가진 사람이 꼭 자본가일 필요는 없다. 그러나 중대한 혁신에는 상당한 시간과 자원이 필요하므로, 단기에 주주가치를 만들어내야 하는 압박을 받는 기업에서는 기업가적 행동이 **위축**될 수 있다. 대기업이 주가를 끌어올리기 위해 연구 개발보다 자사주 매입에 더 많은 돈을 지출하고 있다면, 그 기업을 두고 혁신적이고 위험을 감수한다는 의미의 기업심이 있다고 말할 수는 없다.

2. 많은 지역 공동체에는 축제나 스포츠 행사를 개최하고, 커뮤니티 은행과 자선단체를 설립하며, 필요 없어진 물건을 다른 사람에게 나눠줄 수 있도록 연결하는 지역 '무료 나눔' 시스템을 구축하는 등 새로운 일을 추진하는 사람들이 있다. 이런 사람들은 기업가(사회적 기업가라고 부를 수

있겠다)지만 자본가는 아니다. 협동조합도 기업가적일 수 있다.

3. 흔히 규칙에 얽매이고 느리며 경쟁의 자극이 부족한 것으로 묘사되는 국가(**맞다. 국가다!**)도 기업가적일 수 있다. 공공 부문은 특정 활동에서는 독점권을 행사하지만, 때때로 국민건강보험 도입, 개방대학 설립, 고속철도 서비스 제공, 우주 탐사선 발사와 같은 기업가적 사업에 관여하기도 한다. 나중에 살펴보겠지만, 정부는 기초 연구를 꾸준히 장려하고, 사업 실패의 위험을 감수해왔다. 새로운 소기업이 대개 그런 것처럼 혁신은 대부분 실패하기 때문에, 사람들이 새로운 사고를 할 자유를 누리려면 실패를 견딜 수 있는 능력이 꼭 필요하다. 성공으로 가는 길은 실패로 포장되어 있다. 실패가 허용되지 않는다면, 사람들은 정부에서 일하든 사기업에서 일하든, 보수적이며 위험 회피적인 성향을 띠게 된다. 대규모 혁신이 성공적인 제품으로 열매를 맺기까지는 10년 이상 걸릴 수 있으므로, 기업에는 **인내심을 가진** 돈이 필요하다. 시장경쟁은 혁신을 촉진할 수 있지만, 이익을 **빨리** 얻어내려는 경쟁 때문에 특히 대규모 혁신에는 제동이 걸릴 가능성이 크다. 기계, 건물, 연구 부서와 같은 고정자산이 수익을 내지 못하면 바로 매각해 유동성을 확보하려는 경영방식은 생산 방면의 혁신을 저해한다.

4. 일하지 않는 순수 자본가는 기업가적이지 **않다**. 그들은 단지 생산수단을 소유하고 기업에서 이윤을 추출할 뿐이며, 기업심을 가졌을 수도 있고 아닐 수도 있는 경영자들에게 기업의 관리와 운영을 위임한다.[146] 순수 자본가들의 단기적인 요구는 기업가적 행동을 저해한다.

5. 일하는 자본가들은 기업가적일 수도 있고, 아닐 수도 있다. 기업은 성공적인 혁신으로 이윤을 증가시킬 수 있지만, 노동과 납품업체를 쥐어

짜는 등 다른 방법도 있다(임금 삭감을 '기업가적'이라고 여긴다면, 그건 슬픈 일이다).

6. 미국의 경제학자 윌리엄 보몰William J. Baumol이 지적했듯이, 기업은 경제에 혜택이 아니라 피해를 주는 새로운 형태의 지대 추구('비생산적 기업가 정신')를 고안하는 데 이용될 수 있다.[147] 불로소득자는 지대나 이자를 추출하는 새로운 방법을 찾을 수 있고, 이런 점에서 스스로 기업가적이라고 여길 수 있다. 하지만 그들은 비생산적이며, 심지어 생산 경제를 고갈시킨다. '금융시장 분석가'(금융기관에 고용된 일급 수학자)들은 가치 절도와 투기를 목적으로 온갖 기발한 금융상품을 설계했다. 기업은 위험을 기꺼이 감수하려고 하지만, 위험을 감수한다고 해서 모두 기업가적이지는 않다. 모든 양sheep은 동물이지만, 모든 동물이 양은 아니다. 앞서 살펴본 것처럼, 위험을 감수한다는 이유로 투기꾼이 스스로 기업가라고 주장하는 것은 자만에 빠져 하는 말이다.

7. 노동자도 기업심을 가질 수는 있지만, 자금이 부족하고 미래가 보장되지 않으며 직장에서 허용되는 일이 제한되기 때문에 잠재력을 실현할 수 있는 여지가 별로 없다. 노동자가 기업가적 활동으로 쌓은 신뢰(금전적이건 상징적이건)를 사장에게 빼앗길지도 모른다는 두려움이 작용할 수도 있다. 새로운 생산물과 업무방법을 개발하고자 하는 사람들은 회사를 떠나서 자영업자가 되거나 소기업을 세워야 한다.

8. 기업가 이야기는 개별 과학 천재 이야기와 비슷하다. 혁신적인 일은 개인이 혼자서 하는 경우보다 그룹이나 네트워크가 하는 경우가 더 많고, 모든 사람이 사회 속에서 물려받는 축적된 지식과 인프라에 신세를 진다. 이에 관해서는 2부에서 좀 더 자세히 다루기로 하자. '기업가'에

대한 언론의 찬사는, 알고 했건 모르고 했건, 기업가들이 의존하는 노동자들을 보이지 않게 만든다.

이상과 같은 이유로, 우리는 부자들이 기업가이며 따라서 부를 누릴 자격이 있다는 생각에 대해 회의적일 수밖에 없다.

하지만 때로는 기업의 소유주인 자본가가 기업심을 품고 수백만 명의 소비자에게 혜택을 주는 새로운 제품을 개발하기도 한다. 그런 경우 그들은 부를 차지할 자격이 있지 않을까?

잡스와 다이슨의 사례: 진짜 혁신적인 사람들은 버는 돈 모두를 차지할 자격이 있지 않은가?

애플 컴퓨터의 CEO였던 고故 스티브 잡스는 83억 달러의 '가치'가 있다는 말이 있었다. 1초당 1달러를 받는다고 가정하면, 266년이 걸려야 벌수 있는 돈이다. 2012년 『선데이 타임스』 부자 리스트에서는 다이슨 진공청소기로 유명한 영국의 제임스 다이슨James Dyson의 가치를 26억 5,000만 파운드(1초당 1파운드를 받으면 84년이 걸린다)로 추정했다.

잡스나 다이슨 같은 사람들은 예외에 해당한다. 가치 있는 새로운 제품을 창출한다는 점에서 그들은 부자들 가운데서도 희귀한 존재다. 폴 크루그먼은 이렇게 말했다. "상위 1퍼센트, 심지어 상위 0.01퍼센트에 속하는 부자들 가운데 극소수만이 그런 식으로 돈을 벌었다. 우리가 보고 있는 기업 경영진은 대부분 자신이 직접 설립하지 않은 기업에서 일한다. 그들은 자신이 근무하는 기업의 주식이나 스톡옵션을 많이 소유하기도 하지만, 그것들은 창업에서 생긴 것이 아니라 급여 패키지의 일부로 받은 것이다."[148] 잡스, 다이슨 또는 페이스북의 마크 저커버그Mark Zuckerberg는 수백만 명에게 혜택을 준 뛰어난 신제품을 개발하는 데 기여했다는 점에서 예외적이다. 그들을 슈퍼리치의 전형으로 여기는 경우가 많지만, 그들은 결코 슈퍼리치를 대표하지는 못한다.

그러나 여전히 의문은 남는다. 첫째, 그들이 기업(기업 지분의 다수)을 소유하지 않았다면 얼마나 많은 돈을 벌었을까? 둘째, 그들은 다른 사람이 개발한 기술에 어느 정도 의존했을까?

첫 번째 질문과 관련해서 그들은 순수 자본가가 아닌 기업가적 자본가로서 일하지만, 기업의 소유주로서 다른 사람이 생산한 이윤을 일부 가져간다는 사실을 상기할 필요가 있다. 중요한 혁신을 담당하는 핵심 연구·개발 부서의 피고용인과 관리자는 다른 노동자들보다 더 높은 임금을 받는다(그래야만 그들이 다른 기업으로 이직하는 것을 막을 수 있다). 하지만 주식이나 스톡옵션이 없다면, 그들이 받는 임금은 소유주가 누리는 보수 근처에도 가지 못한다.

두 번째 질문과 관련해서 모든 일을 스스로 해내거나 적어도 혼자서 사업을 시작하는 영웅적인 사람들을 다룬 언론 기사들('차고 안의 독립적인 청년들' 이야기)을 무작정 믿기가 쉽다는 점을 지적하지 않을 수 없다. 관련 연구에 따르면, 혁신은 여러 개인·집단·기관이 관여하는 가운데 이뤄진다. 그들의 관계 속에서 사람들은 서로 교류하고 다른 사람의 업적을 바탕으로 성과를 낸다. '결정적인 순간'은 통상 많은 사람이 관여한 긴 학습과정의 마지막 단계다. 2부에서 살펴보겠지만, 우리가 누리는 부의 많은 부분은 우리보다 앞서간 사람들 덕분에 생겼다. 빌 게이츠가 인정했듯이, 컴퓨터 부문에서 마우스·포인터·아이콘·하이퍼텍스트 등 애플과 마이크로소프트가 채택한 그래픽 사용자 인터페이스[graphical user interface: 사용자가 그래픽을 통해 컴퓨터와 정보를 교환하는 작업 환경]는 그전에 이미 발명되어 있었다. 마이크로칩과 인터넷 개발을 비롯해 전자 분야의 핵심적인 혁신은 민간자금이 아니라 미국 국방성의 자금으로 이뤄졌다.[149] 마찬가지로 구글이 사용하는 알고리즘의 개발은 미국 국립과학재단US National Science Foundation의 지원을 받았으며, 아이폰의 기반 기술인 GPS[global positioning system: 전 지구 위치 파악 시스템]와 터치스크린 디스플레이touch screen display도 국가 자금에 의존했다.

물론 스티브 잡스를 비롯한 혁신가들은 탁월하게도 이런 성과를 받아들여 소비용 제품을 개발했지만, 그것은 어디까지나 다른 사람이 한 일을 토대로 행한 것이었다. 정부가 수행한 혁신적 연구에 민간 부문이 의존하는 일은 비단 전자 부문에서만 일어나는 것은 아니다. 미국 제약 부문의 획기적인 신약 중 75퍼센트가 미국 국립보건원National Institutes of Health이 자금을 지원한 연구의 산물이며, 건설처럼 덜 화려한 부문에서도 비슷한 사례를 찾을 수 있다.[150]

우리는 제품의 우수성과 보잘것없는 존재에서 유명한 존재로 성장한 사람들의 멋진 이야기에 현혹되지 말고, 그들의 부가 어떻게 형성될 수 있었는지 냉정하게 살펴볼 필요가 있다.[151] 우리는 잡스나 다이슨 같은 사람들이 평범한 노동자보다 더 많은 보수를 받을 자격이 있다는 데는 동의할 수 있지만, 그들이 얼마나 더 받아야 하는지에 대해서는 의견이 다르다. 우리 스스로를 속이지 말자. 이 혁신적인 자본가들은 그들이 고용한 노동자나 일반 대중에게 "내가 기여한 일에 대해 얼마를 받으면 된다고 생각합니까?" 하고 물어보지 않는다(잡스가 애플의 주요 공급업체 중 하나인 폭스콘Foxconn에서 일하는 노동자를 포함해 제조 부문 노동자 대부분과 상의하려고 했다면 중국으로 건너가야 했을 것이다. 폭스콘은 다수 노동자의 자살, 미성년 노동, 억압적인 노동조건으로 언론의 헤드라인을 장식한 회사다. 다이슨은 비용, 특히 노동 비용을 절감하기 위해 공장을 영국에서 말레이시아로 옮겼기 때문에 노동자에게 물어보려면 말레이시아로 건너가야만 할 것이다). 이 고용주들이 엄청난 보수를 받는 것은 단지 그렇게 할 수 있기 때문이다. 그들이 그렇게 할 수 있는 결정적인 이유는 기존 기술의 이용 가능성과 사적 소유에 있다. 피고용인이 발명해낸 성과물을 고용주에게 사실상 탈취당하는 일이 드물지 않다는 사실을 기억하자. 이를 통해 고용주들이 이득을 얻는 것은 물론이다.[152] 따라서 일하는 혁신적 자본가에 대해서는 일부 성과를 인정할 수 있을지 모르지만, 그들에게 환호를 보내기는 어렵다.

'그들은 돈을 가지고 다른 나라로 가버릴 것이다……'

"만일 그들에게 세금을 너무 많이 부과하거나 다른 방식으로 그들의 권력을 제한한다면, 돈을 가지고 다른 나라로 가버릴 것이다." 마치 부자들이 주요한 부 창출자이고 희귀한 권력을 갖고 있으며 최선을 다해야 유치할 수 있는 존재인 양, 사람들은 이런 주장을 자주 한다.

영국 보수당 정치인 존 레드우드John Redwood는 이러한 믿음을 옹호하는 대표적인 인물이다. "문제는 부자들을 가난하게 만들려고 하면 그들이 결코 가만히 있지 않는다는 사실이다. 그들은 최고의 변호사와 회계사를 보유하고 있다. 투자와 사업개발을 중단할 수도 있고, 해외로 나가버릴 수도 있다."[153] 이 말은 세 가지 점에서 옳다. 첫째, '그들의' 부를 다른 곳으로 가져가는 데 아무 제약이 없고, 둘째, 그들은 최고의 법률·금융 전문가를 고용할 수 있으며, 셋째, 투자를 거부함으로써 국가를 희생시킬 수 있다. 하지만 이런 사실을 마치 불변인 것처럼 **받아들이면**, '권력이 옳다'고 말하는 것과 다를 바 없다. 우리는 그들의 자의적인 권력에 도전할 필요가 있다.

레드우드는 지겹도록 오래된 낙수효과론과 일자리 창출론에도 기대고 있다. 부자들이 '소수의 전문 조언자들을 고용해 기업을 설립함으로써 일자리를 창출한다'는 식이다. 이 낡은 신화에 대해서는 앞에서 이미 다룬 바 있다. 전문 조언자들은 틀림없이 부자들의 탈세를 도울 것이다. 실제로 부자들이 가진 많은 돈이 이미 다른 국가, 특히 조세회피처로 흘러갔을 가능성이 크다. 부자들은 '경쟁적인'(즉, 세금이 가볍고 규제가 약한) 환경을 제공하지 않는 국가에서 돈을 뺌으로써 선량한 시민의 의무를 회피할 수 있었다. 제한받지 않는 자본 이동과 불로소득 기업에 대한 정부의 지원 덕분에, 그들은 세금을 회피하고 수익을 극대화하려면 어디로 가야 할지 선택할 수 있었다. 하지만 자본주의는 80퍼센트 이상의 최고 세율과 자본 이동에 대한 제한이 있고 상위 0.01퍼센트가 지금보다 훨씬 적은 부를 가졌던 시절에 훨씬 더 성공적이었다.

게다가 떠나겠다는 부자들의 위협은 과장된 것이다.

만약 세금 인상으로 부의 이동이 발생하는 것이 사실이라면, 세율이 가장 높은 국가인 스웨덴·덴마크·노르웨이·프랑스에서 부유층의 대탈출이 일어날 것이라고 예상할 수 있다. 하지만 가장 최근의 『포브스』 억만장자 리스트를 살펴보면, 리스트에 오른 노르웨이인 네 명은 모두 노르웨이에, 덴마크인 두 명은 덴마크에, 스웨덴인 아홉 명 중 다섯 명은 스웨덴에, 프랑스인 열 명 중 여덟 명은 프랑스에 거주하고 있다.[154]

새로운 소기업가

이 책에 대해 친구들과 이야기하면서, 내 주장에 대한 가장 일반적인 반론은 다음과 같다는 것을 알게 되었다.

저축금으로 하거나 돈을 빌려서(아마도 주택으로 모기지를 더 받아서) 소기업을 시작하는 사람은 어떤가? 그런 경우 그들은 큰 위험을 감수한다. 일도 열심히 한다. 사업이 성공해서 사람들을 고용하기 시작하고, 기업을 크게 키워 높은 소득을 얻고, 정말 부자가 된다고 가정해보자. 그 과정에서 일자리를 창출했으니 그들은 분명히 부를 누릴 자격이 있지 않은가?

이 질문에 답하려면, 이 새로운 기업의 발전 단계에 대해 살펴볼 필요가 있다. 처음에 창업자는 자영업자거나 파트너와 동업한다. 한두 명(주로 가족)을 고용하기도 한다. 이 단계의 창업자는 정치경제학자들이 '소상품 생산자'라고 부르는 존재다. 사업이 성공해 제품에 대한 수요가 증가하면, 노동자를 더 많이 고용할 수 있다. 그렇게 되면 그녀[저자는 여기서 'he'가 아니라 'she'를 쓰고 있다)는 점차 **일하는 자본가**(생산수단의 소유자로서 다른 사람을 고용하지만, 자신도 기획과 경영 등의 업무를 담당하는 존재)로 변한다. 노동자는 노동 비용과 재료비를 보전하는 것은 물론이고 생산비를 초과해 이윤을 창출하기에 충분한 재화와 서비스를 생산할 수 있는 경우에만 고용된다. **하지만 이 이윤에 대해 노동자들은 아무런 권리가 없다. 자본주의적 소유권이 존재하기 때문이다.** 예를 들어 노동자가 노동 비용과 기타 비용을 합한 것보다 20퍼센트 더 많은 가치를 갖는 재화와 서비스를 생산한다고 하더라도, 자본주의적 소유권 제도에서 그 20퍼센트는 소유주에게 돌아갈 뿐이다. 그녀는 그것을 자기가 보기에 적합하다고 여겨지는 용도, 즉 자신의 소비·투자·투기 등에 쓸 수 있다. 기업이 성장하고 소유주가 피고용인에게 생산을 의존하는 정도가 커짐에 따라 소유주의 소득 중 이 잉여에서 나오는 부분도 점점 더 커진다.

마침내 그녀는 일을 완전히 중단하고 피고용 경영자에게 경영을 맡기는 순수 자본가, 즉 일하지 않는 자본가가 될 수 있다. 그런데도 그녀는 여전히 사업에서 이윤을 얻는다. 다른 기업을 인수해서 거기서 생기는 이윤으로 생활할 수도 있고, 그것을 이용해 지대나 이자 또는 자본이득 등의 불로소득을 더 많이 얻을 수도 있다.

따라서 사업을 성공적으로 시작한 후 노동자를 고용하는 사람은 칭찬받을 만하고 약간의 추가 소득을 얻을 자격이 있다는 데 동의할 수도 있다. 하지만 장기적으로 그 이윤의 원천은 대부분 노동자가 생산한 재화와 서비스에서 나오는 수입을 홀로 소유할 수 있게끔 해주는 자본주의적 소유 관계에 있음을 기억할 필요가 있다. 불공정한 결과에도 깨끗한 기원이 있을 수 있다.

그 외의 반론과 슬로건

부자를 가난하게 만들어서 가난한 사람을 부자로 만들 수는 없다.[155]

이는 또 다른 어리석은 슬로건이다. 부자를 가난하게 만들어야 한다고 말하거나 가난한 사람을 부자로 만들어야 한다고 말한 사람은 아무도 없다. 그러나 부자들이 부 추출에 의존하고 있고 그들의 한계소비성향이 낮다는 사실을 고려할 때, 부자들에게서 가난한 사람들에게로 소득을 재분배하면 총수요와 고용이 증가하고 다시 더 많은 수요가 창출되는 포지티브섬 게임positive-sum game을 만들 수 있다.

가난한 사람들을 돕는 방법은 부자들이 가진 것을 빼앗는 것이 아니라 경제성장을 통해 파이를 더 크게 만드는 데 있다.

이 말의 함의는 경제성장을 하려면 불평등이 필요하다는 것이다. 하지만 이는 불로소득 이전, 투자, 한계소비성향의 측면에서 말이 되지 않을 뿐만 아니라, 경제성장과 불평등의 관계를 국가 단위에서 분석한 실증 연구도 이를 지지하지 않는다.[156] 오히려 자본주의는 더 평등할 때 더 빠르게 성장했다.

오늘날 타락한 정치문화에서 '나는 x를 믿는다'는 말이 '증거가 x를 보여준다'는 말보다 더 설득력 있게 받아들여지고 있다는 점에도 주목해야 한다. 증거를 보려고 애쓰는 사람들은 자신이 생각하는 것을 모른다는 이유로 비난을 받는다. 그들은 2004년 미국 대선에서 존 케리John Kerry에게 가해졌던 '변덕스러운 사람'이라는 비난을 받기도 한다.

밀물은 모든 배를 띄운다.

진부하고 오래된 이 표현은 경제문제를 생각할 때 혼란을 초래한다. 이 말이 담고 있는 메시지는 경제성장의 혜택은 모든 사람에게 돌아간다는 것으로, 여기에도 경제성장에는 불평등이 필요하다는 전제가 깔려 있다. 이는 **잘못된** 비유다. 매력적인 이미지가 마음에 들 수도 있지만, 사람은 배와 같지 않으며 경제성장은 파도와 같지 않다. 경제성장은 균등하게 진행되지 않는다는 특징이 있다. 경제가 성장하는 동안 일부 집단이 상대적·절대적 측면에서 손해를 입는 것은 전혀 드문 일이 아니다. 정치인들과 미디어 전문가들이 여전히 이 문구를 즐겨 내세우는 것은 그림 같은 비유가 비판적 사고를 무력화해 희망으로 대체할 수 있음을 방증한다. 그러나 지배 엘리트들조차도 이 말을 스스로 믿고 있는지 의심스럽다. 국제적 금융 대기업인 시티 그룹은 슈퍼리치에 관한 비밀 보고서에 "밀물은 요트[배가 아니라]를 띄운다"는 제목을 달았다.[157]

주류 경제학의 반론: '자원 배분의 효율성'

우리는 건전하고 혁신적인 금융 부문에서 나오는 막대한 경제적 혜택에 항상 주목해야 한다. 금융시장의 깊이와 정교함이 증가하면, 가장 생산적인 곳에 자본이 배분되어 경제성장이 촉진된다(벤 버냉키Ben Bernanke, 미국 연방준비제도이사회 의장, 2007).[158]

현대의 주류 경제학자들은 내가 지대·이자·투기·사적 이윤 등이 '자원 배분의 효율성'에 기여하는 바를 무시한다고 불평하면서 지금까지의 내 주장에 반대할 가능성이 크다. 부자들은 '투자'를 통해 자원 배분의 효율성을 증진하며 그들의 부는 그에 대한 보상이라고 주장할 수도 있다. 이것은 무슨 의미일까? 앞으로 보겠지만, 이 개념은 구분할 필요가 있음에도 통상 혼동하는 두 가지 버전이 있다.

한 버전은 어떤 경제에서든 자원은 가장 필요하고 생산성이 높은 활동에 배분해야 한다고 주장한다. 일상생활에서 우리는 최소한 거의 정확하고 '적합한' 방식으로 이를 수행하려고 한다. 수렵·채집인들도 생존하고 잘 살 수 있으려면 시간을 어떻게 써야 할지 결정해야 한다. 해답이 관습으로 굳어졌다고 할지라도 말이다.[159] 이는 모든 사회에 어느 정도 타당한 이야기이기 때문에 '초역사적' 개념이라고 할 수 있다. 현대 사회에서 민간이든 공공이든 금융 시스템이 맡아야 할 일 중 하나는 잘 쓰지 않거나 놀리고 있는 자원(특히 저축)을 더 생산적으로 쓸 수 있는 곳으로 이동시키는 것이다. 이는 과연 당연한 이야기일까?

그렇기는 하지만, 그것이 자본주의에 고유한 배분 효율성의 전혀 다른 버전을 위장하기 위해 자주 언급된다는 것이 문제다. 자본주의에서는 기대 금융 수익률이 가장 높은 곳을 위주로 자원을 배분한다. 이 일을 담당하는 것은 '투자자'나 대출자다. 이렇게 자원이 배분되는 과정에서 경제 성장이 극대화되고 모든 사람이 혜택을 누린다는 것이 그들의 주장이다. '투자자'와 대출자의 말에 따르면, 그들의 돈이 그들을 위해 열심히 일하고 있다. 그러나 최고의 기대 수익률은 노동이 가장 많이 착취되는 곳이나 소비자의 소득이 가장 높은 곳(부자가 가난한 사람보다 더 비싼 값을 제시하고, 부자와 비교할 때 가난한 사람의 욕구와 필요가 시장에서 크게 과소 대표되는 곳), 혹은 지대 추출 전망이 가장 좋은 곳이나 자산 인플레이션율이 가장 높은 곳(최근의 거품을 생각해보라), 아니면 세금이 가장 낮은 곳에서 실현될 수 있다. 수마트라의 벌목, 페루의 광산, 두바이나 런던의 호화 아파트에 '투자'할 수도 있고, 아프리카의 토지를 사서 임대하거나 주식·채권, 그 밖의 불로소득원을 매입할 수도 있으며, 단지 조세회피처에 돈을 옮겨놓을 수도 있다.

게다가 현대 자본주의처럼 유동성과 단기주의를 중시하는 곳에서는 수익률이 가장 높은 곳으로 자금이 끊임없이 이동하기 때문에 장기 투자와 사람들의 안전이 위협받을 수 있다. 이는 장기적으로 효율에 악영향을 미친다. 자본주의에서 수익률의 차이는 단순히 '생산성'이나 필요 또는 우선순위의 차이를 반영하지는 않는다. 예를 들어 저소득층 노인을 위한 양질의 돌봄처럼 아주 요긴한 것들은 이윤을 목적으로 공급하기가 어려우므로 자본주의적 배분 효율성은 이를 무시한다.

주류 경제학자와 비즈니스 미디어가 통상 써먹는 수법은 **자본주의적** 배분 효율성이 초역사적인 첫 번째 버전과 다르지 않다고 믿게끔 만드는 것이다. 자본주의적 배분 효율성은 부의 창출을 돕는 한에서만 유익하다고 말할 수 있다. 단, 그 경우에도 우리는 누구에게 이익이 돌아가야 할지 결정해야 한다.

민간임대에 대한 일부 옹호론의 논리도 이와 비슷하다. 지대가 토지와 부동산을 최선 사용자에게 배분함으로써 **배급 기능**을 수행한다는 것이다. 도시에서 가장 인기 있는 토지는 접근성이 가장 좋은 중심부에 있으므로, 가장 많이 필요로 하고 가장 여유가 있는 사용자가 최고의 입찰가를 제시할 것이며, 지주들은 그들에게 부동산을 임대할 것이다. 이 논리는 희소한 도심 토지가 '최고·최선의 용도'에 배분된다는 결론을 내리기 때문에 얼핏 보면 합리적이라는 느낌을 준다. 하지만 부자들은 필요의 상대적 강도나 토지 용도에 상관없이 가난한 사람들보다 더 비싼 가격을 낼 수 있다는 사실을 고려할 때, 이것은 교묘히 속이는 말임을 알 수 있다.

런던에서는 부자들이 땅값을 너무 많이 밀어 올리는 바람에 도시 생활에 꼭 필요한 청소부, 교사, 의료 종사자가 도시에 살 수가 없다. 이는 토지가 단순히 누가 최선으로 사용할 수 있는지가 아니라 누가 도시에 살 수 있는 능력이 있는지에 따라 배분된다는 것을 보여준다. 모든 사람의 소득이 같다면, 토지나 그 밖의 다른 물건에 대해 지불할 용의가 있는 가격은 그 물건들에 대한 욕구의 상대적 강도를 반영할 것이다. 하지만 소득 불평등이 심한 곳에서는 지불할 용의가 있는 가격은 사람들의 상이한 구매력도 반영한다.[160]

그러나 지대가 토지와 부동산을 합리적 방식으로 배분하는 데 도움이 **된다**고 하더라도, 그 사실이 사적 토지 소유에 대한 옹호론은 될 수가 없다. 국가가 토지를 공적으로 소유하면서 개인과 민간단체에 임대하더라도 똑같은 배분 기능이 발휘될 수 있다. 하지만 임대 수입은 민간 불로소득자의 주머니가 아니라 공공의 수중으로 들어간다. 지대의 배급 기능을 들어 토지의 사적 소유를 정당화하려는 경제학자들을 조심하기 바란다. 그 논리는 불합리한 추론이다.[161]

주류 경제학자들은 다른 문제를 다룰 때도 이런 교묘한 속임수를 활용한다. 대표적으로 금융활동에 대한 그들의 주장이 그렇다. 먼저, 신용화폐 창조와 같은 금융활동이 유용한 기능을 발휘한다는 것을 입증하기 위해 그것이 갖는 일부 유익한 효과를 언급한다. 다음으로, 모든 일이 잘 돌아가기 때문에 관련된 사람들이 혼자서 일을 처리하게끔 내버려두어야 한다고 주장한다.

첫 번째 문제는 어떤 기능의 유용성에 관한 것이지만, 두 번째 문제는 결정적으로 중요한 질문(사회적으로 유용하다고 판명되면, 누가 또는 어떤 조직이 이 기능을 수행해야 하며, 보수는 어떻게 분배하고 세금은 얼마나 부과해야 할까?)을 은폐한다. 금융 서비스 쪽 사람들은 첫 번째 문제에 대한 면밀한 조사를 반기지 않으며, 통상 내부자만이 전문적인 평가 능력을 갖추고 있다고 주장한다. 그들은 다른 문제가 제기되는 경우에도 그것이 소유권에 대한 의구심을 유발할 때는 제대로 다루려고 하지 않는다.

또 주류 경제학자들은 우리가 노력소득과 불로소득을 구분하는 것에 대해 '가치판단'을 수반한다는 이유로 반대한다. 주류 경제학에서는 아무 생각 없이 '정당화 과정이 빠진 판단judgements without justification'[여기서 justification은 논증 또는 실증의 의미에 가깝다]이라는 의미로 그 용어를 사용한다.[162] 그러나 우리는 소득이 단순히 자산에 기반을 둔 것인지 아닌지, 경제활동이 재화와 서비스의 생산과 분배에 기여하는지 아니면 단순히 지대 추구인지를 다루면서 이미 정당화 과정을 거쳤다.

노력소득과 불로소득을 구분하지 않으면 비생산적이고 기생적인 활동을 용인하게 된다(무언가를 용인하려면 가치판단도 내려야 한다. 문제는 가치판단에서 벗어날 수 있느냐가 아니라 가치판단을 뒷받침하는 논거가 있느냐다). 경제학자들은 음식이든 총기든 최신 파생상품이든, 팔리는 것은 무엇이든 필요를 충족시킨다고 믿는다.[163] 그렇지 않으면 팔리지 않는다고 그들은 생각한다. 이런 자본주의적 논리에 따르면, 어떤 도덕적 판단도 필요 없다.

우리는 지금 주류(또는 '신고전학파') 경제학 측에서 나오는 반론을 주제로 다루고 있지만, 여기서 이 경제학의 기초에 대해 좀 더 이야기해볼 필요가 있다. 신자유주의의 부상과 함께 그 영향력이 막대해져서 교육과정은 물론이고 정부의 정책 구상까지 지배하고 있기 때문이다. 주류 경제학은 스스로를 예측 과학으로 여기지만, 실제 위기를 예측하는 데는 무참하게 실패했다. 이 경제학은 경제과정에 관한 이론을 제공할 뿐만 아니라, 경제행위 자체에 영향을 미침으로써 경제발전의 양상을 좌우하기도 한다.

주류 경제학은 자유경쟁의 가치를 믿는다고 공언하면서도, 위기 예측에 뛰어났던 대안 경제학자 또는 '이단' 경제학자들을 힘 있는 자리에서 배제하고 주류 경제학자들이 장악한 학술지에 논문을 게재하지 못하도록 만들어, 대학에서 경제지식의 생산을 독점하고 있다.[164] 영국에서는 대학의 경제학 연구를 평가하는 심사위원들을 통제해서 연구 성과에 대한 평가와 정부의 자금 지원 여부까지 좌지우지한다.

이 경제학이 경제과정을 바라보는 관점은 매우 독특하다. 경제생활을 기본적으로 사람들이 재화를 교환하는 문제로 보기 때문에 생산(모든 사회가 살아남으려면 꼭 필요하다)은 뒷전으로 밀려나고 말았다. 다시 말하면, 주류 경제학은 시장이라는 렌즈를 통해 세상을 바라본다. 모든 사회가 시장에 의존하지는 않는다. 하지만 어떤 사회라도 살아남으려면 생산이 필요하다. 그러나 주류 경제학 교과서의 첫 부분에 시장이라는 눈가리개를 마련해두기 때문에 가격이 수요에 어떤 영향을 미치는지, 수요와 공급이 가격을 어떻게 결정하는지부터 배우는 것은 당연하다. 두 가지 모두 현실에 부합하지만, 교환의 전제, 즉 공급에 종사하는 사람들의 사회적 조직을 놓치고 있다(사람들은 다양한 분업으로 재화와 서비스를 생산하고 분배한다). 생산에 대해 언급할 때면 그것을 개인 간 교환의 문제로 치환하는 경우가 많다. 이런 식으로 했기 때문에 주류 경제학은 잘못된 방향으로 치달았다.

특히 효율성에 대한 주류 경제학의 시각은 일방적이다. 시장이 널리 확산해 있고 각 개인이 다른 사람과 자유롭게 교환할 수 있는 사회에서는 가격을 합의할 수 있다면 그렇게 하는 것이 각자의 이익에 부합한다. 만약 A가 x를 원하는 것보다 많이 가지고 있지만 y는 부족한 반면, B는 y를 원하는 것보다 많이 가지고 있지만 x가 부족하다면, 두 사람이 가격(사실상 y 한 단위당 x의 양)에 합의할 수 있다고 가정할 때 서로 교환하는 것이 각자에게 이익이 된다.

이렇게 교환할 때 두 사람 모두 형편이 더 나아지는데, 주류 경제학에서는 이를 두고 A와 B가 각자 자신의 소유에서 얻는 '효용'이 증가했고 자원 배분도 개선되었다고 해석한다. 자원이 가장 높은 가치를 부여하는 사람들(혹은 주류 경제학자들은 통상 깜빡하고 말하지 않지만, **그에 대한 대가를 지불할 능력도 가진** 사람들) 쪽으로 이동하기 때문에 이를 부의 창출이라고 부르고 싶을지도 모른다. 그러나 사실 그것은 기존의 부가 재분배되고 재평가된 것에 불과하다.

부는 단지 재화와 서비스일 뿐만 아니라 사용할 사람들이 가치를 인정하는 물건이기도 하므로, 원하는 사람들에게 그것을 분배하면 실제로 그들의 후생이 증가한다. 하지만 그렇다고 해서 가치란 주관적인 것이므로 원하기만 하면 부가 생긴다는 뜻은 아니다. 만일 그렇다면, 희망적 사고로 모든 경제문제를 해결할 수 있을 것이다.[165] 요컨대 재화와 서비스는 판매하기 전에 생산해야 한다.

신고전학파 경제학이 상정하는 합리적 경제에서는 모든 것이 판매될 가능성이 있고 모든 것에 가격이 매겨진다. 그래야만 사람들이 교환으로 이익을 얻을 수 있을지 없을지 가늠할 수 있기 때문이다. 주류 경제학은 기본적으로 시장 교환의 측면에서 경제적 효율성을 따진다. 즉, 모든 자원이 소유자에게 최대의 효용을 제공하는 곳으로 이동되었는지 아닌지가 기준이다. 따라서 이를 제한하는 행위(예를 들어 정부가 최저임금을 결정하거나 노조가 단체교섭에 참여하는 것 등)는 그렇게 정의되는 경제적 효율성을 감소시킨다.

경제학자들은 여기서 한걸음 더 나아가 경제성장이 억제될 것이라고 주장하기까지 한다. 재화가 가장 많은 이익을 가져다주는(또는 가장 많은 이윤을 창출하는) 곳에 배치될 때 성장이 가장 빠르다는 이유에서다. 다양한 '투자'에 대한 수익률은 끊임없이 변화하기 때문에 거래인들이 가장 수익성이 높거나 높으리라 예상되는 상품으로 가능한 한 빨리 '투자'를 전환할 수 있도록 시장이 최대한 활성화되어야만 한다. 너무 많은 부가 화폐와 같은 유동자산이 아닌 고정자산으로 묶여 있으면, 잠재적 이익들을 따져서 수익을 극대화하기는 어렵다.

주식 거래를 옹호하는 데도 비슷한 논리가 동원된다. 주식을 가장 많이 매입하는 사람들이 기업의 경영권을 차지하는데, 그들은 아마도 기업을 가장 효율적으로(수익성 있게) 운영할 수 있는 사람일 것이다. 기업이 주가를 올리는 일을 하지 않으면, 다른 사람이 주식을 사서 기업을 인수한 후 거기서 더 많은 이윤을 얻으려고 시도하기가 더 쉬워진다. 그래서 활발한 기업 거래 시장이 발달하고 기업들은 인수합병의 먹잇감이 된다.

금융자산(궁극적으로는 노동자의 노동과 생산물에 대한 청구권)에 대한 투기적인 '투자'가 인프라, 숙련, 생산과 분배에 대한 실물투자만큼 경제적으로 유익할 수 있다고 생각하다니 이 얼마나 어리석은가! 이는 규제받지 않는 시장에 대한 조잡한 합리화일 뿐만 아니라 불로소득자의 이익을 옹호하는 유용한 수단이기도 하다. 불로소득자의 부 추출에 대해서는 신경 쓰지 말라. 가격에 더 신속히 대응하면 '자원 배분의 효율성'을 높일 수 있다는 사실을 믿어라.

Why We Can't Afford the Rich

2부

부자들을
제자리에 두기

: 무엇이 사람들의 수입을
결정할까?

노동과 노동생산물의 배분을 결정하는 협상과정의 본질은 투쟁이라고 할 수 있다. 여기서는 정의나 인간성이 아닌 경제력이 결정적인 요소다(J. A. 홉슨, 1929년).[1]

부자들이 어떻게 부를 얻는지에 대한 오해는 경제적 불평등(1퍼센트와 99퍼센트 사이의 불평등뿐만 아니라 99퍼센트 안에서의 불평등도 포함한다)의 일반적 원인에 대한 광범위한 오해에서 비롯된다. 많은 사람이 부자들은 부를 누릴 자격이 있다고 생각하는데, 이는 대체로 누구든 받을 자격이 있는 것을 받는다고 믿기 때문이다. 소득이 주로 불로소득인 사람들을 제외하더라도, 나머지 사람들 사이에 상당한 불평등이 존재한다. 외과의사처럼 책임이 따르는 일을 하는 고도로 숙련된 사람들이 청소부 같은 비숙련 노동자보다 더 많은 임금을 받는 것은 그럴만한 자격이 있기 때문이 아닐까? 이는 그들 사이의 불평등을 설명해주고 그 불평등이 공정하다는 것을 보여주지 않는가? 실제로 그런 것처럼 보이기도 한다. 그러나 앞으로 살펴보겠지만, 여기에는 의문을 제기해야 할 많은 내용이 담겨 있다.

경제적 평등에 대한 태도를 다룬 설문조사에 따르면, 사람들은 소득뿐만 아니라 노동을 통한 기여에도 관심이 있다. 그리고 그 둘 사이에는 모종의 관계가 있을 것으로 기대한다.[2] 나는 버는 것('분배')뿐만 아니라 기여에 대해서도 고려해야 한다는 데 동의한다. 지금까지 살펴본 내용은 결국 부자들이 다른 사람들의 노동에 부당하게 무임승차하는 데 대한 비판이었다. 이런 문제를 다루기 위해서는 논의의 범위를 넓혀 무엇이 전체 사회 내에서 경제적 불평등을 초래하는지 살펴볼 필요가 있다. 여기에 답하려면 우리 사회의 근본 구조에까지 깊이 들어가야 한다.

정의로운 세상에 대한 믿음을 품고 낙관적으로 생각하는 것은 부분적으로는 불의를 볼 때 느끼는 고통스러운 분노와 자신이 비열한 사람처럼 보이는 것을 피하고자 하는 욕구의 산물이며, 이는 이해할 만한 일이다. 우리는 무엇이 사람들의 소득을 결정하는지 탐구하지 않은 채 기본적으로 경제적 불평등은 공정하다고 결론 내리고 싶은 유혹에 빠질 수도 있다. 하지만 실제로 이 문제를 탐구해보면, 사람들의 직업과 소득이 다른 요소들에 크게 좌우되므로 받을 자격이 있는 소득의 차이가 상당히 줄어든다는 것을 알게 되고, 우리가 정의로운 세상에서 살고 있지 않다는 사실도 깨닫게 된다.

수입을 정당화하는 것과 그 결정 요인을 밝히는 것은 전혀 다른 문제다. 이 문제들을 이해하려면 훨씬 더 큰 그림을 보고, 부는 어디서 나오는지 질문할 필요가 있다. 무엇이 우리의 수입을 결정하는가? 2부에서는 먼저 여러 사회 간 부의 차이와 관련해 이 문제에 대한 해답을 찾아보고, 그다음에는 특정 사회 내 수입의 차이와 관련한 해답을 찾아본다. 마지막으로, 능력주의 사상을 뒷받침하는 '평평한 운동장'의 신화를 비판하는 것으로 2부를 마무리한다.

9장

우리의 부는 어디서 나올까?
공유부의 중요성

여러 세대에 걸친 발전의 혜택이 사회와 일반 대중에게 돌아가지 않고 엘리트들에게 빨려 들어가는 상황은 언제까지 지속할 수 있을까?(가 알페로비츠Gar Alperovitz와 루 데일리Lew Daly, 2008)[3]

지금까지 내가 말한 내용에 따르면, 부는 순전히 재화와 서비스를 생산하는 사람들에게서만 나오는 것처럼 보일지도 모른다. 하지만 그들은 부를 혼자서 맨 처음부터 만드는 것이 아니다. 이미 생산된 것과 과거 사회에서 물려받은 것을 이용하고, 그 위에 새로운 것을 추가하며, 자연자원을 활용하는 방식으로 부를 창출한다. 우리에게는 공동 유산, 간단하게는 '공유부commons'가 있다.

현대인의 소득과 19세기 사람들의 소득을 비교해보면, 오늘날의 노동자들이 훨씬 더 나은 삶을 살고 있다고 할 수 있다. 하지만 이는 그들이 조상들보다 더 열심히 일하거나 더 많이 받을 자격을 가지기 때문이 아니다. 노동자들의 노동시간당 생산량은 훨씬 더 많아졌지만(미국의 경우 1870년 이후 한 사람의 시간당 생산량은 15배 증가한 것으로 추정된다[4]), 이는 더 빠른 통신·유통 시스템을 갖춘 사회 속의 더 잘 조직된 직장에서, 더 나은 기술을 활용해 일하고 있기 때문이다. 과거와 현재 간 부의 차이는 사회 전체의 생산성이 높아진 결과다. 과거 여러 세대를 거치며 축적된 지능·노하우·투자가 우리의 생산성을 이만큼 발전시켰다.

과거 세대가 없었다면 우리는 극심하게 가난했을 것이다. 그런데도 우리는 과거에 막대한 빚을 지고 있다는 것을 쉽게 알아차리지 못하고, 우리의 소득이 단지 우리 개인의 능력과 노력 또는 기여를 반영한다고 여긴다. 공동 유산의 일부는 그것을 만들지 않은 소수가 사유화할 수 있다. 이는 부의 생산과 분배에 광범위한 영향을 미치는데, 이에 대해서는 잠시 후에 다시 설명하기로 하자.

우리가 너무도 쉽게 우리 자신의 지능과 노력에 기인한다고 여기는 것의 대부분은 과거 세대의 생각과 노동의 산물이다. 우리 가운데 여기에 조금이나마 추가할 수 있는 사람은 거의 없다. 공동 유산의 규모가 커지면 커질수록, 우리의 기여는 줄어들기 마련이다. 알페로비츠와 데일리는 명저『불의한 사막Unjust Deserts』[한국어판:『독식 비판』]에서 도전적인 성경 구절을 인용한다.

그대가 가지고 있는 것 가운데 받아서 가지지 않은 것이 무엇이 있습니까? 모두가 받은 것이라면, 왜 받지 않은 것처럼 자랑합니까?(고린도전서 4장 7절)

공동 유산이 아무리 중요하다고 해도, 우리 스스로 거기에 무언가를 추가하지 않은 채 과거의 것으로만 먹고살 수는 없다는 점을 생각하면, 이 구절은 약간 과장되었다고 할 수 있다(공동 유산을 이용하려면 노동이 필요하다). 하지만 이는 우리가 자연과 조상이 제공한 것에 의존하고 있다는 사실을 상기시킨다. 우리 중 누구도 정말 '자수성가'했다고 주장할 수는 없다.

공유부는 지역에 따라 차이 난다. 전 세계 인구 중 무작위로 열 명을 뽑는다고 가정하면, 그들의 소득이나 부를 가장 잘 예측할 수 있게 해주는 요인은 아마도 그들의 출신 국가일 것이다. 노르웨이나 미국 출신이라면, 나이지리아나 우간다 출신보다 더 부유할 것이다. 각 국가 내 불평등 상황에 상관없이 그럴 것이다. 이런 지리적 차이는 왜 생겨났을까?

나는 대영제국 일부가 아직 해체되지 않은 시기에 어린 시절을 보냈다. 특정 국가의 국민은 게으르고 우둔해서 가난하고, 영국인은 진취적이고 부지런해서 부유하다는 인종차별적 신화가 널리 퍼져 있었던 것을 기억한다. 이것은 물론 말이 안 되는 이야기다. 여러 국가에 존재하는 어떤 직업(교사·노동자·엔지니어·의사·소매상과 콜센터 상담원 등)을 보더라도, 급여는 중진국이나 가난한 국가보다 부유한 국가가 더 높다. 그러나 이는 사람들이 얼마나 열심히 일하는지, 얼마나 똑똑한지와는 아무런 관련이 없다. 다시 말하지만, 부유한 국가는 기술 발전의 수준이 높고, 그런 나라의 노동자들은 가난한 나라의 노동자들보다 높은 수준의 기술을 더 많이 이용하기 때문에, 임금과 급여가 상대적으로 높다고 하더라도 더 쉽고 빠르고 저렴하게 물건을 생산할 수 있다. 글로벌 수준에서 개인의 생활수준을 예측하는 좋은 지표는 마르크스가 '생산력'이라고 불렀던 지식, 숙련, 자원, 기술, 인프라, 설비 등의 발전 수준이다.

알페로비츠와 데일리는 억만장자 워런 버핏의 말을 인용하며 책을 시작한다. "내가 벌어들인 소득의 상당 부분은 사회의 역할 덕분이다."[5] 버핏도, 마이크로소프트 대표 빌 게이츠도 자신들이 매우 부유하고 기술적으로 진보한 사회에서 태어나 방대한 지적 유산(특히 과학 유산)의 수혜자가 되지 않았다면 지금의 자리에 있지 못했을 것이라고 인정한다. 그들은 "내가 남들보다 더 멀리 보았다면 그것은 거인의 어깨 위에 서 있었기 때문이다" 하고 말했던 아이작 뉴턴Isaac Newton을 연상시킨다.

만약 버핏과 게이츠가 전기가 공급되지 않고 과학 발전의 역사가 없는 사회에서 태어났더라면, 우리는 그들에 대해 들어보지도 못했을 것이다. 물론 이런 사실만으로는 그들이 자기 나라의 다른 사람들보다 훨씬 부유한 이유를 설명할 수 없다. 그것을 설명하려면 다른 요인, 즉 공유부의 부분 부분이 사유화되어 불로소득의 원천으로 활용되는 상황 같은 것을 고려할 필요가 있다. 하지만 버핏과 게이츠는 우리가 현재의 생활수준을 누리는 데 물려받은 것이 얼마나 중요한지를 강조한다.

공유부는 생산력을 넘어서 **제도**까지 포함한다. 넓은 의미에서 제도란 일하는 방식으로서 여러 차례 시도를 통해 검증된 것을 뜻한다. 우리가 행동할 때마다 일하는 방식을 새로 발명해야 한다면 엄청나게 비효율적일 것이다. 사실 우리가 새로운 일을 할 시간을 갖게 된 것은 제도에 의존할 수 있는 능력 덕분이다. 예를 들어 우리가 지금과 같은 방식으로 살아갈 수 있는 것은 법적·정치적 제도가 존재하기 때문이다.

문화적 재화, 즉 지식과 지혜도 공유부에 포함된다. 작가·예술가·작곡가도 과학자나 기업가 못지않게 다른 사람들이 제공한 소재·장르·아이디어를 활용해야만 혁신을 성취할 수 있다. 혁신은 갑자기 생겨나는 것이 아니라 이미 존재하는 것을 새롭게 조합하는 데서 시작된다. 공유부는 도로와 하수 시스템부터 가장 귀중한 예술 작품과 과학까지, 가장 기본적인 것부터 숭고한 것까지 포함한다. 우리는 공유부를 당연시하는 경향이 있지만, 공유부가 없다면 우리가 어디에 있을지 잠시 멈춰서 생각해볼 필요가 있다. 그 경우 우리의 일상적인 활동 대부분이 불가능해질 것이다. 우리는 생계를 위해 손으로 땅을 가는 무식하고 무능한 존재가 되고 말았을 것이다.

레이먼드 윌리엄스Raymond Williams는 『시골과 도시The Country and The City』[한국어판: 이현석 옮김, 나남출판, 2013]라는 저서에서 시골 풍경을 '경치'로 보지 말고 '노동' 측면에서 충분히 생각해보라고 권고했다. 즉, 땅을 개간하고 도랑을 파고 마을을 짓고 숲을 가꾸는 등 그 풍경을 만드는 데 들어간 엄청난 양의 노동을 생각하라는 것이다.[6] 이 공동 유산(도시든 농촌이든)을 이렇게 바라보고, 그것을 만든 사람들에게 우리가 얼마나 많이 빚지고 있는지 깨닫게 되면 정신이 번쩍 든다.

마지막으로 그리고 가장 근본적으로, 공유부는 에너지·광물·강·해양·토양·동식물·기후, '생물권biosphere'[생물이 살 수 있는 지구 표면과 대기권] 등 **환경**을 포함한다. 공유부 중 이 부분은 나머지 부분의 기초다. 그것은 원래 그대로는 아니다. 수천 년에 걸쳐 우리는 노동으로 환경을 광범위하게 변형해왔다. 그 노동의 물질적 생산물(빵에서 컴퓨터까지)은 자연의 재료를 변형한 것에 불과하다. 환경은 우리가 하는 모든 일을 제약하기도 하고 가능하게도 한다. 두 농부가 동일한 노력을 기울여 농작물을 재배하더라도 지역의 토양과 기후, 배수나 관개灌漑를 위해 투입한 노동의 양에 따라 수확량과 소득이 달라질 수 있다. 혹자는 두 사람이 동일한 노력을 기울인 만큼 동일한 보상을 받을 자격이 있다고 생각하겠지만, 그들이 실제로 받는 보상은 불평등할 가능성이 크다.

기술·제도·문화·환경 등 공유부는 지리적으로 고르게 분포되지 않고, 문화적·언어적으로 다양한 공동체 안에 존재한다. 우리 대부분은 자기 지역 외의 공유부에 대해서는 거의 알지 못한다. 이는 우리의 부가 상당한 정도로 출생이라는 복권에 달려 있음을 뜻한다. 다시 말하지만, 우리가 가진 것 가운데 받아서 가지지 않은 것이 무엇이 있는가? 많지 않다.

공유부, 특히 생산력의 발전 수준에서 드러나는 국가 간 불평등은 약자보다 강자에게 유리한 또 다른 메커니즘, 즉 불평등 교환의 원인이다. 미국 같은 부유한 나라가 방글라데시 같은 가난한 나라와 무역을 하면, 부유한 나라의 모든 사람(부자들뿐만 아니라)이 값싼 노동으로 제공되는 값싼 재화의 혜택을 누린다. 유럽 국가 대부분은 지난 200여 년 동안 면화와 코코아에서 청바지, 전자제품, 콜센터 서비스에 이르기까지 이러한 불평등 교환의 혜택을 누려왔다. 가난한 나라의 노동자들은 부유한 나라의 노동자들보다 훨씬 더 오래 일해야만 무역 거래 제품을 살 수 있다. 그들이 서방 기업의 중국 내 공급업체처럼 태블릿 컴퓨터를 생산하는 최첨단 공장에서 일하고 있더라도 임금은 낮다. 이는 분명히 노동 공급이 엄청나게 많고 노동자의 권리가 제한되어 있다는 사실과 관련이 있지만, 경제 전반의 생산력 발전 수준이 상대적으로 낮기 때문이기도 하다. 부유한 나라의 국민이 가난한 나라의 재화를 매우 싸게 살 수 있는 것은 모든 사람이 받을 자격이 있거나 필요한 물건이라서가 아니다. 시장은 그런 점을 고려하면서 움직이지는 않는다.

공유부 전승하기

공유부는 우리가 태어나기 전부터 이미 존재해왔지만, 쇠퇴시키지 않으려면 지속적인 갱신이 필요하다. 문학과 과학은 끊임없이 재해석하고 재평가해야 하며, 또 전승해야 한다. "이 글을 읽을 수 있다면 선생님에게 감사하세요"는 오래전 한 교원 노조에서 내세운 슬로건이다. 우리는 교사와 부모, 우리가 공유부의 경이로움을 발견할 수 있도록 도와준 모든 이에게 빚을 지고 있다. 비록 우리가 그 경험을 늘 즐기지는 않았지만 말이다. 그들 중 일부가 우리에게 가끔 상기시켜주었듯이, 그들이 우리 대신 배울 수는 없었으므로 우리 스스로 노력해야만 했던 것은 물론이다. 그 과정에서 우리는 공유부를 계승하고 재생산할 뿐만 아니라 발전시키는 데 기여하기도 한다.

앞에서 소개한 고린도전서의 구절을 기억하면서, 누군가가 숙련과 전문성을 갖추고 있다는 이유로 더 많은 돈이나 칭찬을 받을 자격이 있다고 주장할 때, 우리는 그들이 얼마나 자신의 기여와 스승의 기여를 혼동하고 있는지 따져봐야 한다. 우리의 능력이 조직적인 교육제도 안에서 형성된 것이라면, 우리는 그 제도에 빚지고 있다. 영국에서 200년 전보다 지금 더 많은 사람이 글을 읽을 수 있는 것은 우리가 그때 사람들보다 더 똑똑하거나 더 많이 노력해서가 아니라 공교육 시스템이 존재하기 때문이다. 이것 역시 공유부의 일부다.

여기에 두 번째 중요한 논점이 있다. 우리가 얼마나 기여할 수 있는지는 공유부(태어나서 누리는 기술·제도·문화·환경)의 상태뿐만 아니라 우리가 거기에 접근할 수 있도록 도와주는 교육의 양과 질에 따라서도 달라진다. 우리는 교육의 범위를 양육과정 전체, 특히 초기 가정생활에까지 확대해야 한다. 우리는 부모의 장단점이 드러나는 상황 속에서 자라는 동안 그분들의 영향을 흡수한다. 부모가 벌이는 삶의 게임을 감각으로 알게 되고, 부모가 품은 열망과 기대를 우리도 품게 된다. 프랑스에 두 번째 집을 가진 부유한 부모의 자녀는 소득이 적어 해외에서 휴가를 보낼 수 없는 부모의 자녀보다 학교에서 프랑스어를 더 잘할 가능성이 크다.[7]

공유부 통제하기

국적과 교육 외에도 공유부에 대한 접근을 통제하는 다른 요소들이 있다. 바로 **권력과 소유권**이다. 무언가 생산적인 기여를 하려면, 우리가 하는 특정 종류의 작업에 필요한 특수한 재료와 정보에 접근할 수 있어야 한다. 따라서 관련 재산과 설비에 대한 통제권이 필요한데, 많은 경우 소유권이 그것을 제공한다. 만약 요리사의 장비, 택시기사의 택시, 의사의 청진기, 농부의 토지 등을 다른 사람이 마음대로 쓸 수 있다면, 요리사와 택시기사 등은 자기 일을 할 수 없을 것이다.

그러나 노동자가 자신이 사용하는 생산수단을 소유하거나 최소한 통제하는 이런 상황은 오늘날 소수만이 누리고 있다. 마르크스가 명확하게 지적했듯이, 이는 현대 자본주의를 지배하는 생산수단의 소유권과는 매우 다른 유형이다. 여기서는 생산수단의 소유권과 통제권이 소수의 수중에 집중되기 때문에, 소수가 다수에게 기술 유산을 활용해 혜택을 얻도록 허용하는 대신 그들에게서 불로소득을 추출할 수 있다. 토니의 말에 따르면, 그 결과 생산수단은 "노동의 수단이 아니라 이득 확보나 권력 행사의 도구가 되며, …… 이득이 노동에서 나오고 권력에 책임이 따른다는 보장이 없다."[8] 소유권은 노동과 분리되고, 노동자와도 분리된다. 부자들의 재산은 대부분 "로열티, 토지 지대, 그리고 무엇보다도 소유주가 제공하는 개인적 서비스와 무관하게 소득을 창출하는 산업 기업의 주식 등 다양한 종류의 권리"로 구성된다.[9] 다시 말해 불로소득이 주요 원천이다.

사적 소유의 집중은 한편으로는 소규모 생산자들이 재산(특히 토지)을 강탈당하는 과정에서, 다른 한편으로는 소규모 생산자들이 경쟁에서 밀려나 더 성공적인 기업에 인수당하는 과정에서 일어났다. 때로는 발전소처럼 작은 단위로 분할하면 제대로 기능을 발휘할 수 없는 복잡하고 거대한 생산수단을 통제하기 위해서 사적 소유가 집중되기도 했다. 물론 몇몇 부문에서는 생산을 소수의 대규모 단위로 집중시켜 통제를 중앙집권화하면 효율성 면에서 엄청난 이점이 발생하지만, 소수가 그 이점을 독차지하고 다수의 노동에 무임승차하는 것을 방지할 수 있는 다른 형태의 통제와 소유(예컨대 협동조합이나 국가 소유)도 존재한다.[10] 대규모 조직에 대한 중앙집권화된 통제가 필요하다고 해서 자본주의적 소유와 통제가 정당화되는 것은 아니다.

자본주의 사회에서 경제적·정치적 권력의 가장 중요한 토대인 공유부의 일부가 소수의 사유재산으로 바뀌었다. 마르크스가 '죽은 노동'이라고 불렀던 과거 노동의 과실이 이렇게 사유화되었다는 사실은 불평등과 부자들의 지배를 이해하는 데 결정적으로 중요하다. 다른 사람들이 공유부를 이용할 필요가 있는 한 토지·광물·건물·기술·예술 작품·유전 형질·지식재산권 등의 공유부에 대한 소유권을 가진 사람은 그렇지 않은 사람들을 지배하며, 공유부 사용의 대가를 내도록 만들 수 있다. 기원으로 볼 때 공유부의 상당 부분은 사회적인 성격을 띤다. 따라서 그 혜택은 뒤늦게 출현한 불로소득자가 자신의 주머니에 넣도록 허용해서는 안 되고, 사회적인 부로 취급해야만 한다.

우파의 중요한 반론

우파는 자본주의적 소유권을 없애면 생산할 자유, 심지어 자기 재산으로 자기가 원하는 일을 할 자유가 부정될 것이라며, 그에 대해 어떤 의문도 제기하지 못하도록 압박한다. 생산수단의 유지와 사용에 대해 아무도 책임지려고 하지 않기 때문에 그것을 소홀히 다루거나 잘못 쓰기가 쉽다는 것이다. 그 대신 중앙의 국가 계획가들이 생산수단을 관리하려고 하는 경우, 그들은 현장 생산자들이 가지고 있는 숨은 세부지식이 부족할 수밖에 없다. 그래서 그들이 위에서부터 관리하면, 결과는 구소련에서 그랬던 것처럼 엉망이 되고 말 것이다. 신자유주의의 권위자 프리드리히 폰 하이에크Friedrich von Hayek가 주장했듯이, 우리 사회처럼 복잡한 분업구조를 가진 곳에서는 경제 내 특수 전문 분야에 실제로 종사하는 사람들만이 다른 장치와 제품을 생산하려면 어떤 장치가 얼마나 많이 필요한지 구체적으로 알 수 있다. 생산자들이 충분한 정보를 가지고 생산수단을 책임 있게 사용하도록 장려하고, 또 그들이 필요한 물건을 구매하고 생산물을 판매할 수 있게끔 하려면, 생산수단에 대한 사적 소유가 필요하다. 가격기구는 다른 사람들이 원하는 물건을 생산하는 사람에게는 보상을 주고, 그렇지 않은 사람들에게는 불이익을 주면서 자동으로 생산자들을 조직화한다.[11] 따라서 생산수단의 사적 소유는 소유와 역할, 권력과 책임이 각각 서로 대응하게 만든다고 할 수 있다.

이는 어떤 측면에서는 옳지만(생산수단의 사적 소유가 중요하기 때문이다), 다른 측면에서는 심각하게 틀렸다. 특히 BP[British Petroleum: 영국 런던에 본사를 둔 대규모 다국적 석유 회사]와 도요타·마이크로소프트 같은 대기업을 자영업자나 소기업의 평범한 사례와 다르지 않게 취급함으로써 자본주의적 소유권을 정당화하려고 하는 것은 문제다. '생산자'라는 단어는 그 둘을 포괄한다. 이 주장은 사실상 도구를 소유하고 작업을 스스로 통제해야 했던 자본주의 이전의 조그만 가족 기업에 적합하다.

이렇게 하는 것은 주류 경제학에 특징적인 논리 전개 방식으로, 고용주와 피고용인 사이의 불평등을 깔끔하게 숨기고, 자영업자와 대기업 소유주 사이의 엄청난 힘의 차이를 은폐한다. 사실 신자유주의자들이 자본주의보다 '시장사회'를 즐겨 말하는 것은 그 때문이다. 아이러니하게도 하이에크는 이런 주장을 펼치는 가운데 자신도 모르게 노동자의 권리를 부정하는 자본주의적 소유가 아닌 생산수단의 노동자 소유를 옹호함으로써 마르크스와 토니의 주장을 인정하는 듯한 결론을 내리고 말았다.

지역지식에 의존하는 경제활동을 국가가 통제하려는 시도에 대해서는 강력한 반론이 존재한다. 그런 통제는 권력과 책임을 분리할 뿐만 아니라 해당 지역 생산자들이 아무런 영향력을 행사하지 못하게 해서 그들이 가진 정보를 소용없게 만든다는 것이다.[12] 하지만 국가 통제는 자본주의적 통제의 유일한 대안은 아니다. 협동조합이 있다. 그것은 일하는 사람들의 손에 분권화된 소유권과 통제권을 부여하므로 권력이 책임이나 노하우와 더 밀접하게 연결된다. 협동조합은 무엇을 해야 하는지 지시하는 중앙 계획의 속박에서 자유롭고, 국가사회주의에서 나타나는 당黨의 정치적 권위주의에서도 자유롭다. 또 협동조합은 시장의 규율에서 벗어나지 못한다. 소비자가 협동조합 제품에 대한 선호를 결정하므로 생산자가 소비자의 희생 아래 힘을 키울 수는 없다. 지역지식을 조정하고 실험을 장려하는 일에서 시장의 이점이 충분히 발휘된다. 하이에크는 시장의 이점을 중시했으나 마르크스는 그것을 이해할 수 없었다.

사적 상속은 어떻게 봐야 할까?

증여와 상속에 관한 일반 상식에 비추어 상속의 정당성을 따져볼 수 있다. 개인의 부가 얼마나 상속되는지 추정하기는 어렵지만, 미국의 경우 추정치가 평균 50퍼센트 정도다. 이는 확실히 불평등의 주요 원인이다. 1980년대 이후 상속이 소득의 원천으로 다시 부상한(예컨대 프랑스에서는 19세기 수준으로 근접했다) 반면, 상속세는 20세기 중반의 높은 수준에서 대폭 인하되었다. 프랑스·영국·미국 다 마찬가지다.[13] 사람들은 이를 강하게 의식하고 있는데, 특히 불평등한 사회에서는 비과세 상속을 옹호하는 사람이 많다.[14]

여러분은 다음 두 가지 질문에 어떻게 응답하겠는가?

1. 사람들이 죽을 때 다른 사람에게 돈을 남기기로 선택한다면, 세금

을 부과해야 할까? 만일 그렇다면, 얼마를 부과해야 할까?

2. 불평등한 사회에서 출생이라는 복권으로 이미 자기만의 이익을 누리고 있는 부유층 자녀들이 큰 우발이익을 얻어 그것을 몽땅 차지해도 괜찮은가?

여러분도 똑같이 느끼는가? 첫 번째 질문을 생각할 때, 비과세 상속을 좀 더 쉽게 받아들일 수 있지 않을까? 이 질문은 주는 사람의 권리에 초점을 맞추기 때문이다. 사람들은 자기 돈으로 자기가 원하는 것을 할 수 있어야 하지 않는가? 그들은 평생 세금을 냈는데, 죽을 때 남은 돈을 원하는 사람에게 주면 안 될 이유가 있는가? 공화당과 보수주의자들의 말에 따르면, 상속세는 '죽음의 세금'이자 사악한 세금이다.

그러나 주는 이의 관점에서 옳게 보이는 것만을 생각하면, 우리가 매우 불평등한 사회에서 서로 다른 지위로 태어나 부모의 장점이나 단점을 많이 물려받을 수밖에 없다는 사실을 무시하게 된다. 받는 이에게 초점을 맞추는 두 번째 질문은 이 점을 강조한다. 불평등이나 사회적 이동성과 관련된 모든 증거에 비추어 볼 때, 당신이 인생에서 성공하고 싶다면 데이비드 캐머런[David Cameron: 영국 보수당 출신 수상. 재임 기간은 2010~2016년]이나 조지 W. 부시[George W. Bush: 미국 43대 대통령. 재임 기간은 2001~2009년]처럼 부모를 신중하게 선택하는 것이 최선의 길이다. 거액의 상속은 이런 불합리한 불평등을 강화할 뿐이다. 미국에서 가장 부유한 열 명 가운데 여섯 명은 재산을 상속받았다. 이런 불평등은 능력의 차이와는 아무 관련이 없다.

컴퓨터광과 상속녀

토마 피케티의 설명에 따르면, 프랑스에서 가장 부유한 사람인 로레알 화장품 제국의 상속녀 릴리안 베탕쿠르Liliane Bettencourt는 '평생 단 하루도 일을 하지 않은' 사람인데, 1990년부터 2010년까지 재산이 20억 달러에서 250억 달러로 늘었다. 한편, 일하는 자본가인 빌 게이츠는 같은 기간 동안 재산이 40억 달러에서 500억 달러로 증가했다.

두 사람 모두 연간 실질 재산 수익률이 10~11퍼센트에 달했다. 이런 사람들은 가진 재산의 아주 작은 부분으로도 엄청난 호화생활을 하며, 나머지를 '투자'할 수 있다.[15] 베탕쿠르는 단지 불로소득자이고, 게이츠는 컴퓨터 운영체계에서 거의 독점적인 지위를 누리며 이익을 얻기는 했지만 일하는 자본가이자 불로소득자다.

혹자는 피상속인들이 상속을 **받을** 자격이 없을지라도 그들에게 거저 주어졌으니 그 재산을 가질 **자격이 생겼다**고 반론을 펼 수도 있다. 이는 사실 부자들 사이에서뿐만 아니라 대중 속에서도 흔히 볼 수 있는 견해다. 여러분도 상상할 수 있겠지만, 지금까지 철학자들은 이런 구분을 놓고 신나게 떠들어댔다.[16] 하지만 자격을 핵심 기준으로 삼고 싶다면, 다른 사람들에게 재화와 서비스를 제공하기 위해 일하는(그리하여 사회를 부양하는 부담을 지는) 사람들의 소득에 과세하는 것은 괜찮다고 여기면서, 아무 일도 하지 않고 우발이익을 얻기만 하는 사람들에게 과세하는 것을 잘못이라고 생각하는 것은 기이하지 않은가?

그러나 앞서 말한 것처럼, 상속은 사랑하는 사람이나 도움이 필요하다고 생각되는 사람에게 주는 합법적인 형태의 불로소득, 즉 무상양도의 한 사례가 아닌가 하는 생각이 들 수도 있다. 누가 이런 일을 하고 싶지 않겠는가? 사람들에게 무언가를 줄 수 있다는 것은 우리 모두에게 보살핌이 필요하다는 점에서 중요할 뿐만 아니라 받는 이와 주는 이 모두에게 행복의 원천이 되기도 한다(줄 여유가 없다는 것은 빈곤 때문에 생기는 박탈감 중 하나다). 사실 주는 일이 모두를 행복하게 만든다는 것은 크게 과소평가되고 있다.

하지만 이미 잘사는 사람들에게 큰 우발이익을 안겨주는 것은 다른 문제다. 그것은 장애인이 받는 지원이나 공교육(자금원은 우리가 내는 세금이다)처럼 필요에 토대를 두지 않는다. 또 사람들이 세금 없이 다른 사람에게 거액의 돈을 남길 수 있는지 없는지를 따지는 것은 불평등 문제를 회피할 뿐만 아니라 주는 이의 돈이 노력소득인지 불로소득인지 혹은 상속받은 돈인지 아닌지 묻기를 포기하는 것이다. 일만 해서는 부자가 되기 어렵고, 불로소득이 있어야만 한다.

따라서 나는 적어도 소득에 과세하는 것만큼 상속에도 무겁게 과세할 것을 권고한다. 기회의 평등을 원한다면, 사람들이 성장하고 살아가는 환경을 대충이라도 평등하게 만들어야 한다.

예전에 상속 소득은 피상속인에게 자격이 없고, 따라서 과세에 적합하다고 여겨졌다. 하지만 영국에서는 부자들이 중산층에 심각한 영향을 미칠 것이라며 겁주는 수법으로 상속세 감면 캠페인을 전개해 성공했다. 실제로 상속세가 부과되는 대상은 65만 파운드 이상의 재산을 남기는 부부의 토지로 한정되었다. 이는 전체 인구의 3퍼센트에 불과했다. 이에 대해 폴리 토인비Polly Toynbee는 다음과 같이 말했다.

왜 그들은 상위 3퍼센트를 '중산층'이라고 부를까? 그것은 극소수의 이익과 진짜 '중산층'의 이익을 의도적으로 혼동시키는 보수주의자들의 술책이다. '중간'이란 무엇을 지칭할까? 상속세를 내는 것은 제쳐두고라도, 단 13퍼센트만이 3만 5,000파운드에서 시작되는 40퍼센트 소득세 부과 구간에 드는 소득을 얻는다. 모든 평균 주택 소유자(가격 25만 파운드)는 상속세에 대한 두려움에 사로잡혀 그 세금을 회피하려는 부자들의 끝없는 싸움에 동조한다. 하지만 이 미미한 세금의 징수액은 연간 31억 파운드에 불과하다.[17]

상속 재산의 42퍼센트는 상위 5퍼센트의 부자에게 돌아간다. 인구의 13퍼센트만이 2,000파운드 이상을 상속받는다![18] 사실 엄청난 부자들은 재산을 '신탁' 같은 것에 숨겨서 상속세를 회피한다.

우리는 자신의 부를 자랑하거나 '자수성가한' 남성과 여성이 된 것을 자축하기보다는 우리가 자연과 이전 세대의 노동과 성취로 이뤄진 공유 부에(그리고 우리 부모님과 선생님에게) 막대한 빚을 지고 있다는 사실에 주목해야 한다. 우리는 모두 이 공동 유산이 필요하지만, 몇몇 사람은 그 일부를 사유화해서 다른 사람들의 접근을 통제하고, 그들에게서 지대와 이윤을 추출한다. 이것이 부 추출의 핵심이다. 그리고 부자들은 유언을 통해 자신의 부를 자녀들에게 물려줄 수 있다. 그 부는 자녀들에게 우발이익이다.

10장

그러니까 무엇이
보수를 결정하는가?

우리는 앞선 사람들이 제공한 것에 조금밖에 추가할 수 없겠지만, 그 조금은 매우 중요하며 거기에 들이는 노동은 우리 삶의 많은 부분을 차지한다. 당연히 우리는 모든 사람이 노동에 대해 공정한 보상을 받기를 원한다. 정당한 이유가 없는데도, 다른 사람들이 우리의 노력에 무임승차하는 것을 원치 않는다. 자본주의 경제에서 사람들이 얻는 보수는 대개 도덕적 또는 민주적 판단이 아닌 권력의 함수다. 우리가 공정하고 정의로운 것이 무엇인지 아무리 강하게 느낀다고 해도, 우리의 소득은 사람들이 둘러앉아서 우리에게 필요하거나 받을 자격이 있는 금액을 결정함으로써 정해지는 것이 아님을 기억해야 한다. 어떤 조직에서 새로운 일자리를 만들 필요가 있다고 결정할 때, 업무 명세서를 작성하는 사람은 그 일을 하는 사람이 보수를 얼마나 받는 것이 좋을지 생각할 수도 있겠지만, 재무 부서는 원하는 수준의 직원을 확보하는 데 필요한 금액보다 보수를 더 높게 책정하지 않으려고 노력할 것이다.

개인의 소득은 그들이 기여하는 가치를 반영할까?

우리는 이미 노동자들이 창출한 가치만큼 보수를 받지 **못하는** 중요한 이유에 대해 다루었다. 불로소득자와 자본가가 존재하는 한, 노동자들은 가치 측면에서 자신의 보수에 해당하는 금액뿐만 아니라 그 두 집단에 제공할 불로소득까지 생산해야 한다. 노동자들은 너무 어리거나 늙었거나 아프거나 장애가 있어서 일할 수 없는 사람들에게 이전지출이나 정당한 불로소득을 제공하기도 한다. **따라서 어떤 종류든 불로소득이 존재한다는 것은 일반적으로 재화와 서비스를 생산하는 사람들이 자신이 생산한 가치보다 적은 보수를 받는다는 것을 의미한다**(이런 노동자는 어디에나 있을 수 있으며 글로벌 경제에서는 잉여를 얻는 사람들과 같은 나라에 있을 필요가 없음을 기억하라).

적어도 일부 생산적 노동자들은 기업의 핵심 기술을 통제하거나 전문적 숙련과 지식을 가지고 관리 역할을 맡는 등 권력의 원천을 활용함으로써 자신이 기여한 것보다 더 많은 보수를 받을 수도 있다. 이런 경우 그들이 받는 더 많은 보수는 사실상 힘이 약한 동료 노동자들에게 받는 보조금이다.[19] 피고용인들이 받는 보수는 숙련·노하우·권위 면에서 얼마나 큰 권력을 갖는지에 따라 크게 달라진다.

권위는 단지 특정한 성격에서 나오는 것이 아니라 인정받는 역할을 맡을 때 생겨난다. 여러분의 상사는 여러분에게 권위를 갖는다는 이유로 자신의 직책에 감사하는 마음을 가질 수 있다. 숙련과 권위를 가지면 다른 사람들은 할 수 없는 기여를 할 수도 있지만, 다른 사람보다 더 큰 권력을 갖게 되기도 한다. 더 큰 권력은 급여에 반영된다.

모두가 자신의 역할을 다하고 있을까?

경제적 불평등에 대한 여론조사에서 드러나듯이,[20] 위의 질문에 큰 관심을 가진 사람들이 많다. 그들은 모든 사람이 적어도 젊고 건강한 시기에는 할 수 있는 만큼 기여해야 하며, 가능한 한 유용한 일을 해서 소득을 얻어야 한다고 생각한다. 사람들이 경제에 기여하는 방식은 매우 다양하다. 어떤 사람은 일자리가 있는 반면, 다른 사람은 실업자다. 어떤 사람은 누구나 할 수 있는 미숙련 단순 노동을 하는 반면, 다른 사람은 복잡하고 힘들고 책임이 따르는 일을 한다. 분명히 어떤 사람은 자신의 역할을 다하지 않는다. 그들은 사실상 다른 사람의 노동에 무임승차하고 있다. 그러나 앞으로 살펴보겠지만, 이런 불균등한 기여는 동기와 노력, 심지어 지능과 능력과는 거의 관련이 없다.

전적으로 우리가 한 일?

'전적으로 우리가 한 일'이 무엇인지 가려내기는 어렵다. 경제는 자급자족하는 로빈슨 크루소들이 아니라 가정 내, 직장 내 또는 서로 다른 위치 간 분업을 통해 상호 의존적으로 일하는 사람들로 구성된다. 한 조직 내에서 노동자들이 수행하는 많은 업무는 상호 의존적이기 때문에 각 노동자의 기여도를 정확히 말하기 어려운 경우가 많다. 직장에서 낮은 평가를 받고 있다고 느낄 때, 다른 사람들이 차이[자신이 있을 때와 없을 때의 차이]를 알아차리게끔 휴가를 내고 싶은 마음이 생길 수 있다. 물론 그렇게 하더라도 그들은 알아차리지 못할 수도 있다. 하지만 우리 일을 떠맡는 바람에 추가적인 부담이 생겼다는 사실은 느낄 것이다. 일은 우리가 일반적으로 느끼는 것보다 훨씬 더 사회적이다. 그렇다고 해서 각자의 기여도가 동등하다는 의미는 아니지만 말이다. 어떤 사람들은 주는 것보다 많이 받는다. 노동자들은 경영자들이 (자기 실수를 노동자 탓으로 돌리면서) 자신들의 공을 가로챘다고 종종 불평한다.[21] 소유주는 사회적 인정뿐만 아니라 금전적 보상까지 얻을 수 있다.

사람들이 할 수 있는 만큼 기여해야 한다는 생각을 받아들이자. 한 팀에서 완벽하게 기여할 수 있는 사람이 빈둥거리며 다른 사람의 노력에 무임승차한다면, 나머지 팀원들은 불공정하다고 느끼며 불만을 토로할 것이다. 또 여성이 집안일을 거의 다 하고 남성은 무임승차하는 전통적인 가정을 떠올려보라. 개인의 기여라는 관점에서 불공정하다고 느끼기 때문에 생기는 많은 논쟁은 여기서 비롯된다. 철학자 폴 곰버그Paul Gomberg는 이런 느낌을 '기여적 불의contributive injustice'라는 개념으로 설명했다.[22] 철학자들은 경제적 불평등을 논할 때 대부분 자원과 보상을 다루는 '분배적 정의'를 거론하지만, 이 경우에는 사람들의 기여, 특히 노동 측면에서 하는 기여도 중요하다.

기여적 불의가 존재한다고 할 때, 우리는 사람들이 기여하는 노동의 **양**으로 판단한다. 그렇다고 해서 모든 사람이 **똑같은** 노동량을 기여하리라 기대하지는 않는다. 예컨대 육체 노동의 경우, 노인이 젊고 건강한 사람만큼 기여하리라 기대하지 않는다. 또 우리는 사람들이 지고 있는 책임에 대해서도 고려한다. 예를 들어 어린 자녀를 가진 외부모보다는 누군가를 돌볼 책임이 없는 사람에게 더 큰 기여를 기대한다.

일자리를 가진 사람들은 장기 실업자나 수당 수급자에 대해 분개하는 경우가 많은데, 그것이 또 다른 기여적 불의의 사례로 보이기 때문이다 (사실 복지 수급자 대부분은 과거에 세금과 국민보험 보험료를 납부하며 기여했다). 신자유주의 정부는 실업자들이 일하기 싫어하고 무책임하며 '복지 의존증'에 빠졌다고 종종 비난하는데, 이는 대중의 관심을 부자들과 부 추출, 조세회피에서 분산시키는 데 도움이 된다. 그러나 무임승차하는 팀원이 자기 역할을 하기 시작하고 성차별적인 남편이 집안일을 더 많이 하는 것은 어려운 일이 아니지만, 일자리가 충분치 않은 지역의 실업자들이 존재하지 않는 일자리를 찾을 수는 없다. 여론조사에 따르면, 사람들은 대부분 자기 위에 있는 사람들보다 아래에 있는 사람들을 훨씬 더 가혹하게 판단한다.[23] 최근에 부유한 은행가들이 더 많은 비판의 대상이 되기는 했지만, 그들을 향한 적대감은 최하위 계층에 대한 적대감보다는 여전히 작다. 신자유주의 정부와 언론이 그런 상태가 유지되도록 열심히 노력하기 때문에 분노의 화살은 아래쪽으로 향한다.

여기서 문제는 개인적일 뿐만 아니라 구조적이기도 하다. 일자리 부족이 문제라는 뜻이다. 이는 자본주의에서 정상적인 현상인데, 호황기보다 불황기에, 그리고 리버풀이나 디트로이트 같은 탈산업화 지역에서 더 많이 발생한다. 이런 지역에는 일자리가 있더라도 저임금에다 숙련이 필요 없는 경우가 많다. 우파 정치인들은 불우한 배경을 가진 사람들이 각고의 노력 끝에 일자리를 얻은 후 성공했다는 이야기를 좋아한다. 다른 사람들은 그렇게 하지 않는다고 비난하면서 말이다. 하지만 일자리가 충분하지 않은 상황에서는 제로섬 게임이 벌어진다. 즉, 한 사람이 일자리를 얻으면 다른 사람은 얻지 못한다. 구직자가 숙련을 업그레이드하더라도 마찬가지다. 하지만 신자유주의 언론은 일자리가 부족하다는 이야기를 숙련이 부족하다는 이야기나 '복지 의존성'에 관한 논의로 치환해버린다. 예측력이 형편없어지는 것은 불가피하다.

한 사람에게 가능한 것은 모든 사람에게도 가능해야 한다는 생각(논리학자들은 이를 구성의 오류라고 부른다)은 신자유주의 정치의 주요 요소이자 능력주의의 전도사이며, 이른바 '아메리칸 드림'의 핵심이다. 실업자가 일자리를 만들어낼 수는 없다. 앞서 살펴본 바와 같이, 일자리 수는 기본적으로 총수요(소비자·기업·정부의 지출)에 달려 있다.

한편, 현대 경제에는 또 다른 유형의 기여적 불의가 존재하는데, 이 또한 우리에게 익숙하다.

좋은 일은 독차지하고 나쁜 일은 떠넘기기

의사나 변호사 같은 고소득 노동자들은 자신들이 고도의 숙련을 갖추고 까다로운 일을 하므로 높은 보수를 받을 자격이 있다고 생각한다. 청소나 육체 노동과 같은 비숙련 노동에 종사하는 사람들은 자신들보다 적은 보수를 받아야 한다고 여기기도 한다. 언뜻 보기에 적어도 여러 일자리에 대한 자유경쟁이 존재한다면, 이 생각은 합리적인 것 같다. 가장 뛰어난 사람이 가장 좋은 일자리를 차지할 것이기 때문이다.

단지 돈벌이 수단인가, 아니면 의미 있는 일인가?

일자리는 돈을 벌려면 해야만 하는 부담스러운 어떤 것, 즉 '보상'이 필요한 어떤 것일까? 아니면 흥미와 성취감의 원천, 즉 편익일까? 답은 물론 일의 질에 따라 달라진다. 가치 있는 일을 하고 있고 그에 대해 인정을 받고 있으며 보수도 적절하다고 느낀다면 얼마나 좋겠는 가? 하지만 자기 일에 대해 부정적이거나 복합적인 감정을 가진 사람들이 많다. 이는 일이 얼마나 지루하고 흥미로운지, 스트레스가 많고 다양한지, 도전의식과 책임감을 불러일으키고 사람들과 어울리게 하는지와 관련이 있다. 일은 소득을 얻기 위한 수단 그 이상일 수 있다. 인간은 태생적으로 게으르다고 보는 상식적 견해와 달리, 사람들은 대부분 어떤 식으로든 일에 기여하고 싶어 한다.

일은 비용이나 부담일 뿐이며 급여로 어느 정도 보상을 받는다고 여기는 경제학자나 정치철학자들이 너무 많다. 하지만 양질의 일자리를 얻을 기회는 매우 불평등하다. 단, 이는 불변의 자연법칙이 아니라 사회가 발전함에 따라 변할 수 있는 특징이다. 이 책은 주로 돈에 관심을 두지만, 경제정의를 중시하기 때문에 돈을 넘어서 사람들에게 어떤 일을 허용하고 요청해야 하는지까지 다룬다.

바로 이런 가변적인 특성 때문에, 그리고 일 없이는 어떤 사회도 존립할 수 없기 때문에, 노동은 때로는 즐기지는 않더라도 다른 사람의 노동에 무임승차하지 않으려면 해야만 하는 일로(의무로), 때로는 자신의 역량을 발휘하고 개발하며 자존감을 얻을 수 있도록 해주는 **편익이나 기회**로 여겨진다. 많은 경제 이론이 이처럼 중요한 일의 복합성을 다루지 않지만, 미래 사회의 일에 대해 생각할 때는 그 복합성을 직시해야만 한다.

하지만 애초에 일이 좋은 일자리와 나쁜 일자리로 나뉘어, 어떤 사람들은 숙련이 필요하고 까다롭지만 흥미로운 일을 하는 반면, 다른 사람들은 지루하고 숙련이 필요 없고 즐겁지 않은 일을 하게 된 이유는 무엇일까? 한 번 더 한 가정이나 한 팀을 떠올려보자. 어떤 일은 숙련과 집중력이 필요하고, 다른 일은 숙련이 필요 없고 지루하다. 그 외에도 다양한 일이 있는데, 일부 구성원이 좋은 일을 독차지하고, 숙련이 필요 없고 지루한 일은 다른 구성원에게 맡긴다고 하자. 다른 구성원들은 아마도 이런 불평등에 분노를 느낄 것이다. 그들은 **질적인** 기여적 불의를 지적하며 불만을 토로할 것이다. 더 흥미로운 일을 독차지한 그룹이 숙련이 더 필요한 일을 했다는 이유로 더 나은 보상을 받아야 한다고 주장한다면, 다른 구성원들이 느끼는 불의는 더 커질 수밖에 없다. 그들이 보수를 똑같이 받더라도, 심하게 불공정하다는 느낌은 여전할 것이다. 민주적인 팀이나 가정에서는 구성원들이 근사한 일과 지루하고 불쾌한 일은 가능한 한 나눠서 해야 한다고 주장할 가능성이 크다.

이런 문제는 팀과 가정에서 흔히 일어나는 논쟁의 공통된 원인이다. 그런데 우리는 경제 전반을 생각할 때는 사람들이 하는 일의 질에 커다란 차이가 있다는 데 대해 별 신경을 쓰지 않는다. 그런 맥락에서 어떤 사람은 흥미롭고 보람찬 일을 독차지하는 반면, 다른 사람들은 지루하고 불쾌한 일을 떠맡는다고 불평하는 소리는 자주 들리지 않는다. 전자가 더 자격이 있거나 운이 좋다고 여겨질 뿐이다.

여기에는 한 가지 부분적 예외가 있다. 불평등이 젠더 불평등이나 인종적 불평등과 관련된 경우다. 남성과 백인은 좋은 일자리에 많이 종사하고 여성과 흑인은 열악한 일자리에 많이 종사하는 현실에 대해서는 당연히 비판이 있다. 일반적으로 비판자들은 남성과 여성, 다양한 피부색과 인종이 비례적으로 대표되기를 요구한다. 상위 일자리의 약 50퍼센트가 여성에게 돌아가고, 소수 인종이 모든 직급에서 인구 비중만큼 차지하는 상태 말이다.

하지만 그런 상태가 실현되었다고 가정해보자. 그때는 지금보다 더 공정한 사회가 되겠지만, 사람들이 하는 일에는 질적 불평등이 **여전히** 존재할 것이다. 어떤 사람들은 여전히 최고의 일을 독차지하겠지만, 다른 사람들은 중간 또는 열등한 일을 떠맡게 될 것이다. 단, 어떤 일도 인종이나 젠더와 연관되지는 않을 것이다. 이는 공정하게 보일 수도 있다. 젠더와 인종이 사람들의 최종 운명에 아무런 영향을 끼치지 않으므로 기회균등이 실현되는 것은 아닐까? 하지만 곰버그가 주장하듯이, 이는 기회가명백히 불평등한 상황에서 차별 없이 경쟁하는 것에 지나지 않는다.[24]

표준적인 견해에서 간과하는 것은 이 불평등의 **구조적인** 특성이다. 여기서 불평등을 만들어내는 특수한 구조는 **불평등한 분업**이다. 내가 말하는 분업은 운송·식품생산·교육·소매업 등 다양한 업무 영역 간의 분업이 아니라 그런 영역 **내에서** 더 나은 일자리와 더 나쁜 일자리 사이의 분업이다. 숙련이 필요하고 흥미로운 업무는 모든 일자리의 부분집합으로묶이고, 중간 정도의 숙련이 필요한 업무는 다른 부분집합으로, 숙련이필요 없고 불쾌한 업무는 또 다른 부분집합으로 묶인다면, 아예 처음부터 기회가 불평등하기 때문에 기회의 평등이라는 이상이 실현되리라 기대하기 어렵다. 예를 들어 이런 일자리 집합들의 비중이 각각 20:60:20이라면, 노동자의 20퍼센트만 좋은 일자리를 얻을 수 있고, 60퍼센트는 중간 일자리를, 나머지 20퍼센트는 나쁜 일자리를 얻게 될 것이다. 많은 사람(일반인뿐만 아니라 더 잘 아는 많은 철학자와 사회과학자들까지)이 당연시하듯이, 불평등한 분업은 불평등과 사회 분열의 주요 원인이다. 그 경우 일부 사람들은 성취감을 누리며 존중받는 직장생활을 하지만, **다른 사람들은 희생을 치를 수밖에 없다.**

좋은 일자리를 얻고 사회적 지위를 높이는 사람이 있는 것을 보면 모두가 동시에 성공할 수 있는 것 아니냐는 주장으로 이런 현실을 정당화하는 사람들이 있다. 하지만 좋은 일자리 자체가 충분치 않기 때문에 당연히 모두가 성공할 수는 없다. 다시 말하지만, 이것은 구성의 오류다. 이런 조건에서 **일부 구직자**가 양질의 일자리를 **찾지 못하면**, 다른 구직자에게는 이익이다.[25]

우리가 쉽게 간과하는 것은, 분업이 불평등하면 **개인 능력의 차이에 상관없이 기여도 역시 불평등할 수밖에 없다**는 점이다. 만약 그들이 불평등한 기여도에 따라 보수를 받는다면, 그때 발생하는 보수의 불평등은 불평등한 분업이 간접적으로 초래한 결과일 뿐이다. 기업에 없어서는 안될 가장 숙련된 노동자는 더 높은 임금을 요구할 수 있다. 그러면 경쟁에서 살아남아야 하고 비용을 절감해야 하는 경영진은 기술 교육이 필요한 사람의 수를 최소화하고 그들이 맡고 있던 숙련이 필요 없는 업무를 떼어내서 임금이 더 싼 노동자에게 맡길 수밖에 없다. 그러니 분업은 더 불평등해진다.

우리는 직장이나 가정과 같은 일부 제한된 영역에서는 기여적 정의에 관해 강한 의견을 표하는 경우가 많지만, 경제 전반을 대할 때는 그에 대해 거의 우려하지 않는다. 하지만 사람들이 하는 일의 종류(유급이든 무급이든)는 그들의 성품과 삶의 질에 엄청난 영향을 미친다. 이제 이 문제를 심각하게 생각해야 할 때다.

두 가지 반론

불평등한 분업을 불의의 원인으로 지목한다는 것은 질이 다른 일을 더 공평하게 나눠야 한다는 뜻을 내포한다. 하지만 이는 너무 이상적이지 않은가? 사람들이 하는 일의 질적 차이는 단지 지능과 노력의 차이를 반영하는 것은 아닐까? 분업은 우리 모두에게 혜택을 주는 경제적 효율성의 실현에 기여하지 않는가? 이제, 이런 반론에 대해서 살펴보자.

불평등한 분업은 능력과 노력의 차이를 반영하는 것 아닌가?

애덤 스미스는 1776년 발간된 『국부론』에서 핀 공장의 사례를 들어 분업의 이점을 분석한 것으로 유명하다. 핀 제조과정을 열여덟 개의 서로 다른 작업으로 나누어 열 명의 노동자가 각 작업을 반복적으로 수행하면 하루에 4만 8,000개 이상을 생산할 수 있는 반면, 각 노동자가 핀 한 개를 붙들고 열여덟 개의 작업을 처음부터 끝까지 수행한 후 다음 핀으로 넘어가면 하루에 20개밖에 생산하지 못한다. 스미스는 이런 분업이 생산성 측면에서 가져올 엄청난 이점을 찬양했지만, 뒤에 가서는 그것이 인간에게 끼치는 악영향에 대해서도 언급했다.

평생을 몇 가지 단순한 작업을 수행하는 데 쓰는 사람은…… 자신의 이해
력을 발휘할 기회가 없다. …… 그리하여 그는 자연히 이해력을 발휘하는
습관을 버리고, 인간 피조물이 도달할 수 있는 한 가장 어리석고 무지한
존재가 되고 만다.[26]

제임스 머피James Murphy는 『도덕적 노동경제The Moral Economy of
Labor』라는 저서에서 노동자의 지적 역량과 그들이 하는 일의 복잡함 사
이의 관계를 분석한 실증 연구를 인용하는데, 그에 따르면 10년 동안 복
잡한 일을 한 노동자의 지능은 발달한 반면, 단순하고 반복적인 일을 한
노동자의 지능은 나빠졌다. 게다가 스미스가 우려했던 것처럼, "머리를
쓸 필요가 없는 일을 하는 노동자는 직장에서 복잡한 활동을 할 수 있
는 능력뿐만 아니라 여가 때 복잡한 활동을 즐길 수 있는 능력도 약해진
다"[27]는 증거도 있다. 머피가 덧붙이듯이, 노동자는 신체에 가해지는 위
해危害는 점점 더 보호받고 있지만, 정신적 역량에 가해지는 위해는 보호
받지 못하고 있다.

스미스는 일자리가 지능을 반영하는 것은 아니며 오히려 그 반대라고
생각했다.

사람마다 타고난 재능의 차이는 실제로는 우리가 아는 것보다 훨씬 적다.
상이한 직업에 종사하는 성인들이 발휘하는 매우 상이한 재능은 많은 경
우에 분업의 원인이라기보다는 결과다. 성격이 극히 상이한 두 사람, 예컨

대 철학자와 평범한 길거리 짐꾼의 차이도 천성보다는 습관·풍습·교육에서 유래하는 것 같다.[28]

다시 말해, 스미스는 불평등한 분업이 상이한 일자리에 종사하는 노동자들의 능력 차이를 대부분 설명한다고 생각했다. 하지만 어떻게 그럴 수 있을까? 지능·능력·열망의 차이는 사람들이 일자리를 얻을 나이가 되기 훨씬 전부터 나타나지 않는가?

그 차이는 세대 간에(부모에게서 자식에게로) 작동하는 어떤 과정에서 비롯된다고 봐야 한다. 부모가 막노동이나 청소와 같이 임금이 낮고 지위도 낮은 일자리를 가진 자녀를 예로 들어보자. 그 부모는 돈도 없고 지위도 낮으며 다른 사람들에게 무시당하기까지 한다. 자식에게 책·휴가·외식을 제공할 여유도 없다. 그들의 일자리는 결정할 권한이 아예 없거나 거의 없는 경우가 대부분이다. 이유를 생각하지 않고 그저 상사가 시키는 대로 할 뿐이다. 자기 의견을 말하는 것은 위험하다.

그럼 부모가 의사 같은 전문직에 종사하면서 많은 보수를 받고 숙련과 책임감이 필요한 일을 하며 높은 지위를 누리는 자녀를 생각해보자. 부모가 아는 사람들도 비슷한 지위에 있을 가능성이 크다. 그 자녀는 해외휴가·책·스키처럼 돈이 많이 드는 취미를 누릴 수 있는 경제적인 여유가 있고, 그들의 부모와 지인들이 책임이 따르는 전문적인 일을 하며 다른 사람들에게서 많은 존경을 받는 데 익숙하다. 그 부모는 권한을 가지고 결정을 내리며, 직장에서 추론할 수 있는 능력을 인정받는다. 의사 결정권이 있는 일자리를 가진 경우 저녁 식사 자리에서 현안에 대해 말하기가 더 쉽다. 분업상 지위 때문에 권위를 갖게 된 부모에게 양육받은 사람이라면, 그런 문제에 대해 권위적으로 이야기할 가능성이 훨씬 크다.

아동의 인지 능력을 분석한 레온 페인스타인Leon Feinstein의 연구에 따르면, 사회 계층이 낮은 아동은 사회 계층이 높은 아동보다 인지 능력의 발달이 느리다. 그 결과 열 살(120개월)이 되면, 22개월 때 고소득 사회 계층에서 지능이 최저였던 아동이 저소득 사회 계층에서 지능이 최고였던 아동을 추월한다. 22개월 때의 지능을 가족 배경과 연결해서 보면, 26세 때의 교육 수준을 예측할 수 있다. 교육 수준이 높거나 부유한 부모의 자녀로 조기 지능 검사에서 낮은 점수를 받은 아동은 높은 점수를 받은 아동을 따라잡는 반면, 가난한 부모의 자녀로 낮은 점수를 받은 아동은 그럴 가능성이 극히 낮았다. 페인스타인은 학교 교육이 이 패턴을 역전시킨다는 증거를 찾지 못했다.[29] 사회적 이동성이 모든 주요 자본주의 국가들, 특히 가장 불평등한 국가들에서 낮은 것은 당연하다.[30]

불평등한 분업이 이 차이에 미치는 영향은 간접적이다. 그것은 부모의 환경과 행동에 영향을 끼쳐서 자녀들의 기대를 빚어낸다. 권력의 결여를 특징으로 하는 노동 계급의 삶은 그 계급의 자녀 양육이 상대적으로 권위적인 성격을 띠는 데서 드러난다. 그들의 자녀 양육은 이유를 정확하게 설명하지도 않은 채 규율의 명확한 한계를 설정한다는 특징이 있다. 왜 그런지 따져서는 안 된다. 아이들은 어른들과 상호 작용하기보다는 스스로 논다고 여겨진다(물론 이는 일반화한 것이라서 많은 예외가 있지만, 이 주제를 연구한 사람들이 발견한 것이다). 이와는 대조적으로, 중산층의 자녀 양육은 추론·교육·자기계발, 어른과 나누는 대화를 중시한다.[31] 이를 통해 중산층 자녀들은 추론 능력을 활용하고, 스스로 결정을 내릴 수 있으며, 전문가나 관리자를 동등한 입장에서 상대할 수 있는 직종에서 일하는 삶을 미리 경험할 수 있다.

당연한 일이지만, 노동 계급의 자녀와 중산층 자녀는 서로 다른 성향·기대·열망을 가지게 되고, 그 결과 서로 다른 역할과 상황을 편안하게 느낀다. 그들은 노동시장에 진입할 때, 자신이 맡을 역할과 사람들이 자신에게 기대하는 행동을 미리 준비하고 있는 경우가 많다. 개인의 능력·노력과 경제적 보상 사이에는 어느 정도 관계가 있다. 하지만 능력과 노력은 그 자체로 불평등한 분업과 사회적 불평등의 다른 원인에 영향을 받으므로, 우리는 그런 요소들과 그것들이 개인 성향의 형성에 미치는 영향에 주의를 기울여야 한다. 인간의 후천적 성향은 나중에 바뀔 수도 있지만, 그 변화는 새로운 행동을 반복적으로 연습해야만 하는 느리고도 어려운 과정을 거쳐야 한다. 노동 계급 배경을 가진 사람들이 상향 이동하는 경우, 그들은 새로운 역할에 잘 맞지 않는다는 느낌을 종종 토로하며 언젠가 '발각될까 봐' 두려워한다.

불평등한 분업구조 속 우리 부모의 지위에 따라 형성된 양육 환경은 우리의 열망과 목표에 중대한 영향을 미치며, 익숙한 것과 편안하게 느끼는 것을 빚어낸다. 불평등한 사회에서 출생이라는 복권에 당첨되면 동기 부여의 정도도 커질 수 있다. 중산층 또는 상류층 젊은이들은 노동 계급 젊은이들보다 더 나은 기회를 더 많이 가지며, 여러 가지 이유로 항상 예외는 있을 테지만, 동기와 열망도 그에 따라 달라진다. 일반적으로 대학 진학이 당연시되는 가정에서 자란 사람보다 지인 중에 아무도 대학에 진학하지 않은 사람이 대학에 가는 것은 훨씬 더 어렵다. 더욱이 채용 공고가 나는 일자리가 극소수에 불과하고 그것도 주로 밑바닥 일이라면, 노력할 가치가 있을까?(일자리센터에 가서 구인 정보를 살펴본 적이 없다면 한

번 해보라고 권하고 싶다.)

경제정의를 주제로 저서와 논문을 출간한 저명한 정치철학자들 가운데 일부는 보수 결정에 대해 논할 때, 동기·열망·성향은 어린 시절 통제 불가능한 상황에 영향을 받는다는 이유로 무시한다.[32] 우리 각자는 엄청나게 불평등한 제약과 기회가 존재하는 환경에서 성장하지만 그래도 차이를 만들어낼 수 있는 여지는 있으므로, 나는 이런 요인들을 완전히 무시하고 싶지는 않다. 어쨌든 애덤 스미스가 말했듯이, 일자리의 질과 사람들이 담당하는 직무의 차이가 타고난 지능의 차이를 반영한다는 주장은 환상에 불과하다는 것을 알아야만 한다.[33] 하지만 나의 이런 주장에 대해서는 또 다른 반론이 있다.

효율성을 꾀하려면 불평등한 분업이 필요하지 않을까?

서로 다른 수준의 숙련이 필요한 업무들을 뒤섞어놓는 것은 비효율적이지 않을까? 차라리 한 가지 일에만 전문화하도록 하는 것이 더 효율적이지 않을까? 조직의 모든 구성원이 숙련이 필요한 일을 한다면 일부가 아닌 모든 노동자가 그 일에 필요한 훈련을 받아야 하므로, 비용이 더 많이 들지 않을까?

이런 반응은 분리할 수 있는 두 가지, 즉 업무의 분할(물건을 만들고 포장하고 판매하고 서류 작업과 회계 처리를 하는 것 등으로)과 서로 다른 일자리를 혼동하고 있다. 일 단위, 주 단위 또는 월 단위로 노동자가 다른 업무를 바꿔가며 맡게 하는 것만으로도 한 일자리에서 업무의 분할을 실현할 수 있다. 물론 각 노동자가 더 넓은 범위의 업무를 수행하는 데 필요한 훈련을 받아야겠지만, 소수가 좋은 업무를 독차지하는 기여적 불의를 피할 수 있다. 또 업무가 다양해지고 지루함이 줄어들며 다른 업무에 대한 이해도가 높아져 조직 내 커뮤니케이션이 원활해진다. 노동자들이 더 평등해지고 서로의 상황을 더 잘 이해할 수 있으므로 사기가 높아지고 결속력이 강해진다.

물론 노동자들이 업무를 바꾸는 데 따르는 비용도 있지만, 특정 시점에 자신의 작업이 다른 사람의 작업과 어떻게 연관되는지 이해하고 조정 문제를 더 잘 다룰 수 있는 다숙련 노동자의 이점을 포기하는 데 따르는 비용도 있다. 전통적으로 서구의 제조 기업이 일본 기업에 비해 경쟁력이 뒤떨어졌던 것은 노동자를 지나치게 전문화했기 때문이다. 서구 기업에서는 서로 다른 업무가 어떻게 결합하는지 이해하는 사람이 거의 없었고, 그 때문에 제품의 품질은 나빠지고 업무조정문제가 고착화했다.[34]

어쨌든 불평등한 분업을 단지 효율성 추구의 산물로 여기는 것은 순진한 생각이다. 그것은 상대적으로 힘 있는 사람들이 질 좋은 일을 독차지하고 질 낮은 일은 다른 사람들에게 떠넘김으로써 자기 지위를 높이려는 투쟁의 산물이기도 하다.[35] 직업과 숙련, 경계 논쟁의 역사가 이를 증명한다.

하지만 고도의 숙련이 필요한 전문직 중에는 종사자가 뛰어난 수준에 도달하려면 풀타임으로 일해야 하는 직종도 있지 않을까? 여러분은 뇌수술을 다루는 외과의사가 파트타임이라면 그에게 의존하려고 하지 않을 것이다. 최고의 음악가와 과학자들도 일상적인 일을 하느라 자기 직업에 많은 시간을 투자하지 못했다면 지금과 같은 수준에 도달하지 못했을 것이다. 그러나 이런 사람들도 가끔 며칠씩 다른 일을 하는 것이 유익하다. 이런 경우를 인정하더라도, 많은 사람이 순환 근무 시스템 내에서 일할 수 있다면 숙련이 필요한 많은 업무가 꽤 효율적으로 수행될 수 있다는 점은 분명하다. 하지만 이는 단지 효율성만의 문제는 아니다. 모든 사람이 자신의 숙련을 활용하고 개발하면서 그에 따르는 만족과 인정을 얻는다는 점을 고려해야 한다.

불평등한 분업이 너무 익숙해지면, 마치 그것이 자연스럽거나 최적의 방식인 것처럼 당연시하게 된다. 불평등한 숙련과 능력은 불평등한 분업의 결과임에도 오히려 그것을 정당화하는 요인이라고 착각한다. 그러다 보면 불평등한 분업 때문에 생기는 불평등한 보수를 두고 그럴만한 다른 이유가 있다고 여기기가 너무도 쉽다. 이는 대중의 사고뿐만 아니라 학문적 사고에서도 가장 흔하게 볼 수 있는 심각한 결함이다.

불평등한 분업은 **상호 의존적으로** 불평등한 지위를 만들어낸다. **한 사람이 평생 흥미롭고 만족스러운 일을 하려면, 다른 사람들이 지루한 업무를 맡아줘야 한다.** 모든 사람이 자신의 잠재력을 실현할 기회를 잡으려면, 요구되는 숙련 수준과 자질이 골고루 혼합된 직업을 가져야 한다고 말하는 것은 지나치게 이상적으로 들릴지도 모른다. 이 이야기는 우리에게 익숙한 현대의 노동 관행과 너무 다르기 때문에 우리는 그에 대해 반발할 수도 있다.

이는 마치 인간이 자초한 지구 온난화가 우리가 어떻게 살아야 하는지에 대해 시사하는 바가 불편하게 느껴진다는 이유로 그것을 믿지 않으려는 것과 마찬가지다. 특히 학자를 포함해 운이 좋은 자리에 있는 사람들에게는 불평등한 분업에 관한 이야기가 불편하게 느껴지겠지만, 그렇다고 해서 그것이 사실이 아닌 것은 아니다. 불평등한 분업은 불공정한 경제적 불평등의 주요 원인이다.

신노동당과 부자들

영국의 신노동당에는 최소한 부유층과 중산층에 관한 한 정의로운
세상을 실현할 수 있다고 믿는 분위기가 있었다. 2001년 토니 블레
어 수상은 총선 선거운동을 하던 중 텔레비전에 출연해 빈부 격차에
대해 걱정하지 않는다고 말해서 구노동당 지지자들을 놀라게 했다.
2005년 3월 또 다른 인터뷰에서 블레어는 자신의 입장을 다음과 같
이 부연했다.

> 제가 말한 것은 빈부 격차에 대해 신경 쓰지 않는다는 것이 아니라 돈
> 을 많이 버는 사람이 있든 없든 신경 쓰지 않는다는 뜻이었습니다. 그
> 들은 저의 관심사가 아닙니다. 저는 기회가 없고 불이익을 받고 가난
> 한 사람들을 걱정합니다. 우리는 그런 사람들을 일으켜 세워야 하지
> 만, 그렇다고 성공한 사람들을 두들겨 패는 방식으로 하지는 않습니
> 다.[36]

블레어가 '부유한' 또는 '부자'(부를 상속받거나 다른 불로소득원이 있는
사람들까지 포함하는 용어다)라는 단어를 피하는 대신, '돈을 많이 버는
사람'과 '성공한 사람'이라는 표현을 쓴 것에 주목하라. 이는 '벌다'라
는 단어의 애매모호한 느낌을 이용하고, '돈을 많이 버는 것'과 성공
하는 것이 같은 뜻인지 아닌지를 따지는 질문을 회피하려고 한 것이
다. '성공한 사람들'이라는 표현은 돈을 많이 버는 사람들이 그럴 자
격이 있는지 없는지의 문제를 교묘하게 피해간다. 그것은 부자들을

용납하고 존경하게 만든다. 그리고 부자들이 부를 누릴 자격이 있는지 없는지 궁금해 하지 않도록 유도한다. 누가 감히 성공을 반대하거나 못마땅해 할 수 있겠는가? 시기심이 많고 자신의 '실패'에 대해 분개하는 사람들만 그럴 것이다.

성공한 사람들은 '자신의 관심사가 아니다'라는 블레어의 발언은 부와 빈곤이 상호 의존적임을 인정하지 않으려는 것이다. 그는 가난한 사람들이 가난한 것은 능력이 부족해서(선거용으로는 위험한 발언이었을 것이다)가 아니라 기회가 부족하고 불이익을 받기 때문이라고 말했다. 그는 저소득층의 빈곤을 비난하는 더러운 일을 할 때는 항상 보수 언론을 활용할 수 있었다.

신노동당의 레토릭에 따르면, 실업자들은 '다시 일할 수 있도록 도와줄 필요가 있는데', 이는 실제로는 훈육을 받아야만 한다(감시당하면서 존재하지도 않는 일자리를 위해 훈련해야 한다)는 의미였다. 그와 동시에 '성공한 사람들'은 기회를 독점하고 자산 소유권을 이용해 다른 사람들에게서 불로소득을 추출하는 이점을 누렸다는 말이 나올 수도 없었다.

블레어는 '불이익'은 인정했지만, '이점'은 인정하지 않았다. 신노동당은 가난한 사람들에게는 동정심을 표하는 동시에 성공한 사람들에게는 관대한(마치 세금 인상은 그들을 두들겨 패는 것인 양) 태도를 보였다. 블레어는 인기에 영합하는 능수능란한 정치인의 제스처로 경제정의에 관한 질문을 회피할 수 있었다.

시장은 사람들이 받을 자격이 있는 보수를 받도록 보장하지 않는가?

다음의 사실은 명백해 보인다. 예컨대 피자시장에서 고객들은 평범한 피자보다 최고의 피자에 더 많은 돈을 지불할 용의가 있을 것이다. 따라서 뛰어난 일을 한 노동자는 더 나은 보상을 받게 될 것이다. 여기에 담긴 함의는 명백하다. 더 나은 보수를 받고 싶다면 더 좋은 제품을 생산하면 된다. 일부의 생산자가 더 효율적이어서 시간당 더 많은 피자를 생산할 수 있다면, 그들은 더 많은 이익을 얻을 수 있다. 시장은 효율적인 노동자에게 상을 줄 것이고, 비효율적인 노동자들은 효율적인 노동자를 따라잡거나 사업을 접어야 한다. 시장은 양질의 노동과 효율성을 장려하고 그에 대해 보상한다.

하지만 일이 그렇게 간단하다면 얼마나 좋겠는가?

첫째, 서비스나 생산물의 품질이 노동자의 임금에 반영된다고 여기는 것은 순진한 생각이다. 생산물이나 서비스에 대해 지불하는 금액은 통상 생산자들이 받는 보수와는 다르기 때문이다. 우리가 내는 돈 가운데 얼마를 누가 가져가는지 우리는 거의 알지 못한다. 신발 한 켤레의 가격이 50파운드라고 하자. 이 돈은 생산자와 하청업자, 유통업자, 관리자, 회계사, 소매업자에게 어떻게 분배될까? 신경을 쓴다고 하더라도, 우리가 구매하는 제품이 글로벌 생산 네트워크 가운데 어디서 왔는지 알아내기는 어려울 것이다. 하여간 우리는 보통 판매되는 제품의 가성비에만 관심을 가질 뿐, 노동자들이 어떤 대우를 받아야 하는지는 생각하지 않는다.[37] 예외적으로 공정무역 운동은 유통업자와 관리자뿐만 아니라 생산자에게도 생활임금을 지급하려는 의지와 지급할 수 있는 자원이 있다. 이는 최소한 일부의 소비자에게는 중요한 의미를 지닌다.

윤리적 소비와 노동자의 보수

구매 시에는 항상 다음 두 가지, 즉 첫째, 당신이 구매하는 물건이 생산됨으로써 [인간의] 생존조건에 어떤 변화가 일어나는지, 둘째, 당신이 지불한 금액이 생산자에게 적절한 비율로 돌아가는지를 고려하라 (존 러스킨, 1862년).[38]

소비자는 노동자가 얼마를 받는지 알 수 없으므로 노동자의 보수가 적절한지 확인하는 간단한 방법은 법정 최저임금(전 세계적으로 동일하게 하든, 나라별로 다르게 하든)을 설정하는 것이다.

또 고용주가 노동자에게 보수를 지급할 때 받을 자격을 고려한다고 가정해서는 안 된다. 일부 조직에서 더 나은 노동자가 승진도 하고, 노동시장을 이용해 더 많은 임금을 받을 수도 있다는 것은 사실이다(혹은 '더 나은' 노동자, 즉 더 많이 노력할 수 있는 사람은 가사 노동을 거의 하지 않는 사람일 수도 있다. 이는 젠더 불평등의 또 다른 원인이다). 그러나 일반적으로 고용주는 특정 유형의 노동자를 확보하는 데 필요한 만큼 보수를 지급하며, 경쟁과 수익성을 고려해서 임금에 대해 냉정하고 도구적인 접근방식을 취하게 된다. 일부 노동자는 단지 더 희소하다는 이유로 더 높은 임금을 받을 수 있다.

특히 노동자가 다른 곳에서 더 나은 일자리를 제안받고 있고 고용주는 노동자 교체 비용을 들이려고 하지 않는 경우, 노동자의 보수는 상승할 수밖에 없다. 숙련 노동자라도 공급이 증가하면 임금은 하락할 수 있다. 대학 졸업자의 보수가 하락한 것을 떠올려보라. 숙련과 희소성이 항상 같이 움직이지는 않는다. 그러니까 숙련과 임금도 마찬가지다. 더욱이 재화와 서비스의 품질이 더 좋다고 해서 항상 노력이 더 많이 들고 더큰 능력이 발휘되는 것은 아니며, 단순히 기술이나 재료가 달라서 생기는 일일 수도 있다.

마찬가지로, 생산성(노동자 1인당 생산량)의 차이는 사람들이 어떤 능력이 있고 얼마나 열심히 일하는지와는 아무런 관련이 없을 수도 있다. 어떤 부문에서는 기술을 활용하고 개발할 여지가 커서 새로운 기술이 도입될 때 각 노동자가 더 많은 양을 생산하게 되므로 생산성이 높아진다. 산업화한 농업과 제조업의 생산과정이 대체로 그렇다. 그러나 다른 분야(예컨대 교육과 돌봄 등)에서는 서비스의 질을 떨어뜨리지 않으면서 생산성을 높이기가 무척 어렵고, 그런 경우 생산성을 기준으로 삼으면 문제가생긴다.

따라서 본래 노동 집약적이고 생산성이 잘 변하지 않는 이런 유의 일은 비싸야 하지만, 막상 그 일을 하는 사람들은 낮은 보수를 받는다. 그들의 보수 중 많은 부분은 세금으로 조달되는데, 세금 인상에 대한 저항 때문에 그들의 보수는 낮은 수준에 머물 수밖에 없다.[39] 그러나 그들은 고객과 환자가 좋은 삶을 누리도록 도우며, 그들의 일은 의심할 여지 없이 사회적으로 유용하다(금융 부문에 종사하는 많은 사람이 하는 일보다 더).

기본적으로 시장은 노동자가 받을 자격이 있는 금액이 아니라 이윤에 지배되기 때문에, 사람들이 받는 금액과 그들이 받을 자격이 있는 금액 또는 능력 사이의 관계는 약하다. 이윤을 창출하는 수요는 노력이나 능력과는 거의 관련이 없다. 여러분은 돌봄 노동과 같이 다른 사람들에게 도움이 되는 일을 열심히 하면서도 대가를 거의 받지 못할 수 있다. 다른 사람들이 필요로 하고 높은 가격을 지불할 물건을 판매하는 경우, 많은 노동이 필요하든, 적은 노동이 필요하든, 여러분은 성공할 수 있다. 혹은 여러분이 아닌 여러분의 고용주가 이익을 얻을 수도 있다.

우리는 노력과 능력이 보상받고 노력이 부족하면 보상받지 못하는 세상에 산다고 믿고 싶어 한다. 하지만 그런 일은 일자리 부족과 불평등한 분업, 그 결과 발생하는 불평등(인종과 젠더에 따르는 차별은 말할 나위도 없고)이라는 제약이 작용하는 조건 속에서는 어느 정도까지만 일어난다.

놀랍게도 나는 대표적인 신자유주의자로 마거릿 대처에게 영감을 준 프리드리히 하이에크에게서 내 주장을 지지하는 견해를 발견했다. 그는 사람들이 마땅히 받아야 할 금액과 실제 받는 금액 사이의 관계에 대해 다음과 같이 말했다.

사람들이 자신의 행복이 기본적으로 자신의 노력과 결정에 달려 있다고 믿는 것은 시장 질서에서 확실히 중요하다. 실제로 스스로 설정한 목표를 달성할지 여부가 주로 자신에게 달려 있다는 믿음보다 사람을 활기차고 효율적으로 만드는 데 더 큰 영향을 끼치는 요인은 거의 없다. …… 그러나 그것은 의심할 여지 없이 이런 일반화의 진실성에 대한 지나친 자신감으로 이어진다. 그러므로 보상의 차이가 부분적으로는 성취에 기초하고 부분적으로는 **단순한 우연**에 기초하는 현실을 많은 사람이 용인하든 하지 않든, 젊은이들에게 진정으로 노력하면 성공할 것이라는 믿음을 어느 정도까지 고취해야 할지, 아니면 일부 자격 없는 사람은 성공하고 일부 자격 있는 사람은 실패할 것임을 어느 정도까지 강조해야 할지는 정말 딜레마다.[40]

하이에크는 적어도 자신이 젊은이들에게 정직하고 싶지 않았음을 인정했다는 점에서 솔직했다. 그는 능력과 보상 사이의 관계가 약하다는 점에 대해 안타까워했지만, 수백만 명의 활동을 조정하는 시장의 능력, 즉 사람들이 새로운 제품을 시장에 내놓고 대중이 구매할 용의가 있는지 확인하는 '발견과정'을 자극하는 시장의 능력을 더 중시했다. 이런 점은 생산물시장의 중요한 장점이기는 하지만, 경제정의와는 아무 관련이 없다. 흥미롭게도 신자유주의 이론가들은 시장의 결과가 능력과는 관련이 없다고 기꺼이 말하지만, 신자유주의 정치인들은 그렇지 않다. 신자유주의 정치인들은 마치 시장이 능력을 보상하는 것처럼 꾸며서 말한다.[41]

그런데 성취와 노력이 중요하다고 하더라도, 하이에크는 일자리 부족과 불평등한 분업이 성취를 **제한**해서 소수만 '고高성과자'가 될 수 있게 만든다는 사실을 간과했다. 게다가 이 요인들은 다른 유형의 차별('행운' 뿐만 아니라)과 함께 사람들이 누리는 삶의 기회까지 좌우한다.

젠더, 인종, 성적 취향, 장애의 불평등은 어떤가?

사회에서 가장 눈에 띄는 불평등 가운데 어떤 것은 젠더, 인종, 성적 취향, 장애 등의 차이에서 비롯된다. 남성은 가장 유리한 지위를 장악하는 반면, 여성의 지위는 하위와 중간에 집중된다. 소수 인종 집단은 저소득 일자리에 몰리며, 고소득 일자리에서는 과소 대표된다. 학교 통학 거리는 인종에 따라 큰 차이가 난다. 다른 사람들의 무지와 편견은 장애인에게 제약을 가한다. 세상을 비장애인에게 맞게 설계해야 한다는 가정도 마찬가지다. 레즈비언과 게이는 동성애 혐오의 대상이 되는 반면, 이성애자는 피에르 부르디외Pierre Bourdieu가 말한 '정상성의 이익'을 누린다. 우리가 설명하는 대상이 무엇인지에 따라서 이 차이들이 사람들에게 더 중대한 영향을 미칠 수 있다. 예를 들어 기회의 차이를 설명할 때는 경제적 계급보다는 젠더나 장애가 훨씬 더 중요하다.

위에서 언급한 것들은 모두 다양한 형태의 편견과 차별에 토대를 둔 **불공정한** 불평등이다. 차별이 항상 의도적일 필요는 없다. 그것은 제도가 발전해온 방식의 산물에 지나지 않는다. 건물을 휠체어 사용자에게 맞도록 설계하지 않는 것은 그들을 배제하려고 한 것은 아닐지라도 장벽을 만든다.

불평등의 각 축은 이 책의 초점인 경제적 불평등을 포함하는 다른 축과 교차할 가능성이 크다. 그래서 상류층 남성은 계급 이점뿐만 아니라 젠더 이점도 누린다. 노동 계급 여성은 그 반대다. 인종차별은 다른 차별들과 무관할 때도 있지만, 어떤 경우에는 다른 차별을 강화하거나 다른 차별 때문에 강화될 수도 있다. 예를 들어 여학생이 남학생보다 공부를 잘하더라도, 직장과 가정에서 당하는 성차별 때문에 자신과 비슷하거나 못한 자격을 갖춘 남성보다 낮은 지위에 처할 수 있는 것처럼, 한 가지 불이익의 원인이 사람들을 다른 불리한 지위로 몰아넣을 수 있다.

하지만 이런 불평등과 내가 이 책에서 논의해온 불평등 사이에는 차이점도 있다. 젠더 불평등과 인종 불평등은 주로 성차별과 인종차별 때문에 발생하지만, 상류층과 중산층이 노동 계급을 잘 대하고 존중하더라도 계급 차이는 존속한다. 자산의 불평등한 분배와 불평등한 분업은 거의 영향을 받지 않을 것이기 때문이다. 계급적 편견은 흔하지만, 그것은 경제적 불평등의 원인이라기보다 그에 대한 **반응**에 가깝다. 이와는 대조적으로, 성차별과 인종차별이 종식되면 젠더 불평등과 인종 불평등은 큰 영향을 받는다.

이와 같이 젠더 불평등과 인종 불평등은 편견 때문에 발생하기도 하지만, 그보다는 좀 더 구조적인 특질에서 비롯되기도 한다. 어떤 집단은 그들에 대한 편견 때문이 아니라 더 좋은 주택을 구할 수 없어서 빈곤 지역에 갇혀 살아간다. 인종 불평등과 젠더 불평등에 구조적 특성을 부여하는 세 가지 핵심 요소는 불평등한 분업, 보수의 불평등, 자산 소유의 불평등이다.

이 책에서 나는 주로 경제적 불평등을 초래하는 요인, 특히 최상위 계층을 부유하게 만드는 요인에 관심을 두고 있다. 젠더, 인종, 성적 취향, 장애의 불평등을 극복해서 그것들이 다른 사람들의 희생 아래 일부 사람만 이롭게 하지 않도록 만들 수만 있다면 사회는 엄청나게 진보할 것이다. 하지만 다른 사람들의 희생 아래 일부 사람들이 불로소득으로 살아갈 수 있게 만드는 불평등한 분업, 불평등한 임금, 불평등한 자산 소유가 유지되는 한, 그 사회는 여전히 고도로 불평등한 사회가 될 수 있다. 젠더, 인종, 성적 취향, 장애의 불평등은 사라지겠지만 여전히 불평등이 존재하는 사회 말이다.

경쟁의 힘이 존재하는 한 어떤 불평등이라도 이용하려는 경향은 사라지지 않을 것이다. 만약 특정 소수 민족이 인종차별 때문에 노동시장에서 열악한 위치에 있다면, 값싼 노동이 필요한 기업은 이를 활용하려고 할 것이다. 물론 그런 집단이 없더라도 이윤을 창출할 수 있는 다른 방법이 많으므로 자본주의 체제는 그런 상황에 얼마든지 대처할 수 있다. 고용주는 젠더나 인종 등을 불문하고 **노동자**가 필요하며 생산수단에 대한 통제권도 필요하다. 여기서 말하는 불평등의 여러 원천이 있어야만 자본주의가 존속할 수 있는 것은 아니다. 하지만 생산수단에 대한 통제권은 꼭 필요하다.

기회균등 정책이 보통 젠더, 인종, 나이, 성적 취향, 종교, 장애 등의 문제는 꽤 잘 다루지만, 경제적 계급에 대해 침묵하는 것은 그 때문이다. 기업들이 새로운 일자리를 광고할 때가 많지만, 그때 생기는 일자리는 불평등한 분업 속의 지위일 뿐이다. 이는 기업이 차별 없는 경쟁을 보장하려고 노력할 때조차 그렇다. '생각이 트인' 고용주들은 적어도 성차별 같은 것에 대해 염려한다고 주장할지 모르지만, 구조적인 계급 차이에 대해서는 도전하는 척조차 하지 않는다.[42]

신자유주의자들(예를 들어 신노동당)은 젠더, 인종, 성적 취향, 장애에 대해 상당히 진보적인 태도를 보이면서 그런 요인들을 근거로 사람을 차별하는 이들을 비난한다. 그러나 경제적 불평등이나 계급 차이에 대해서는 말하기를 꺼린다. 그들 스스로 인정하지는 않지만, 신자유주의는 경제적 불평등의 확대를 정당화하고 다른 어떤 이들보다도 불로소득자의 이익을 지키려는 정치경제적 운동이다. 불로소득자는 젠더, 인종, 성적 취향 등이 어떻든 다른 사람들에 기대서 살아갈 수 있다.

돈이 말한다!

시장에서는 공정성이나 정의를 다루는 추론이나 주장은 중요하지 않으며 부적절하다. 자동차를 구매할 때 그것이 왜 필요한지 판매자에게 설명할 필요가 없다. 돈만 있으면 자동차를 가질 수 있다. 돈이 모든 것을 말한다.

노동자들이 개인적으로 또는 노조를 통해 더 많은 급여를 받으려고 협상을 할 때, 자신들이 더 많은 보수를 받을 자격이 있다고 진심으로 믿을지도 모른다. 하지만 그들이 고용주에게 바라는 것은 자신들이 얼마나 받을 자격이 있는지 말해주는 것이 아니라 더 많은 돈이다. 더 많은 청찬을 받기만 하고 돈을 더 받지 못한다면, 그들은 만족하지 않을 것이다. 청찬은 값싼 것이다.

마찬가지로 고용주는 노동자가 책정된 보수를 받아들이는 한, 그들이 얼마를 받을 자격이 있는지를 두고 논쟁을 벌일 필요가 없다. 고용주들은 때때로 '이상적인 세상'에서는 노동자의 주장을 받아들이겠지만, 현상황에서는 노동자의 요구대로 보수를 지급할 수가 없다고 말한다. 경쟁기업이 노동자의 보수를 깎아서 자사의 생존을 위협할 것이라는 이유에서다. 여기서 문제는 시장에서 살아남는 일과 힘, 희소성이다.

경쟁시장이 비도덕적이라는 이야기가 아니다. 오히려 거기에는 **도덕관념이 없다**. 즉, 경쟁시장은 무엇이 공정하고 정의롭고 윤리적인지에 대한 도덕 관념에 토대를 두고 움직이지 않는다. 예를 들어 최저임금제도로 시장을 공정하고 정의롭고 윤리적으로 만들지 않으면 말이다. 때때로 경쟁시장은 공정해 보이는 결과를 낳을 수도 있지만, 그렇다고 하더라도 그것은 기획이 아닌 우연에 따른 것이다.

시장체제에서 결과는 기본적으로 힘의 산물이다. 힘은 통상 희소성의 형태로 드러난다. 예컨대 수요에 비해 희소한 물건을 가진 사람은 더 높은 가격을 요구할 수 있다. 따라서 당신이 버는 것은 당신이 소유한 것에 따라 달라지며, 당신이 소유한 것은 소득을 얻기 위해 무엇을 해야 하는지를 결정한다.[43] 당신이 다른 사람에게 필요한 토지나 건물과 같은 자산을 갖고 있다면, 임대료를 받을 수 있다. 여윳돈이 있다면 이자를 받을 수도 있다. 기업의 주식을 살 수 있는 돈이 있다면 배당금을 받거나 주식투기를 할 수도 있다. 일할 수 있는 능력이 당신이 가진 모든 것이라면 당신을 고용할 사람을 찾아야만 한다. 만일 당신이 돈을 가진 사람들이 원하는 숙련과 전문지식을 갖추고 있다면 당신은 다른 사람보다 더 많은 돈을 벌 수 있다.

티파티 재론: '당신은 내 소득에 권리가 없다'

이것은 또 하나의 잘 알려진 티파티 슬로건으로, 지금 우리는 그것을 따로 다룰 수는 있지만 마지막에 반전이 있을 수 있다. 이 슬로건에는 모든 세금은 도둑질이고, 우리가 일터에서 할 수 있는 일은 우리의 선생님, 부모님과 아무 관련이 없으며, 자연자원, 생산수단, 인프라, 공교육, 쓰레기 수거와 응급 서비스, 법률 시스템, 옛날부터 전해 내려온 과학·문화 지식과 실용적 지식 등의 형태로 존재하는 공유부와도 아무 관련이 없다(공유부를 유지하고 개발하는 다른 모든 사람과도 관련이 없다)고 보는 매우 환상적인 개념이 반영되어 있다. 이는 모든 개인은 자족적이라는 신화에 토대를 두고 있다.

당신이 재화와 서비스의 공급에 기여하는 일을 통해 소득을 얻고 있더라도, 타인에게서 이전소득과 지원을 받지 못했거나 하수구에서 경찰 서비스에 이르기까지 공유부에 의존할 수 없었다면, 당신은 지금의 일을 할 방법이 없다. 이 슬로건을 내거는 사람들은 자립적인 개인이 아니며, 단지 무임승차자가 되고 싶은 사람들에 불과하다. 그들이 세금을 내는 것은 거저 받은 수입이 있기 때문이다.

또 방금 살펴본 바와 같이, 우리가 일한 대가로 시장에서 얻을 수 있는 돈은 우리가 얼마나 기여하는지, 얼마나 열심히 일하는지, 심지어 얼마나 숙련을 갖췄는지를 반드시 반영하지는 않는다. 우리가 시장에서 얻는 수입은 기본적으로 우리가 가진 상대적 희소성과 힘이 작용한 결과다.

하지만 여기 반전이 있다. 티파티 회원들을 포함해서 사람들이 불로소득자에게 임대료와 부채 이자로 내는 돈은, 고용주를 위해 창출하는 이윤과 함께 대부분 불로소득이며, 이런 돈을 받는 자들이야말로 이 슬로건을 적용해야 할 대상이다.

11장

평평한 운동장의 신화

장점을 가진 사람들은 자신들이 우연히 장점을 갖게 되었다고 믿고 싶어 하지 않는다(C. 라이트 밀스Wright Mills, 1956).[44]

토니 블레어, 데이비드 캐머런, 보리스 존슨[Boris Johnson: 이 책 출간 당시에는 영국 런던 시장이었으며, 나중에 영국 수상이 되어 2019~2022년 재임했다]처럼 부유한 가정에서 태어난 특권층 인사들은 사람들의 관심을 자신들의 특권에서 딴 데로 돌리기 위해 능력주의, '열망', 힘든 일에 대해 떠벌리기를 좋아한다. 마거릿 대처는 소박한 식료품점 딸임을 과시하곤 했지만, 변호사가 되는 데 자금을 대주고 집을 두 채(한 채는 첼시에 있었다)나 매입한 사립학교 출신의 백만장자와 결혼해서 얻은 혜택에 대해서는 침묵했다.

사람들은 시장에 관해 생각할 때, 통상 개별 거래·계약에 초점을 맞춘다. 시장 상황의 사회적 맥락과 역사를 무시하고, 누가 거래하고 있는지에도 관심을 두지 않는다. 그들은 일자리시장이 아니라 생산물시장에 초점을 맞춘다. 생산물시장에는 예를 들어 사과나 오렌지의 구매자와 판매자만 존재하며, 그들은 서로 자유롭게 계약을 맺는다. 쌍방이 가격에 합의하면, 구매자는 재화 대금을 지급한다. 자유로운 성인들이 자유롭게 교환하기 때문에 시장은 평평한 운동장처럼 보인다. 판매자가 구매자보다 더 부유하더라도, 그것은 시장의 작동방식을 이해하는 것과는 거의 관련이 없게 느껴진다. 사과시장과 오렌지시장에 타당한 이야기라면 모든 시장에서 그래야 하지 않을까? 경제학 교과서는 항상 그런 이야기로 논의를 시작한다.

하지만 시장이 일자리시장이라면, 이런 설명은 심각한 오해를 불러일으킬 수 있다. 앞에서 살펴본 바와 같이, 청년 구직자들은 이미 불평등한 상태로 노동시장에 진입한다. 부모가 겪은 불평등한 분업이 간접적으로 영향을 끼친 결과다. 사회학에서 가장 중요한 두 가지 사실은 첫째, 우리는 모두 사회환경에 깊은 영향을 받는다는 것, 둘째, 우리는 부모나 어릴 적 성격 형성기의 환경을 선택할 수 없다는 것이다.

물론 어떤 아동은 부모보다 능력이 많거나 동기부여가 잘되어 있어서 부모보다 더 나은 성과를 낼 수 있다(그 반대도 있을 것이다). 지역 교육 시스템과 노동시장의 측면에서 더 운이 좋은 아동도 있을 것이다. 어떤 아동은 다양한 취업기회가 있는 대도시에서 성장하고, 다른 아동은 일자리가 제한적이고 점점 줄어드는 소도시에서 성장하는 것을 생각해보라. 사회적 이동성은 정치인들이 우리에게 주입하려는 것보다 훨씬 작다(최상위 계층과 최하위 계층 간의 격차가 커질수록 사회적 이동성은 줄어드는 법이다).[45]

영국 수상실에서 실시한 한 설문조사에 따르면, 중산층 가정에서 태어난 아동이 중산층 일자리를 가질 확률은 노동 계급 가정에서 태어난 아동이 그런 일자리를 가질 확률의 15배다.[46] 운 좋게 태어난 사람은 설사 자신이 가난하게 자랐더라도 분투해서 자신의 길을 개척했을 것이라 여길지도 모른다. 하지만 그런 경우는 드물다. 만약 자신이 다른 환경에서 태어났다면 다른 사람이 되었을 것이고 엘리트 집단에서 잘 통하는 자신감·권리의식·대화법을 습득하지 못했을 것이라는 점을 깨닫지 못하는 사람이 가질 만한 생각이다.

부러워서 이런 말을 하는 것은 아니다. 스스로 선택하지 않은 불평등이 대물림되어 삶의 기회에 영향을 미친다는 사실을 인정하려는 것일 뿐이다. 정치철학에서도 이런 점을 널리 인식하고 있다. 이와 관련해서 저명한 철학자 존 롤스John Rawls는 그 시대 사람들이 많이 쓰던 남성 위주의 언어로 다음과 같이 말했다.

사회에서 첫출발할 때 주어진 지위를 차지할 자격이 있는 사람은 없는 것처럼, 타고난 재능의 분배에서 주어진 지위를 차지할 자격이 있는 사람은 아무도 없다. 남성은 능력 함양을 위해 노력하는 우월한 인격을 가질 자격이 있다는 주장에도 똑같이 문제가 있다. 그의 인격은 상당 부분 그의 공이 아닌 운 좋은 가정과 사회환경에서 비롯됐기 때문이다.[47]

행복한 환경은 분명히 부자들의 독점물이 아니며, 평범한 가정의 양육에는 불리한 점과 함께 강점도 있다. 하지만 이는 이점과 불리한 점이 균등하게 분배된다는 뜻은 아니다. 우리는 겉으로만 그럴싸한 평등주의를 경계해야 한다. 이런 평등주의는 누군가를 폄하하는 것처럼 보이지 않을까 염려해서 불평등이 사람들에게 피해를 준다는 사실을 부정함으로써 불평등 완화가 덜 중요한 것처럼 보이게 만든다. 그러나 운동장은 가파르게 기울어져 있다.

나는 몇 가지 질문과 함께 2부를 시작했다. 그중에는 '**우리는 받을 자격이 있는 금액을 받고 있는가?**'라는 질문도 들어 있었다. 나는 여기에 직접 대답하는 대신, 다른 질문, 즉 '**무엇이 우리의 수입을 결정할까?**'를 놓고 씨름했다. 여러 가지 결정 요인이 있지만, 나는 그것들을 탐구하면서 첫 번째 질문에 대한 답도 찾았다고 생각한다. 두 번째 질문에 대한 답이 '소득을 결정하는 많은 요인은 우리가 받을 자격이 있는 금액과는 아무런 관련이 없으므로, 보통은 그렇지 않다'[우리는 마땅히 받아야 할 것을 받지 못하고 있다는 뜻]는 것을 암시하기 때문이다.

숙련이나 자격과 같이 그렇게 보이는 것들조차도 이미 불평등한 사회에서 우리가 태어난 지위와 많은 관련이 있다. 사람들이 자기 소득을 받을 자격이 있는지 없는지, 이상적인 사회에서는 얼마를 받아야 하는지에 대해 생각하는 일은 중요하지만, 실제로 소득을 결정하는 요인을 먼저 다루면, 받을 자격이 있는 금액을 받는다고 섣불리 결론짓는 어리석음을 피할 수 있다.

불평등한 소득의 결정 요인을 인식하지 못하면, 경제적 불평등의 본질을 오해하고 부자들을 포함해 우리 모두 정의로운 경제 세계에 살고 있다고 착각할 수밖에 없다. 이런 생각에 이의를 제기하지 않는 한, 어떤 사람은 다른 사람들보다 더 복잡하고 책임지는 노동에 종사하므로 더 많이 받을 자격이 있다는 이유를 들어 분배 평등화에 반대하는 이들이 등장할 가능성이 크다. 우리가 능력주의 사회(즉, 가장 유능하고 열심히 일하는 사람이 최정상에 올라가는 사회)를 이뤄가고 있다는 생각은 신화다. 사회적 이동성은 제한적이고 전후 호황기 때보다 더 약해졌다. 최상위 지위의 수가 증가하지 않는 한, 누군가 사회적 척도에서 한 단계 올라갈 때마다 다른 사람들은 아래로 떨어져야 하며, 최상위 계층은 능숙하게 자신들의 유리한 위치를 지켜낸다. 정치인들은 사회적 이동성에 관해 이야기할 때, 이점에 대해서는 입을 다문다.

부자들 이야기로 돌아가기 전에 한 가지만 더 말하고 싶다. 사실, '우리가 얼마나 받을 자격이 있는가'는 여러 가지 문제를 유발할 소지가 있으므로 더 언급하지 않는 것이 좋겠다(철학자들은 이 주제에 관해 수 세기는 아니더라도 수십 년 동안 몰두해왔다). 철학자들이 말한 '자격'을 측정하는 데는 여러 가지 방법이 있을 뿐만 아니라(노동시간? 노력? 노동의 질? 생산성? 사용자가 느끼는 제품의 유용성?),[48] '자격이 있다'는 말도 다양한 방식으로 표현된다(예컨대 아기가 돌봄을 받을 자격이 있다고 말할 때는 돌봄이 **필요하다**는 뜻이지, 보상을 받을 만한 일을 했다는 뜻이 아니다).

필요는 사람들이 무엇을 얻고 무엇을 할 수 있어야 하는지를 가늠하는 또 다른 기준이다. 우리는 결국 어떤 사람들은 너무 어리거나 나이가 많거나 장애가 있거나 몸이 아파서 일을 할 수 없으므로 이전소득을 **받아야만** 한다는 사실을 용인한다.

자산에 기반을 둔 불로소득은 **받을 자격이 없는** 것(윤리적으로 정당화되는 것이 아닌 권력의 산물)임을 주장하기 위해 자격이란 것을 정확히 측정하는 방법에 관해 특정한 입장을 취할 필요는 없다. 간단히 말해 불로소득은 아무 일도 하지 않고 받는 것이며 필요와도 무관하다. 당신이 다른 임차인들이 내는 것과 같은 지대로 지주에게서 땅을 빌려 판매용 농작물을 재배하는 소작농이라고 상상해보라. 같은 땅에서 다른 소작농이 얻는 금액과 비교하더라도, 당신이 빌린 땅에서 수확하는 금액 가운데 얼마가 당신이 받을 자격이 있는 소득인지 말하기는 어려울 수 있다. 그러나 **그런** 판단을 내리기가 어렵다고 해서, 지주가 당신이 내는 지대를 받을 자격이 있는지 없는지 판단하기가 어려운 것은 아니다. 그 땅은 이미 거기에 있었고, 따라서 지대는 명백히 아무 일도 하지 않고 받는 소득이다.

또 많은 사람에게서 가치 있는 일을 할 기회를 박탈하는 분업을 유지할 '자격이 있다'고 주장한다거나 부유한 나라의 국민이 단지 물려받았을 뿐인 고도로 발전된 공유부를 누릴 '자격이 있다'고 주장하는 것은 이상하다.

3부

부자는 어떻게
더 부유해지는가

: 위기 발발에서 그들은
어떤 역할을 했을까?

부자들은 경제위기와 얼마나 관련이 있을까? 아주 많다. 부자들의 부활과 마찬가지로 현 위기의 뿌리는 1970년대로 거슬러 올라간다. 그리고 이 두 가지는 금융 부문의 지배력 확대, 다시 말해 '금융화'와 관련이 있다. 사실, 20세기 전반 대공황 때 그랬던 것처럼 부자들의 부상[주1]은 경제위기의 핵심적 특징이다. 그러나 대공황 때와 비교할 때 커다란 차이도 존재한다. 이번에는 많은 부자가 경제가 위기로 치닫고 있을 때 약간의 단기 손실을 제외하면 더 부유해졌고, 위기 이후에도 더 부유해졌다. 1920년대와 1930년대에 손해를 본 부자들과 비교하면, 그들은 좋은 위기를 겪고 있다고 해야 한다. 유럽과 미국에서 자본주의가 가장 성공적이었던 1950년대와 1960년대는 부자들이 국민소득에서 차지하는 몫이 가장 작았던 시기이기도 했다. 앞으로 보겠지만, 이는 우연이 아니다.

내가 지금까지 펼친 주요 주장은 자본주의 역사의 모든 단계에 적용되며, 그것이 옳은지 그른지는 자본주의가 호황인지 위기인지와는 관계가 없다. 자산 지배에 토대를 둔 불로소득은 늘 문제였지만, 지난 40년 동안은 두드러지게 증가했다. 금융화는 20세기 중반 밀려났던 불로소득자가 설욕하는 수단이었다. 이들은 수동적이지 않고, 지대 추구를 통해 경제체제에서 부를 추출하는 새로운 방법을 모색하는 능동적인 불로소득자(이른바 일하는 부자들의 일부)였다. 금융화는 부의 창출이 부의 추출로 전환되고 그와 더불어 부가 부자들에게 이동하게 된 원인이자 결과였다. 위기를 설명할 때, 우리는 이 모든 것을 쉽게 간과한다. 현재의 경제문제는 몇 년 전에 시작되었으며 단지 금융 부문의 무책임한 행동(위험 관리를 엄청나게 잘못한 것)에서 비롯되었다고 보는 것이 일반적이다. 그러나 탐욕과 범죄는 물론이고 비정상적인 무책임, 잘못된 관리, 비합리적인 열기가 있었다는 것은 분명하지만, 근본적인 원인들은 수십 년 전으로 거슬러 올라가며 그 모두가 금융과 관계된 것은 아니다. 문제는 단순히 기본 제도와 관행의 정당성과 합리성을 당연시하면서 오작동만 파악하는 공학적 접근방식으로 고칠 수 있는 기술적인 것에 그치지 않는다. 경제위기는 경제적 불의의 산물이기도 하다. 그것을 이해하려면, 금융혁신과 극도의 희열에 이어 재앙이 따라온 일련의 과정에서 누가 무엇을 했는지에 대한 통상적인 이야기보다 더 많은 내용이 필요하다. 이를 위해서는 부 추출의 기본 메커니즘을 파악할 필요가 있다.

12장

위기의 뿌리

위기의 기원에 대해서는 수십 가지 다른 설명이 있다. 원인은 복합적이며, 전문가마다 강조점이 다르다. 많은 요인이 상호 영향을 주기 때문에 무엇이 먼저라고 말하기 어려운 경우가 많다.[1] 그러나 나는 부자들의 역할에 초점을 맞추어 주요 요인과 과정을 개략적으로라도 제시해보려고 한다.

　이번 경제위기는 금융 부문이 마치 암세포처럼 성장한 결과일 뿐만 아니라 금융 부문과 소위 '실물경제'가 상호 작용한 결과이기도 하다. 따라서 이 관계를 명확히 하는 데서부터 시작하는 것이 중요하다.

금융과 '실물경제'

자본주의 경제에는 판매용 재화와 서비스의 생산자뿐만 아니라 금융 부문도 필요하다. 사람들이 '실물경제'에 관해 이야기할 때, 재화와 서비스를 생산하고 유통하는 부분을 가리키는 경우가 많다. 그들은 실물경제를 금융 부문과 대립시킨다.

하지만 금융 부문은 결코 덜 실물적이지 않기 때문에 그와 같은 용법은 어색하다. 또 금융 부문은 없어서는 안 되며, 판매용 재화와 서비스를 생산하는 데 절대적으로 필요하다. 이 점만 기억한다면 거친 용법을 쓸 수도 있다. 문제는 금융 부문이 필요하긴 하더라도 지금 우리가 보는 것처럼 실물경제에 치명적인 영향을 끼치는 일을 할 수도 있다는 점이다. 금융은 생산 부문을 돕는 것이 아니라 지배하기에 이르렀다. 이와 관련해 앤 페티포는 다음과 같이 말했다.

금융 부문은 마치 기생충처럼 부자든 가난한 자든, 건강했을 경제 주체들에게 침투해서 자체 수익(이자와 지대)을 증대시키는 데 그들을 이용한다. 그렇게 해서 기생충은 숙주인 경제 주체를 약화시켰고, 또 약화시키고 있다. 숙주에는 여러 개인, 즉 학생부터 주택 소유자, 연금 수급자까지 포함된다.[2]

금융 부문의 활동은 극히 모호하고 복잡하며 금융 용어는 기이해 보이지만, 금융은 우리 모두의 삶에 영향을 미친다. 우리는 금융 부문을 공개적으로 조사해서 그것이 어떤 일을 하는지 이해할 필요가 있다. 우리가 대출과 모기지를 받으려고 금융기관에 의존하고 있고 급여와 저축을 맡기고 있기 때문이며, 부실 은행을 구제하고 금융 시스템을 정상으로 회복해야 하기 때문이다. 금융 부문은 엄청나게 실패했지만, 그 피해는 고스란히 평범한 사람들이 떠안고 있다. 잉글랜드 은행의 앤드류 할데인Andrew Haldane에 따르면, 금융 부문이 경제 전반에 끼친 피해는 10년 이상 또는 한 세대 동안 지속할 가능성이 크다.[3]

우리 경제는 몇 가지 중요한 기능을 수행하는 금융 부문이 필요하다. 금융 부문의 기능을 말할 때, 사람들은 대개 금융 부문이 **해야 하는** 일에 초점을 맞춘다. 하지만 금융 부문이 비판받을 때 옹호자들은 금융 부문의 기능을 논거로 제시하는데, 그때 그들은 금융 부문이 **실제로 하는** 일이 그런 것처럼 설명한다. 하지만 그 두 가지는 서로 다를 수 있다.

이를 염두에 두고, 가장 일반적으로 거론되는 금융 부문의 '기능'을 요약하면 다음과 같다.

- 예금 보호, 금융 자문, 자금 관리 등의 **서비스를 제공**해서 수익을 극대화한다.
- 기업과 가계에 **신용을 제공**한다.
- 예금을 받고 대출을 제공함으로써 대출자와 차입자 사이에서 **중개자 역할**을 한다. 또 금융자산(주식·채권, 기타 금융상품 등)의 구매자와 판매자 사이에서도 같은 역할을 한다. 특히 금융 부문은 저축자의 예금을 경제발전을 위한 투자 재원으로 이용한다.
- 외화 거래를 용이하게 해서 재화, 사람, 자본의 **국제적 이동을 촉진**한다. 여기에는 기업의 인수합병을 촉진하는 일이 포함된다.
- **위험을 관리**·추정·분배하고, 보험을 제공하며, 금융상품을 활용해 위험 부담을 줄인다.

종종 간과되는 또 다른 기능도 있다.

• **화폐가 창조되는 과정과 화폐가 경제에 유입되는 방식을 관리**해서 부의 창출과 기타 사회적 목표의 달성을 촉진한다.

금융 부문은 이런 수단들을 활용해 경제가 원활하게 기능하도록 도울 뿐만 아니라, 사용되지 않거나 충분히 사용되지 않는 자산을 좀 더 효과적으로 이용할 수 있는 곳으로 이동시켜 배분의 효율성(경쟁하는 목적 사이에 자원을 배분하는 것)을 높인다.[4] 그렇게 함으로써 금융 부문은 주인이 아닌 종으로서 경제발전에 이바지한다. 그러나 지금은 분명히 그 역할이 뒤바뀌어버렸다.

정보 수집과 관리, 위험 평가, 고객과의 소통, 회계 등의 활동에는 비용이 든다. 금융기관은 서비스 요금을 청구할 때 최소한 이런 비용들을 포함시키겠지만, 동시에 마진도 기대한다. 많은 경우 이런 기능을 수행하는 기관들의 목표는 주주를 위한 수익 창출을 포함해 사적 이익을 꾀하는 것이다. 금융기관들이 예금 이자와 대출 이자의 차이('이자 마진')와 주식·채권 등 자산의 매입 금액과 매각 금액의 차이('매매 마진')를 극대화하려고 노력하는 것은 말할 나위가 없다. 그 기관들의 역량에 따라 마진이 결정되는데, 좋은 마진을 얻을 수 있는 여지는 많다.

특히 금융기관들은 자산을 지배하고, 신용화폐를 창조할 수 있는 라이선스를 통해 이자와 기타 부채 수수료를 징수함으로써 막대한 불로소득을 얻는다.[5] 게다가 '가치 절도'가 광범위하게 발생한다. '투자자들'은 은행 내 전문가, 브로커, 펀드 매니저, 변호사, 기타 전문가들에게 보수를 지급하는데, 이들은 고객이 갖지 못한 뛰어난 지식을 활용해 상당한 이익을 스스로 챙길 수 있다.

금융기관은 고객들에게 금융 서비스를 제공할 뿐만 아니라 자체 자금으로 자산을 전략적으로 사고팔아 수익을 챙긴다. 이는 '자기자본 거래', '투자', 투기 등 다양한 이름으로 불린다. 낙관적인 사상가들은 이것이 문제가 될 수 없다고 생각한다. 그들은 정육점 주인, 제빵사, 양조업자가 시장에서 자기 이익을 추구할 때(고객을 기쁘게 하면 그들에게 이익이 돌아간다), 어떻게 모든 사람에게 이익이 되는 효과를 창출할 수 있는지를 다루었던 애덤 스미스의 따뜻한 이야기를 염두에 두고 있다.

하지만 스미스가 다룬 소상인들은 불로소득을 추출하고 자산 거품에 투기하기에 좋은 위치에 있는 기업 거물이나 불로소득자, 은행가가 아니었다(사실 그는 경쟁이 독점 형성으로 이어지는 경향과 그 위험성을 잘 인지하고 있었다). 은행 간의 경쟁은 약해서 새로운 은행이 경쟁자로 등장하기가 어렵다. 지점망이 불충분하고 대형 투자은행의 역할을 하는 데 필요한 정보기술 설비와 거래인을 확보하려면 비용이 많이 들기 때문이다. 금융시장의 독점 정도를 고려할 때, 은행들이 차입자에게 이자율과 수수료를 낮춰준다고 해서 경쟁에 유리해지는 것은 아니다.

금융 부문이 생산적 경제를 촉진하는 역할을 하지 못하고 있다는 것은 명백하다. 비록 금융 부문의 엄청난 실패가 있었지만, 위기 발발에는 금융 이상의 것이 작용했다. 최근의 사태를 다루기 전에 위기의 기원을 살펴볼 필요가 있다.

기원

위기의 기원은 전후 호황의 마지막 때로 거슬러 올라간다. 이때는 '생산주의적 자본주의productionist capitalism'의 시대로, 당시 대기업들은 생산과 유통에 지속적으로 투자하면서 긴 안목을 가지고 단기적인 이득보다는 장기적인 수익성을 우선시했다. 물론 금융 부문이 필요했지만 '금융화' 현상은 어디에도 없었다. 금리를 낮추고 자산 인플레이션을 방지하기 위해 은행 신용을 규제했다. 영국의 주택금융조합과 미국의 저축대부조합은 예금으로 받은 기존 저축금만 대출할 수 있었다. 생산성 향상에 따라 임금과 급여가 상승해서 노동자들이 경제발전의 과실을 누렸다.

이런 일이 일어난 데는 노동조합의 압력이 크게 작용했다. 노동조합은 소유주가 임금을 억제하고 모든 이득을 독차지하지 못하도록 막았다.[6] 노동자의 임금이 상승함에 따라 수요가 지속적으로 증가해서 고용주에게도 도움이 되었다.

국가마다 정도의 차이는 있지만, 사회민주주의에 대한 국민의 지지는 공공투자와 가계의 경제적 안정으로 이어졌다. 아직 연금기금 같은 대규모 기관 주주가 등장해 영향력을 행사하지 않았기 때문에 주주가 기업에 미치는 영향은 제한적이었다. 그래서 경영자는 제품과 시장에 관한 전문지식을 활용해 사업의 핵심에 집중할 수 있었다. 실질 이자율은 제로에 가까울 정도로 낮았다. 1957년 영국 수상 해럴드 맥밀런[Harold Macmillan: 재임 기간은 1957~1963년]이 "우리 국민 대부분은 이렇게 좋은 시절을 겪어본 적이 없다"고 감격에 겨워 말했을 때, 불로소득자들은 비록 소멸하지는 않았으나 그렇게 나쁜 시절을 겪어본 적이 없었다.

호황에서 거품으로

1960년대 후반과 1970년대에 경제의 글로벌화가 더 진행되면서 산업화한 선진 경제에서 생산주의적 자본주의의 이윤율이 하락하기 시작했다.[7] 특히 동아시아 생산국들의 등장과 함께 생산 능력이 확대되고 경쟁이 심해져서 이윤을 압박했다. 유럽과 북미의 제조 공장들이 값싸고 착취가 쉬운 노동과 관대한 고용제도를 이용해 조직 노동에서 벗어나고자 신흥 공업국으로 옮겨가는 행렬이 이어졌다. 디지털 시대의 기술변화로 소득 분배상 중간층에 해당하는 전통적인 숙련 노동자들이 심각한 타격을 입었다. 오래된 산업국가에서 실업률이 상승하면서 실질임금 상승률은 하락했다. 그러자 소비 수요의 증가는 둔화했고, 그 결과 수익성 있는 생산은 예전보다 더 어려워졌다. 그러나 노동생산성, 곧 노동자 1인당 생산량은 계속 증가해서 결국 '고용 없는 성장'이 등장했다. [그림 12-1]은 세계 최대의 경제인 미국에서 1959년 이후 무슨 일이 일어났는지 보여준다.

이 그래프를 그린 톰 팰리Tom Palley가 말하듯이, 여기서 우리는 "금융화가 진행된 시기에 미국의 생산직 노동자와 비감독직 노동자(전체 고용의 80퍼센트 이상을 차지한다)의 임금이 생산성 향상에서 얼마나 괴리되었는지" 확인할 수 있다. 실제로 많은 논평가가 지적했듯이, 미국에서 40년 동안 임금과 급여는 정체되었던 반면, 이득은 소득 상위 10퍼센트에 집중되었으며, 그 안에서도 최상위층으로 집중되는 현상이 특히 두드러졌다. 즉, 상위 0.01퍼센트가 차지한 몫은 0.2퍼센트에서 1.8퍼센트로 아홉 배나 증가했다.[8]

영국에서 임금과 생산성 사이의 괴리는 1990년대 후반에 시작되었

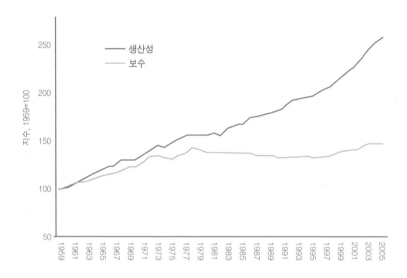

[그림 12-1] **1959~2005년 미국 생산직 노동자와
비감독직 노동자의 생산성과 시간당 보수**

생산성
보수

지수, 1959=100

출처: Palley, T.(2007) 'Financialization: what it is and why it matters',
Working Paper 525, Washington D.C.: Levy Economics Institute.

고, 미국보다 덜 극적이기는 했지만 뚜렷하기는 마찬가지였다([그림 12-
2]). 소득 최상위 계층의 임금만이 경제성장과 보조를 맞추었다. 노동조
합과 고용 보호가 약해지면서 소득 분포의 하위 절반에 속하는 사람들이
최대의 타격을 입었다. 노동조합 가입률의 하락은 상위 1퍼센트의 소득
점유율 상승과 상관관계를 보인다.[9] 고용이 확대되었지만, 그것은 파트
타임 일자리와 저임금 일자리의 비중이 커졌기 때문이다.[10] 혹자는 최근
의 기술변화가 필요한 숙련을 보유한 고임금 노동자들에게 유리하게 작

[그림 12-2] **1970~2010년 영국의 시간당 소득과 노동생산성**

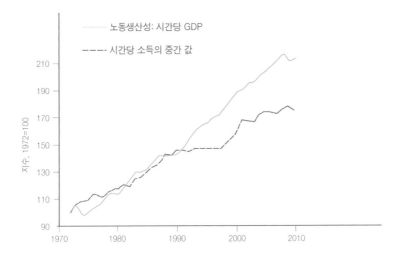

출처: Resolution Foundation (2012)
Gaining from growth: The final report of the Commission on Living Standards, p. 24.

용했다고 주장한다. 하지만 프랑스 경제학자 토마 피케티의 철저한 분석에서 드러나듯이, 만일 그렇다면 상위 10퍼센트나 20퍼센트의 임금 몫이 증가했어야만 하지만, 실제로는 상위 1퍼센트의 소득 비중만 집중적으로 증가했다.[11] 부자들이 밀집한 금융 부문과 부동산 부문을 살펴보면, 많은 '일하는 부자들'의 '수입'은 급여와 스톡옵션으로 지급되기는 하지만, 이자, 지대 추구, 가치 절도에서 나오는 것이 분명하다. 특히 2000년과 2008년 사이에는 성장의 과실을 소유주와 주주가 이윤으로 가져가는 비중이 증가해서 임금과 생산성 향상의 괴리가 더욱 커졌다.[12]

많은 국가에서 그다지 극적이지는 않지만 비슷한 패턴이 나타났음을 보여준 연구가 여럿 있다.

- 13개 서구 자본주의 국가를 대상으로 분석한 존 피터스John Peters 의 연구에 따르면, 노동자의 실질임금은 1970년대에 연간 4퍼센트 씩 증가한 반면, 1980년부터 2005년까지는 증가율이 연간 1퍼센트 에도 미치지 못했다. 단, 금융 부문에 고용된 노동자의 사정은 괜찮 았다. 1970년대와 1980년대에 이 국가들에서 국민소득 가운데 임 금이 차지한 비중은 78퍼센트로 정점을 찍었으나 2005년에는 63퍼 센트로 하락했다. 반면에 주식 배당금과 이윤·이자·지대에서 나오 는 소득의 비중은 상승했다.[13]
- 16개 민주적 자본주의 국가의 국민소득에서 노동이 차지하는 몫을 분석한 탈리 크리스털Tali Kristal의 2009년 연구는 하나의 '명백한 결론'을 도출했다. "1980년대 초 이후 대부분의 민주적 자본주의 국 가에서 노동이 국민소득에서 차지하는 비중은 지속적으로 큰 감소 세를 보였다. 생산성 상승으로 총소득이 증가했지만, 다수 국가에서 평균 실질임금과 복리후생은 노동생산성보다 느리게 증가했다. 한 편, 소득 증가는 주로 자본가의 이윤에서 발생해 자본의 몫이 급격 하게 증가했다."[14]
- 유엔무역개발회의UNCTAD는 다음과 같이 지적했다. "선진국의 경 우 노동소득 비중이 감소했는데, 그 폭은 1980년과 글로벌 금융위 기 직전인 2006~2007년 사이에 호주·벨기에·핀란드·프랑스·네덜 란드·노르웨이·스웨덴·영국·미국에서는 5퍼센트포인트 이상, 오

스트리아·독일·아일랜드·뉴질랜드·포르투갈에서는 10퍼센트포인 트 이상이었다. 프랑스·독일·이탈리아·미국 등 주요 국가에서는 임 금 비중 감소의 상당 부분이 이미 1980년에서 1995년 사이에 발생 했다. 임금 상승과 생산성 향상이 밀접한 동조 현상을 보이던 때 조 성되었던 전후 사회적 합의에서 벗어났던 것이 원인인 듯하다."[15]

- 국제노동기구ILO는 1990년대 초부터 2007년까지 통계 이용이 가 능한 73개국 중 51개국에서 노동소득의 비중이 감소했다고 밝혔 다.[16] 구체적으로 말하자면, 노동이 부가가치에서 차지하는 비중은 라틴아메리카에서 13퍼센트, 아시아와 태평양에서 10퍼센트, 고소 득 국가에서 9퍼센트 감소했다. 조사 대상국의 70퍼센트에서 임금 과 급여를 받는 노동자의 상위 10퍼센트와 하위 10퍼센트 간 격차 가 확대되었다.[17]

- 유엔무역개발회의와 국제노동기구에 따르면, 대부분의 선진국, 특 히 영어권 국가에서 자본이득(불로소득)에서 생기는 소득은 부자들 에게 점점 더 많이 돌아갔다.

- 국제통화기금, 경제협력개발기구OECD, 옥스팜의 보고서에서도 대 부분의 국가에서 불평등이 심화하고 있으며, 부자들과 나머지 사람 들의 격차가 확대되고 있다는 사실이 확인된다.[18]

전후 호황기의 경제성장과 경제적 안정을 뒷받침한 것은 1944년 체 결된 브레턴우즈 협정Bretton Woods agreement이었다. 이 협정은 자본의 국제적 이동을 제한하고, 무역 불균형을 억제해서 각 국가의 수입과 수 출이 지나치게 괴리되지 않게 했으며, 주요국 통화 간 환율을 고정하고,

정부들이 각자 이자율을 결정할 수 있게 했다. 브레턴우즈 협정은 사실상 예전에 은행가들이 자본 이동을 지배하던 것을 정부가 지배하도록 바꾼 것이다. 그 결과 국민경제의 폐쇄성이 커졌으며, 불로소득자들은 전 세계를 무대로 돈을 이동시킬 수 없게 되었다. 케인스가 말했듯이, "그들은 한 나라의 좌파 성향이 당분간 다른 나라보다 더 클 것[정부의 영향력이 나라마다 다르다는 뜻]이라 여기기"[19] 때문이었다. 이런 위협[돈이 빠져나갈 우려]이 없었기 때문에 각국 정부는 기업과 노동자의 몫·권리·책임을 규율하는 사회적 계약을 맺을 수 있었다.

1971년이 되자 브레턴우즈 체제는 무역 적자 증가에 시달리던 미국 경제에 더는 유리하지 않게 되었다. 금융 부문의 압력을 받고 있던 닉슨 Richard Nixon 대통령은 이 협정을 일방적으로 파기하고 신용 창조와 자본 이동을 자유화했다. 자본과 신용화폐 창조의 세계화는 생산과 무역의 세계화를 촉진했다. 이를 통해 '투자자들'은 전 세계를 무대로 최고의 수익을 추구하고, 조직 노동과 높은 세금을 회피할 수 있게 되었다. 그들은 주식·채권·통화에 대한 투기적 거래를 전 세계 금융시장으로 확대할 수 있었다. 그 결과 금융 부문의 지배력은 강화되었고, 금리와 신용 창조를 통제하는 정부의 권한은 실물투자와 완전 고용을 장려하는 권한과 함께 약화되었다. 금융화를 주도한 것은 미국과 영국이었는데, 두 나라 정부는 자국 자본주의가 불로소득 자본주의로 전환하는 것을 뒷받침했다.[20]

1973년 산유국들은 4차 중동전쟁에서 미국이 이스라엘을 지원한 데 대한 보복으로 석유 공급을 제한했다. 그 결과 에너지 비용이 상승하자 인플레이션율이 치솟고 이윤이 감소하는 등 큰 위기가 찾아왔다. 인플레이션은 실질 이자율을 낮춰 채무자에게 유리하게 작용했고, 상환 수단이었던 통화의 가치가 빠르게 떨어지면서 채무 상환 부담이 줄어들었다. 한동안은 노동운동이 여전히 강력했기 때문에 많은 노동자가 계속 임금을 인상해서 인플레이션을 따라잡을 수 있었지만, 구산업국에서 실업이 증가하면서 자본과 조직 노동 간의 힘의 균형이 무너졌고, 탈산업화와 함께 노조 가입률도 떨어졌다.

1970년대 말 대처와 레이건은 그 기회를 틈타 노조를 공격하고 고용 관련 법안을 약화시켰다. 이들은 사실상 조직 노동에 대해 계급전쟁을 선포한 셈이었다. 당시 노동조합은 높은 인플레이션율의 원인이라는 비난을 받고 있었다. 미국 정부와 영국 정부 모두 금리를 인상했고 이는 자국 통화 강세로 이어졌다. 그 결과 수입품 가격에 비해 수출품 가격이 올라가 수출산업이 어려움을 겪게 되었다. 특히 노조가 강력했던 제조업 분야에서 유례없는 실업이 발생해 오래된 공업 지역에 타격을 입혔다. 이는 영국 대기업의 입장에서는 치를 만한 가치가 있는 대가였다. 그 기업들은 해외 사업을 하고 있었으므로 영국에서 일시적으로 사업 실패를 겪더라도 다른 수익원으로 만회할 수 있었다.

1980년대에 인플레이션율은 낮아지고 금리는 높은 수준으로 유지되었는데, 이 상황은 금융 부문에 기쁜 소식이었다. 하지만 그 때문에 공공 부문의 차입 비용이 올라가 복지국가에 큰 압박을 가하게 되었다. 이런 변화는 권력의 중심이 노동에서 고용주로, 노동과 고용주에서 불로소득자로, 국가에서 금융으로 이동했음을 의미한다. 더 나쁜 것은 낮은 인플레이션율과 높은 금리로 제3세계의 부채가 증가했다는 점이다. 인플레이션이 완화하면서 힘의 균형이 채무자에서 채권자로 기울었고, 선진국과 개발도상국 양쪽에서 채무자에게서 나오는 돈은 늘어났다.

1970년대 대 현재

타블로이드 신문을 읽거나 신자유주의 정치인들의 말을 들으면, 1970년대 영국은 끊임없는 고통의 시대였다. 국가는 '노조 귀족'에 좌지우지되고, 파업과 정전으로 마비되었다('불만의 겨울'). 길거리에 쓰레기가 쌓이고, 영안실에는 시체가 쌓였으며(묘를 파는 사람들이 파업 중이었기 때문이다), 인플레이션은 걷잡을 수 없었다. 다행히 지금은 그런 상황이 아니다.

나는 그 시절 영국에서 살았다. 1970년대는 날짜로는 총 3,652일이었는데 정전이나 그 외의 혼란이 지속한 것은 단 며칠에 불과했고, 그것도 일부 지역에서만 발생했다는 사실을 염두에 둔다면, 위의 말에는 약간 오해의 소지가 있다. 실제로 일부 노조 지도자들은 다소 거칠고 때로는 성 평등과 관련해서 뒤처져 있었지만, 적어도 그들은 '귀족'이나 회사 사장과는 달리 투표로 선출되었다.

하지만 중요한 것은 1970년대 인플레이션율이 두 자릿수에 달하던 시기에도 평범한 사람들은 실질임금과 급여의 상승을 경험하며 경제성장의 혜택을 누렸다는 사실이다. 금융 부문은 통제 불능이 아니었다. 학생들은 장학금을 받았고 등록금을 내지 않았으며, 지금은 상상이 되지 않지만 빚 없이 대학을 졸업할 수 있었다. 더욱이 대학 졸업자들과 그 외의 젊은이들은 일자리도 쉽게 구할 수 있었다. 실업률은 1974년 2.6퍼센트로 최저치를 기록했고, 그 후 1979년까지 실업자 수는 150만 명 이하에 머물렀다.

그러나 신자유주의의 도래로 상황은 반전되었다. 인플레이션은 완화됐지만 실업자 수는 1980년대와 1990년대에 200만 명 이상으로 증가했고, 1986년에는 약 330만 명으로 늘어나 정점을 찍었다. 그리고 2000년 이후 하위 90퍼센트에 속하는 사람들 대부분은 실질 소득이 감소했다.

나는 1970년대에 파업이 벌어지고 노조의 힘이 강했음에도 실질 소득이 증가했다고 생각한다. 물론 노조의 강력한 지원이 없었다면 노동자들은 국부 중 자신들의 몫을 유지하지 못했을 것이다. 사실, 1970년대는 황금시대가 아니었다. 노조의 임금 협상을 스웨덴처럼 국가적 차원에서 조정했더라면 더 나았을 것이다. 스웨덴에서는 모든 노조가 정부와 함께 매년 경제 상황을 고려해서 임금을 결정했다. 1973~1975년 석유위기와 경기침체, 1978~1979년 3개월간 '불만의 겨울'을 겪었지만, 1970년대 10년 동안 사람들은 대부분 형편이 나아졌다.

그때 우리는 푸드뱅크가 필요 없었다.

그사이에 금융 부문은 엄청나게 팽창했다. 1970년대 이전 영국 은행권이 행한 대출은 경제성장과 대략 비슷한 속도로 증가해서 GDP의 약 50퍼센트에 달했다. 그러나 그 이후에는 GDP의 500퍼센트 이상으로 폭증했다.[21] 대출을 그렇게 극적으로 증가시키려면 늘어나는 위험에 대비해 자본 확충이 필요하다고 생각할 것이다. 하지만 정반대의 현상이 발생했다. 규제 완화로 자본 기준은 줄어들고 위험 기준은 상승했기 때문이다. 은행 주식을 소유한 사람들은 이 과정에서 팽창한 불로소득 원천을 통해 이득을 얻을 수 있었다. 은행 주식의 수익률은 1970년대까지만 해도 비금융 회사 주식의 수익률과 비슷했지만(연 10퍼센트 미만), 그 후에는 20퍼센트를 넘어섰다. 은행이 자본 기반을 확충해야 하는 시기에 막대한 이윤의 상당 부분을 주주에게 배당했다는 사실은 주주 자본주의의 비합리성을 여실히 증명한다.

1980년대에 여러 정부가 '유연한 노동시장'의 미덕을 극찬하기 시작했다. 이는 노동자 보호와 노동자의 협상력·안정성을 줄이고 더 싼 노동을 확보하기 위해서 바닥을 향해 경쟁을 벌이는 것을 완곡하게 표현하려고 만든 근사한 용어였다. 이렇게 새로운 환경에서 임금과 급여의 상승 속도가 느려지자 재화와 서비스에 대한 총수요도 더 느리게 증가했고, 기업이 새로운 생산 능력과 제품에 투자해 이윤을 내기도 더 어려워졌다. 두 가지 일이 이런 피해를 줄이거나 뒤로 미루었다.

첫째, 여성 고용이 늘어나자 많은 사람의 가계소득이 증가했고, 둘째, 소비자 채무, 특히 모기지와 신용카드가 급격히 증가했다(차입자들이 이자를 갚아야 했기 때문에, 이는 결국 수요와 소비를 압박했다). 저소득 가구가 소득 대비 가장 많은 부채를 떠안았다. 2006년 영국에서 연소득이 1만 파운드 미만인 사람들의 평균부채는 2만 316파운드였는데, 이는 그들이 버는 평균 연소득의 세 배가 넘는 금액이었다.[22]

이런 환경에서 생산적인 투자로 수익률을 올리려고 고군분투하던 많은 기업이 가치 절도와 이자·지대·투기에 더 많이 의존하는 금융 '투자'의 기회를 모색했다. 금융기관의 이윤율은 치솟았고, 자본은 금융 부문으로 흘러들어갔다. 2004년 제너럴 모터스는 이윤의 80퍼센트를, 포드는 이윤 대부분을 금융 분과에서 얻었다.[23]

기업이 수익성 있는 생산적 투자를 할 수 있는 한, 자금을 얻으려고 금융 부문을 찾지 않고도 내부에서 사내 유보 이윤으로 얼마든지 자금을 조달할 수 있었다. 실제로 수요가 부진했기 때문에 자본은 생산적으로 사용할 수 있는 것보다 더 많이 축적되고 있었다. 기업은 임금 억제에 눈부신 성공을 거두었는데, 이것이 거꾸로 생산물 판매에는 장벽으로 작용했다. 노동 규율의 성공이 결국은 실패의 원인이 되었던 셈이다!

지리학자이자 정치경제학자인 데이비드 하비David Harvey의 용어로 표현하자면, 잉여자본의 용도가 재화와 서비스에 투자하는 '1차 순환'에서 부동산과 기타 자산에 투자하는 '2차 순환'으로 전환되었다.[24] 국채 이자율과 주식 수익률은 종종 실물투자의 두 배가 되었는데, 이는 20세기에 유례를 찾기 어려운 수준이었다.[25] 생산 부문에서 창출된 잉여자본이 금융·부동산 부문으로 유입되어 자산의 가치를 부풀리고 불로소득자의 힘을 강화했다.

더그 헨우드가 말했듯이, 미국에서는 "비금융 기업들이 외부 금융을 위해 월스트리트를 찾기는커녕 오히려 월스트리트의 주머니를 채워주고 있다."[26] 게다가 일반 저축자들은 국가연금이 감소하는 상황에서 세금을 상쇄할 수 있는 '투자'상품을 구매하고 개인연금에 가입하라고 권유받았다. 주로 여유 있는 노동자들이 이런 상품에 가입했다. 연금기금·뮤추얼펀드·은행 등 금융기관들은 그들을 대신해 늘어나는 자금을 금융 증권에 '투자'했다. 물론 그 과정에서 그들은 확대하는 금융 부문과 이해관계를 같이하게 됐다.[27]

자본주의에서는 항상 이윤율이 낮은 사업에서 이윤율이 높은 사업으로 자본이 이동해왔다. 이는 바로 지난 250년 동안 믿기 어려운 경제성장을 추동한 창조적 파괴과정이다. 그러나 금융화한 새로운 자본주의에서 창의성은 생산주의적 자본주의에서처럼 재화와 서비스에 대한 장기 투자에서 발휘되는 것이 아니라 값싼 노동 제공자들에게 생산활동을 외주화하는 방법을 찾고, 더 많은 수입을 목적으로 기존 자산을 매각하며, 장소 차이에 따른 가격 차이와 가격 변동을 이용해 투기를 벌이고, 조세회피와 분식회계에 관여하는 데서 발휘되었다. 값싼 노동을 찾으면 효율성이 높아진다고 주장하지만, 그 경우 노동자들의 지출 여력이 줄어들어 경제 전체의 수요량이 감소하는 문제가 생긴다. 효율성을 높이려면 노동자 1인당 생산량이 증가할 수 있도록 작업방식을 재구성해야 하며, 이것이 바로 자본주의가 성공한 비결이다. 임금 삭감으로 사람들을 가난하게 만드는 것과 자본주의의 성공은 아무 관련이 없다.

자본주의가 이런 발전 경로를 밟은 결과, 거의 모든 선진국에서 불평등이 확대되었다. 최고 연봉은 치솟았고, 부자들은 주식 배당금과 자본이득을 통해 소득 증가의 대부분을 차지했다.[28] 반면, 부자들이 내는 세금은 가벼워졌고 저소득층에 대한 혜택은 줄어들었다. 부자들을 더 부유하게 만들면 더 많은 부가 창출된다는 것이 논거였다. 파이를 더 불평등하게 나누면, 파이 자체가 더 빨리 커져서 모두에게 혜택이 돌아갈 수 있다는 주장이었다. 하지만 결과는 정반대였다. 1960년대와 1970년대에 세계 경제는 1인 기준으로 3퍼센트 이상 성장했던 반면, 1980년 이후에는 1.4퍼센트 성장하는 데 그쳤다.[29]

연금기금·보험사·뮤추얼펀드 같은 대형 기관 '투자자'의 성장과 함께 기업이 주주에게 더 많은 이윤을 분배하도록 만들려는 주주가치 운동이 인기를 끌었다. 프랑스와 미국에서 배당금은 1970년대에 이윤의 30퍼센트였으나 20세기 말에는 60퍼센트로 증가했다.[30] 배당에 실패한 기업은 주가가 하락하기 때문에 자연히 주주들의 이익을 더 효과적으로 챙기고 기업에서 더 많은 가치를 추출할 수 있는 경영자가 인수해야 한다는 분위기가 조성되었다. 이익이 나중에 발생하는 장기 투자 전략은 부채로 취급되었다. 기업들은 매 분기 좋은 실적을 내야만 했다. 장기 투자보다는 일자리 감축을 포함한 공격적인 비용 절감을 우선시했다. 부의 추출이 장기적인 부의 창출보다 더 중요해졌다. 미국에서 이런 비임금소득을 많이 차지한 것은 상위 2퍼센트뿐이었다.[31] 결과가 어떻든, 주주들의 배는 채워져야만 했다.

'세상에서 가장 멍청한 생각'

BP 경영진은 주주가치 제고를 위해 비용을 절감하라는 압력을 받는 바람에 멕시코 만의 한 유정에서 중대한 안전 조치를 소홀히 한 것으로 알려져 있다. 그 유정은 석유 시추선 딥워터 호라이즌Deep Water Horizon호 원유 유출 사건 때 폭발했다. 안전과 연구·개발에 드는 비용을 하루 100만 달러씩 아끼는 바람에 회사 주주들은 1,000억 달러의 정화 비용을 부담해야만 했다.[32]

1981년 '주주가치'라는 용어를 처음 사용한 것으로 알려진 잭 웰치Jack Welch 전 제너럴 일렉트릭 회장은 2009년 마침내 자신의 용어가 잘못되었음을 인정하며 이렇게 말했다. "얼핏 봐도 주주가치는 세상에서 가장 멍청한 생각입니다. …… 기업의 주요 구성 요소는 종업원·고객·제품입니다."[33]

주주가치 운동은 기업의 성격을 바꾸어놓았다. 기업은 재화와 서비스를 생산해 이윤을 창출하는 활동들을 질서 정연하게 조직하는 집단이 아니라, 어떤 방식으로든 주주들에게 단기적인 이익을 안겨주기만 하면 매입·분할·매각할 수 있는 자산 덩어리로 취급되기 시작했다. 이런 상황은 조폭의 갈취행위에 비유할 수 있다. 자신을 보호하는 조폭에게 돈을 충분히 내지 않는 사람들은 요구사항이 더 많은 다른 보호자에게 인수당할 위협에 직면하지 않는가? 차이점은 보호자 중 일부가 내부의 최고경영자라는 사실이다. 단, 그들에게 지급되는 보수 중에는 주식과 스톡옵션(미래의 어느 시점에 정해진 가격으로 주식을 살 수 있는 권한)의 비중이 크기 때문에, 그들은 외부의 보호자들과 비슷한 이해관계를 갖는다.

놀랍게도 이 새로운 체제에서는 기업들이 이용 가능한 현금을 쌓아두지 않는 것이 당연한 일이 되었다. 이런 행동[현금을 쌓아두는 일]은 생산주의적 자본주의에서는 신중하다고 여겨졌지만, 지금은 기업 통제권을 장악해 유보금을 갈취하라고 기업 약탈자들에게 보내는 초대장처럼 여겨지게 되었다. 따라서 사내 유보금은 줄이거나 덜 매력적으로 보이게끔 만들어야만 했다. 이렇게 하려면 기업이 사내 유보금을 자사주 매입에 쓰면 된다. 이를 통해 기업은 경영진에게 주식으로 보상할 수 있게 됐을 뿐만 아니라 주식을 희소하게 만들어 주가를 상승시키고 배당금에 부과될 세금을 줄일 수 있었다.

이 방식은 주주들을 달래고 최고경영진을 만족시켰지만, 기업의 생산성을 높이고 제품을 개선하는 데는 전혀 도움이 되지 않았다. 제너럴 모터스는 1986년부터 2002년까지 자사주 매입에 204억 달러를 지출했다.[34] 윌리엄 탭에 따르면, 1997년과 2008년 사이에는 첨단기술 기업인 마이크로소프트·IBM·인텔조차 연구·개발보다 자사주 매입에 더 많은 돈을 지출했다고 한다.[35] 경제학자 마리아나 마추카토Mariana Mazzucato 는 이렇게 말한다.

『포춘Fortune』500대 기업(미국 내 최상위 기업)은 지난 10년간 자사주 매입에 3조 달러를 지출했다. 이와 같은 가치 추출 행위 때문에 충분한 연구와 직원 개발 등 장기 성장을 증진할 수 있는 분야에서 1퍼센트(보상이 주가 변동과 연결되어 있다)와 99퍼센트(보상이 생산 경제에 대한 투자와 연결되어 있다) 사이의 불평등을 심화시키기만 하는 분야로 자금이 이동했다. 가치 창출보다 가치 추출에 더 많은 보상이 주어지고 있다.[36]

사내 유보금을 최소화하거나 상계offset하는 또 다른 방법은 기업이 차입을 통해 '빚을 잔뜩 지는 것'이었다. 기업들은 그 돈으로 투기나 다른 기업 인수 입찰에 뛰어들거나 자사주를 매입했다. 차입은 법인세를 절감할 방법을 제공한다는 면에서 추가적인 매력이 있었다. 부채 이자가 세금 공제 대상이 될 수 있었기 때문이다.[37]

부재 소유주[주주를 가리킨다]를 위해 단기 이윤을 창출하려고 장기 투자를 희생하고, 불필요한 부채를 떠안는 대기업의 모습은 금융화한 자본주의의 비합리성을 잘 드러낸다. 금융자본의 관점에서 보면, 어떤 '투자'라도 거기서 재빨리 자금을 회수해 수익성이 더 높은 투자로 옮기는 것이 중요하다. 케인스가 말한 '유동성이라는 물신'이 존재하는 셈이다. 실물투자와 단순한 금융'투자'의 차이가 이보다 더 명확히 구분되는 경우는 드물다.

그리하여 소위 실물경제 또는 비금융 부문에 속한 기업들은 덫에 걸리고 말았다. 한편으로는 생산에서 이윤을 얻을 기회가 제한되고, 다른 한편으로는 단기간에 성과를 내라고 하는 주주들의 압박에 직면하자 기업들은 점점 더 다른 원천에서 이익을 얻으려고 노력했다.[38] 최고경영진은 어떻게든 주가를 밀어 올린 후 주식·스톡옵션 매각으로 최대의 개인적 이득을 실현할 방법을 찾는 일에 집중하게 되었다. 규제 완화로 이 일은 더 쉬워졌다.[39] 최고위 임원들은 자신이 관리하는 제품과 서비스에 대한 전문지식이 필요하지 않게 되었다. 그 대신 주주들을 위해 최대한의 이익을 추출하는 방법을 알 필요가 있었다. 그렇지 않은 경우, 그들은 그일을 더 공격적으로 할 수 있는 경영자로 대체되었다.

경제체제를 뒤덮은 잉여자본

금융위기는 단순히 이색적이고 잠재적 위험성을 가진 금융상품의 공급이 늘어난 결과일 뿐만 아니라, 과잉 생산 능력과 부진한 수요 증가로 생산적인 투자처가 꽉 막힌 상황에서 '투자처'를 찾는 여윳돈('수익을 좇는 돈')이 많아지면서[40] 그런 금융상품에 대한 수요가 확대된 데 따른 것이기도 하다. 앞서 살펴본 바와 같이, 투자처를 찾는 잉여자본의 첫 번째 원천은 금융투자로 업종을 전환하는 비금융 기업이었다. 두 번째 원천은 중국이나 사우디아라비아처럼 대규모 무역 흑자로 '투자'할 수 있었던 정부가 보유한 소위 국부펀드였다. 그 펀드들은 전 세계 개인 자산의 1.5퍼센트에 해당하며, 이는 세계 억만장자들의 자산과 같은 크기다.[41]

이 펀드들도 수익성 있는 생산적 투자의 기회가 적었기 때문에 대부분의 활동은 지대 추구(예컨대 미래의 상업적 이용을 기대해 아프리카의 토지를 사모으거나 가격 상승을 예상해 미국의 부동산을 매입하는 등)였다.

세 번째 원천은 민간연금의 성장이었다. 줄리 프라우드Julie Froud와 세 명의 공동 연구자에 따르면, 1990년대 중반 영국의 생명보험과 연금 기금으로 유입된 자금은 가치 기준으로 모든 산업·상업 기업의 생산적 투자액과 거의 맞먹었다(그 자금은 생산적 투자로 흘러가지 않은 채 단지 주가만 부풀렸을 뿐이다)![42] 피고용인들의 연금과 저축 또는 '투자'는 대형 기관 투자자들에게 '투자' 수단을 제공했다. 기관 투자자들은 규제가 완화되는 상황을 활용해, 그 자금으로 주식과 채권뿐만 아니라 더 위험한 금융상품에도 '투자'할 수 있었다. 신자유주의 정부들은 국가연금 지급을 줄일 수 있었기 때문에 그것을 기꺼이 지지했다.

미국·영국·프랑스·독일에서는 주식에 투자하는 '투자자들'이 세금 감면 혜택을 받았기 때문에, 사실상 할인된 가격으로 주식을 매입할 수 있었다. 이는 국가가 보조금을 지급하는 형태의 불로소득 제도였는데, 이 제도를 활용할 수 있는 사람들은 불로소득을 얻었을 뿐만 아니라 동시에 세금 납부액도 줄일 수 있었다! 그들은 물론 여유 있는 사람들이었을 터다.[43] 이는 또한 잉여자본 문제를 바로잡는 가장 직접적인 방법(자본의 평가절하)이 정치적으로 어려워졌음을 의미했다. 민간연금은 지속적인 자본 과대평가에 의존하기 때문이다.

잉여자본의 네 번째 원천은 부자들 자신이었다. 부자들의 소득이 급증하고 최고세율이 급격히 인하되자, 그들은 남는 돈을 처리해야 하는 문제를 떠안게 되었다. 사람이 실제로 소비할 수 있는 양에는 한계가 있지만, 획득할 수 있는 돈과 자산(즉, 부)의 크기에는 한계가 없다. 빌 게이츠, 조지 소로스, 워런 버핏 같은 부자들은 자선단체에 상당한 금액을 기부했다.[44]

그러나 대부분은 탐욕(즉, 동류同類들 가운데 가장 높은 '평가'를 받으려는 욕망) 때문에, 또는 달리 사용할 용도에 대한 상상력이 부족해서 남는 돈을 부동산과 금융에 '재투자'했다. 그들은 막대한 잉여금으로 부를 저장하고 수익을 극대화할 수 있는 출구를 더 많이 찾으려고 노력했다. 더 많은 증권이 '투자' 대상이 되고 그에 대한 수요가 증가하자 금융 부문은 '수익'을 안겨줄 금융상품을 더 많이 만들었다.[45] 이를 위해 증권 발행 기준을 완화하고 위험 기준을 높였다. 저 악명 높은 서브프라임 모기지를 생각해보라. 미국에서는 1980년대와 1990년대에 부자들에 대한 감세정책 때문에 다른 기업을 인수하려고 현금을 모으고 있던 기업이 발행한 정크본드를 사려고 자금이 몰리기도 했다.

규제 완화로 은행은 가계와 기업의 예금을 받아 다른 사람에게 돈을 빌려주는 전통적인 '소매' 업무에서 벗어났다. 은행들은 투기하고 주주가치를 창출하기 위해 다른 재원을 점점 더 많이 활용했다. 더 큰 '투자'(금융자산의 가치에 베팅하는 행위)를 하기 위해 자금시장에서 싸게 돈을 빌리는 레버리징leveraging이 주요 수단이었다. 7장에서 살펴본 것처럼, 레버리지는 투기행위로 얻을 수 있는 이익을 크게 증가시킨다. 하지만 실패할 경우 손해도 커진다. 금융자산의 가치가 상승하자 보너스나 이윤의 일정 비율을 받는 방식으로 급여가 이윤에 연동되어 있던 사람들은 엄청난 돈을 벌었다. 그들이 자신을 우주의 주인이라고 여기는 것은 당연했다. 하지만 일부 은행에서는 레버리지가 1:30 이상으로 높아지면서

'투자'에 조금만 실패해도 큰 곤경에 빠질 수 있었다.

그런 일은 실제로 일어났고, 그 은행들은 '은행가를 위한 사회주의'(은행은 너무 커서 실패할 수 없고, 경제의 다른 영역과 너무 밀접하게 연결되어 있음을 인식한 정부가 소매 예금의 지급을 보장했던 방식[46]을 가리킨다)가 구제해주기만을 기다릴 수밖에 없었다. 이는 물론 납세자가 자신의 예금을 보호하고 실패한 은행을 구제하는 데 드는 비용을 부담한다는 것을 뜻한다. 레버리지는 은행이 다른 사람의 돈으로 위험 감수의 이익을 사유화하고, 일반 납세자로 하여금 대가를 치르게 해서 손실을 사회화하는 방법의 핵심이었다.

금융 부문의 부채는 급증했다. 지금 신자유주의 정치인들은 공공지출을 삭감할 구실을 마련하려고 산더미 같은 부채를 소비자와 정부의 낭비성 차입 탓으로 돌리고 싶어 하지만 금융 부문이야말로 부채가 증가한 중심 부문이었다. 이는 여러 금융기관 간에 대출이 행해진 결과였다.[47]

더 많은 양의 신용화폐를 창조하면 인플레이션을 유발하리라 생각할지도 모르겠다. 하지만 그것은 소비재 가격이 아니라 자산 가치, 특히 부동산 가치에 영향을 미쳤을 뿐이다(이는 신자유주의자들이 좋아하는 인플레이션이다). 임금 정체와 부채 디플레이션을 경험한 자산 빈곤층의 부는 감소한 반면에 자산 보유자의 부는 증가했다.[48] 거품이 커지는 동안 은행은 더 많이 대출하고 더 많은 이자를 받는다. 존 메리먼John Merryman의 말을 들어보자.

금융 관련 담당자들은 실물경제 외부에 묶어둘 수만 있다면, 많은 화폐를 창조하더라도 전반적인 인플레이션이 일어나지 않는다는 사실을 이해하게 됐다. 많은 화폐가 실물경제 쪽으로 대출되기도 하지만, 은행 시스템 내에서 순환하는 화폐도 많다. 파생상품, 증권, 장외 파생상품 등 모든 '유동성'은 대부분 카지노의 칩일 뿐이다. 카지노 안에서는 막대한 명목적 부가 매우 섬세하게 균형을 이루지만, 실물경제에는 큰 종양에 불과하다.[49]

모든 것을 매물로 내놓기

금융화의 특징 중 하나는 지금 당장 현금을 얻으려고 미래에 계속해서 수익을 안겨줄 물건을 매각하는 관행이 널리 퍼진다는 사실이다.[50] 병원 주차료, 모기지 상환금, 영화 로열티, 배당금, 학생 임대료·대출금 등도 매각 대상이 될 수 있다.

이러한 가치 추출의 과정은 금융화의 핵심 수단인 '증권화'와 짝을 이룬다. 넓게 말해 증권화란 여러 대출(모기지, 신용카드 부채, 자동차 대출 등)을 묶어서 대출 이자를 토대로 일정한 수익을 지급하겠다고 약속하는 새로운 자산을 만들어 판매하는 관행을 가리킨다. '특수 목적 회사special purpose vehicles: SPV'가 설립되어 자산 매각을 맡는다. 특수 목적 회사는 법적으로 설립 금융기관과 별개로 소유되며, 통상 조세회피처에 기반을 두기 때문에 부채를 은폐하는 데 활용된다.

대출을 판매하는 금융기관은 사실상 미래 수익의 일부를 즉시 얻을 뿐만 아니라 위험까지 매각해 대차대조표에서 제거한 후 새로 대출할 수 있다. 개별 대출에 수반하는 채무 불이행의 위험들이 상호 연관되지만 않는다면, 장소와 출처가 서로 다른 수백 건의 대출을 결합하면 위험을 줄일 수 있다(하지만 경기 변동이 차입자의 재정 상태에 미치는 영향이 광범위하다는 점을 고려할 때, 한 곳에서 채무 불이행이 증가하면 다른 곳에서도 채무 불이행이 일어날 가능성이 크다). 위험을 매각하면 그 효과가 분산되기는 하지만, 차입자가 채무 불이행 상태에 빠지는 애초의 위험을 줄이지는 못한다. 실제로 위험을 다른 사람에게 떠넘기면 대출기관이 위험을 모니터할 능력과 필요가 줄어들기 때문에 더 많은 위험을 감수하려는 경향이 나타난다.

그러나 에발트 엔헬런과 7인의 공저자들은 위험이 분산된다는 주장과는 달리 파생상품의 위험은 고도로 집중되어 있음을 밝혔다. 2010년 미국의 상업은행들이 보유한 파생상품의 명목가치는 212조 8,000억 달러였다. "파생상품 위험도에 관한 정보를 제출한 1,030개 미국 상업은행 중 상위 다섯 개 은행이 이 명목가치의 97퍼센트를 차지하고 있었다."[51] 이런 상황에서 위험은 결국 납세자들이 떠안아야 했다. 이 정도 규모의 은행은 도산시키기에는 너무 커서 구제금융을 받아야 했기 때문이다. 금융 부문 웹사이트와 금융 실무 교과서에 거만하다고 할 정도로 자신 있게 '위험 관리'를 다루는 내용이 나오는데도, 빠른 이익과 위험 전가를 중시하면서 신중함과 장기적인 관점은 내팽개치고 말았다.

규제 완화로 증권 구매자는 증권을 차입 담보로 사용할 수 있었기 때문에, 주택 담보 대출에 대한 이자의 흐름이 자산 담보부 증권asset-backed securities 보유자의 차입 담보로 활용되었다. 그들은 대출받은 돈으로 더 많은 증권(불로소득의 원천)을 사들일 수 있었으며, 증권 가격의 변동을 노린 투기를 더 많이 벌일 수 있었다. 이런 식으로 금융은 악명 높은 카드 집[house of cards: 성공할 가망이 없는 계획이라는 뜻이다. 이 이름으로 된 소설이

나왔으며 그것을 원작으로 한 드라마도 제작되었다]을 지었다. 마르크스는 "이자 낳는 자본은 일반적으로 모든 정신 나간 것들의 어머니"[52]라고 말한 바 있다.

미국 모기지 회사들은 중산층 대상 모기지 시장에서 대출과 증권화를 마무리한 다음, 서브프라임 시장으로 이동해 티저 금리로 저소득 가구를 유인했다. 초기의 낮은 금리는 얼마 지나지 않아 고금리로 바뀌었다. 서브프라임 시장에서 수수료와 비용을 챙긴 모기지 회사들은 고위험-고금리 대출까지 증권화했다. 이처럼 증권화로 위험을 분산할 수 있었기 때문에 매우 무책임하고 약탈적인 대출과 단기 '투자'가 성행하게 됐다. 이 모든 것은 경제학자들이 말하는 '정보의 비대칭성' 개념으로 설명할 수 있다. 사람들은 대부분 차를 정비소에 맡길 때 어디를 수리해야 할지 모르기 때문에 차량의 문제를 잘 아는 정비사에게 쉽게 사기를 당한다. 또 심각한 결함이 있다고 의심되는 차량을 보유한 부정직한 중고차 딜러는 구매자에게 이 사실을 숨긴 채 가능한 한 빨리 차량을 처분하려고 한다. 이와 마찬가지로 모기지 회사는 증권화를 통해 부실 모기지를 신속하게 떠넘긴다.

수백 건의 서브프라임 대출을 '자산 담보부 증권'으로 묶은 다음, 이를 다시 잘게 쪼개고 썰고 묶어서 '부채 담보부 증권Collateralized Debt Obligation: CDO'으로 만드는 과정에서 당혹스러울 정도로 복잡하고 불투명한 금융상품들이 탄생했다.[53] 그 상품들의 위험을 추정하기 위해 슈퍼컴퓨터를 이용해서 엄청난 시뮬레이션 모델을 돌렸다. 이 작업에는 신용평가기관(면허를 가진 민간기업이었다)의 승인이 필요했지만, 여기서는 경찰이 사기꾼 편에 선 것과 마찬가지였다. 신용평가기관이 평가 대상 기관에서 돈을 받았거나 때로는 거기에 지분을 가지고 있었기 때문에, 거의 모든 사항에 AAA 등급을 부여해 이익을 챙겼다. 터무니없고 믿기 어려운 이야기지만, 이는 금융 부문이 얼마나 무책임한 권력을 행사했는지 보여준다.

증권 매입자들은 분명히 이 사실을 알고 있었지만, 그와 관련해 아무 일도 하지 않았다. '신용 부도 스와프CDS'를 매입하면 위험에 노출된 사람들이 스스로를 보호할 수 있다고 믿었기 때문이다. CDS는 증권 매입자들이 투자 실패에 대비해 가입하는 보험과도 같은 것이었다. 그러나 이는 다시 CDO를 더 많이 매입하더라도 안전하다는 생각을 부추겼다. 더 심각한 문제는 관련 신용위험에 노출되지 않은 고객이 CDS 시장의 약 80퍼센트를 점했다는 사실이다(업계에서 말하는 '네이키드naked' CDS). 다시 말해 이는 당신이 당신 집에 불이 나는 것에 대비해서 보험에 가입하려는데, 다른 사람들이 실제로 불이 난다는 데 베팅해서 이득을 취하려는 것과 마찬가지다! 이것은 자신이 소유한 것만 보험에 가입할 수 있다는 기본 원칙에 정면으로 반한다. 『파이낸셜 타임스*Financial Times*』기자 볼프강 뮌차우Wolfgang Münchau는 네이키드 CDS에 대해 다음과 같이 말했다. "사회적 혹은 경제적 이익이 전혀 없다. 뻔뻔한 투기꾼들조차도 이 점에는 동의한다. …… 그것을 금지해야 한다는 주장은 은행강도를 금지해야 한다는 주장만큼이나 강력하다."[54]

헤지펀드 매니저이자 억만장자인 존 폴슨처럼 증권화한 모기지의 가치가 폭락할 것을 정확히 예측했던 사람들은 거기에 베팅해서 큰돈을 벌었다. 2008년 그는 37억 달러를 벌었다. 그는 투자은행 골드만삭스가 증권화 모기지 패키지를 구성하는 데 관여하고는 거기에 베팅했다. 골드만삭스는 이 패키지를 구성하는 모기지의 선택에 폴슨이 관여했다는 사실을 투자자들에게 알리지 않은 채 패키지를 판매했으며, 그 모기지 가운데 일부는 극도로 위험한 것이었다.[55]

CDO와 CDS 계약의 명목가치는 전 세계 GDP 이상으로 치솟았다. 금융 엘리트들은 대규모 부실이 발생하지 않을 것이라고 낙관론을 펼쳤다. 영국의 경우, 2008년 바클레이스Barclays 은행과 스코틀랜드 로열 은행Royal Bank of Scotland: RBS이 발행한 CDS의 명목가치는 각각 2조 4,000억 파운드였는데, 이는 영국 정부 연간 총지출의 약 네 배에 해당하는 금액이었다. 주택 거품이 꺼지자, 채무 불이행은 급증하고 카드 집이 무너졌다. CDS를 판매했던 리먼 브라더스Lehman Brothers와 AIG, 아이슬란드 은행들 같은 금융기관들은 보험금을 지불할 수 없어서 도산하거나 납세자들이 낸 돈으로 구제금융을 받았다.

이 모든 일은 돈과 위험의 관점에서 보면 쉽게 이해가 된다. 그것은 당시에는 묘책처럼 보였지만 누적되면서 부지불식간에 조만간 무너질 부채 더미를 쌓아 올린 무수한 '혁신들'의 결과였다. 여기서 우리는 개별 경제 주체들에게 단기적으로는 합리적인 듯 보이는 것이 어떻게 전체에 궁극적인 파멸을 가져올 수 있는지 알게 된다. 하지만 그 이상의 의미도 있다. 부채가 아무리 여러 번 비잔틴식의 복잡하고 다양한 모습으로 묶여서 판매되더라도, 기본적으로 그것은 주로 저소득층 또는 중산층 차입자가 부자들에게 이자 지급의 형태로 불로소득을 제공하는 부 추출의 사회관계에 토대를 두고 있다. 아이러니하게도 연금기금에 저축금을 맡겼던 사람들 가운데 일부는 자신도 모르게 안전하지 않은 증권'투자'에 돈을 대고 있었다.

민영화와 신자유주의의 '전략적 적자' 정책

부자들에 대한 감세는 정부가 국가 부문에 써야 할 세입을 감소시키며, 높은 이자율은 정부의 차입 비용을 증가시킨다. 이는 정부를 조지 부시가 '재정 압박'이라고 즐겨 불렀던 상태에 빠뜨리는 효과를 낳는다. 이는 공공 서비스를 민영화해서 국가 지출을 삭감할 수 있는 명분을 정부에 제공하기 때문에, 부시는 이 아이디어를 좋아했다.[56] 지금 영국의 상황도 이와 비슷하다. 정부가 재정 적자를 공공 부문 감축과 민영화 추진을 위한 구실로 삼고 있기 때문이다. 정부가 부자들에게 과세하는 정책에서 그들한테 자금을 차입하는 정책으로 전환하면, 부자들은 두 배로 이득을 얻게 된다. 복지국가를 압박하면 노동이 약해지고 임금도 떨어진다. 대출자든 고용주든, 부자들은 이득을 얻는다.

정치 담론의 특징 중 하나는 세금으로 지원되는 서비스와 외견상 민간 부문의 '투자'로 제공(여기에는 우리가 비용을 지불할 필요가 없다는 의미가 내포되어 있다)되는 서비스를 구분하는 관행이다. 후자의 경우 적어도 우리 돈에 무슨 일이 생기는지를 두고 우리가 선택할 수 있다는 변명이 나오기도 하지만, 실제로는 수도·전기·가스 등의 서비스와 기본 서비스에 관한 한 대안은 거의 없고, 우리가 주주들에게 보조금을 지급할지 안 할지를 선택할 수 없다. 세금으로 지원되는 투자는 주주들에게 불로소득을 제공하는 것을 조건으로 삼지 않지만, 민간이 자금을 대는 투자는 대개 그렇다. 민간자금의 '투자'는 주로 수익을 안겨주는 기존 자산을 구매하는 형태로 이뤄진다. 일반인들은 민영화한 서비스의 대가로 기업에 '사적 조세'를 내게 된다고 했던 제임스 미크의 주장은 옳다.

외국 투자자나 다른 투자자가 수도·도로·공항을 가치 있게 여기는 것은 그것들을 이용해야만 하는 사람들이 있기 때문이다. 우리는 통행료 징수원이 부과하는 대가를 낼 수밖에 없다. 우리는 우리 자신의 땅에서 임차인이 되어 단지 이곳에 존재하기 위해 여러 가지 사적 요금을 지불한다.[57]

민영화가 추진되면 세금을 더 삭감할 수 있다. 영국에서 민영화 이후 수도요금은 물가보다 두 배 정도 빨리 올랐고, 에너지 비용과 기차요금은 실질가치 기준으로 17퍼센트나 급등했다.[58] 그 결과 우리는 부자들에게 세금을 부과하는 대신에 그들에게 서비스 제공의 대가를 지불하고는, 적자를 메우기 위해 그들에게서 자금을 차입한다. 세금으로 지원되는 공공자산의 경우, 거기에 따르는 부담은 부유한 납세자의 몫이다. 이런 자산이 민간 사업자에게 매각되고 나면, 일반적으로 요금이 사용자의 소득에 따라 달라지지 않으므로 부자들이 혜택을 누리고 그에 비례해서 저소득 가구가 받는 청구서 금액은 더 커진다. 공공 서비스의 민영화로 사업운영자는 일반 시민을 착취할 수 있는 독점적인 권한을 가지고 주주들에게 불로소득을 제공할 수 있게 되었다.

아닌 척하기는 하지만, 막대한 적자는 신자유주의 정부에 그리 나쁜 소식이 아니다. 복지 지출과 공공투자를 삭감하고, 공공자산을 매각할 수 있는 구실을 제공하기 때문이다. 이 자산이 매각되면 민간기업에 안전한 수입 흐름(사실상 지대)을 제공한다. 실제로 국제통화기금과 세계은행은 곤경에 빠진 경제를 지원할 때 이 정책을 조건으로 제시했다. 채무자가 어려움에 빠지면, 채권자는 채무자에게 자산을 매각하라고 강제할 수 있다. 이런 자산 강탈 관행은 수천 년 동안 지속되어온 것이다.

채권시장: 자경단, 사기꾼, 은행

채권시장bond market을 주신 하늘에 감사하라. 이 시장은 민주주의 정치에 내재하는 재정 과잉에서 우리 모두를 보호해준다(찰스 로울리Charles Rowley, 미국 조지메이슨 대학교 경제학 교수).[59]

국채는 연간 세수 일부의 가격에 불과하다(루돌프 힐퍼딩Rudolf Hilferding, 1910년).[60]

채권은 예전에는 비교적 안전하고 고리타분한 금융투자였으나, 최근 수십 년 동안 2차 채권시장이 성장하면서 카지노 자본주의의 핵심 요소가 되었다. 배당금을 받기 위해서뿐만 아니라 주식시장에서 변하는 시세를 두고 투기하기 위해 주식을 매입하는 것처럼, 채권도 이자를 받기 위해서뿐만 아니라 투기이익을 얻기 위해 매입한다. 채권시장의 성장으로 가계 보유 채권의 대부분을 가진 상위 1퍼센트[61]와 나머지 채권을 보유한 은행·연금기금과 기타 금융기관이 더욱 부유해졌다. 2011년 전 세계 채권시장의 규모는 100조 달러(약 62조 파운드)에 달했다.[62] 채권시장의 성장으로 정부에 대한 부자들의 권력은 크게 강화되었다.

채권은 이자 낳는 부채의 한 형태에 불과하며, 따라서 불로소득의 원천이다. 그것은 일종의 차용증이다. 이자율 5퍼센트, 10년 만기 채권은 보유자에게 10년 동안 5퍼센트 이자를 지급한 다음 원금을 반환하겠다는 약속이다. 채권은 단순히 물건이나 자산일 뿐만 아니라 차입자(채권 발행자로 통상 대기업, 지방자치단체 또는 정부)와 대출자 간의 사회관계를 포함한다.

다른 부채와 마찬가지로 채권은 부자들에게 부를 이전시키는 경향이 있다. 공공부채의 경우, 세수가 부자들에게 이자를 지급하기 위한 용도로 쓰인다. 불로소득자들은 부자들의 세금을 깎아서 재정 적자가 생기면 자신들이 채권을 사서 정부에 돈을 빌려줄 수 있다고 생각하고 그렇게 되기를 바란다. 채권 발행에 돈을 대는 사람은 세금을 내는 힘없는 대중이다. 미국의 부동산 백만장자 상속녀로 '악의 여왕'이라는 별명이 붙은 리오나 헴슬리Leona Helmsley는 탈세로 유죄 판결을 받았는데, 세금에 대해 다음과 같이 말했다고 전해진다. "우리는 세금을 내지 않는다. 세금은 힘없는 대중이나 내는 것이다……."[63]

그러나 운 좋은 40퍼센트도 부지불식간에 조금 혜택을 입을 수 있다. 저축금의 일부가 연금기금을 통해 채권에 '투자'되는 경우의 이야기다. 하지만 평생을 통틀어서 보면 대부분은 받는 돈보다 더 많은 이자를 낸다. 그들은 자신도 모르게 연금기금 같은 기관들이 자금을 차입하는 정부들을 다루는 데 도움을 준다. 이는 정치적으로 볼 때 그들의 저축금을 '투자'하는 금융기관들이 실패할 수 없음을 의미한다.

고정 금리 5퍼센트에 10년 만기인 채권은 인플레이션율이 낮을 때 매우 좋은 투자 대상이다. 이는 부자들이 은퇴 후 생활을 영위하기 위해 선호하던 투자방식이었다. 그러나 적극적인 불로소득자들은 매 순간 가장 높은 수익률을 실현하기 위해 금융시장을 옮겨 다니며 끊임없이 경쟁한다. 지금은 채권 보유자들이 만기까지 채권을 보유하는 경우는 거의 없으며, 대부분은 채권을 계속 사고판다. 실제 채권의 평균 보유 기간은 약한 달 정도다. 1980년대에 채권으로 자금을 조달하는 차입 매수leveraged buyout의 발달로 채권시장이 활성화되었다. 금융기관들이 새로운 채권 발행을 위해 활용하면서 다양한 수익 흐름의 자본화capitalization도 활성화되었다.

정부가 발행하는 채권('공공' 또는 '국가' 부채)은 통상 가장 안전하다고 여겨진다. 정부가 부채 상환을 위해 세금을 인상할 수 있기 때문이다. 따라서 자기 자산을 보관할 안전한 곳을 찾는 채권 보유자들은 이자율이 낮더라도 그런 채권을 매입한다. 그러나 위험에 처했다고 여겨지는 취약한 경제가 채권을 발행해서 자금을 조달하려고 하는 경우, 남유럽에서 보았듯이 이자율이 상승한다. 2013년 그리스 채권의 이자율은 영국 채권의 네다섯 배였다.[64] 이는 전형적인 고리대에 해당하는 이야기다. 즉, 가장 이자를 낼 능력이 없는 사람들에게 가장 많은 이자를 기대한다. 높은 이자율은 위험뿐만 아니라 권력도 반영한다. 더욱이 2007년 이후 어려움에 빠진 국가가 발행한 채권을 보유한 사람들은 구제가 확실했기 때문에 위험은 점점 더 납세자들이 지게 되었다.

2차 시장에서 채권의 가치는 경제 환경의 변동에 강한 영향을 받기 때문에 채권 보유자들은 경제적 조건과 경제정책의 변화에 매우 민감하다. 새로운 채권을 사는 사람들에게는 이자율이 높을수록(채무 불이행 위험에 비해) 매력적이지만, 기존의 채권 보유자들은 경제 전반의 이자율이 상승하는 것을 원하지 않는다. 다른 투기 수단에 비해 그들의 자산 가치를 떨어뜨리기 때문이다. 이유는 다음과 같다. 어떤 채권 보유자가 10년 만기 액면가 1만 파운드짜리 채권을 보유하면서 연간 5퍼센트의 이자인 500파운드를 받고 있다고 하자. 만약 경제 전반의 이자율이 6퍼센트로 상승한다면, 그들의 '투자'는 비효율적인 것으로 드러날 수밖에 없다.

2차 시장에서 구매자들은 이 채권의 낮은 이자율을 상쇄해야 하므로 채권 가격이 액면가 미만으로 떨어질 때만 관심을 보일 것이다. 고정이자 500파운드가 구매자에게 6퍼센트 수익률이 되려면, 채권 가격은 8,333파운드로 떨어져야 할 것이다. 반면에 만약 경제 전반의 이자율이 4퍼센트로 하락한다면, 이자율이 5퍼센트인 채권의 가치는 상승할 것이다. '투자자'들이 이 채권을 매력적이라 여겨서 더 비싼 값을 치르려고 할 것이기 때문이다(이 채권의 가치는 1만 2,500파운드로 올라갈 것이다).

채권자들은 항상 인플레이션율이 낮게 유지되어서 그들이 받는 이자의 가치가 너무 많이 떨어지지 않기를 바란다. 정부는 채권 보유자들에게 인플레이션율을 낮게 유지할 수 있다는 확신을 주기 위해, 유권자들에게 낮은 인플레이션율은 모든 사람에게 좋은 소식이라고 이야기한다. 우리의 돈이 그렇게 빨리 가치를 잃지 않는다는 의미라면, 그것은 모든 사람에게 좋은 소식이다. 1970년대 중반에 경험한 것과 같은 고삐 풀린 인플레이션(연간 인플레이션율이 10퍼센트를 초과했다)은 분명히 지속 불가능하다. 그러나 인플레이션을 완전히 막으면 성장이 억제되지만, 적당한 인플레이션은 일반적으로 경제성장을 자극한다. 그리고 인플레이션은 부채의 가치를 감소시키기 때문에 채무자들에게 유리하다.

채권시장에서 주로 국내외 대형 은행, 연금기금, 보험 회사 등에서 끌어오는 차입에 의존하는 국가들은 채무 불이행의 위험에 빠질 때는 물론이고 경제 운용과 관련해서 채권 보유자의 선호를 충족시키지 못하는 경우, 취약한 상황에 처할 수 있다. 예를 들어 1993년 미국에서 클린턴 행정부가 적절한 재원 조달 계획 없이 의료 서비스를 크게 확대하는 새로운 법안을 도입하려고 했을 때('힐러리 케어'), 장기 이자율이 상승하기 시작했다. 1994년 미국 국채 10년물 금리는 8퍼센트에 달했다. 그 결과 기업 부문에서 신용경색의 우려가 짙어지고 예비 주택 구매자에게 적용할 모기지 금리가 상승하자, 법안이 의회를 통과하지 못하게 할 정도로 정치적 반대가 심해졌다.[65] 채권 보유자(때로는 '채권시장 자경단원'이라고 묘사하기도 한다)는 간단히 금리를 올리거나 대출 갱신을 거부할 수 있다. 미국 대통령 빌 클린턴Bill Clinton의 수석 전략가였던 제임스 카빌James Carville은 다음과 같은 유명한 말을 남겼다. "환생이 가능하다면 나는 대통령이나 교황이 되기를 원했다. 하지만 지금은 채권시장이 되고 싶다. 누구라도 위협할 수 있으니까."[66]

현재 신용 파생상품 평가 시 큰 잘못을 저지른 바로 그 신용평가기관들이 긴축 요구를 받아들이지 않는 국가들의 신용등급을 하향 조정하고 있다. 유로존 위기 때 그 기관들 때문에 그리스·아일랜드·포르투갈·이탈리아의 차입 비용은 지속 불가능한 수준으로 올라갔고, 네 나라 정부는 평소 같으면 도저히 생각할 수 없는 일을 고려하지 않을 수 없었다.[67] '블랙 프라이데이'(2012년 1월 13일)에 스탠더드 앤드 푸어스Standard and Poor's는 유럽 9개국의 신용등급을 하향 조정했는데, 그 때문에 미국의 민간 신용평가기관이 유럽의 미래를 결정하고 있다는 불만이 터져 나왔다. 이는 민간기업이 민주주의를 무시하고 정치를 좌우하는 또 다른 방법이었다. 이자율이 높아졌다는 것은 납세자의 돈이 공공 부문에서 채권 보유자의 주머니로 더 많이 흘러들어갔음을 의미한다. 더욱이 정부 채권의 신용등급을 하향 조정하자 해당 국가에서 이뤄진 다른 투자에 대한 위험 인식도 영향을 받았다.

그러나 폴 크루그먼은 다른 해석을 제시한다. 부모가 자녀를 훈육하려고 귀신을 소환하는 일을 유용하게 여기는 것처럼, 정부는 채권시장(그리고 신용평가기관)을 화나게 할 만한 위협을 이용해 실제로는 화나게 하지 않을 정책이나 채권시장과 신용평가기관이 요구하지도 않는 정책을 정당화한 다음, 그것들을 희생양으로 삼을 수도 있다(사실 정부는 따르지 않으면 안 되는 자연의 힘인 양 '시장'을 자주 들먹인다. 아래 상자글을 보라). 정부는 채권 보유자들이 신용연장을 조건으로 긴축정책과 민영화정책을 요구한다고(실제로는 그렇지 않음에도) 주장할 수 있다.[68] 채권 보유자들은 정부 지출을 줄이면 채무 불이행 가능성이 더 커진다는 사실을 알지도 모른다. 그렇다면 긴축을 요구하는 짓은 그들의 이해에 반하는 것이다. 아일랜드는 대규모 긴축정책(침체로 이어질 수밖에 없다)을 펼쳤는데도, 채무 불이행 위험을 줄이거나 채권 보유자들을 더 기쁘게 해주지는 못했다.

'시장'을 조심하라: 화난 신들gods은 달래야 한다!

영국 보수당의 신임 재무부 장관은 60억 파운드 규모의 공공 부문 지출 삭감 계획을 발표하면서 다음과 같이 주장했다. "이렇게 조기에 단호하게 취한 행동으로 우리는 국제시장에서 신뢰를 얻었습니다. 이는 재정 적자에 결단력 있게 대처하겠다는 우리의 약속이 먹혀들었음을 의미합니다."(조지 오스본, 2010년)[69]

"시장은 감세, 민영화, 작은 국가를 요구한다." 이런 말을 들으면, 어떻게 '시장'이라는 사물이 무언가를 요구할 수 있는지 의심하는 것이 합리적일 것이다. 도대체 '시장'은 누구(혹은 무엇)인가?

여기서 시장은 채권시장을 의미하는 경우가 종종 있지만, 그 사실이 말해주는 바는 많지 않다. 핵심적인 역할을 하는 행위자가 누구인지 알아야 하기 때문이다. 이미 살펴보았듯이, 그것은 거대 금융기관들이다. 여기에는 정부가 구제금융을 제공한 바로 그 기관들이 포함된다. 구제금융을 제공하는 바람에 정부의 신용위험이 커졌고, 그 때문에 정부는 그 금융기관들에서 도로 자금을 차입해야만 했다.

'시장'이라는 말은 강력한(때로는 친숙한) 금융기관의 정체를 숨기기에 유용한 표현이다. 그것은 '투자자'라고 하는 또 다른 유용한 유인용 용어와 함께 사용되는 경우가 많다. 우리는 금융 부문 대변인들이 '경제학자'를 자처하며, 마치 정부 채권을 사는 것이 일반인의 관심사인 양, 특정 상황에서 '투자자'가 어떻게 움직일 것인지에 대해 느긋하게 설명하는 말을 종종 듣는다. 경제위기 이전에도 골드만삭스·바클레이스·도이체방크Deutsche Bank가 아니라 '시장'과 '투자자'를 적절한 용어로 보는 암묵적인 이해가 금융 부문과 정부 안에 있었다. 이런 용법은 불로소득자의 계급적 이익과 대중의 일반적인 이익이 전혀 다르지 않은 것처럼 인식하게 만드는 효과가 있다.

'시장'이라는 용어는 더 많은 용도가 있다. 이 용어를 쓰면, 책임을 누구에게도 어떤 일에도 돌리지 않을 수 있다. 마치 실제 구매자와 판매자가 없는 것처럼 말이다. 마거릿 대처가 "시장을 거스르지 못한다"고 말했을 때, 그녀는 우리가 복종해야만 하는 강력한 힘을 들먹인 셈이다(시장은 계획가나 정치인이 고안할 수 있는 것보다 월등한 결과를 가져오는 기적적인 장치이기 때문에 복종하는 것만이 우리에게 더 나을 것이라는 의미가 내포되어 있다).

경제위기는 차입자뿐만 아니라 대규모 채권 보유자에게도 위협이다. 예를 들어 그리스 공채는 대부분 프랑스·독일·미국·그리스의 은행들이 보유하고 있다. 따라서 그리스의 채무 불이행 위험은 소시에테제네랄Société Générale, 도이체방크 같은 은행에도 위협이 되며, 이는 다시 그 은행들이 도산하기를 원치 않는 그 정부들을 두렵게 만든다. 당시 잉글랜드 은행 총재였던 머빈 킹Mervyn King은 "은행은 생존 시에는 글로벌하지만, 죽을 때는 국가적"[70]이라고 말했는데, 이는 매우 적절한 표현이었다.

채권시장을 지배하는 은행, 연금기금, 보험 회사는 그리스·아일랜드·스페인의 부동산 거품에 기름을 끼얹은 바로 그 금융기관들이었다. 이 부동산 거품은 나중에 그 나라들에서 경제위기를 촉발했다. 언제나 그렇듯이, 모든 부채관계의 배후에는 처음에 불평등한 관계가 형성된 과정이 숨어 있다. 현재 고통을 겪고 있는 그리스·아일랜드·스페인 국민(분수에 넘치는 생활을 했다고 비난받고 있다)은 나라가 아닌 무책임하고 약탈적인 채권자들을 구제하고 있다. 이 채권자들은 위험을 효과적으로 관리할 수 있는 금융상품을 개발했다고 자신 있게 주장해왔다. '구제 계획'은 그리스인이나 아일랜드인이 아니라 은행들을 위한 것이다.

채권 보유자를 귀신으로 활용하는 것과 마찬가지로, 정부는 은행이 생존해야만 저축금을 지킬 수 있다는 주장으로 은행 도산 시 구제금융을 제공하는 데 대해 변명할 수 있다. 아일랜드의 경우, 정부는 그것[은행이 생존해야만 저축금을 지킬 수 있다는 것]이 앵글로 아이리시 은행Anglo-Irish Bank: AIB 구제가 필요한 이유라고 주장했다. 2012년 아일랜드의 은행들은 국가 자금으로 AIB와 네 개 은행 채권 보유자들에게 180억 유로를 지급했으며, 2013년에는 170억 유로를 추가로 지급했다.[71]

그러나 데이비드 멀론David Malone의 연구에 따르면, 아일랜드 채권을 보유한 80개 기관 중 일곱 개만이 연금을 취급하거나 저축협동조합으로 운영되고 있는데, 이 기관들의 채권 보유량은 많지 않다. 80개 기관 가운데 다수는 외국 은행이며 일부는 외국 슈퍼리치들의 자산을 관리하는 사설 은행들(연금기금도 아니고 예금을 받는 일반 은행도 아니다)이다. 예를 들어 유럽 금융 그룹European Financial Group의 일부인 룩셈부르크 EFG 은행은 스위스에서 세 번째로 큰 사설 은행 그룹이다. 이 은행은 7.5조 유로 이상의 자산을 운용하고 있는데, 그리스 선박 재벌의 아들로 2006년 세계 억만장자 명단에서 51위에 오른 스피로 랏시스Spiro Latsis가 40퍼센트를 소유하고 있다. 랏시스의 개인 재산은 약 90억 달러로 추정된다.[72]

아일랜드 국민은 그런 채권자들이 '위험 감수'로 손해를 보지 않도록 희생하고 있다. 스코틀랜드 로열 은행은 아일랜드의 부채에 크게 노출된 또 다른 주요 채권 보유자다. 이 은행은 현재 84퍼센트가 국유화되어 있어서 영국 정부가 아일랜드 국민의 은행 구제에 이해관계가 걸려 있다. 경제위기 이후 공공부채가 급증하고 채권자에 대한 의존도가 높아진 것은 공공이 채권 보유자인 은행을 구제하기 위해 자금을 대야 하기 때문이다.

모든 고리대가 그렇듯이, 대출자들과 그들의 생존에 이해관계가 걸린 사람들은 일이 잘못되면 부실 차입자를 징벌하려고 한다. 그리스 부채위기 때 이른바 '트로이카'[Troika: 국제통화기금·유럽연합·유럽중앙은행을 하나로 묶어 부르는 말] 채권자들은 그리스 구제를 위한 조건으로 "공무원 대량 해고, 사회적 보호와 사회 서비스의 해체, 사회 부문 예산 감축, 부가가치세 등 간접세의 인상, 최저임금 인하"[73]를 제시했다. 2012년 9월 트로이카는 그리스인들에게 1주일에 6일 일하도록 요구하는 방안(그들은 이미 독일인보다 더 오래 일하고 있다)을 고려했으며, 그 뒤에는 인구 150명 미만인 그리스 섬들에 대해 국가 지원을 철회하는 방안을 검토했다. 이는 사람들에게 '채무 노예'를 연상시키며, 채무가 유권자들의 등 뒤에서 그들의 의사에 반해 맺어진 협정에서 파생된 것이므로 '혐오스럽다'는 비난을 불러온다.[74]

폴 제이Paul Jay가 말한 대로, 채무국 정부의 채권 보유자에 대한 의무는 절대적이지만 자국민에 대한 의무는 상대적이다. 2013년까지 그리스에서는 실업률이 27퍼센트, 청년 실업률이 60퍼센트에 달했으며, GDP는 25퍼센트 감소하고 가계소득은 40퍼센트 감소했다. 그사이에 부채 부담은 2010년 GDP의 120퍼센트에서 2013년 GDP의 약 180퍼센트로 **증가했다.**[75] 그리스 정부는 수년간 세금을 제대로 징수하지 못했지만, 언제나 그렇듯이 경제위기에 대한 모든 비난은 채무자에게 향했다.

하지만 또 다른 반전이 있다. 그리스 부채위기 시 독일 수상 앙겔라 메르켈[Angela Merkel: 재임 기간은 2005~2021년]은 은행에 "머리카락을 자르라"고 요구했다. 이는 은행들이 보유한 채권의 가치를 50퍼센트 줄이라는 뜻이었다. 하지만 은행들은 이에 따르지 않고 미적거렸다. 일부 은행, 예컨대 골드만삭스는 그리스의 채무 불이행에 대한 보험인 CDS에 가입해 있었으므로 구제보다 채무 불이행에서 더 많은 이익을 얻을 수 있었다![76] 은행들은 어떤 상황에서든 이익을 얻는 위치에 있었던 셈이다.

이런 상황을 고리대에 비추어 생각하면, 채무관계를 전체 맥락에 놓고 그것이 어떻게 진화했는지 파악할 수 있다. 유럽 부채위기에서 분명히 드러나듯이, 자산 거품과 경제위기를 조장한 바로 그 대형 금융기관들 가운데 다수가 지금은 채권 보유자로서 정부를 통해 납세자, 특히 위기에 희생된 사람들한테서 불로소득을 추출하고 있다. 고대의 비평가들이 말했듯이, 고리대를 통해 강자들(오늘날로 치면 너무 커서 실패할 수 없는 자들)은 약자들을 이용해 이익을 취할 수 있다. 하지만 오늘날 불로소득 자본주의에서 우리는 은행에 의존하는 바가 너무 크기 때문에 우리 중 다수가 불로소득자들의 성공에 이해가 걸려 있을 수밖에 없다.

기업 소유권 바꾸기: 기업시장

> 지난 25년 동안 영국과 미국의 거대 기업들은 고정자본 투자액 또는 그 이상을 다른 기업을 인수하는 데 지출했다(M. 새비지Savage와 K. 윌리엄스 Williams, 2008년).[77]

수요가 부진한 상황에서 매출액을 늘리기 위해 고군분투하는 기업이 다른 기업을 인수하면 그 기업의 수입revenue을 고스란히 손에 넣을 수 있다. 전통적으로 합병과 인수는 상호 보완적인 사업 계열 간에 이루어졌다. 운영을 결합하는 것이 기술과 물류의 측면에서 합리적인 경우였다. 1980년대에는 정보기술의 발달로 많은 통신 회사와 컴퓨터 회사들이 시너지 효과를 누리기 위해 결합했다. 금융화한 자본주의에서는 이런 생산 위주의 논리 대신에 새로운 불로소득 원천을 노리는 합병과 인수가 주를 이루게 된다. 합병과 인수가 얼마나 중요했는지는 1980년에서 1998년까지 미국에서 금융자산을 획득하는 데 들어간 현금이 생산적 투자에 지출된 금액의 70퍼센트에 달했고, 1980년에서 1996년까지 영국에서는 그 비율이 80퍼센트를 초과했다는 사실에서 확연히 드러난다.[78] '연속적인 기업 인수'는 기본적으로 부 추출이 집중되는 것을 뜻하며, 여기서 생기는 이익은 전체 경제에서 이뤄지는 부의 창출이라는 관점에서 보면 논란의 여지가 많다.

상처에 소금을 뿌린 것은 '차입 매수'의 등장이다. 이 관행은 기생적 성격이 너무나 커서 합법성을 의심해야 할 정도다. 여기서 잠재적 구매자는 기업을 인수하기 위해 거액의 자금을 차입하는데, 부채에 대한 세금 공제 혜택이 있는 정크본드를 발행하는 수법을 종종 활용한다. **그런 다음 피인수 기업에 부채 부담을 떠넘긴다.** 어떤 경우에는 그 때문에 법인세가 0이 되었는데, 이는 기생적 불로소득자들에게 직접 보조금을 지급한 것과 마찬가지다. 피인수 기업은 정크본드에 드는 돈을 마련하기 위해 비용을 절감해야 하며, 종종 노동력을 감축한다. 이는 1980년대와 1990년대 기업 규모 '축소'의 주요 원인이었다. 이런 채권을 살 수 있었던 극소수의 사람들에게 돌아간 불로소득과 차입 매수 이후에 해고된 노동자들의 노력소득 상실 사이에는 직접적인 연관이 있었다.[79]

당신이 몇 년 동안 일해온 회사가 차입 매수를 당한다고 상상해보라. 당신 회사의 부재 소유주는 당신과 아무 상의도 없이 회사를 어떤 사모펀드 회사에 매각했다. 그 회사는 당신 회사를 인수하려고 수천만 또는 수억 달러를 빌렸다. 이 일로 당신 회사는 부채 상환의 짐을 지게 되었으며, 회사 내 당신과 다른 이들의 일자리는 위험에 처했다. 사모펀드 회사는 분명히 당신의 연금 적립금에도 손을 댔을 것이다. 일자리를 유지한 사람들은 어떤 면에서는 자신들이 원치 않았던 부채를 갚기 위해 일하는 처지가 되고 말 것이다. 이런 부채는 노동자들에게 상환 책임을 지우기 때문에 '혐오스러운' 부채로 불릴 수밖에 없다.

　세계에서 가장 성공적인 축구 클럽 가운데 하나인 맨체스터 유나이티드Manchester United는 2005년에 부채 없이 상당한 이윤을 얻었고, 세계 최고의 선수들을 영입할 수 있었다. 당시 맨체스터 유나이티드는 주주가 있는 주식 공개 기업이었다. 그때 미국의 사모펀드 회사인 글레이저 브라더스Glazer Brothers가 7억 9,000만 파운드로 인수할 의향을 밝히자 클럽 이사회가 이를 수용했다. 글레이저 브라더스는 인수 후 클럽을 비공개로 전환했다.[80] 클럽 매수에 쓰인 자금은 기존 보유 자금이 아니라 5억 2,500만 파운드에 달하는 차입금이었다. 그런 다음 글레이저 브라더스는 클럽의 자산을 담보로 삼아서 부채 상환의 짐을 클럽에 떠넘겼다. 2007~2010년에 클럽은 이자만 1억 3,000만 파운드를 지불해야만 했다. 2012년 초까지 이자 지불액은 5억 파운드로 늘어났다. 그런데도 부채 원금은 크게 줄어들지 않았다. 당연히 새로운 선수 영입은 타격을 입었고, 맨체스터 유나이티드 클럽은 더 많은 자금을 지원받는 클럽들에 뒤처지기 시작했다. 선수에 대한 투자는 클럽의 채권자들에게 최대한 많은 돈을 건네주는 일에 밀려서 2순위로 떨어졌다.[81]

　구제금융을 받았던 스코틀랜드 로열 은행은 2010년 미국 식품 대기업 크래프트Kraft에 캐드버리Cadbury 인수 자금으로 119억 파운드를 대출해주었다. 크래프트는 적대적 인수와 자산 탈취의 역사를 가진 기업이다. 크래프트의 캐드버리 인수에서 주요 수혜자는 거래 전에 주식을 매입한 헤지펀드와 캐드버리의 주주들이었다.[82] 국제식품노동자연합International Union of Foodworkers: IUF의 한 논평가는 다음과 같이 말했다.

투자은행이 거래 대상 기업에 아무런 이해관계가 없는 상황에서 '투자자'들이 시야를 몇 년에서 며칠, 심지어는 몇 분으로 단축해 주식을 사고팔며, 표면상 노동자들의 장기적 이익을 대변하는 것처럼 보이는 연금기금이 점점 더 운용자산의 증가만을 목표로 하는 거래자와 구별하기 어려워진다면, '투자'의 의미를 따져보는 일은 엄청나게 중요하다. 유일하게 장기적으로 직장의 미래에 투자하는 집단은 기업을 일구는 노동자들이다. 그러나 캐드버리 거래는 노동자들이 가진 카드가 얼마나 적은지, 그리고 무엇이 바뀌어야 하는지를 보여준다.[83]

나중에 크래프트는 정부와 노동자들에게 한 고용 보장 약속을 어겼다. 공공 서비스를 제공하는 민간기업이 차입 매수의 대상이 되는 경우, 특히 우려할 만한 일이 생긴다. 이 기업들은 사실상 독점 기업이고, 차입 담보로 이용할 수 있는 안정적인 수입 흐름(제임스 미크의 용어를 다시 빌리자면, '인간 수입'[소비자가 돈을 낸다는 뜻])이 보장되기 때문에 인기 있는 표적이 된다. 2008년 템스 워터Thames Water, 웨일스 앤드 웨스트 유틸리티 Wales & West Utilities: WWU, 노스웨스트 전기Electricity North West를 포함한 열한 개의 수자원 회사와 전기 회사가 채권을 발행해 수백억 달러를 차입했다.[84] 그 결과 지금 소비자들이 부채 상환을 위한 요금 인상에 직면하고 있다.

아이러니한 것은 이런 거래에 '투자'된 피고용인들의 연금기금이 부자와 슈퍼리치에게 주요 수익원이 된다는 사실이다. 이 거래로 그 피고용인들의 일자리가 위태로워지는 경우도 종종 있다. 기업 인수 후 더 많은 주주가치를 창출하려고 비용 삭감을 단행하기 때문이다. 몇몇 기업은 상이한 사모펀드 회사가 여러 번 사고팔았으며, 어떤 경우에는 배당금 지급을 위해 대출을 더 많이 받아야 했다.[85]

금융화한 자본주의는 생산이 아니라 구매와 판매를 우선시하는 주류 경제학의 환상을 현실화한 것으로 보인다. 주류 경제학은 마치 대출하고 기존 자산과 미래 자산을 사고팔기만 하면 부를 무한히 창출할 수 있는 것처럼 여긴다. 또 계속해서 수익성이 더 높은 수입원을 찾아가는 것이 재화와 서비스에 대한 실물투자의 대체물이 될 수 있으며, 불로소득을 노리는 주주들의 압력과 과도하게 활성화한 기업 지배권 시장이 경제 발전을 보장하는 것처럼 여기기도 한다. 기업 지배권 시장이 극도로 활성화되면 기업들이 더 나은 제품을 더 효율적으로 생산하게 될 것이라고 상상하는 것은 너무도 순진한 생각이다.

주류의 관점에서 보더라도 금융 부문은 '시장은 항상 옳다는 믿음' 안에 더는 숨을 수 없다. 『파이낸셜 타임스』의 경제면 편집자 마틴 울프는 분명한 어조로 다음과 같이 말했다.

시장은 의사 결정자가 스스로 내린 결정의 결과에 직면할 때만 잘 작동한다. 금융의 경우는 그렇지 않다(아마도 그럴 수 없을 것이다). 지금 사람들은 분명히 1930년대 이후 유례없는 구제와 최악의 경기침체를 초래한 활동으로 얻은 재산을 깔고 앉아 있다.[86]

이해관계가 없는 독립 당사자 간 대출은 위험을 한쪽에서는 차입자가 부담하고 다른 한쪽에서는 증권화를 통해 전가하기 때문에, 대출자가 자신이 내린 대출 결정의 결과를 피할 수 있다.

13장

핵심 승자들

금융의 부상으로 누가 혜택을 받았을까? 일부는 상당한 관심과 검토의 대상이 되었지만, 그렇지 않았던 사람들도 있다.

중개인들: 익명의 부자들

전 세계적으로 금융 부문에서는 매년 천문학적인 수의 거래가 이루어진다. 상당수가 자동화되었지만, 고객 맞춤형 거래는 금융기관과 법률기관에서 일하는 중개인들에게 큰 돈벌이 기회를 부여한다. 그들은 요금과 수수료를 받고 거래를 진행하는 데 필요한 서비스를 제공하는 사람들이다. 중개인은 금융 생태계에서 필수적인 부분이며, 금융 부문에서 일하는 부자는 대부분 그들이다. 그들은 막대한 양의 자산 거래가 이뤄지는 곳 주위에서 가치 절도와 불로소득자 지원에 관여하며 번성하는, 금융화의 핵심 수혜자 집단이다. 그들이 자산 거래를 촉진하면 할수록 그들의 소득은 커진다. 그들이 고객을 기다리지 않고 거래를 추진하는 것은 놀라운 일이 아니다.

연금기금 같은 고객을 대신해서 자금을 관리하는 사람들은 우월한 시장 관련 지식을 활용해 스스로 이익의 상당 부분을 차지하고, 높은 수수료를 부과할 수 있다. 신용 파생상품 같은 맞춤형 금융상품의 '장외 거래'(즉, 경쟁시장에서 많은 구매자와 판매자가 투명하고 표준화된 상품을 거래하는 것이 아닌 구매자와 판매자 간의 일대일 거래)는 정보의 비대칭성을 판매자에게 유리하게 작용하게 만들어 그들에게 지대를 추출할 기회를 제공한다. 인수·합병은 특히 수익성 높은 사업으로, 수수료는 거래 가치의 평균 1.5퍼센트다. 보다폰Vodafone의 마네스만Mannesman 인수로 중개인들은 6억 4,000만 달러의 수수료를 벌어들였다.[87] 이 수수료 수입은 통상 상위 계층에 집중된다.

골드만삭스가 얻은 약 8퍼센트의 순수익은 기업 전체 노동자 2만 5,000명 가운데 약 1퍼센트에 불과한 파트너가 차지했으며, 2005년 파트너들은 약 700만 달러를 보너스로 받았다. 그다음 홍보 담당자, 컨설턴트, 마케팅 전문가, 변호사, 창의적인 회계사, 조세회피 전문가 등의 지원 인력이 있는데, 그들은 모두 큰 보상을 받을 수 있는 강력한 지위에 있다. 영국 금융 부문의 중개인 수는 1만 5,000명으로 추산된다.[88] 대개 이름이 알려지지 않은 이 일하는 부자들의 수는 축구 선수나 유명인은 물론이고 최고경영자와 상급 임원의 수를 훨씬 초과한다.

CEO의 급여: 그들은 할 수 있기 때문이다

당신은 깨달아야 합니다. 설사 내가 50퍼센트를 더 받았다고 하더라도, 나는 일을 더 잘하지 않았을 것입니다. 또 내가 50퍼센트를 덜 받았다고 하더라도, 나는 일을 더 못하지는 않았을 것입니다(예룬 반 데어 비어Jeroen van der Veer, 로열 더치 셸Royal Dutch Shell 전 CEO).[89]

좋아요. 솔직히 말하면 우리는 모두 너무 많이 받고 있습니다. 우리가 하는 일에는 마술적인 것이 전혀 없습니다. 누구나 할 수 있습니다(앨런 휘트 Allan Wheat, 거대 투자은행 크레디트 스위스 퍼스트 보스턴Credit Suisse First Boston CEO, 1998년).[90]

당신이 돈을 많이 벌었다면, 그건 그저 점수를 내는 것에 불과합니다(H. L. 헌트Hunt, 텍사스 오일Texas Oil 백만장자).[91]

CEO는 부자와 슈퍼리치 가운데 소수에 불과하지만, 그들은 최고 우두머리로서 대중의 관심을 받는다(하지만 대중에게 책임을 지지는 않는다). 지난 30년 사이에 CEO의 보수는 노동자 임금보다 127배 빠르게 올랐다. 전후 호황기에 평균적인 CEO는 평균적인 노동자의 '겨우' 24배를 받았을 뿐이지만, 2005년에는 무려 300배를 받았다.[92] 2009년 금융위기 때 CEO의 보수는 평균적 노동자가 받는 임금의 185배로 하락했을 뿐이다!

예상 가능한 일이지만, 은행 부문의 상황은 특히 더 심각했다.

1989년 미국 7대 은행 CEO의 평균 연봉은 280만 달러로 미국의 평균적 가구가 버는 소득의 100배에 가까웠다. 같은 해 영국 4대 은행 CEO의 평균 연봉은 45만 3,000파운드로 영국의 평균적 가구가 버는 소득의 50배였다. 그러나 2007년 금융 부문 호황기에는 미국 대형 은행 CEO의 연봉이 열 배 가까이 상승해 2,600만 달러가 됐는데, 이는 미국 가계소득의 500배를 넘는 수준이었다. 영국 대형 은행 CEO의 연봉도 거의 같은 속도로 상승해 430만 파운드가 됐는데, 이는 영국 가계소득의 230배에 해당하는 수준이었다.[93]

이러한 추세는 계속되었다. 미국에서는 2012년 CEO 보수 순위 1위였던 J. C. 페니 백화점 CEO 론 존슨Ron Johnson이 5,330만 달러를 받았는데, 이는 평균적인 산업 노동자 연봉 2만 9,688달러의 1,795배에 해당하는 금액이었다. 다른 CEO 일곱 명은 노동자 평균 임금의 1,000배 이상을 받았다.[94]

어떻게 이런 일이 일어났을까? 지난 50년 사이에 기업 성과에 대한 CEO들의 기여가 극적으로 개선됐기 때문일까? 노동자 임금의 1,000배를 받는 CEO는 기업에 1,000배의 가치를 더하는 것일까? CEO들은 예외적인 인재라는 주장이 종종 나오지만, 과연 그들이 전후 호황기에 그들보다 적게(하지만 충분하게) 받았던 선배들보다 훨씬 뛰어날까? 당연하지만, 답은 '아니오'다. 연구자들은 보수와 성과 사이에 거의 또는 전혀 관련이 없다는 사실을 발견했다. 주주들에게 핵심 성과 지표는 배당금과 주가다. 이 지표들은 최근 수십 년 사이에 분명히 상승했지만, 그것은 앞에서 살펴봤듯이 연금과 기타 자금에서 나온 잉여자본이 주식시장에 유입되어 주가를 끌어올렸기 때문이다.

경제적 호황의 결과인 매출 증가가 CEO의 공헌이라는 주장도 쉽게 나올 수 있다. 그러나 상관관계가 존재하더라도 우연 때문인 경우가 종종 있다. CEO의 의사결정과 그 결과 사이에는 불가피하게 시차가 있어서, 새로운 CEO가 전임자의 공헌에 기인하는 보상을 받기가 쉽다. 어쨌든 경영진은 속성상 타인의 업적과 우발이익을 차지할 수 있는 위치에 있다. 더욱이 오늘날의 스타 축구 선수나 음악가가 과거에 비해 엄청난 보상을 받듯이, 시장의 성장으로 CEO들은 더 많은 경제적 지대를 추출할 수 있게 되었다.

탐욕, '실패에 대한 보상', '황금 낙하산'[경영진이 회사를 떠날 때 받는 특별한 보상으로 통상 거액의 퇴직금·보너스·스톡옵션 등으로 주어진다] 등의 이야기는 언론에서 흔히 다루는 주제다. 2008년 체서피크 에너지Chesapeake Energy의 오브리 맥클렌던Aubrey McClendon은 기업 주가가 40퍼센트나 떨어졌음에도 한 해에 1억 1,250만 달러를 받았다.[95] 몇몇 주주총회에서 CEO의 보수를 둘러싼 불만이 제기되었으며, 오만하고 과다한 보수를 받는 CEO들이 굴복하는 '주주의 봄'을 갈망하는 논평가들도 많다. 그러나 그들은 주식 소유 자체의 정당성을 전혀 의심하지 않는다. 그것이 위험 감수자가 행하는 실물투자의 주요 원천이라고 오해하기 때문이다.

그러나 그것을 제쳐두고라도, CEO들이 기업의 주가를 높이거나 높이는 것처럼 보인다면, CEO가 이익을 얻는다고 해서 주주들이 불만을 제기할 이유가 있을까? 대기업의 경우, CEO의 보수 총액은 기업의 주가 총액과 피고용인들의 임금 총액에 비해 적다. 줄리 프라우드와 두 명의 공동 연구자들은 CEO들이 기본적으로 가치 절도에 관여한다고 주장하면서도 그것을 '희생자 없는 범죄'라고 불렀다. CEO의 탐욕이 누구에게도 중대한 손해를 입히지 않는다는 이유에서다.[96] 물론 이런 주장은 정당화하기 어렵다.

CEO의 보수는 급격히 상승했을 뿐만 아니라 구성도 변했다. 스톡옵션과 퇴직급여가 보수에서 점점 더 큰 부분을 차지하고 있다. 미국 상위 기업에서 스톡옵션의 비중은 1990년 8퍼센트에서 2001년 3분의 2로 증가했다.[97] 이 변화에는 CEO의 이해를 주주들의 이해와 일치시키려는 목적이 있었다는 것이 공식적인 설명이다. 그러나 실제로는 스톡옵션 때문에 CEO들이 주가를 끌어올리려고 단기 회계 조작에 관여했고, 이사들은 올라간 가격으로 주식을 매각할 수 있었다.[98]

미국을 독일과 비교해보자. 독일에서는 주주가치가 제한적인 효과만을 발휘했다. 윌리엄 탭은 다음과 같이 말한다. "임원들이 주주가치를 극대화하도록 만들려고 스톡옵션을 사용하는 바람에, 미국 자본주의는 걷잡을 수 없을 정도로 약해졌다."[99]

CEO들은 무엇이 최선의 거래인지 파악하고 '투자자'들에게 자기 회사가 성공할 것이라는 확신을 심어주려면 잘 연결되어 있어야 한다. 또 그들은 지인들과 친구들(보통 다른 회사의 임원들)을 자기 회사의 보수결정위원회에서 봉사하도록 만들 필요가 있다. CEO들은 기본적으로 다른 CEO들에 비해 자신들의 보수 또는 보상이 어느 정도의 수준인지에 관심이 많다.[100] 이 모든 것이 CEO의 보수를 계속해서 상승시키는 래칫 효과[ratchet effect: 한번 일어나면 되돌릴 수 없는 현상을 가리키는 말]를 만들어낸다. 보수결정위원회가 보수 결정을 정당하게 하리라고 여기는 것은 웃기는 일이다. 그 위원회는 단지 부자들이 서로 더 부유해지도록 돕는 수단일 뿐이다.

논란의 여지가 있지만, 그들을 제어할 수 있는 부드러운 힘이 존재한다. 대중의 분노가 바로 그것이다. 이것은 역사와 문화에 따라 국가마다 다르지만 시간이 지나면서 약해졌다. 앵글로 색슨 사회는 유럽 대륙 사회보다 엄청난 CEO 보수에 대해 더 수용적인 경향이 있고(후자가 전자를 따라잡고 있기는 하지만), 유럽 대륙 사회는 일본보다 더 수용적이다. 부자들이 더 부유해지고 그 바로 아래에 있는 사람들이 그들을 따라잡으려고 할 때, 불평등은 일상적인 일로 받아들여진다. 통상 CEO들은 반대가 제기되면 잠잠해질 때까지 굳세게 견딘다. 그러면 그 문제는 다음 해에 다시 제기될 때까지는 잊힌다. 중요한 것은 대중이 항의했음에도 금융위기 **이후** 임원의 보수가 계속 상승했다(실은 치솟았다)는 사실이다. 2011~2012년 FTSE[영국 주식시장의 대표적인 지수] 상위 100개 기업 임원들의 보수와 복리 후생비는 27퍼센트 상승해서 1인당 평균 400만 파운드에 달했다.[101] 정치권 전반의 논평가들은 CEO의 보수가 성과와는 거의 관련이 없고, 경제적 지대나 권력과 관련이 있다는 데 동의한다.[102]

은행 보너스: '[동전] 앞면이 나오면 내가 이기고, 뒷면이 나오면 네가 진다'

은행위기에 대한 대중의 분노를 가장 크게 자극한 것이 하나 있다면, 은행가들의 보너스다. 보너스를 받은 은행가들은 자신들이 초래한 더 큰 위기는 망각한 채 일반 사회와는 다른 세계에 사는 것처럼 보였고, 자신들이 부를 창출하는 스타라는 오만한 주장을 펼치며 일반인들과는 다른 존재인 듯 처신했다. 그들은 확실히 자기 이익을 추구하는 데 능숙하다. 지혜, 윤리, 상황 인식의 면에서 부족하다고 하더라도, 그들의 경쟁력과 생각하는 속도를 의심할 이유는 없다. 돈을 벌고 있는데, 전자가 왜 필요하겠는가?

물론 보너스는 은행 피고용인 중 극히 일부(임원, 거래인, 영업사원, 자산 관리자, 인수합병과 신주 발행, 즉 기업공개를 주선하는 전문가 등)에게만 지급되었다. 이런 엘리트들의 경우, 전체 보수 중 보너스의 비율은 통상 하급자 40퍼센트, 상위 상급자 80퍼센트다. 금융기관의 상급자들은 보너스 외에도 순수입의 일정 비율('보상 비율')을 지급받는 경우도 많다. 그 때문에 수입을 극대화해서 그들이 받을 '보상금'을 늘리기 위해 가능한 한 거래를 더 많이 하는 경향이 나타나고, 그 결과 위험도 커진다.[103]

리먼 브라더스 사태가 터지기 전해인 2006년 골드만삭스는 직원 1인당 평균 62만 3,418달러를 지급했다. 그해에 골드만삭스의 최고위 직원들은 각자 2,000만 달러에서 2,500만 달러의 보수를 받았고, 큰 수익을 올린 일부 거래인들은 각자 5,000만 달러의 보수를 받았다.[104] **하지만 리먼 브라더스 사태 이후에도 보너스는 계속 지급되었다.** 2010~2011년 영국의 금융 부문 보너스는 2000~2001년 대비 58퍼센트 증가한 총 140억 파운드였다.[105] 2010년에는 구제금융을 받은 스코틀랜드 로열 은행의 피고용인 100여 명이 각자 100만 파운드 이상의 보너스를 받았고, 보너스 총액은 10억 파운드에 달했다. 그해 스코틀랜드 로열 은행은 11억 파운드의 손실을 기록했는데도 말이다![106] 그와 유사하게 골드만삭스도 2010년에 100억 달러의 국가 지원을 받고는 154억 달러(약 96억 파운드,

직원 1인당 26만 9,000파운드)의 보너스를 지급했다.[107] 시티 그룹과 메릴린치Merrill Lynch도 540억 달러의 손실을 기록했지만, 보너스로 9억 달러를 지급한 다음 총 55억 달러에 달하는 국가 구제금융을 받았다.

이처럼 실패에 대해 보상했다는 것은 대중을 향해 손가락 욕을 날린 것과 마찬가지다. 뉴욕 주 법무부 장관 앤드류 쿠오모Andrew Cuomo는 이렇게 말했다. "은행이 잘될 때 직원들의 보수도 좋았다. 은행이 나쁠 때도 직원들의 보수는 좋았다. 그리고 은행이 매우 나빠졌을 때는 세금으로 구제금융을 받았고, 직원들의 보수는 여전히 좋았다."[108] 최근에 와서야 일부 은행들이 손실과 관련이 있는 개인의 보너스를 회수하는 메커니즘을 도입하기 시작했다.[109] 하지만 스타 직원들에게는 '잔류 보너스'[유능한 직원의 이직을 막기 위해 주는 보너스]와 '다년간 보장되는 보너스'를 지급했다. 이런 일은 모순이 아닌가? 그렇다! 모순이다.

하지만 문제는 실패에 대해 보상한다는 것보다 더 심각하다. 이 시스템은 과도한 위험을 감수하다가 어려움에 빠지는 은행의 행동을 장려하기 때문이다. 수혜자들이 탐욕스럽고 원칙이 없으며 무자비하게 경쟁적이라는 것은 분명하지만, 이런 행동을 유발하는 것은 현재의 금융 시스템이다.

제임스 크로티James Crotty는 한 뛰어난 논문에서 '레인메이커들'[rainmakers: 미국에서 은행 보너스 수령자들을 일컫는 말]이 거품 팽창기에 투기로 돈을 번다고 주장했다. 그들은 경기가 침체하더라도 보너스는 계속되리라는 것을 알고서 그렇게 한다는 것이다.[110] 그들은 수백만 달러를 빌려 더 큰 베팅을 하고, 대중에게 더 많은 대출을 제공해 많은 수익을 올릴 수 있다. 두 가지 다 그들이 소속된 금융기관의 위험 노출도를 크게 높인다. 자산을 매입하려고 레버리징을 하면 자산 가격이 상승하고 담보 가치가 올라가 더 많은 차입이 가능해진다. 이런 일이 계속되면 결국은 역전이 일어난다. 그들이 감수하는 위험이 클수록 보너스도 많아진다. 거품이 터지면 자산의 명목가치는 날아가 버리지만, 자산의 명목가치를 토대로 계산한 보너스의 가치는 사라지지 않고 실물 재화와 서비스에 대한 청구권으로 남는다.

신용평가기관은 평가 대상 기관을 위해 일하면서 종종 그 기관에 '투자'하기도 하므로 위험의 실태를 밝힐 인센티브가 없었다. 더 나쁜 것은 보너스 계산 시 거래의 위험성이 전혀 고려되지 않았다는 점이다. 예를 들어 거래인들은 파생상품에 대한 보험을 판매해서 보너스를 받았는데, 그때 파생상품의 위험은 심하게 과소평가되었다. 위험 추정에 따르는 인센티브가 없었기 때문에 위험 평가는 제대로 이뤄지지 않았다. 회사의 최고위직 인사들은 가장 큰 영향력을 가지고 있으면서 보너스 제도에 가장 큰 개인적 이해가 걸려 있었기 때문에, 호황기에 보너스를 극대화하는 고위험 전략을 채택할 가장 큰 인센티브를 가지고 있었다. 그들은 위험을 헤징하기는커녕 오히려 증폭시켰다. 이상의 내용을 간단히 정리하면 다음과 같이 된다.

거품 + 레버리지 + 보너스 = 재앙

은행들은 보너스 때문에 주주들에게 분배할 돈이 줄어들 때도 왜 그렇게 보너스 삭감을 꺼릴까? 새로운 참가자들이 시장에 진입해 큰손들을 약화시키고, 약간 적은 보너스를 받고 레인메이커가 하던 일을 하겠다고 제안하는 신규 인력이 대거 유입되리라 생각할 수도 있지 않을까? 간단히 답변하면, 다음과 같다(여기서도 제임스 크로티의 견해를 따른다).

1. 보너스 유지에 사장 개인의 이해가 걸려 있다.

2. 경쟁사에 스타 레인메이커를 뺏길 수 있다. 원칙으로는 업계 전반에 걸쳐 보너스 상한선을 둘 수 있지만, 실제로는 이를 실행시킬 인센티브가 거의 없다.

3. 대형 은행 사이에 수수료와 금리를 낮추려는 경쟁이 놀라울 정도로 약하다. 금융화는 금융 부문에서 소유의 집중을 불러왔다. 대형 은행이 소수이고, 경쟁에 필요한 정보기술과 네트워크의 개발에 소요되는 투자의 규모가 막대하기 때문에, 새로운 기업이 시장에 진입하기가 어렵다. 경제 붕괴에 뒤따른 도산과 합병으로 금융 부문의 소유권 집중은 실제로 더 **심해졌다**. 이미 너무 커서 실패할 수 없는 것들이 대부분 더 커졌다.

4. 예측대로 수천 명의 유능한 졸업생들이 이 수지맞는 일에 참여하고 싶어 하지만, 채용하는 기관의 임직원들은 자신의 이익을 여러 사람에게 흩어버리는 데는 아무 관심이 없다. 또 신입 사원들은 큰 거래를 담당하기에 충분한 숙련을 갖췄다는 판단을 받기 전에는 먼저 소규모 거래를 담당하는 수습과정을 거쳐야 한다. 그리고 다시 말하지만, 그들의 멘토들은 신입 사원들이 똑같은 일을 더 적은 보수로 하면서 자신들의 입지를 허무는 것을 허용하지 않는다.

이런 이유로 레인메이커들은 대부분 다른 사람들이 생산한 부에 대한 청구권인 금융상품을 만들고 사고팔아서 엄청난 경제적 지대를 낳는 시스템 안에 자리를 잡는다.

보너스 제도가 제도화한 부 추출방식의 하나라고 결론지은 것은 급진주의자들만이 아니다. 폴 크루그먼과 같은 케인스주의자, 『파이낸셜 타임스』와 『월스트리트 저널Wall Street Journal』과 같은 저명한 금융잡지, 잉글랜드 은행의 금융 안정성 담당 이사 앤드류 할데인 같은 내부자, 당시 유럽중앙은행 총재였던 장 클로드 트리셰Jean-Claude Trichet 등이 그런 견해를 피력했다. 몇 가지 사례를 들어보자.

『파이낸셜 타임스』: 은행들은 마이너스 보너스가 불가능한 시기에 단기 성과를 토대로 엄청난 보너스를 지급함으로써, 위험 감수를 가치 창출로 위장할 막대한 인센티브를 만들어낸다. 게다가 은행가들이 제법 긴 기간 높은 수익을 낳을 것으로 보이지만 결국은 실패하는 위험한 전략을 추구했다는 이유로 보상을 받는다면, 대가를 치르는 것은 다른 사람들이다.[111]

트리셰: 시간이 지나면서 **금융 위험**의 창출과 감수는 금융시장의 핵심 활동이 되었다. 언제부턴가 금융 시스템은 기존 위험을 헤징하는 것이 아니라 점점 더 자체 위험을 만들어냈다.[112]

할데인: 은행 산업은 자동차 산업과 마찬가지로 오염원이다. 은행 시스템의 위험은 유해한 부산물이다. 은행업은 금융 서비스를 생산하고 소비하는 사람들(은행 직원과 예금자·차입자·투자자 등)에게 사적인 이익을 안겨준다. 그러나 경제 내의 무고한 구경꾼들을 위험에 빠뜨릴 수도 있다. 은행 위기가 발생하면 일반 대중이 사회적 비용을 부담할 수 있다.[113]

마틴 울프는 『파이낸셜 타임스』에서 이런 상황에 대해 다음과 같이 요약한다.

금융 시스템은 경제의 중요한 일꾼이지만 나쁜 주인이다. 금융 부문의 활동 중 상당 부분은 경제 전반의 취약성을 증가시키면서 외부인에게서 내부로 소득과 부를 이전하는 수단이다. 은행은 지대 추출자인 데다 경쟁력도 갖추지 못한 조직이다.[114]

울프는 다시 질문한다. "우리는 금융 시스템을 용납할 수 있을까?" 그의 답은 명백하다. "아니!" 나도 그의 견해에 동의한다. 은행업에서 생기는 부는 대부분 기생적일 뿐만 아니라 전체 경제를 불안정하게 만드는 비용을 치르고 얻어진다. 그것은 불의할 뿐만 아니라 역기능적이다.

초고액 연봉

2006년 미국에서 가장 높은 연봉을 받는 헤지펀드 매니저 25명은 총 140억 달러를 받았다. 이는 뉴욕 시 교사 8만 명이 받은 급여 총액의 세 배에 해당한다. 경제학자들은 헤지펀드의 활동이 사회에 어떤 이익을 가져다주는지 입증하려고 힘겹게 노력하고 있다.[115]
미국의 미래를 위한 캠페인Campaign for America's Future은 다음과 같이 논평했다.

예컨대 헤지펀드 운영자의 운용 수수료는 투자가 아니라 일을 해서 버는 돈인데도 자본이득으로 간주해 과세한다. 그래서 헤지펀드 매니저는 소득의 15퍼센트만 세금으로 내면 된다. 오늘날 100만 달러를 버는 가구의 소득은 평균 42퍼센트가 초저세율의 세금만 부과되는 자본이득이다. 그들의 소득 중 15퍼센트 세율로 과세되지 않는 부분에는 부시 행정부의 감세정책에 따라 설정된 공식 최고 한계세율 35퍼센트가 적용된다. 단, 이는 제도의 허점을 고려하지 않은 이야기다[제도의 허점 때문에 세 부담은 더 낮아진다는 뜻이다].[116]

도시: 황금 알을 낳는 거위인가, 둥지 속의 뻐꾸기인가?

골드만삭스 직원들은 세계에서 가장 생산적인 사람들입니다(골드만삭스 CEO 로이드 블랭크페인Lloyd Blankfein, 2009년 11월).[117]

우선 금융 부문이 영국 경제에 기여한 바에 대해 감사드립니다. 덕분에 소득 500억 파운드, 국민총생산의 4퍼센트, 일자리 100만 개가 창출되었습니다(고든 브라운Gordon Brown 영국 재무부 장관이 2004년 맨션 하우스에서 행한 연설).[118]

런던의 명성과 그곳에 유입되고 거기서 창출되는 부가 전체 경제를 왜곡하고 사회 갈등을 심화시킬 수 있다는 우려가 다시 제기되고 있습니다. 그것은 황금 알을 낳는 거위라기보다 둥지 속의 뻐꾸기일지도 모릅니다(잉글랜드 은행 부총재 존 기브John Gieve 경, 2007년 3월 26일).[119]

영국에서는 불로소득자와 그들의 정치적 하수인과 아첨꾼들이 "황금 알을 낳는 거위를 죽일 수 있다"는 말로 금융 부문 규제에 반대하는 경향이 있다. 이 부문은 눈부신 성장을 거두었고, 전체 경제에서 가장 역동적인 부문이 되지 않았는가? 그러니 금융 부문 규제는 분명히 미친 짓일 것이다.

놀랍게도 2007년 금융위기가 발발한 지 2년이 **지난 후** 고든 브라운의 후임자인 앨리스터 달링Alister Darling은 맨션 하우스에서 다음과 같이 말했다. "시티와 에든버러, 리즈 같은 금융 중심지는 여전히 우리나라의 엄청난 자산입니다. 금융 부문은 우리 국가 경제의 8퍼센트를 차지하고 있습니다."

금융 부문의 기여도를 측정할 수 있다고 믿는다면, 순진한 생각일 것이다. 그것을 측정하려면, 먼저 금융활동이 기존 소득을 재분배하는 데 그치는지, 아니면 생산적인지를 결정해야 한다. 이자는 기존 소득이 이전transfer되는 것인가, 아니면 생산적인 기여를 반영하는가? 앞에서 보았듯이, 주류 경제학자들은 소득의 이전이 자원 배분의 효율성을 향상시킨다고 주장할지 모르지만, 우리는 이미 그 주장의 약점을 다룬 바 있다. 그것은 지대 추구의 성공을 경제발전과 혼동한다.

브렛 크리스토퍼스Brett Christophers에 따르면, 시티의 기여도는 어떤 측정방식으로는 음수가 될 수 있고, 다른 측정방식으로는 양수가 될 수 있으며, 측정방식에 따라 수치가 다양하게 나올 수도 있다.[120] 지난 40년 사이에 전 세계 금융 부문은 정치적 영향력을 발휘해 과거에는 이전으로 분류하던 것을 '생산적'인 것에 포함하도록 경제적 기여의 분류방식을 변경했다.

잉글랜드 은행의 앤드류 할데인과 그의 동료 바실리오스 마두로스 Vasileios Madouros는 금융 부문이 영국 경제에 대한 동同 부문의 기여도를 심하게 과장해왔다고 주장한다.[121] 금융 부문은 종종 위험을 감당함으로써 경제에 기여한다고 주장하지만, 두 사람이 지적하듯이 예컨대 채권을 구매해 위험을 감당하더라도 생산적인 기여라고 부를 만한 일은 일어나지 않는다. 그것은 가치를 부가하는 행위가 아니다. 위험을 **관리**하거나 평가하는 일(예를 들어 차입자가 믿을 만한지, 대출자가 위험에 노출되어 있지 않은지 확인하는 일)은 필요할 뿐 아니라 간접적으로 생산에 기여한다.

그러나 위험 감수 정도를 증가시키는 것(작고 취약한 자산을 토대로 신용이라는 카드 집을 짓는 것)은 확실히 그렇지 않다. 금융위기 이전에 발생한 이례적인 수익은 위험을 더 많이 감수한 결과였지, 생산적인 기여를 반영한 것이 아니었다. 종국에는 경제가 붕괴하고 말았다. 두 저자가 말하듯이, "위험 감수가 가치를 부가하는 활동이라면, 러시아 룰렛을 하는 사람들은 전 세계 복지에 엄청나게 기여한다고 해야 할 것이다."

더욱이 너무 커서 실패할 수 없는 은행들은 위험을 감당하지도 **않는다.** 위험 감당은 대중의 몫이다. 구제금융의 규모는 금융위기 이전에 금융 부문에서 발생한 이익을 초과했다. 할데인과 마두로스는 2007년부터 2010년까지 세계 최대 25개 은행의 연간 평균 보조금이 수천억 달러였다고 추정하는데, IMF에 따르면 1조 달러 이상이었다.

영국 금융 서비스 당국UK Financial Services Authority: FSA 의장인 아데어 터너Adair Turner는 또 다른 내부자라고 할 수 있는데, 그도 금융 부문의 일부 활동을 "사회적으로 무용하다"고 평가했다.[122] 또 맨체스터 대학교 CRESC[사회문화변화연구센터] 연구팀은 다음과 같이 논평했다. "현재의 금융은 일자리를 창출하는 능력이 제한적이며, 경제를 혼란에 빠뜨려 납세자에게 막대한 비용을 부담시킬 힘을 가진 경기 순응적 활동이다[경기침체 시 침체를 가속하는 활동이라는 뜻이다]. ······ 은행업은 사회적 가치를 거의 제공하지 않으며, 자기 이익만을 위해 움직인다."[123]

고용에 관한 한 영국의 금융 부문은 전체 고용의 6.5퍼센트를 차지하는 데 불과하며, 이 비율은 1990년대 이후 정체 상태에 머물러 있다. 신경제new economy에서 그다지 중요하지 않다고 여겨진 제조업의 납세액이 정부 세수의 13.4퍼센트를 차지한 반면, 금융 부문 납세액의 비중은 6.8퍼센트에 불과하다. 금융 부문은 매우 적극적으로 고객의 조세회피를 도왔다. 그렇게 하면서 많은 수수료를 챙겼는데, 그것은 사실상 국가 수입을 줄인 데 대한 대가였다.

지급보증보험 같은 엉터리 금융상품은 마이너스 가치를 만드는 대표적인 사례다. 또 금융 부문은 노동자 중에서 가장 유능한 사람들을 생산적인 활동에서 멀어지게 만들기도 했다. 좀 더 일반적으로 말하면, 금융 부문은 생산적 투자가 투기와 지대 추구 쪽으로 향하도록 자극함으로써 경제를 망쳤다. 금융 부문이 성장에 그렇게 중요하다면, 전후 호황기에 금융 부문의 비중이 지금보다 훨씬 작았다는 사실은 흥미롭지 않은가?

이 모든 것은 시티와 그 외 주요 금융 중심지를 국민 경제의 엔진으로 보는 시각에 근본적인 결함이 있다는 것을 의미한다. 시티 사람들은 자신들을 남동부의 호황을 돕고 북부와 서부의 '낙후된' 지역을 지원하는 영국 경제의 구원자로 묘사하고 싶어 한다. 그러나 금융 부문이 런던에 집중되어 있고 이익을 사유화하면서 손실을 사회화하는 데 성공했음을 고려할 때, 영국의 나머지 지역이 시티를 구제했고 그 바람에 손해를 입었다고 해야 맞다. 지리적 측면에서 볼 때, 영국 인구의 대다수는 부를 대도시로 계속 이전할 여유가 없다.[124]

『파이낸셜 타임스』의 마틴 울프는 금융 부문에 대해 다음과 같이 비난을 퍼부었다. "영국은 전 세계에서 가장 무책임한 산업에 강력한 비교 우위를 가지려는 전략적 악몽을 꾸고 있다." 규제가 완화되면서 금융 부문은 '확실히 해로운' 영향을 끼쳤다. 별로 재미없는 존 기브의 조류 비유를 인용하면서, 울프는 영국이 "둥지에 앉아 있는 뻐꾸기를 어떻게 관리해야 하는가"라는 고통스러운 질문에 답해야 한다고 주장했다.[125] 금융자본은 소재지 외의 다른 곳에서 부를 추출할 수 있으므로, 영국의 일부 지역은 세계적 부 추출의 혜택을 누릴 수 있다. 이것이 사실인 한, 혹은 정부가 그렇게 믿고 있는 한, 금융기관은 다른 곳으로 옮겨가겠다고 협박함으로써 유치국 정부의 양보를 얻어낼 수 있다.

마르크스가 좋아한 비유는 뻐꾸기가 아니라 기생충이었는데, 이는 다른 논평가들도 즐겨 쓴 표현이었다. "고리대는 금전적 부를 집중한다. …… 그것은 생산양식을 변경하지는 않지만, 거기에 기생충처럼 달라붙어 비참하게 만든다. 피를 빨아먹고, 신경을 죽이며, 훨씬 더 비참한 조건에서 재생산이 이뤄지도록 강요한다."[126] 마이클 허드슨은 여기에 다음과 같이 덧붙였다. 영리한 기생충은 숙주 유기체의 뇌를 장악해서 기생

충이 중요하고 유익한 기능을 수행하고 있다고 믿게 만든다.[127] 이를 좀
점잖게 표현하자면, '인지적 포획cognitive capture'이다. 금융위기 이후인
데도 앨리스터 달링이 금융 부문에 대해 비겁하게 대응한 것이나, 그 후
대부분의 영국 정치 지도자들이 비슷하게 대응한 것은 인지적 포획의 완
벽한 사례였다.

구제금융: 부자들을 위한 사회주의

미국의 작가 고故 고어 비달Gore Vidal은 미국 자본주의를 '가난한 사람
들을 위한 자유 기업, 부자들을 위한 사회주의'로 묘사한 적이 있다. 이는
1969년의 일이었지만, 그때보다 지금이 훨씬 더 그렇다.

　너무 커서 도산할 수 없다고 여겨지던 은행이 구제금융을 받았을 때,
그와 더불어 채권자들과 주주들도 보호받았으며, 불로소득자들도 자신
들의 과도한 행위가 초래한 결과로부터 구제받았다. 경쟁하지 않으면 죽
는다, 시장의 지배, 국가로부터의 자유와 같은 거친 표현들은 국가가 구
제에 나서면서 금세 잊혔다. 그리고 은행과 관련자들은 아무런 조건도
없이 구제받았다. 근거는 은행들이 경제, 나아가 세계 경제와 너무 밀접
하게 연결되어 있어서 실패가 용인되기 어렵다는 것이었다.

　은행은 살아서는 글로벌 기업이지만 죽을 때는 국내 기업이라고 한다.
경제의 많은 부분이 은행의 신용에 의존하고 있었고, 운이 좋은 40퍼센
트 국민의 연금을 비롯한 저축금이 금융 부문의 운명과 연결되어 있었기
때문에, 은행은 정부를 인질로 잡고 몸값을 요구할 수 있었다. 공적 연금

이 사적 연금으로 바뀌면서 연금의 운명은 금융시장의 호황과 불황에 맡겨졌다. 달걀을 여러 바구니(일부는 헤지펀드와 같은 고위험 상품, 나머지는 유럽 국가 국채와 같은 안전한 상품)에 담았기 때문에, 연금기금은 스스로 안전하다고 생각했다. CDS 매입으로 보호장치를 마련했던 연금기금과 보험회사는 CDS를 판매한 은행들이 채무 불이행 발발 시 계약을 이행할 여력이 없다는 것을 알게 되었다. 2008년 9월 전 세계 개인연금의 가치는 일주일 만에 20퍼센트나 감소했다.[128]

위기의 노던 록

영국에서 가장 먼저 파산한 후 무려 270억 파운드의 구제금융을 받은 은행은 노던 록이었다. 노던 록은 모기지에 대한 과잉 대출과 증권화를 주도했던 은행이다. 조지 몽비오는 매트 리들리Matt Ridley 전 회장에 대해 다음과 비판했다.

재무부 특별위원회에 따르면, 그는 노던 록의 회장으로서 1878년 이후 처음으로 영국 은행에 뱅크 런bank run을 초래한 '고위험의 무모한 사업 전략'에 책임이 있다. 매트 리틀리는 아버지에게 물려받은 회장직에 오르기 전 이 나라에서 가장 맹렬한 자유방임 자본주의 옹호자 중 한 명이었다. 그는 정부를 "이 세상에서 더 생산적인 사람들의 등에 올라타서 자기만 생각하는 벼룩이며…… 국가를 운영하는 것이 아니라 기생하는 존재"로 묘사했다.

재능이 넘치는 리틀리 씨는 이 경험에서 무엇을 배웠을까? 아무것도 배우지 않았다. 그는 그 후에도 국가의 '기생적 관료주의'에 따른 기업 규제를 비난하면서 시장 시스템 안에서 이기심은 '철저한 미덕'이 된다고 주장하는 책을 출간했다.

피를 빨아먹는 국가를 파산시키려고 최선을 다한 그는 블래그던 홀Blagdon Hall에 있던 가족 소유의 저택(15제곱마일[약 38.8제곱킬로미터]의 농지 안에 있었다)으로 돌아왔다. 리틀리 가문은 소작농들이 바치는 지대, 공동농업정책에서 나오는 지원금, 영지 내 노천 탄광에서 내는 수수료로(물론 기생하지 않고) 살아가고 있다. 노던 록이 기생적 납세자에게 입힌 4억 파운드의 손실 중 일부에 대해서라도 리틀리에게 책임을 물을 수 있는 것 아닌가 하는 문제를 제기한 사람은 없다. 실수의 비용은 1퍼센트가 부담하지 않는다.[129]

영국 은행에 대한 구제금융의 규모는 2,890억 파운드에서 5,500억 파운드 사이로 추정된다. 이는 영국 거주자 1인당 약 1만 파운드에 해당하며, 2006~2007년 이전 5년 동안 금융 부문이 낸 세금 2,030억 파운드를 초과하는 금액으로 영국 GDP의 약 1퍼센트다.[130] 2009년 말까지 미국·영국·유로 지역에서 행해진 구제금융의 총액은 14조 달러로, 전 세계 GDP의 약 4분의 1에 달했다.[131]

경기침체가 실물경제에 미친 영향은 훨씬 더 심각하다. 이에 대해 앤드류 할데인은 다음과 같이 말했다.

이런 직접적인 재정 비용은 분명히 경제위기가 초래한 경제 전반의 피해

(경제위기의 진정한 사회적 비용)를 과소평가한 것이다. 2009년 세계의 생산량은 경제위기가 없었을 경우보다 약 6.5퍼센트 적었을 것으로 추정된다. 영국의 경우 이 비율은 약 10퍼센트다.[132]

할데인은 경제위기로 미래에 세계 경제가 입을 경제적 손실의 현재 가치를 60조 달러에서 200조 달러 사이로 추정한다. 최대의 타격을 입은 아일랜드 경제는 2009년에 7.5퍼센트 쪼그라들었다.[133]

구제금융은 부채를 민간 부문에서 공공 부문으로 대량 이전하고 불로소득자에게 보조금을 주는 것과 같다. 은행가들의 부채는 국채나 공공부채로 전환되었다. 정부는 국민의 지갑을 털어서 은행에 최저 이자율로 빌려주었다. 은행들은 이를 이용해 4퍼센트 또는 5퍼센트의 이자를 지급하는 국채나 12~18퍼센트의 이자를 지급하는 소비자 신용을 매입하곤 했다.[134] 더 높은 이자율로 재대출한 것이다.

정부는 은행의 불량자산을 매입해서 보험에 가입하고, 은행에서 다른 금융자산을 매입하기 위해 화폐를 창조했다('양적 완화'). 은행들은 이 기회를 활용해 부채를 상환하고 준비금을 쌓았으며, 보수와 보너스는 해오던 방식을 그대로 유지했다. 은행들은 이미 낮은 수준으로 떨어져버린 기업의 생산적 투자를 위한 대출을 늘리는 데는 실패했다. 한편, 총수요는 긴축정책, 실업 증가, 부채 상환을 꾀한 사람들의 지출 감소로 위축되었다. 경제 회생의 관점에서 볼 때 구제금융은 별 효과가 없었다.[135]

정부는 막대한 구제금융을 위해 자금을 마련하다가 스스로 위험에 빠졌다. 경제가 침체하거나 위축되면 세수가 감소하고 실업률 상승에 따라 복지 지출이 증가하기 때문에 정부 부채가 늘어난다. 그 경우 정부의 채무 불이행 위험도 증가한다. 이로 말미암아 해당 국가의 신용등급이 악화할 것이라는 예상이 나오면, 금융 엘리트들은 더 많은 감세, 특히 일반 납세자에게 부담이 돌아가는 감세를 요구했다. 기생충이 너무 많이 먹어서 병에 걸리자 숙주는 기생충에게 먹이를 좀 더 주었다. 그러자 기생충은 우리의 돈으로 우리에게 이자를 받고 대출할 수 있었다.

이제 대형 은행은 너무 커서 도산할 수 없다는 것이 분명해졌으므로 신중하게 행동할 유인이 적다. 다른 기업들은 대형 은행들을 안전한 위험으로 여긴다. 실제로 대형 은행들은 도산하기 쉬운 작은 은행들보다 더 쉽게 신용도를 높일 수 있다! 반사회적인 방식으로 행동할 때 주어지는 보상이 처벌보다 클 때, 우리는 이를 '도덕적 해이'라고 부른다. 머빈 킹Mervyn King에 따르면, "전 세계 은행권에 쏟아진 막대한 지원 탓에…… 역사상 가장 큰 도덕적 해이가 발생했을 가능성이 있다."[136]

국가 규제에 반대하고 공공 부문과 복지국가를 조롱하던 자유 기업 옹호론자들은 역사상 유례없는 규모로 지급된 국가의 보조금을 기쁘게 챙겼다. 과거에 그러지 않았던 것을 후회하면서 말이다. 그들은 뻔뻔스럽게도 국가 규제에 맞서 치열한 로비를 벌여 대부분 성공했다. 그리하여 그들은 젊은 시절부터 꾸어온 무조건 지원받는 자율성의 꿈을 계속 꿀 수 있었다.

구제금융은 그 자체로 사회의 대다수에게서 최상위층으로 부를 이전하는 것이다. 금융 부문 스스로 경제 전반에 끼친 피해의 대가를 감당하고 집을 고쳤더라면, 우리는 이번 사태를 단지 기계가 고장 나서 수리한 일로 치부할 수 있을 것이다. 하지만 피해자가 범죄를 반복할 수 있는 가해자를 구제해야만 했으니, 이는 명백한 불의라고 하지 않을 수 없다. '위험 관리'가 전문인 금융권에서 자화자찬을 늘어놓는 동안, 피해는 고스란히 일반인들이 떠안아야만 했다.

악순환

금융 시스템을 지원하는 데 드는 직접 비용과 실업률 상승, 불완전 고용, 세수 감소 등 간접 비용을 충당하기 위해 정부의 신용 수요가 급증하는 바람에, 아이러니하게도 애초에 국가의 구제를 받아야만 했던 많은 금융기관이 수익성 높은 신규 사업을 시작할 수 있게 되었다.[137]

너무 커서 도산하기 어렵고 정부가 항상 구제해주리라는 것을 아는 은행들은 더 큰 위험을 감수할 가능성이 크고, 이는 더 큰 위기를 초래하기 마련이다. 더 큰 위기에는 더 많은 구제금융이 필요하며, 그 때문에 은행들은 한층 더 큰 위험을 감수하게 된다……

은행을 구제하는 데 드는 엄청난 비용은 정부 재정을 악화시킨다. 정부가 은행에서 자금을 차입할 필요가 있을 때, 은행들은 정부의 채무 불이행 위험에 대응하기 위해 더 높은 이자율을 요구한다. 이는 물론 국가 재정을 한층 더 악화시킨다. 그 때문에 정부에 대출하는 은행이 위험에 빠지면 은행은 다시 구제금융이 필요할 것이다……

그래서 정부가 은행을 파산에서 구제했을 때, 구제받은 은행은 구제한 정부를 파산시킬 우려가 있었다. 그러면 정부는 구제받은 은행의 구제를 받아야 했다. 그러면 은행은……

이와 관련해서 벤저민 쿤켈Benjamin Kunkel은 다음과 같이 논평한다.

훨씬 더 간단하고 효과적인 통화정책은 정부가 새로운 화폐를 인쇄해서 모든 사람에게 똑같은 금액을 분배한 다음, 침체한 경제가 지출로 활기를 띠고 부채 상환이 일어나며, 일시적으로 발생할 인플레이션 덕분에 부채가 줄어드는 상황을 지켜보는 것이었으리라. 이런 정책을 상상할 수 없었던 것은 실행할 수 없는 정책이어서가 아니라 정부가 금융과두체제에 장악되었기 때문이다.[138]

이런 일은 예전에도 일어났다.

영국 국민을 거대한 수렁에 빠뜨린 금융업자들이 누가 그 부담을 져야 하는지를 결정하는 것은 분명히 비극적이면서도 코믹한 상황이다. 이는 자본가의 강력한 독재를 예시한다(베아트리스 웹Beatrice Webb: 1858-1943, 영국의 사회학자·경제학자·개혁가).[139]

14장

요약
: 경제위기와 불로소득자의 귀환

국민이 소득과 부를 점점 더 많이 차지하는 소수와 점점 줄어드는 몫을 받는 나머지로 분열된 나라에서 번성할 수 있는 사람은 아무도 없다(로버트 라이히Robert Reich).[140]

여러분은 심각한 위기를 그냥 흘려보내고 싶지 않을 것입니다…… 전에 할 수 없었던 일을 할 기회이기 때문입니다(람 이매뉴얼Rahm Emmanuel, 백악관 비서실장, 2008년).[141]

지난 40년 동안 부자들의 귀환은 바로 적극적인 불로소득자의 귀환이었다. 이들 중에는 자신의 조직에서든 다른 곳에서든 타인이 생산하는 부를 빨아들이는 힘을 가진, 일하는 부자들이 들어 있다. 1980년대 이후 대부분의 선진국에서 국민소득 중 불로소득자가 차지하는 몫의 비중은 상당히 증가했다.[142]

영국에서는 특히 부동산 부문에서 이런 추세가 두드러졌다. 2000년대에 건설을 포함한 모든 비금융 부문에 대한 대출은 GDP보다 약간 느린 속도로 증가한 반면, 상업용 부동산 부문에 대한 대출은 3.5배 증가했다(여기에는 부동산 개발·매매·임대가 포함되지만, 건물 신축은 제외된다). 그 과정에서 상업용 부동산에 대한 대출은 생산 부문에 대한 대출보다 60퍼센트 적었던 데서 50퍼센트 많은 수준으로 증가했다. 늦게 파산한 스코틀랜드 로열 은행과 로이드 TSB에 대한 대출이 그 절반을 차지했다.

이 대출은 상업용 부동산 거품을 조장했고, 금융위기 이후에는 부동산 가치가 급락하면서 위험에 처했다. 2007년 영국 은행 대출의 79퍼센트는 부동산(주택과 기업 부동산)과 다른 금융기관의 금융 거래(특히 부동산 대출에 토대를 둔 파생상품의 거래)에 대한 대출이었다.[143] 1996년부터 2008년까지 기업의 생산적 투자에 대한 대출은 감소했다. 2008년 거품이 꺼졌을 때, 상업용 부동산의 가격은 26.4퍼센트 하락했다.[144]

2006년 영국 통계청에 따르면, 지난 15년 사이에 경제성장에 가장 크게 기여한 것은 주택 임대업이었다. 이 부문에서 '창출된 가치'는 120퍼센트 증가해 연간 450억 파운드에 달했다고 한다. 『가디언*Guardian*』기자 패트릭 콜린슨Patrick Collinson의 말에서 드러나듯이, 불로소득자들은 부의 추출을 부의 창출로 착각한다.

현대 영국에서는 지대 인상이 경제성장이라고 여겨지는 듯하다. 미국은 기술 분야에서 우위를 점하고 있고, 독일은 수백만 대의 자동차를 생산하며, 일본은 여전히 가전제품을 만들고 있다. 영국은 임대업자들을 배출한다. 경쟁국들이 우리의 경제적 성공을 얼마나 부러워하겠는가?[145]

금융 부문과 부동산 부문의 규모와 수익은 비금융 부문에 비해 급증했지만, 비금융 기업들도 금융상품으로 이익을 추구하면서 두 부문 간의 경계가 다소 모호해졌다. 주주가치 체제의 압박, 값싼 해외 노동과 경쟁해야 하는 상황, 국내의 정치적 공격이 불러온 조직 노동의 무력화, 소비수요의 정체 등도 경제위기의 원인이 되었다.

경영진과 핵심 노동자들은 노동이 약화하는 상황을 활용해 기업 수입에서 더 많은 몫을 차지할 수 있었다. 금융 부문은 팽창과정에서 거품을 계속 만들어내며 부를 빼돌렸다. 노동에 대한 자본의 승리, 채무자에 대한 채권자의 승리로 총수요가 제한되고 수익성 있는 생산적 투자와 성장이 제약을 받는 모순이 생겨났다.

물론 금융은 기업활동을 원활하게 하고 신용을 제공하며 위험을 처리하는 등 경제의 종servant으로서 중요한 역할을 한다. 하지만 금융은 쉽게 주인이 되어 경제를 종으로 만들 수도 있다. 금융에 내재하는 직업적 위험은 대출, 가치 절도, 투기를 통해 돈으로 돈을 벌려고 하면서 부의 추출에 초점을 맞추고, 재화와 서비스로 부를 창출할 필요성은 간과한다는 점이다. 경제위기 이전 거품 형성기에 다른 금융기관과 부동산시장에 대한 대출이 증가하면서 생산 기업에 대한 은행 대출은 30퍼센트에서 10퍼센트로 감소했다.[146]

금융 부문이 금융자산을 통제한다는 것(궁극적으로 다른 사람의 노동과 생산물에 대한 청구권을 행사한다는 것)은 강력하게 규제하지 않는 한 그 부문이 정부를 수하에 두고 이익을 추구할 수 있음을 의미한다. 이상적인 시장 모델에 집착하고 노력소득과 불로소득의 차이를 무시하는 주류 경제학도 여기에 연루되어 있다.

재화와 서비스(사용가치)에 대한 화폐(교환가치)의 승리가 있었지만, 화폐의 가치는 궁극적으로 재화와 서비스를 생산하는 사람들에게 달려 있으므로 그것은 일시적인 승리에 그칠 수밖에 없다. 이자 낳는 신용을 통한 부의 추출은 생산적 투자를 통한 부의 창출로 부채를 상환할 능력을 압도하고 있다.

모기지, 신용카드 부채, 학자금 부채나 기타 대출 등 소비자 부채가 증가하고 보편화하면서 점점 더 많은 사람이 무력해지는 결과가 초래되었다. 노동자들은 집단행동으로 파업을 벌여 생산을 중단하고 고용주에게 최대의 타격을 가할 수 있지만, 채무자들은 과연 무엇을 할 수 있을까? 빚진 학생을 제외하면, 채무자는 집단적 정체성이나 방어조직이 없는 개인일 뿐이다. 채무자가 대출을 상환하지 못하면, 집을 압류당하거나 파산을 선언해야 하는 위험에 빠진다.

터무니없게도 영국 연립정부는 경제위기가 이전 노동당 정부가 저지른 과도한 국가 지출의 산물이라고 주장한다. 이 주장은 위기가 글로벌한 특성을 갖는다는 사실과 모순되며, **특히** 영국 부채에서 드러나는 증거(영국의 금융 부문 부채는 공공부채의 일곱 배이고 총부채는 GDP의 약 열 배다[147])와도 모순된다. 정부는 순응적인 언론과 나약하고 비겁한 야당의 도움을 받아 공공 부문을 위기의 희생양으로 내세웠다.

그런데도 부채를 줄이고 허리띠를 졸라매야 한다는 말을 들은 것은 99퍼센트의 무고한 방관자, 그중에서도 특히 저소득층과 중간층이었다. 실질임금이 하락했을 뿐만 아니라 공공 부문 축소로 특히 여성에게 영향을 미치는 일자리가 감소했다. 그와 동시에 실업자·장애인·저소득층에 대한 복지는 대폭 삭감되었다. 대중에게 긴축을 강요하고 은행에는 초저가 구제금융과 양적 완화의 혜택을 줌으로써 불로소득자들은 또 다른 경로로 막대한 불로소득을 얻을 수 있었다. 금융계 인사 중 비교적 솔직했던 아데어 터너의 말을 다시 인용해보자.

영국 시민들은 금융 시스템에서 비롯된 경제위기 때문에 세금 인상이나 공공 서비스 삭감의 부담을 여러 해 동안 지게 될 것이다. 이 위기는 지금 고통을 겪고 있는 사람들의 평생 수입에 해당하는 연간 보너스를 적지 않은 사람들에게 챙겨줬던 트레이딩룸[trading room: 주식과 채권의 거래인들이 한곳에 모여 거래를 진행할 수 있도록 마련한 사무실]에서 조성되었다(터너, 2009년).[148]

4부

부자들을 위한
부자들의 지배

우리는 민주주의를 가질 수도 있고, 소수의 손에 부가 집중된 사회를 가질 수도 있지만, 둘 다 가질 수는 없다(브랜다이스 Brandeis 대법관).[1]

토머스 홉스Thomas Hobbes가 말했듯이, 부는 곧 권력이다(애덤 스미스).[2]

우리는 여전히 민주주의 사회에 살고 있지만, 부자들의 지배(또는 금권체제)가 점점 더 민주주의를 뒤덮고 있다. 혹자는 이를 과두정치(소수의 지배)라고 부르기도 하지만, 그 말은 부자들의 부를 제대로 부각하지 못한다. 부자들의 경제력이 커짐에 따라 그들의 정치력도 커졌다. 여전히 모든 사람이 투표권을 가지고 있지만,[3] 정치를 지배하는 것은 부자들이다.

어떻게 이런 일이 일어났을까? 어떻게 금권체제의 지배자들, 특히 금융 엘리트들은 경제 붕괴에 잘 대처할 수 있었을까? 어떻게 권력을 유지하고 자신들의 실수에 대해 다른 사람들이 대가를 치르도록 할 수 있었을까? 영국에서 그들은 공공 부문과 직전 노동당 정부를 비난하고, 위기와 가장 관련이 적은 실업자와 복지 수급자에게 불이익을 주면서 낙인을 찍는 방식으로 위기에 대처했다.

놀랍게도 시티와 월스트리트의 금융 엘리트들은 80년 만에 가장 심각한 경제위기를 초래한 핵심 당사자인데도 자신들의 권력에 대한 위협을 효과적으로 차단하고 정치에 대한 지배력을 더욱 강화했다. 아무도 그들을 뽑지 않았는데, 어떻게 그들이 모든 것을 통제하는 것일까?

4부에서는 이러한 권력이 어떻게 작동하는지, 정부·기업·로비스트·싱크탱크, 기타 여러 조직 사이에 권력이 어떻게 나뉘는지, 그리고 조세회피처가 어떻게 권력 기반으로 활용되는지 살펴본다. 그런 다음 부패, 범죄, 감시자 재갈 물리기 등 추악한 측면에서 시작해 외관상으로는 선량해 보이는 측면(자선활동)까지 다룬다. 마지막으로 어떻게 경제와 정치를 계속 지배할 수 있는지에 대해 금권체제 엘리트들이 가진 몇 가지 견해를 검토하고 마무리한다.

15장

부자들의 지배는
어떻게 작동하는가?

부자들이 이렇게 지배적인 위치에 오를 수 있었던 데는 그들 사이에 모종의 음모가 있을 것이라고 상상하기 쉽다. 그러나 중앙의 통제를 받는 안정적이고 일사불란한 조직은 존재하지 않는다. 하지만 부자들은 개별적으로 행동하더라도 너무 큰 정치권력을 행사한다. 현대의 금권체제는 이해관계가 충분히 겹쳐서 경쟁하면서도 때때로 협력하는 것이 유용하다고 생각하는 부유한 조직들과 개인들이 맺는 동맹들의 집합체에 지나지 않는다.[4] 자본주의는 너무 역동적이고 분열적이며 무정부적이어서, 금권체제의 구성원이 고정되거나 금권체제가 강한 조직을 발전시키기는 어렵다. 마르크스가 자본가를 두고 말했듯이, 핵심 플레이어는 '적대적인 형제들'이다. 기회주의가 규범이며, 게다가 이해관계가 개재되지 않는 행동은 불가능하다고 여기는 인식이 널리 퍼져 있다. 하이웰 윌리엄스Hywel Williams가 관찰한 것처럼, '효율적인 시장'이라는 기적에 대한 유사종교적 믿음이 이런 인식을 뒷받침한다.[5] 부자들의 국가 침투와 국가 장악은 수십 년 전부터 조금씩 진행된 과정이었다.

금권체제의 가장 명백한 징후는 기업의 정치적 기부와 로비활동, 사회적 네트워크와 기업 네트워크의 중첩, 고위 정치인과 부유층의 상호 구애, 정치인 자신의 부와 엘리트 배경 등이다(이 글을 쓰는 시점에 영국의 내각에는 열여덟 명의 백만장자와 소수의 이튼Eton 고등학교 출신이 있다). 부자들이 다른 사람들에게 적용되는 규칙을 피할 수 있도록 해주는 해외의 조세회피처는 잘 드러나지 않는다. 부자들의 지배는 자본주의 **구조** 그 자체에 뿌리를 두고 있다. 그들이 정치를 지배할 수 있는 것은 그 때문이다.

조용한 권력

경제의 최상층이 가장 수익성 높은 일을 하는 소수에게 통제되는 한, 정부는 대기업의 소유주와 지배자가 계속해서 투자할 수 있도록 달콤한 보상을 제공해야 한다. 선거에서 지지를 받으려면 경제를 지원해 고용과 생활수준을 유지할 필요가 있기 때문이다. 이는 호황이든 위기든 어떤 상황이건 간에 자본주의에 꼭 맞는 내용이다. **그러므로 로비활동이나 정치적 기부 없이도 대기업을 지배하는 사람들은 지배적인 위치에 있을 것이다.** 정도의 차이는 있겠지만, 강력한 노동조합이 존재한다면 이와 같은 권력의 구조적 원천을 제지할 수 있다. 그러나 전 세계적으로 이동하는 자본은 이를 쉽게 피할 수 있다. 게다가 지금처럼 노동이 상대적으로 약하고 부자들이 부활하는 시기에는 이런 구조적 권력이 제약받기는커녕 오히려 정부가 그것을 보호하고 조장한다.

너무 커서 도산할 수 없다고 여겨지던 은행에 대한 공적 구제금융보다 더 명백히 이러한 구조적 지배를 보여주는 사례는 없다. 은행장들은 심각한 처벌을 피했을 뿐만 아니라 수백만 달러의 보수를 계속 챙겼다. 근본적으로 금융 부문은 단지 부, 우리 돈에 대한 통제, 경제에 대한 영향력 때문에 엄청난 구조적 권력을 행사한다. 자본주의 경제이면서 금융화한 경제에서 정부는 채권자의 입맛에 맞는 정책(인플레이션을 최소화하고 자본의 이동성을 최대한 높이는 정책)을 펼쳐야 한다.

더그 헨우드가 말하듯이, "공공부채는 국가가 자본의 수중에 안전하게 머물게 하는 강력한 수단이다. 부채가 많을수록 정부는 은행가들을 더 기쁘게 해야 한다." 그들은 언제든지 다른 곳으로 돈을 옮길 수 있다.[6] 그리고 앞으로 살펴보겠지만, 조세회피처가 있다는 것은 그들에게는 늘 더 유리한 곳이 있음을 의미한다.

더욱이 그들은 엘리트 교육과 미디어 통제, 거기에 따르는 지식 통제의 이점을 누릴 수 있는 이상적인 위치에 있다. 이런 요소들은 그들의 상징권력을 뒷받침한다. 그들은 인생에서 최선의 출발을 하고 최고의 기회를 잡는 경우가 많기 때문에 자신들이 특별한 사람(즉, 금권체제 지배자라기보다는 능력자)이라고 생각하기 쉽다. 영국에서는 토니 블레어, 데이비드 캐머런, 보리스 존슨[7]이 이렇게 착각하는 대표적인 사례지만, 그런 착각은 아래쪽으로도 확산하고 있다. 피에르 부르디외가 말했듯이, "모든 권력은 그 토대를 이루는 메커니즘에 대한 오해 덕분에 효능을 발휘한다."[8]

금권체제 엘리트들은 상당한 구조적 권력을 가지고 있음에도 거기에만 의존하지는 않았다. 특히 경제위기로 그들의 정당성에 의문이 제기된 상황에서도 정치를 자신들에게 유리하게 만들려고 무던히 노력했다.

정치적 기부: 정책을 사는 돈

부유한 개인과 대기업이 순전히 정당의 정치적 신조가 좋아서 정치적 기부를 한다고 생각하는 것은 순진하다. 그들은 기본적으로 영향력을 키우고 자신들의 이익을 증진하려고 기부한다. 그들이 돈을 들여서 얻으려는 것은 선호하는 정당의 선거 승리뿐만 아니라(선거 전에는 항상 기부가 늘어난다), 자신들이 원하는 정책이다. 이는 대단히 비민주적이다. 사실상 정치인에게 영향을 끼칠 수 있는 소수의 사람이 수천 표를 행사하는 것과 같기 때문이다. 정치인 중 일부는 그들에게 로비를 벌이는 기업에서 돈 많이 받는 이사직을 노리고 있을 수 있다. 『선데이 타임스』 2012년 부자 리스트 상위 1,000명 가운데 4분의 1이 총 8,360만 파운드를 정당에 기부했다. 토니 벤Tony Benn이 말했듯이, 지갑은 투표용지를 이긴다.

영국은 개인이 한 정당에 기부할 수 있는 금액을 제한하고 있지만, 고액 기부자들은 가족이나 회사를 통해 우회적으로 기부할 수 있다. 앤서니 뱀포드 경Sir Anthony Bamford과 그의 가족, 그의 회사는 2001년부터 2010년까지 보수당에 약 400만 파운드를 기부했다. 최고의 기부자는 어바인 레이들로 경Lord Irvine Laidlaw과 그의 회사로, 같은 기간에 600만 파운드 이상을 기부했다.[9] 보수당에 5만 파운드 이상을 기부하는 사람들은 '리더 그룹'에 가입해 당 대표나 다른 고위 정치인들을 만찬에서 만나고 리셉션이나 중요한 정치적 행사에 참석할 수 있는 자격을 얻는다. 이 그룹에는 금융 부문 인사 57명이 들어 있다.[10]

부자들이 귀환하고 금융이 보조적 역할에서 주도적 역할로 부상하면서 정치자금의 규모가 커지고 구성도 변했다. 과거에 토리당[영국 보수당의 별칭]은 자금을 대부분 당원 회비와 지역 모금으로 조달했지만, 지금은 대부분 기업에서 조달한다. 금융 부문의 기부금은 캐머런 재임 중 두 배로 증가해 당 모금액의 50.8퍼센트를 차지했으며,[11] 27퍼센트는 헤지펀드와 사모펀드에서 나왔다.[12] 2008년 보리스 존슨은 런던 시장 선거자금의 77퍼센트를 헤지펀드와 사모펀드에서 조달했다. 존슨이 시티에 대한 규제를 반대한다는 사실은 전혀 놀랍지 않다.[13]

노동당도 사정이 달라졌다. 한때 노동당은 수입의 90퍼센트를 노동조합에서 얻었다. 그러나 토니 블레어와 그의 동료 정치인들이 노동당의 노동 계급적 성격과 거리를 두는 대신 부유층과 친해지면서 이 비율은 2001년에 30퍼센트로 떨어졌다.[14] 2001년부터 2008년까지 사모펀드 사장인 로니 코헨 경Sir Ronnie Cohen과 나이절 도티Nigel Doughty는 각각 180만 파운드와 100만 파운드, 전 골드만삭스 파트너 존 아이스빗John Aisbitt은 75만 파운드, 헤지펀드 임원 윌리엄 볼린저William Bollinger는 51만 파운드를 노동당에 기부했다. "토니 블레어는 노동당이 노동조합보다 부유한 개인에게 재정적으로 의존하는 것이 더 바람직하다고 판단했지만, 정책 수립 시에 두 가지 형태의 의존은 이해 상충을 유발할 수 있다." 로버트 페스턴Robert Peston의 말이다.[15]

신노동당 초기에 최고 기부자 중 3분의 1이 다양한 형태로 정부에서 자리를 얻었고, 토리당 기부자가 그랬던 것처럼 많은 사람이 귀족 지위나 기사 작위를 받았다(부자들은 금융자본뿐만 아니라 상징자본에도 관심이 많다). 금융위기가 닥치고 노동당이 정권을 잃으면서 기존의 노동당 기부자들이 줄어들자 상황이 바뀌었다. 2010년 노동당의 최대 기부자였던 쇼핑 채널 소유주 존 밀스John Mills는 자신의 회사 주식 165만 파운드를 노동당에 기부했다.[16] 2013년까지 노동당에 대한 기부는 기업이 약 3퍼센트, 개인이 7퍼센트를 차지했지만, 당이 금권체제 엘리트들을 위협하지 않으리라는 것을 납득시킬 수 있다면 이 수치는 선거 전에 상승할 가능성이 크다.

물론 노동조합 단위의 정당 가입은 종종 논란의 대상이 되었다. 노동당에 가입한 15개 노동조합의 조합원들은 거부 의사를 밝히지 않는 한, 매달 소액의 당비(가장 큰 노동조합인 UNITE의 경우 약 66펜스씩)를 내기 때문이다(한편, 주로 보수당에 돈을 기부하는 기업에서 일하는 사람들은 기부의 원천인 부에 기여하는데도 기부를 거부할 수도 없고 기부에 대해 어떤 발언권도 가질 수 없다). 2012년에는 UNITE의 정치자금 700만 파운드 중 300만 파운드가 노동당에 당비 명목으로 지급되었다. 그 대가로 노동조합은 노동당 지도자 선출에 큰 영향력을 행사한다.

그러나 『가디언』의 아디트야 차크라보르티Aditya Chakrabortty가 지적하듯이, 정책 측면에서는 노동당 기부자들과 토리당 기부자들 사이에 차이가 있다. 즉, 통상 토리당의 거액 후원자들은 반대급부를 기대하며 실제로 반대급부를 받지만, 노동당에 많은 자금을 제공하는 15개 노동조합은 노동자들의 힘을 줄이고 부자들이 더 많은 부를 차지할 수 있도록 허용하는 신자유주의 정책을 얻어냈을 뿐이다.[17] 신노동당이 신자유주의적 의제를 수용했다는 것은 그런 의미다. 이 글을 쓰는 시점에 노동당 지도부는 선택적 참여 제도opt-in system의 도입을 제안하고 있다. 이 제도가 도입되면 모금의 민주적 성격이 강화될 수는 있지만, 노조에서 받는 돈은 대폭 줄어들 가능성이 크다.

미국의 상황은 영국보다 규모가 더 크고 나쁘지만, 적어도 조금 더 투명하다.[18] 2012년 대선에서 각 후보는 10억 달러 이상을 지출했다! 미국 정당에 대한 기부금의 40퍼센트 이상이 상위 0.01퍼센트에게서 나온다.[19] 2014년에는 각 선거에 대한 개인 기부 한도가 12만 3,000달러에서 360만 달러로 상향 조정되었다.[20] 두 정당 모두, 후원해주면 기대에 부응할 것이라는 확신을 가진 대기업에서 자금을 지원받고 있다. 대기업이 지원하는 정치인들은 경제적 이해관계가 비슷하다. 2011년 부유한 하원의원 상위 50명의 재산 목록에서 1위였던 마이클 맥콜Michael McCaul은 2억 9,400만 달러를 갖고 있었던 반면, 50위였던 랜디 노이게바우어Randy Neugebauer는 600만 달러를 갖고 있었다. 최소 2억 5,000만 달러의 자산을 보유한 공화당 후보 미트 롬니Mitt Romney는 사모펀드를 통해 차입 매수에 참여해서 돈을 벌었다. 롬니를 지원한 기부자 중 상위 다섯 곳은 모두 월스트리트의 은행이었다.

한편, 버락 오바마Barack Obama는 마이크로소프트와 구글에서 각각 70만 달러, 골드만삭스에서 100만 달러 조금 넘게 받았다.[21] 그러니 은행이나 정보기술 독점 기업을 제대로 규제하리라 기대하기는 어려웠다.[22] 오바마는 2008년 대선을 앞두고 석유·가스 회사에서 88만 4,000달러를 받았다고 알려져 있다. 상원의 대표적인 기후변화 부정론자인 제임스 인호프James Inhofe는 화석연료 에너지 기업들, 특히 석유·가스·광물·목재·화학제품을 생산하는 코크 산업Koch Industries에서 5년 동안 무려 50만 달러의 자금을 지원받았다.[23] 코크 형제는 공화당 내의 극단주의 그룹인 티파티에도 자금을 지원했다. 지난 미국 대선[2012년 선거]에서는 온갖 이야기가 다 나왔지만, 후보들은 기후변화에 대해서만큼은 섬뜩할 정도로 조용했다. 이는 뻔뻔스럽기 짝이 없는 금권정치다.

찰스 퍼거슨Charles Ferguson은 미국의 양대 정당이 대기업에서 막대한 자금을 지원받기 때문에 비슷한 신자유주의 경제정책을 채택하며, 단지 사회적 이슈에서만 크게 차이가 난다고 주장한다.[24] 영국의 상황도 별로 다르지 않다. 양대 정당 모두 런던 금융 중심가의 지배 아래 있고, 루퍼트 머독을 비롯한 언론 귀족들의 지지를 얻으려고 경쟁하고 있다. 이것이 무슨 민주주의인가?

눈 속의 살찐 고양이: 다보스 세계경제포럼

당신이 슈퍼리치거나 그들과 친분을 쌓고 그들에게 영향을 미치고자 한다면, 여기를 주목해야 한다. 세계경제포럼World Economic Forum은 "세계 상위 기업 중 1,000개, 보통 매출액이 50억 달러 이상인 글로벌 기업들"[25]로 구성된 조직으로, 주된 활동은 초청이다.

세계경제포럼은 "경제계·정계·학계, 기타 분야의 사회 지도자들을 참여시켜 글로벌 의제, 지역적 의제, 산업적 의제를 만들게 함으로써 세계의 상태를 개선하려고 노력하는 독립적인 국제조직"이라고 스스로 정의한다.

그러나 엘리자베스 리플로어Elizabeth Leafloor가 말했듯이, "실제로는 비즈니스·은행·정치 분야의 세계 지도자들이 문을 닫아걸고 그들의 기회주의적 해결책이 글로벌 구원책이라고 자화자찬하면서 자기들에게 이익을 안겨줄 계획을 확고하게 만든다."[26] 이는 지대 추구를 촉진하기 위한 포럼에 불과하다.

우리는 매년 스위스의 알프스 산맥에 있는 다보스에서 슈퍼리치들과 그 추종자들이 세상을 구하는 척하면서 더 많은 부를 빨아들이는 역겨운 모습을 구경한다. '화려함과 진부함'이 교차하는 5일 동안 2,500명의 기업 임원, 은행가, 정치인, 언론인, 학자, 자선단체 인사들이 인맥을 넓히고 기회를 모색하려고 제트기와 헬리콥터를 타고 참석한다. 지구 온난화나 불평등과 같은 세계적 문제에 대해 논의하면, 금권 엘리트가 마치 산비탈에 서 있는 자애로운 선지자처럼 보인다. 몇 개 세션을 언론에 공개하면서 자선단체 인사와 학자를 몇 사람 초청해 행사를 진행하면, 금권 엘리트가 정당한 것처럼 보인다. 옥스팜 같은 단체는 행사를 정당화시켜주는 것과 전 세계 언론 앞에서 가난하고 힘없는 사람들의 처지를 조명할 기회를 놓치는 것을 두고 갈등하다가 참석을 선택했다.

2014년 다보스포럼에는 국가 정상이 40명 참석했다. 이제 다보스포럼은 시리아 사태 같은 중대한 지정학적 이슈를 논의하는 비공식 회의장이 되었다. 전 세계 금권체제 엘리트들이 모이는 포럼이 정상들에게 적절한 환경으로 여겨지는 것은 분명하다. 적어도 경제적 이해는 대변할 수 있을 것이기 때문이다.(어쨌든 금권체제 정치인들이 거기 있으니 글로벌 외교에 대해서도 논의할 수 있지 않을까?) 기업은 전쟁, 특히 자원전쟁에 커다란 이해가 걸려 있다. 이는 핼리버튼[Halliburton: 미국의 다국적 기업으로 세계 최대의 석유 채굴 기업 중 하나], G4S[영국의 다국적 기업으로 세계 최대의 보안·시설관리 기업 중 하나], 그 외 다른 기업들의 이라크 전쟁 참여에서 분명히 드러났다. 한편, 피통치자들은 대규모 보안 단속 때문에 포럼 행사에 접근하기가 어렵다.

노엄 촘스키[Noam Chomsky]는 다보스포럼을 그 대안으로 여겨지는 세계사회포럼World Social Forum과 비교한다.

지배층은 '세계화'라는 용어를 그들이 선호하는 특정 버전의 국제적 경제 통합을 지칭하는 데 사용했다. 이 버전에서는 투자자와 대출자의 권리를 특권화하고, 일반 사람들의 권리를 부수적인 것으로 여긴다. 이 용법에 따르면, 인간 일반의 권리를 특권화하는 다른 형태의 국제적 통합을 지지하는 사람들은 '반세계화주의자'가 되고 만다. 그러나 이는 단지 저속한 선전일 뿐이다. …… 언론과 교육받은 계층 등으로 구성된 선전 시스템에서 '반세계화' 세력으로 불리는 세계사회포럼을 예로 들어보자. 세계사회포럼은 세계화의 모범적인 사례다. 이 포럼에는 친세계화주의자로 불리면서 세계경제포럼에 모이는 극소수의 특권 엘리트를 제외하고는 전 세계 각계각층에서 수많은 사람이 모이기 때문이다.

가수 보노Bono가 다보스포럼을 '눈 속의 살찐 고양이'라고 부른 것은 지극히 정당하다.

영향력의 망網

금권체제는 기업, 무역단체, 싱크탱크, 로비 회사, 정치인, 정당 연구원, 정치 특보 간의 촘촘한 관계망을 활용한다. 관계망의 구성원들은 서로 네트워크를 형성할 뿐만 아니라 여러 조직 사이를 오가며 활동한다. 기업에서 로비직이나 정치 관련 자리로 이동하건, 정계에서 기업 이사직이나 로비직으로 이동하건, 그때마다 내부 지식과 인맥, 로비 능력이 확장된다. 물론 영향력 확대와 경력 변화 외에 돈도 따른다.

원칙을 지키지 않고 경력만 중시하는 정치인들은 돈 많이 버는 자문회사의 자리를 약속하면 쉽게 넘어간다. 망이 배타적이고 부자들과 사기업이 그것을 지배하면, 망 구성원들의 세상 보는 시야가 좁아지고 일반 시민들의 경험은 뒷전으로 밀려난다. 2013~2014년 영국 정부는 선거 전 자선단체, 캠페인단체, NGO의 로비활동을 제한하는 반면, 대기업의 비밀 로비를 촉진하는 법안을 밀어붙였다(이는 금권정치가 민주주의에 승리한 또 다른 사례다).

일반인이 정치인에게 로비를 할 때는 학교, 도시 계획, 의료 서비스, 환경, 정의와 공정의 문제 등 자신이 깊은 관심을 가진 사안이나 정책을 놓고 하는 경우가 많다. 그러나 비즈니스와 관련된 로비는 돈을 더 많이 벌 목적으로 행해진다. 세금이 목표가 되기도 하고, 공공 부문 계약을 따내거나 자기 수입이 늘어나는 방향으로 정책을 유도하는 일이 목표가 되기도 한다.

많은 기업이 자체적으로 로비를 하지만, 영국에서는 로비 전문 회사가 많이 생겨나 그 업종이 20억 파운드 규모의 산업으로 성장했다. 이 회사들은 민간기업과 부자들을 위해 일하며, 영국 법률에 따라 로비를 맡긴 자들의 신원과 그들이 맡긴 금액을 극비리에 숨긴 채 활동할 수 있다.[27] 그린피스Greenpeace 같은 캠페인단체도 로비를 하지만, 그런 단체와는 달리 로비 회사들은 수입원을 숨기며 일반인의 기부금에 의존하지 않는다.

　찰스 퍼거슨이 주장하듯이, 로비의 주된 효과는 로비를 통해 제시되는 주장이 아니라 정치인들이 받는 유혹, 즉 정계를 떠나면 기업에 가서 돈 많이 버는 직업을 가질 수 있다는 사실 때문에 생긴다.[28] 정치라는 직업에 따르는 고단함, 갈등, 대중의 감시, 시원찮은 급여를 생각하면, 그 사실이 얼마나 매력적으로 보이겠는가? 그러나 금권정치의 마법에 걸린 사람들이라고 해서 반드시 부패해서 돈이나 사적 이익에 휘둘리는 것은 아니다. 그들은 정의로운 세상의 신화를 진심으로 믿고 있고, 민간 부문이 항상 공공 부문보다 더 낫다고 여길지 모른다. 그들은 모든 금융'투자'가 실물투자를 뒷받침하고, 금융 부문이 자본주의의 새로운 엔진이며, 시티와 월스트리트에 좋은 일은 영국과 미국에도 좋으며, 경제위기라는 당혹스러운 사건이 일어나도 약간의 미세한 조정만 하면 다시 전진할 수 있다고 믿고 있을지 모른다.

　이런 생각을 진정으로 신봉하는 사람들은 기업에서 빌는 돈을 올바른 세계관을 가진 데 대한 보상으로 여기고, 정치적 기부를 다음 선거에서 이 세계관을 지키기 위한 수단으로 간주할 수 있다. 그들이 이런 신념을 품고 있으면서도 당선되는 것은 놀라운 일이 아니다. 이런 신화가 많은 사람 사이에 널리 퍼져 있고 공유되고 있기 때문이다. 이는 40년 가까이 지나면서 공고해진 신자유주의적 자본주의 세계관의 산물이다.

　민간 의료 기업들은 여러 해 동안 신노동당과 보수당·자유민주당 연합에다 국민보건서비스NHS의 의료 서비스를 민영화하도록 압력을 가해왔다. 그 결과 NHS는 다수의 민간 의료 기업을 위한 공적 허울에 불과한 존재가 되고 말았다. 미국 다국적 의료 기업의 지사인 유나이티드 헬스

유케이United Health UK는 정치권 내부 인사이자 토니 블레어의 전 보건 정책 고문이었던 사이먼 스티븐스Simon Stevens를 영국 부사장으로 채용했다. 신노동당의 보건부 장관이었고 병원의 민간자금 이니셔티브 계약 Private Finance Initiative deals on hospitals을 주도한 앨런 밀번Alan Milburn 은 민간 의료 서비스의 자금 조달에 관여하는 사모펀드 회사 브리지노스 캐피털Bridgenorth Capital의 유급 고문이 되어, 얼라이언스 메디컬Alliance Medical, 매치 그룹Match Group, 메디카Medica, 로비니아 케어 그룹Robinia Care Group과 관계를 맺고 있다.

패트리샤 휴위트Patricia Hewitt 전 노동당 보건부 장관은 제약 회사 부츠Boots의 고문이 되었으며, 민간 의료보험 회사인 BUPA로부터 민영 병원 25개를 인수한 신벤Cinven에서 5만 5,000파운드를 받았다. 그녀는 또 BUPA의 이사가 되어 연간 10회 이사회 회의에 참석하는 대가로 5만 2,000파운드를 추가로 받았다. 모두 의원직을 유지하면서 한 일이다. 전 보건부 장관 워너 경Lord Warner은 영국 헬스 게이트웨이UK Health Gateway의 비상임 회장이자 NHS에 서비스를 제공하는 잔사Xansa와 바이오트롤Byotrol의 고문으로 일하고 있다. 이런 인물들의 목록은 계속 이어진다.[29]

데이비드 캐머런의 선거 전략가인 린턴 크로스비Lynton Crosby는 민간 의료 회사, 담배 회사, 화석연료 회사 등 여러 유력 고객을 위해 일하는 로비스트이기도 하다. 그는 2010년 말 정부가 선거 공약집에서 언급하지 않은 새로운 정책(의료 서비스 민영화 확대 정책)을 발표하기 직전에, NHS의 '실패'를 의료 기업들이 어떻게 활용할 수 있을지 조언했다. 2012년 영국 정부는 2015년까지 NHS 예산을 200억 파운드 삭감하겠다고 발표했고,[30] NHS에 대한 영국 국민의 충성도를 약화시키고 추가 민영화의 길을 열어주기 위해 NHS 병원의 실패담을 방송하는 공개 캠페인을 시작했다. 캐머런은 처음에는 단순한 담배 포장[담배 포장을 단순화해서 구매 욕구를 억제함으로써 흡연율을 낮추려는 규제의 일환]을 의무화하는 계획을 지지했으나, 나중에는 이를 거부했다.

또 연립정부는 영국에서 사업하고 싶어 하는 천연가스 추출 회사를 대상으로 주요 세금을 감면하는 조치를 발표했다. 많은 고위급 정치인들이 화석연료 에너지 기업들에 금전적 이해관계를 가지고 있었기 때문에 저탄소 에너지 정책은 기껏해야 허울뿐이었다.[31] 이미 영국에서 사업을 모색하고 있는 기업 중 하나는 크로스비의 고객이 설립한 자회사다. 보수당은 크로스비 임명에 이해 상충이 있음을 부인했는데, 어떤 면에서 이는 옳다. 금권체제에서 사는 사람이라면 누구나 예상할 수 있겠지만, 기업과 정부의 이해관계는 이미 조화를 이루고 있기 때문이다.

경제적 자본의 토대가 되는 정치적 자본

토니 블레어 전 수상(7,000만 파운드의 재산을 가진 것으로 추정된다)은 하원의원직을 사임한 이후 기업을 위한 로비활동을 활발히 해왔다.

블레어의 전 고문 가운데 한 명인 조프 멀건Geoff Mulgan은 "블레어는 JP 모건 고문으로 연간 350만 파운드, 취리히 파이낸셜Zurich Financial에 자문하는 대가로 50만 파운드, 쿠웨이트에 자문하는 대가로 100만 파운드, 사모펀드 회사인 코슬라 벤처스Khosla Ventures에 자문하는 대가로 공개되지 않은 금액을 받았다. …… 이 돈들은 금융 상품 설계에 관해 그가 전문지식을 가져서 받은 대가는 아니었다"[32]고 말했다. 블레어는 쿠웨이트 왕실과 카자흐스탄 독재정권에도 자문했으며,[33] 연설 1회당 최대 25만 파운드를 받았다.

매튜 이글레시아스Matthew Yglesias는 다음 글에서 블레어를 언급하지는 않았지만, 이는 블레어에게 딱 들어맞는 내용이다.

> 다보스포럼에서 높은 평가를 받고 퇴임하면, 자기 나라 사람들에게 엄청난 경멸을 받더라도 유럽위원회나 IMF 등 여러 곳에서 일할 기회가 생긴다. 사실 어떤 면에서는 엄청나게 멸시받는 것이 플러스 요인이 될 수도 있다. 설사 국내 유권자들이 강하게 반대한다고 하더라도 국제사회(즉 금권체제)가 원하는 것을 하는 것이 '국제사회'에 결속되어 있음을 보여주는 궁극적인 증거다.[34]

경제위기의 위험을 고려할 때 당연한 일이겠지만, 금융 부문은 정부를 대상으로 가장 활발한 로비활동을 벌이고 있다. 탐사보도국Bureau of Investigative Journalism에 따르면, 2011년 어떤 형태로든 금융 부문을 위한 로비에 관여하는 조직은 129개였다. 여기에는 800명 이상이 직접 고용되어 있었고, 지출 비용은 9,280만 파운드였다. 로비스트 중에는 은행 직원, 공공 업무 자문 회사 관계자, 산업체 대표, 로펌 변호사, 경영 컨설턴트 등이 포함되어 있다. "상원의원 중 16퍼센트(124명)가 금융 서비스 기업과 직접 연결되어 있다. 전년 예산을 검토하는 상원위원회는 금융 회사에서 보수를 받는 의원들이 다수를 차지한다."[35] 금융 부문을 대표하는 시티 오브 런던 코퍼레이션City of London Corporation은 홍보·로비 회사인 퀼러Quiller에 '고도의 집중적인 위기·평판 관리'를 의뢰했다. 퀼러는 조지 브리지스George Bridges가 운영하고 있는데, 그는 이튼 출신으로 옥스퍼드 대학교를 졸업했으며, 조지 오스본의 친구다. 2006년에는 보수당 선거운동의 책임자였다.

잉글랜드 은행 총재직을 물러나는 머빈 킹은 2013년 재정 특위에서 다음과 같이 말했다. "은행들은 감독관[즉, 금융규제 당국]과의 대화에 그치지 않고, 다음 단계로 다우닝 11번가[재무부 장관 관저]나 심지어 10번가[수상 관저]에 전화를 걸어 감독관들이 판단을 철회하도록 압력을 가하는 로비를 벌여야 한다고 생각합니다." 그는 자세한 설명을 요구받자 이렇게 말했다. "분명히 11번가, 심지어 어떤 경우에는 10번가에 전화를 걸어 기존의 판단을 철회하고 '좀 더 합리적으로' 판단하도록 감독관에게 압력을 가해달라고 부탁하는 사람들이 있었습니다."[36]

영국의 4대 회계법인이 의원, 정당 사무실, 정부 부처에 직원과 지문위원을 무료로 제공한 사실이 드러났는데, 이는 돈을 건네지 않고도 정책에 영향을 미칠 수 있는 깔끔한 방법이었다. 예컨대 2009년 "조지 오스본과 당시 그림자 장관이었던 그레그 핸즈Greg Hands 의원은 보고서 작성과 관련해 딜로이트Deloitte의 '서비스와 자문'을 받았다. 이 보고서는 2010년 3월 토리당의 에너지 관련 보고서 "안보 재건Rebuilding Security"의 토대가 되었는데, 여기서 오스본과 핸즈는 당선되면 해양 석유·가스 개발 촉진을 위해 세제와 인허가 제도를 개혁하겠다고 약속했다."[37]

화이트홀[Whitehall: 영국 의회와 관청이 밀집해 있는 런던의 중심 거리]과 웨스트민스터Westminster의 금융 로비스트들이 얻어낸 중요한 정책 변화 가운데 대표적인 것은 다음과 같다.

- 시티 오브 런던 코퍼레이션, 영국은행협회British Bankers' Association, 영국보험협회Association of British Insurers가 로비 세례를 퍼부은 결과, 영국의 법인세와 은행 해외 지점에 대한 세금이 대폭 완화되었다. 이 개혁 덕분에 금융업계는 수십억 달러를 절약하게 될 것이다.
- 10월에 실시될 예정이었던 국가 비영리 연금제도가 철회되었는데, 그렇지 않았다면 수백만 명의 저임금·임시직 노동자가 혜택을 받을 수 있었다.
- 상장 기업을 감시할 새로운 기업 감독기관을 설치하려던 정부 계획이 무산되었다.[38]

스티븐 그린 목사Reverend Stephen Green는 1992년부터 HSBC 은행에서 근무했는데, 마약자금 세탁 사건이 일어났던 2005년부터는 이 은행의 투자 금융 분야 전무이사로 일했다. 그는 귀족 작위를 받아 허스트피어포인트의 그린 경Lord Green of Hurstpierpoint이 되었고, 그 덕분에 하원의원으로 선출되었다. 2011년에는 비선출직 무역투자부 장관이 되어 조지 오스본을 보좌하면서 은행 개혁을 위한 내각위원회 위원으로 활동했다.[39] 그는 기업이 정부 정책 설계에 참여할 수 있도록 길을 여는 일에서 핵심적인 역할을 했다. 한 가지 혁신이라 부를 만한 것은 상위 80여 개 기업과 주요 장관을 연결해 기업이 요청할 때마다 만나도록 한 일이다. 이 제도가 시행된 처음 18개월 동안 장관과 기업의 회합은 698회나 있었다.[40] 당연한 일이지만, 정부는 금융·에너지·식품·제약·미디어 등 다양한 분야의 기업들이 원하는 바를 들어주었다.

2013년에는 가스 연소 발전소에 대한 정부 보조금 정책을 설계하고 있던 사람이 그 발전소를 건설하는 ESB의 임원이라는 사실이 밝혀졌다.[41] 조지 몽비오가 주장하듯이, 이렇게까지 되면 기업의 활동은 로비 차원을 넘어서게 된다. 즉, 기업이 민주적 절차를 대신하고, 정부 핵심부에 기업 이해에 부합하는 의제를 심을 수 있다.[42]

선라이트 재단Sunlight Foundation에 따르면, 상위 20개 은행과 은행협회는 2010년 7월부터 2012년 7월까지 재무부·연방준비위원회·상품선물 거래위원회와 주당 평균 12.5회, 총 1,298회의 만남을 가졌다. JP 모건 체이스와 골드만삭스만 해도 세 기관과 356회나 만났다. 이는 모든 금융 개혁 그룹이 만났던 것보다 114회나 더 많은 횟수다.[43]

싱크탱크도 영향력 망의 또 다른 주체다. 외관상 신중하게 관리되고 있는 것처럼 보이지만, 많은 싱크탱크는 로비 회사와 거의 다르지 않다. 부자들은 우파 성향이 강하고 다른 사람들보다 더 많은 자금을 지원할 수 있기 때문에 싱크탱크도 우파가 주류를 이룬다. 싱크탱크들은 통상 누가 자금을 대는지에 대해서 함구한다. '개인과 기업의 기부에 의존한다'는 것이 공개하는 내용의 전부다. 매우 영향력 있는 우파 싱크탱크인 '정책 교류Policy Exchange'의 웹사이트를 방문해보라. 자금 출처를 밝히지 않은 채, "우리는 우리의 독립성을 매우 자랑스럽게 생각합니다. 우리는 커미션이나 공적 자금을 받지 않습니다"[44]라고만 말한다.

싱크탱크가 '독립적'이라고 할 때, 그것은 **자기 신원이 공개되기를 원치 않는 부유한 개인과 기업에 의존한다**는 뜻이다. 이 싱크탱크는 '정치적 성향을 가리지 않고 활동하는 완전히 독립적인 조직'인 '정책 교류의 미국 친구들American Friends of Policy Exchange'이라는 지원조직이 있음을 인정한다. 하지만 신자유주의에서는 정치적 스펙트럼이 좁아지는 것을 감안할 때, 이는 그다지 인상적이지 않다. 이 단체는 권력을 가지고 있거나 권력을 잡을 가능성이 있는 사람에게 영향을 끼치고 싶어 하며, 어떤 정당이 집권하건 그렇게 할 수 있다고 확신한다. 또 관심 있는 사람에게는 '정책 교류의 미국 친구들'이 미국 내국세법 501조 ⓒ항 3목에 따라 세금을 완전히 면제받으며, 세제 혜택이 따르는 기부금을 받을 수 있다는 사실을 주지시킨다.[45]

이런 싱크탱크들은 자금 조달에 대해 함구하지만, 웹사이트에서 주요 직원들의 프로필과 그들의 과거 경력(종종 정치인을 위해 일하고 옥스퍼드 학위를 가지고 있다)을 찾아보면, 회전문 현상[공공 부문과 민간 부문 사이에 인적 교류가 활발하게 이뤄지는 현상]과 함께 단체의 계급적 성격을 확인할 수 있다.

무엇보다도 싱크탱크들은 스스로를 독립적인 진리 탐구자라고 선전하면서 권력에 접근하려고 한다. 기후변화를 부정하고 많은 공해 산업을 소유한 억만장자 코크 형제는 미국 모든 주에 걸쳐 8,300만 달러 규모의 우파 싱크탱크 네트워크를 구축한 '국가 정책 네트워크State Policy Network'에 자금을 지원했다. 이 네트워크의 대변인들은 언론에서 중립적인 '전문가'로 소개된다. 영국 BBC의 〈뉴스나이트Newsnight〉에서는 신자유주의 성향을 띠는 경제문제연구소Institute of Economic Affairs의 대표는 그냥 '경제학자'로 소개하지만, 좌파 싱크탱크의 구성원에 대해서는 '좌익 성향'의 단체에서 나왔다고 소개하는 경우가 많다.[46]

브리티시 아메리칸 토바코British American Tobacco는 단순한 담배 포장에 반대해주는 대가로 경제문제연구소에 3만 파운드를 지원했다. 민간 의료 기업 프루헬스PruHealth 산하의 스탠더드 라이프 헬스케어 Standard Life Healthcare는 친시장적 싱크탱크인 '개혁Reform'을 통해 의료 서비스에 '보험을 기반으로 하는 민간자금'이 더 많이 지원되도록 활발한 로비를 펼쳤다. 프루헬스의 배후에 있는 거대 보험사 프루덴셜은 2012년 '개혁'에 6만 7,500파운드를 지원했다.[47]

물론 싱크탱크에서 일하는 이들 중에는 세상을 더 나은 곳으로 만들려는 좋은 의도를 가진 사람이 많다. 그러나 자금 제공자들을 만족시켜야 한다는 제약도 있고, 현실 정치도 고려해야 한다. 정치권이 귀를 기울이도록 만들려면, 정치인들의 언어를 써야 하고 그들이 좋아하는 프레임과 가정을 수용해야 한다. 싱크탱크 연구원들의 경력은 그렇게 해서 정책 결정에 영향을 미치는 능력에 따라 달라진다.

금권체제 엘리트의 국가 침투와 국가 포획은 투쟁을 거치지 않은 채 너무나도 쉽게 이루어졌다. 정치인들은 성공적인 사업가들이 공공 부문에서는 찾아보기 어려운 특별한 기술을 가지고 있다는 핑계로 그들을 끌어들이기 위해 안간힘을 다했다. 트로이 목마도 필요 없이 그들에게 문이 활짝 열린 것이다. 정치인들은 부유층 출신이거나 부유층을 경외하는 사람들이다. 그러니 그들은 대다수 유권자와는 거리가 멀다. 미국 국민의 정치적 영향력을 통계적으로 분석한 한 연구에 따르면, 상원의원들 (특히 공화당 의원들이 그렇지만 민주당 의원들도 마찬가지다)은 부유층에게는 압도적인 영향을 받지만, 중산층에게는 약간의 영향만 받고 하위 30퍼센트에게는 전혀 영향을 받지 않는다.[48]

영국 신노동당의 전략가 피터 만델슨Peter Mandelson은 '사람들이 더러운 방법으로 부자가 되더라도 세금을 낸다면 매우 관대하게 대하는' 정당을 선언한 것으로 악명이 높다. 게다가 그 조건['세금을 낸다면']은 금세 잊혔다. 지금은 15만 파운드 이상의 소득에 대해 50퍼센트의 한계세율을 적용하는 방안조차 '부의 창출자'에게 불이익을 주고 그들을 해외로 몰아내는 '질투의 정치'라는 비난을 뒤집어쓰고 있다. 보수당이 부유층을 위하는 정치 세력이라는 데는 의심의 여지가 없지만, 다른 주요 정당들도 그와 비슷하게 부자들에게 아부하는 모습을 드러내고 있다.

16장

숨기기

노동자들과 수공업자들이 저임금으로 일하며 노동의 결실 중 작은 부분
만을 차지하는 데 익숙해진 경우, 자유로운 정부가 통치하고 있더라도 노
동조건을 개선하거나 임금 인상을 꾀하기가 어렵다. 그러나 그들이 더 풍
요로운 생활방식에 익숙해진 경우에도, 독단적인 정부가 통치한다면 부
자들이 서로 모의해서 세금의 전체 부담을 노동자들과 수공업자들의 어
깨 위에 떠넘기기가 쉽다(데이비드 흄David Hume, 철학자이자 애덤 스미스의
친구, 1752년).[49]

많은 부자가 재산을 숨기는 조세회피처는 금권체제의 주요 구성 요소
다.[50] 그곳은 세금이 가벼울 뿐만 아니라 금융자산을 **비밀리에 숨길 수 있
는 지역**이다. 조세회피처는 자산이 누구의 소유인지, 얼마나 되는지, 어
디서 왔는지 드러내지 않고 숨긴다. 소유자는 개인, 은행, 기업, 마약 카
르텔, 마피아, 무기상일 수 있지만, 페이퍼 컴퍼니나 '해외신탁offshore

trusts'을 활용해 그들의 정체를 숨긴다. 액션에이드ActionAid의 조사에 따르면, 2011년 런던증권거래소에 상장된 상위 100대 기업 중 98개가 조세회피처를 이용했으며, 4,492개 자회사를 설립했다.[51] 이는 자금이 실제로 그곳에 머물러 있음을 의미하지는 않는다. 일단 자금의 원천이 숨겨지면 다시 이동할 수 있다. 보통은 거대 금융 중심지로 되돌아가서 '투자'된다. 단, 자금의 소유권은 해외에 등록된 익명의 회사가 보호해준다.

2012년 7월 조세정의네트워크Tax Justice Network는 세계 최고 부자들이 조세회피처에 숨겨둔 재산이 최소 21조 달러에서 최대 32조 달러에 달할 것으로 추정했다. 이 수치에는 "비밀 해외 기업·신탁·재단이 '소유한' 부동산, 호화 요트, 예술품, 경주마 등의 막대한 재산은 포함되지 않았다. 부자들의 해외자산 보유 때문에 매년 약 2,500억 달러의 세금 손실이 발생하는 것으로 추정된다."[52]

조세회피처를 통해 기업은 세금을 회피할 수 있을 뿐만 아니라 기업 활동에 대한 규제에서 벗어날 수 있다. 그래서 기업들은 국내에서는 불법인 일을 해외에서 할 수 있다. 또 그곳을 통해 은행은 가장 위험하고 무모한 활동을 대차대조표에서 숨기고, 지급준비금 요건이나 기타 규제를 피할 수 있다. 이것이 바로 영국 정부에서 8,500억 파운드의 구제금융을 받은 노던 록 은행이 위험을 은폐한 방법이다. 로넨 팔란Ronen Palan, 리처드 머피Richard Murphy, 크리스티앙 샤바뉴Christian Chavagneux에 따르면, 전 세계 은행 대출의 절반은 조세회피처를 통해 이루어지며, 많은 헤지펀드가 조세회피처에 기반을 두고 있다.[53]

2011년 영국 상위 4개 은행은 조세회피처에 1,649개의 자회사가 있었다. 여기에는 은행 자체 이용을 위한 자회사가 300개 이상 있었고, 은행 고객들을 위한 자회사는 그보다 더 많았다.[54] 그 때문에 규제 당국이 은행들을 감시하고 규율하기가 매우 어렵다. 그래서 은행들은 금융위기 발발에 중요한 역할을 했으며, 지금도 여전히 위협이 되고 있다.

그런 페이퍼 컴퍼니나 유령 신탁은 단 며칠 만에 설립할 수 있다. 이는 때로는 온라인 양식 작성만으로, 또 어떤 경우에는 전화 한 통으로 가능하다. 이런 회사를 설립하고 나면, 뉴욕이나 런던 또는 다른 지역에서 이뤄진 거래를 해외에서 기장할 수 있다. 이와 같은 방법으로 은행들은 당연히 내야 하는 세금과 받아야 하는 규제를 피할 수 있다. 재화가 피난처를 통과하거나 피난처에서 생산될 필요는 없다. 조세회피처는 기업들에 법적 신원을 부여하는데, 이는 조세회피처 자체의 법률에만 구속받을 뿐이다. 일반적으로 최소한의 규칙과 엄격한 비밀 유지 원칙(조세회피처에서는 이를 흔히 '기밀성'이라고 부른다)이 법률의 핵심 내용이다.

조세회피처에 등록된 기업은 지역 공무원들(금융 관계자의 손아귀에 꽉 잡혀 있다)이 집행하는 엄중한 비밀 보호법에 근거해 감시 대상에서 벗어난다. 스위스에서 은행 비밀 규정을 위반하는 것은 징역형에 처할 수 있는 범죄다. 그런 자회사를 영국 은행이나 독일 은행 또는 다국적 은행이 소유하고 운영할 수도 있다고 해서, 그것이 별개의 법인이라는 사실이 달라지지는 않는다. 조세회피처는 해외 자회사에 '현지 대리이사'를 제공해서 그 자회사의 정체를 숨기는 일을 돕기도 한다. 이런 서비스에 주어지는 대가는 많은 조세회피처 경제의 기반이 된다. 예를 들어 영국령 버진 아일랜드British Virgin Islands는 인구가 2만 5,000명이 채 안 되지만, 80만 개의 회사가 거기 들어와 있다. 조세회피처 내 한 빌딩에 1,000개가 넘는 기업이 주소를 가진 사례도 다수 존재한다.

조세회피처는 케이맨제도Cayman Islands나 모리셔스Mauritius와 같이 이국적인 지역뿐만 아니라, 시티나 취리히 같은 대도시 금융 중심지와 아일랜드·룩셈부르크·스위스 등의 국가를 포함한다. 어떤 이들은 미국과 영국을 비롯해 몇몇 주요 국가도 포함될 수 있다고 주장한다.[55] 조세회피처가 시티나 미국의 델라웨어·네바다·와이오밍 주처럼 국내에 있을 수도 있다.『포춘』500대 기업의 다수는 델라웨어 주에 등록되어 있다. 조세정의네트워크에 따르면, 네바다 주에는 자본이득세·증여세·개인소득세·상속세가 없다. 와이오밍 주에는 법인세·재고세·상속세·증여세·유산세·개인소득세, 다국적 기업에 대한 통합세, 프랜차이즈세[미국의 여러 주에서 기업에 부과하는 조세로 해당 주에서 사업을 하는 특권의 대가를 징수하기 위한 것]가 없다.[56]

어디에 위치하건, 조세회피처는 멀리 떨어져 고립된 곳이 아니라 금권체제 네트워크에 고도로 연결되어 움직이는 지역이다. 이는 사소한 일탈이나 부차적인 요인이 아니고 신자유주의 세계 경제의 필수적인 부분이다. 조세회피처는 전 세계에서 가장 강력한 정부들의 묵인과 조장에 힘입어 만들어졌다. 관타나모 만Guantanamo Bay이 미국의 일부인 동시에 일부가 아닌 것처럼(미국 정부가 자국 영토 안에서는 불법인 일을 할 수 있도록 허용하는 것처럼), 조세회피처는 주요 후원국의 보호와 지원을 받기는 하지만 충분한 독립성도 가지고 있다. 이는 후원국들이 책임을 회피하며 조세회피처를 통제할 수 없다고 주장할 근거를 만들기 위한 것이다.

영국의 조세회피처 네트워크는 금융비밀지수Financial Secrecy Index 목록에 올라 있는 73개 지역 중 약 절반이 참여하는 세계 최대 규모의 네트워크다.[57] 니콜라스 샥슨은 이를 거미줄 동심원으로 묘사한다. '영국

왕실령'인 저지Jersey, 건지Guernsey, 만 섬Isle of Man으로 이뤄진 안쪽 원이 있고, 버뮤다Bermuda, 케이맨제도, 지브롤터Gibraltar, 영국령 버진 아일랜드, 터크스 케이커스 제도Turks and Caicos Islands, 몬트세랫Montserrat 등 '해외 영토'로 이뤄진 다른 원이 있으며, 그 바깥에는 홍콩과 싱가포르를 포함하는 외부 원이 있다. 저지만 해도 해외신탁에 숨겨진 돈이 4,000억 파운드를 넘는다. 외국 기업의 이윤에는 면세하기 때문에 바클레이스, 막스 앤드 스펜서Marks and Spencer, ITV 같은 '괜찮은' 기업들이 그곳에 해외신탁을 설립한다. 조세회피처에서는 출처가 지워진 자금을 복잡한 경로를 통해 다른 금융 중심지(특히 시티)로 이동시킨다.

시티 혹은 '스퀘어 마일Square Mile'은 아마도 세계에서 가장 큰 금융 중심지일 것이다. 또 이곳은 시티 오브 런던 코퍼레이션이라는 독특한 지방정부의 소재지이기도 하다. 보통의 지방정부와는 달리, 이곳 선거구에서 투표할 수 있는 주체는 약 9,000명의 주민뿐만 아니라 그곳에 있는 기업들이다. 실제로 기업들은 피고용인 수에 비례해서 투표권을 얻기 때문에 합세하면 주민들을 쉽게 이길 수 있다. 샥슨에 따르면, 국내 기업과 함께 골드만삭스나 차이나 뱅크Bank of China 같은 외국 기업들이 이곳의 선거에서 투표할 수 있지만, 피고용인들은 투표에 대해 아무런 발언권이 없다.

시티 오브 런던 코퍼레이션은 13억 파운드 이상의 자금을 보유하고 있다. 공식적으로는 영국 내외에서 시티의 금융 서비스 부문을 홍보하고 보호하는 책임을 맡고 있지만, 자체 재정에 대해서는 매우 비밀스럽다(단, 2012년에는 '시티를 대변하는 일'에 1,280만 파운드를 지출했다고 밝히기는 했다). 시티 오브 런던 코퍼레이션은 금융 관계자들을 위해 엄청난 로비를 벌인다.[58] 독특하게도 '리멤브런서remembrancer'라고 불리는 고위 공무원을 두고 있는데, 이 사람에게 배정되는 연간 예산은 600만 파운드다. 이 공무원은 하원에 참석해 법안을 검토하며 시티의 이익을 보호한다.[59] 시티 오브 런던 코퍼레이션은 임무를 매우 성공적으로 수행했다. 단, 거기에는 토니 블레어의 도움이 있었다. 1996년 블레어는 노동당의 오랜 반대 입장을 뒤집고 코퍼레이션의 권력을 지지하고 확대했다.[60]

영국 조세회피처 네트워크의 중심에 있는 시티의 위상은 시티 오브 런던 코퍼레이션 정책·자원위원회의 현 의장이자 수석 로비스트인 마크 볼릿Mark Boleat의 웹페이지에 잘 드러나 있다. 그 웹페이지에 따르면, 볼릿은 저지에서 태어났으며, 예전에는 지브롤터 금융 서비스 위원회의 위원이었고, 지금은 저지 개발회사 이사와 채널 아일랜드[Channel Islands: 영국 해협상의 군도群島로 영국 자치령이다]의 경쟁·규제 당국 의장 등 비상임직을 맡고 있다.[61]

가격 조작 행위는 조세회피처가 존재하는 또 다른 이유다. 다국적 기업은 회계 조작으로 세금을 최소화하기 위해 여러 나라를 가지고 놀 수 있다. 세금이 가장 가벼운 국가로 이윤을 이전함으로써 세금이 상대적으로 무거운 국가에서 신고해야 할 이윤을 최소화하는 것이다. 거기서 가장 많은 사업을 하고 있더라도 말이다. 가령 이윤에 대한 세금이 상대적으로 높은 A국에서 사업을 많이 하는 기업이 있다고 하자. 그 기업은 다음과 같이 행동한다.

1. 조세회피처인 B국에 지점을 세운다.
2. B국 지점이 A국 지점에 제공한 서비스에 대한 요금을 청구하게 한

다. B국이 A국에 청구하는 금액은 A국의 비용을 끌어올려, 과세할 이윤이 없어지거나 세무조사나 처벌을 받지 않고 지나갈 정도의 수준으로 줄어들게 만들어야 한다.

3. 결과적으로 이윤은 B국으로 안전하게 이전되며, 그곳에서 세금을 대부분 면제받는다.

2012년 스타벅스는 영국 매출이 3억 9,800만 달러에 달했지만, 법인세를 전혀 내지 않았다고 인정했다. 이는 스타벅스가 매출액을 다른 국가로 이전했기 때문에 발생한 일이다. 예를 들어 스타벅스는 로열티를 네덜란드 소재 법인에 지급했는데, 이는 영국 사업에서는 비용으로 처리되어 과세소득에서 공제되었다. 이 사실이 알려져 대중의 비난을 받게 되자, 스타벅스는 자애로운 듯 2년에 걸쳐 2,000만 파운드를 '자발적으로' 영국 정부에 납부하기로 결정했다. 하지만 그것은 영국 세무 당국과는 아무런 논의도 하지 않은 채 내린 결정이었다.[62]

2011년 룩셈부르크에 유럽 본사가 있는 아마존은 유럽 매출을 116억 달러(집필 시점 기준으로 89억 유로)로 신고했지만, 이 매출에 따른 세후 이윤은 겨우 2,000만 유로라고 공시했다. 세금은 800만 유로 정도만 냈기 때문에 실효세율은 매출의 0.1퍼센트에 불과했다![63]

모든 기업과 그 외 다른 조직과 마찬가지로, 이런 다국적 기업은 교육받은 노동력과 고객 집단, 노동자의 건강을 유지하는 의료 시스템, 법률 시스템을 포함하는 공공 인프라에 의존한다. 약자들은 이 모든 것에 대한 대가로 세금을 내지만, 믿기 어려울 정도로 부유한 기업들은 거기에 무임승차하고 있다.

아일랜드와 네덜란드의 자회사를 이용한 세금회피 기법

구글의 여섯 번째 '핵심 가치'는 이렇다. "옳은 일을 하라. 악하게 굴지 마라. 우리가 하는 모든 일에서 정직과 성실을 견지하라. 우리의 사업활동은 흠잡을 데가 없어야 한다. 우리는 옳은 일을 해서 돈을 번다."[64]

구글은 대부분의 해외이윤을 아일랜드와 네덜란드를 거쳐 버뮤다로 이동시키는 수법을 활용해 세금을 31억 달러나 줄였다. 이 전략은 변호사들 사이에 '아일랜드와 네덜란드의 자회사를 이용한 세금회피 기법'으로 알려져 있는데, 구글은 이 수법으로 해외세율을 2.4퍼센트로 낮출 수 있었다.[65]

영국 의회 공공회계위원회 의장인 마거릿 호지Margaret Hodge는 이 문제를 놓고 구글 영국 부사장 매트 브리틴Matt Brittin에게 이런 비난을 퍼부었다. "당신네는 '악하게 굴지 마라'고 말하는 기업이다. 하지만 나는 당신들이 악행을 저질렀다고 생각한다." 영국 재무부는 대중에게 박수받을 목적으로 행동하면서 외국인 투자를 위축시키고 있다며 무책임한 부자 기업가들에게 반복적으로 도전해온 호지를 비난했다.[66]

가격 조작은 그 자체로 하나의 사업이다. 2009년 회계법인 언스트 앤드 영Ernst & Young은 단지 기업에 판매할 가격 조작 패키지를 개발하기 위해 직원 900명을 고용했다.[67] 많은 다국적 기업은 제각기 변호사와 회계사를 수백 명씩 고용해서 훨씬 더 교묘한 세금회피 방법을 찾아내고 있다. 그러나 2009년 당시 영국 국세청은 700개 기업을 조사하는 일에 겨우 600명을 투입했으며, 그 가운데 세금회피 문제를 다루는 인원은 약 100명에 불과했다. 게다가 2011년에는 국세청 예산이 30억 파운드나 삭감되었다.

그 이전으로 돌아가서 보더라도 2005년 당시 재무부 장관이었던 고든 브라운은 영국산업연맹Confederation of British Industry이 개최한 행사에서 정부는 금융규제와 세금에 대해 '가벼울 뿐만 아니라 제한적인 개입'을 하는 정도로 그칠 것이라고 아부하듯 확언했다. 그 자리에서 그는 또 규제받지 않는 기업은 늘 무책임하게 행동한다는 오래된 가정을 거부한다고도 말했다.[68]

그가 그렇게 했다는 것은 해외 기업을 영국으로 유치해서 이웃을 가난하게 만드는 게임beggar-thy-neighbour game에 참여하고 있었다는 뜻이다. 당시 영국 국세청은 2만 5,000명을 감원하는 작업을 하고 있었는데, 그것은 완전히 잘못된 셈법이었다. 2008년 국세청의 소위 '대기업 업무'는 비용의 92배를 회수했고, '특별수사부서'는 극히 복잡한 세금회피 사건을 다루면서 비용의 450배를 회수했기 때문이다.[69] 그런데도 금권체제는 세무 당국을 무장 해제하거나 회피하는 데 성공했다.

조세회피처를 이용해 조세회피 또는 탈루를 저지르는 기업들은 일반적으로 두 가지 변명거리를 내세운다. 하나는 자신들의 행위가 '불법이 아니라는' 것이다. 이런 말을 들으면, 그 기업들이 하는 짓이 합법적이라는 뜻으로 받아들일 수도 있다. 그러나 반드시 그렇지는 않다. 단지 그 기업들의 행위가 아직 법정에서 다뤄지지 않았다는 뜻일 수도 있다. 전문 회계사 팀들이 수많은 조세회피·탈루 수법을 고안하고 있어서 어떤 법률 시스템도 그것들을 따라잡기가 어렵다. '회피'는 불법이 아니지만, '탈루'는 불법이다. 하지만 시스템이 의도적으로 불투명하게 만들어져 있는 경우 어떤 행위가 어디에 속하는지 분간하기 어렵다. 그럴지라도 회피는 확실히 법의 정신에 위배된다. 두 번째 변명은 기업이 주주가치를 극대화하려면 조세를 회피할 의무를 져야 한다는 것이다. 그러나 법률에 그런 의무는 없다.

조세회피처들은 부자들과 그들의 부를 유치하려고 서로 경쟁한다. 그리하여 바닥을 향한 경쟁('조세경쟁')이 벌어진다. 이 경쟁은 세금을 전반적으로 낮추거나 적어도 부자에게 큰 영향을 미치는 세금을 낮추도록 여러 나라에 끊임없이 압력을 가한다. 금융규제를 회피하는 행위도 여러 나라에서 국내 경제에 대한 규제를 완화하게 만드는 바닥을 향한 경쟁을 촉발한다. 1970년대 이후 선진국의 법인세율은 지속적으로 하락했다. 해외활동을 숨기는 기업들은 세금을 내는 기업들에 해를 끼칠 수 있다. 세금을 내는 기업들이 불평할 수도 있겠지만, 그 기업들 가운데 다수는 세금회피 기업을 이길 수 없다면 그쪽에 합류하는 편이 낫다고 판단한다. 이는 물론 '약자들'이 세금을 더 많이 내거나 또는 정부가 약자들에게 약간의 안정과 공공 서비스를 보장하는 복지 지원에 대한 지출을 삭감하는 결과를 초래한다. 우리는 유럽과 미국에서 두 가지 경향을 다 발견한다. 그래서 억만장자 워런 버핏이 자기 비서가 자기보다 세금을 더 많이 낸다고 불만을 토로하게 된 것이다.

조세회피처는 개발도상국에서도 돈이 유출되게 만든다. 개발도상국에서 사업하는 다국적 기업이 세금을 회피할 수 있도록 허용할 뿐만 아니라 독재자와 부패한 지역 엘리트가 돈을 해외에 숨길 수 있게 해주기 때문이다. 개발을 위한 원조로 제공된 돈이 조세회피처에 숨겨지는 경우도 종종 있다. 원조 제공자들은 돈이 자신들의 비밀 자회사에 숨겨진다면 그 일에 괘념치 않을 수도 있다. 개발도상국이 상실한 세수가 원조액을 훨씬 초과하므로, 원조의 실패를 지적하기 전에 불법적인 자금 흐름에 주목할 필요가 있다. 영국 정부 원조 프로그램에서 민간 부문을 담당하는 영연방개발공사Commonwealth Development Corporation: GFIU는 2012년 개발도상국에 대한 투자금의 약 절반을 모리셔스·케이맨제도·룩셈부르크·건지·저지·바누아투Vanuatu를 거쳐서 보냈다.[70]

글로벌 금융 청렴성 단체Global Financial Integrity Unit의 조사관들은 2010년에 개발도상국들이 세금회피·범죄·부패, 기타 불법활동으로 8,590억 달러를 잃었다고 추정했다.[71] 통상 생각하는 것과는 달리, 아프리카는 들어온 돈보다 나간 돈이 더 많은 곳이다. 옥스팜은 조세회피처가 전 세계에서 1,000억 파운드의 세수 손실을 초래하고 있다고 추산한다. 이는 글로벌 금융 청렴성 단체가 추정한 수치보다는 적지만, 전 세계의 극심한 빈곤을 두 번 이상 없앨 수 있는 금액이다.[72]

은행과 마약자금

영국의 HSBC 은행은 조세회피처를 이용해 남미 마약 카르텔과 이란의 돈 수십억 달러를 세탁했다. 이 은행은 12억 5,000만 파운드(19억 달러)의 벌금을 미국에 내기는 했으나(수사에 실패한 영국에는 내지 않았다), 형사 처벌은 면했다. 그 결과 은행장들은 너무 거물이라서 감옥에 안 가는 건가 하는 비난이 쏟아졌다. 미국에서는 웰스파고 은행 Wells Fargo Bank의 자회사인 와코비아Wachovia가 멕시코 마약 갱단을 위해 3,780억 달러 이상을 세탁한 사실을 인정했다. 문제는 이 은행이 80억 달러의 세금 감면 혜택을 받았다는 사실이다.[73]

때때로 정부는 위협적인 목소리로 비밀 구역[조세회피처]의 사업을 투명하게 만들겠다고 다짐한다. 하지만 이는 어마어마한 과제가 될 수밖에 없다. 모든 조세회피처를 동시에 단속하지 않는 한, 단속을 피한 곳으로 자금이 이동할 것이기 때문이다. 조세회피처가 지속적으로 비밀을 유지하며 원활하게 기능하도록 만드는 일에 막대한 정치적·경제적 영향력이 가해지고 있다. 영국이 조세회피처 네트워크에 대해 하는 것처럼 국내 정부가 어느 정도 영향력을 행사할 수 있는 곳에서조차 정부는 항상 조세회피처가 독립적이라는 반쪽짜리 진실을 이용해 그곳에 대해 아무 일도 할 수 없었던 것을 변명할 수 있다.

전 세계 금융·기업 중심지가 속한 국가의 정부들이 현 상황을 유지하려는 왜곡된 동기를 갖게 되는 것은 조세회피처들이 그 중심지들도 포함된 네트워크에 속해 있기 때문이다. 영국 조세회피처 네트워크의 중심에 있는 시티는 경제위기 이전 정부가 영국 경제에서 가장 역동적인 부문이라고 아낌없이 상찬했던 곳인데, 지금은 다른 조세회피처에서 유입되는 부로 막대한 혜택을 누리고 있다.

그러나 금권체제 엘리트에게 포획된 정부에 과연 무엇을 기대할 수 있겠는가?

수상의 아버지: 조세회피 전문가

데이비드 캐머런의 아버지 이언 캐머런Ian Cameron은 아들 캐머런이 이튼 고등학교에 다니는 동안 주식 중개업(불로소득자를 섬기는 일)에서 조세회피를 돕는 일로 전직했다. 파나마·저지·제네바에 회사를 설립해 자신과 부유한 고객의 재산을 숨김으로써 영국 세금을 회피했다. 2012년과 2013년에 걸쳐 아들 캐머런은 조세회피를 강력히 단속하겠다고 약속했지만, 실질적인 결과는 없었다. 아버지 캐머런은 274만 파운드를 유산으로 남겼으며, 아들은 그중 30만 파운드를 받았다. 그 외에 해외에 보유한 자산이 얼마였는지는 불분명하지만, 『선데이 타임스』 부자 리스트에서는 2009년 이언 캐머런의 재산을 1,000만 파운드로 추정했다.

그는 저지에 기반을 둔 수백만 파운드 규모의 투자펀드인 클로즈 인터내셔널 자산운용Close International Asset Management의 회장이었으며, 파나마 시에 등록되어 현재 자산 가치가 2,500만 파운드에 달하는 블레어모어 홀딩스Blairmore Holdings Inc의 선임 이사이자 제네바에 기반을 둔 블레어모어 자산운용Blairmore Asset Management의 주주이기도 했다[74](블레어모어는 스코틀랜드에 있는 작은 마을로 캐머런 가족의 옛 고향이다).

"해외 영토나 왕실령을 조세회피처라고 부르는 것은 더는 공정하지 않다고 생각합니다."(데이비드 캐머런이 2013년 9월 10일 하원에서 조세회피처에 대한 질문에 답변한 말 중에서)[75]

2009년 법인세 회피를 막아야 하는 정부 부처[재무부]의 장관인 마이너스 경Lord Myners은 연간 1억 파운드 이상의 세금을 회피하는 해외 회사의 파트타임 의장으로 밝혀졌다.[76] 보수당 정권에서 장관을 지냈고 정부와 밀접한 연계가 있는 블렌카트라 경Lord Blencathra은 현재 상원의원으로 재직하면서 카리브 해에 있는 한 조세회피처를 대신해 로비활동을 벌이고 있다. 또 그는 케이맨제도 정부에서 금융 서비스 산업의 이해를 대변하는 대가로 돈을 받고 있으면서도, 그 지역에 영향을 미치는 영국 법안에 대해 투표할 수 있다.[77] 케이맨제도에는 전 세계 헤지펀드의 70퍼센트가 등록하고 있는 것으로 추정된다.

2012년 9월 보수당에 260만 파운드를 기부한 당시 보수당 재무위원장이자 헤지펀드 사장이었던 핑크 경Lord Fink은 영국이 조세회피처와 경쟁할 수 있도록 기업 세금을 낮추자며 로비를 벌였다. 핑크는 케이맨제도·룩셈부르크·건지에 자회사나 모회사를 둔 세 기업의 이사이기도 하다. 이는 드문 일이 아니다. 67명의 다른 상원의원과 하원의원도 조세회피처에 이해관계를 가지고 있다. 핑크 경은 다음과 같이 주장했다.

"영국이 지금 케이맨제도로 이동하고 있는 일자리를 놓고 왜 경쟁하면 안 되는지 알 수가 없습니다. 토리당이 야당이었을 때 나는 조지 오스본 재무부 장관에게 로비를 벌였어요. 영국 정부가 국세청에 이런 낡은 규칙(즉, 기업은 실제로 세금을 내야 한다)을 지키게 함으로써 조세회피처에 일자리를 뺏기고 있다는 생각을 오래전부터 해왔습니다."[78] (사실 그가 진정으로 일자리를 걱정했다고 하더라도, 일자리가 인구 5만 7,000명의 케이맨제도로 이동할 가능성은 매우 낮았다.) "사업에 성공해서 영국에 눈에 보이지 않는 이익을 안겨주고 싶다면, [지금은] 해외에 기반을 둘 수밖에 없잖아요."[79]

단, 핑크 경은 분명 영국이 조세회피처가 되기를 원했지만, 그것은 오로지 부자들을 위한 것이었다. 세금을 내는 나머지 사람들은 국내에 남아서 은행을 구제하고, 교육, 의료, 지방정부, 법률 시스템, 국방, 사회 서비스 등의 비용을 감당해야만 한다.

핑크 경의 말은 무시되지 않았다. 재무부 장관 조지 오스본은 2012년 12월 영국 법인세의 세율을 28퍼센트(2010년 기준)에서 21퍼센트로 낮춘 다음, 2013년 1월에는 영국 다국적 기업의 해외지사에서 발생한 이윤에 적용하는 세율(다른 부서에 대출을 하는 경우)을 5.75퍼센트로 낮춤으로써 소득을 조세회피처로 옮기는 쪽이 훨씬 유리해지게 만들었다.[80] 그래 놓고는 2013년 3월 그는 공격적인 조세회피에 대해 '도덕적으로 역겨운' 짓이라며 공개적으로 비난했다.[81]

조세회피처의 실상과 해외신탁에 재산을 숨기는 행위는 일반인들의 경험과 너무 동떨어져 있어서 선거 이슈가 되지 않는다고 해도 별로 놀랍지 않다. 하지만 스타벅스·애플·아마존·구글 같은 대기업들이 매출이 엄청난 몇몇 나라에서 미미한 세금을 낸다는 사실이 알려지자 언론이 조세회피처 문제를 다룰 수밖에 없게 됐다. 조세회피처에 대한 불만이 높아지면 정부는 조세회피처를 비난하고 대책을 마련하겠다고 약속하지만, 은밀한 지원을 계속한다.

페일런Palan과 머피, 샤바뇰Chavagneux은 조세회피처를 "가장 부유하고 강력한 사람들이 유례없는 규모로 공공재를 이용하려는 목적에서 펼치는 거대한 조직적 시도"[82]라고 묘사한다. 조세회피처는 부자들이 대중에게 무임승차하고, 우리 같은 약자들이 내는 세금으로 자금을 마련하는 공공지출의 혜택을 누리는 또 다른 수단이다. 금융업을 규제해서 고객을 보호하려는 시도를 방해하고, 금권체제가 민주주의를 압도하게 만든다.

영국 경제경영연구센터 보고서에서

"금융시장 자유화, 더 복잡한 금융상품, 접근이 쉬운 자산 운용 서비스의 시대가 도래하자 고소득층은 세금 부담을 줄일 수 있는 새로운 수단을 활용할 수 있게 됐다. 소득세는 본질적으로 자발적인 세금이 되었으며, 사람들은 금융상품을 활용해 이 세금을 선택적으로 납부하지 않을 수 있게 됐다."[83]

이 보고서는 영국에서 소득세 최고세율을 50퍼센트로 인상하는 계획에 반대했다.

17장

법의 부패
: 법 위에 군림하든지 아니면 법을 만들든지

한 사회에서 약탈이 일부 사람들이 살아가는 방식이 되면, 시간이 지나면서 그들은 자신들을 위해 약탈을 허용하는 법률체계와 약탈을 미화하는 도덕규범을 만들어낸다(프레데릭 바스티아Frédéric Bastiat, 프랑스의 작가이자 경제하자).[84]

법을 만드는 것은 지혜가 아니라 권위다(토머스 홉스).[85]

내부 거래, 마약자금 세탁, 불량 국가에 대한 제재를 회피하는 행위, 기업 인수 후 부채를 누적시키고 그 기업의 연금기금을 빼돌리는 행위, 실패하게 되어 있는 상품을 기획해 그 실패에 베팅하거나 다른 회사 상품의 실패에 보험을 든 후 그것을 훼손해 돈을 버는 행위, 모기지와 지불보호보험(대부분 무용지물이지만 수익성은 매우 좋다)을 잘못 판매하는 행위, 신용평가기관이 평가받는 기업에 금융적 이해관계를 가지면서도 평가에

나서는 행위, 은행의 실상을 은폐하고 이윤을 극대화하기 위해 은행 간 대출 이자율을 조작하는 행위, 단기 이익을 안겨주지만 장기적으로 성장을 저해할 거래를 벌이는 행위, 소기업 차입자를 파산시켜서 그들의 부동산을 탈취·매각하는 행위 등등.

이러한 행위들은 범죄일까? 우리는 그렇게 여길 수 있겠지만, 많은 것이 실제로는 불법이 아니며, 따라서 놀랍게도 공식적으로는 범죄가 아니다. 세금의 경우 회피는 불법이 아니지만, 탈루는 불법이다. 전 재무부 장관 데니스 힐리Denis Healey가 말했듯이, 차이는 '감옥 벽의 두께'[세금회피와 탈세 사이의 경계를 상징하는 표현으로 그 경계가 얼마나 미묘하고 모호한지를 보여준다]이다. 기업에 지나치게 많은 비밀이 허용될 때 그 차이를 분간하기는 어렵다(흥미롭게도 주류 경제학의 많은 모델은 사람들이 완전한 정보를 가진다고 가정한다). 전문가(다수는 대형 회계·감사 회사에 소속되어 있다)로 구성된 팀들이 새롭고 기발한 세금회피·탈루 방법을 계속 만들어내고 있다. 이것은 기업의 경쟁 전략이다. 내 동료 봅 제숍Bob Jessop은 이를 '범죄혁신criminnovation'이라고 부른다.[86]

이런 행위 중 상당수가 불법이 아니라는 사실은 국가와 규제 시스템이 금융 부문에 장악당했음을 말해준다. 조세감시연구소Revenue Watch Institute 소장이자 전 세계은행 이사인 다니엘 카우프만Daniel Kaufmann은 '법의 부패'에 관해 다음과 같이 말한다.

법의 부패는 기업과 개인이 법률과 정책을 자신들에게 유리하게 만들고자 노력할 때 발생한다. 이런 노력은 선거자금 제공, 로비활동, 그리고 정치인, 규제 당국자, 기타 정부 관료와 호의好意 주고받기를 통해 반쯤 합법적으로 이뤄지는 경우가 많다. 이는 부패한 정치인들과 강력한 금융·산업 부문 경영진 간의 거래다. 더 극단적인 형태로 진행되는 법의 부패는 '국가 포획'이라는 현상을 초래하는데, 이는 전체 국가를 소수의 통제 아래 밀어 넣고, 사회에 엄청난 손실을 초래할 수 있다.[87]

금권체제의 영향 아래 놓인 민주주의에서 법이 공정하다고 여기는 것은 순진한 생각이다. 1980년대 이후 정부는 금융 부문의 다양한 이해관계자들의 지속적인 설득으로 금융규제를 완화하고 자본의 자유로운 이동을 허용했으며, 전통적인 은행 업무와 투자 또는 카지노 금융 사이의 안전판을 제거하고 모든 유형의 위험한 금융상품이 거래될 수 있도록 허용했다. 다시 규제하는 일도 있었지만, 그것은 늘 대규모 시장 참가자들을 위한 것이었다.

변호사들은 조세회피처가 그곳에 숨는 기업을 보호하기 위해 사용할 비밀규칙을 작성하는 일로 많은 돈을 벌었다. 이 모든 일은 사전음모나 중앙조직 없이 조금씩 점진적으로 일어났다. 처음에는 모든 것이 문제가 없어 보였고, 실제로 금융 부문은 급성장했다. 규제 완화가 효과를 발휘하는 것 같았다. 몇 차례 위기가 있었지만, 2007년만큼은 아니었다. 금융 부문의 수입이 두드러지게 증대했다는 사실이 모든 것을 정당화하는 듯 했다.

마이클 허드슨은 미국의 상황에 대해 아래와 같이 논평한다.

약탈적 금융은 부를 집중시키고 그것을 이용해 정부와 규제기관을 장악했다. 심지어 미국에서는 법무부와 법원까지 장악해 금융사기가 범죄 목록에서 빠질 정도였다. 은행 로비스트들은 은행과 그 주요 고객(부동산·자연자원·독점 기업)에 대한 규제를 완화하겠다고 약속하는 정치인들의 선거운동을 후원한다. 그래서 시티 은행이나 아메리카 은행과 같은 대형 은행에서 금융사기가 집중적으로 일어났는데도, 명백한 범죄행위에 대한 규제는 전혀 없다.[88]

시티와 월스트리트가 심각한 구조조정의 위협에서 벗어날 수 있었던데는 경제의 지휘부를 장악하고 정치권과 정책에 영향을 미치는 네트워크를 종속시켰을 뿐만 아니라, 위기의 혼란 속에서도 금융 부문은 경제의 원동력으로서 미래에 필수적인 존재로 남아 있었다는 내용의 성공 스토리를 구축했다는 사실이 크게 작용했다. 1980년대부터 금융 부문은 '자유시장'의 성공과 시장을 다룰 줄 아는 '우주의 주인들'(CEO, '레인메이커', 스타 거래인, 스타 펀드 매니저)을 상찬하는 서사를 만들어냈다. 이 서사는 뉴스 프로그램부터 할리우드 영화에 이르기까지 미디어를 통해 끊임없이 반복되고 꾸며지면서 대중문화의 일부가 되었다.

물론 거기에 담긴 탐욕·오만·무례함에 대해서는 칭찬하기보다는 어쩔 수 없이 용인하는 경우가 많았다. 하지만 사람들은 금융 부문이 경제에 가져다준 이익으로 보상을 받는다고 여겼다. 셔츠와 빨간 멜빵바지를 입고 컴퓨터 모니터 앞에 선 자신감 넘치는 남자들의 말이 의심스럽게 들리거나 그들이 그냥 사람들의 머리 위를 넘어간다고 할지라도, 그들의 특별한 전문성에 도전해서는 안 된다는 생각이 사람들을 사로잡았다.

이 서사의 반대편에는 늘 '쇠나 두드린다'는 식으로 경멸당하는 제조업이 있었다. 제조업은 지난 세기에나 흥했던 뒤처진 산업으로 취급되었다. 미래는 특별히 똑똑한 사람들만 이해할 수 있는 신비한 금융 세계 속에 있었다. 그 사람들의 눈부신 성공은 모두에게 혜택을 주는 부를 창출할 것이라 여겨졌다. 그러나 영국에서 금융 부문은 사실 제조업보다 훨씬 적은 인원을 고용하고 있다. 금융 부문의 피고용자 수는 지난 20년 동안 별 변화가 없었다. 게다가 세금도 적게 낸다.[89] 영국 제조업의 성과가 형편없기는 하지만, 그 부문은 금융처럼 엄청난 규모의 청구서를 국가에 내민 적이 없다.

학계에서 적어도 주류 경제학자들은 '효율적 시장' 이론을 근거로 규제 완화를 정당화했다. 이 이론은 금융시장이 모든 관련 정보를 정확하게 평가하고, 위험을 정확하게 추정하며, 정부가 간섭하지 않는 한 자원을 효율적으로 배분한다는 황당한 가정에 토대를 둔 기괴한 이론이다.[90] 그들의 이론 중 일부는 금융시장 구축에 적용되었다. 따라서 그 경제학자들은 외부의 학문적 관찰자가 아니라 스스로 게임에 참여해 대형 금융회사에 돈을 벌어주는 존재였다.

미국에서 주류 경제학을 선도하던 사람들 가운데 일부는 그 이론의 진정한 신봉자로서 자신들의 학계 자격증을 상징자본으로 활용해 대학 교수 자리, 대형 금융기관의 일자리, 규제 당국자와 정부 자문의 직위 사이를 오가며 활동했다. 앨런 그린스펀Alan Greenspan, 글렌 허바드Glenn Hubbard, 래리 서머스Larry Summers, 프레더릭 미시킨Frederic Mishkin, 로라 타이슨Laura Tyson 등이 대표적이다. 회전문은 계속 돌았다. 스스로 금융 시스템 안에서 중요한 역할을 하던 주류 경제학자들이 그 시스템에 대해 비판적인 목소리를 내지 않은 것은 당연하다.

필립 미로스키Philip Mirowski가 말한 대로, 경제학자들은 금융 시스템에 너무 많은 투자(지적 투자와 금융투자)를 해서 그 시스템을 배신할 수가 없었다. 그들은 비판의 칼날을 무디게 해서 자신들의 학문을 보호하고자 했다.[91] 대학교에서 경영대학이 성장하고 경제학과가 그리로 이동하면서(이는 대학이 신자유주의에 감염되었음을 보여주는 가장 명확한 증거 중 하나였다), 경제학자들이 기업의 품에 안긴 것은 놀라운 일이 아니다. 이기심의 우선성과 보편성을 믿는 경제학자들이 무엇 때문에 진리가 자기 이익 추구를 방해하도록 내버려두겠는가?[92] 학문이 기업을 도와야 한다고 생각하는 사람들은 경제위기 당시에 경제학자들이 했던 역할에서 교훈을 얻어야 한다.

지난 40년 동안 영국 정부는 줄곧 금융 부문을 영국 경제의 새로운 원동력으로 여기며 매료되었다. 양대 정당의 많은 정치인이 금융 부문의 성과에 찬사를 보냈다. 금융위기 전에 했던 한 연설에서 토니 블레어 수상은 **과도한 금융규제**에 대해 이렇게 불만을 표시했다. "누구에게도 사기를 쳐본 적 없는 매우 훌륭한 기업들이, 금융 서비스 부문에 명확한 지침과 규칙을 제공하고 고객이 사기를 당하지 않도록 보호하기 위해 설립된 금융 서비스 당국을 효율적인 비즈니스를 방해하는 존재로 보고 있다면, 무언가 심각하게 잘못되고 있는 것입니다."[93]

사실 금융 서비스 당국은 감시견보다는 애완견에 가까워, 카드 집 짓기를 막는 일에 참담하게 실패했다. 전문성이 부족했고, 조사와 기소를 꺼렸다.[94]

국가 포획은 너무 광범위해서 대공황 후 80년 만에 가장 심각한 경기 침체가 이어지고 일련의 스캔들이 터졌는데도, 정치인들은 여전히 금융 부문을 황금 거위로 여기고 있다. 단지 좀 더 나은 관리가 필요할 뿐이라는 것이 그들의 생각이다. 야당인 신노동당조차 금융이 안전하게 관리될 것이라며 우리(또는 시티)를 안심시키려고 한다. 에드 밀리밴드Ed Miliband 대표가 금융 부문 '포식자'와 '생산자'를 구분하는 연설을 하고 있던 바로 그때, 신노동당은 탈세 이주자이자 부동산 거물인 앤드류 로젠펠드Andrew Rosenfeld에게 100만 파운드의 기부를 받으려 하고 있었다.[95]

'우리의' 시티 구하기

윤리문제와 함께 법적인 문제를 회피하는 한 가지 방법은, 우리가 이런 기회를 활용하지 않으면, 다른 사람들이 우리가 대는 비용으로 그것을 활용할 것이라고 주장하는 것이다(모두가 그렇게 하고 있다는 변명이다). 만약 시티에서 어떤 행위를 허용하지 않는다면, 우리는 아직 그 행위를 허용하는 월스트리트나 프랑크푸르트에 밀리고 만다는 식이다. 이런 대응의 노골적인 비윤리성은 차치하고라도, 여기서 '우리'가 누구인지 묻는 것이 중요하다. 사실 이런 '기회'를 활용할 수 있는 것은 우리 대부분이 아니라 금융 엘리트들이다. 그들은 우리가 같은 이익을 공유한다고 주장하지만, 우리는 그렇게 하지 못하고 있다. 앞에서 보았듯이, 시티는 황금 거위가 아니라 뻐꾸기에 가깝기 때문이다. 우리의 저축과 연금은 분명히 금융 부문의 중요한 자금원이지만, 시티가 '우리 것'이라는 생각은 의문시할 필요가 있다.[96]

형사 소추가 이뤄지지 않는 것은 이례적이다. 사기 혐의로 기소가 되더라도 은행은 보통 법정 밖 합의를 진행한다. 이는 형사 책임을 인정하지 않고 피할 수 있는 저렴한 방법이다. 이에 대해 마이클 허드슨은 다음과 같이 말한다.

> 월스트리트의 대형 은행은 대부분 엄청난 수익에 대한 형사 책임을 인정하지 않고서 사기 사건을 해결하기 위해 많은 돈을 썼다. 그래서 어떤 은행가도 감옥에 가지 않았다. 최고경영진은 수십억 달러 사기로 유죄 판결을 받더라도 자신이 아니라 은행이 이 금액의 일부를 낸다는 것을 알고 있다. 은행은 명목상의 벌금을 낸 다음에도 여전히 큰 수익을 낼 수 있으며, 범인에게는 정크 모기지를 만들고 1980년대라면 감옥행이 되었을 방식으로 은행을 운영한 대가로 급여·보너스·스톡옵션을 계속 지급한다.[97]

영국은 금융 범죄에 대해 매우 관대하다. 영국 은행들이 리보Libor 금리 조작과 자금 세탁 스캔들에 연루되었음을 밝힌 것은 미국 수사관들이었다. 그 결과 영국 은행들은 영국보다 미국에 벌금을 더 많이 냈다. 수익성은 높지만 대부분 무용지물인 지불보호보험을 영국 차입자들을 속여서 판매한 사건의 경우, 은행들이 돌려줘야 할 금액은 2013년 기준 160억 파운드에 달하는 것으로 추정된다.[98]

너무 커서 감옥에 못 간다: 부자와 가난한 자에게 다른 규칙을 적용해도 되는가?

영국 납세자들이 450억 파운드의 비용으로 구제한 스코틀랜드 로열

은행의 전 사장 프레드 굿윈Fred Goodwin은 단지 작위를 박탈당하고 연 70만 3,000파운드에서 34만 2,500파운드로 연금이 줄었을 뿐이다. 마이클 미처Michael Meacher가 지적하듯이, 4,500파운드를 훔친 도둑에게 가해지는 일반적인 처벌은 징역 4년이다.[99] 그런데 스코틀랜드 로열 은행에서 사라진 일자리는 9,000개였다.

범죄 기록이 없는 전기공학 전공 학생이었던 니콜라스 로빈슨 Nicholas Robinson은 2011년 8월 런던에서 폭동이 일어났을 때, 3.5파운드짜리 물병을 훔친 죄로 징역 6개월을 선고받았다. 영국 정부는 어떤 은행가도 아직 기소하지 않았지만, 폭동으로 체포된 사람들을 재판하기 위해 24시간 법정을 즉각 설치했다.

그건 문화일까?

일반적으로 언론은 금융 부문의 '문화'에 만연한 탐욕과 빨리 부자가 되려는 성향을 비난하고(금융 호황기에는 많은 사람이 이 문화를 상찬하거나 적어도 용인했다), 어떻게 하면 금융을 더 윤리적으로 만들 수 있을지, 그게 과연 가능한 일인지 궁금해 한다. 확실히 탐욕은 걷잡을 수 없이 퍼졌다. 충격적이게도 금융 부문의 주요 인물들은 윤리가 무엇인지조차 알지 못하는 것처럼 보인다. 그들은 독선·권리의식·오만함으로 가득 차 있고, 사정상 필요할 때는 위선적인 겸손을 보이며 무력감을 반복적으로 토로한다.

금융의 사디즘

2012년 골드만삭스의 주식 파생상품 팀장이었던 그레그 스미스Greg
Smith는 고객들을 '멍청이'라고 부르는 문화가 확산한 것에 혐오감을
느끼고 사직했다. 회사의 주요 관심은 상품이 고객에게 이익을 주건
말건 그들에게서 얻어낼 수 있는 것을 극대화하는 데 있었고, 직원들
은 '고객의 눈알을 뽑는' 일에 열광했다.[100]

하지만 부주의하거나 무모한 개인들 또는 코카인에 중독된 거래인들,
경쟁사와 고객을 무너뜨리려는 사람들만이 아니라 **금융 시스템의 '범죄
유발 환경'**도 문제다.[101] 예를 들어 조세회피처는 영국과 미국, 기타 주요
국 정부가 은밀히 후원해 의도적으로 구축했으며, 주요 목적은 부자와 기
업이 재산을 숨기고 세금을 회피하는 일을 돕는 데 있지만, 마약자금, 불
법 무기 거래 자금, 사기 수익의 안전한 피난처이기도 하다. 이 환경을 무
시하면 방 안의 코끼리, 곧 시스템 자체의 구조와 금융 부문의 규제 시스
템 포획을 놓치게 된다. 그 결과 다른 경우라면 불법으로 규정될 일이 그
렇게 되지 않는다. 그렇다. 금융 시스템의 '문화' 자체에 문제가 있다. 그
것은 그런 행동을 유발하는 금융적 압력과 기회에서 비롯된다. 규제받지
않는 신자유주의 금융은 부정행위를 적극적으로 조장한다. 변동성이 크
고 경쟁이 치열한 금융시장에는 주주가치로 연결되는 단기 이익을 추구
하게 만드는 지속적인 압력이 작용한다. 이런 곳에서 기업과 개인이 성공
하려면, 공격적인 조세회피·탈루를 포함해 무자비한 행동이 필수적이다.

호르몬 약을 먹는 거래인들

금융 부문은 항상 마초적이고 냉혹한 남성이 지배해왔는데, 지금은 더 그렇게 되고 있다. 금융위기 이후 최고의 남성이 되고 싶어 하는 금융 임원과 거래인 사이에 새로운 약이 코카인에 이어 등장했다. 바로 테스토스테론이다.

예전에는 이 약을 발기부전 치료제로 처방했던 몇몇 병원이 지금은 그것을 12시간 동안 공격적이고, 자신감 있고, 결단력 있는 상태를 유지하고 싶어 하는 거래인들에게 제공하고 있다.[102] 그들이 이 약을 먹으면, 당연히 극단적인 위험을 감수할 뿐만 아니라 무책임하고 비윤리적으로 행동할 가능성이 커진다.

윤리나 더 넓은 범위의 결과에 대해 걱정하는 것은 어리석은 행동이 될뿐더러 경쟁자들에게 뒤처지는 결과를 초래할 것이다. 금융 부문의 상층부, 특히 투자은행에서 이 시스템은 윤리적으로 문제가 있는 자들을 끌어들이고 사람들을 더 이기적이고 근시안적으로 만든다. 그들의 사적 행위가 더 넓은 범위에서 유발하는 사회적 비용은 방정식 안에 들어가지 않는다. 이것이 시스템 그 자체보다 윤리문제를 두고 부들부들 떠는 언론에 대해 금융 부문의 많은 구성원이 은밀히 눈을 굴리거나 히죽히죽 웃는 이유다.

은행이 너무 커서 실패할 수 없고, 그래서 수익은 사유화하면서 손실을 다른 곳에 전가할 수 있다는 사실, 그 결과 신용등급을 높일 수 있다는 사실은 악덕 거래인과 오만한 CEO의 문제 또는 보너스 문제가 아니라 시스템의 문제다. 모든 선진 경제는 금융 부문이 필요하다. 그런데 금융 부문이 종에서 주인으로 변할 위험은 항상 존재한다. 돈으로 돈을 버는 일(특히 미래의 부에 대한 청구권을 통해 돈을 버는 일)이 실물경제와 분리되고 규제가 완화되면 될수록 이런 일이 발생할 가능성은 더 커진다.

따뜻한 목욕물일까, 얼음물일까?

은행 산업은 일반 소비자에게 홍보할 때 호화로운 텔레비전 광고로 이기적인 속성을 숨기려고 노력한다. 이 광고에서는 평범하지만 매력적인 사람들이 가족을 구성해 새집을 꾸미고, 지역사회를 도우며, 타 인종 사람들을 포용하는 등 인생을 긍정적으로 살아가는 모습을 보여준다(검색 엔진에 'Halifax advert videos'를 입력해보라).

5퍼센트 이자율의 25년 모기지라는 너그러운 '선물'이 그토록 큰 기쁨을 줄 수 있다는 것을 누가 알았을까? 이만큼 글로벌 금융의 현실과 동떨어진 이야기는 어디에도 없다. 글로벌 금융시장은 마르크스와 엥겔스가 말했던 '얼음물과 같은 이기적인 계산'이 지배하는 곳이다.[103]

금융 부문의 문화에는 가능한 모든 수단을 동원해서 이익을 내야 한다는 압박과 그렇게 하도록 만드는 커다란 유인 외에도 잘 알려지지 않은 특징이 있다. 그것은 금융 부문의 고위직들이 오만할 뿐만 아니라 무지하다는 사실이다. 물론 이 두 가지[오만함과 무지]는 밀접한 관련이 있다. 그들은 복잡한 금융상품을 제대로 이해하지 못했을 뿐 아니라 돈을 더 많이 버는 것, 즉 다른 사람들이 생산한 부에 대한 청구권이 늘어나는 것을 두고 부를 창출하는 것이라고 오인했다. 후자는 일종의 '화폐 환상'으로, 좀 더 널리 퍼져 있다. 그들은 다른 사람들은 물론이고 자기 자신까지 속였다.[104]

범죄를 유발하는 환경이 중요하다는 것과 사람들의 사고에 한계가 있다는 것을 인정한다고 해서 개인을 면책시켜주자는 말은 아니다. 책임은 개인과 시스템 중 어느 한쪽에만 있지는 않다. 둘 다 분노와 관심의 대상이다. 그리고 내부 고발자와 양심적 반대자도 있었다. 하지만 개인은 복잡한 시스템보다 더 식별이 쉬운 존재라서, 성급한 속성을 가진 대중 매체는 개인에게서 희생양을 찾고 시스템을 무시한다. 이는 물론 금융 엘리트가 마음에 들어 하는 일이다. 구조를 건드리지 않기 때문이다.

애덤을 비난하지 말라

현명하고 덕망 있는 사람은 언제나 자신이 속한 질서나 사회의 공적 이익을 위해 기꺼이 자신의 사적 이익을 희생한다(애덤 스미스).[105]

애덤 스미스는 경제학의 창시자일 뿐만 아니라 우리에게 가장 오해받는 사상가 중 한 명이다. 우파와 좌파 모두 그를 자기이익self-interest, 심지어 이기심selfishness을 옹호한 외눈박이 사상가라고 자주 언급한다. 하지만 그의 저서를 실제로 읽은 사람이라면 누구나 그것이 얼마나 부당한 말인지 알 수 있다.

사냥터 관리인이 된 밀렵꾼

금융위기가 절정에 달했을 때 금융 부문이 치명적인 오작동을 하고 있다는 것이 명백했으므로, 국가가 엄격하게 조사하고 근본적인 징계를 내리고 구조를 바꿀 것이라는 예상이 많았다. 많은 사람이 진단을 내렸고 몇 사람은 "파울!"을 외쳤지만, 고위 인사는 거의 기소되지 않았으며 해결책은 피상적이고 제한적이었다.

유럽의 위기가 심화하면서 이탈리아와 그리스에서 민주적으로 선출된 지도자들은 소위 '기술관료들'로 대체되었다. 이 단어는 모든 것이 기술적·공학적 문제일 뿐 정치적·경제적 권력의 문제는 아니므로 정치인들이 당분간 기술적 전문가들에게 권력을 넘겨주는 것이 타당하다는 인식을 조장했다. 정치인들은 금융 시스템의 작동방식에 대해 무지하고 정치적 유대관계 때문에 편향되어 있어서 필요한 일을 할 수가 없었다. 허드슨은 이를 "과학적인 것처럼 들리지만 은행 로비스트를 위해 만들어진 용어"라고 묘사했다.[106] 실제로 기술관료들은 민주적 저항의 위협에서 부자들의 지배체제를 보호했다.

골드만삭스의 대對유럽 영향력

매트 테이비Matt Taibbi는 골드만삭스를 다룬 『롤링스톤*Rolling Stone*』 기사로 유명한데, 거기서 그는 다음과 같이 썼다. "세계에서 가장 강력한 투자은행은 인류의 얼굴을 뒤덮은 거대한 흡혈 오징어다. 돈 냄

새가 나는 듯하면 어디든 흡혈 빨판을 가차 없이 밀어 넣는다."[107]

골드만삭스는 정치적 영향력을 확대하는 일도 게을리 하지 않았다. 미국에서는 골드만삭스 출신인 로버트 루빈Robert Rubin과 행크 폴슨Hank Paulson이 재무부 장관으로 일했다.[108] 골드만삭스는 유럽에도 광범위한 영향력을 행사했다. 다음은 주로 2011년에 일어난 대표적인 사례들이다.

2011년 '기술관료'라고 할 수 있는 마리오 몬티Mario Monti는, 어리석기는 했지만 민주적으로 선출되었던 실비오 베를루스코니Silvio Berlusconi를 대신해 이탈리아 총리로 임명되었다. 그 이전 1995년 베를루스코니는 몬티를 유럽위원회에 파견했는데, 그는 거기서 경쟁과 인수합병을 규제하는 일을 다루었다. 나중에 그는 이탈리아 재무부 금융위원회 위원장을 지냈다. 몬티의 전략적 중요성을 고려해서 골드만삭스는 그를 국제 고문으로 초빙했으며, 그는 당연히 로비스트로 활동했다.

이탈리아 은행가 마리오 드라기Mario Draghi는 유럽중앙은행 총재와 이탈리아 중앙은행 총재를 역임했으며, 그전에는 세계은행과 골드만삭스에서도 일했다. 그는 몬티와 마찬가지로 미국에서 주류 경제학을 전공해 박사학위를 받았다. 드라기는 이탈리아 정부와 그리스 정부가 골드만삭스의 도움을 받아 복잡한 파생상품으로 공공부채의 규모를 숨기려고 했을 때, 그 일에 관여했다. 이 부채를 숨기는 것은 그리스가 2001년 유로존 가입을 허락받는 데 결정적으로 중요했고, 골드만삭스는 그 대가로 3억 달러를 받았다. 당시 그리스 중앙은행 총재였던 루크 파파데모스Luke Papademos도 이 일을 도왔는데,

그는 나중에 그리스 총리가 되었다. 그리스 측에서는 전 골드만삭스 직원이자 그리스 채무관리청 수장이었던 페트로스 크리스토둘루 Petros Christodoulou도 관여한 것으로 알려졌다.

1980년대에 아일랜드 법무부 장관이었고, 전 EU 경쟁위원회 위원장EU Competition Commissioner이었던 피터 서덜랜드Peter Sutherland 는 현재 골드만삭스 영국 지사로 금융상품 거래를 담당하는 골드만삭스 인터내셔널의 비상임 회장이다. 그는 RBS가 도산하고 국유화될 때까지 그 은행의 비상임 이사이기도 했다.

벨기에의 카렐 판 미에르트Karel van Miert 전 EU 경쟁위원회 위원장은 골드만삭스 고문이었다. 전 독일 중앙은행 이사로 앙겔라 메르켈의 경제 고문이자 유로화 창안자 가운데 하나인 오타마르 이씽 Otamar Issing도 마찬가지였다.[109] 안토니오 보르게스Antonio Borges 전 IMF 유럽 지부 지부장은 골드만삭스 인터내셔널의 부회장이었다. 1985년 이후 세 명의 EU 경쟁위원회 위원장은 모두 골드만삭스 사람이 되었다.

영국의 그리피스 경Lord Griffiths은 골드만삭스의 국제 고문이자 골드만삭스 인터내셔널 부회장이다. 그는 타임스 인터내셔널 홀딩스Times International Holdings Limited 이사이기도 한데, 과거에는 런던 경제대학 교수, 시티 대학교 경영대학 학장을 지냈으며, 1983년부터 1985년까지 잉글랜드 은행의 이사였다. 1985년부터 1990년까지 그는 마거릿 대처 수상의 정책단장으로서 민영화정책과 규제 완화 프로그램을 설계했다. 2009년 골드만삭스 임원과 경영진에게 유례없이 220억 달러의 급여와 보너스가 지급된 후, 그리피스 경은 영국인

청중을 앞에 두고 "모든 사람이 더 큰 번영을 달성하려면 불평등을 용인해야만 한다"고 말했다.[110]

2013년 캐나다인으로 골드만삭스 출신인 마크 카니Mark Carney가 잉글랜드 은행의 새 총재로 취임했다.

골드만삭스는 그동안의 업적을 인정받아 2013년 퍼블릭 아이 [Public Eye: 스위스의 환경·인권단체] 심사위원회가 수여하는 '거명하여 부끄럽게 하는 상Jury Naming and Shaming award'을 수상했다.[111]

금융 부문은 자체적으로 감독을 해서 변화를 최소화하는 데 성공했다. 영국에서는 금융위기에 관한 비쇼프·위글리Bischoff and Wigley 보고서를 대부분 시티 내부자들이 작성했는데, 그들은 그 기회를 이용해 시티는 황금 거위이며, 따라서 지원할 가치가 있다는 이야기를 다시 전개했다. 비쇼프는 시티 그룹의 전 회장이었고, 위글리는 메릴린치의 유럽 쪽 회장이었다. 온건했던 '독립은행위원회Independent Commission on Banking'의 사정도 마찬가지였다.[112]

노던록 은행과 RBS가 국유화되었을 때도, 그 은행들이 실물투자에 자금을 제공하도록 유도할 민주적 영향력이 작용하지 못했는데, 그것은 신설된 영국금융투자United Kingdom Financial Investments에 자리 잡은 시티 측 인사들의 방해 때문이었다. 예전에는 민간 주주들을 위해 가치를 '창출'하려고 했던 곳에서 이제는 주주인 납세자들을 위해 그렇게 했지만, 어디까지나 목표는 앞으로 그 은행들을 다시 민영화하는 데 있었다. 유럽에서도 금융 엘리트가 경제정책을 지배했고, 각 국가의 정치인들은

'그들의 은행'을 지키기 위해 전전긍긍하면서 채권자들의 요구를 받아들였다. 이는 광범위한 대중과 공공 부문의 희생을 수반하는 일이었다.

미국에서는 버락 오바마가 경제위기가 시작된 지 2년이 지난 2009년에 집권했다. 여러 은행이 국유화되고 금융 부문이 위축된 상황에서 몇 가지 근본적인 조치를 단행할 기회가 있었지만, 금융 부문에 비판적이었던 경제학자들을 영입하지 않고 업계 내부자 몇 사람을 정부 핵심 요직에 임명했다. 대표적인 인물은 국가경제위원회 의장 래리 서머스였다. 찰스 퍼거슨의 설명에 따르면,[113] 서머스는 흥미로운 이력을 가진 인물이다. 그는 하버드 대학교의 경제학 교수였으며 한때 총장을 지냈고, 세계은행에서 수석 경제학자로 일하기도 했다. 그의 과거를 요약하면 다음과 같다.

- 법인세와 실업보험을 삭감해야 한다고 주장했다.
- 세계은행에 재직하는 동안, 인구밀도가 낮은 아프리카 국가들이 '덜 오염됐다'는 것을 근거로 부국이 빈국에 오염을 수출하는 아이디어를 지지했다.
- 인간이 유발한 기후변화와 자원의 한계를 부인했다.
- 여성이 과학적 추론에서 남성보다 열등하다고 암시하는 말을 했다 (이에 대해 그는 나중에 사과했다).
- 유해하다고 판명된 파생상품(그가 총장으로 재직하는 동안 하버드 대학교가 '투자'한 파생상품의 가치는 10억 달러 줄어들었다[114])에 대한 규제를 해제하자고 적극적으로 주장했으며, 소매 금융과 투자 금융 간 벽을 허무는 것을 지지했다.

- 강연료를 많이 준 다양한 금융 회사를 위해 열정적인 로비활동을 펼쳤다. 2008년에는 강연 서른한 번으로 170만 달러를 벌었다(골드만 삭스는 강연 한 번에 13만 5,000달러를 지급했다).
- 오바마의 임명을 받기 전에는 하버드 대학교 교수직을 유지하면서 일주일에 하루 헤지펀드에서 일했는데, 연봉이 500만 달러 이상이었다.

퍼거슨은 헤지펀드와 투자은행이 서머스에게 지급한 돈은 2,000만 달러에 달한다고 추정했다. 예상대로 서머스는 은행가를 제재하고 그들의 소득을 제한하는 데 반대했으며, 성장 촉진을 위한 수단으로 인프라 투자보다는 세금 인하를 지지했다.

표준의 수호자인가, 아니면 세금회피자들을 위한 싸움꾼인가?

대중문화에서 회계사와 감사관은 따분하고 꺼벙하기는 하지만 완전히 믿을 만한 인물로 그려지곤 한다. 공공기관과 소기업의 외부 감사관은 두렵지만 존경받는 존재다.

글로벌 자본에 대한 회계·감사 활동을 지배하는 4대 법인(KPMG, 프라이스워터하우스쿠퍼스Pricewaterhouse Coopers: PwC, 딜로이트 투셰 토마츠Deloitte Touche Tohmatsu, 언스트 앤드 영)을 살펴보면, 거기에는 다른 세상이 존재함을 확인하게 된다.

나는 많이 알려진 '예술, 학술활동, 심지어 윤리연구소에 대한 후원'을 이야기하는 것이 아니다.[115] 지금 이야기하는 것은 그 법인들의 비밀활동이다. 이 법인들은 큰 조세회피처에는 다 진출해 있으며 작은 조세회피처에 진출해 있는 경우도 많다. 법인들은 그 비밀구역들을 적극적으로 홍보하며, 고객을 위해 공격적인 세금회피 방법 또는 세금회피 '상품'을 개발·판매해서 이익을 얻는다. 이는 가치 절도의 완벽한 사례다.

조세정의네트워크에 따르면, 미국 상원 상설조사위원회SPS는 이런 상품 중 일부가 불법일 가능성이 매우 크다는 사실을 발견했다. 위원회는 또 KPMG가 세금회피 방법을 판매해 최소한 1억 8,000만 달러를 벌었으며, 그 탓에 미국 재무부는 최대 850억 달러의 세수 손실을 당했을 가능성이 있다는 것도 확인했다. 그 결과 KPMG는 무거운 벌금을 물었다. 4대 회계·감사 법인은 모두 SPS나 영국의 조세심판원Tax Tribunal 또는 유럽 사법재판소European Court of Justice가 불법 또는 용인할 수 없다고 판결한 거래에 관여했다.

PwC의 국제적 활동은, 소득이 없다고 주장하면서도 PwC의 글로벌 웹사이트를 운영하는 런던의 한 회사 배후에 숨겨져 있다. PwC는 2012년 JP 모건 증권 감사과정에서 '매우 심각한' 불법행위를 저질렀다는 이유로 140만 파운드의 벌금을 물었다. 이 금액은 '영국에서 전문 회계법인에 부과된 벌금 중 최대'였다고 한다. 당시 PwC의 기업 가치는 24억 파운드였다.[116]

이 모든 일에도 아랑곳없이 4대 회계·감사 법인은 정부의 회전문을 돌리면서 주요 부서(영국의 경우 재무부와 국세청, 정당 정책팀)에 계속 사람을 파견했다. 신노동당은 PwC(그전에는 골드만삭스)의 크리스 웨일스Chris Wales와 기업 지원을 받는 옥스퍼드 기업조세연구소Oxford Centre for Business Taxation의 조언을 받았다.[117]

2014년 5월 영국 국세청 이사회에는 전 KPMG 고위 파트너와 전 아서 앤더슨 회사Arthur Andersen and Co. 임원이 들어 있었다. 아서 앤더슨 회사는 2002년 엔론Enron을 감사하는 과정에서 저지른 범죄로 유죄 판결을 받고 해체되어 4대 법인에 인수된 대형 회계법인이다. 국세청 이사회의 구성원 중에는 25년 동안 PwC의 조세 파트너를 지낸 사람도 있었다.[118] 물론 그들은 공공의 이익을 위해 다른 쪽에서 일한 경험을 활용할 수도 있었다. 그렇게 생각하는 것이 좋을 성싶다.

1832년 은행가들과 대결하던 미국 7대 대통령 앤드류 잭슨Andrew Jackson은 은행가 대표들에게 다음과 같이 말했다. "당신들은 독사와 도둑의 소굴이다. 나는 당신들을 몰아낼 계획을 세웠고, 영원한 하나님의 도움으로 당신들을 몰아내게 될 것이다."[119] 2007~2008년의 금융위기 이후 이런 일이 일어날 것이라는 기대가 있었지만, 그렇게 되지 않았다. 영국에서 CRESC 연구원들은 "다른 어떤 산업이 국가 보증을 거의 무제한 누리며, 금융 스캔들을 무시하고, 스스로 규제하고, 웨스트민스터 정치 엘리트의 보호 아래에 있는가?"[120]라고 질문한다. 의회는 기업 로비스트·자문위원·'연구원'으로 가득하다. 우리는 고치려는 의지가 없는 사람들에게 금융 부문을 맡겨둘 여유가 없다.

시스템 조작

대기업이 아직 세계를 장악했다고는 할 수 없지만, 글로벌 경제의 규칙을 자기 이익에 맞게 조작해서 거의 그 상태에 도달하고 있다. 핵심 단계는 다국적 기업이 각국 정부가 적용하려는 많은 규제와 제한을 벗어날 수 있도록 허용하는 새로운 무역협정을 체결하는 것이다. 무역협정은 복잡하고 지루하며 기술적인 내용 일색이다. 사람들이 잘 읽지 않는 신문 경제면에 소수의 기사가 보도되는 것이 전부다.

하지만 2013년 현재 개발 중인 두 가지 새로운 협정은 경종을 울린다. 하나는 태평양 연안 12개국이 참여하는 환태평양동반자협정Trans-Pacific Pact: TPP이고,[121] 다른 하나는 미국과 28개 유럽연합 국가가 참여하는 환대서양무역·투자동반자협정Transatlantic Trade and Investment Partnership: TTIP이다. 이 두 그룹의 산출량은 전 세계 산출량의 60퍼센트에 달한다.

두 협정은 다국적 기업을 위해 각 지역 내에서 규제와 기준을 하나로 통일하려고 한다. 이런 조치는 분명히 '규제 완화'라는 명목으로 정당화될 텐데, 다국적 기업에 대한 정부의 규제(공중보건·고용조건·환경 등을 보호하기 위한 것이건 또는 단지 정부가 자국 경제를 관리하려는 것이건)를 최소화해서 기업의 경제적·정치적 권력을 극대화하는 것이 진정한 목표다. 가장 가능성이 큰(그리고 의도하고 있는) 결과는 표준을 놓고 바닥을 향한 경쟁이 벌어지는 것이다. 또 두 협정은 기업의 지식재산권을 확장해 개인과 다른 기업(전 세계의 소기업을 포함)이 지대를 내지 않고 협정 참여국의 혁신 성과를 활용해서 이익을 얻는 행위를 방지할 것으로 보인다.

1부와 2부에서 보았듯이, 기업들은 통상 공짜로 무한정 쓸 수 있는 공유부의 혁신 성과에서 이익을 얻으면서도 기업 자체의 혁신 성과를 사유화하는 힘을 키우고 있다. 전 세계 민주주의 국가에서 선거를 거쳐 도입된 정책들, 예컨대 저렴한 의약품이 충분히 공급되게 하고, 유전자 조작 작물과 검증이 불충분한 의약품의 판매를 금지하며, 식품 표준이나 인터넷 자유를 보호하기 위한 정책들이 위협받고 있다.

그러나 경제에 미치는 유권자들의 영향력이 더욱 줄어들 텐데, 왜 협정에 참여한 정부들은 권력을 기업에 넘겨주려고 할까? 답은 기업 로비스트의 지대한 영향력 아래에 있는 기업 변호사와 기술관료들이 협정을 비밀리에 개발하고 있다는 데서 찾을 수 있다. 협정 내용은 사실상 기업들의 소원 목록이다. 협정 구상 방식은 비민주적이고, 협정 내용은 반민주적이다.

일반 대중은 TPP 협정 문서 초안에 접근할 수 없다. 미국 의회 의원들은 극히 제한적인 조건 속에서 엄격한 감독을 받는 가운데 협정 관련 문서의 일부를 볼 수 있을 뿐이다. 예전에 밝혀진 바에 따르면, TPP 참여국별로 단 세 명만 협정 문서 전문에 접근할 수 있고, 쉐브론Chevron·핼리버튼Halliburton·몬샌토Monsanto·월마트 등 미국 대기업의 이익을 지키는 로비스트인 600명의 '무역 고문'은 협정 문서의 주요 부분에 접근할 특권을 갖고 있다.[122]

호주 정부는 싱가포르에서 협상 중인 무역협정의 비공개 텍스트에 대한 상원의 접근을 거부하며, 이는 서명 후라야 공개될 것이라고 밝혔다. 그와 마찬가지로 TTIP 협상은 대부분 비밀리에 진행되었으며, 중요한 정보는 모두 대중에게 공개되지 않았고 민주적인 토론도 이루어지지 않았다. 주목할 만한 것은 위키리크스Wikileaks가 정보의 주요 원천이 되었다는 사실이다. 유럽연합은 TTIP 관련 회의를 시민사회단체와는 여덟 번밖에 갖지 않았던 반면, 기업과 기업 로비스트와는 119회나 가졌다.

이 무역협정들은 기업의 지식재산권을 강화하고 특허 기간을 20년 이상으로 연장함으로써 기업이 자사 제품에서 좀 더 오랫동안 더 많은 지대를 추출할 수 있게 해주려고 한다. 인터넷 서비스 제공업체에는 콘텐츠를 필터링하고 차단하라는 요청이 들어간다. 이를 통해 기업은 사용자의 '자사' 제품 사용을 통제할 수 있게 되고, 공유나 역공학과 역적응[역공학은 기존 제품을 분해해서 그 작동 원리를 이해하는 행위고, 역적응은 기존 제품을 새로운 환경이나 요구사항에 맞게 변경하는 행위를 가리킨다]을 막을 수 있다. 인터넷을 발명한 팀 버너스리Tim Berners-Lee는 "이것은 모든 사람을 위한 것"이라고 말했지만, 일부 대기업은 자사의 이익을 위해 인터넷을 사유화하고 통제하려고 한다. 이와 관련해 위키리크스의 줄리언 어산지Julian Assange는 다음과 같이 말했다.

TPP의 지식재산권 제도가 시행된다면, 그것은 개인의 권리와 자유로운 표현을 억압할 뿐만 아니라 지적·창조적 공유부를 유린할 것이다. 당신이 읽거나 쓰거나 출판하거나 생각하거나 듣거나 춤추거나 노래하거나 발명할 때, 당신이 농사를 짓거나 식품을 소비할 때, 그리고 당신이 지금 아프거나 앞으로 언젠가 아플 때, TPP는 당신을 노릴 것이다.[123]

가장 우려스러운 것은 '투자자-국가 분쟁 해결ISDS' 제도다. 이를 통해 대기업들은 기업 변호사들로 구성된 비밀 중재 패널 앞에서 정부를 고소할 수 있으며, 국내 법원을 우회하고 의회의 뜻을 무시할 수 있다![124] 이 제도는 이미 스웨덴의 원자력 회사가 후쿠시마 재앙 이후 핵에너지 의존을 중단하기로 한 독일의 결정에 대해 이의를 제기하는 데 활용되고 있다. 호주에서는 담배 회사 필립 모리스가 단순한 포장을 의무화하려는 정부를 상대로 소송을 제기하고 있다. 아르헨티나에서는 금융위기 때 정부가 에너지 가격과 물 가격을 동결함으로써 생활비 상승에 대한 대중의 분노에 대처했지만, 관련 민간기업들한테 40여 건의 소송을 당해 11억 5,000만 달러의 보상금을 지급해야만 했다.[125] 이미 다국적 기업보다 열세에 있는 개발도상국들은 더 많은 권력을 상실할 위험에 처해 있다.

옥시덴털 페트롤리엄 Occidental Petroleum**과 에콰도르** 간의 분쟁도 좋은 사례다.

옥시덴털은 에콰도르에서 인권 침해와 사회법·환경법 위반 등 다양한 혐의를 받고 있다. 이 기업은 주식 양도 거래와 관련해 계약조건을 위반했다는 사실이 발각되어 그 계약을 취소당했다. 옥시덴털은 즉시 '투자자 분쟁 해결을 위한 국제센터International Center for the Settlement of Investment Disputes'에 10억 달러 규모의 소송을 제기했다. 2012년 10월 에콰도르 정부는 17억 달러의 보상금과 이자를 지급하라는 명령을 받았는데, 이는 그 나라 사회복지 지출 15년치에 해당하는 금액이다. 에콰도르 정부는 이 판결에 대한 항소를 준비하는 중이다.[126]

다국적 기업이 정부를 고소할 수 있다면, 법적 조치를 하겠다는 위협만으로도 기업 권력을 제한하는 민주적 입법을 막을 수 있다.

물론 이러한 시도에 관한 정보가 언론에 유출될 때마다 홍보 담당자들은 이 조약들이 성장과 투자에 도움이 되고 수천 개의 새로운 일자리를 창출할 것이라고 말한다. 그러나 북미자유무역협정North American Free Trade Agreement: NAFTA처럼 앞서 체결된 조약들은 그런 효과를 내지 않았다. 기업의 목표는 주주를 위해 이윤을 극대화하는 것이지 일자리를 창출하는 것이 아니다. 기업들이 가끔 그렇게 할 수도 있겠지만, 자사 제품에 대한 수요가 매우 빠르게 증가하지 않는 한 일반적으로 고용 비용을 **줄여서** 이윤을 늘린다. 우리는 대기업에 좋은 것은 우리에게도 좋다는 말을 자주 듣는다. 그러나 기업이 지대를 추구하고 기업 운영에 대한 민주적 통제를 약화시키는 데 몰두하는 현실에 비추어, 그 말은 그 어느 때보다도 사실이 아니다. 이제 부자들의 지배를 끝내야 할 때다.

18장

자선사업은 어떤가?

부자들에 대한 적개심을 줄이려면 자선사업philanthropy이 필요합니다(토니 블레어).[127]

가난한 사람들에게 음식을 나눠주면 나를 성인이라고 부르지만, 그들이 왜 가난한지 물어보면, 나를 공산주의자라고 부릅니다(엘더 카마라Hélder Câmara, 전 로마 가톨릭 브라질 대주교).[128]

자선가들은 부자일 뿐만 아니라 관대하고 자비롭기도 하므로, 누가 감히 그들에 대해 불만을 표시할 수 있겠는가? 그런데 자선가들은 어디서 돈을 얻을까? 자금원은 합법적일까? 이는 자선에 대해 던질 가장 기본적인 질문이지만, 그렇게 질문하는 사람은 거의 없다(하지만 나는 이 책에서 그 질문에 대답하려고 노력해왔다). 아마도 무례해 보이기 때문일 것이다. 하지만 기부자들의 재산 출처에 대한 의문을 제쳐두고도, 자선에는 다른 문제가 있으며 그것들은 모두 부자들의 지배와 관련이 있다.

자비인가, 정의인가?

지진 피해와 같은 일회성 재난에 대한 자선적 기부는 지속적이고 불의한 불평등에 대응하는 자선charity과는 다르다. 불평등에 도전하지 않으면, 그것은 참을 수 있고 더 오래가기 때문이다. 옥스팜이나 크리스천 에이 드Christian Aid 같은 몇몇 자선단체의 활동은 부분적으로 불의와 무시를 목표로 삼는다. 가난한 국가를 차별하고 부유한 국가를 우대하는 관세에 반대하는 운동과 마찬가지로 단지 문제의 증상만이 아니라 원인에 초점을 맞추는 것이다. 물론 국제 앰네스티Amnesty International 같은 곳은 정의에 쏟는 관심이 압도적이다.

분명히 수혜자의 고난은 관심과 염려의 대상이다. 하지만 자선사업은 그것을 사회적 구조·과정의 결과가 아니라 불운으로 취급하는 경향이 있다. 자선사업은 국가가 아니라 개인을 상대하고 고통의 사회적·경제적·정치적 기원을 종종 무시하기 때문에 정치색을 띠지 않는다. 빈곤 그 자체보다 빈곤에 기인한 병리 현상에 대처하는 일에 더 능숙하다.

그리고 옥스퍼드·케임브리지·하버드와 같은 명문대학을 지원하는 경우처럼 목적이 전혀 다른 데 있는 자선사업도 있다. 어떤 경우에는 기부금이 저소득 가정의 학생 몇 명을 위한 장학금으로 지급되어, 해당 교육기관이 엘리트주의에 빠져 있다는 비난에 대응하는 유용한 수단이 되기도 한다. 하지만 더 중요한 사실은 기부금이 기부자의 명망을 높일 뿐만 아니라 교육기관의 서열화를 강화하기도 한다는 점이다. 저소득층·중산층 가정의 학생들이 다니는 가난한 대학들은 기부금을 전혀 받지 못한다. 그와 마찬가지로 아트 갤러리에 기부하는 것도 엘리트 문화를 지원하는 '자선'의 보편적인 형태다.

자선사업은 활력이 넘치고 '성공적인' 삶을 살고 있고 관대하고 잘 알려진 후원자와, 가난하고 무력하고 당연히 감사하는 마음을 품어야 하는 수혜자 사이에 간극을 만든다. 관찰자들은 옆에서 감탄하며 박수를 보낸다. 자선사업은 불평등에 도전하기보다는 오히려 당연시한다. 불평등을 자비를 베풀 기회로 취급해서 문제가 덜한 것처럼 보이게 만들기도 한다. 부자들이 얼마나 관대한지 보라! 모든 일이 잘 굴러가고 있고, 공정하지 않은가?

이러한 관계 안에서 이루어지는 자선행위는 수혜자들의 결핍에 주목할 뿐 문제의 근원을 제거하지 않는 경우, 수혜자를 굴욕감에 빠뜨릴 수 있다. 정의를 누리는 것은 **권리**다. 정의란 개인을 평등한 존재로 보고 그의 존엄성을 인정하는 것이며, 그를 다른 사람들의 관대함에 의존하는 불쌍하고 불행한 하급 인생으로 취급하지 않는 것이다. "우리는 당신의 자비가 아니라 정의를 원한다"라는 말은 오래되기는 했지만 정당한 반응이다.

기부자에게는 무슨 이익이 있을까?

일반 기부자들은 대개 익명으로 기부한다. 이들이 내는 기부금의 소득 대비 비중은 부유한 사람들보다 더 높다.[129] 반면, 자선사업은 자선가들이 일반적으로 자기 이름이나 회사 브랜드가 널리 알려지기를 원한다는 점에서 차이가 있다. 그들이 기부하는 대학이나 예술 재단은 건물이나 사업 등에 자신들의 이름을 붙인다. 토니 블레어가 벌이는 사업 중 하나는 공식적으로 토니 블레어 신앙 재단Tony Blair Faith Foundation이라는 이름을 걸고 있다. 자선적 기부에 세제 혜택을 주는 국가도 많다. 미국에서는 최상위 1퍼센트가 자선적 기부에 대해 38퍼센트의 세금 감면을 받는다.

이미 개인적인 소비에 충분히 만족하고 있는 부자와 슈퍼리치에게는 자선사업은 돈이 아닌 다른 유형의 자본을 제공한다. 그것은 그들의 부를 합법화하는 **상징자본**으로, 사람들의 마음에 존경심을 불러일으키는 유산의 형태를 취한다. 억만장자 자선가 워런 버핏의 아들 피터 버핏Peter Buffet은 여기에 환멸을 느끼며 이렇게 말했다.

소수에게 막대한 부를 안겨주는 시스템 때문에 생명과 사회가 더 많이 파괴되면 될수록 기부행위는 더욱더 영웅적인 이야기처럼 들린다. 나는 이것을 '양심 세탁'이라고 부르고 싶다. 자선활동으로 약간의 돈을 뿌리면서 한 사람이 사는 데 필요한 것 이상을 축적하는 행위에 대해서는 편안한 마음을 갖기 때문이다.[130]

자신의 이름이나 회사 브랜드를 선한 대의大義와 연결하는 것은 좋은 홍보 수단이다. 실제로 얼마를 기부했는지 공개할 필요도 없다. 이는 기업에 '사회적 책임'을 다하고 있다는 이미지를 만들어준다. 매년 다보스에서 개최되는 세계경제포럼에서 슈퍼리치들은 자선사업을 다루는 세션에 몸을 드러내 자선활동이 안겨주는 영광을 누린다.

자선가들은 단지 돈을 기부하고 수혜자들이 마음대로 쓰도록 내버려두지 않는다. 그들은 그 돈이 어떻게 쓰이는지에 대해 어느 정도 통제권을 갖고 싶어 한다. 부자들은 똑똑하고 성공적이어서 자신들이 가장 잘 알고 있다고 생각하기 때문이다. 그리고 그들의 부가 어디서 왔건 자기 뜻대로 쓸 수 있다고 여긴다. 자선가들의 기부금은 지역지식을 기반으로 참여자들과 전문가들이 운영하는 프로그램에 투입되지 않고, 이런저런 조건이나 오만한 요구사항이 붙어 있는 경우가 많다. 토니 블레어는 이렇게 말한다.

최고의 자선은 단순히 돈을 주는 데 머물지 않고 리더십도 제공합니다. 최고의 자선가는 자신의 성공에 도움이 되었던 재능들(열정, 결단력, 어떤 일이 필요하다면 반드시 해내려는 의지)을 자선활동에서 발휘합니다. 최고의 자선은 소극적이지 않고 창의적입니다. 전통적인 생각을 따르지 않고 거부합니다. 정부가 너무 두려워하거나 위험 기피적이어서 손대려고 하지 않는 일을 해냅니다. 기술과 그 힘을 활용해서 혁신적인 방식으로 세상을 변화시킵니다. 최고의 자선가들은 다른 사람들이 보지 못하는 연결, 경향, 패턴을 보는 선지자 같은 존재입니다.[131]

참으로 영웅적이다. 블레어는 자신이 제일 잘 안다고 생각한다. 그러나 그는 슈퍼리치의 아첨꾼이자 머독·카다피Gaddafi·베를루스코니의 친구이며, 조지 부시의 푸들이 아닌가? 그의 끔찍한 '판단'으로 영국은 이라크 전쟁에 휩쓸려 들어갔다. 블레어는 "내가 믿는 것이 곧 내가 아는 것이다"[132][자신의 신념이나 믿음에 따라 행동하고 결정을 내리는 경향이 있다는 뜻]라고 말한 적이 있다. 그가 정책 결정을 먼저 내린 다음 '증거'를 찾기 좋아했던 것은 그 때문이다. 자선가들은 돈만이 아니라 특별한 기술과 통찰로 다른 사람들을 돕는다. 귀찮은 민주적 절차, 지역지식과 전문지식,[133] 또는 투명성과 타인에 대한 책임감은 그들에게 필요 없다. 돈 주는 사람이 노래도 부르고 홍보도 한다.

버핏 2세는 '자선 식민주의Philanthropic Colonialism'라는 신조어로 이런 상황을 묘사하면서 다음과 같이 말했다.

> 나를 포함해 많은 사람은 특정 장소에 관해 거의 지식이 없으면서도, 자신들이 지역의 문제를 해결할 수 있다고 생각하곤 했다. 농사 방법, 교육활동, 직업훈련, 사업개발 등 어떤 문제와 관련되건 문화·지리·사회규범을 고려하지 않은 채 한 곳에서 효과가 있었던 방법을 그대로 다른 곳에 이식하려는 사람들을 나는 종종 목격했다.[134]

'자선 자본주의'

자선 자본주의Philanthrocapitalism는 이윤을 추구하는 기업적 사고와 목표 달성을 위해 시장을 활용하는 방법을 위주로 자선사업에 접근하는 방식을 가리키는 유행어다. 자선사업을 연구하는 마이클 에드워즈Michael Edwards는 쉘 재단Shell Foundation 이사 커트 호프만Kurt Hoffman의 말을 인용해 이를 설명한다. "수십 년 동안 자선단체들은 성과를 내지 못했다. …… 우리는 현상 유지에 만족할 것인가, 아니면 새롭고 효율적이며 성과를 낼 가능성이 매우 큰 생각을 적용해 새로운 해결책을 찾을 것인가?"[135]

자선사업의 목표는 간단하고 측정 가능해야 하며, 모니터할 수 있어야 한다(물론 백신 접종 수와 같은 비금전적인 목표가 포함될 수도 있다). 이렇게 되면 해당 지역에 다른 더 중요한 일이 발생하는 때도 이미 세운 목표를 달성하는 데 매진할 수밖에 없다(우리는 이런 단순화된 사고가 공공 부문에서 얼마나 큰 해악을 끼칠 수 있는지 잘 알고 있다). 이 접근법은 더 나은 제품을 더 싼 가격에 판매하는 데는 효과적일 수 있지만, 사회적·정치적 불평등이라는 복잡한 문제에 적용할 때는 해로울 가능성이 크다. 피터 버핏의 말을 다시 인용해보자. "사업 원리는 자선사업에 추가해야 할 중요한 요소로 소개되고 있다. 요즘 나는 인간의 고통을 덜어줘야 하는 상황에, 투자수익률ROI이 얼마인지(마치 투자 수익이 성공의 유일한 척도인 것처럼) 묻는 사람들을 만나곤 한다."[136]

에드워즈가 주장하듯이, 자선사업과 자선 자본주의는 주로 증상을 목표로 삼는 반면, 그 뿌리를 다루지는 못한다. 그는 다음과 같이 썼다. "이유는 매우 분명하다. 체계적인 변화에는 자선사업이 통상 간과하는 사회운동·정치·정부가 필요하다."[137]

대규모의 경제적 불평등은 단지 '자원의 격차' 때문에 생기는 것만은 아니다. 그것은 계급 간, 인종 집단 간, 남성과 여성 간 권력의 불평등 때문에 발생한다. 구조적인 문제에는 구조적인 해결책이 필요하다. 예를 들어 개발도상국의 농촌 빈곤은 유전자 변형 작물을 도입하는 것만으로는 해결할 수가 없고(물론 그것을 생산하는 다국적 기업에는 이익이 되겠지만), 토지권土地權, 가부장적인 사회구조, 신용·분배 시스템의 변화가 필요하다. 저금리 소액 대출은 어떤 경우 가난한 마을에 도움이 될 수도 있지만, 대형 은행이 가난한 사람들에게서 부를 추출하기 위해 써먹는 트로이 목마가 될 수도 있으며, 실제로 종종 그랬다.[138]

사회문제는 본질적으로 정치적인 문제다. 따라서 지원 대상 사회에서 사회문제에 대응하면 논란을 불러일으킬 가능성이 크다. 신자유주의적인 자선사업은 정치를 무시하고, 기술적·경영적·시장적인 해결책(이는 물론 정치적으로 전혀 중립적이지 않다)을 모색한다. 이와 관련해 에드워즈는 다음과 같이 말했다.

시장의 기능은 해결책을 놓고 민주적으로 협상하는 것이 아니라 교환을 용이하게 만드는 것이다. 시장은 연대나 공정성 또는 인권 존중이 아니라 공급과 수요에 따라 작동한다. 시장의 원리는 경쟁이지 협력과 협업이 아니다. 그러나 사회운동을 성공시키고 변화를 위한 강력한 동맹을 구축하는 데 필요한 것은 바로 협력과 협업이다. 시장은 평가가 쉬운 최저선을 기준으로 성공을 측정하지만, 비영리단체들이 일하는 거의 모든 상황에는 이런 기준이 존재하지 않는다. 시장에서 성공하려면 공급망과 그 외의 변수들에 대해 고도의 통제력을 발휘해야 하는데, 이는 다른 사람들이 독립적으로 행동하도록 자율권을 주는 것과는 정반대의 원리다. 사람들이 분배 실패를 고치기 위해 개척한 바로 그 영역에 시장 원리를 도입하려는 것은 매우 잘못된 생각이다.[139]

자선사업은 왜곡한다

자선가들이 정곡을 찌른다고 하더라도, 그들은 최정상에 있으므로 바닥 삶을 이해하는 데는 한계가 있다. 그러나 그들이 가진 힘 때문에 도움을 청하는 비정부 기구들은 주요 기부자들에게 어필할 수 있도록 목표를 조정해야만 한다. 이른바 '사명 표류mission drift'라고 불리는 현상이다. 자선가들은 숨겨져 있지만 필요한 변화보다는 눈에 잘 띄고 매력적인 프로젝트를 추구하는 경향이 있다.

『로스앤젤레스 타임스Los Angeles Times』에서 빌 앤드 멜린다 게이츠 재단Bill and Melinda Gates Foundation의 에이즈 관련 프로젝트를 조사한 결과,[140] 실제로 생명을 구했지만, 현지 보건 서비스 업무를 왜곡하기도 했다는 사실이 드러났다.

- 게이츠 재단의 기부금 대부분을 에이즈처럼 주목받는 질병에 대처하는 데 쏟아부었기 때문에 게이츠 재단 수혜자들은 특별히 훈련받은 고임금 의료진에 대한 수요를 증가시켰다. 그 때문에 기본적인 치료에 종사하는 사람들이 빠져나갔고, 그 결과 에이즈 생존자 자녀들은 신생아 패혈증, 설사, 질식과 같은 더 흔한 치명적 질병에 시달릴 수밖에 없었다.

- 재단 지원금이 특정 질병에만 초점을 맞춘 결과, 영양과 교통 등 기본적인 필요를 채워주지 못해 효과가 떨어졌다. 많은 에이즈 환자가 음식을 너무 못 먹어서 무료로 지급되는 에이즈 약을 토한다. 버스

요금이 없어서 생명을 구할 치료를 제공하는 진료소에 갈 수 없는 사람들도 있다.

• 게이츠 재단이 후원하는 백신 프로그램에서는 의료진에게 백신이 예방하지 못하는 질병을 무시하라는 지시(심지어 환자들이 그에 대해 말하지 못하게 방해하라는 지시)가 내려졌다. 이는 마을 사람들이 백신 접종을 위해 진료소를 방문해야만 어렵게 의료진과 접촉할 수 있는 외진 곳에는 특히 해로운 영향을 미친다.

『로스앤젤레스 타임스』 보도는 자선사업의 개입으로 지역 보건 시스템에 심각한 혼란이 발생하고, 자원이 가장 필요한 분야에서 지원받고 있는 프로그램 쪽으로 분산되었던 아프리카의 사례를 많이 소개한다. 많은 경우, 질병과 사망의 주된 원인은 가난 때문에 겪는 굶주림이다.

자선사업 대 민주주의

자선가들은 싱크탱크와 정치 캠페인에 자금을 지원할 수도 있다. 그들이 지원하는 특정한 정치적 입장에 동의한다고 하더라도, 더 기본적인 문제가 남아 있다. 부자들이 정치적 영향력을 돈으로 살 수 있는 능력 말이다. 자신들에게 영향을 끼치는 문제를 민주적 방식으로 다룰 지역적·국가적·초국가적인 공동체 대신 자산 지배에 토대를 둔 불로소득의 수혜자들인 외부의 부유한 자선가들이 개입해 민주주의를 건너뛴다.

한편, 수혜자들은 부자들의 재량에 의존하는 수동적인 위치에 놓이게 된다. 자선가들이 수혜자들과 상의하는 경우에도, 그들의 목소리는 자선가들의 재량에 따라 수용될 수도 있고, 수용되지 않을 수도 있다(그러나 수혜자들의 의견 제시는 동등한 가치를 가진 사람들로서 그들이 누릴 권리가 되어야 한다). 에드워즈에 따르면, 미국 정부와 영국 정부 다음으로 큰 공공보건 자금 제공자인 빌 앤드 멜린다 게이츠 재단은 '세 명의 가족 구성원과 워런 버핏'만으로 구성된 이사회를 두고 있다.[141] 이 이사회는 대중에게 아무런 책임도 지지 않는다.

자선사업이 선한 일을 전혀 하지 않는 것은 아니다. 때로는 선한 일을 하기도 한다. 그러나 자선가의 부가 합법적인지 아닌지는 무시하는 경우가 너무 많다. 부자들에게 전후 호황기 때처럼 과세하거나 그들이 불로소득을 얻지 못하도록 처음부터 막았더라면, 그 부는 민주적인 결정에 따라 쓰일 수 있었을 것이다.

주는 것 없이 존재할 수 있는 사회는 없다. 아무도 자급자족적이지 않고, 모든 사람이 살다가 언젠가는 다른 사람의 돌봄에 의존하기 때문이다. 인류 역사에서 사람들이 서로를 위해 일하고, 가능한 경우 시간을 들여 선물을 주고받는 '선물관계'는 틀림없이 경제관계의 가장 일반적인 형태다.[142]

빈곤 때문에 겪는 박탈 상태와 수치의 대표적 사례 중 하나는 사랑하는 사람들에게 줄 수 있는 여력이 없다는 것이다. 불평등이 확대되고 부가 상위 계층에 집중되면서, 대개 비슷비슷한 사람들 사이에 오가던 작은 선물의 다양한 흐름 대신에 우리는 무언가 근본적으로 다른 것을 얻는다. 그것은 소수의 책임 없는 개인이 자금 지원을 독점하는 현상(에드워즈는 이를 '단일문화monoculture'라고 부른다)이다. 그들의 행동은 이기적이지 않더라도, 그들은 자기중심적이다.

우리는 예비 자선가의 선호에 의존하지 말고, 가장 적절한 전문지식과 지역지식을 활용하면서 민주적으로 자금을 조달하고 신뢰를 갖춘 시스템을 마련할 필요가 있다. 빈곤은 생산자원과 구매력의 잘못된 배분의 문제다. 부자들은 문제의 원인이지 해결책이 아니다. 자선사업은 부자들이 엄청난 자원을 지배하면서 어느 정도의 정당성을 확보할 수 있는 한 가지 방법이다. 그것은 금권체제의 부정이 아니라 그 일부다.

19장

계급
: 전쟁을 말하지 말라!

부자들의 눈으로 본 '금권경제'

금권경제Plutonomy는 금권체제Plutocracy와 경제Economy를 결합한 용어로, 2005~2006년 시티 그룹의 아자이 카푸르Ajay Kapur가 만들었다. 시티 그룹은 경제위기 때 막대한 손실을 본 후 2008년 미국 국민에게 구제금융을 받은 대형 금융 그룹이다. 이 용어는 일련의 보고서에서 소개되었는데, 그 가운데 마지막 보고서의 제목은 "금권경제 심포지엄: 밀물은 배를 띄운다The Plutonomy Symposium – Rising Tides Lifting Yachts"였다.[143] 이 보고서는 시티 그룹의 가장 부유한 고객들에게만 배포되었음에도 언론에 유출되었다. 여기서는 미국·캐나다·영국·호주만 금권경제로 규정하며, 유럽 대륙과 일본은 부자들의 부가 급증하는 현상이 나타나지 않았다는 이유로 '평등주의 그룹'으로 분류한다.

보고서에 따르면, 금권경제는 세 가지 핵심 특징을 가지고 있다.

1. 금권경제를 만들어내는 것은 "파괴적인 기술 주도형 생산성 향상, 창의적인 금융혁신, 자본가에게 친화적이고 협조적인 정부, 이민자…… 법의 지배와 발명 특허 등의 요인이다. 부가 파도처럼 밀려오지만, 그 내용이 너무 복잡해서 이를 활용하는 것은 주로 부자와 교육받은 사람들이다."

2. 금권경제에는 '평균적인' 소비자가 없다. 오로지 부자와 '나머지 모든 사람'만 존재할 뿐이다. 부자들은 경제에서 압도적인 비중을 차지하며, 부유하지 않은 사람들이 "국가 파이the national pie에서 가지는 몫은 놀라울 정도로 작다."

카푸르의 추정에 따르면, 2005년 총지출 가운데 가장 부유한 20퍼센트가 차지한 비중은 60퍼센트에 달했다.

3. 금권경제는 자본 친화적인 정부, 기술 주도형 생산성 향상, 글로벌화에 힘입어 미래에도 계속 성장할 가능성이 크다.

민주주의는 잠재적인 위협이다.

금권경제에 대한 가장 임박한 도전은 아마도 정치과정에서 비롯될 것이다. 소득·자산 불평등의 증가는 궁극적으로 소수의 이익을 위해 대중의 경제적 권리를 박탈한 결과다. 하지만 민주주의 사회에서는 이런 상황이 영원히 용인되지는 않는다. 지난 20년 동안 금권경제를 강화한 핵심 요인 중 하나는 이윤 비중의 증가였다(이는 GDP에서 임금 비중이 감소한 현상의 반대 측면이다). …… 노동은 상대적으로 손해를 보았다. 금권경제에 대한 최대의 위협은 소득 불평등을 줄이고, 부의 분배를 좀 더 공평하게 하며, 이윤과 자산의 증가를 조장한 경향(예컨대 글로벌화)에 대처하라고 하는 정치적 요구가 강화되는 데서 나온다.

그렇지만 우리는 앞으로 부자들은 더욱더 부유해지고 그들이 차지할 부의 몫은 더욱더 커질 것으로 본다.

그러나 우리의 견해대로 되지 않을 가능성도 존재한다. **우리의 금권경제론은 부자들이 계속해서 더 부유해질 것이라는 생각에 토대를 두고 있다. 이 이론에는 위험 요소들이 없지 않다.** 예를 들어 자산 디플레이션을 초래하는 **정책 오류**는 금권경제에 큰 피해를 안겨줄 가능성이 있다. 게다가 부자와 가난한 자 사이의 **자산 격차가 증가하면 어느 시점부터는 정치적인 반작용을 초래할 수도 있다.** 부자들의 몫이 더 커지고 가난한 사람들의 몫이 더 작아지는 동안에도, **정치적인 권리는 여전히 1인 1표로 유지된다.** 어느 시점이 되면, 노동이 부자들의 이윤 몫이 증가하는 데 대해 반발할 가능성이 있으며, 부자들의 부가 증가하는 데 대한 **정치적인 반작용**이 생겨날 것이다. 이는 **부자에 대한 더 무거운 과세**(또는 간접적으로 **더 무거운 법인세와 더 강한 규제**) 또는 글로벌화에 대한 반발(반이민주의 또는 보호무역주의)로 국내 노동자를 보호하려는 시도의 형태로 나타날 수 있다. **아직 이러한 현상이 발생하지는 않았지만, 정치적인 긴장이 높아지는 징후가 있다.** 그러나 **우리는** 상황의 전개를 꼼꼼히 살피고 **있다**(검은색 볼드체 강조는 원문).[144]

민주주의에 가장 심각한 위협은 무엇일까? 극단주의 세력? 테러리스트? 아니다. 바보야, 문제는 금권체제야It's the plutocracy, stupid.

부인否認과 묵인

나는 이 책을 워런 버핏의 말을 인용하면서 시작했다. "좋아요. 계급전쟁은 있어요. 그런데 전쟁을 벌이는 것은 우리 계급, 부자 계급입니다. 우리가 이기고 있어요." 이는 정말 놀라운 발언이다. 세계에서 가장 부유한 사람 중 한 명에게서 나왔을 뿐만 아니라 그가 감히 '계급'은 물론이고 '계급전쟁'까지 언급하며 '부자 계급'이 전쟁을 시작했음을 인정했기 때문이다. 이 발언은 나중에 점령하라 운동의 배너("계급전쟁—그들[1퍼센트]이 시작했다")로 제작되기까지 했다.

우리는 부자들이 '계급전쟁'을 시작한다는 생각에 익숙하지 않다. 버핏을 제외하고는 부자들은 보통 좌파가 시기심과 탐욕으로 계급전쟁을 시작한다고 주장한다. 그들에 따르면, 파업도 항상 노동자들이 시작하지 고용주들이 유발하지는 않는다. '계급투쟁class struggle'과 마찬가지로 계급전쟁은 마르크스주의를 연상시키며, 또한 계급투쟁이 항상 진행 중이거나 곧 터져 나올 것이라고 보는 진정한 신자들의 그룹을 연상시킨다. 그러나 노동자들은 대부분 이에 대해 생각조차 하지 않는다. 계급전쟁이라는 말을 들으면 남성 육체 노동자들이 파업을 벌이며 피켓을 드는 이미지를 떠올리는 사람들이 많다. 그 결과 계급전쟁을 벌인다는 이유로 금권체제를 비난하는 이가 있으면, 사람들은 놀란 척하면서도 그를 분열을 유발하고 위험하며 문제를 일으키려고만 하는 존재로 매도한다. 클레이 베넷Clay Bennett은 자신의 만화에서 비행기가 "계급전쟁을 멈추라"고 적힌 배너를 끌면서 동시에 폭탄을 떨어뜨리는 모습을 그려냈다.[145] 점령하라 운동에서 등장한 또 다른 포스터에는 "왜 우리가 반격할 때만 '계급전쟁'이 되는가?"라는 말이 적혀 있었다.

마거릿 대처는 계급을 공산주의 개념처럼 다루었다. 그러나 사실 그녀 자신이 완전한 계급전사였다. 1980년대에 대처는 니콜라스 리들리 Nicholas Ridley가 고안한 계획(1978년에 언론에 유출되었다)을 실행하여, 특히 광산 분야에서 조직 노동의 파업을 자극해놓고는 탄압을 가했다. 자세한 내용은 마거릿 대처 재단 웹사이트에서 확인할 수 있다.[146] 나머지는 알려진 대로다.

"계급전쟁은 끝났다"고 한 토니 블레어의 말은 부자들의 승리를 받아들여야 한다는 뜻이었다. 그들은 현재 상위 1퍼센트 중 상층부에 속하지만, 예전 세대(종종 부모)와 달리 '중산층'으로서 '성공한' 사람들이기 때문이다. 불로소득, 불평등한 분업, 일자리 부족, 고도로 불평등한 사회에서 복권 당첨과도 같은 출생 등에 대해서는 신경 쓰지 마라. 그러면 계급은 성격과 노력의 문제로 축소된다. 노동 계급을 인정하지 않고 분열시키는 또 다른 방법은 마치 일자리를 가진 사람들이 일자리가 없는 사람들보다 더 나은 사람인 양 아첨하면서 '열심히 일하는 가정'에 대해 쉴 새 없이 떠드는 것이었다. 지금 보수당은 '열심히 일하는 사람들'과 '노력하는 사람들'을 '게으름뱅이'와 대비시키고 있다.

계급은 오래된 편견일 뿐 실제로 증가하고 있는 불평등과 아무런 관련이 없는 듯 보인다. 최악의 경우, 예전에는 사람들이 계급을 무언가 의미 있는 것(즉, 비슷한 경제적·정치적 이해관계를 가지고 특정한 방식으로 다른 집단에 반대하는 집단)으로 이해했다면, 지금은 말하는 사람 외에는 아무런 의미가 없다고 여긴다. 그 결과 계급을 말하는 사람에게는 과거에 매여 사는 사회주의자··'마르크스주의자'·구노동당원이라는 꼬리표가 붙는다. 그들은 무언가 의미 있는 것에 관해 이야기할 수 없는 존재이므로 아무도 그들의 말을 듣지 않는다. 그러나 계급은 여전히 방 안의 코끼리처럼 존재하고 있다.

정당들은 선거에서 승리하려면 소득 분포의 중간에 있는 사람들의 지지를 얻어야 한다는 것을 알고 있다. 그래서 시머스 밀Seamus Milne이 말하듯이, 영국 정치인들은 점점 미국의 관행을 따라 중산층만 언급하고, 노동 계급이나 상류층에 대해서는 말하지 않는다.[147] 중산층과 '복지 수당으로 먹고사는' 사람들(나머지 사람들에게 기생하는 무능하고 절망적인 잔여물로 여겨진다)만 존재할 뿐이다.

한편, 중산층은 그들 아래의 사람들이 아니라 그들 위의 사람들과 자신을 동일시하도록 권유받는다. 적어도 미국에서는 로버트 라이히나 엘리자베스 워런 같은 '진보주의자들liberals'이 중산층의 생활수준 저하를 점점 더 강조하면서 그들을 부자나 슈퍼리치와 대비시키고 있다.

계급을 삶 속에서 경험한다는 것은 복잡한 문제다. 삶에서 경험하는 불평등에는 당황, 부인, 자기 정당화와 축하, 반발, 원망, 존중과 경멸 등이 혼합되어 있다.[148] 그런데 최근 몇 년 사이에 사회학자 피에르 부르디외가 '계급 인종주의class racism'라고 부른 훨씬 뻔뻔한 행태가 등장했다. 주요 대상은 '차브'[chavs: 백인 저소득 노동자를 경멸적으로 일컫는 말], '트레일러 쓰레기'[trailer trash: 트레일러나 캠핑카에서 생활하는 저소득층을 조롱하는 말], '스크라운저'[scroungers: 일하지 않고 빌어먹는 사람] 등이었다. 인종차별적 용어는 적어도 공식적인 공론장에서는 쓸 수 없게 되었지만, 저소득층과 복지 수급자들을 상대로 경멸적인 언어를 퍼붓거나 본능적인 증오를 표출하는 데는 아무런 제한이 없다. 실제로 영국에서는 백인 노동계급을 인종적인 관점에서 보기 시작했다는 주장이 있다.[149]

'그들'은 말하기도 전에 비난받으며, 말하는 즉시 코미디나 타블로이드 언론의 프레임으로 평가되어 조롱이나 비웃음, 두려움과 혐오를 자아낸다. 그들의 말은 그들의 열등함과 고집을 확인해줄 뿐이다. 이렇게 그들은 대상으로 취급되며, 동료 시민의 지위를 부정당한다. 동료 시민이라면 경청의 대상이 되고 자신의 삶을 이해받을 자격이 있어야 한다.

복지국가는 이제 필요에 기반을 둔 보편적 상호 지원 체계를 제공해 대다수가 그 혜택을 받도록 했던 문명사회의 상징으로 여겨지지 않는다. 도리어 부담으로 간주될 뿐이다. 지금 영국에서 '복지'는 미국 사회에서처럼 경멸조로 쓰이기에 이르렀고, 무능한 자들이 나머지 사람들의 희생 아래 누리는 혜택으로 인식되고 있다.[150] 이는 우파가 단어의 의미 수준에서 벌이는 일종의 계급전쟁이다.

그러나 부자들의 귀환에서 놀라운 점은 명시적인 저항이 발발하지 않을뿐더러 이상하게도 90퍼센트에 대한 긴축정책이 수용된다는 사실이다. 저소득층과 중산층이 수년간 실질임금과 복지 수급액이 감소하고 공공 서비스가 축소되는 것을 목격한 후인데도 말이다. 많은 저소득층 사람들은 자신들의 이익에 반해서 금권체제를 보호하고 발전시키는 정당에 투표했다. 미국의 티파티는 가장 충격적인 사례다. 가난한 사람들, 이민자들, 난민과 망명 신청자들에 대한 적대감을 부추기면, 부자들에게

쏠린 관심을 분산시킬 수 있다. 하위 계층에 대한 태도를 다룬 영국과 미국의 연구에 따르면, 가장 적대적인 모습을 보인 사람들 가운데 일부는 하위 계층에 속한다.[151]

그래서 그런 정당들은 부자들의 귀환, 그들의 부 추출방식과 매우 밀접한 관련이 있는 위기의 책임을 복지국가와 그 지원을 받는 사람들에게 떠넘김으로써 계속 지지를 받는다. 영국에서 상류층 장관으로 채워진 정부는 대중의 분노를 금융 부문의 부자들에게서 자신을 방어할 힘이 없는 집단으로 분산시키는 믿기 어려운 행운을 누렸다. 미국에서는 백만장자로 구성된 정치 계급이 대기업을 위해 싸우면서도 저속한 포퓰리즘을 활용해 대중의 지지를 유지한다. 대기업, 특히 금융 부문을 불쾌하게 만들지나 않을까 두려워하는 야당은 기껏해야 약간 덜 가혹한 대책을 제시하는 데 그친다.

균형이 맞아야지

영국의 조세 전문가 리처드 머피는 조세회피(불법이 아니다)를 250억 파운드, 조세탈루(불법이다)를 700억 파운드로 추정한다. 이 둘을 합치면 하루에 2억 6,000만 파운드로, 이는 복지 사기 추정액의 260배를 넘는 금액이다.[152]

부자 계급이 계급전쟁의 전선에서 승리하는 이유 중 하나는 그들이 대중문화 방면에서 승리해왔기 때문이다. 전통적으로 내려오던 부자들의 노골적인 오만함과 노동 계급의 복종은 1960년대 들어 사라졌지만, 그 대신 사회적 이동성, 평등한 기회, 능력주의를 끊임없이 들먹여서 사람들의 상황과 기회에 존재하는 커다란 불평등의 범위와 영향을 부정하는 가짜 평등주의가 등장했다. 블레어나 캐머런 같은 영국 공립학교 출신의 정치인들[153]은 속물적이거나 낡은 듯 보이는 귀족문화(예를 들어 뇌조[들꿩과에 속하는 새] 사냥)와 절연하고, 상류층이 아니라 중산층인 척하면서 교묘히 비난을 피한다. 미국에서는 오래전부터 중산층의 태도를 보이는 경우 과도한 부가 용인될 수 있었고, 지금은 영국인들이(심지어 왕실마저) 이를 배우고 있다.[154]

노동 계급을 거론하는 것조차 꺼리는 이런 태도는 노동 계급의 자존심과 존엄성에 대한 모욕이다. 1970년대에는 영화와 텔레비전에서 노동 계급이 존중받는 분위기였지만, 지금 그들은 조롱당하고 비방받고 있다.[155] 〈제리 스프링어 쇼Jerry Springer show〉와 〈제레미 카일 쇼Jeremy Kyle show〉, 〈아내 바꾸기Wife Swap〉, 〈베네피트 스트리트Benefit Street〉, 〈말괄량이 숙녀 만들기From Ladettes to Ladies〉, 〈우리가 당신들의 수당을 지급한다We Pay Your Benefits〉 등의 텔레비전 프로그램들은 빈곤 포르노라고 불리는 내용을 정기적으로 제공한다(필립 미로스키에 따르면, 이는 '잔혹한 극장'에서 행해지는 공개적인 모욕이다[156]).

시청자들은 이 프로그램들을 통해 우월의식과 남의 불행에서 얻는 기쁨을 마음 놓고 느낄 수 있고, 자기가 옳다고 확신하게 된다. 그 프로그램들이 시청자들의 멸시를 아래쪽으로 돌리며 구조적 불평등의 결과를 개인의 실패나 '라이프스타일 선택' 탓으로 돌리는 동안, 눈에 보이지 않지만 부자들은 점점 더 부유해진다.

Why We Can't Afford the Rich

5부

나쁘게 벌어서
나쁘게 쓴다

: 소비에서 이산화탄소로

우리가 부자들을 감당할 수 없는 이유는 몇 가지 더 있다. 여기서는 부자들이 돈을 어떻게 쓰고, 그들의 지출이 다른 사람들과 지구에 어떤 영향을 끼치는지 살펴보기로 하자. 7억 2,100만 명(3분의 1은 아동이다)이 하루 1.25달러 안 되는 돈¹으로 살아가야 하는 세상에서 터무니없는 낭비가 행해지고 있다. 과도함이 좋은 삶의 열쇠라고 정의되는 가운데, 수백만 명이 점점 더 많은 소비, 지속 불가능한 소비를 추구하고 있다. 하지만 그렇다고 해서 그들이 더 행복해질 가능성은 거의 없다. 지구 자원의 약탈은 지속 불가능하며, 무엇보다도 화석연료에 대한 우리의 탐욕스러운 욕구가 지구 온난화를 유발하고 있다. 이는 이미 전 세계 사람들에게 영향을 미치고 있으며, 우리의 환경, 식량 공급 시스템, 미래를 위협하고 있다.

지구 온난화를 막는 것은 현대 사회가 직면한 최대 과제지만, 그것을 직면하려는 사람은 거의 없다. 현상 유지에 가장 큰 이해가 걸려 있고, 지구 온난화가 가져올 최악의 결과에서 자신을 보호할 수 있는 사람들(부자들)은 더더욱 그렇다. 또 지구 온난화를 막는 것은 자본주의 그 자체와 양립할 수 없다. 자본주의는 끊임없는 성장에 의존하며, 우리는 이미 지구의 대처 능력을 훨씬 넘어서버렸다. 부유한 나라들의 경우 성장은 해결책보다 문제를 더 많이 일으키고 있다.

5부에서는 이러한 문제들을 탐구한다.

20장

부자들의 지출

2014년 영국에는 104명의 억만장자가 있었다.[2] 당신은 10억 파운드로 무엇을 살 수 있겠는가? 2,000만 파운드짜리 고급 저택을 50채 살 수 있을 것이다. 개인용 제트기를 구매할 수도 있겠다. 걸프스트림Gulfstream G550 시리즈 제트기의 가격은 2,800만~4,400만 파운드이므로 한 대는 말할 것도 없고 수십 대를 살 수 있을 것이다. 초대형 호화 요트에 1억 파운드 이상을 지출하거나 118만 파운드로 혼자 누리는 아이맥스IMAX 극장을 집에 갖출 수 있다. 포뮬러 원[Formula 1: 세계 최고의 자동차 경주 대회]의 영웅 버니 에클레스톤Bernie Ecclestone처럼 딸 결혼식에 3,000만 파운드를 지출할 수도 있다. 생일파티에 유명한 팝스타를 불러 노래를 시키면서 수백만 파운드를 날릴 수도 있을 것이다. 또 작은 사치품들도 있다. 본리치Bornrich 웹사이트에서는 43만 7,000파운드짜리 보석이 박힌 아이패드 케이스, 다이아몬드로 장식된 350만 파운드짜리 드레스, 31만 2,000파운드짜리 신발을 광고하고 있다.[3]

당신은 한 잔에 3만 5,000파운드 하는 최고가 칵테일을 마실 수도 있다. 그 칵테일을 하루에 한 잔씩 마시면 78년 동안이나 마실 수 있다.[4] 미국 대통령 후보 미트 롬니처럼 5만 5,000달러를 들여서 집에 자동차용 엘리베이터를 설치할 수도 있다. 당신은 두바이를 대표하는 버즈 알 아랍Burj Al Arab 같은 최고 호텔(숙박비는 1박에 1,188~2,716파운드)에 투숙할 수도 있다. 엄청난 가격으로 들리겠지만, 당신이 억만장자라면 그 호텔의 가장 비싼 스위트룸에 약 1,000년 동안 매일 묵을 수 있다.

슈퍼리치들은 한 가지 문제에 직면한다. 그들이 살 수 있는 것 중에 실제 사용할 수 있는 것은 얼마나 될까? 텍사스의 백만장자 H. L. 헌트가 말했듯이, "당신은 한 번에 한 침대에서만 자고, 한 번에 한 벌의 양복만 입을 수 있다. 한 번에 한 대의 자동차만 운전할 수 있고, 한 번에 한 끼만 먹을 수 있다."[5] 슈퍼리치들은 호화 요트를 1년에 몇 번이나 탈까? 설사 억만장자가 고급 저택 네 채, 요트 한 대, 제트기 한 대를 사더라도, 7억 파운드 이상이 남을 것이다. 그들이 거의 사용하지도 않을 물건에 돈을 쓰는 것은 자신들의 과도한 부를 세상에 알리는 것 말고는 무슨 의미가 있을까? 당연하지만 그들은 다 못 쓸 소득을 보관하고 늘려주는 금융투자에 가진 돈 대부분을 다시 투입한다. 그들은 자선사업으로 상징적 이익을 얻을 수는 있다. 이는 덜 낭비적이기는 하지만, 그들이 추출한 부가 민주적 통제를 벗어나 있다는 데는 변함이 없다. 그들이 사서 사용할 수 있는 모든 것을 이미 가지고 있고, 자신들의 소비가 낭비임을 마침내 깨달을 때, 그들에게 남는 것이라곤 순전히 돈을 위해 돈을 버는 일과 슈퍼리치들 간의 경쟁에서 높은 '점수'나 성적을 얻는 일이다. 수백만 달러만 가졌더라도, 실제 사용할 물건에 가진 돈을 다 쓰기는 어려울지 모른다.

낭비적인 소비는 낭비적인 생산을 뜻하기도 한다. **거의 쓰지 않거나 단지 부유함의 표식에 불과한 값비싼 물건을 생산하는 것은 시간, 에너지, 귀중한 자원의 낭비이자 인간 노동의 낭비다.** 주류 경제학의 언어로 표현하면, 이는 명백히 '자원의 잘못된 배분'이다. 높이가 1,000피트[약 305미터]도 넘는 버즈 알 아랍 호텔은 바다를 매립한 땅 위에서 추진한 거대한 개발 프로젝트의 일부로, 주변에는 고급 아파트와 호수도 있다. 이것은 엄청난 자원 낭비이며, 이미 과다한 두바이의 이산화탄소 배출량을 더 증가시키고 있다. 물론 비싸고 상징적인 건물들은 예전에도 세워졌지만, 최소한 성당이나 스포츠 경기장처럼 더 많은 사람에게 혜택을 준다. 하지만 버즈 호텔은 순전히 부자들의 허영심에 부응한 것이다.

부자들의 사치스러운 지출 때문에 저소득층은 기본적인 필요를 충족하기 어려울 수 있다. 부자들의 사치가 대도시에서 주택 가격을 끌어올려 저소득층, 심지어 중산층도 거주하기 어렵게 만드는 것은 대표적인 사례다. 이는 런던에서 오랫동안 일어나고 있는 일이다.[6] 더 나쁜 것은, 두 번째나 세 번째 주택에 대한 사치스러운 지출 때문에 1년 내내 그곳에 있어야만 하는 지역 주민들이 단 몇 주 동안 머무를 사람들에게 밀려나고 있다는 사실이다. 이와 유사한 일이 전 세계 곳곳에서 일어나고 있다. 가난한 나라의 식량생산이 부유한 소비자를 위한 바이오 연료 생산으로 대체되는 바람에 세계 식량위기가 악화하고 있다. 부자들은 지출을 통해 다른 사람들이 지배하는 것보다 훨씬 더 많은 사람의 노동과 생산물을 지배할 수 있다. 그렇게 하면서 부자들은 노동자들을 평범한 사람들을 위해 재화와 서비스를 생산하는 데서 끌어내 부자들을 위해 사치품을 생산하는 쪽으로 이동시킨다. **요컨대 그들은 경제를 왜곡한다.**

요트를 정박할 때 주의하라!

만약 놓쳤다면 한번 찾아보기 바란다. 『지중해 부두와 정박지 *Mediterranean Berths and Marinas*』 2012년 11월호는 "세무 담당자가 지중해 태양을 가린다: 키프로스·이탈리아·스페인에서 보트 소유자들이 직면하고 있는 세금문제 살펴보기"라는 표제 아래 "왜 부두가 충분히 크지 않은가"라는 제목의 기사를 실었다.

이 기사는 자꾸 더 커지는 호화 요트 때문에 생기는 문제를 다루고 있는데, 길이 162.5미터의 요트를 찍은 사진으로 문제의 심각성을 보여준다. 더구나 지금 서부 지중해에는 부두 자체가 부족하다. 파도가 높아지든 낮아지든 상관없이 요트 매각이 증가하는 이유다.

같은 잡지에서 미국 멀티헐Multihull의 필 버먼Phil Berman은 요트 소유주에게 유용한 조언을 제공한다. "유럽연합 외부에서 요트를 구매해 비유럽연합 국가 기업의 깃발을 달면, 당신은 유럽연합 소유주가 아닙니다. 대부분의 사람들이 그렇게 합니다. 케이맨제도나 좀 더 가까운 지브롤터 같은 장소에서 요트를 등록하면, 유럽인이 이탈리아나 프랑스에서 건조된 300만 유로짜리 요트를 구매하면서도 부가가치세를 완전히 회피할 수 있습니다."[7]

물론 항구와 정박지에서는 세금 인상으로 요트와 요트 소유주들이 떠나면 지역 비즈니스가 타격을 입을 것이라는 우려가 나온다. 그러나 만약 모든 지중해 국가들이 세금을 인상하면서 빠져나갈 구멍을 막는다면, 부자들은 세금을 내든지 지중해 바깥에 머물러야 할 것이다. 또 다른 방법으로 처음부터 그들의 불로소득에 과세하거나 그 원천을 차단할 수도 있다. 그 결과 호화 요트를 유지할 수 없는 소유주들은 매각에 나설 것이다. 이 요트들은 틀림없이 대중을 위한 여행용으로 개조되거나 더 효과적으로 활용될 수 있을 것이다.

사람들이 돈을 얼마나 벌어야 하는지를 생각할 때, 우리는 사실 타인의 노동에 대한 그들의 청구권이 다른 사람의 청구권에 비해 얼마나 커야 하는지를 고려한다. 현대 글로벌 경제에서 우리 개개인은 거의 의식하지 못하는 가운데 우리가 소비하는 재화와 서비스를 생산하는 수천 명의 다른 노동자들(필리핀의 의류 노동자, 중국의 전자제품 조립 노동자, 세인트루시아의 바나나 재배 농민, 인도의 콜센터 노동자, 혹은 우리 지역 마을의 가게 점원, 치과의사, 자동차 수리공, 술집 직원 등)에게 의존해서 살아간다.

2부에서 본 것처럼 국제적 수준의 불평등은 주로 '생산력' 발전 수준의 불평등에서 비롯된다. 인도나 태국 같은 나라의 노동자들이 서구인들에게 재화를 공급하면서 받는 대가는 서구의 생산자들이 인도와 태국의 노동자들에게 물건을 팔아서 받는 대가보다 훨씬 적다. 서구 국가들의 경제적 역사가 인도나 태국의 그것과는 다르기 때문이다. 양자 사이에는 수 세기 전으로 거슬러 올라가는 식민지 지배와 불평등한 교역의 역사가 존재한다.

부자들은 자신들이 돈을 쓰면 부가 아래로 흘러내려 일자리를 창출한다고 주장할지 모른다. 고급 저택과 호화 요트는 관리가 필요하니 말이다. 하지만 부자들은 재화와 서비스에 돈을 쓰는 성향이 낮으므로(사용할 수 있는 것보다 더 많은 것을 가지고 있기 때문이다), 그들의 사치품 소비에 의존해 일자리를 창출하려는 것은 좋지 않은 방법이다. 영국에서는 10억 파운드로 4만 5,896명에게 중위 임금(2만 1,788파운드)을 제공할 수 있는데, 그 돈을 받으면 사람들은 대부분을 재화와 서비스의 구매에 지출하므로, 억만장자 한 명이 10억 파운드의 10퍼센트만 지출하는 경우보다 훨씬 더 많은 일자리를 창출할 것이다. '낙수落水'라는 허울로 포장하지만, 식탁에서 떨어지는 부스러기에 불과한 것과는 비교도 되지 않을 정도로 큰 지출의 주입이 경제 전반에 걸쳐 일어날 것이다.

과시적 소비와 숨겨진 노동

영국에서는 많은 사람이 '웅장한 저택'을 방문해서 호화로운 정원과 건물을 감상하기를 좋아한다. 그 저택의 역사를 설명하는 책자에는 ○○ 백작이 집을 지었고, 서쪽 날개는 그의 아들이 지었으며, 또 다른 후손이 호수와 도로로 부지 배치를 마쳤다고 쓰여 있을 것이다.

물론 그들 중 누구도 그런 일을 하지 않았다. 그들이 한 일이라곤 그런 일을 한 다른 사람들에게 대가를 지급하는 것이었다. 레이먼드 윌리엄스가 『시골과 도시』에서 분명하게 강조했듯이, '수 세기를 거슬러 올라가는' 저 이름난 '위대한 가족들'이 명성과 재산을 갖게 된 것은 '기록이 남지 않은 노동자 수백 명'(그들의 가족도 수 세기를 거슬러 올라간다)의 숨겨진 노동 덕분이다.

그들은 주택과 정원을 만들고 과도한 생활방식에 빠진 귀족들을 섬겼다. 게다가 더 멀리 있던 많은 노동자(일부는 식민지 농장과 광산 등지에서 일하던 노예)는 귀족 지주가 차지하는 부를 생산하기 위해 피땀

흘려 일했다. 웅장한 저택은 매우 인상적인지는 모르지만, 착취와 불로소득, 귀족을 섬기던 사람들은 꿈도 꿀 수 없었던 소비 수준을 보여주는 기념비다. 그런 저택은 스스로 일하는 한 가정이 개발하고 관리할 수 있는 범위를 넘어서는 기괴한 존재다.[8]

현대 기업의 소유주와 CEO도 귀족 지주와 비슷하게 자기 노동자들이 이룬 성과를 자기 것인 양 주장하는 경향이 있다. 과거 '위층·아래층'과 같은 형태로 존재하던 수직적인 계급관계는 오늘날 도시나 세계의 여러 다른 지역으로 수평 이동했지만, 새로운 형태로 지속하고 있다.

부자들이 다른 사람들보다 소득 중 더 작은 부분만 지출하는 경향이 있음을 발견한 것은 귀족 경제학자 케인스였다. 그는 부자들이 소비재에 돈을 쓰는 대신 생산적인 투자를 할 것이라는 주장으로 이 경향을 정당화하려고 하지 않았다. 그는 임금과 급여가 비용일 뿐만 아니라 수입의 원천이기도 하다는 사실을 알았다. 사람들이 소비재를 더 많이 구매할 여력이 없다면 더 많이 생산한다고 해서 이익이 되지는 않으므로, 생산적인 투자를 위한 출구가 부족해질 것이다. 물론 기존 자산과 다른 이들의 미래소득에 대한 청구권에 '투자'하는 쪽으로 방향을 전환할 유인은 더 많아질 수 있다. 불평등의 증가는 자본주의의 기능을 떨어뜨린다.

부자들의 지출이 자본주의의 기능을 떨어뜨리는 또 하나의 경로는 **하인 노동**을 고용하는 것이다. 이는 부자들이 스스로 할 수 있는 일을 맡기려고 사람들을 고용하는 것을 의미한다. 대부분의 사람들은 자기 침대를 정리하고 욕실을 청소하는 일을 스스로 잘할 수 있다. 전문 침대 정리사나 청소부를 고용해 그 일을 맡긴다고 해서 효율이 크게 향상되지는 않는다. 20세기 초 영국에서 하인이 부족해지면서 '하인문제'가 발생했을 때, 일부 귀족은 누가 자신들의 변기통을 비울 것인지 궁금해 했다.

당연하지만 그들에게는 너무 끔찍해서 생각조차 하기 어려웠던 답은 '부자들 자신'이었다. 만약 고용주들이 이런 일을 제대로 할 줄 모른다면, 그들은 분명히 버릇이 나쁘거나 다른 이의 도움 없이는 살 수 없는 무능함에 빠져 있다고 봐야 한다. 이는 가부장제 사회에서 생겨났던, '남자는 요리를 할 수 없다는 인식'과 유사하다(단, 고용주가 너무 늙었거나 장애가 있어서 스스로 할 수 없는 경우는 다르다).

반면에 우리 대부분은 자동차 정비, 의료, 배관에 대한 전문지식이 거의 없으며, 이런 일을 배우고 필요한 장비를 갖춰서 스스로 처리할 수 있으려면 여러 해가 걸린다. 그렇게 됐을 때도 대부분의 경우 그 기술을 사용할 필요가 없을 것이기 때문에 애당초 그렇게 할 가치가 없었다. 그보다는 여러 사람에게 지속적으로 서비스를 제공하는 전문 정비사·의사·배관공을 두는 편이 훨씬 효율적이다. 위에서 처음 말한 유형의 분업은 경제적으로 비합리적이며, 두 번째 유형은 모든 사람에게 시간을 절약해주므로 합리적이다.[9]

하인 노동에는 경제적 근거가 없다. 누구나 스스로 잘할 수 있는 일을 해주고 돈을 받을 때는, 아예 할 수 없거나 잘할 수 없는 일을 해줄 때 느끼는 자존감을 누릴 수가 없다. 이는 권력 불균형에서 비롯된다. 경제적 불평등이 심하면 부자들은 스스로 할 수 있는 일을 가난한 사람들에게 맡길 수 있다. 경제적 불평등이 가장 심한 곳에서 청소부·운전사·유모 같은 하인 노동에 종사하는 노동자의 비율이 가장 높은 것은 그 때문이다. 덴마크나 일본보다 캘리포니아·리우·런던에서 더 많은 하인 노동을 부리는 것도 마찬가지다.

부자들은 하인을 고용함으로써 더 가치 있는 일에 더 많은 시간을 할애할 수 있다고 주장할지 모른다(실제로 하인 노동자를 쓰는 많은 고용주는 남는 시간으로 여가를 즐긴다[10]). 그들의 일이 정말 더 가치 있을지도 모르지만, 9장에서 보았듯이 그것은 불평등한 분업과 그 분업구조 속에서 차지하는 특권적인 위치 덕분이다. 하인 고용은 기여적 불의를 더할 뿐이다. 그것은 가사 노동에 대한 남성과 여성의 불평등한 기여를 해소하지 않고, 가사 노동을 여성의 무급 노동에서 통상 여성들이 하는 저임금 노동으로 바꾸는 것에 불과하다. 일부 사람들은 자신들의 업무시간이 너무 길어서 이런 평범한 자기 서비스 과제를 수행할 시간이 없다고 주장할지도 모르겠다. 하지만 업무시간을 제한하면 더 많은 사람이 그 업무를 함께 담당하게 되므로 일의 편익과 비용도 더 공평하게 나뉠 것이다.

엘리트의 일중독(최고의 일을 독점해서 그 일을 할 수 있는 다른 사람의 수를 제한하는 것)은 기여적 불의의 한 형태다. 돈은 있지만 시간이 부족한 사람들과 시간은 있지만 돈이 부족한 사람들이 결합한다는 것은 현대 경제의 비합리성을 드러내는 중요한 현상이다. 물론 하인 일자리는 아예 일자리가 없는 것보다는 낫다. 또 하인을 고용하는 이들은 일자리를 제공함으로써 선한 일을 한다고 주장한다. 하지만 이는 돈이 없는 사람들에게 하인 노동을 강요하는 불평등을 미화하는 것에 지나지 않는다. 그것은 광범위한 불평등의 근본적인 문제를 해결하지 못한다.

모방, 시기심, 허영심

자본주의 문화에서 돈은 개인의 가치를 측정하는 척도로 널리 받아들여진다. 급여·예산·주택·자동차·옷·휴대전화·시계 등은 다른 사람들에게 당신의 지위를 알리는 신호다. 5년 된 중고차는 가격이 새 차의 절반이더라도 잘 관리한다면 성능·안락함·신뢰도 면에서 새 차와 별 차이가 없다. 하지만 돈을 중시하는 사람들 사이에서 인정을 받으려고 추가 비용을 들여서 새 차를 구매하려는 사람들이 많다. 소스타인 베블런Thorstein Veblen은 저 유명한 『유한계급론The Theory of the Leisure Class』[한국어판: 박종현 옮김, 휴머니스트, 2023]에서 부자들은 단지 필요를 충족시키기 위해서가 아니라 자신들을 다른 사람들과 구별해주는 '도발적인 차이'를 표현하기 위해 소비한다고 주장했다.[11] 그래서 누가 가장 큰 요트를 가졌는지, 가장 비싼 시계를 차고 있는지, 가장 화려한 집과 가장 큰 제트기를 가졌는지(최하층에서는 누가 가장 비싼 운동화를 신었는지)를 둘러싸고 유치한 경쟁이 벌어진다는 것이다. 그런 물건을 소유하는 것은 '우리는 당신 정도는 돼, 혹은 당신보다 더 나아'라고 말하는 하나의 방법이다.

나는 옮겨 다니는 판매원들(그들은 모두 남성이었다)의 삶을 다룬 텔레비전 프로그램을 본 적이 있다. 그들은 고속도로에서 긴 시간을 보내며 자신들을 추월하는 차량과 그들 자신이 추월하는 차량을 관찰했다. 그들은 자신보다 더 비싼 모델을 운전하는 사람에게 추월당하는 데는 신경 쓰지 않았지만, 더 싼 모델을 운전하는 사람에게 추월당하면 경멸의 표시, 서열에 대한 위협으로 느끼며 짜증을 냈다. 자동차 사양과 모델 번호의 작은 차이가 그들에게는 어처구니없이 증폭된 의미를 내포한 지위의 차이로 여겨진 셈이다.

다른 사람들보다 우월한 지위를 갈망하는 것은 한심해 보일지 몰라도, 우리가 다른 이들의 수용과 인정이 필요한 사회적인 존재라는 사실을 상기시킨다. 다른 이들에게서 수용과 인정을 받을 때 우리는 자족감을 느끼며 자존감도 지킬 수 있다. 하지만 그것은 부러움을 사려는 욕구로 쉽게 변질할 수 있다. 자신과 비교해 다른 사람들이 부족하다고 느끼기를 바라는 것이다. "너 그렇게 똑똑하다면 왜 부자가 아니야?"라는 미국 농담은 자본주의 소비문화를 압축적으로 표현해준다. 2부에서 살펴본 것처럼 구조적인 불평등 때문에 많은 사람이 사회에 충분히 기여하면서 거기서 오는 인정과 자존감을 누릴 수가 없다. 그러니까 소비(구매 요법)를 보상의 한 방법으로 보는 사람이 많다는 것은 놀라운 일이 아니다.

물론 우리가 구매하는 많은 것(휴대전화·악기·외식·영화표와 온라인 동영상 등) 덕분에 삶이 좋아지고, 우리는 구매하지 않으면 할 수 없는 일을 할 수도 있다. 그것은 문제가 되지 않는다. 나는 여기서 고행을 주장하는 것이 아니다. 또 자본주의적 경쟁 덕분에 많은 혁신이 가능했음을 부정하지도 않는다. 그건 분명한 사실이다. 여기서 문제는 지위를 위해 재화를 추구하는 데 있다.

지위 추구: 반사회적인가, 아니면 그저 무의미한가?

토머스 프랭크Thomas Frank는 그의 책 『가련한 억만장자Pity the Billionair』에서 『월간 거래인Trader Monthly』(금융 부문 거래인을 위한 잡지)이 '당신 집에 들어오는 모든 사람의 기를 죽이는 수단'이라며 30만 달러짜리 레코드 턴테이블을 추천한 것을 인용한다.[12] 과시적 소비를 통한 지위경쟁은 궁극적으로 반사회적이다.

생태경제학자 팀 잭슨Tim Jackson은 우리가 "필요하지 않은 물건에 없는 돈을 쓰고, 관심 없는 사람들에게 오래가지도 않을 좋은 인상을 심어주기 위해 돈을 쓰도록 설득당하고 있다"고 말한다.[13]

거대한 불평등이 존재하고 기업들은 항상 우리에게 물건을 팔아야 하므로 고객들은 늘 만족하지 못하는 상태에 놓인다. 18세기에 애덤 스미스는 차별과 질투를 유발할 것으로 여겨지는 재화를 추구하는 행위가 상업 경제의 출현을 뒷받침했음을 인정했다. 지금도 마찬가지다. 줄리엇 쇼어Juliet Schor는 미국의 경우 "1990년 이후 인플레이션 효과를 배제한 1인당 지출이 가구와 가정용품은 300퍼센트, 의류는 80퍼센트, 자동차·주택·식량은 15~20퍼센트 증가했다"라고 보고한 바 있다.[14] 예를 들어 사람들은 옷을 예전보다 지금 훨씬 더 자주 산다. "1991년에 미국인들은 드레스·바지·스웨터·셔츠·속옷, 기타 품목을 평균 34벌 구매했다. 1996년에는 그 수가 41벌로 늘어났고, 2007년에는 67벌로 급증했다."[15] 이는 소비가 증가하면서 폐기물도 증가하는 더 큰 그림의 한 부분에 불과하다. 요즘은 쓰레기 매립지로 들어가는 제품이 자꾸 늘어나고 있다. 최근 영국에서는 해마다 1,500만 톤의 식량이 버려지고 있으며, 그 가운데 거의 절반을 가계가 버린다는 추정이 나왔다.[16]

부자들이 더 부유해지면, 덜 가진 사람들이 부자들을 모방하려는 경향이 강해질 가능성이 크다. 유명인 문화의 성장은 부분적으로 그들의 과시적 소비를 상찬하는 형태로 드러난다. 베블런에 따르면, 각 소득 계층은 자신들보다 상위에 있는 계층과 같은 수준으로 소비하기를 갈망한다. 사회가 불평등할수록, 저소득층과 중간 소득 계층에 속하는 많은 사람의 지위 열망과 상대적 박탈감은 커진다. 토니는 '부와 경제적 권력의 큰 격차가 유발하는 도덕적 굴욕'에 대해 언급한 바 있다.[17] 그의 말대로 우리가 어떤 사람인지로 서로를 존중하려면, 얼마나 버는지로 서로를 존중하는 짓을 멈추어야 한다. 지위를 얻기 위해 사치적 소비를 모방하려는 것은 요리를 잘하거나, 높은 수준의 작품을 만들거나, 다른 이들을 행복하게 해주는 등의 성취나 덕목을 모방하려는 것과는 전혀 다르다.

스미스는 부를 부러워하고 소비를 통해 지위를 추구하는 것을 잘못으로 보기도 했다. 인간의 가치에 대한 왜곡된 시각을 반영한다는 이유에서다. "부자와 권력 가진 사람들을 존경하고, 숭배하다시피 하는 성향과 가난하고 보잘것없는 사람들을 멸시하거나 적어도 무시하는 성향은…… 우리의 도덕적 감정을 타락시키는 가장 크고 가장 보편적인 원인이다."[18] 우리는 여전히 이런 이중 잣대를 가지고 있다. 복지 수급 사기로 유죄 판결을 받은 사람은 감옥에 가지만, 거액의 세금회피나 탈세는 신사협정을 통해 단순한 반감이나 소액의 벌금으로 마무리된다. 이런 일은 신자유주의 문화의 본질을 여실히 보여준다.

부자를 부러워하는 것은 잘못이다. 그들의 과도한 소비를 부러워하면 모방할 수밖에 없다. 또 다른 사람들이 창출한 부를 추출하기 위해 자산을 지배하는 것을 부러워할 필요가 없다. 그것은 불의할 뿐 아니라 자본주의의 기능을 떨어뜨린다.

행복 이론

이미 부유한 나라에서 소비가 증가하는 것을 진보의 증거라고 여기는 것
은 잘못이다. 행복에 관한 연구에 따르면, 소득이 일정 수준을 넘는 경우
부가 더 증가하더라도 행복에는 거의 영향을 미치지 않는다.[19] 이 임계점
을 넘어서면, 건강과 안전, 사회적 결속과 신뢰, 기여 가능성과 기여에 대
한 인정, 친구관계가 더 큰 차이를 낳는다. 자본주의는 경제성장을 촉진
하기에 좋은 시스템인지 모르지만, 삶의 속도가 빨라지고 직장의 요구가
증가함에 따라 스트레스는 늘어나고, 사랑하는 사람들을 돌보고, 관계를
유지하며, 휴식하고 회복하기가 어려워진다.

행복 연구에서 가장 앞서 있는 리처드 레이어드Richard Layard는 전 세
계적으로 이 임계소득이 대략 2만 달러 또는 1만 6,230파운드일 것으로
추정한다.[20] 물론 이는 생활비와 부양가족의 수에 따라 달라진다. 부유
한 국가의 국민은 대부분 이미 이 수준 이상이므로 더 많은 재화를 소비
하더라도 아주 짧은 만족감만 느낄 뿐이다. 새로운 자동차와 전자제품을
샀을 때 생기는 흥분은 곧 사라진다. 이 임계점을 넘어서면, 행복의 증가
는 더 많은 돈이 아니라 다른 것에 달려 있을 가능성이 크다. 새로운 연구
분야인 '행복 연구'는 이에 대해 풍부한 증거를 제공한다. 영국과 미국에
서 지난 40년 동안 소득은 계속해서 증가했지만, 행복의 수준은 거의 변
하지 않았다.[21]

같은 시기에 유럽에서는 행복이 약간 증가했다. 물론 소득이 임계점
미만인 사람들이 상당수 존재하며(불황기에는 숫자가 늘어난다), 그들의 경
우 돈이 더 많으면 삶을 크게 개선할 수 있다. 실제로 생계를 꾸려가는 일

에 불안을 느끼면, 관계에 스트레스를 받고 수치심을 느끼거나 정신질환에 걸릴 수 있다. 그러므로 소득과 권력을 부자들에게서 저소득층으로 재분배하면, 전체 행복은 증가하기 마련이다.

리처드 윌킨슨과 케이트 피켓Kate Pickett은 영향력 있는 책『영혼의 수준』에서 채울 수 없는 탐욕이 행복을 향한 길이 아님을 입증했다. 두 사람은 이 책에서 자기 행복에 대한 주관적인 평가에만 의존하지 않고 기대수명·건강·폭력·범죄·교육·신뢰와 사회적 이동성 등에 관한 객관적인 데이터를 검토했다.[22] 그들은 국가의 평균소득이 일정한 수준에 도달하면, 소득이 더 늘어도 이런 지표들로 측정한 행복에는 거의 변화가 없다는 사실을 발견했다. 부유한 나라들에서 행복의 차이를 만드는 것은 불평등의 정도다.

[그림 20-1]에서 드러나듯이,[23] 부유한 나라들 가운데 상대적으로 더 평등한 나라들은 기대수명과 건강, 낮은 범죄율, 높은 교육 성과, 사회적 이동성, 사회적 신뢰 등의 행복 지표에서 다른 나라들보다 더 높은 점수를 받는다. 더욱이 더 평등한 사회에서는 부유한 사람들조차도 더 나은 삶을 살고 있다. 그래서 스웨덴이나 일본과 같은 더 평등한 사회에서 연간 10만 파운드를 받는 사람의 행복은 미국이나 영국에서 동일한 금액을 받는 사람보다 클 가능성이 있다. 이렇게 되는 이유를 정확히 말하려면 복잡할 수 있지만, 자신의 가치에 대한 느낌이 다른 사람들과 비교하는 데 달려 있고 다른 사람들에 대한 신뢰가 그들과 사회적 거리가 멀어짐에 따라 감소한다는 사실을 고려하면, 더 평등한 사회에 사는 사람들이 더 행복할 것이라고 추론할 수 있다.

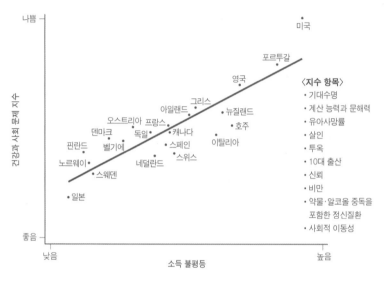

[그림 20-1] **건강과 사회 문제는 상대적으로
더 불평등한 나라에서 더 열악하다**

나쁨

미국

포르투갈

영국

〈지수 항목〉
• 기대수명
그리스
• 계산 능력과 문해력
아일랜드
뉴질랜드
• 유아사망률
오스트리아 프랑스
호주
• 살인
덴마크 독일
캐나다
• 투옥
핀란드 벨기에
스페인
이탈리아
• 10대 출산
노르웨이
네덜란드 스위스
• 신뢰
스웨덴
• 비만
일본
• 약물·알코올 중독을
포함한 정신질환
• 사회적 이동성

건강과 사회 문제 지수

좋음

낮음
소득 불평등
높음

출처: Wilkinson, R. and Pickett, K. (2009 *The spirit level*, London: Allen Lane

---

신뢰와 행복

"신뢰는 사회의 행복에 큰 영향을 미치는 요인이다. 신뢰의 수준은
국가마다 크게 다르다. '사람들은 대부분 신뢰할 수 있다'라고 말하
는 이의 비율은 영국과 미국에서는 국민의 30퍼센트에 불과하다. 이
비율은 40년 전에는 60퍼센트였다. 그러나 스칸디나비아에서는 이
비율이 여전히 60퍼센트 이상이며, 이 나라들은 지구상에서 가장 행
복한 곳이다."[24]

행복에 관한 연구에 따르면, 사람들이 행복한지 아닌지는 그들이 무엇에 익숙한지(습관화)와 다른 사람과 자신을 어떻게 비교하는지(사회적 비교)에 달려 있다.[25] 습관화 효과는 래칫[ratchet: 한쪽으로만 회전하는 톱니바퀴]과 비슷하다. 소득이 증가함에 따라 행복해지는 데 필요한 것도 자연히 증가하기 때문이다(하지만 임계점을 넘어서면 소비가 늘더라도 행복은 크게 늘지 않는다).

아동의 행복

21개 부국의 아동 행복을 비교한 2007년 유니세프UNICEF 보고서에 따르면, 일반적으로 더 평등한 사회에서 아동의 행복 수준이 더 높았다. 영국과 미국은 특히 저조해서 각각 21위와 20위를 차지했다. 네덜란드와 스웨덴은 1위와 2위였다. 2013년 29개국을 대상으로 한 분석에서는 역시 평등한 국가들이 상위권을 차지했고, 영국은 16위, 미국은 루마니아보다 3단계 높은 26위를 차지했다. 각 국가의 '점수'는 물질적 복지, 보건과 안전, 교육 복지, 가족·동료 관계, 행동과 위험, 주관적 복지에 관한 데이터를 토대로 산출한 것이다.[26]

이 모든 것은 **부자들의 소득 수준을 낮춘다고 해서 반드시 행복 수준이 낮아지는 것은 아님**을 시사한다. 소박한 생활방식이 더 나을 수 있다. 우리가 과소비 라이프스타일에 집착해서 적어도 단기적으로는 그것을 인정하기 어려울지라도 말이다. 나중에 보겠지만, 소박한 생활방식은 선택이 아니라 필수가 될지도 모른다.

지구를 소비한다

줄리엇 쇼어에 따르면, "1980년부터 2005년까지 전 세계적으로 GDP 1달러를 생산하는 데 들어가는 재료의 중량은 약 30퍼센트, 또는 해마다 1.2퍼센트 감소했다. 하지만 산출량이 더 많이 증가했기 때문에 전체 재료 사용량은 45퍼센트[원문대로] 증가했다."[27] GDP 1달러당 재료 중량의 감소는 과대평가된 수치다. 생산의 많은 부분이 미국에서 다른 국가, 특히 중국으로 옮겨졌기 때문이다. 재료 사용량 감소의 효과는 성장 때문에 퇴색되었다.

에너지도 마찬가지다. 미국에서 GDP 1달러당 소비되는 에너지는 1975년 이후 절반으로 줄었지만, 에너지 수요는 40퍼센트 증가했다. 재료 사용량은 이미 지구의 생태적 능력을 넘어섰으며, 이 문제에 대해서는 부유한 국가들의 책임이 지대하다. 글로벌 생태 발자국 네트워크 Global Footprint Network는 만약 전 세계 모든 사람이 미국 시민 수준으로 소비한다면, 지속 가능성을 유지하는 상태에서 그것을 가능케 하기 위해서는 지구 다섯 개가 필요할 것이며, 유럽 수준으로 소비한다면 지구 세 개가 필요할 것으로 추정했다.[28]

대부분의 전자제품과 마찬가지로 현재 전 세계에 수십억 대가 존재하는 휴대전화에는 수은·납·비소·카드뮴 같은 독성물질이 조금씩 들어 있다. 수많은 휴대전화와 전자기기들이 매년 폐기되고 '신형' 모델로 대체된다. 폐기물 처리장에 버려진 휴대전화와 전자기기는 소멸하기까지 1,000년 이상 걸린다. 그동안 거기서 나오는 유독물질이 수원水源으로 스며든다. 전자제품 재활용은 그 자체로 작업자에게도 환경에도 위험한 데, 이는 빈곤한 국가에서 이뤄지는 경우가 많다. 유럽연합에서처럼 규제가 이뤄지지 않는다면, 전자기기 제조업체들은 재활용 비용을 낼 필요도 없고 재활용에 따른 환경 피해를 보상할 필요도 없다.[29]

경제학자들이 '외부성'이라고 부르는 이 비용은 사회나 지구에 대해 외부적인 것이 아니다. 궁극적으로 이 비용은 다른 사람들, 특히 미래 세대가 돈이나 환경 파괴, 때로는 질병으로 감당해야만 한다.

폐기장이 없는 섬

작년 봄에 나는 아름다운 스코틀랜드 에이그Eigg 섬을 방문했다. 이 섬에는 대략 80명이 살고 있다. 섬 주민들은 예외적으로 환경 인식이 높고, 태양열·풍력·수력으로 전기를 직접 생산할 뿐만 아니라 재사용과 재활용을 강조해서 폐기물을 최소화한다.

이것이 무슨 뜻인지 우리는 금방 알 수 있다. 이 작은 섬에는 플라스틱, 고장 난 냉장고나 자동차, 그 외 비분해성 물건을 버릴 곳이 없다. 예전에는 혜택이었던 것이 짐이 된다. 물론 폐기물을 섬 밖으로 싣고 나가서 다른 곳에 버릴 수도 있지만, 그것은 단지 문제를 이동시키는 데 지나지 않는다. 이 섬에서는 무엇을 사든, 다 쓰고 난 다음 어떻게 처리해야 할지 묻지 않을 수 없다.

여기에는 더 일반적인, 실제로는 전 세계적인 문제가 있다. 제조·구매 시점에 폐기 비용 또는 재활용 비용을 고려해서 그것을 제삼자가 아니라 관계된 사람들이 부담해야 한다는 점 말이다. 이것이 바로 오염자 부담 원칙이다.

일회용 플라스틱 스푼은 자연을 과소평가하는 어리석음을 상징적으로 보여준다. 자원의 가치가 그것을 추출하고 활용하는 데 드는 비용과 같다고 여기는 것이다([그림 20-2]). 경제적 경쟁은 노동과 일정량의 재료, 에너지를 쓰는 효율을 높일 수 있지만, 그 재료와 에너지의 원천이 재생 불가능하다면 우리는 점점 더 빠른 속도로 지구를 약탈하고 있는 셈이다. 낙관론자들은 우리가 새로운 매장량을 발견하고 새로운 기술로 새로운 자원을 찾아낼 것이라고 믿을지도 모른다. 그럴 수도 있겠지만, 아마도 황폐화는 더 심해질 것이다. 우리는 이미 복리 이자가 어떻게 불어나는지 보았지만, 자원 사용이 복리적으로 증가하면 대차대조표상의 부

[그림 20-2] **'그냥 스푼을 씻어 쓰세요'**

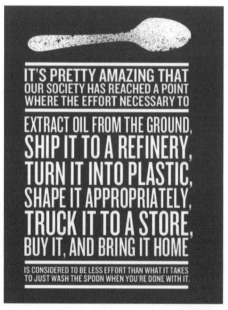

채 수치가 증가할 뿐 아니라 땅에 거대한 구멍이 나고, 오염이 심해지며, 환경이 파괴된다. 이런 일은 지속 불가능하다.

과도한 소비가 환경에 끼치는 주요 영향으로는 토양 침식, 삼림 파괴, 물의 염도 증가, 살충제·농약 축적, 공기 중 미세먼지, 대류권(하층 대기권) 오존 오염, 성층권 오존 파괴, 유독 화학 폐기물, 중금속, 석면, 핵 폐기물, 해상과 육상에서 급속한 생물 다양성 감소, 바다 산성화, 물 공급원으로 흘러들어가는 호르몬, 멸종위기에 처한 어종, 기후변화(이에 대해서는 나중에 더 자세히 언급한다) 등이 있다.[30] 일부 환경과학자들은 우리가 지구(육지·바다·대기)를 변화시키는 속도에 비추어 새로운 지질 시대('인류세')를 지정하는 것이 당연하다고 믿는다.

아메리카 원주민은 다음 격언을 남겼다. "마지막 나무가 베어지고, 마지막 물고기가 잡히고, 마지막 강이 오염되고 나면, 그때야 우리는 사람이 돈을 먹고살 수는 없음을 깨닫게 될 것이다."

요트에 대해 한마디 더

다음은 조지 몽비오가 쓴 글을 인용한 것이다.

지구 온난화와 부 사이에는 강한 상관관계가 있다. 나는 노동당 장관들을 그들이 익숙하게 느끼는 방식으로 접대할 장소가 필요할 듯해서 초호화 요트 몇 척을 살펴보았다. 먼저 로열 팔콘 플릿Royal Falcon Fleet의 RFF135를 봤는데, 연료를 시간당 750리터밖에 소모하지 않는다는 사실을 알고 나니 그것으로는 만델슨 경에게 감동을 주기 어렵겠다는 생각이 들었다.[31] 시간당 850리터를 소모하는 오버마린 망구스타Overmarine Mangusta 105도 마찬가지였다. 내 눈을 사로잡은 요트는 모나코에 있는 월리 요트Wally Yachts에서 제작한 것이다. 월리파워WallyPower 118(모든 사람에게 권력을 가졌다는 느낌을 준다)은 60노트로 운항할 때 연료를 시간당 3,400리터 소모한다. 이는 초당 1리터에 가깝다. 달리 표현하면 킬로미터당 31리터다.

물론 사람들을 깜짝 놀라게 하려면, 티크와 마호가니의 장식에 돈을 들여야 하고, 제트스키 몇 대와 미니 잠수함을 탑재하고, 손님들을 개인 비행기와 헬리콥터로 요트 정박지까지 실어 날라야 하며, 참치 스시와 벨루가 캐비어를 제공하고, 요트를 아주 빠른 속도로 운전하며 지중해 바닷속 생물을 뒤흔들어놓아야 한다. 이런 요트를 소유하면, 나는 10분 만에 아프리카인들이 평생 끼치는 것보다 더 큰 피해를 생태계에 끼칠 것이다. 지금 우리는 불타고 있다.[32]

기후변화는 어떤가? 그것도 과소비의 결과가 아닌가? 맞다. 그러나 그 문제를 다루려면 부자들을 포함하면서도 그 이상을 포괄하는 더 큰 틀이 필요하다.

21장

반전
: 지구 온난화가 모든 것을 압도한다

샤머스 칸Shamus Kahn이 관찰한 바에 따르면, 부자들은 자신들이 기여하는 것보다 더 많은 부를 추출할 수 있는 경제적 위치를 차지하고 있다고 여기지 않고, '유일하게 우리 세계를 이끌 수 있는 능력을 갖춘 재능 있는 개인들의 집합체'라고 생각한다.[33] 그들은 자유롭게 부유浮遊하는 개인이 아니라 서로 다른 집단 또는 계급 사이의 경제적 관계 내에서 일정한 위치를 차지하고 있다. 그들의 재산은 다른 사람들과의 경제적 관계를 통해 만들어진다. 고용주와 피고용인, 생산되는 부에 대한 청구권을 가진 주주와 피고용인, 지주와 임차인, 대출자와 차입자, 판매자와 구매자의 관계를 생각해보라. 이 가운데 처음 네 가지 관계는 항상 불평등하며, 마지막 관계도 불평등한 경우가 많다.

우리는 부자들이 어떻게 부자가 되었는지 이해하기 위해 이 관계들을 파악해야만 했다. 경제학은 관계를 다룬다. 여러 경제적 관계 속에서 결과는 때로는 포지티브섬 게임이 되기도 하고, 때로는 제로섬 또는 네거티브섬 게임이 되기도 한다.

이런 관계 속에서 살아가다 보면, 자본주의의 기본적인 특징, 특히 소수가 기술·토지·부동산·금융 등의 핵심 자산을 통제하는 현실에 직면하게 된다. 물론 자본주의에는 다양한 유형이 있으며 어떻게 규제하는지에 따라, 특히 국가와 시민사회가 노동·소비자·환경을 얼마나 보호하는지에 따라 많은 부분이 달라진다. 지난 40년 동안 발전해온 신자유주의적 자본주의에서는 부 추출과정의 불의가 증가했고, 그것의 비합리적이고 역기능적인 성격 때문에 80년 만에 최악의 경제위기가 발발했다. 이 과정에서 선두주자는 영국과 미국이었지만, 다른 많은 선진국(아이슬란드·튀르키예·한국·뉴질랜드 등)도 그 뒤를 따랐다. 물론 더 가깝게 따라간 나라도 있고, 그렇지 않은 나라도 있다.

한편, 국제통화기금과 세계은행은 개발도상국과 구소련권 국가에 지원해주는 조건으로 민영화, 노동 보호 축소와 감세, 다국적 기업에 대한 국경 개방 강제 등 신자유주의 정책을 강요했다. 경제위기 상황에서도 신자유주의는 좀비처럼 비틀거리며 자산 거품을 더 만들고 약자들에게 긴축을 강요함으로써 부자들을 보호하고 있다.[34]

우리는 자본주의적 세계 경제 질서의 다른 문제들을 여러 각도(일부에게는 좋은 일자리를 제공하면서 다른 사람들에게는 의미 있는 일을 할 기회를 박탈하는 불공정 분업, 발전 수준이 다른 국가 간의 불평등 교환, 낭비적 소비 등)에서 다루었다. 이 모든 것은 부자들과 관련이 있을 뿐만 아니라 부자들을 넘어서는 문제와도 관련이 있다. 따라서 부자들의 귀환에 대한 비판은 필연적으로 자본주의에 대한 비판이 되기도 한다.

자본주의의 탄생 이후 많은 비판이 있었다. 착취적이고 불공정하다는 것, 비합리적이고 모순적이며 위기에 취약하다는 것, 번아웃burn-out, 이기심, 삶의 의미 상실, 외로움을 유발하는 극심한 생존경쟁이 벌어진 다는 것, 풍요 속에서 경제적 불안과 빈곤이 발생한다는 것, 환경을 파괴 하고 지구의 미래를 위협한다는 것 등이다. 이 책의 목적은 이런 비판들 을 대체하는 것이 아니라 보완하려는 것이다. 이 모든 비판은 어느 정도 는 타당하지만, 그렇다고 해서 예전과 비교할 때 자본주의가 사람들에게 상당한 혜택을 안겨줬음을 부정할 수는 없다. 가장 두드러지는 것으로는 전례 없는 기술변화를 꼽을 수 있고, 또 많은 경우 여러 면에서 삶의 질이 상당히 개선됐다는 사실을 들 수 있다.

그러나 부자들의 귀환은 자본주의의 맥락에서만 볼 것이 아니라 더 큰 그림으로 봐야 한다. 신자유주의가 끔찍한 피해를 초래하기는 했지 만, 장기적으로 우리의 미래에 대한 가장 큰 위협은 기후변화다. 자본주 의의 복합성장이 이를 촉진한다. 이 문제는 경제위기를 해결하는 날까지 미루지 말고 지금 바로 다루어야만 한다.

지구 온난화: 기초 지식

기후와 그 영향을 연구하는 데 평생을 바친 과학자들은 대부분 급속한 지구 온난화가 진행되고 있으며, 이는 온실가스, 특히 이산화탄소를 배 출하는 인간 활동의 결과라는 점에 동의한다. 그러나 소수의 기후변화 회의론자들은 엄청난 홍보 대상이 되었으며, 그들 중 다수는 에너지 기 업 같은 곳에서 재정 지원을 받았다. 온실가스 배출원에는 자동차와 발전소의 배기가스처럼 직접적인 것이 있는가 하면, 가축이 배출하는 메탄가스(육류 소비 증가에 따라 배출이 늘어난다)처럼 간접적인 것도 있다.

우리는 이미 1880년 이후 지구 온난화로 0.85도의 기온 상승을 경험했다.[35] 이는 그다지 커 보이지 않지만, 육지의 기온 상승은 이보다 더 크다. 바다는 따뜻해지는 데 시간이 더 오래 걸리지만 해양의 생물과 화학적 구성은 이미 큰 영향을 받고 있다. 기후는 늘 변화하지만 지금의 온난화 속도는 지구 역사상 어느 때보다 빠르다. 북극에서 여름 얼음이 3분의 1로 줄어들었는데, 그 때문에 얼음이 반사하는 태양 에너지가 감소했다. 그 태양 에너지는 지금 어두운 바다로 바로 흡수되고 있다. 시베리아 북부, 캐나다, 알래스카 등지의 툰드라 지역에서는 영구 동토의 해빙으로 메탄가스(이산화탄소보다 수명은 짧지만 훨씬 강력한 온실가스)가 땅에서 대기로 방출되고 있다.[36] 지구 온난화는 자체 동력을 가지고 통제 불능 상태에 빠질 위험이 있다.

인간 활동에 따른 이산화탄소 배출은 복리 이자처럼 기하급수적으로 증가했다. 이산화탄소는 식물과 바다가 재흡수하기까지 1세기 이상 대기 중에 머무를 수 있다. 현재 지구 생태계는 우리가 만들어내는 이산화탄소 배출량의 절반 정도밖에 흡수할 수 없다. 게다가 이산화탄소 흡수원으로 중요한 역할을 하는 열대우림은 가차 없이 벌채되고 있다. 심지어 지구 온난화 현상이 널리 알려진 1990년대 이후에도 이산화탄소 배출량의 증가 속도는 둔화하지 않았다.

2013년 지구 대기 중 이산화탄소 농도는 400피피엠ppm[아주 작은 농도를 표시할 때 사용되는 단위로 100만분의 1을 뜻한다]을 초과했다. 이런 현상이 마지막으로 발생했던 것은 300만 년 전으로, 그때는 북극에 빙하가 없었고 해수면은 지금보다 40미터나 높았다.[37] 그린란드와 남극의 육지 빙하가 녹아 해수면을 그 정도로 높이는 데는 오랜 시간이 걸리겠지만, 이미 약간의 해수면 상승이 방글라데시 같은 저지대를 위협하고 있다. 그런데 전 세계 인구 밀집 지역은 대부분 저지대다.

또한 극단적인 기상이변과 그에 따른 인명·재산·농작물의 피해가 더욱 빈번해질 것으로 예상된다. 심지어 뉴욕조차 위험에 처해 있다. 뉴욕은 2012년 허리케인 샌디Sandy 때문에 지하철과 지하실이 침수된 적이 있다. 2013년 필리핀의 광대한 지역을 황폐하게 만든 태풍 하이옌Haiyan은 역사상 최악의 태풍으로 알려져 있는데, 그때 수천 명이 죽고 수백만 명이 집을 잃었다. 이 사건으로 극한 날씨는 저지대와 인구가 많은 해안가를 휩쓰는 엄청난 해일을 일으킬 수 있다는 사실이 드러났다.

지구 온난화와 이런 사건이 결합하면 실로 충격적인 결과가 발생한다. 가뭄, 삼림 벌채, 사막화(이미 스페인, 아프리카 일부 지역, 캘리포니아에서 발생하고 있다), 종의 소멸과 생물 다양성의 감소, 식량 부족, 열사병으로 말미암은 사망, 대규모 인구 이동 등이 대표적인 사례다. 글로벌 인도주의 포럼Global Humanitarian Forum이 발간한 보고서『조용한 위기의 해부The Anatomy of a Silent Crisis』에 따르면, 2009년까지 지구 온난화로 수십만 명의 사망자가 발생했으며, 수백만 명 이상의 사람들이 부정적인 영향을 받았다.[38] 이런 상황에서는 정치적 긴장이 고조되리라 예상되며, '자원전쟁'이 빈발할 수도 있다.[39]

많은 기후과학자가 1도의 온난화조차 위험하다고 우려하지만, 정치권의 논의에서는 2도라는 좀 더 낙관적인 수치가 감내할 수 있는 최대치라고 알려져 있다. 그러나 이는 정치적으로 거론되는 수치라는 점에 유의하라. 신속한 조치가 없으면 21세기 말까지 지구는 4~6도까지 온난화할 수 있다.

지구 온난화를 멈추려면 놀랄 만한 속도로 탄소 배출량을 줄여야 한다. 오늘 당장 배출을 완전히 중단한다고 하더라도, 과거의 배출이 계속해서 기후에 영향을 미치기 때문에 지구의 온도는 0.5도 상승할 것이다. 그 경우 기온은 산업화 이전보다 1.4도 더 높아질 것이다. 조치를 늦출수록 문제는 더 커질 것이다. 마이크 버너스리Mike Berners-Lee와 던컨 클라크Duncan Clark는 21세기 말까지 탄소 배출량을 1850년 수준으로 줄이지 않으면, 지구 온난화를 2도 이하로 묶어둘 확률이 50퍼센트도 되지 않을 것이라고 계산했다.

하지만 그런 조치를 취할 책임은 누구에게 있을까? 당연하지만 화석연료에 가장 많이 의존하는 사람들이 가장 소극적이다. 우리가 통상 온실가스와 기후변화에 대해 듣는 이야기는 다음과 같다. 여러 해 동안 구 산업국가들이 지구 온난화를 유발하는 주범이었지만, 지금은 매년 수십 개의 새로운 석탄화력발전소(가장 나쁜 화석연료 에너지원)를 건설하고 있는 중국에 추월당했다. 그러니까 우리는 중국에 손가락질해야 한다. **언론과 정치인들은 배출되는 이산화탄소가 수십 년, 심지어 수 세기 동안 대기에 머무른다는 사실을 늘 간과한다.**

현재 지구 온난화를 유발하는 온실가스의 상당 부분은 오래전부터 존재해왔다. 나처럼 나이 많은 사람이 어릴 때 부지불식간에 배출한 탄소의 일부가 아직도 대기 중에 남아서 오늘날 지구 온난화를 일으키고 있다는 말이다. 내 남은 인생 동안 완전히 탄소 중립이 되더라도 내가 과거의 배출량을 상쇄할 수는 없다. 그러므로 영국·독일·미국 등 구 산업국가들은 현재의 연간 탄소 발자국이 가리키는 것보다 훨씬 책임이 크다고 해야 한다.

현재 연간 탄소 배출량은 중국이 미국보다 많지만, 1750년 이후의 누적 배출량은 미국이 중국의 약 네 배다.[40] 사실 서방의 산업 강국과 일본은 다른 국가에 막대한 부채를 지고 있다(아니 손해를 끼치고 있다). 당신은 대차대조표에서 금융부채를 간단히 지워버릴 수 있지만, 대기에 존재하는 수십억 톤의 이산화탄소를 제거할 수는 없다.

프린스턴 환경연구소Princeton Environmental Institute 소장 스티븐 파칼라Stephen Pacala는 대기 중 탄소 배출량의 80퍼센트가 세계 인구의 약 20퍼센트를 차지하는 구 산업국가에서 나온다고 추정했다. 중국을 주범으로 모는 것은 잘못이다. 중국은 후발 산업국가이기도 하고, 중국의 탄소 배출량 중 상당 부분은 사실 부유한 국가들에 귀속되어야 하기 때문이다(중국의 탄소 배출량은 부유한 국가들을 위한 재화를 생산하는 과정에서 나온다). 게다가 중국은 1인당 배출량이 상대적으로 적다(1인당 배출량은 미국이 18톤인 데 비해 중국은 6톤이다. 한편, 세계 평균은 4.9톤이다).

기후정의를 중요하게 여긴다면, 국가별 배출량보다는 1인당 배출량을 더 중시할 필요가 있다. 파칼라가 주장하듯이 최대 배출자들은 부유한 사람들이며, 그들이 부유한 나라에 살건 가난한 나라에 살건 상관없다. 파칼라는 **세계 인구의 7퍼센트에 불과한 5억 명의 가장 부유한 사람들**(1인당 소득 10만 유로 이상)**이 전 세계 온실가스 배출량의 50퍼센트에 책임이 있다**고 주장한다.[41]

에너지 노예들

미국은 전 세계 부의 3분의 1, 세계 에너지 소비의 22퍼센트, 총 탄소 배출량의 4분의 1을 차지한다. 그러나 미국의 인구는 세계 인구의 5퍼센트에 불과하다. 존 어리John Urry에 따르면, 미국인 한 사람은 이 엄청난 에너지 사용을 뒷받침하기 위해 24시간 쉬지 않고 일하는 150명의 '에너지 노예'를 보유하고 있다.[42]

반면, 세계 인구의 하위 50퍼센트는 너무 가난해서 탄소를 많이 배출할 수가 없다. 사실 그들의 탄소 배출량은 너무 적어서, 그들은 탄소 배출이 문제가 되기 전에 경제발전을 통해 상당한 혜택을 누릴 수 있다. 그런 발전은 탄소 발자국에 큰 영향을 미치지 않으면서 그들의 기대수명을 늘리고 삶의 질을 크게 개선할 수 있다.

탄소를 과도하게 배출하지 않고도 적절한 경제발전 수준을 달성할 수 있을까? 파칼라는 전 세계 1인당 소득의 상한을 4만 달러로 설정할 수만 있다면, 대기 중 이산화탄소를 안정화할 수 있다고 추정했다. 이는 아마도 비교적 낙관적인 전망 중 하나일 것이다. 줄리아 스타인버거Julia Steinberger와 티먼스 로버츠Timmons Roberts는 탄소 배출량이 적으면서도 기대수명은 길고 유엔 인간개발지수HDI는 높은 국가가 존재한다는 사실을 발견했다. 이 사례는 전 세계에 적용하면 얼마든지 성공할 수 있다. 게다가 기술이 탄소 배출을 덜하는 방향으로 진화함에 따라 이런 조합이 더 많은 국가에서 가능해지고 있다. 국민의 행복은 탄소 배출량과

따로 움직일 수 있다는 증거도 나오고 있다. 행복이 커지는 데 부가 많아
질 필요가 없듯이, 기후변화와 관련해 좋은 소식은 행복을 위해 지구가
비용을 치르지 않아도 된다는 사실이다.

하지만 가장 부유한 국가들에서는 이 좋은 소식이 들려올 조짐이 없
다. 이 국가들은 코스타리카·베트남·우루과이 같은 국가들보다 탄소 배
출량이 몇 배 더 많지만, 인간개발지수와 기대수명 면에서는 거의 차이
가 없다.[43] 미국의 소득은 일본이나 스페인보다 높고, 미국의 1인당 탄소
배출량은 일본의 두 배, 스페인이나 프랑스의 세 배지만, 인간개발지수
면에서 이들 국가 간에 차이는 없다. 행복과 탄소 배출량은 모두 생활방
식과 밀접한 관련이 있다. 10억 파운드를 기본 의료 서비스와 교육에 지
출하면 같은 돈을 비행기 여행에 지출하는 것보다 인간의 행복에 더 큰
영향을 미친다.

부자들이 더 부유해질수록 그들의 탄소 배출량은 증가하지만, 그 속도
는 둔화한다. 이는 사람들이 돈을 더 많이 가질수록 더 많이 저축하거나
'투자'하기 때문이다. 또 가격과 배출량 사이에 항상 강한 관련성이 있는
것은 아니다. 예컨대 고급 식사가 기본 식사보다 20배 비쌀 수 있지만, 탄
소 배출량에 그만큼 큰 차이는 나지 않는다. 그렇지만 부유한 국가 내에
서는 고소득 그룹이 그들의 높은 이동성, 특히 비행기 여행 때문에 나머
지 인구보다 탄소 배출량이 훨씬 많다. 미국의 경우 연간 10만 달러를 버
는 3인 가구(부유하다고 보기 어렵다)의 탄소 발자국이 연간 3만 달러를 버
는 3인 가구의 두 배 정도라는 추정이 나와 있다.[44] 그러나 전 세계적으로
보면 부유한 국가의 덜 부유한 사람들조차도 화석연료에 의존하는 고도
로 발전된 사회에 살기 때문에 탄소 발자국이 크다.

탄소 배출량을 **얼마나** 빨리 줄여야 하는지, 이미 돌아갈 수 없는 지점을 지났는지 아닌지에 대해서는 기후과학자들마다 의견이 다르다. 하지만 그들 모두는 우리가 이 문제를 미루면 미룰수록 해결하기가 더 어려워질 것이라는 데 동의한다. 우리는 결코 부자들의 탄소 발자국을 감당할 수 없다. 그들이 국제적 허용치를 초과하는 정도가 다른 사람들보다 훨씬 크기 때문이다. 사실 그들보다 덜 부유한 많은 사람도 직간접적 탄소 배출량을 줄여야 하지만, 부자들이 계속 지금처럼 행동한다면 덜 부유한 사람들이 탄소 발자국을 줄일 것이라 기대하기는 어렵다.

그렇다면 지구 온난화를 멈추기 위한 효과적이고 공정한 지구적 대응책은 무엇일까?

감축과 수렴

이것(감축과 수렴)은 글로벌코먼스연구소Global Commons Institute에서 제안한 접근법이다.[45] 모든 국가의 1인당 배출량을 같게 만들면서(수렴), 그것을 지속 가능한 수준으로 감축하려는 것이다([그림 21-1]). 따라서 세계 인구의 5퍼센트를 차지하는 국가는 지속 가능한 수준(글로벌 총량)의 5퍼센트만 배출할 수 있다. 현재 이 목표치보다 1인당 배출량이 높은 국가들(부유한 국가들)은 초과량에 비례해서 배출량을 줄여야 한다. 동시에 현재 목표치 이하인 국가들(가난한 국가들)은 목표치까지 배출량을 늘릴 수 있다. 따라서 1인당 배출량 수치가 매우 높은 국가들은 매우 빠른 속도로 배출량을 줄여야 한다. 수렴 속도와 전체 감축량은 걷잡을 수 없는 기후

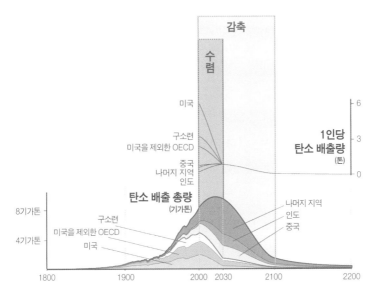

[그림 21-1] **감축과 수렴**

감축

수렴

미국

구소련
미국을 제외한 OECD

중국
나머지 지역
인도

**1인당
탄소 배출량**
(톤)

6

3

0

탄소 배출 총량
(기가톤)

8기가톤

4기가톤

구소련

미국을 제외한 OECD

미국

나머지 지역
인도
중국

1800   1900   2000   2030   2100   2200

이 예는 6개 지역의 글로벌 감축·수렴 목표를 보여준다.
2030년까지 수렴을 실현하면서 이산화탄소 농도를 450피피엠으로 유지하려는 감축 계획이다.

출처: Global Commons Institute, http://www.gci.org.uk/

변화의 발발 가능성과 국제 협상에 따라 조정될 수 있다.[46]

이 제안은 단순하다는 점에서 높은 점수를 받지만 실행하려면 국제적인 합의가 필요하다. 이 제안이 실행되면 일부 국가들이 온실가스를 지속 불가능한 수준으로 배출함으로써 다른 국가들의 미래를 위협하고 있는 현재 상황은 종식될 것이다. 그러나 이 제안은 공정해 보이지만 사실은 구 산업국가들이 과거에 배출한 온실가스의 누적량이 엄청나다는 것을 간과함으로써 그 국가들을 봐준다는 문제점을 안고 있다. 물론 구 산업국가들은 그렇게 생각하지 않을 것이다. 그 국가들은 최대의 희생을 하게 될 것이라며 불평할 가능성이 크다. 하지만 오염자 부담 원칙에 따르면, 그 국가들은 과거의 누적 배출량까지 고려하는 방안을 받아들여야만 한다.

지구는 유한하다. 우리는 지속하려면 행성이 세 개나 필요한 현재의 생활방식을 고수할 수는 없다. 지난 3세기에 걸쳐 세계를 휩쓴 산업혁명은 이 문제를 고려하지 않았다. 자본주의는 우리에게 유한한 한계가 있음을 인정하지 않으며, 자본주의적 문화는 우리가 가진 물질적인 재화가 충분하다는 생각을 받아들이지 않는다. 이 문화에서 우리는 항상 더 많이 가져야만 한다. 지구를 오염시킨다는 점에서 자본주의와 다를 바 없었던 소비에트 공산주의는 공업화 과정에서 자연을 이길 수 있다고 생각했다. 그러므로 다른 방법을 찾아야만 한다.

끔찍한 이중위기

여러분은 지금까지 이 책을 통해 신자유주의 위기 이후 우리가 무엇을 해야 하는가 하는 큰 질문에 대해 암묵적으로 다음과 같은 답을 얻었을지 모른다. 부유층이 부상하고 이에 따라 평범한 사람들의 임금과 급여가 상승하는 속도가 둔화하면서 세계 경제가 정체하고 수요 증가의 속도가 느려지는 동시에 수익성 있는 생산적 투자의 기회가 제한되었다. 따라서 우리는 부자들의 불로소득 원천을 차단하거나 거기에 과세하고 부를 아래로 재분배해야 한다. 이렇게 하면 수요가 증가하고 경제성장이 재개될 것이다. 저소득층은 추가 소득의 전부 혹은 대부분을 재화와 서비스를 사는 데 지출하기 때문이다. 이것이 대공황을 종식하고 전후 호황을 이끌었다(전후 재건이 대규모 투자 기회를 제공한 측면도 있었다). 다시 말해 재분배와 성장이 답이다.

만약 우리의 미래와 관련해 훨씬 중요한 무언가가 없다면, 이는 대형 메시지가 됐을 것이다. **하지만 그런 정책[재분배와 성장]은 지구 온난화를 가속하면서 불가피하게 심각한 결과를 초래할 것이다.** 이는 정말 엄청나게 불편한 진실이다. 특히 지금처럼 긴축정책이 경제위기를 더욱 악화시키고 있을 때는 성장이 분명한 해답처럼 보인다. 금융위기와 관련해서는 성장이 분명한 해결책으로 보이지만, 기후위기의 관점에서 보면 그렇지 않다. 적어도 부자들에게는 말이다. 따라서 우리는 한 가지 위기를 확실한 방식으로 해결하려고 하면 다른 위기를 더 나쁘게 만들 수밖에 없는 **끔찍한 이중위기**에 처해 있다. 예상치 못한 반전이다.

하지만 혹시 탈출구가 있을까?

녹색성장이 답일까?

겉보기에 매력적인 대안 중 하나는 '녹색성장'이다. 이는 저탄소 경제로 전환하면서도 계속 성장하는 경제를 구현하는 시나리오다. 이렇게 하면 우리는 화석연료를 태우지 않고도 계속해서 소비가 증가하는 좋은 삶을 누릴 수 있다. 타당하든 아니든 이 시나리오는 매력이 있다.

자본주의를 '녹색화'할 수 있는 유일한 방법은 경제성장을 온실가스 배출 증가와 '분리'하는 것이다. 그러나 팀 잭슨이 보여주었듯이, 그런 결과를 얻어내기는 매우 어려울 듯하다. 사실 우리가 이미 보았듯이, 산출물 1단위당 '에너지·탄소 강도'[단위 GDP를 생산하는 데 사용·배출되는 에너지·탄소의 양]는 감소했다. 전 세계적으로 현재 산출물 1단위당 에너지 강도는 1970년에 비해 33퍼센트 낮다. 그러나 이 개선은 같은 기간 동안 이뤄진 경제성장 때문에 효과가 상쇄되었다.[47]

그 결과 1970년부터 2007년까지 화석연료에서 나오는 이산화탄소는 80퍼센트(1990년 이후에는 40퍼센트) 증가했으며, 2000년과 2007년 사이에 매년 3퍼센트씩 늘었다. 게다가 이 성장은 임금과 급여가 장기간 정체되어 총수요가 상대적으로 느리게 증가한 시기에 이뤄졌다. 자본주의가 회복되면 탄소 감축은 더 어려워질 것이다.

솔직히 말해 자본주의는 지구를 구하는 것과는 양립 불가능하다. 자본주의는 성장에 중독되어 있으며, 성장하지 못하면 위기에 빠진다. 자본주의가 매우 역동적이고 변혁적인 체제가 된 것은 그 때문이다. 노동자들은 항상 자신의 임금과 모든 생산·유통 비용을 충당하기에 충분한 양뿐만 아니라 기업 소유주와 주주·지주·대출자·투기꾼, 가치 도둑에게 제공하기에 충분한 양을 생산해야만 한다. 그와 동시에 기업들 간에 이윤을 극대화하기 위한 치열한 경쟁이 벌어지기 때문에 각 기업은 일정한 인원수로 더 많이 생산하도록 압박을 받는다. 경쟁 기업들에 뒤처지면 기업들은 사업을 그만둔다. 소비, 특히 에너지 소비에 변화가 없고 사람들이 '이제 그만하면 충분하다'라고 생각하는 자본주의 경제는 실현 불가능하다.

부유한 국가에서 녹색성장을 실현하는 것은 공상이다. 금융위기를 극복하고 연간 성장률이 2~3퍼센트로 회복되면 경제를 탈탄소화할 수 있다는 생각도 어리석은 착각이다. 탄소 포집 기술은 아직 실험 단계에 머물러 있다. 구름씨 뿌리기cloud seeding, 우주에 거대한 반사경 설치하기, 대양을 비료 처리[바다에 철분 같은 미네랄을 뿌려 해조류의 성장을 촉진하는 기술]해서 더 많은 이산화탄소를 흡수하기 등의 '지구공학' 프로젝트는 매우 위험하며, 정부로 하여금 이산화탄소 감축을 미루도록 유도할 뿐이다.

그렇다면 이중위기를 벗어날 수 있는 다른 방법이 있을까?

소비 감축: 충분할까?

적어도 부유한 국가들의 경우, 성장이 아니라 제로성장 혹은 '역성장'이 온실가스를 빠르게 감축해서 걷잡을 수 없는 지구 온난화를 막을 수 있는 유일한 방법인지 모른다. 이는 물론 부자들의 이동 제한을 포함하는 소비 절제가 이뤄진다는 뜻이다. 사회경제적 정의의 측면뿐 아니라 환경 측면에서도 우리는 부자들을 감당할 수 없다. 환경문제에 관한 한 탄소 발자국이 과도한 사람들은 부유층 아래까지 확대되며 부유한 나라 사람들 상당수를 포함한다.

이는 일부 사람들에게는 끔찍하게 느껴질지도 모른다. 작금의 경제침체가 끼치는 영향 중에서 정신이 번쩍 들게 만드는 것은 우리 아이들이 부모가 누렸던 일자리와 소비의 기회를 누리지 못할 것 같다는 전망이다. 반전은 더 있다. 중산층 이상의 나이 많은 사람들은 이미 저렴한 비행기 여행 같은 일을 경험했으며, 세계를 둘러보는 것이 자기 능력으로 할 수 있는 정상적인 일, 심지어 권리라고 여기게 됐다. 우리는 멀리 떨어진 장소에서 휴가를 보낼 수 있도록 예약하라는 권유를 매일 받는다. 그런 여행이 사람들의 삶을 풍요롭게 만들었다는 사실을 부정할 수는 없다. 그와 같은 삶을 누렸던 사람들이 이제 사다리를 걷어차고는 젊은이들과 돈이 적은 사람들은 그런 삶을 열망해서는 안 된다고 어떻게 말할 수 있을까?[48]

이 딜레마를 피할 방법은 없다. 젊은이들과 돈이 적은 사람들에게는 몹시 불공정해 보이겠지만, 우리는 오랫동안 탄소 배출 한계를 초과한 상태에서 살아왔다. 물론 우리는 부유한 국가에서 가장 가난한 사람들의 소득을 높이고 가난한 국가의 성장을 지원해야 한다. 하지만 지구 온난화를 막고자 한다면 부유한 국가들은 소비를 줄여야만 한다. 이 일은 가장 부유한 사람들, 곧 모든 사람 중에서 환경에 관심이 가장 적은 사람들이 제일 먼저 시작해야 한다. 감축과 수렴의 필요성은 여기서 나온다.

정치인들은 우리에게 세계화(경제통합의 증진, 수입과 수출의 증가, 화물·승객 수송의 증가)가 미래라고 말한다. 컴퓨터나 자동차의 모든 부품이 이동하는 전체 거리는 지구에서 달까지의 거리와 같을지 모른다. 정치인들은 틀렸다. 지속 가능한 미래를 위해서는 **탈세계화**de-globalization가 필요하다. 우리가 저탄소 방식의 여행을 고안할 수 있을 때까지, 즉 석유 기반 연료의 대안을 찾을 수 있을 때까지, 세계화를 훨씬 줄이고 지역 생산을 훨씬 더 늘려야 한다. 더 지역화한 경제에서는 환경을 파괴할 가능성이 훨씬 줄어든다. 어떤 피해와 폐기물도 눈에 띄지 않고 생각나지 않기가 어렵기 때문이다.

새로운 지리

화물과 승객의 수송을 줄이면 우리 사회의 지리가 국내외적으로 바뀔 것이다. 우리는 소수의 거대 공장과 창고가 수백만 명에게(때로는 몇 개국에 걸쳐) 물품을 공급하는 상황에 익숙하다. 한때 모든 부국은 자체적으로 전자 회사와 자동차 회사를 보유했지만, 지금은 소수의 다국적 기업이 대륙 전체를 아우르고 있다. 글로벌 지리가 이렇게 된 데는 엄청나게 저렴한 화석연료, 특히 석유의 영향이 크게 작용했다.

존 어리가 말했듯이, "현재 운송 에너지의 95퍼센트 이상을 차지하는 석유를 대체할 플랜 B는 없다."[49] 따라서 저탄소 에너지가 기적적으로 발명되지 않는다면, 좋든 싫든 미래 세대는 이동성이 크게 줄어드는 상황을 받아들여야 할지도 모른다. 이는 생산과 유통의 지리가 지역화한 형태로 새롭게 바뀌어서, 소비 물품의 훨씬 많은 부분을 우리 지역이나 아니면 적어도 우리나라에서 생산하게 된다는 뜻이다. 영국인들이 칠레산 양파와 뉴질랜드산 사과를 먹는 것은 말이 안 된다. 또 스코틀랜드에서 당근을 재배해서 잉글랜드 남부의 유통센터로 배송한 다음, 다시 스코틀랜드의 소비자에게 보내는 것도 말이 안 된다.[50]

운송을 줄이고 공급망을 단축하면, 대도시에서 떨어진 지역에도 다양한 일자리가 많이 생길 것이다. 예전에 중앙이나 해외에서 이뤄지던 활동들이 여러 지역에서 이뤄질 것이기 때문이다.[51] 그 결과 일부 물품은 더 비싸질지도 모르지만, 환경에는 훨씬 더 나은 영향을 미칠 것이다.

여기에는 훨씬 더 긍정적인 면이 있다. 그 이상 부가 증가하더라도 행복이 늘어나지 않는 임계점의 존재를 염두에 둔다면, 하위 계층의 부를 늘리면서 최상위 계층의 부를 줄인다고 해서 그들이 더 나쁜 삶을 사는 것은 아님을 알 수 있다. 사실 그렇게 하면 그들은 좀 더 평등한 사회에서 살 때 누리는 이점 덕분에 더 나은 삶을 살 수 있다. 사회가 평등해질수록 다른 사람들과 함께하는 일이 더 많아지고, 상호 신뢰가 커지며, 공동으로 제공되는 교육과 의료 서비스의 비용을 기꺼이 부담하려는 의향이 강해진다. 이런 서비스를 민영화하면 공공선과 공공 서비스에 대한 인식이 약해진다. 이 인식이 살아 있을 때 우리는 다른 사람을 도움으로써 우리 자신을 돕는다. 다 같이 번창하는 것이 최선이다. 어린이들이 극도로 불평등한 환경에서 자라지 않기 때문에 기회도 평등해진다. 우리는 각 국가 **내**에서 부의 축소와 수렴이 필요하며, 이는 국가 간에도 또 온실가스 배출에 대해서도 마찬가지다.

탄소 발자국을 줄이는 것은 단지 단열 방법을 개선해 주택 난방에 들어가는 에너지를 감축하거나 저탄소 여행 방법을 찾는 일에 한정되지 않는다. 난방이나 여행에서 생기는 탄소 배출은 '직접' 배출이라고 불리는데, 우리의 이산화탄소 배출량 중 아주 작은 부분을 차지할 뿐이다. 우리가 책임져야 하는 탄소 배출량은 대부분 '간접적인' 것들로, 우리가 쓰는 재화와 서비스(인터넷·음식·교육처럼 공공 부문에서 생산되는 상품 등)를 생산하고 유통하는 데서 발생한다.

식량을 예로 들어보자. 부유한 국가의 국민은 탄소 배출이 많은 식사를 한다. 특히 고기를 좋아하기 때문이다. 동물은 채소와 곡물보다 덜 효율적이면서도 더 많이 오염시키는 칼로리원이다. 동물은 살려놓는 데만도 많은 에너지가 필요하기 때문이다. 가장 심각한 것은 소고기다. 줄리엇 쇼어에 따르면, 미국의 평균적인 소고기 메뉴는 1,800마일 운전할 때 나오는 것과 같은 양의 온실가스(이산화탄소와 메탄)를 배출한다. 채식이나 고기가 적게 들어가는 식사는 훨씬 친환경적이다. 4온스짜리 치즈버거의 탄소 발자국은 이산화탄소 2.5킬로그램이지만, 베지버거는 1킬로그램에 불과하다.[52] 스테이크는 이산화탄소 기준으로 바나나 25개와 같다.[53] 현재 고기 소비는 전통적으로 고기를 많이 먹지 않았던 중국이나 인도 같은 나라에서 빠르게 증가하고 있으며, 슬프게도 그것이 진보의 징표로 인식되고 있다.

또 다른 불편한 사실이 있다. 사람들이 직접적인 탄소 배출량을 줄이는 경우, 절약하는 돈으로 더 많은 재화를 사서 간접 배출을 증가시키는 경향이 있다는 것이다.[54] 그래서 주택의 단열을 개선하고는 의도치 않게 탄소 배출을 증가시킬 수도 있다. 문제는 부유한 국가에서는 탄소 발자국을 크게 줄이기가 어렵다는 사실이다. 우리는 에너지 절약 전구를 끼우고 더 좋은 단열재를 시공하는 등 여러 가지 일을 할 수 있지만, 간접 배출을 줄이는 일은 우리 힘으로 할 수 없는 경우가 많다.

인터넷에는 탄소 발자국 계산기가 많이 있으므로, 이를 이용해 당신의 탄소 발자국을 계산해볼 수 있다.[55] 데이터를 입력하고 현재 당신의 발자국을 계산한 다음, 몇 가지 변화(비행기를 이용하지 않거나, 자동차를 몰지 않거나, 고기를 덜 먹는 등)를 주고는 다시 계산해보라. 이런 것들 없이 산다는 것은 매우 극단적이라는 느낌을 주겠지만, 그렇게 하더라도 당신의 탄소 배출량은 겨우 4분의 1 또는 3분의 1 정도 줄어들 것이다. 전기 자동차를 산다고 하더라도 자동차에 쓰이는 전기는 아마 화석연료를 태워서 만들었을 것이다. 우리 모두 탄소 배출량을 4분의 1 정도 줄일 수 있다면 분명히 큰 진전이겠지만, 우리가 지금처럼 살고 싶어 하는 한 그 이상 나아가기는 무척 어려울 것이다. 세탁기·텔레비전·컴퓨터를 생산할 때 배출되는 탄소, 식량 재배에 쓰이는 비료에서 배출되는 탄소, 이런 많은 물건을 멀리 옮길 때 배출되는 탄소는 어떻게 해야 하나?

간접 배출량을 줄이려면, 우선 에너지 생산 방식을 바꿔야 한다. 이는 개별 가계가 아니라 기업의 일이다. 에너지 기업들은 세계 최대의 기업들이며, 우리가 의존하는 정도를 고려할 때 엄청난 경제적·정치적 권력을 행사한다고 추론할 수 있다. BP의 사례를 예로 들어보자(BP는 2000년에 일시적으로 회사명을 '비욘드 페트롤리엄Beyond Petroleum'이라고 쓴 적이 있다). BP는 전 세계에서 다섯 번째 큰 기업으로, 그 자본은 런던증권거래소 상장 기업 전체 자본의 9퍼센트를 차지하며, 그 주식은 영국 연금기금 투자 가치의 6분의 1을 점한다.[56]

그러니까 정부는 BP에 좋은 것이 영국 연금 보유자들에게도 좋다고 가정할 가능성이 크다. BP의 웹사이트는 방문자에게 에너지(탄소 발자국) 계산기를 제공한다.[57] 이것으로 BP는 방문자로 하여금 탄소 배출을 줄이는 일은 기업이 아닌 개인의 문제라고 생각하게 만든다. 마치 소비자들의 모든 요구에 수동적으로만 대응한다는 듯 말이다.

제임스 매리엇James Marriot은 BP의 생산과정과 유통과정, 그 제품에서 나오는 탄소 발자국을 영국 전체의 두 배로 계산한다.[58] BP는 역청(오일샌드)에서 석유를 추출하는 캐나다 사업에 대규모로 투자하고 있는데, 이는 이례적으로 에너지를 많이 소비하고 오염을 유발하는 기술이다. 『뉴요커The New Yorker』에 처음 게재된 로버트 맨코프Robert Mankoff의

[그림 21-2] '유례없는 이윤 획득 기회'

"그래서 지구 종말의 시나리오에는 상상하기 어려운 공포가 가득하겠지만,
우리는 종말 이전의 시기에는 유례없는 이윤 획득 기회가 가득하리라 믿는다."

만화([그림 21-2])는 이 문제를 정확히 짚고 있다.

말을 어떻게 하건 상관없이, 에너지 회사들이 제일 싫어하는 것은 에너지 수요의 감소다. 엄밀히 말해 그 회사들의 궁극적인 관심은 화석연료 자체가 아니라 이윤에 있다. 만약 저탄소 에너지 생산으로 더 많은 돈을 벌 수 있다면, 친환경적인 이유에서가 아니라 단지 이윤을 늘리기 위해 저탄소 에너지로 방향을 전환할 것이다. 하지만 현재 에너지 회사들은 여전히 화석연료 생산에 전념하고 있다.

토머스 존스Thomas Jones는 2도 목표를 충족시키려면 "상장 기업들이 자산으로 보유하고 있는 방대한 화석연료 매장량의 80퍼센트가 몽땅 가치를 상실할 것이며, 새로운 매장량을 찾기 위해 현재 지출되고 있는 막대한 돈도 모두 허공에 날아가 버릴 것이다. 결과는 또 한 번의 금융 붕괴다"[59]라고 말했다. 에너지 회사들은 북극 해빙을 화석연료 사용이 가져온 재앙으로 보지 않고, 새로운 유전 개발의 기회로 여기고 있다. 그 때문에 지구 온난화가 더 가속화되는 것은 그 기업들의 관심사가 아니다.

물론 기후변화를 해결할 책임은 우리 모두에게 있다. 그러나 앞서 보았듯이, 우리 개인이 일정 수준 이상의 문제 해결을 하기는 매우 어렵다. 우리가 주로 화석연료를 쓰는 외부 에너지 시스템에 의존해 생활하고 있기 때문이다. 따라서 개인이 아니라 기업, 특히 에너지 회사들의 책임이 무겁다고 해야 한다. BP나 다른 에너지 회사들은 국내 소비자들이 직접적인 에너지 소비를 줄이더라도 그 감소 폭은 작을 것이며, 그것조차도 간접적인 에너지 사용의 증가로 상쇄될 것임을 알고 있다.

따라서 문제는 화석연료가 고갈되는 것이 아니다. 정말 고갈된다면(그것도 빨리) 지금보다 낫겠지만, 도리어 새로운 매장량이 발견되고 생산에 투입되고 있다는 점이 문제다. 화석연료 회사들은 이미 미래의 추출 수입을 담보로 자금을 차입하고 있으며, 채권자들은 거기에 자금을 대출하고 있다. 버너스리와 클라크가 올바로 지적하듯이, 우리가 화석연료에 의존하는 것을 중독에 비유하자면, 중독자들은 [중독물질을] 끊으라는 말을 듣는데 마약상들은 정부 지원을 받는 상황이다![60]

하지만 신자유주의 정부는 대기업에 도전하는 것을 극도로 꺼린다. 대기업의 시종이자 수호자이기 때문이다. 신자유주의 시대의 특징 중 하나는 과거에는 정부가 제공했던 것을 개인이 스스로 책임지도록 한다는 점이다. 이는 교육·의료 서비스의 국가 제공을 줄이고 일자리 부족의 책임을 실업자에게 지우려는 시도에서 가장 명확하게 드러난다. 추악한 용어 만들기를 두려워하지 않는 일부 사회학자들은 이를 '책임화 responsibilisation'라고 부른다. 지구 온난화에 대한 대응을 개인이 더 책임 있게 선택해야 하는 문제로 보는 것은 이 용어에 완전히 부합한다. 이런 방식으로 정부는 대기업에 도전하기를 회피하면서 민영화를 통해 대기업에 새로운 고객을 제공하는 동시에 일이 잘 풀리지 않는 경우 쏟아질 비난을 피할 수 있다. 순전히 개별 소비자에게만 초점을 맞추는 것은 문제를 비정치화하는 짓이다.

신자유주의 계열의 많은 정치인이 기후변화를 허구로 일축하고 있지만, 정말로 방대한 과학 연구가 틀렸다고 믿는 것 같지는 않다. 신자유주의 싱크탱크에 대해 연구한 필립 미로스키는 신자유주의자들이 기후변화를 부정하는 듯하지만, 실제로는 그것을 다루기 위한 전략을 가지고 있다고 주장한다. 미로스키에 따르면, 그 전략은 다음 세 부분으로 구성되어 있다.

1. 기후변화를 부정한다.[61]
2. 이산화탄소 배출권을 거래할 수 있는 탄소시장을 옹호한다.
3. 기후 온난화와 그 영향을 약화시키고 역전시키기 위해 '지구공학'에 투자한다. 여기에는 구름씨 뿌리기, 바다에 이산화탄소 흡수를 촉진하는 화학물질 투입하기, 이산화탄소를 포집해 지하에 저장하기, 태양광을 반사하기 위해 우주에 반사경 설치하기 등이 포함될 수 있다.[62]

이것이 정말 전략이 될 수 있을지는 모르겠지만, 미로스키가 지적하듯이 미쳤다고 할 수밖에 없다. 세 부분 모두 결함이 있고, 앞의 두 가지는 단순한 속임수다.

첫째, 신자유주의자들은 지구 온난화가 진행되고 있으며 2세기 넘게 지속된 화석연료 사용이 주된 원인이라는 사실을 정확히 알고 있다. 하지만 담배 회사들이 흡연이 건강에 해롭다는 것을 알면서도 계속 이윤을 얻기 위해 그 사실을 부인한 것처럼, 그들은 시간을 벌려고 지구 온난화 현상을 부인하거나 그것이 인간 활동과 관련이 없다고 말한다. 그러고는 불편한 진실을 밝혀내는 과학자들을 공격하는 포퓰리즘 전술을 늘 구사한다.

둘째, 그들은 **탄소시장이 작동하지 않는다는 것을 알기 때문에** 그것을 옹호한다. 핵심 아이디어는 정부가 기업에 이산화탄소 배출권을 판매한다는 것이다. 탄소 배출량을 줄일 수 있는 기업은 배출량을 줄이지 못하거나 줄이려고 하지 않는 다른 기업들에 배출권을 팔아서 수익을 올릴 수 있다. 정부는 총배출권 수를 점진적으로 제한함으로써 탄소 배출량을 줄인다. 이는 여러 기업의 다양한 요구를 반영하면서 추진할 수 있다.

하지만 기업들은 배출량 감축을 손쉽게 저지할 수 있다. 에너지 대기업들은 막강한 정치적 힘은 제쳐두고라도, 규제기관이 시스템을 운영하는 데 필요한 기술적 정보를 많이 보유하고 있어서 스스로를 지킬 뿐 아니라 심지어 그것을 활용해 수익을 올리기까지 한다. 탄소 가격과 연계된 파생상품을 개발하는 등 또 다른 금융화 기회를 만드는 경우를 생각해보라. 유럽·미국·뉴질랜드에서 탄소 배출량을 제한하기 위해 추진한 탄소시장 실험이 처참하게 실패한 것은 놀라운 일이 아니다. 그런데도 이 시장은 현실의 정치경제 과정이 아니라 경제 모델로 사고하도록 훈련받은 주류 경제학자들에게 어필하고 있으며, 자본주의를 위해 더 많은 시간을 버는 데 기여하고 있다.

셋째, 지구공학은 신자유주의의 장기 해결책이다. 기술 낙관론자들은 자본주의의 역사가 예측하지 못한 발명과 혁신(그 가운데 일부는 인터넷처럼 엄청난 결과를 가져온 것도 있다)의 역사였음을 강조한다. 그들은 늘 "그러니 걱정하지 마라. 무언가가 나타날 것이다"라고 말한다.[63] 기후와 생태계(바다의 화학물질과 생물체를 포함)는 고도로 복잡하고 상호 의존적인 시스템이므로 이런 것을 건드리는 경우 원치 않는 부작용을 만들 가능성이 농후하다. 그런데도 우리는 2세기 이상 자연을 지배할 수 있다고 생각했던 데서 아무것도 배우지 못했다. 그런 상황에서 지구공학 연구 프로젝트가 다수 진행되고 있으며, 관련 기술에 대한 특허를 획득하기 위해 열띤 경쟁이 벌어지고 있다. 물론 여기서 중요한 것은 이윤이다. 신자유주의는 인류가 기후를 통제하는 소수의 지구공학 기업에 인질로 사로잡힌 세상을 꿈꾼다.

일부 프로젝트는 빌 게이츠와 리처드 브랜슨Richard Branson 같은 억만장자에게 자금을 지원받고 있다. 자화자찬을 잘하는 버진 그룹 회장 브랜슨은 "만약 우리가 이 문제에 대해 지구공학적 해답을 내놓을 수만 있다면 코펜하겐 회의는 필요 없을 겁니다. 우리는 계속 비행기를 타고 자동차를 몰 수 있습니다"[64]라고 말한 것으로 알려져 있다(브랜슨은 공교롭게도 버진 아일랜드에 거주하며 영국 세금을 회피하고 있다). 지구공학에 의존하면 화석연료에 중독된 현재의 경제와 생활방식에 안주하게 된다. 브랜슨이 상상하는 세상은 자본주의의 한편에서는 여전히 자유롭게 더 많은 탄소를 배출하고, 다른 한편에서는 그 영향을 완화하는 기괴한 곳이다. 두 경향을 규제하는 것은 바로 이윤이다.

하지만 자본주의적 성장이 지속된다면, 지구 온난화는 원하지 않는 사람들조차 절망 속에서 지구공학에 의존해야 하는 단계에 도달할지 모른다. 부유한 국가들과 그 내부의 부유한 공동체들은 기온 상승을 가장 잘 견딜 수 있다. 가뭄과 홍수, 생계수단 상실로 도망쳐 나오는 사람들을 거부할 수도 있다. 이 또한 미친 짓 아닌가?

부자들의 문제는 기후위기와 어떤 관련이 있을까?

이 장을 읽으면서 부자들의 문제가 훨씬 더 심각한 문제인 지구 온난화를 다루는 데 방해가 되지 않을까 생각할 수 있다. 그러나 사실은 정반대다.

부자들의 문제가 지구를 구하는 데 방해가 될 수 있다고 생각하는 사람들은 중요한 장애물을 무시할 위험성이 있다. 부채의 과잉 생산과 지대 추구를 통해 부자들을 존속시키는 기업들은 우리와 지구의 미래를 저당 잡히고 있다. 브라질은 외채를 갚으려고 열대우림을 벌채해 경화[hard currency: 달러처럼 국제적으로 널리 통용되는 화폐]를 벌어들이고 있다.[65] 부자들은 화석연료와 성장에 큰 이해가 걸려 있고 또 정치를 지배하기 때문에 문제를 악화시키고 있다. 이런 경제적 의존성을 중단시키는 것은 지구 온난화 중단에 방해되기는커녕 오히려 필수 불가결한 일이다. 물론 지구 온난화가 계속되든 중단되든, 사회정의에 대한 논의는 남는다. 하지만 앞서 보았듯이, 신자유주의적 자본주의를 더 생산적이고 덜 불평등한 자본주의로 대체하는 것은 해답이 아니다.

또 부유한 나라들의 부유한 소수가 문제 해결을 회피할 때 다수 국민이 희생할 것이라 기대할 수도 없다. 에르베 켐프Hervé Kempf는 이 점을 잘 설명한다.

> 하지만 살찐 고양이들[Fat Cats: 배부른 부자들을 풍자하는 말]이 에어컨이 달린 SUV 승용차와 수영장이 있는 별장에서 호사를 누리고 있는데, 우리가 낭비를 줄이고 생활방식을 바꾸려고 할까? 아니다. 소수 부자의 물질 소비(결과적으로 소득)가 크게 줄지 않는 한, 여러분과 나는 물질과 에너지의 소비를 줄이는 데 동의하지 않을 것이다.[66]

바보가 되고 싶은 사람은 없다. 누구도 다른 사람들이 지금처럼 살 수 있게 해주려고 자신이 희생을 감수하려 들지는 않는다. 나보다 더 많은 돈을 버는 사람들이 비례적으로 세금을 더 많이 낸다면 나도 기꺼이 세금을 더 많이 내겠지만, 그렇지 않으면 나도 더 많은 세금을 내지 않을 것이다. 마찬가지로 소비의 희생도 희생할 수 있는 능력에 따라 행해질 필요가 있다.

우리는 부자들에 대한 비판과 녹색 관점의 자본주의 비판을 결합해서 대안을 마련해야 한다. 사람들에게 어필하는 친환경적이고 지속 가능한 경제를 실현하려면 경제정의가 필요하다. 저소득층의 삶의 기회를 근본적으로 개선하고 민주주의를 강화해야만 한다. 근본적으로 다른 삶의 방식이 필요하다는 것은 분명하다.

22장

결론
: 이제 무엇을 할 것인가?

우리는 지금 이대로 살아갈 수는 없다. 이것이 가장 중요한 논점이다. 우리가 더 평등하고 공정하며 환경적으로 지속 가능한 사회를 만들고자 한다면, 부자들뿐만 아니라 불평등과 무한한 복합성장에 토대를 둔 경제 체제도 감당할 수 없다. 자본주의가 지속 가능하다고 여기는 '녹색성장'의 꿈은 평화를 위해 총을 팔아먹는 것과 마찬가지다. 우리는 끝없는 탐욕이 아니라 **충분함**을 토대로 작동하는 경제가 필요하다. 사회가 평등하면 평등할수록 모든 사람이 자신의 역량을 발전시키고 상호 존중과 공공선·연대·배려 등의 감각을 개발할 수 있으므로, 그런 사회는 그 자체로 바람직하다. 그러나 우리가 극심한 생존경쟁에서 매우 불평등한 지위들을 놓고 경쟁해야만 하는 압박을 계속 받는다면, 그런 일은 불가능하다. 일부의 사람들이 지구가 감당할 수 있는 한도보다 더 많이 소비하는 자유를 누린다면, 다른 사람들이 좀 더 검소한 소비 수준을 받아들이리라 기대할 수도 없다. 조지 부시는 지구 온난화에 대한 대응책으로 "미국인의 생활방식은 협상 대상이 아니다. 끝!"[더는 말하지 말라는 뜻]이라고 말했다. 그러나 추정컨대 전 세계 모든 사람이 미국식 삶을 살려면, 다섯 개의 행성이 필요할 것이다. 우리는 도저히 그것을 감당할 수 없다.

환경 면에서 평등을 옹호하는 주장도 있다. 누구도 지구의 자원(이산화탄소를 재흡수하는 수용 능력을 포함)을 전 세계 인구로 나눈 것보다 더 많은 자원을 차지할 권리는 없다(감축과 수렴의 기본 원칙). 이 원칙은 걷잡을 수 없는 지구 온난화와 인간과 다른 생명체에게 점점 더 적대적으로 변하는 환경을 방지하는 데 긴요하다. 그뿐만 아니라 국가 내부와 국가 간에 훨씬 더 큰 평등이 필요하다는 것을 뜻하기도 한다.

기본으로 돌아가자

위기는 기회다. 신자유주의자들은 이 기회를 이용해 임금을 압박하고, 복지국가를 해체하며, 기업들이 정책을 지시하고 이윤을 더 많이 얻을 수 있게 해준다. 진정한 대안을 제시하려면 기본으로 돌아가야 한다. 현 상태를 그 제한된 토대 위에서만 반대하고 거기서 제기되는 질문에만 답하려고 하는 것은 의미가 없다. 그렇게 하는 경우 10년 혹은 20년 후 경제위기에서 간신히 빠져나온다고 하더라도 삶의 질은 전혀 나아지지 않았고 지구는 더욱 심각하게 훼손되었음을 발견하게 될 것이다. 금융 부문에는 급격한 변화가 필요하긴 하지만, 그것만으로는 경제와 환경에서 진행되는 끔찍한 이중위기를 해결하기에 턱없이 부족하다. '반격할 시간이다'라고 외치고 싶은 유혹이 있겠지만, 단지 경제적·정치적 권력을 다수에게 되돌려주는 것만으로는 미래에 우리에게 번영을 약속할 만큼 게임의 판도를 바꾸지는 못할 것이다.

신자유주의자들의 주장과는 달리, 경제가 사회에 봉사해야지 거꾸로 돼서는 안 된다. 아리스토텔레스가 주장했듯이, 돈은 목적을 달성하기 위한 수단이지 그 자체가 목적은 아니다. 우리의 삶을 돈 모으는 데 바치는 것은 미친 짓이다.[1] 하지만 자본주의 사회에서는 아리스토텔레스가 일탈로 여겼던 것이 필수사항이 된다. 자본가들은 돈을 모아야 살아남고, 그렇지 않으면 사업을 접어야만 한다. 그들은 돈 축적이 가능한 경우에만 노동자들을 고용한다.

로버트 스키델스키Robert Skidelsky와 에드워드 스키델스키Edward Skidelsky의 비유를 떠올려보자. 길을 잃어 헤매는 두 사람이 있는데, 그들 각자의 주요 관심사는 목적지를 찾는 것이 아니라 어디로 가든 상대방보다 앞서는 데 있다. 자본주의가 바로 이런 식이다. 자본가들이 이윤을 얻기만 한다면, 우리가 어디로 향하는지는 신경 쓰지 마라. 이는 경제활동의 본질, 즉 사람들이 잘살 수 있도록 물자를 제공해야 한다는 점을 흐릿하게 만든다. 우리는 이제 여기에 덧붙일 수 있다. 미래 세대가 강제 이주와 자원전쟁으로 쪼개진 세계와 더 나빠진 환경에 직면하지 않도록 지속 가능한 방식으로 물자를 제공해야 한다는 것을.

따라서 주류의 논의에서 다루는 것보다 더 광범위한 문제를 다룰 필요가 있다. 어떻게 하면 **공정하고, 행복을 증진하며, 지속 가능한** 방식으로 경제생활을 조직할 수 있을까? 우리는 사회적 존재다. 다시 말해 어떤 사회에 살든 상관없이, 우리는 다양한 방식으로 불가피하게 서로 의존하고 있다. 그런 의존은 서로 이익이 되고 삶을 개선하는 형태를 취할 수도 있고, 혹은 억압적이고 제로섬이며 착취적인 형태를 취할 수도 있다. 어떻게 하면 후자를 전자로 대체할 수 있을까?

고정관념이 되다시피 한 '경쟁은 늘 좋은 것'이라는 말에 대해서는 이의를 제기할 필요가 있다. 그렇다. 경쟁은 때로는 일반적인 행동 기준을 높이고 혁신을 촉진할 수도 있지만, 바닥을 향한 경쟁을 유발할 수도 있다(임금을 낮추고, 부자를 끌어들이기 위해 세금을 감면하며, 대체 기업 없이 기업을 폐쇄하고, 비용을 다른 곳에 전가하며, 법률이 취약한 국가에서 폐기물을 버리고, 불평등을 확대하는 등).

'경제적 효율성'도 마찬가지다. 일을 '효율적으로' 하면 통상 좋은 결과를 낳는다. 하지만 사람들은 종종 그것을 임금을 줄여 비용을 절감하는 것과 혼동한다. 정보기술과 같은 노동 절약적 기술은 노동시간을 단축하지 **못했다**. 조직 간의 경쟁이 격화하면서 노동자들은 같은 노동시간에 더 많은 일을 해야만 했기 때문이다. 전자레인지 덕분에 가정에서는 시간을 절약해 원하는 다른 일을 할 수 있지만, 그것 때문에 패스트푸드 식당의 노동자들은 주어진 시간 안에 더 많은 음식을 제공해야 한다. 따라서 우리는 항상 질문해야만 한다. 누구를 위한 효율성인가? 우리에게 더 많은 시간을 주는가, 아니면 단지 일의 속도를 높일 뿐인가?

일회용 플라스틱 숟가락의 사례를 생각해보면, 돈으로는 '비용 효과적'이더라도 말도 안 되게 낭비적이고 오염을 초래하는 방식으로 자원이 쓰이는 일이 벌어질 수 있다. 공공 부문에서 '효율성'을 내세워 비용 절감을 단행하는 경우, 서비스의 질은 떨어지고 핵심 목적에서 벗어난 서비스가 제공되는 일이 허다하다. 학교는 시험에만 집중하는 교육을 하고, 병원은 침상을 비우기 위해 환자 치료를 줄이고 환자를 조기 퇴원시킨다. 경영진은 '우리가 가진 기술을 활용해 미래의 경쟁에 대비하자'라는 식의 얼빠진 헛소리를 남발하며, 고객·환자·학생들을 위해 최선을 다하려는 전문가들의 의지와 자기 일을 잘하고 싶어 하는 노동자들의 의욕을 꺾어버린다. 그 때문에 노동자들은 스트레스와 불만으로 가득 차거나 번아웃 상태에 빠질 수 있다. 그들은 너무 바빠서 자신이나 가족을 돌보고 친구들과 함께할 시간도 누리지 못한다. 우리는 경제생활의 다양한 영역에서 이 모든 사항을 고려하면서 경쟁을 제한하고 규제해야 한다.

이 모든 것은 우리 삶의 전체적인 방식 그리고 행복과 부의 의미에 대해 의문을 갖게 만든다. 소비의 목적은 무엇인가? '발전'이란 정말 무엇인가? 많은 발전경제학자가 이미 GDP가 발전의 척도로는 거의 쓸모가 없다고 주장해왔다. 진정한 발전은 모든 사람이 다 같이 훌륭한 삶에 필요한 것을 갖거나 필요한 일을 할 수 있는 환경을 만드는 것을 뜻한다.

이를 위해서는 다음과 같은 상태가 실현되어야 한다. 충분한 음식이 있어야 하고, 주거와 건강 서비스를 제대로 누려야 한다. 성폭력을 비롯한 위협과 폭력에서 안전해야 하고 자유로워야 한다. 교육과 다양한 활동을 통해 능력을 개발할 수 있어야 한다. 자신에게 영향을 미치는 정치적 결정에 참여할 수 있어야 하고, 언론과 양심의 자유를 누려야 한다. 다른 사람을 돌보고 다른 사람에게 돌봄을 받을 수 있어야 한다. 강요·착취·낙인이나 무시를 받지 않고 다른 사람들을 존중하고 상호 교류할 수 있어야 한다.

나는 여기서 인도 출신 경제학자이자 철학자인 아마르티아 센Amartya Sen과 미국의 철학자 마사 누스바움Martha Nussbaum이 개척한 '능력 접근법'에 기대서 이야기하고 있다. 이는 행복과 발전에 대해 생각하는 하나의 방식이다.[2] 경제적 자원과 척도는 그 자체가 목적이 아니고, 잘 사는 삶을 위한 수단에 불과하다. 사람들에게 행복을 가져다주려면, 피할 수 있는 고통[3]을 제거할 뿐만 아니라 그들이 활발하게 활동하고 잠재력을 최대한 발휘해서 **번창할** 수 있도록 할 필요가 있다. 사람에 따라서는 이런 기회들 가운데 일부를 포기할 수도 있지만, 중요한 것은 그 기회들이 **동시에** 모든 사람에게 **주어져야** 한다는 점이다.

더 큰 평등은 더 많은 균일성을 의미하지 않는다. 반대로 토니가 주장했듯이, 더 큰 평등은 소수가 아니라 모든 사람이 특별하고 고유한 자신의 능력을 발휘하고 개발할 기회를 얻게 해준다. 따라서 더 큰 평등은 다양성을 자극한다. 토니는 이렇게 말했다. "물질적 부의 평등한 분배를 향한 이상은 계속 우리를 피해 다닐 수 있지만, 그래도 우리는 그것을 향해 달려갈 필요가 있다. 물질적 부가 인간의 보물 중에서 가장 중요해서가 아니라 그렇지 않다는 것을 증명하기 위해서다."[4]

선진 사회에서도 모든 사람이 '능력'에 접근할 수 있는 것은 아니다. 장기적인 일자리 부족으로 어떤 사람은 장기 실업 상태에 놓여 있으며, 불평등한 분업 때문에 일자리를 얻을 수 있는 사람들도 능력 발휘의 질이 크게 다르다. 일부는 자신의 능력을 활용하고 발전시킬 수 있지만, 다른 사람들은 임금 이상의 것을 얻지 못한다. 여성들은 주로 가사를 책임져야 한다는 기대가 여전히 지배적이며, 많은 나라에서 여성들의 교육 수준이 남성보다 나은데도 노동시장에서 차별을 받고 있다. 일부 개발도상국에서는 여성들이 교육에 접근할 기회가 제한되고 있다. 여성에 대한 교육 장벽을 제거한다면 그들에게 힘을 주고 엄청난 능력을 발현시킬 것이다. 또 가족의 규모를 줄이고 인구 증가의 속도를 늦추기도 할 것이다.

따라서 능력을 창출하는 데 자원이 투입되어야 하지만, 단지 경제적인 변화뿐만 아니라 우리가 살고 일하는 방식을 재조직하고 사회 내 권력의 균형을 바꾸는 일도 필요하다.

인간을 순전히 이기적인 존재로 보는 끔찍하고 모욕적인 주류 경제학의 견해(신자유주의 사회가 실제로 부추기는 태도)와는 반대로, 사람들은 사회에 기여하며 다른 이들을 돕고 싶어 할 뿐 아니라 개인적으로 다른 이들에게 이익을 얻지 못하더라도 그들의 기여에 감사하고 자극을 받는다. 일자리 부족의 해악 중 하나는 실업자로 하여금 자신이 무용지물이며 기여와 참여가 불가능한 존재라고 느끼게 만든다는 점이다. 이는 우울증의 핵심 원인이다(은퇴할 때 우울증이 최고조에 달하는 이유이기도 하다). 진정으로 발전된 사회는 모든 사람이 할 수 있는 일로 기여하는 사회다.

자신이 낼 수 있는 대가 이상으로는 다른 사람에게 의존하지 않는 자립적인 개인들의 사회를 그리는 신자유주의의 꿈은 터무니없고 기만적이다. 민간건강보험과 민간연금에 가입했다는 이유로 스스로 완전히 독립적이라고 여기는 사람들은 착각에 빠져 있다. 그들은 여전히 다른 사람들에게 의존한다. 단, 다른 사람들이 그들의 필요를 인정해서가 아니라 그들 자신이 그렇게 될 수 있는 금전적인 힘을 갖고 있기 때문이다. 아동·환자·노인 등 노동할 수 없는 사람들을 지원하기 위해 부를 이전하는 데는 아무런 잘못이 없다. 문제는 부의 이전이 오로지 다른 사람들에게 필요하지만 부족한 자산을 통제하는 데만 기반을 두고 있을 때다. 이와 같은 부의 이전은 가난한 사람들의 희생으로 소유자들에게 불로소득을 제공한다.

신자유주의는 단순히 부를 99퍼센트에서 1퍼센트로 재분배하는 데서 그치지 않는다. 복지국가에 대한 신자유주의의 공격은 필요에 토대를 두고 민주적으로 통제되는 소득 이전을 삭감하는 대신, 자산 통제에 토대를 둔 불로소득의 흐름을 확대한다. 그 결과 사람들은 필요에 토대를 둔 소득 이전의 자비로운 팔arms을 떠나 자산 통제에 토대를 둔 부 이전의 탐욕스러운 발톱claws 안으로 떠밀려 들어간다. 경제에서 인간적인 부분은 축소되고, 부의 흐름은 권력에 토대를 둔 경제 쪽으로 방향을 바꾼다. 사람들이 권리로 간주해 지원하기로 합의한 부의 이전은 문명화된 사회의 표지標識다. 이는 '만인에 대한 만인의 투쟁'이 벌어지는 사회, 즉 자산을 가장 많이 통제하는 사람들이 단지 그렇게 할 수 있다는 이유로 다른 사람들을 희생시키며 승리하는 사회와는 대조를 이룬다.

따라서 돌봄 노동은 고용의 중단이 아니라 그 자체로 가치를 인정받아야 한다. 아동 수당과 간병인 수당은 임금처럼 당연시되어야 한다. 돌봄 노동은 모든 사회에서 필수 불가결한 활동이므로 고용이 소득을 얻는 유일한 방법이 되어서는 안 된다. 현재 그런 활동에 대해 보편적으로 주어지는 수당은 종종 납세자의 돈을 부유한 부모나 연금 수령자에게 준다고 비판받는다. 하지만 여기서 문제는 보편적인 수당이 아니라 그 이전에 존재하던 불평등이다. 불평등을 많이 완화하면 이 문제도 줄어든다.

사실 신자유주의 사회라고 해서 자립적인 개인이 창출되지는 **않는다**. 사람들이 지방정부와 중앙정부의 민주적 통제 아래 행해지던 지원에서 '해방'될 때, 새로운 유형의 의존성, 즉 부채가 등장했다. 돈을 통제하는 사람들(이자 형태로 불로소득을 제공하는 경우에만 '지원'해주는 사람들)에게 의존하는 고립된 개인들을 떠올려보라. 조직 내에서 민주주의적 요소를 관리주의('리더십')로 대체하면, 노동자들의 자율성은 줄어드는 대신 경영진의 승인을 얻기 위한 상호 경쟁은 심해진다. 우리는 서로를 필요로 하지만 부 생산에서 부자들에게 의존할 필요는 없다. 더욱이 신자유주의 아래에서 여러 국가는 과세를 통해 부자들이 사회에 공헌하게 만드는 대신에 그들에게서 돈을 빌리는 일에 몰두했다.

국가가 학생들에게 장학금을 지급하는 대신에 대출을 해주는 쪽으로 정책 방향을 전환한 뒤 그 대출을 민간기업에 팔아버리면, 학생들은 의존에서 해방되지도, 자립적인 존재가 되지도 않는다. 이는 날 때부터 그들을 지원해왔고 그들이 평생 세금을 내야 할 국가에 일시적으로 의존하는 대신, 과거에 그들을 위해 아무것도 하지 않았고 가능한 한 많은 이자를 추출하려고만 하는 민간 대출자에게 수십 년 동안 의존하게 된다는 뜻이다. 이것은 필요에 토대를 두고 민주적으로 통제되는 소득 이전에서 화폐를 통제하는 사람들에게 불로소득을 안겨주는 방향으로 정책이 전환되는 또 다른 사례다. 마찬가지로 사람들이 국가한테 주택을 임차하다가 매입하는 쪽으로 방향을 바꾸면 그들의 의존도는 더 높아진다. 그들이 국가에 내는 '임대료'는 건축비와 수리비만 감당하면 되지만, 모기지 상환금의 경우 그들은 이자를 추구하는 민간의 신용화폐 창조자에게 수십 년 동안 의존하게 된다.

자연을 단순히 비용과 수입, 놓친 기회에 대한 근시안적인 계산에 따라 하나씩 따로따로 이용할 수 있는 자원의 집합으로 평가해서는 안 된다. 그것은 서로 연결된 지구에 존재하는 전체 생태계(여기서는 사물이 돈으로 얻을 수 있는 이점 이상의 가치를 갖는다)로 이해해야 한다. **가격은 가치가 아니다. 그것은 다차원적인 어떤 물건을 평가하는 매우 제한적이고 일차원적인 하나의 방법일 뿐이다.** 개별 종種에 소유권을 창출해서 가격을 매긴다는 아이디어는 민간기업이 예전에 무료였던 것에 요금을 부과해 돈을 버는 한 가지 방법인지는 모르지만, 지구 생태계 또는 '생물권biosphere'을 구성하는 매우 복잡한 관계망에 의존하는 물건들의 가치를 평가하기에는 어리석은 방법이다. 자연은 약탈이 아니라 존중과 경이감으로 대할 필요가 있다.

환경 논쟁은 종종 기본적인 경제적 욕구를 강조하는 완고한 사람과 나비나 희귀한 거미 등에 관심이 있는 따분하지만 부드러운 사람 사이의 대결로 그려진다. 하지만 실제로 그 논쟁은 엄청나게 복잡하고 상호 의존적인 생태계의 한 부분이자 거기에 전적으로 의존하는 우리가 그 안에서 어떻게 행동하고 또 어떻게 그것을 변화시켜야 하는지에 관한 것이다. 글로벌 분업이 발달하고 자원이 먼 곳에서 조달되면서 각 지역의 주민들은 자원 사용의 결과를 무시하게 되었다. 시장은 규제가 없으면 그런 것들에 관한 정보를 제공해주지 않는다. 신자유주의 경제학자들은 시장 가격이 우리에게 필요한 모든 정보를 제공한다고 주장한다. 그러나 그렇지 않으며, 앞으로도 절대 그렇지 않을 것이다.

자연은 토양·물·물고기·식물 등을 무료로 제공하지만, 생물권의 상태를 고려하지 않은 채 그것들을 무제한으로 이용할 수 있다고 여기는 것은 말이 되지 않는다. 자연은 시장의 신호에 반응하지 않는다. 자본주의적 기업은 이윤을 내는지 아닌지에 따라 살아남거나 죽는다. 사회적·환경적 목표를 달성하는지 아닌지는 문제가 되지 않는다. 어떤 경우에는 자원에 가격을 매기면 자원 사용을 규제하는 데 도움이 될 수 있지만, 임산물이나 물고기 같은 것들을 시장에 맡기면 멸종을 멈추기보다 오히려 촉진할 수도 있다. 시장을 만병통치약으로 보거나 아니면 반대로 모든 악의 근원으로 보는 견해는 지나치게 단순하다. 시장이 허용되는 경우, 노동 착취와 지속 불가능한 행위를 막고 생물 다양성을 보호하려면 규제가 필요하다.

하지만 이는 여전히 환경에 대한 도구적 견해에 머물러 있다. 우리는 그것에 더해 환경의 아름다움과 풍요로움을 잊어서는 안 된다. 자연을 감상하고 즐기는 것은 행복의 중요한 요소다. 환경의 가치가 단지 좁은 경제적 관점과 맞지 않는다고 해서 그에 대해 변명할 필요가 없다. 존 러스킨이 말했듯이 "삶이 빠진 부는 아무것도 아니다."[5]

단계적 접근

어떻게 하면 이 모든 것을 개선해 사회를 더 공정하게 만들 수 있을까? 사회가 시민의 행복을 증진하며 지속 가능한 환경을 만들도록 하려면 어떻게 해야 할까? 이제 몇 가지 제안을 해야 할 시간이다. 내 제안 가운데 다수가 과격해 보일지도 모르지만, 경제와 환경에서 진행되는 끔찍한 이중위기에 직면해 있는 현 상황에서는 불가피한 일이다. 내 제안들은 결코 완벽한 목록은 아니다. 하지만 각 제안이 실효성을 가지려면, 여러 제안을 결합해야만 한다. 내 제안은 선언문이나 프로그램이 아니라 지금해야 하는 일 중 몇 가지를 제시한 것에 지나지 않는다. 이는 이미 몇몇 분야에서 진행되고 있는 긴급한 토론에 참여하기 위한 것이며, 나는 다른 사람들도 이 토론에 참여하기를 바란다. 현재 영국에서는 녹색당의 그린 뉴딜이 내 제안에 가장 가까운 것으로 보인다.

이 책의 주요 주장에 따르면, 우리는 부자들에게 세금을 부과해 부를 나머지 사람들에게 재분배해야 할 뿐 아니라 우선 불로소득의 원천을 축소해야 한다.

첫째, 지대. 사적 토지 소유자가 다른 사람에게서 건설 비용과 유지 비용을 회수하는 것을 넘어 지대를 추출하지 못하게 막는 가장 확실한 방법은 토지와 광물을 국유화해서 지대를 민주적 통제 아래 두거나 국가가 토지가치세를 통해 토지 지대를 환수하는 것이다. 토지 국유화에 공포를 느끼는 사람들은 그것이 건물을 소유하고 개량해서 이익을 얻는 것을 막지 않는다는 사실을 상기할 필요가 있다. 토지 국유화는 자연과 공간을 사유화해서 얻는 이익을 사회로 되돌리는 방안일 뿐이다. 정부가 통제하는 지대는 민간의 지대보다 훨씬 저렴하겠지만, 인기 있는 지역은 인기가 덜한 지역보다 더 높게 설정될 수 있다. 지대가 계속 '배분' 기능을 하므로 특정 지역에 살아야 할 필요가 큰 사용자는 그렇게 할 수 있다.

훨씬 더 평등한 사회에서는 토지·부동산 사용자가 기꺼이 지불하려는 금액의 차이는 소득의 차이가 아니라 주로 필요와 욕구의 차이를 반영할 것이다. 그러나 국제법에 따르면, 토지를 국유화할 경우 토지 소유자에게 보상(사실상 임차인에게 해를 끼쳐서 얻는 이익을 상실하는 데 대한 보상)을 해야 하지만, 세금은 정부가 원한다면 어떤 종류라도 자유롭게 부과할 수 있다.

토지가치세는 미국의 개혁가 헨리 조지가 강력하게 주창한 세금으로, 좌파뿐만 아니라 우파에게도 지지를 받아왔다. 헨리 조지는 토지가치세를 도입하면, 토지 소유자들이 지대 형태로 기업의 이윤을 빨아들여 개발을 저해하는 짓은 하지 못할 것이라고 주장했다. 18세기에는 애덤 스미스가 이 세금을 지지했다. 심지어 신자유주의 등장에서 핵심적인 역할을 담당한 시카고학파 경제학자 밀턴 프리드먼Milton Friedman조차도 토지가치세를 '가장 덜 나쁜 세금'이라고 말한 바 있다.[6] 물론 신자유주의 정치인들은 헨리 조지의 주장을 무시한다. 그들의 정당이 부동산 소유 계급과 불로소득자들의 투표와 재정 지원에 의존하기 때문이다. 그들은 토지가치세를 지지하는 대신 지대를 소득의 원천으로 **추켜올린다.** 권력자들이 자신들의 이해에 부합하는 한에서만 경제 이론을 들먹이는 것은 놀라운 일이 아니다.

사적인 지대 추출의 다른 형태, 예를 들어 독점 기업들이 지식재산권을 이용해서 하는 지대 추출도 좀 더 엄격하게 규제해야 한다. 이는 누가 얼마 동안 저작권과 특허를 확보할 수 있는지 제한하는 제도를 도입하자는 이야기로, 혁신가들을 보상하고 지원할 필요성과 공공선 사이의 균형을 맞추기 위한 것이다. 민간기업이 인터넷을 장악하는 것을 막으려는 노력은 새롭게 중요해진 투쟁이다.

재산권에 변화를 주려고 하면 많은 사람에게 경종을 울릴 수 있다. 하지만 이 정책의 목표는 재산을 파괴하는 것이 아니라 보호하는 것이며, 노력소득이나 이전소득에 의존하는 사람들이 부동산으로 지대를 추출하는 사람들에게 뜯어 먹히는 것을 방지하는 것이다. 사람들이 스스로 통제하거나 관리할 수 있는 안전한 집을 가지도록 해주려는 것이기도 하다. 집을 소유하든 협동조합이나 국가한테 임차(이 경우 지대를 민주적으로 통제할 수 있다)하든 말이다. 후자의 경우 임차인에게 통제권이 이전될 가능성도 있다. 신자유주의는 이미 은밀하게 권력을 통해 재산권을 바꾸었음을 기억하자. 민간기업들은 공유부를 점점 더 민영화할 수 있었고, 민간은행들은 더는 수익성이 없다고 판단한 재산(악성 자산)을 대중에게 떠넘길 수 있었다.

둘째, 이자와 신용화폐. 문제는 신용이 아니라 이자, 특히 고율의 이자다. 신용은 경제발전을 촉진하며, 화폐를 유휴 상태로 놓아두지 않고 유용하게 활용할 수 있는 길을 열어준다. 하지만 신용은 부자들이 나머지 사람들을 이용하는 수단으로 악용되어서는 안 된다. 신용의 가장 중요한 기능은 생산적인 투자와 프로젝트에 자금을 지원하는 것이어야 한다. 대출 위험은 대출자와 차입자가 공유해야 하므로, 자금을 지원받는 프로젝트가 실패하면 대출자도 손실을 일부 책임져야 한다. 이렇게 되면 은행은 차입자와 더 밀접하고 많은 정보를 갖는 관계를 형성하게 된다.

소비와 자산 구매를 위한 대출은 현재보다 훨씬 엄격하게 규제해서 부차적 지위에 머물도록 해야 한다. 그런 대출이 부동산 거품을 유발하도록 놔둬서는 안 된다. 주택 구매자가 차입할 수 있는 금액을 급속히 증가시키면, 새로운 부가 창출되지는 않고 주택 가격만 올라가며, 자산이 부족한 사람에게서 자산이 많은 사람에게로 부가 이전된다. 주택 구매를 위한 대출은 상호주의 원칙, 즉 당사자들이 위험을 사실상 공유하고 은행은 보유 자금의 한도 내에서만 대출할 수 있다는 원칙을 토대로 해야 한다. 주택 부족과 과도한 신용이 결합해서 발생하는 만성적인 주택 가격 상승에 대해서는 국가주택과 협동조합주택을 건설하는 동시에 민간 주택에 대한 신용을 규제하는 방법으로 대처해야 한다. 그렇게 하면 좀 더 엄격한 에코주택[eco-housing: 환경에 미치는 악영향을 최소화하는 주택]의 기준이 확립될 것이다. 전후 국가주택의 건설 기준이 민간주택의 건설 기준을 상향시켰던 영국의 사례를 떠올려보라.

이 경우 저축자(어떤 의미로든 투자자일 필요는 없다)는 실질 이자율이 제로 이상으로 올라가기를 기대해서는 안 된다(실질 이자율이 제로라는 말은 저축금이 애초의 가치를 그대로 유지한다는 뜻이다). 더 높은 수익률은 저축금이 생산적 투자에 투입될 때만 정당화된다.

앞서 살펴본 바와 같이, 민간은행은 신용화폐 창조를 통해 부를 추출할 수 있다. 신용화폐가 생산적인 투자에 주로 쓰이고, 이자의 사중적 비용이 최소화되며 책임감 있게 운영된다면, 좋은 아이디어다. 하지만 민간은행은 생산적인 투자에 자금을 지원하는 데는 미온적이었고, 기존의 부동산과 금융자산에 과도하게 대출함으로써 자산 거품과 과도한 부채를 초래했다. 정부가 민간은행의 화폐 창조를 통제하고 새로운 화폐를 경제에 직접 투입하는 방법이 지금처럼 민간은행이 이자를 받고 대출하도록 방임하는 것보다 낫다.

주류 경제학의 지지를 받는 정통파 신자유주의는 정부가 민간 투자자보다 투자 능력이 뒤떨어진다고 주장한다. 정부는 신용화폐를 과다하게 창출해 인플레이션을 유발하는 경향이 있고, 투자 결정에 필요한 기술이 부족하며, 정치적 고려가 결정에 영향을 미치는 것을 허용한다는 것이다. 그러나 이는 완전히 틀린 주장이다.[7] 윤리적인 동시에 환경적으로 지속 가능한 사업에 생산적인 투자가 이뤄지도록 하려면, 각각의 소관이 정해진 국책은행·지역은행·전문은행이 필요하다. 이 은행들은 기업과 긴밀히 협력해서 어떤 실물투자가 필요한지 정확히 파악해야 한다. 소득 분배가 상당히 평등하고 금권체제의 요소가 없는 민주적인 사회에서 정치적 고려가 결정에 영향을 미치는 것을 두고 나쁘다고 할 수 있을까? 신자유주의 사회에서 부자들의 정치적 이해는 경제적 고려라는 말로 포장되지만, 최고세율을 인하하고 탈세 조사관을 줄이며 공공 서비스를 제공하는 민간기업이 공공자금으로 주주들의 지갑을 채우고, 자산 인플레이션을 지원하는 행위 가운데 비정치적인 것은 하나도 없다.

셋째, 기업 소유권에서 생기는 이윤. 여기서 문제는 비록 기업들이 생산적이라 할지라도, 재화와 서비스를 생산하는 사람들(피고용인들)은 그것들을 판매해서 얻는 돈을 어떻게 쓸 것인지에 대해 아무런 발언권도 없다는 점이다. 생산물과 수입은 기업 소유주(단지 소유주일 뿐 기업을 위해 아무 일도 하지 않는다고 하더라도)에게 귀속된다. 표준적인 기업 모델에서는 이상하게도 이런 소유주들이나 부재 주주들이 유일한 이해관계자다. 설사 그들이 기업을 소유할 뿐 아니라 경영도 하는, 일하는 자본가라고 할지라도 기업에 대한 배타적인 통제권과 기타 여러 권리를 다 가져야 할 이유는 없다. 피고용인들에게는 아무런 권리도 없지 않은가? 더욱 부당한 것은 노동자들에게 의존해 이윤을 얻는 소유주들이, 원하면 언제든지 일방적으로 폐업할 수 있다는 사실이다.

지금 민주주의는 직장 문 앞에서 멈춰 서 있다. 지난 40년 동안 주주가치 운동의 횡포로 이런 불합리한 상황은 더 나빠졌다. 정의를 실현하고 노동자의 이익이 기업의 이익과 일치하도록 하려면, 이런 상황을 역전시키는 것이 필수적이다. 우리는 피고용 경영자를 포함하는 노동자들이 핵심 이해관계자로서 가지는 권리를 강조할 필요가 있다. 종속적 시장을 거느린 기업의 경우, 제품 사용자의 대표성을 확보하는 일도 중요하다. 기업과 공공기관의 회계 정보는 거기서 무슨 일이 일어나고 있는지 충분히 파악할 수 있도록 상세하게 공개해야 한다. 일정 규모(예컨대 직원 20명) 이상의 조직은 노동자가 소유에 참여해서 대표성을 가지고 공동으로 사업 계획을 수립할 수 있도록 해야 한다.

협동조합에는 다양한 모델이 있지만,[8] 그것은 상호은행mutual bank이나 그 외 보완적인 조직을 포함하면서 노하우를 공유하고 새로운 제품과 서비스를 개발할 수 있는 네트워크에서 가장 잘 작동하는 경향이 있다. 중요한 것은 주식이 이런 네트워크 밖에 있는 외부인에게 넘어가지 않도록 해야 한다는 점이다.

주식시장은 역기능적이며 불공정하다. 주식 거래가 가능하도록 하면, 부를 추출하는 데만 관심이 있는 '투자자들'에게 기업이 노출된다. 외부인들이 자산 통제와 투기에서 생기는 불로소득에 대한 접근권[주식]을 사고팔 수 있어야 한다는 데는 아무런 근거가 없다. 그들은 주식을 갖고 있더라도 기업의 업무나 실물투자에 전혀 기여하지 않는다. 기업 소유권 시장을 둔 것은 가장 뛰어난 사람들이 기업을 관리하도록 하기 위해서라고 하지만, 여기서 '가장 뛰어난'이라는 말은 무슨 의미일까? 우리는 여전히 케인스가 요구한 '불로소득자의 안락사'를 기다리고 있다.

그렇다고 해서 재화·서비스 시장에서 경쟁이 모조리 사라지는 것도 아니고, 사용자들이 다른 판매처를 찾을 여지가 없어지는 것도 아니다. 경쟁에 직면한 노동자 관리 기업은 그 주식을 보유하고 있는 은행의 영향을 받아야 할뿐더러 제품시장에서 부침을 피할 수 없으므로, 효율성에 관심을 가질 수밖에 없고 가능한 한 가장 뛰어난 경영자를 찾으려고 노력하기 마련이다. 그런 기업도 의미가 있다고 판단하는 경우, 합병도 할 수 있고 분리나 연합도 할 수 있다. 주식시장이 없다고 해서 경제체제가 얼어붙는 것은 아니다.

노동자 소유 기업은 여전히 소비자들의 선택을 받기 위해 경쟁하겠지만, 그 때문에 스스로 희생하지는 않을 것이다. 예를 들어 그 기업의 노동자들은 저임금 국가의 노동자들을 대체 고용하려고 자신들을 해고하는 일은 없을 것이다! 설사 그들이 뭔가 희생을 선택하더라도 무책임한 부재 소유주의 압박 아래 강제로 하기보다는 존엄성을 지키며 스스로 결정할 것이다. 그 기업들은 급여·교육·노동조건을 나쁘게 만드는 저급한 전략을 선택하는 대신, 장기적인 혁신과 숙련 향상이라는 고급 전략을 선택하는 데 관심을 가질 것이다.

시장은 주인이 아니라 종이 되도록 규제해야 한다. 이렇게 규제한 시장은 사용자와 생산자의 이해를 가장 잘 조정할 수 있다. 시장은 많은 생산물(신자유주의 이론에서는 모든 생산물)에 대한 수많은 생산자와 소비자의 요구와 현장지식을 결집할 수 있다. 이는 전체 경제에서 생산을 관리하고자 하는 어떤 기관도 해결할 수 없는 난제다. 게다가 시장은 생산자들 간의 경쟁을 허용함으로써 새로운 제품을 개발하려는 동기('발견과정')를 자극한다. 그러나 신자유주의자들은 인정하지 않겠지만, 시장의 생산자가 반드시 자본주의적인 조직일 필요는 없다. 또 우리가 항상 자본주의적 기업과 중앙정부 중 하나를 선택해야 하는 것은 아니다.

때로는 노동자 대표와 소비자 대표가 참여하더라도 지방정부나 중앙정부의 통제가 필요하다. 효율성과 사회정의의 관점에서 볼 때, 철도·교육·보건 등의 분야는 공적 책임을 지는 국가 독점 기업이 서비스를 제공하는 것이 최선이다. 영국의 국민보건서비스는 전후 복지국가의 영광스러운 성과였지만, 현재는 은밀한 국가 예산 삭감(5년간 200억 파운드)과 민영화, 조직적인 가짜뉴스 유포로 무너지고 있다. 그뿐만 아니라 병원들이 상호 보완적인 강점들을 가진 경우 협력하던 것을 중단하고 민간 의료 서비스 회사의 경쟁 입찰에 서비스를 제공하도록 강제하는 새로운 법률도 여기에 일조하고 있다. 이처럼 경쟁을 강제하면 입찰 비용과 계약 체결이나 소송 처리를 위한 법률 서비스 비용이 상당액 추가되기 마련이다.

또 민간 사업자들은 납세자의 돈을 뽑아내 주주의 지갑을 채우고, 돈이 되는 환자를 골라낸 뒤 나머지는 국가와 자발적 부문에 맡겨둘 수 있다. 미국의 민간 의료 시스템이 선진국 중에서 가장 비싼 의료 서비스를 제공하고, 영국의 국민보건서비스가 가장 값싼 의료 서비스를 제공하는 것은 결코 놀라운 일이 아니다.[9] 비슷한 이유로, 과거에 국가가 소유했던 기업들로서 민영화된 것들(특히 에너지 기업과 물 공급 기업)은 다시 국유화하든지 협동조합으로 바꿀 필요가 있다. 그래서 에너지원이 지속 가능해져야 하며, 단지 지대의 원천으로만 머물러서는 안 된다.

목적에 부합하는 금융

여기서 필요한 변화는 대형 은행을 분할해서 대마불사大馬不死의 상태에 머무르지 못하게 하거나, 전통적인 은행 업무와 투기적인 '투자' 금융을 나눠서 은행이 일반인들의 돈으로 도박을 벌이지 못하게 하는 내용의 기존 처방을 훨씬 뛰어넘어야 한다. 또 단순히 보너스를 비판하는 것만으로도 충분하지 않다. 보너스에 상한을 두는 방안은 기본 연봉이 높아지는 결과를 초래할 뿐 위기의 근본 원인을 해소하지 못한다.

은행은 예금을 보호하고, 금융 관련 조언을 제공하며, 현재 사용되지 않는 돈을 가장 큰 이익을 가져올 수 있는 곳에 재활용하고, 기업과 가정에 신용을 제공하며, 국제적 거래를 포함하는 대규모 거래를 촉진하거나 규제하며, 위험을 증권화와 레버리징으로 증폭시키지 말고 모아서 관리해야 한다. 현재의 금융 관행과 금융상품 가운데 일부(예컨대 위험에 대비하는 헤징)는 은행이 이런 과제를 이행하는 데 도움이 될 수 있다. 하지만 그것들은 엄격하게 규제하지 않으면, 쉽게 불안정 요인으로 바뀌어 실물 경제를 지원하기는커녕 위협할 수 있다.

비주류 경제학자인 장하준이 말했듯이, 복잡한 금융상품은 새로운 의약품을 출시하기 전에 승인을 받아야 하는 것처럼, 사회적 이익의 측면에서 안전하고 생산적이라고 입증되는 경우에만 허용해야 한다. 이는 영국 녹색당이 금융기관에서 독립된 전문적인 금융규제위원회를 요구하는 것과 일맥상통한다. 이 위원회는 불로소득자들로 가득 찬 대부분의 규제위원회들과는 달라야 한다는 것이다.[10] 불로소득자가 안락사하고 핵심 이해관계자가 주주에서 피고용인과 소비자로 바뀌면, 금융 거래에서 가치 절도의 여지가 크게 줄어들 것이다.

무엇보다도 은행들이 지난 40년 동안 이자를 노리고 디지털 신용화폐를 이용해 민영화해온 통화 공급을 공공통제로 되돌려야 한다. 부채를 활용하지 않는 공공화폐의 창출이 중심을 이루는 금융과 공공신용은 환경의 지속 가능성과 사회정의의 실현을 목표로 하는 새로운 경제를 지원할 수 있도록 민주적 책임성을 구현해야 한다.[11]

신자유주의 시대의 주요 특징 중 하나는 국가 간 자본 이동이 자유로워졌다는 점이다. 그 결과 불로소득자들과 자본가들은 점차 어디든 '투자'하고, 세금회피와 비용 최소화가 가능한 곳으로 돈을 옮길 수 있게 되었다. 한편, 가치 도둑들은 금융시장이 쓸데없이 혼란스러워지는 와중에 이익을 취할 수 있었다. 자본 이동의 제한은 전후 경제 호황의 핵심 요인이었다. 기업이 공적 책임을 지고 민주적인 정부에 순응하게 하려면, 국가의 관할권을 벗어날 수 있는 능력을 제한할 필요가 있다. 그러면 정부가 금권체제의 권력을 제한하려는 조짐을 보일 때마다 등장하는 자본 탈출 협박이 위력을 잃을 것이다. 이는 그런 통제를 점진적으로 도입하기보다는 즉각적으로 도입해야 하는 이유이기도 하다.

신자유주의 이론은 자유시장 원칙을 지지한다. '보호주의'는 금기다. 그러나 보호주의가 강대국에 유리할 때는 이 원칙은 쉽사리 무시된다. 보호주의는 미국·유럽연합 경제정책의 중추였고 지금도 그렇다. 많은 보조금을 받는 농업 부문과 관련해서는 특히 더 그렇다. 즉, 자기네는 보호주의, 다른 모두는 자유무역이라는 것이다. 가난한 국가들은 부유한 국가들의 말이 아니라 행동에 주목해야 한다. 부유한 국가들이 했던 것처럼 자국의 유치 산업, 특히 식량 부문을 보호하고 자급력을 좀 더 강화할 필요가 있다. 앞서 살펴보았듯이 탄소 배출량을 감축하려면 어쨌든 국제 무역을 줄여야 한다.

기업들의 조세회피와 조세회피처를 강력하게 단속하고 기업 규제를 강화하면, 정부 세수가 상당히 증가할 것이다. 세수 증가는 미국의 경우 530억 달러, 영국의 경우 41억 파운드라는 추정치가 나와 있다.[12] '국가별 보고'를 도입하면, 다국적 기업은 자사의 통제 아래 있는 각 회사의 회계 정보와 그 회사들이 소재지에서 내는 세금을 공개해야 한다. 그러면 그 회사들의 운영은 투명해지고 정부와 대중의 감시 아래 놓이게 된다. 기업에 비밀이 있어서는 안 된다. 기업은 소유의 측면에서만 사적이다. 대중을 고용하고 대중에게 판매하며 영향을 미치기 때문에, 대중에게 책임도 져야 한다.

노벨 경제학상 수상자 제임스 토빈James Tobin이 제안한 거래세[일명 토빈세라고 불린다]는 국제 금융 거래에 대해 아주 낮은 세율로 과세하는데, 상당한 금액을 조달할 수 있을 뿐만 아니라 투기 유인과 경제적 변동성을 줄여서 경제를 이롭게 하며, 정부가 경제에 대한 통제력을 강화할수 있도록 해준다. 토빈이 말했듯이, 이 세금을 고안한 것은 "과다하게 효율적인 국제 금융시장의 바퀴에 모래를 뿌리기 위해서"였다.[13]

안정성은 장기 실물투자에 더 좋은 환경을 조성하는 등 장기적인 이익을 가져다준다. 이 세금은 고빈도 거래에 관여하는 금융기관, 즉 주로 자체 계정으로(고객을 위해서가 아니라) 거래하는 '투자'은행과 헤지펀드에 무거운 부담으로 작용할 것이다. 세율과 과세 범위에 따라 수십억 파운드의 세수를 창출할 수 있는 세금이다. 공공정책연구소Public Policy Research의 토니 돌핀Tony Dolphin은 영국에서 0.01퍼센트의 거래세를 부과하면 세수는 250억 파운드가 될 것으로 추정한다. 때로는 '로빈후드세'라고 불리는 이 세금은 대규모 친환경 투자나 저소득층과 불안정 소득 계층의 지원에 쓰일 수 있다.[14] 충분히 예상할 수 있듯이 금융 관계자들은 이 세금에 반대한다.

증세할 것과 감세할 것[15]

모든 사람은 가능한 한 자기 노동의 과실을 누리며 모든 필수품과 많은 편의품을 가질 수 있어야 한다. 이런 평등이 인간의 본성에 가장 적합하며,

가난한 사람들의 **행복**을 증가시키는 것에 비해 부자들의 행복은 훨씬 적게 떨어뜨린다는 사실을 의심하는 사람은 아무도 없다. 또 **국가의 권력**을 증대시켜 임시 세금이나 부과금이라도 기꺼이 내게 만든다. 소수가 부를 독차지하는 경우, 그들이 공적 필요를 충족하는 일에 막대한 기여를 해야만 한다. 하지만 부가 많은 사람에게 분산되어 있을 때는, 모든 사람은 가벼운 부담만 느끼게 되며 세금은 누구의 생활방식에도 큰 차이를 만들어내지 않는다.

더욱이 부가 소수의 수중에 있을 때, 그들은 모든 권력을 누리면서 전체 부담을 가난한 사람들에게 떠넘기려고 모의할 것이며, 가난한 사람들을 더 억압해서 열심히 일하려는 마음을 모조리 꺾어버릴 것이다(데이비드 흄, 1752년).[16]

'돈은 어디서 나올까?' 궁금할 수 있다. 우선, 자산 소유에 토대를 둔 불로소득에 과세하는 데서 돈이 나와야 한다. 부자들의 엄청난 부와 소득에 과세한다는 뜻이다. 가장 중요한 것은 누진적 자산세로, 상위 1퍼센트 중 위로 갈수록 높은 세율을 적용한다. 토마 피케티가 제안하는 것처럼 이 세금은 **글로벌**해야 한다(그는 이것을 '글로벌 자산세'라고 부른다).

여기에는 두 가지가 필요하다. 첫째, 국제적 합의. 이는 유럽연합에서 시작해 외부로 확산시킬 수 있다. 둘째, 금융 투명성. 이는 부의 은폐를 중단시키는 데 필요하다. 누가 금융자산을 소유하고 있고, 누가 누구에게 부채를 지고 있는지 알아내기 어려울 때가 많다는 것은 어처구니없는 일이다. 사이프러스 금융위기 때 이런 일이 일어났다. 누가, 어디서, 무엇을 소유하고 있는지 알지 못하면, 금권체제를 끝내고 부자들이 책임지도록 할 기회가 거의 없다. 특히 개발도상국은 은밀하게 약탈당하는 피해자다. 문제는 기술적인 것이 아니라 정치적인 것이다. 피케티가 말하듯이, 미국에서는 3억 명 이상에 관한 은행 데이터가 자동으로 세무 당국과 공유된다. 협력을 거부하는 국가·기업·개인은 자동으로 제재를 받는다.

둘째, 역시 피케티가 제안한 대로 민간자본에 '특별세'를 부과해 국가 부채를 상환할 필요가 있다. 이렇게 하면 정부는 채권 보유자들의 권력에서 벗어나 금융 붕괴를 유발하지 않고 독립적으로 사회적 지출을 감당할 수 있다. 최고 부자들의 사적 자산은 공공부채보다 훨씬 크기 때문에 그들의 자산에 누진세를 부과하면 1년 이내에 부채를 해소할 수 있다. 기존 자산의 가치 상승에서 생기는 자본이득에는 무겁게 과세해야 한다. 지방세든 국세든, 부동산 조세는 부동산을 많이 가진 사람들이 많이 내도록 강한 누진성을 가져야 한다.

이 세금들은 슈퍼리치를 포함한 부자들과 나머지 사람들 사이의 불평등이 확대되는 것을 방지할 뿐만 아니라 실제로는 줄일 수 있다(최상위층의 재산은 연간 6~7퍼센트씩 증가하는 경향이 있다).[17] 게다가 이 세금들은 대체 에너지와 환경 보호에 대한 대규모 투자에 필요한 자금을 제공할 수 있다. 이에 대해서는 잠시 뒤에 자세히 다루기로 하자. 글로벌 조세에 대한 논의를 들을 때, 여러분은 '꿈속에서나 가능한 일'이라고 생각할지 모른다. 하지만 지구 온난화와 금권체제 권력의 강화라는 악몽은 이미 현실이 되고 말았다. 다시 한 번 말하지만, 급진적인 대응이 필요하다.

일정 금액(2만 파운드가 좋을까, 5만 파운드가 좋을까?) 이상의 유산에 대한 상속세는 불로소득을 회수하고, 부잣집 자식들이 필요나 자신의 기여와 상관없이 크게 횡재하는 바람에 불평등이 확대되는 것을 방지한다. 영국의 모든 자산 중 28퍼센트가 상속되지만, 대규모 상속을 받는 사람은 13퍼센트에 불과하다.[18] 피케티가 보여주듯이, 부자들의 자산이 경제성 장률보다 더 빨리 증가하면, 부자들이 상속으로 얻는 소득의 비중은 더 커진다. 상속세는 다른 재분배 수단과 함께 엄청난 횡재를 막을 수 있을 뿐만 아니라 **더 많은** 사람이 세금 없이 **적당한 크기**의 상속 재산을 주고 받을 수 있게 해준다.

소득세도 전후 호황기에 많은 국가에서 그랬던 것처럼 가파른 누진성 을 갖춰야 한다. 단, 부자들에 대한 자산세와 함께 부과하는 경우, 부유한 국가에서는 저소득층과 중산층의 소득세를 감면할 수 있을 것이다. 모든 소득을 소비에 지출해야 하는 최빈곤층에게 가장 무거운 부담을 주는 소 비세인 부가가치세는 필수품에 대해서는 완화하고 사치품에 대해서는 현행대로 유지하거나 강화할 수 있다.

탄소세와 그 외 환경세는 꼭 필요하다. 이 세금들은 화석연료, 열대 지 역 목재, 희귀 광물, 기타 희소한 재생 불가능 자원을 채취하거나 이용하 는 사람들과 환경을 오염시키는 사람들에게 부과한다. 이는 물론 운송용 연료에 부과되는 세금을 강화해서 항공·해상·육상 운송비를 끌어올릴 것이다. 항공·해상·육상 운송 관련 압력단체들은 당연히 여기에 반대하 면서 탄소 배출을 포함하는 오염 비용을 다른 사람들에게 전가할 권리를 위해 싸울 것이다. 하지만 이 세금들을 통해 화석연료 사용을 줄이는 것 은 불가피한 일이다.

세무조사관 일자리가 늘어나겠지만, 그들의 주요 업무는 아마존·구 글·스타벅스와 같은 대형 다국적 탈세 기업을 집중적으로 조사하는 일 이 될 것이다. 영국에서만 연간 약 700억 파운드의 탈세가 발생한다는 추정이 있다.[19] 따라서 세무조사관들은 급여의 몇 배를 회수할 수 있을 것이다. 기업들이 일반 납세자들에게 무임승차하는 일이 계속되어서는 안 된다.

노르웨이와 핀란드에서는 모든 국민의 소득·순자산·납세액 정보를 모아서 공개하고 있다. 이는 탈세를 억제하고, 경제적 불평등과 납세액에 대한 공론을 활성화하는 데 도움이 된다. 부자들의 탈세 수법이 투명하게 드러나면, 그들은 대중의 검증을 피하기 어려워질 것이다. 우리는 톰Tom, 다이앤Diane 같은 특정인과 헤지펀드 관리자들이 세금을 얼마나 냈는지 금방 알 수 있을 것이다. 개인정보 노출에 대한 우려도 있지만, 급여가 사람들(즉, 피고용인과 고용주, 판매자와 구매자) 사이의 사회관계에 의존하고 있다는 점을 고려할 때, 그럴 필요가 있는지 의문스럽다.[20]

우리가 받는 급여는 우리가 다른 사람들한테 얼마나 얻을 수 있는지, 또는 적어도 그들이 얼마나 주려고 하는지에 따라 달라진다. 그렇다. 부자들은 자신들의 부가 드러나는 것이 당황스러울 수 있지만, 그렇게 하는 것이 마땅하다. 세계에서 가장 부유한 몇 개 국가들이 그렇게 하고 있는데, 다른 국가들이 못할 이유는 무엇인가?

세금은 방정식의 한 변일 뿐이다. 다른 변은 정부의 지출이다. 신자유주의자들은 정부가 공공지출을 과도하게 한다고 비난한다. 때로는 그들이 옳다. 영국 정부는 무의미한 '독립' 핵 억제력(사실상 미국이 통제한다)에 불과한 트라이던트 잠수함Trident submarines에 1,000억~1,300억 파운드를 허비하고 있다. 이 돈으로는 영국의 국민보건서비스를 1년 동안 지원할 수 있다.[21]

임금과 노동조건

우리의 상인들과 제조업자들은 높은 임금이 상품 가격을 끌어올려 국내외의 재화 판매량을 줄인다고 말하면서 높은 임금의 나쁜 영향에 대해 크게 불평한다. 그들은 높은 이윤의 나쁜 영향에 대해서는 아무런 이야기도 하지 않는다. 그들은 자신들의 이익이 끼치는 해로운 영향에 대해서는 침묵하면서도 다른 사람들의 이익이 끼치는 해로운 영향에 대해서만 불평한다(애덤 스미스).[22]

이상에서 언급한 변화 외에도 최저임금을 생활임금 정도로 높일 필요가 있다. 즉, 사람들이 정부가 일반적으로 인정하는 빈곤선(중위 소득의 3분의 2) 이상을 벌 수 있도록 하는 것이다.[23] 영국에서는 정부가 인정하지 않으려고 하지만, 수당에 의존하는 사람들 대다수가 취업자가 있는 가정의 일원이다. 분명히 그 취업자들의 임금은 부족하다. 생활임금과 고리대 규제가 도입되면, '손쉬운 신용'을 온라인으로 제공하는 대부업자들은 사라질 것이다. 글로벌한 수준에서 보면, 저임금 국가에서 시간당 단 1달러만 임금을 인상해도 생활수준이 향상되고, 내수가 증가할 것이다. 그러나 수출품의 전체 비용에는 큰 차이가 없을 것이다.[24] 글로벌 최저임금은 가난한 사람들을 도울 뿐만 아니라 세계가 필요로 하는 수렴과 감축 전략에 중대한 공헌을 할 것이다.

또 '자본주의의 황금시대'라 불리는 1950년대와 1960년대에 시행되고 있었던 **최고임금** 또는 80~90퍼센트의 매우 높은 최고세율도 다시 도입할 필요가 있다. 당시에는 고소득자들이 인센티브가 필요하다며 불평하지 않았다. 최고임금 또는 최고세율의 임계점을 어느 수준으로 잡아야 하는지(7만 파운드, 10만 파운드, 15만 파운드, 20만 파운드 등)는 여러분의 선택에 달려 있다. 하지만 개인의 탄소 발자국은 소득과 상관관계가 있음을 기억하라. 위의 수치 가운데 가장 적은 것도 지구의 흡수 능력을 초과하는 탄소 발자국을 만들어낸다.

연금은 국가가 운영하고 세금, 즉 세대 간 소득 이전으로 자금을 조달해야 한다. 이런 소득 이전은 민주적 규제가 이뤄지는 경우, 필요를 토대로 한 기부를 원칙으로 삼게 될 것이다. 소득 이전에 얼마나 많은 자금을 쓸지는 유권자들이 결정할 것이다. 반면, 금융상품에 '투자'되는 민간연금은 자산 기반의 불로소득으로 운영한다. 민간연금은 저축이 가능한 운좋은 40퍼센트의 사람들을 선호하며, 그들의 저축을 이용해 이자와 투기적 이익을 얻는다.

연금은 우리 모두에게 필요한 것이므로, 앞서 말한 원칙으로 운영해야 한다. 각자도생을 원칙으로 하다가 가난한 사람(또는 경력 단절 여성)이 혹독한 처지에 처하도록 해서는 안 된다. 과거에 국가연금은 더 후하게 지급되었는데, 앞으로 다시 그렇게 될 수 있다. 주주가치 모델이 종말을 맞게 되면 민간연금이 위태로워질 것이기 때문에 국가연금이 빠르게 늘어나야 한다. 물론 사람들은 여전히 개인적으로 저축해서 국가연금을 보충할 수 있겠지만, 그들의 저축이 생산적 투자에 투입되지 않는 한 불로소득, 즉 양(+)의 실질 이자율을 기대해서는 안 된다.

노동시간을 줄이면 일자리 수가 늘어나서 돈은 많지만 시간이 없는 사람들과 시간은 많지만 돈이 부족한 사람들이 생겨나는 터무니없는 상황을 피할 수 있다. 기업이나 기타 조직은 강요된 일중독에 의존해서는 안 된다. 또 일중독으로 발생하는 건강문제를 해결할 비용을 개인과 국가에 전가해서도 안 된다.

실업자, 장애인, 건강이 나쁜 사람에게 제공되는 수당은 그들이 존엄성을 지키며 안정적으로 살 수 있을 만큼 충분해야 한다. 장기간의 실업(대부분 장기간에 걸쳐 쇠퇴하며 투자가 감소하는 지역에서 발생한다)은 사람들에게 해를 끼칠 가능성이 큰데, 근본적인 문제는 일자리 부족이지 개인의 결점이 아니다. 스페인과 그리스의 젊은이들 가운데 절반이 경제위기 이후에 갑자기 나태해진 것은 아니다. 가장 중요한 해결책은 일자리 창출이다. 디트로이트·리버풀·미들즈브러 등 쇠퇴 지역에는 방치되고 오염된 광대한 땅이 있다. 이런 땅은 청소하고 개발할 필요가 있다. 상황이 이런데도 귀중한 농지를 침범해서 주택과 상점을 건설하는 것은 말이 안된다. 무엇보다 녹색경제를 구축하기 위해 해야 할 일이 많다.

모든 사람을 위해 복지국가를 복원하고 개선하면, 우리는 인간적인 경제와 사회를 향한 큰 발걸음을 내딛게 될 것이다. 평등이 증진됨에 따라 보편적 기본소득을 도입해 특수한 복지 급여를 대부분 대체할 수 있을지도 모른다. 그렇게 되면 사회적 안전이 구현되는 동시에 복지 시스템도 간명해질 것이다.

불평등한 분업은 우리 사회에 너무 깊숙이 뿌리 박혀 있어서 그것을 줄이는 데는 분명히 오랜 시간이 걸릴 것이다. 그러나 다음 두 가지가 도움이 될 것이다. 첫째, 기업의 소유와 관리를 민주화하면 노동자들 사이에 좋은 작업과 나쁜 작업이 더 평등하게 배분될 가능성이 커진다. 또는 고급 노동을 하는 사람들보다 하급 노동을 하는 사람들에게 더 많은 급여를 줄 수도 있다. 그렇게 되면 노동자들은 하급 노동과 높은 임금을 선택하거나, 고급 노동과 낮은 임금을 선택할 수 있다. 임금을 노동이 주는 부담에 대한 보상으로 이해한다면, 이는 말이 된다.[25]

둘째, 임금 불평등을 줄이면 숙련이 덜 필요하고 지루한 작업을 고임금 일자리에서 떼어내 저임금 노동자에게 맡기려는 동기가 약해질 것이다. 유급 노동에 대한 친숙한 사고방식이 완전히 뒤집히긴 하겠지만, 분업을 더 평등하게 만들면 더 많은 사람이 자신의 능력을 개발·활용하고, 더 풍족하고 부유한 삶을 살며, 더 공정하고 화목한 작업장에서 일할 기회를 누리게 될 것이다.

친환경의 길

우리는 셰일가스를 포함한 화석연료를 땅속에 남겨두고, 지속 가능한 에너지 시스템을 빨리 개발해야 한다. 또 주택 단열을 개선하고 낭비를 줄임으로써 에너지를 덜 소비해야 한다. 긴급한 재생 에너지 연구를 위해 막대한 자금이 필요하다. 영국 녹색당이 말하듯이, 건물의 에너지 효율을 높이고 부분적으로라도 에너지 자급이 가능하도록 하려면 '녹색 군대'가 필요하다. 이것만으로도 수천 개의 새로운 일자리가 창출될 것이다. 하지만 이는 영속적인 성장이 아니라 자족을 위한 것이다. 열대우림을 포함한 삼림을 확실히 보호해서 이산화탄소를 재흡수하도록 해야 한다.

자신들의 행복을 위해서도, 지구 전체의 행복을 위해서도, 부유한 국가의 부자들은 소비를 줄일 필요가 있다. 그 반대편에서 하루에 1.25달러도 안 되는 돈으로 살아가는 13억 명(세계 인구의 18퍼센트)은 절대적인 빈곤에서 벗어날 수 있도록 도움을 받아야 한다.[26] 급속한 지구 온난화를 막기에는 이미 늦었기 때문에 대체 에너지 공급 기반을 구축하기 위해 수십 년을 기다릴 시간이 없다. 충격적으로 들릴지 모르지만, 부자들은 가능한 한 빨리 소비를 줄임으로써 직간접으로 이산화탄소 배출을 감축해야 한다.

'쉬운 신용'이 급증하면 사람들은 더 많이, 더 빨리 소비할 수 있지만, 장기적으로 보면 차입자와 지구에 더 큰 비용이 돌아간다. 부채를 상환하려면 지속적인 경제성장이 필요하기 때문이다. 그 부채와 경제성장에 가장 큰 이해가 걸린 것은 1퍼센트 중에서도 상위 계층이다. 그들은 경제를 자신들의 이해관계에 따라 통제하고 싶어 한다. 또 부자들은 지구 온난화가 초래할 최악의 결과에서 자신들을 지킬 수 있는 유일한 존재들이다. 따라서 환경적 대의에 공감하는 사람들은 부자들의 권력과 지출·투자의 자금 조달 방식에 도전해야 한다.

친환경적인 삶이란 새로운 물품을 우선시해서 숭배하는 것이 아니라 내구성이 뛰어나고 쉽게 유지·수리할 수 있는 제품을 귀하게 여기는 삶을 뜻한다. 장차 수리기술은 필요불가결하게 될 것이다. 재활용은 강화할 필요가 있다. 분해되지 않는 쓰레기를 줄이려면, 가능한 한 그것을 지역 바깥으로 가지고 나가지 못하게 만들어 사람들의 눈과 마음에서 멀어지지 않도록 해야 한다.

지구 온난화를 막는 데 필요한 목표(속도와 규모의 변화)를 실현하려면, 대규모 에너지 회사를 국유화해서 이산화탄소 배출량을 체계적인 방법으로 신속하게 줄이고 재생 에너지에 대규모 투자를 하게 해야 한다. 화석연료의 미래는 너무 중요해서 오로지 돈에 관심이 있는 주주들만 챙기는 회사의 손에 맡겨둘 수는 없다. 동시에 지역과 개인이 재생 에너지 생산에서 주도권을 발휘하도록 적극적으로 지원해야 한다. 모든 국가가 기후변화가 불러오는 대규모 비상사태에 직면할 경우, 지역 주체들과 개인 주체들은 마치 전시戰時에 하는 것처럼 민간자본을 압류하는 등의 방법으로 막대한 자원을 신속하게 동원할 수 있다. 화석연료 추출에 너무 큰 이해관계가 걸려 있어서 기후위기 대처 노력에 대응하지 못하는 기업들과 인센티브 협상이나 벌이면서 우물쭈물할 시간이 없다.

장거리 수송을 줄여 탄소 배출량을 감축하면서 부분적으로라도 좀 더 지역 중심적인 경제로 회귀하면 '바닥을 향한 경쟁'도 멈출 것이다. 특히 사람과 재화의 수송에 석유가 쓰이면서부터 사람들은 인구밀도가 낮은 교외 지역에 거주하며 장거리 출퇴근(비효율적이다!)을 할 수 있게 됐지만, 저탄소 대체 연료를 발견하지 못한다면 이 전통은 지속 불가능할 것이다. 높은 운송비의 문제를 해결하기 위해 대도시의 경제활동을 분산시키면, 사람들은 거주지 근처에서 일할 기회를 더 많이 누리게 되고, 중소도시에서 다양한 직업 선택이 가능해질 것이다.

저탄소 대중교통은 확대해야 할 뿐만 아니라 더 신뢰할 수 있고 매력적인 서비스로 개선해야 한다. 자전거는 지역의 교통 수요를 많이 해결하며, 내 경험상 건강에 좋고 삶의 질을 높인다. 지역기술은행, 지역화폐 네트워크, 공동양육 네트워크, 종자은행 네트워크, 주택협동조합 등은 모두 다양한 삶의 방식을 제공해 행복과 지속 가능성을 증진할 수 있게 해준다. 토론토와 브리스톨, 브라이튼과 호브, 디트로이트 등 여러 도시에서 지역의 식량생산자와 지역의 소비자(영국의 경우 병원·교도소·학교·보육원·요양원 등)를 연결하는 네트워크가 발전하고 있다. 이 네트워크들은 농장에서 식탁까지 연결되는 투명하고 믿을 만한 공급망을 구축해 건강한 음식을 제공하고 지역의 통제도 가능하게 한다. 지역의 유기농 농민을 지원하고 공공기관의 식사에서 고기 함량을 줄이는 일을 결합해서 추진하면, 이산화탄소 배출량을 감축할 뿐만 아니라 유기농 생산의 고비용을 상쇄할 수 있다.[27]

그렇다고 해서 우리의 대안이 순전히 내부 지향적인 편협한 공동체를 지향하는 것은 아니며, 산업화 이전 사회를 꿈꾸는 것도 아니다. 예를 들어 현대 의학과 현대 통신의 이점을 무시하는 것은 미친 짓이다. 많은 국가적·국제적 연결, 교환과 이동은 여전히 필요하고 정말 유익할 것이다. 하지만 그런 것들의 발전은 행복과 지속 가능성이라는 기준에 따라 규제할 필요가 있다.

일부 물건은 지금보다 저렴해질 것이다. 소득 불평등이 줄고 토지세, 새로운 사회주택, 신용에 대한 규제 등이 도입되면, 주택 가격이 다른 생산물 가격보다 더 빨리 올라가는 일은 없을 것이다. 따라서 주거비가 가계소득에서 점점 더 큰 비중을 차지하는 일도 없을 것이다. 신용카드 화폐 시스템에 들어 있는 숨은 이자 부담을 줄이는 것도 비용을 낮추는 한 방법이다. 한편, 일부 물건은 지금보다 비싸질 것이다. 운송은 그중 하나가 될 가능성이 크다. 그래도 이동을 줄이고 저탄소 대체 자원의 개발을 촉진하는 일은 중요하다. 그리고 생산자들에게 생활임금을 지불하고도 팔아서 수지가 맞는 물건들만 구매할 수 있게 될 것이다. 따라서 일부 소비재와 서비스에는 '자유시장' 가격을 초과해 일종의 공정 거래 프리미엄이 발생하므로 더 비싸질 수 있다. 하지만 이는 전적으로 타당하다. 경제활동의 궁극적인 목적은 사람들이 스스로를 부양할 수 있게 해주는 것이다. 빈곤을 막는 경제활동을 '비경제적'이라고 여기는 것은 어처구니없는 일이다. 경제가 사람을 지원해야지, 사람이 경제를 지원해야 하는 것은 아니다.

민주주의

마지막으로, 지금까지 말한 모든 내용을 실현하려면 부자들의 정치적·경제적 지배력을 제거하고 민주주의를 재건해야 한다. 이것이 얼마나 어려울지에 대해 착각해서는 안 된다. 금권체제는 조직된 음모에 따라 움직인다기보다는 끊임없이 변화하는 일시적인 연합일 수도 있지만, 언론과 주류 정치를 장악하고 있으며 그 권력을 유지하기 위해 치열하고 더럽게 싸울 것이다. 보안 서비스는 우리의 인터넷·휴대전화 사용을 감시할 수 있다. 에너지 회사는 우리를 인질로 잡아 몸값을 요구하기 위해 전기를 끊을 수 있고, 금융 회사는 민간연금을 통제할 수 있다. 쿠데타는 다른 곳에서만 일어나는 일이 아니다. 하지만 20세기 초의 금권체제는 민주적인 정치 압력에 직면해 물러났다.[28] 그러니 21세기 우리 시대의 금권체제도 물러나게 만들 수 있다. 단, 이번에는 더 결정적·영구적으로 물러나게 해야 한다.

정당에 대한 기부금은 액수를 엄격하게 제한해야 한다. 금권체제가 아니라 민주주의에 어울리는 선거운동이 이뤄지도록 하려면 국가가 정당에 자금을 지원할 수 있도록 해야 한다. 현재 그런 제도가 없는 국가에서는 소수당에 대한 지지가 효력을 발휘할 수 있도록 비례대표 제도가 필요하다. 민주주의를 회복시키려면 정치인들이 기업에 자문하고 금전적 이해관계를 가지는 데 대해 지금보다 훨씬 더 강력한 제한이 가해져야 한다. 이는 그들이 현직에 있는 동안뿐만 아니라 정치권에 진입하기 직전과 정치권을 떠난 후 몇 년 동안에도 적용해야 한다. 기업의 로비활동은 지금보다 훨씬 더 엄격하게 통제해야 하며, 기업을 대표하는 자들이 국가에 침투하는 일을 허용해서는 안 된다.[29]

우리는 언론이 지금처럼 특권 엘리트와 기업 이익에 지배당하는 것을 방조할 수는 없다. 현재 정치인들은 당선되려면 루퍼트 머독 같은 언론계 거물의 승인을 얻어야만 한다. 토니 블레어는 1997년에 집권했는데 그 2년 전에 머독의 지지를 요청하기 위해 호주까지 찾아갔으며, 그 이후 머독과 친분을 쌓아 그 딸의 대부가 되었다. 블레어의 전 보좌관 알라스테어 캠벨Alastair Campbell에 따르면, 이라크 석유를 얻기 위해 이라크 전쟁을 열렬히 지지하고 있던 머독은 2003년 블레어에게 전화를 걸어 침공을 지연하지 말 것을 강력히 요청했다고 한다.[30]

놀랄 것도 없이, 당시 머독이 세 대륙에 걸쳐서 지배하고 있던 175개 신문에는 이라크 전쟁에 대한 약간의 비판조차 보도되지 않았다. 상당수의 영국인과 호주인이 그 전쟁에 반대하고 있던 시기의 일이다. 미디어 제국은 해체해야 한다. 또 인터넷상의 '디지털 공유부'는 기업들이 그 형태와 내용을 통제하고 개인의 데이터를 수집해서 다른 사람들에게 팔거나 정부의 보안기관에 넘겨주지 못하도록 보호해야 한다. 미디어를 민주화하는 한 가지 방법은 모든 사람에게 100파운드 정도의 바우처를 제공한 후 자신이 좋아하는 비영리 매체에 쓰도록 해서 국가와 기업의 권력을 견제하는 것이다.[31]

더 나은 미래

앞서 말했듯이, 이 책은 독자들이 현재와 미래에 관해 사고하는 데 도움을 주고자 하는 것일 뿐 선언문은 아니다. 그래서 어떤 사람은 많은 허점을 찾아내서 귀중한 제안과 비판을 할 것이다. 나는 여기서 정치 전략을 논의하려고 하지도 않았다. 내가 다루지는 않았지만, 우리의 삶을 개선하는 데 필요한 다른 방안이 많이 있다. 그 가운데 다수는 훨씬 더 평등한 사회를 요구한다. 예를 들어 성차별과 인종차별을 퇴치하자는 것이다.

하지만 이 책에서 나의 주요 관심사는 부자들이었다. 변화를 가져오려면 많은 전선에 행동이 필요하다. 우리가 진보하고자 할 때, 필요한(그러나 충분하지는 않은) 조치는 부자들에게 책임을 묻고, 그들의 부가 대부분 불로소득에서 생겼음을 폭로하고, 그들의 권력이 부당하고 비민주적이며 착취적임을 드러내는 것이다. 이 사실을 널리 이해시키고, '부 창출자'나 정상적인 사업을 운운하는 헛소리를 버리지 않는다면, 우리에게 개선의 기회는 없다.

아울러 자산을 기반으로 하는 불로소득을 차단하고, 필요를 기반으로 하는 복지를 개선하며, 임금 불평등을 줄이고, 노동자와 사용자를 경제조직의 핵심 이해관계자로 만들며, 정치를 민주화하고, 지속 가능한 에너지원과 생활방식 쪽으로 투자를 전환하면, 우리와 다음 세대의 삶은 훨씬 나아질 것이다. 우리는 과도한 경쟁과 과로, 경제적 불안정에 시달리는 일상에서 해방되어, 멸시나 무시를 당하지 않고 다른 사람들과 평등하게 살아가며, 안정적인 기후를 즐기고, 환경을 정복하는 것이 아니라 돌보면서 더 풍요로운 삶을 살게 될 것이다. 우리는 서로 기쁨을 나누며 놀라운 세상을 즐기기도 할 것이다. 그렇다. 이는 '유토피아적'이다. 하지만 그 반대가 이토록 끔찍한데, 그 방향으로 가지 말아야 할 이유는 어디에 있는가?

우리는 정말로 부자들과 그들을 지원하는 체제를 감당할 수 없다. 그들은 우리와 지구가 제공할 수 있는 수준을 넘어서 살고 있으며, 그들의 이익은 99퍼센트는 물론이고 환경의 이익과도 상충한다. 우리는 이제 부자들을 지원하는 일을 멈춰야 한다.

좌파, 우파, 혹은 중도파

많은 독자(그리고 책을 읽지 않은 더 많은 사람)는 이 책을 '좌파적'이라고 여길 것이다. '99퍼센트 편'이라든가 '친환경적'이라는 평가가 더 나아 보이지만, 나는 여러분이 이 책을 어떻게 분류하는지에 대해서는 관심이 없다. 내가 관심을 갖는 것은 주장이 타당한지 아닌지와, 반론이 무엇인지뿐이다. 우파는 보통 좌파 딱지를 낙인을 찍는 용어로 사용하면서 제기되는 문제들에 직면하지 않으려고 하지만, 이제는 부자들과 권력층의 주요 조직들도 불평등 심화와 지구 온난화가 중대 문제임을 인정할 수밖에 없다.

2015년 1월 다보스에서 슈퍼리치들의 연례 모임을 개최하는 세계경제포럼(358~359쪽)은 불평등과 기후변화가 2015년의 가장 중요한 과제라고 선언하면서 불평등 문제에 대한 우려를 질투의 정치로 폄훼하는 사람들을 책망했다.

다양한 도전이 있다. 기본적인 제도와 글로벌 거버넌스는 무너지고 있고, 부패가 만연하며, 부자들은 더 부유해지고 가난한 사람들은 더 가난해지고 있다. 상승하고 있던 중산층은 변동성이 큰 상품으로 압박을 받고 있고, 불평등이 불안을 자극하고 있으며, 기후변화와 환경 파괴가 사회적·경제적 발전을 저해하고 있다.[1]

다음으로 글로벌 채무위기 때 중요한 역할을 한 국제통화기금이 있다. 이 국제기구의 총재 크리스틴 라가르드Christine Lagarde는 다음과 같이 말한 바 있다. "과도한 불평등을 줄이면 모두가 혜택을 볼 수 있다. …… 우리의 분석에 따르면, 전통적인 견해와는 반대로 소득 증가의 혜택은 아래로 흘러내리지 않고 위로 올라가고 있다."[2] 부유한 국가들을 대표하는 경제협력개발기구도 「그 안에서 함께: 왜 불평등이 줄면 우리 모두에게 이득인가?In it together: Why less inequality benefits us all」라는 보고서에서 그와 비슷한 주장을 한다.[3]

맘몬[Mammon: 부와 물욕의 신]에서 하느님 또는 그 대리자에게 눈을 돌려보자. 프란치스코 교황은 한 감동적인 회칙에서 지구와 생태계를 소중히 여기고 생태적 한계 내에서 살며 불평등을 획기적으로 줄여야 한다고 호소해 정치 엘리트들에게 충격을 주었다.[4] 이 회칙은 가톨릭 신학에 근거를 두었을 뿐만 아니라 기후·불평등·개발에 관한 연구를 광범위하게 검토한 다음 작성한 것이다. 게다가 내용이 상쾌할 정도로 직접적이다.

우리가 사는 지구가 자꾸 쓰레기 더미처럼 보이기 시작했습니다(17쪽).

인류는 생활방식·생산·소비를 바꾸어 이 지구 온난화와 싸울 필요가 있음을 인식해야 합니다(18~19쪽).

가난한 나라들의 외채는 그 나라들을 통제하는 수단이 되어버렸습니다. …… 지구 생태계의 가장 중요한 자원들이 부존해 있는 개발도상국들은 자신들의 현재와 미래를 희생하면서 부유한 나라들의 발전에 계속해서 기여하고 있습니다. 주로 남반구에 위치한 가난한 나라들의 토지는 비옥하고 대부분 오염되지도 않았지만, 그곳 국민들은 상업적 관계와 구조적으로 왜곡되어 있는 소유제도 때문에 필수적 욕구를 충족시키는 데 필요한 재화와 자원에 제대로 접근하지 못하고 있습니다(38쪽).

그는 기후변화와 함께 불평등을 해결해야 한다고 반복해서 주장한다.

모든 생태적 접근은 가난한 사람들과 특권 없는 사람들의 기본 권리를 고려하는 사회적 시각을 갖출 필요가 있습니다(68~69쪽).

그렇다. 부자들과 슈퍼리치들은 장기적으로 볼 때 불평등과 기후변화가 심해지면 자신들을 포함한 모든 사람에게 위협이 된다는 것을 매우 잘 알고 있다. 하지만 그들에게서 이 문제에 대처하려는 조짐을 발견하기는 어렵다. 그들은 집단적으로는 문제를 인식하고 있을지 모르지만, 개인적으로 자신의 권력을 축소하려고 하지는 않는다. 위에서 소개한 보고서들은 흥미로운 데이터를 제시하고, 불평등 심화가 초래할 위험한 결과를 일부 인정하지만, 부자들이 경제를 통제하면서 형성한 권력관계의 핵심에 관해서는 설명하지 않는다. 프란치스코 교황의 회칙을 제외하면, 그 보고서들은 유한한 세상에서 영구적인 성장을 꾀하는 것이 얼마나 어리석은지 인정하지 않는다.

유럽연합 고리대: 금권체제가 민주주의를 이기다

금권체제가 얼마나 큰 힘을 갖고 있는지, 그것이 원하는 경제체제를 어느 정도까지 강요하는지 궁금한 사람은 그리스와 유럽연합 사이에 벌어진 사건을 살펴볼 필요가 있다. 그것은 현대판 고리대의 모습을 적나라하게 보여준다.

예상한 대로 그리스는 다루기 힘들고 방만하게 지출하며 무능한 국가, 그래서 신중하고 참을성 있는 성공한 채권자의 가르침을 받을 필요가 있는 채무자로 묘사되었다. 이런 도덕주의적 평가 때문에 문제는 단순한 도덕적 규칙(채무자는 항상 부채를 상환해야 한다)을 강요하는 식이 되고 말았다. 이 평가는 부채를 이해하는 핵심이 무엇인지에 대해서는 무관심하다. 대출자와 차입자 사이에 불평등한 관계가 생기는 역사적 맥락을 간과하는 것이다.

최근 수십 년 사이에 그리스 쪽에 무능과 부패가 많았다는 것은 분명하다. 그러나 그에 대해 책임져야 하고 거기서 가장 많은 이익을 얻었던 것은 그리스 지배층이었다. 앞에서 살펴본, 정부 부채를 은폐하기 위해 복잡한 파생상품을 이용한 경우(308~312쪽, 402쪽)[5]처럼 때때로 유럽의 대기업과 해외 금융기관의 적극적인 지원이 있었지만 말이다.[6]

군사독재 시절부터 내려온 부채, 2001년 그리스를 유로존에 편입하려고 그 금융 상태에 눈을 감아버린 유럽연합 지도자들, 2004년 아테네 올림픽을 유치하기 위해 수단과 방법을 가리지 않는 바람에 급증한 행사비 등을 고려하면, 그리스의 평범한 사람들에게 책임을 돌릴 수는 없다.

하지만 개인들이 의문스러운 결정을 내린 것만이 문제는 아니었다. 전 세계적으로 금융규제가 완화되었다는 사실도 중대한 영향을 끼쳤다. 은행의 과도한 대출이 2007년의 위기를 촉발했으며, 그 은행들은 그리스가 디폴트를 선언하면 스페인을 비롯해 더 큰 채무국들도 구제금융을 요청할 것이라는 두려움을 갖고 있었다. 이는 유럽연합 고리대EUsury의 원칙에 어긋나는 일이었다.

긴축정책이 시행된 결과 실업자가 되어버린 50퍼센트 이상의 청년들에게 그리스의 부채는 '끔찍한' 것이었다. 그들은 부채 차입에 동의하지 않았기 때문이다. 그리스의 부채는 청년들의 의사에 반해 다른 곳에서 강요한 것이었다. 유럽연합 고리대는 그리스가 분명히 민주적인 의사를 표명했음에도 더 강한 긴축정책(이는 그리스를 한층 더 지속 불가능하게 만든다)을 요구하면서, 갚을 수 없는 부채를 더 많이 차입하도록 강요했다. 국제통화기금조차도 그 부채는 갚기 어려우므로 채권자들이 '삭감'해야만 할 것이라고 뒤늦게 인정했다.

보통 채무자들이 받은 것보다 더 많이 되돌려주어 채권자들에게 보조금을 주는 격이지만, 사람들에게 많이 알려진 이야기의 지배적인 메시지는 늘 그렇듯이 정반대다. 다른 나라에 대출할 때는 뉴스가 되지만, 이자와 함께 상환할 때는 그렇지 않다. 그리스 협상팀은 지원금을 원하는 것처럼 묘사되었지만, 사실 그들은 그리스의 의존도를 줄이려고 노력하고 있었다. 공식 통계를 분석한 주빌리 부채탕감 운동Jubilee Debt Campaign에 따르면, 만약 그리스가 부채를 전부 상환한다면 유럽중앙은행과 그 회원국 은행들은 100억~220억 유로의 이익을 얻을 것이다. 국제통화기금은 이미 2010년 이후 그리스에 해준 대출에서 25억 유로의 이익을 보았다.[7]

사실 구제금융을 받는 것은 그리스라기보다는 거기에 무모하게 대출·한 은행들이다. 여러 해 동안 북유럽의 거대 은행들은 남유럽에 자금을 대출해서 북유럽의 재화를 사도록 만들었다. 예컨대 독일과 프랑스의 무기 회사들은 북유럽의 은행들이 그리스에 자금을 대출해서 자신들의 제품을 구매하게 만드는 것을 기쁘게 지켜보았다(그리스는 다른 어떤 유럽연합 국가보다도 GDP 대비 국방비를 많이 지출하고 있다[8]).

예전 고리대의 경우 부채를 상환할 수 없는 채무자들은 재산과 자유를 빼앗기고 직접 채권자를 위해 일을 해야만 했다. 그들은 채무 노예가 되었다. 유럽연합 고리대의 경우, 그리스는 500억 유로에 달하는 자산을 민간기업들에 헐값으로 매각하는 방안을 받아들여야만 했다. 매각 수입의 절반은 채권자들이 감독하는 아테네의 한 신탁기금으로 들어가게 되어 있다. 채권자들이 부채 상환만이 아니라 그리스의 자산을 원한다는 것이 명백해졌다. 그리스의 임금 수준과 사회적 지출이 유럽연합 평균보다 한참 아래지만, 채권자들은 노동조합을 규제하고 저소득층을 위한 연금 지원을 줄이라고 요구하고 있다. 과거 식민지에서나 했을 법한 방법으로 트로이카(유럽중앙은행·유럽위원회·IMF)는 직원을 파견해서 '계약' 이행을 감시하고 세밀하게 관리하고 있다. 약국 소유권, 우유 유통기한, 빵집에서 판매하는 빵 한 덩어리의 무게까지도 감시 대상이다.[9] 분기별 검토를 통해 진행 상황을 확인하고, 프로그램에서 이탈한 경우 자동으로 지출을 감축한다.

한마디로 대출자들은 그리스의 부채 상환을 더 어렵게 만든 것이다. 긴축정책으로 그리스 경제는 2010년 이후 29퍼센트 축소되었는데, 그 결과 GDP 대비 부채는 2010년 133퍼센트에서 2014년 174퍼센트로 증가했다. 영국 경제의 많은 특질과 마찬가지로 이것은 불공정할 뿐만 아니라 역기능적이다. 이는 국가를 축소해 시장을 자유롭게 하자는 이야기가 만연하는데도 채권자들이 좋아하는 유형의 시장과 재산 소유권을 확립하는 일에 유럽 국가의 손길이 강력하게 작용한 놀라운 사례다.

당연히 그리스 쪽에서는 '이것은 쿠데타다'라는 반응이 나왔다.『파이낸셜 타임스』조차 "브뤼셀[유럽연합의 여러 기관이 몰려 있는 곳]에서 만든 조건에 따라 이뤄지는 구제금융은 채권자들과 그리스의 관계를 식민 모국과 식민지의 관계와 비슷하게 만들 위험성이 있다"라고 말했다.[10] 그러나 금융 쿠데타는 군사 쿠데타보다는 훨씬 세련된 방식으로 진행된다. 한편, 유럽중앙은행은 그리스에 벌칙을 가하면서 양적 완화 정책으로 1조 1,000억 유로를 발행해 정부 채권을 매입함으로써 경기침체를 막으려고 하고 있다. 이는 자산 인플레이션을 촉진해서 은행과 부자들에게 이익을 안겨줄 가능성이 큰 정책이다.

1차 세계대전 후 독일은 330억 달러의 전쟁 배상금을 지급해야만 했다. 이 부담으로 독일에서는 초인플레이션이 촉발되었고 많은 가정이 경제적 재앙에 노출되었다. 처음에는 미국이 개입해서 배상금 지급을 늦춰주고 자금을 대출하는 등 도움을 주었지만, 1929년 대공황 발발 후에는 대출금 전액 상환을 요구했다. 그 결과 독일 경제는 침체하고 실업자가 600만 명에 달했는데, 이는 나치즘 등장의 토양이 되었다(그리스의 신나치 정당인 황금새벽당Golden Dawn은 채권자들이 그리스에 더 많은 벌칙을 가하면 오히려 득을 볼 수 있다). 2차 세계대전 후에는 부채를 탕감하고 마셜 플랜[Marshall Plan: 1947년 미국이 서유럽 동맹국들에 재정 지원을 해주기로 한 기획]에 따라 원조를 제공했기 때문에 독일이 부흥할 수 있었다는 교훈이 널리 받아들여졌다. 당시 그리스는 부채 탕감에 참여한 국가 중 하나였다. 그러나 역할이 뒤바뀐 지금 독일은 그리스에 대해 비슷하게 행동할 생각을 하지 않는다.[11]

모든 부채위기는 상이하지만, 예전부터 내려오는 다음의 이야기에는 공감대가 형성되어 있다. 제3세계 부채위기 때 세계은행과 국제통화기금은 채무국에 자금을 대출하면서 재화와 서비스를 선진국에서 구매하라고 요구했으며, 공공자산을 민영화하고 공공 서비스를 대폭 감축할 것을 강요했다.

수전 조지Susan George의 말을 들어보자.

이제 우리 차례입니다. 그것은 긴축정책이라고 불립니다. 뭐라고 부르든 간에 그것은 동일한 정책, 즉 손해를 사회화하고 이익을 사유화하는 정책입니다. …… 우리가 남반구 국가들보다 더 부유한 것은 사실이지만, 유럽과 영국, 기타 부유한 국가들 안에서도 절박하게 가난한 사람들이 존재하는 상황을 만들어내고 있습니다.[12]

그리스 국민이 구제금융 협정에 반대하자, 트로이카는 양보하기는커녕 끔찍한 악의를 가지고 훨씬 더 가혹한 조건을 강요했다. 그리스 위기에 대한 조세 전문가 리처드 머피의 평가는 아주 적절했다.

그리스 위기는 누가 지배하고 있는지를 우리에게 보여주기 위해 은행가들이 벌인 게임이다.

그것은 부채가 민주주의보다 위라는 것을 보여주기 위한 계략이다.

그것은 국가가 은행에 머리를 숙여야 함을 보여주기 위한 수단이다. 그것은 사람이 돈보다 덜 중요하다는 것을 보여주기 위해 고안했다.[13]

기후문제와 씨름하기

자본주의를 구할 것인지 지구를 구할 것인지, 어느 쪽을 선택하느냐에 따라 정부의 말과 행위는 전혀 달라진다. 과거로 돌아가 2008년 오바마의 연설을 떠올려보자. "석유 생산자의 횡포를 끝낼 시간입니다. 내 임기 중에 해수면의 상승은 느려지기 시작할 것입니다." 하지만 2011년에 와이오밍 주에서 석탄의 대량 채굴이 허용되었는데, 이는 물론 지구 온난화를 통해 해수면을 상승시키는 효과를 발휘한다.[14] 2012년 무렵 오바마의 논조가 얼마나 바뀌었는지는 다음과 같이 자랑하는 데서 확연히 드러난다.

지난 3년 동안 나는 23개 주에 걸쳐서 가스·석유 채굴이 가능하도록 수백만 에이커를 개방하라고 우리 정부에 지시했습니다. 우리는 우리가 가진 역외 유전의 75퍼센트 이상을 개방하고 있습니다. 원유 굴착 장치 수는 놀랍게도 네 배로 증가했습니다. 새로운 가스·석유 파이프라인도 지구를 한 바퀴 두르고도 남을 정도로 설치됐습니다. 사실, 문제는 우리가 가스와 석유를 아주 많이 생산하고 있지만…… 그것을 필요한 곳에 다 수송할 수 있을 만큼 파이프라인을 충분히 갖고 있지 않다는 점입니다.[15]

하지만 그 후 2014년 2월, 오바마는 원유를 캐나다의 타르샌드[tar sand: 원유를 포함하는 모래 혹은 사암] 매장지에서 텍사스의 정유소까지 운반하는 키스톤 KL 파이프라인Keystone KL pipeline을 건설하는 것을 뒷받침하는 법안에 거부권을 행사했다. 그리고 2015년 8월에는 '청정 전력' 공급을 목적으로 하는 담대한 계획을 발표했다. 그 근거는 무엇일까? "우리는 여전히 문제를 일으키고 있습니다. 탄소 오염은 기후변화의 최대 원인입니다."[16] 불과 몇 주 후에 오바마는 알래스카의 북극으로 가서 직접 빙하가 녹는 장면을 지켜보았다. 하지만 그는 그래놓고는 그곳의 석유 시추를 승인했다.

영국도 상황이 미국보다 좋지는 않았다. 홍보 회사 출신으로 수상 자리까지 차지했던 데이비드 캐머런은 2006년 노르웨이를 방문했을 때 허스키[개]를 껴안고는 역사상 가장 친환경적인 정부를 만들고 싶다고 말했다. 그러나 나중에 그는 참모들에게 "친환경 따위는 갖다 버려라"라고 지시했다고 한다. 이후 그의 새 정부는 무슨 일이 있어도 셰일가스 추출을 장려하겠다고 약속했으며, 화석연료 기업에 대한 막대한 보조를 계속한 반면, 친환경 투자은행, 태양광 보조금, 환경세 등 친환경정책은 축소했다.[17]

이상에서 살펴본 것과 같은 모순된 행동은 단순히 생각의 혼란이나 표리부동한 태도 때문에 나온 것만은 아니다. 끔찍한 이중위기(경제위기와 기후위기)에 내재하는 상호 모순되는 힘에 근시안적이고 비굴하게 반응한 결과이기도 하다. 우리는 자본주의적 성장과 지구 가운데 하나를 선택해야만 한다. 둘 다 구할 수는 없다.[18]

미래는 열려 있다

빨리 부자 되는 법을 알려주는 책들은 항상 단지 열심히 일하는 것이 아니라 불로소득을 안겨주는 자산을 확보하는 것이 핵심이라고 말한다. 물론 그 책들은 그런 식의 직접적인 표현을 쓰지는 않고, '투자'라는 마술적 단어로 그것을 숨긴다. 하지만 그 안에 담긴 표준적 메시지는 내가 쓴 내용과 일치한다. 이를 뒷받침하는 증거가 있다. 『2015 세계 자산 보고서 *World Wealth Report 2015*』에 따르면, 거주용 주택, 수집품, 소모품, 소비용 내구재를 제외하고 투자자산으로 미화 100만 달러 이상을 가진 사람들은 자산의 26퍼센트를 예금으로, 27퍼센트를 주식으로, 18퍼센트를 부동산으로, 17퍼센트를 고정 수익 증권(예컨대 채권)으로, 13퍼센트를 '대안투자'(헤지펀드·파생상품·외화·상품·사모투자 등)로 보유하고 있다.[19] 다시 말해 자산의 대부분이 불로소득에서 나오고 또 불로소득을 낳고 있다. 비용은 다른 사람들이 치른다.

유럽 여러 국가의 다수 시민에게 긴축정책은 현재 진행형이다. 적자의 존재가 복지국가를 축소하는 그럴싸한 명분으로 활용된다. 하지만 그 정책은 영국의 불로소득자들에게는 좋은 소식이다. 보수당 신정부가 추가적인 감세를 단행하는 바람에 2015년 그들의 불로소득이 늘어났기 때문이다.[20] 리처드 머피가 말하는 '야생 금융'이 여전히 결정권을 가지고 있다. 중앙은행이 금융 부문을 지원하기 위해 '양적 완화' 방식으로 화폐를 가상으로 발행할 때, 정치 엘리트들은 이를 받아들인다. 하지만 은행들은 이 화폐로 기존 재산과 투기행위에 대출함으로써 자산 가치를 인위적으로 끌어올린다. 친환경적·사회적 목적의 실물투자에 필요한 자금을 조달하기 위해 양적 완화를 요구할 때는 항의가 빗발친다. 언제나 경제학은 정치적이다. 권력의 경제적 근원을 정확히 밝힐수록, 실행 가능한 대안을 명확하게 제시할수록, 권력층은 더욱더 비판하는 사람을 악마화하려고 할 것이다.

내가 글을 쓰고 있는 지금, 긴축정책과 금융의 지배에 반대하는 신노동당 지도자가 선출된 것[2015년 5월 총선에서 노동당이 보수당에 패배한 후 민주사회주의자로 평가되던 제러미 B. 코빈Jeremy B. Corbyn이 노동당 대표로 선출된 사건]에 충격을 받은 영국의 정치 엘리트들은 우스꽝스러울 정도로 심한 분노와 오해로 반응하고 있다.[21] 탈세를 위해 해외로 이주한 다섯 명의 억만장자가 영국 신문 발행 부수의 4분의 3을 지배하고 있고 거기에 정치가 맞물려 있다는 점을 고려하면, 이는 전혀 놀라운 일이 아니다.[22] 놀라운 것은 환경이 이렇지만 대안운동들이 힘을 발휘할 계기를 얻을 수 있다는 사실이다.

현실의 많은 부분이 암울하지만, 희망을 품을 이유도 존재한다. 미래는 항상 열려 있다. 반反긴축운동이 라틴아메리카·남유럽·영국에서 힘을 얻고 있다. 금권체제의 지배는 점점 더 불안정해지고 있다. 정치와 경제는 변한다. 지구와 청년들, 미래 세대를 위해 변해야만 한다.

2015년 9월
앤드류 세이어

다음 분들께 깊이 감사드린다.

- 부자들의 지배를 지지하고 기후변화를 부정하는 메커니즘을 폭로
  한 모든 탐사보도 언론인, 학자, 블로거, 활동가와 운동가들.
- 내가 도덕경제학 연구를 시작할 수 있도록 2004~2005년 연구비
  를 지원해주신 경제사회연구위원회Economic and Social Research
  Council. 아울러 안식년을 주신 랭카스터Lancaster 대학교.
- 데이터와 그래프를 사용할 수 있도록 허락해주신 콜린 고든, 이매뉴
  얼 사에즈, 마이클 노턴, 존 힐스, 톰 팔리, 뉴소사이어티 출판사New
  Society Publishers([그림 5-1]), 레졸루션 재단([그림 12-2]), 글로벌코먼
  스연구소([그림 21-1]).
- 정기적으로 데이터 소스와 반대 내용의 뉴스, 비판자들을 내게 알려
  주고 원고의 많은 부분에 대해 조언을 해준 봅 제숍. 또 원고를 읽고
  코멘트해주신 다음 분들에게도 감사드린다. 커랜 학장Dean Curran,
  노먼 페어클러프Norman Fairclough, 디미트리 메이더Dimitri Mader,
  케빈 맥셔리Kevin McSherry, 데이비드 타이필드David Tyfield, 딕 워커

Dick Walker, 존 어리.

- 귀중한 의견을 제시해주신 대니 돌링과 익명의 논평가.

- 토론, 조언, 격려를 해주시고 통계를 제공해주신 존 알렌John Allan, 존 베이커John Baker, 기디언 칼더Gideon Calder, 아디트야 차크라보르티, 존 크리스텐센John Christensen, 미크 던포드Mick Dunford, 마이클 에드워즈, 노먼 페어클러프와 이사벨라 페어클러프Isabela Fairclough, 토니 필딩Tony Fielding, 닐 폭스리Neil Foxlee, 러셀 키트Russel Keat, 캐서린 린치Kathleen Lynch, 케빈 모건Kevin Morgan, 베씨 올슨Betsy Olson, 존 오닐John O'Neill, 다이안 페론스Diane Perrons, 케이트 피켓, 카렌 롤링슨Karen Rowlingson, 발리하르 상게라Balihar Sanghera, 클라이브 스패시Clive Spash, 리처드 윌킨슨, 루스 워닥Ruth Wodak, 랭카스터의 언어·이데올로기·정치 그룹Language, Ideology and Politics group at Lancaster, 린다 우드헤드Linda Woodhead, 에릭 올슨 라이트Erik Olson Wright 외 다른 많은 분.

- 우아하게 탈고를 방해하기는 했지만, '책은 언제 나오냐?'고 계속 물어준 다른 친구들. 앤 맥체스니Ann McChesney, 패트 배트슨Pat Batteson, 디나 브라운Dinah Brown, 에릭 클라크Erik Clark와 세실리아 클라크Cecilia Clark, 이사벨라 페어클러프, 스티브 플리트우드Steve Fleetwood와 앤 플리트우드Anne Fleetwood, 앤마리 포티어Anne-Marie Fortier, 브리지트 그레이엄Bridget Graham, 톰 페어글러프Tom Fairclough, 코스티스 하드지미찰리스Costis Hadjimichalis, 디나 바이우Dina Vaiou, 프랭크 한센Frank Hansen, 헬 피셔Helle Fischer, 아이언 헌터Iain Hunter, 수 할샘Sue Halsam, 루스 조이스Ruth Joyce, 리처드 라

538

이트Richard Light, 그라지나 몬비드Grazyna Monvid, 셀리아 로버츠 Celia Roberts, 게오르크 쉰펠트Georg Schönfeld, 주디 세바Judy Sebba, 브라이언 파킨슨Brian Parkinson, 이바 소인투Eeva Sointu, 수 테일러 Sue Taylor, 리즈 토머스Liz Thomas, 질 영Jill Yeung, 카린 조트만Karin Zotzmann.

- 친밀한 동료애를 보여준 랭커스터 대학교의 동료들. 그리고 직원이 부족한데도 웃으면서 뛰어난 행정 지원을 해준 카렌 감먼Karen Gammon, 줄스 나이트Jules Knight, 케이트 미첼Kate Mitchell, 케이틀린 프릴Cathlin Prill, 레이철 베럴Rachel Verrall.
- 격려와 조언과 지원을 아끼지 않은 앨리슨 쇼Allison Shaw, 로라 비커스Laura Vickers, 폴리시 출판사 편집팀.
- 특별히 내 딸 리지Lizzie.

나는 이 책의 모든 인세를 자선단체와 평등과 경제정의를 추구하는 조직에 기부할 예정이다.

1장 **도입부**

1 http://en.wikiquote.org/wiki/Warren_Buffett. 『포브스』에 따르면, 2013년 버핏은 세계 4위의 부자였다.

2 World Top Incomes Database. 자세한 내용과 분석에 대해 알고 싶다면 다음을 보라. Piketty, T. (2014) *Capital in the 21st century* [한국어판: 『21세기 자본』, 장경덕 옮김, 글항아리, 2014], Cambridge, MA: Belknap Press. 하지만 이 수치들은 과세 전 소득으로 계산한 것이다. 지난 30년 사이에 부자들에 대한 과세가 극적으로 줄어 들었기 때문에, 과세 후 소득으로 계산할 경우 부자들의 비중은 더 커질 것이다.

3 미국에서 2002년과 2012년 사이(호황과 공황이 이어진 시기)에 하위 90퍼센트의 가계소득은 10.7퍼센트 떨어졌고, 상위 10~5퍼센트는 2.7퍼센트 상승, 상위 0.01퍼센트는 76.2퍼센트 상승을 기록했다. Matthews, D. (2013) "You're probably making 10 percent less than you were ten years ago. The top 0.01 percent is making 76.2% more", *Washington Post*, 6 December. 데이터는 Piketty and Saez, World Top Incomes Database에 수록된 것을 활용했다고 한다.
http://knowmore.washingtonpost.com/2013/12/06/youre-probably-making-10-percent-less-than-you-were-ten-years-agothe-top-0-01-percent-is-making-76-2-percent-more/.

4 Bell, B. and Van Reenen, J. (2010) 'Bankers' pay and extreme wage inequality in the UK', Centre for Economic Performance, London School of Economics.

5 다음을 보라. Saez, E. (2013) 'Income inequality: evidence and implications', lecture at University of California, Berkeley, 2013, http://www.youtube.com/watch?v=_y7Xtwxd90I.

6 Inequality Briefing (2014) Briefing 26: 'Almost one third of wealth in the UK is inherited, not earned', 11 April, http://inequalitybriefing.org/brief/briefing-26-almost-one-third-of-wealth-in-the-uk-is-inherited-not-earned.

7 Oxfam (2015) 'Having it all and wanting more', Oxfam Briefing, 15 January, http://policy-practice.oxfam.org.uk/publications/wealth-having-it-alland-wanting-more-338125.

8 Oxfam (2014) 'Working for the few: political capture and economic inequality', 178 Oxfam Briefing Paper, 20 January.

9 Dorling, D. (2012) *The case for austerity among the rich*, London: Institute of Public Policy Research; Saez, E. (2013) 'Income inequality: evidence and policy implications', http://elsa.berkeley.edu/users/saez/lecture_saez_arrow.pdf.

10 Dorling, D. (2013) 'Fairness and the changing fortunes of people in Britain', *Journal of the Royal Statistical Society A*, 176(1), pp. 97~128. 지난 100년 사이에 상위 10퍼센트 중 상위 1퍼센트 외의 소득 비중은 매우 미미하게 증가했다. 이 데이터와 그 외 여러 중요한 데이터를 알려준 대니 돌링에게 특별히 감사드린다.

11 다음을 보라. Skidelsky, R. and Skidelsky, E. (2013) *How much is enough? Money and the good life*, Harmondsworth: Penguin.

12 이 추정치의 출처는 5부에 나온다.

13 Zero Hedge (2011), http://www.zerohedge.com/article/rich-are-aboutget-very-very-rich-study-finds-global-millionaire-wealth-set-moredouble-2020?utm_source=feedburner&utm_medium=feed&utm_campaign=Feed%3A+zerohedge%2Ffeed+(zero+hedge+-+on+a+long+enough+timeline%2C+th.

14 예를 들어 다음을 보라. Orton, M. and Rowlingson, K. (2007) *Public attitudes to inequality*, York: Joseph Rowntree Foundation; Horton, L. and Bamfield, T. (2009) *Understanding attitudes to tackling economic inequality*, York: Joseph Rowntree Foundation; Pahl, R., Rose, D. and Spencer, L. (2007) 'Inequality and quiescence', Institute for Social and Economic Research Working Paper, 22; Osberg, L. and Smeeding, T. (2005) 'Social values for equality and preferences for state intervention in the USA and Europe', Russell Sage Foundation.

15 데이터를 제공해준 마이클 노턴에게 감사드린다.

16 다음을 보라. Inequality Briefing, http://inequalitybriefing.org/; ICM Poll http://inequalitybriefing.org/files/Inequality_Polling_(Q1-Q2)_-_May_2013.pdf;

Office of National Statistics (ONS) 2008/10 Wealth and Assets Survey, chapter 2.

17 Institute of Fiscal Studies (2012), 다음에서 계산한 수치. 'Where do you fit in?' calculator, http://www.ifs.org.uk/wheredoyoufitin/. 지출의 차이를 고려하기 위해 가계 규모에 맞추어 수치를 조정했다.

18 데이터는 다음에서 인용. World Top Incomes Database, 2012.

19 Saez (2013); Freeland, C. (2012) 'The self-destruction of the 1 percent', *New York Times*, 13 October.

20 출처: http://www.ukpublicspending.co.uk/fed_spending_2015UKbn.

21 http://www.bloomberg.com/billionaires/2014-01-03/cya.

22 Green, D. (2013) 'Should we (and everyone at Davos) worry about extreme wealth?', Oxfam Policy and Practice Blog, http://policy-practice.oxfam.org.uk/blog/2013/01/extreme-wealth.

23 Forbes, 'The world's billionaires', 2013, http://www.forbes.com/billionaires/list/#tab:overall.

24 Davies, N. (2003) 'The golden rule that saves the super-rich millions', *Guardian*, 11 April, http://www.theguardian.com/uk/2002/apr/11/politics.economy1.

25 Sunday Times Rich List, 2013.

26 Shiller, R. (2012) *Finance and the good society*, Princeton, NJ: Princeton University Press.

27 신자유주의에 대해서는 다른 해석이 많이 있다. 프리드리히 하이에크와 밀턴 프리드먼 같은 경제학자들이 주도한 학문적 이론으로서의 신자유주의와, 이론에서 일부 아이디어를 기회주의적 방식으로 끌어와서 정치적 목적에 이용하는 한편 이론 가운데 덜 매력적인 부분(예컨대 반민주주의적 주장)은 대중의 눈에 드러나지 않게 감추는 정치적 경향으로서의 신자유주의를 구분하는 것이 유용하다. 정치적 신자유주의를 지배하는 것은 부자들의 이해관계다. 때때로 이 용어는 '최근에 일어나고 있는 모든 일'을 포괄적으로 묘사하는 데 쓰이지만, 이는 신자유주의의 특수성과 반대 조류를 간과한다는 점에서 문제가 있다. 신자유주의에 관해 더 알고 싶은 독자들은 다음을 읽어보기 바란다. David Harvey's (2007) *A brief history of neoliberalism*, Oxford: Oxford University Press. 특히 경제위기와 관련해서 신자유주의를 다룬 최고의 책으로는 다음을 꼽을 수 있다. Philip Mirowski's (2013) *Never let a serious crisis go to waste*, London: Verso.

28 Sayer, A. (2007) 'Moral economy as critique', *New Political Economy*, 12(2),

pp. 261~270. 많은 이가 '도덕경제학'이라는 용어를 규제받는 시장에 관한 다음 연구와 관련해 생각한다. Edward Thompson (1971) 'The moral economy of the English crowd in the eighteenth century', *Past & Present*, 50, pp. 76~136. 톰슨은 도덕경제를 시장경제의 반대물로 보았다. http://humanitiesunderground. wordpress.com/2012/04/22/the-moraleconomics-of-wellbeing/. 불행히도 이런 시각의 영향으로 많은 사람이 도덕경제는 자본주의의 등장과 함께 끝났으며 자본주의는 어떤 의미에서든 도덕경제가 아니라고 여기게 되었다. 이런 시각에 반대하는 나와 다른 논평가들은 자본주의가 도덕경제라고 주장한다. 예를 들어 다음을 보라. Booth, W. (1994) 'On the idea of the moral economy', *American Political Science Review*, 88(3), pp. 653~667; Keat, R. (2004) 'Every economy is a moral economy', unpublished manuscript, University of Edinburgh: http://www. russellkeat.net/admin/papers/39.pdf. 마이클 샌델Michael Sandel의 책 *What money can't buy*(Harmondsworth: Penguin)[한국어판: 『돈으로 살 수 없는 것들』, 안기순 옮김, 와이즈베리, 2012]는 정치철학과 도덕철학 쪽에서 도덕경제 연구에 공헌한 대표적 사례다. 이런 공헌은 가치 있는 것이기는 하지만, 자본주의가 실제로 어떻게 작동하는지를 이해하는 데는 그다지 도움이 되지 않는다. 자본주의의 근본 구조를 주어진 것으로 받아들인 다음, 인간의 장기를 파는 것과 같은 매우 특수한 행위에 초점을 맞추기 때문이다. 내가 보기에 도덕경제학은 자본주의의 근본 제도, 특히 소유관계에 의문을 제기할 때 더 강력해지고 권력자들에게 더 위협적인 존재가 될 수 있다. 더 깊이 탐구하고 싶은 독자들은 다음을 보라. John O'Neill's (1997) *The market*, London: Routledge; Alperovitz, G. and Daly, L. (2010) *Unjust deserts*, New York, NY: The New Press[한국어판: 『독식 비판』, 원용찬 옮김, 민음사, 2011]; Murphy, L. and Nagel, T. (2005) *The myth of ownership*, Oxford: Oxford University Press; Graeber, D. (2011) *Debt: The first 5000 years*, New York, NY[한국어판: 『부채, 첫 5,000년의 역사』, 정명진 옮김, 부글북스, 2021]; Melville House Publishing; and Polanyi, K. (1947) *The great transformation*, New York: Basic Books[한국어판: 『거대한 전환』, 홍기빈 옮김, 길, 2009].

29 Nelson, J. A. (2006) *Economics for humans*, Chicago, IL: University of Chicago Press; Graeber (2011); Brown, M. T. (2010) *Civilizing the economy*, Cambridge: Cambridge University Press.

30 MacIntyre, A. (1999) *Dependent rational animals*, London: Duckworth.

31 Sayer, A. (2011) *Why things matter to people: Social science, ethics and values*, Cambridge: Cambridge University Press.

32 애덤 스미스는 시장교환이나 물물교환이 대부분의 인류 역사에서 극히 부차적이거나 때로는 존재하지도 않았다는 증거밖에 없었던 시기에 그것들을 인간 생활의 보편적 특질로 여기도록 역사를 왜곡한 책임이 적지 않다. 다음을 보라. Graeber (2011).

33 Lerner, M. J. (1981) *The belief in a just world: A fundamental delusion*, New York: Plenum.

34 Horton and Bamfield (2009). 다음도 보라. Unwin, J. (2013) *Why fight poverty?*, London: Publishing Partnership; Kelly, N.J. and Enns, P.K. (2010) 'Inequality and the dynamics of public opinion: the self-reinforcing link between economic inequality and mass preferences', *American Journal of Political Science*, 54(4), pp. 855~870; Shildrick, T. and MacDonald, R. (2013) 'Poverty talk: how poor people experiencing poverty deny their poverty and why they blame the poor', *The Sociological Review*, 61, pp. 285~303.

35 다음에서 재인용했다. Orton, M. and Rowlingson, K. (2007) 'A problem of riches: towards a new social policy research agenda on the distribution of economic resources', *Journal of Social Policy*, 36(1), pp. 59~77.

1부 부의 추출에 대한 안내

2장 위험한 세 단어: '벌이', '투자', '부'

1 라이트 밀스는 그의 책 *The power elite*[한국어판: 『파워 엘리트: 돈과 권력과 명성은 왜 소수의 사람에게로 집중되는 것일까?』, 정명진 옮김, 부글북스, 2013]에서 이렇게 썼다. "오늘날에도 평범한 사람들은 지식과 능력으로 권력과 부를 설명하고 정당화하는 경향이 있다." 1956, Oxford: Oxford University Press, p. 351.

2 Wilde, O. (1908) *The picture of Dorian Gray*, Penguin.

3 Brown, M. T. (2010) *Civilizing the economy: A new economics of provision*, Cambridge: Cambridge University Press. 다음도 보라. Skidelsky and Skidelsky (2012).

4 Ruskin, J. (2007) *Unto this last*, FQ Classics, p. 89.

5 혹자는 다음과 같은 의문을 가질지도 모른다. 사람들이 대가를 받고 생산하는 물건 중 어떤 것(예컨대 집속탄[한 개의 폭탄 안에 여러 개의 소형 폭탄이 들어 있는 무기로 국제법상 사용이 금지되어 있다]이나 헤로인)은 '재화'라고 부를 수 있는지, '사용가 치'를 가지는지 말이다. 이는 중요한 논점이기는 하지만, 그 문제를 고려하기 위해 세 번째 기준을 추가해야 한다고 생각하지는 않는다. 세 번째 기준을 추가하든 추가하지 않든 내 논지에는 별 차이가 없기 때문이다. 나는 논의를 간결하게 하려고 그 문제를 생략했을 뿐이다.

6 회계, 예금 업무, 소매 등은 교환가치와 재산 이전을 취급하기는 하지만 여기에 포 함했다. 선진 경제에는 분업을 조정하기 위한 시장이 필요하기 때문이다(Sayer, A. (1995) *Radical political economy: A critique*, Oxford: Blackwell). 하지만 그런 일들은 경제의 다른 부분을 지배하지 못하도록 강하게 규제할 필요가 있다. 기업의 조 세회피를 도와주면서 돈을 버는 회계사들을 사용가치를 생산하는 노동자의 범주에 넣을 수는 없다.

7 이 점을 강조해준 크리스 홀덴Chris Holden에게 감사드린다.

8 United States Census Bureau 2013, http://www.census.gov/newsroom/ releases/archives/income_wealth/cb13-165.html.

9 Hobson, J. A. (1937) *Property and improperty*, London: Gollancz.

10 Welshman, J. (2006) *Underclass: A history of the excluded, 1880 – 2000*, London: Hambledon Continuum. 다음도 보라. Shildrick, T., MacDonald, R., Furlong, A., Roden, J. and Crow, R. (2002) *Are 'cultures of worklessness' passed down the generations?*, York: Joseph Rowntree Foundation.

11 다음을 보라. Inequality Briefing 19: 'Does getting parents into work get children out of poverty?', http://inequalitybriefing.org/brief/briefing-19-doesgetting-parents-into-work-get-children-out-of-poverty.

12 보수당-자유민주당 연립정부 치하에서 실업자 수치는 줄어들었다. 다음 두 가지를 고 려하면, 이는 그다지 놀라운 일이 아니다. (1) 구직자 수당을 받는 데 필요한 조건이 계속 늘어났다. (2) 일자리 가운데 파트타임이나 0시간 계약[zero hours contracts: 정해진 노동시간 없이 임시직 계약을 한 뒤 일한 만큼 시급을 받는 노동계약으로, 파 트타임보다 못한 노동조건 때문에 노예계약으로 불린다]의 비중이 증가한다는 사실 이 은폐되었다. 2014년 4월 후자에 속하는 노동자 숫자는 140만 명이었다. 지난 40년 사이에 미국에서도 파트타임 노동자의 비율은 상승했다.

13 Tawney, R. H. (2004) [1920] *The acquisitive society*, Mineola, NY: Harcourt Brace and Howe.

14 Hudson, M. (2008) http://dandelionsalad.wordpress.com/2008/09/08/'modern-debt-peonage"-economic-democracy-isturning-into-a-financial-oligarchy/.

4장 지대, 무엇에 대한 대가인가?

15 Smith, A. (1976) [1776] *The wealth of nations*, ed. E. Cannan, Chicago, IL: University of Chicago Press[한국어판: 『국부론』, 이종인 옮김, 현대지성, 2024] Bk I, ch V, p. 56.

16 Paine, T. (1797) *Agrarian justice*, paragraph 11, http://geolib.pair.com/essays/paine.tom/agjst.html.

17 Churchill, W. (1909) *The people's rights*, ch 4, http://www.wealthandwant.com/docs/Churchill_TPL.html.

18 Tawney, R. H. (2004) [1920] *The acquisitive society*, Mineola, NY: Harcourt Brace and Howe.

19 http://www.richest-people.co.uk/duke-of-westminster/.

20 Mill, J. S. (1965) *Principles of political economy*, in Collected Works, ed. J. M. Robson, Toronto: Toronto University Press, vol 3, bk 5, ch 2, sec 6, p. 821; Paine, *Agrarian justice*, para 15.

21 *Guardian* (2014) 'Empty homes scandal of UK's billionaires row', 1 February.

22 Stiglitz, J. E. (2012) *The price of inequality*, London: Allen Lane[한국어판: 『불평등의 대가』, 이순희 옮김, 열린책들, 2020], p. 32. 다음도 보라. Kay, J. (2012) 'The monumental folly of rent seeking', *Financial Times*, 20 November, http://www.ft.com/cms/s/0/3c72c7f0-3278-11e2-916a-00144feabdc0.html#axzz34zGZwF7d.

23 Thompson, G. (2006) 'Prodded by the left: richest man talks equity', *New York Times*, 3 June, http://www.nytimes.com/2006/06/03/world/americas/03slim.html?pagewanted=1&_r=0&ei=5088&en=87ff5ffac4ee12aa&ex=1306987200&partner=rssnyt&emc=rss.

24 Freeland, C. (2012) *Plutocrats: The rise of the new global super-rich*, London:

Allen Lane, p. 195.

25 Giles, C. (2012) 'All that money growing on trees', *Financial Times*, 19 March, http://blogs.ft.com/money-supply/2012/03/19/all-that-money-growingon-trees/#axzz1peBhsxr6.

26 Meek, J. (2012) 'Human revenue stream', *London Review of Books*, 20 March. 이 글을 참고하라고 알려준 존 알렌에게 감사드린다. 다음도 보라. Leaver, A. (2013) 'Growth in whose interests?', *Discover Society*, 3, www.discoversociety. org/2013/12/03/growth-in-whose-interests/.

27 Ferguson, K. *Everything is a remix*. Video, http://www.youtube.com/watch?v =NAKa0AJHhL4. 우리가 기존 지식에 빚지고 있다는 사실의 함의는 2부에서 좀 더 자세히 살펴본다.

28 Public Patent Foundation (2011) 'Organic seed v Monsanto', http://www. pubpat.org/monsanto-seed-patents.htm.

29 '특허 괴물'[patent trolls: 특허 기술을 사들여 로열티 수입을 챙기는 회사]은 훨씬 더 나쁘다. 그 기업들은 다른 이들이 발명했으나 아직 특허를 얻지 못한 것들을 가로챈 다음 돈이 많이 드는 소송으로 위협한다(밥 제솝과 나눈 개인적 대화 가운데 알게 된 사실).

30 Bamfield, L. and Horton, T. (2009) 'Understanding attitudes to tackling economic inequality', Joseph Rowntree Foundation, http://www.jrf.org.uk/ sites/files/jrf/attitudes-tackling-economic-inequality-full.pdf.

31 BBC News (2012) 'Premier league clubs climb to new highs', 31 May, http:// www.bbc.co.uk/news/business-18248540.

32 Rosen, S. (1981) 'The economics of superstars', *American Economic Review*, 71(5), pp. 845~858.

5장 이자, 무엇에 대한 대가인가?: 고리대에 관해 이야기할 필요가 있다

33 Keynes, J. M. (1936) [1973] *The general theory of employment, interest and money*, Houndmills, Basingstoke, Macmillan[한국어판: 『고용, 이자, 화폐의 일반 이론』, 이주명 옮김, 필맥, 2010], p. 376.

34 Pettifor, A. (2014) *Just money*. http://www.primeeconomics.org/?wpscproduct =just-money-how-society-can-break-the-despotic-power-offinance-2

35 http://www.thenation.com/article/169760/occupy-20-strike-debt, 2016년
    9월 12일에 검색.

36 Lazzarato, M. (2012) *The making of the indebted man*, Cambridge, MA: MIT
    Press, p. 20.

37 다음에서 재인용했다. Kennedy, M. (2012) *Occupy money*, Gabriola Island, BC,
    Canada: New Society Publishers, p. 23.

38 예전 기독교에서도 그랬다. "부자는 가난한 사람을 다스리고 빚진 사람은 채주의
    종이 된다."(구약 성경 잠언 22장 7절). Graeber, D. (2011) *Debt: The first 5000
    years*, New York: Melville House Publishing.

39 그레이버는 '사익'이라는 용어는 17세기에 이자를 금융적 개념으로 쓴 데서 비롯되었
    다고 주장한다. Graeber (2011), p. 331.

40 이 적절한 용어는 다음에서 인용했다. Ann Pettifor (2006) *The coming first-world
    debt crisis*, Houndmills, Basingstoke: Palgrave.

41 다음에서 재인용했다. Coggan, P. (2011) *Paper promises*, London: Allen Lane, p.
    197.

42 Hudson, M. (2012) *The bubble and beyond*, Dresden: ISLET.

43 이 점에 관해 토론해주신 루스 워닥에게 감사드린다.

44 다음에서 재인용했다. Talabi, S. (2011) 'A Nigerian approach to Islamic banking',
    Business Day, 25 August, http://www.businessdayonline.com/NG/index.php/
    law/legal-insight/26439-a-nigerian-approach-to-islamic-banking.

45 Hudson (2012), p. 97.

46 한때 최저 이자율로 소액의 자금을 대출하고자 했던 마이크로파이낸스도 단순 고리
    대로 바뀐 경우가 많다. 다음을 보라. Roy, A. 'Who profits from the poor', http://
    mouthbeef.tumblr.com/post/50643246247/mollycrabapple-perhaps-the-
    best-illustrated#.

47 The Money Charity (2014) Debt statistics, 12 June, http://themoneycharity.org.
    uk/debt-statistics/

48 Kara, S. (2012) 'Bonded labor: tackling the system of slavery in South Asia'.
    국제노동기구는 아시아-태평양 지역에는 최소한 930만 명이 강제노동 상태에 놓여
    있으며, 그 대부분이 채무 속박 상태라고 추정한다. 다음을 보라.
    http://www.antislavery.org/english/slavery_today/bonded_labour.aspx.

49 The Money Charity (2014) 'UK household debt to rocket by 43퍼센트 in the
    next 5 years', 2 April, http://themoneycharity.org.uk/uk-household-debtto-

rocket-by-43-in-the-next-five-years/.

50 Homebase and Dorothy Perkins websites, 13 June 2014.

51 Ferratum, https://www.ferratum.co.uk/; Wonga, https://www.wonga.com/.

52 윙가의 시장가치는 2010년 말 1,700만 파운드에서 2012년 5월 3억 8,400만 파운드로 증가했다. 'Wonga: the men who made £50 million from other people's cash woes', *Daily Mirror*, 13 May, http://www.mirror.co.uk/night-copy/wonga-the-men-who-made-50million-830110#ixzz2gUGJGPYw.

53 우정이 걸린 경우, 사람들은 확실히 『햄릿』에서 폴로니우스Polonius가 아들에게 한 충고("돈은 빌리지도 빌려주지도 말라. 대출은 종종 돈은 물론이고 친구도 잃게 만든다")를 따른다(Shakespeare, *Hamlet*, Act 1, scene 3, pp. 75~77). 심지어 이자가 없는 대출을 제공하거나 받는 경우조차도 대출이 없었다면 대등하고 관대했을 관계에 원치 않는 의존과 불균형을 초래하는 것으로 여길 수 있다. 이런 이유로 사람들은 친구에게 무이자로 돈을 빌리기보다는 은행에서 비인격적으로 돈을 빌리고 이자를 내는 쪽을 선호할 수 있다.

54 데이비드 그레이버는 이런 불균형을 '위계位階의 논리'라는 말로 표현한다(Graeber, 2011).

55 이 모순은 구약성경 신명기 23장 20절("여러분이 외국인에게는 이자를 받을 수 있으나, 여러분의 동족에게 이자를 받아서는 안 됩니다")의 세속 버전이다. 이 규정 때문에 수 세기 동안 신학자들은 실망했고, 기독교인들은 분열했다. Nelson, B. (1969) *The idea of usury: From tribal brotherhood to universal otherhood*, 2nd edn, Chicago, IL: University of Chicago Press. 시편 37편 21~22절은 이렇게 말한다. "악인은 돈을 빌려 쓰고도 갚지 않지만 의로운 사람은 은혜를 베풀고 주기를 좋아한다. 여호와의 축복을 받는 자는 땅을 소유할 것이며 여호와의 저주를 받는 자는 멸망하리라." 종교는 종종 모순적이다.

56 Hodgson, G. (2013) 'Banking, finance and income inequality', Positive Money, https://www.positivemoney.org/publications/banking-financeand-income-inequality/.

57 Henwood, D. (1997) *Wall Street*, London: Verso, p. 4.

58 Warren, E. (2007) 'The coming collapse of the middle class', Jefferson Memorial Lecture, University of California, Berkeley, http://www.youtube.com/watch?v=akVL7QY0S8A.

59 Lazzarato, M. (2012) *The making of the indebted man*, Cambridge, MA: MIT Press, p. 87.

60 Coggan, P. (2011) *Paper promises*, London: Allen Lane, p. 267.

61 Wolf, M. (2010) 'The Fed is right to turn on the tap', *Financial Times*, 9 November.

62 Turner, A. (2014) 'Creating money—for what purpose?', Lecture, London School of Economics, 24 March, http://www.lse.ac.uk/newsAndMedia/ videoAndAudio/channels/publicLecturesAndEvents/player.aspx?id=2356. 스티브 킨Steve Keen의 다음 강연도 보라. http://www.debtdeflation.com/ blogs/2012/09/22/american-monetary-institute-conference-2012/.

63 Mellor, M. (2010) *The future of money*, London: Pluto Press. 다음도 보라. Pettifor (2014).

64 Pettifor (2006); Mellor, M. (2010) *The future of money*, London: Pluto Press; Ryan-Collins, J., Greenham, T., Werner, R. and Jackson, A. (2011) *Where does money come from?* London: New Economics Foundation.

65 Michael Bulley, 15 November 2014, http://www.guardian.co.uk/commentis- free/2011/nov/15/money-privatised -stealth?INTCMP=SRCH.

66 주류 경제학자들은 이를 모를 수도 있지만, 은행가들은 다 안다. "대출은 지급준비금에서 창출되지 않는다. 예금에서 창출되지도 않는다. 오히려 대출이 예금을 창조하며, 역은 성립하지 않는다." (Pettifor, 2014, p. 25).

67 이는 은행들이 일정 수준의 지급준비금을 확보할 때까지 기다리지 않는다는 뜻이다. "현실 세계에서 은행은 먼저 신용을 확대하며(그 과정에서 예금을 창조하며), 지급준비금은 그다음이다." (Alan Holmes Senior Vice President, Federal Reserve Bank of New York (1969), 다음에서 재인용했다. http://www.positivemoney.org.uk/ how-banks-create-money/proof-that-banks-create-money/).

68 Pettifor (2006), p. 56. 조프 멀건은 '포식'이라는 비유를 드는데, 이는 사실 너무 강한 표현이다. 포식자는 제물에게 무임승차한다기보다는 그들을 죽인다. Mulgan, G. (2013) *The locust and the bee: Predators and creators in capitalism's future*, Princeton, NJ: Princeton University Press.

69 Ryan-Collins et al (2011).

70 Pettifor (2006), p. 62.

71 가공자본에 대한 분석으로는 다음을 보라. David Harvey (1982) *Limits to capital*, London: Verso.

72 Hudson, M. (2011) 'How economic theory came to ignore the role of debt', Real-World Economics Review Blog, 57, 6 September, https://rwer.wordpress.

com/2011/09/06/rwer-issue-57-michael-hudson/.

73 Ryan-Collins et al (2011), p. 50.

74 미국에서 현재 학자금 대출 부채는 1조 달러가 넘는다(Hudson, M. (2012) 'Scenarios for recovery: how to write down the debts and restructure the financial system', http://ineteconomics.org/sites/inet.civicactions.net/files/ hudson-michael-berlin-paper.pdf).

75 Henwood (1997), p. 205. 폴 크루그먼은 대출자는 '인내심이 있고' 차입자는 '인내심이 없다'고 말한다. 스티브 킨이 지적하듯이, 이것은 전형적으로 주류 경제학자들이 차입자보다 대출자를 더 좋게 표현하는 방식이다. 킨은 그 대신 '투기꾼'과 '기업가'로 부를 것을 제안한다. http://www.debtdeflation.com/blogs/.

76 Pettifor (2006), pp. 136~137.

77 Tripp, C. (2006) *Islam and the moral economy*, Cambridge: Cambridge University Press; Pettifor (2006). 이슬람 금융의 고리대 금지는 때때로 현실과 타협하기도 하지만, 그것이 이슬람 금융의 정당성을 부정하는 것은 아니다. 이슬람 은행도 신자유주의적인 글로벌 환경 속에서 영업해야 하므로 그 영향력이 제한되는 것은 당연하다. 더 넓은 세계에서는 자기 이익이 지배하지만, 그렇다고 해서 고리대에 관한 도덕경제학의 주장이 틀린 것은 아니다. 힘이나 이기심이 항상 옳은 것도 아니다.

78 Hudson, M. (2012) *The bubble and beyond*, Dresden: ISLET, p. 55. 아데어 터너에 따르면, 영국 은행 대출 가운데 기업 대출은 15퍼센트에 불과하다. Turner (2014).

79 Hudson (2012), p. 55.

80 Stiglitz, J. (2012), *The price of inequality*, London: Allen Lane, p. 191.

81 주77을 보라.

6장 **생산에서 나오는 이윤**: 자본가와 불로소득자의 차이는 무엇인가?

82 다음을 보라. David Schweikart's (2000) *After capitalism*, New York: Rowman & Littlefield Publishers.

83 다른 유형의 자본가도 있다. 상업자본가는 생산하지 않고 사고파는 활동만으로 돈을 번다. 그들은 생산자와 소비자 사이에서 중개자로 행동한다. 금융자본가는 이자를 받고 대출하는 것으로 돈을 번다. 그들은 사실상 불로소득자들이다.

84 공공 부문 일자리를 구하는 사람들은 급여가 아깝지 않을 만큼 충분히 효과적으로 일할 수 있음을 입증해야 한다. 공공 부문은 예산에 제약을 받지만, 신자유주의 정부는

공공기관들이 자금을 쟁탈하기 위한 제로섬 게임에서 경쟁하도록 해서 민간 부문과 비슷하게 만들려고 노력해왔다. 그렇게 해야 공공 부문의 효율성과 효과성을 높일 수 있다고 믿는 것이다. 의료 분야나 교육 분야에서는 자본주의적 기업의 참여를 유도해서 공공기관과 경쟁하도록 해왔다.

85 이상하게도 토마 피케티는 이 점을 간과했다. Thomas Piketty (2014) *Capital in the 21st century*, Cambridge, MA: Belknap Press, p. 423.

86 일부 독자들은 이 지점에서 "이것은 마르크스의 노동가치론과 비슷하지 않은가? 그의 이론은 이미 신뢰를 잃지 않았는가?"라고 의문을 제기할지도 모르겠다. 사실 나는 마르크스의 이론에 결함이 있다고 생각한다. 게리 코언Gerry Cohen이 그 이유를 밝혔는데 나는 거기에 동의한다(Cohen, G. A. (1989) *History, labour and freedom*, Oxford: Oxford University Press). 그러나 내용을 아는 사람은 인지하겠지만, 내 주장은 마르크스의 이론과 표면적으로만 비슷할 뿐이다. 우리는 모든 종류의 노동이 하나의 등가물로 환원될 수 있다고 보거나 노동시간을 가치의 척도로 여길 필요가 없다. 윤리적인 관점에서 볼 때, 사람들이 노동에 얼마나 많은 시간을 쓰는지는 얼마를 받을 자격이 있는지와 관련해 고려해야 하는 문제이긴 하지만 말이다. 이 책에서 내가 요구하는 것은, 이윤이 존재하려면 생산물의 가치가 생산에 드는 비용의 가치보다 커야 함을 인정하는 것뿐이다. 이윤의 제도적 창출이 잉여의 생산에 의존한다는 사실을 인식하기 위해 마르크스의 가치론을 받아들일 필요는 없다. 자본가들에게 중요한 것은 얼마에 파느냐다.

87 Marx, K. (1996) [1867] *Capital* [한국어판: 『자본론』, 김수행 옮김, 비봉출판사, 2015], vol I, ch 13, London: Lawrence and Wishart, pp. 448~489.

88 Marx, K. (1998) [1894] *Capital*, vol III, ch 23, London: Lawrence and Wishart, p. 545.

89 몇몇 직종에서는 임금이 없는 인턴 자리가 후속 고용의 전제조건이 되고 있기는 하지만 말이다.

90 애플사처럼 수익률이 매우 높은 회사는 배당금을 지급하지 않는 것으로 결정할 수 있다. 그런데도 주주들은 주가가 상승하는 한 기쁘게 생각한다. Arthur, C. (2012) 'One year on, Apple after Jobs has a new, more ethical flavour', *Guardian*, 5 October.

91 사람들은 일반적으로 발행 시장(1차 시장)을 활성화하는 데 필수적이라는 이유로 2차 주식시장을 옹호한다. '투자자'들은 주가 상승으로 이익을 얻을 수 있거나, 수익률이 만족스럽지 않으면 주식을 처분할 수 있다는 것을 알 때 신주新株 매입을 더 자신 있게 한다는 이야기다. 하지만 2차 시장 거래가 전체 주식 거래의 97퍼센트 이상을 차

지한다는 점에 비추어, 이는 개 꼬리가 개를 흔드는 전형적인 사례다.

92 Tawney, R. H. (2004) [1920] *The acquisitive society*, Mineola, NY: Harcourt Brace and Howe. 다음도 보라. Murphy, R. (2010) 'The pension problem', Soundings, 46, pp. 54~63.

93 Erturk, I., Froud, J., Johal, S., Leaver, A. and Williams, K. (2007) 'Against agency: a positional critique', *Economy and Society*, 36(1), pp. 51~77.

94 Keynes, J. M. (1973) [1936] *A general theory of employment, interest and money*, London: Macmillan.

95 Keynes, J. M. (1933) 'National self-sufficiency', *The Yale Review*, 22(4), pp. 755~769.

96 Henwood, D. (1997) *Wall Street*, London: Verso, p. 5.

97 Tawney, R. H. (2004) [1920] *The acquisitive society*, Mineola, NY: Harcourt Brace and Howe.

98 애덤 스미스는 특수한 경우에만 주식을 정당화할 수 있다고 생각했다.

99 잉글랜드 은행의 앤드류 할데인에 따르면, 은행들은 이 점을 고려해 위험도를 높여서라도 주주가치를 극대화하려고 한다. "주주들에게 한계는 하늘만큼 높고, 바닥은 항상 바로 발밑에 있다. 그래서 은행들은 주주가치를 극대화하기 위해 더 크고 더 위험한 돈벌이를 찾아 나설 수밖에 없다." Haldane, A. (2012) 'The doom loop', *London Review of Books*, 34(4), 23 February, pp. 21~22.

100 이에 관해서는 다음을 보라. Randy Martin's excellent (2007) *The financialisation of everyday life*, Houndmills, Baskingstoke: Palgrave.

101 BBC News, 27 January 2010, http://news.bbc.co.uk/1/hi/business/8482601.stm.

102 Department for Work and Pensions, *Family Resources Survey*, 2009 – 10, Table 6.7; Froud, J., Johal, S., Haslam, C. and Williams, K. (2001) 'Accumulation under conditions of inequality', *Review of International Political Economy*, 8(1), pp. 66~95.

103 Langley, P. (2007) 'The uncertain subjects of Anglo-American financialization', *Cultural Critique* 65, pp. 66~91.

104 Engelen, E., Ertürk, I., Froud, J., Johal, S., Leaver, A., Moran, M., Nilsson, A. and Williams, K. (2011) *After the great complacence: Financial crisis and the politics of reform*, Oxford: Oxford University Press.

105 Froud et al (2001).

106 Tabb, W. J. (2012) *The restructuring of capitalism in our time*, New York: Columbia University Press, p. 260.

107 Griffith, M. (2011) 'We must fix it', London: Institute of Public Policy Research.

108 Cooper, G. (2008) *The origin of financial crises: Central banks, credit bubbles and the efficient market fallacy*, Petersfield: Harriman House.

109 Meek, J. (2014) 'Where shall we live?', *London Review of Books* 36(1), 9 January.

110 Dyson, R. (2013) 'Tax threat for buy-to-let', *Telegraph*, 13 December, http://www.telegraph.co.uk/finance/personalfinance/borrowing/10484798/Tax-threat-for-buy-to-let.html.

111 http://england.shelter.org.uk/campaigns/building_more_affordable_homes/price_check.

112 다음에서 재인용했다. Rowlingson, K. and McKay, G. (2011) *Wealth and the wealthy*, Bristol: Policy Press.

113 Langley, P. (2007) 'The uncertain subjects of Anglo-American financialization', *Cultural Critique* 65, pp. 66~91.

114 Engelen et al (2011), p. 139.

115 Savage, M. and Williams, K. (2008) 'Elites: remembered in capitalism and forgotten in social science', *The Sociological Review*, 56(s1), pp. 1~24.

116 Mill, J. S. (1848) *Principles of political economy with some of their applications to social philosophy*, bk V, ch II: On the general principles of taxation, v 2.28, http://www.econlib.org/library/Mill/mlP64.htm.

117 Freeland, C. (2012) *Plutocrats: The rise of the new global super-rich*, London: Allen Lane, p. 42.

118 Krugman, P. (2014) 'Why we're in a new gilded age', http://www.nybooks.com/articles/archives/2014/may/08/thomas-piketty-new-gilded-age/; Piketty, T. (2014) *Capital in the 21st century*, Cambridge, MA: Belknap Press. 이는 토마 피케티와 이매뉴얼 사에즈가 데이터로 추론한 내용인데 내가 보기에는 틀렸다(Piketty, T. and Saez, E. (2006) 'The evolution of top incomes: a historical and international perspective', *American Economic Review* 96(2), pp. 200~205).

3부에서 우리는 적극적인 불로소득자들이 금융위기에서 어떤 역할을 했는지 살펴볼 것이다.

119 이것도 고도의 숙련이 필요한 일일 수 있다. 금융상품 설계는 고도의 기술을 요하는 일이며, 금융기관이 고용하는 일급 수학자들이 사용하는 수리·계량 기법은 생산적 투자와는 거의 관련이 없음에도 금융기관의 성공에 핵심적인 요인이 되었다.

120 Toynbee, P. and Walker, D. (2008) *Unjust rewards*, London: Granta. 두 저자는 부자들이 과도한 보수를 받는다는 것뿐만 아니라 부자 인터뷰이들이 평범한 사람들의 삶과 임금에 대해 이상할 정도로 무지하다는 사실을 밝혔다는 점에서 높이 평가받아야 한다.

121 Bell, B. and Van Reenen, J. (2010) 'Bankers' pay and extreme wage inequality in the UK', Centre for Economic Performance, London School of Economics.

122 수치는 다음에서 인용했다. Institute of Fiscal Studies (2008) 'Racing away: inequality and the evolution of top incomes', IFS briefing note 76(저자: Mike Brewer, Luke Sibieta and Liam Wren-Lewis).

123 Institute of Fiscal Studies (2008).

124 de Goede, M. (2005) *Virtue, fortune and faith: A genealogy of finance*, Minneapolis: University of Minnesota Press.

125 이런 거짓 주장의 한 가지 사례로 다음을 보라. Vincent Amanor-Boadu (2008) 'In defense of speculation', http://www.agmanager.info/marketing/publications/marketing/InDefenceofSpeculation.pdf.

126 Tabb (2012), p. 53; MacKenzie, D. (2011) 'How to make money in microseconds', *London Review of Books*, 33(10), pp. 16~18; Lanchester, J. (2014) 'Scalpers Inc. review of *Flash Boys: Cracking the money code*', *London Review of Books*, 36(11), pp. 7~9.

127 Norfield, T. (2012) 'Derivatives and capitalist markets: the speculative heart of capital', *Historical Materialism*, 20(1), pp. 103~132.

128 Niederhoffer, V. (1989) 'The speculator as hero', *Wall Street Journal*, 2 October, http://www.dailyspeculations.com/vic/spec_as_hero.html.

129 Cooper (2008). 다음도 보라. Henwood, D. (1998) *Wall Street*, London: Verso.

130 Haldane, A. (2012) 'The doom loop', *London Review of Books*, 34(4), February.

131 Blackburn, R. (2008) 'The subprime crisis', *New Left Review*, 50, pp. 63~106.

132 Shaxson, N. (2012) *Treasure islands*, London: Vintage, p. 69.

133 다음에서 재인용했다. Ingham, G. (2012) *Capitalism*, 2nd edn, Cambridge: Polity, p. 154.

134 *The Economist*, 29 April 2006, p. 78, 다음에서 재인용했다. Ingham (2012), p. 157.

135 Engelen, E., Ertürk, I., Froud, J., Johal, S., Leaver, A., Moran, M., Nilsson, A. and Williams, K. (2011) *After the great complacence: Financial crisis and the politics of reform*, Oxford: Oxford University Press, ch 3.

136 'America's billion-dollar-a-year men', *Too Much*, 4 April 2011, http://toomuchonline.org/weeklies2011/apr042011.html.

137 Engelen et al (2011), ch 3.

138 Inman, P. (2012) 'Black Wednesday 20 years on: how the day unfolded', *Guardian*, 13 September, http://www.theguardian.com/business/2012/sep/13/black-wednesday-20-years-pound-erm.

139 Hutton, W. (2008) 'As we suffer, City speculators are moving in for the kill', *Observer*, 29 June, http://www.theguardian.com/commentisfree/2008/jun/29/investmentfunds.creditcrunch.

140 이에 관해서는 다음을 보라. Randy Martin's (2007) *The financialisation of everyday life*, Houndmills, Basingstoke: Palgrave.

8장 부자는 일자리를 창출하지 않는가? 그 외 다른 반론들

141 Nick Hanauer, 불평등에 관한 강연: http://www.youtube.com/watch?v=bBx2Y5HhplI. 다음도 보라. Dave Johnson, http://www.ourfuture.org/blog-entry/2011051913/do-we-depend-rich-create-jobs.

142 영국의 웹사이트 머니텀스MoneyTerms는 이렇게 지적한다. 자산 탈취라는 용어는 "종종 구조조정과 일자리 감소와 연관되기 때문에 사람들이 싫어한다. 그것은 기업을 일으키는 일보다 가치가 떨어지는 돈벌이로 간주된다. 하지만 자산 탈취는 자산 가치의 현금화를 통해 기업을 구성하는 여러 부분의 가치를 정확하게 평가할 수 있게 해준다. 이 말은 자산 탈취가 금융시장을 더 효율적으로 만든다는 뜻이다." http://moneyterms.co.uk/asset-stripping/. 기업을 몇 개 부분으로 쪼개 매각한다고 해서 뭔가를 생산할 것 같지는 않다. 이 주장의 배경에는 모든 물건을 팔 수 있게 만들어 시장 가격대로 거래하면 효율성이 보장되고 좋은 결과가 생긴다는 가정이 깔려

있다. 수익이 극대화하는 한 재화와 서비스가 생산되는지 아닌지는 중요하지 않은 일로 여겨진다. 이는 전형적으로 불로소득자들이 세상을 바라보는 방식이다.

143 http://www.csmonitor.com/Innovation/Latest-News-Wires/2012/0404/New-Yahoo-CEO-Scott-Thompson-cuts-2-000-jobs.

144 Pettifor, A. (2006) *The coming first-world debt crisis*, Houndmills, Basingstoke: Palgrave.

145 다음을 보라. Fairclough, N. (1991) 'What might we mean by "enterprise discourse"?', in Keat, R. and Abercrombie, N. (eds) Enterprise culture, London: Routledge, pp. 38~57. 러셀 키트가 쓴 그 책의 서문도 보라.

146 자본가가 단지 생산수단을 소유하는 것을 넘어 자금 조달까지 해야 하는 경우 이렇게 처리해야 할 일이 생긴다는 주장이 나올 수도 있다.

147 "종종 소송, 기업 인수, 조세회피와 탈세 등의 행위를 통해 이루어지는 지대 추구가 지금 생산적 기업가 정신에 중대한 위협을 가하고 있는 것 같다." Baumol, W. J. (1990) 'Entrepreneurship: productive, unproductive, and destructive', *The Journal of Political Economy*, 98(5), Part 1, p. 915.

148 Krugman, P. (2012) *End this depression now!*, New York: W. W. Norton, pp. 78~79.

149 Alperovitz, G. and Daly, L. (2008) *Unjust deserts*, London: The New Press, pp. 68~69.

150 Mazzucato, M. (2012) The Astellas innovation debate, Royal Society, London, 20 November; 그녀의 2013년 TED 강연도 보라. 'Government—investor, risk-taker, innovator', http://www.ted.com/talks/mariana_mazzucato_government_investor_risk_taker_innovator.html.

151 http://www.nybooks.com/articles/archives/2012/jan/12/who-was-stevejobs/?pagination=false. 또 애플의 경우처럼 공급망을 지배하여 중국의 값싼 노동자를 이용하는 등의 비즈니스 모델에 대해서도 살펴볼 필요가 있다.

152 피고용인이 고용주에게 지식재산권을 양도하는 것은 정보 산업에서는 흔한 일이다.

153 Redwood, J. (2012) 18 August, http://politicsactive.blogspot.co.uk/2011/08/difference-is-means-and-why.html.

154 New Economics Foundation (2009) *A bit rich*, London: NEF, p. 22.

155 John Redwood, Conservative MP, *Guardian*, 18. August 2011.

156 United Nations Conference on Trade and Development Annual Report, 2012; Rowlingson, K. and McKay, S. (2011) *Wealth and the wealthy*, Bristol: Policy

Press, p. 32ff; Wilkinson, R. and Pickett, K. (2009) *The spirit level: Why more equal societies almost always do better*, London: Allen Lane.

157 이 책 19장을 보라.

158 다음에서 재인용했다. Engelen, E., Ertürk, I., Froud, J., Johal, S., Leaver, A., Moran, M., Nilsson, A. and Williams, K. (2011) *After the great complacence: Financial crisis and the politics of reform*, Oxford: Oxford University Press.

159 인류학은 전前자본주의 사회를 경제관념이 없었다거나 경제문제를 사회활동이나 영적 활동과 분리할 수 있다는 생각이 없었다는 식으로 낭만화하는 경향이 있다. 하지만 비록 그것이 사실이라 할지라도, 당시 사람들도 생존할 수 있는 방식으로 일을 해야만 했으며, 그러려면 생존을 가능케 하는 선택과 관행이 필요했다.

160 틀림없이 혹자는 부자들이 다른 사람들보다 더 높은 가격을 지불하는 것은 정당하다고 주장할 것이다. 부자들의 부가 다른 사람들에게 필요한 특별한 기능을 수행해서 얻는다고 가정하기 때문이다. 하지만 단지 소유하는 것만으로는 아무것도 생산할 수 없다.

161 토지를 국유화하려고 하면 지주들은 틀림없이 지대 상실에 대해 보상하라고 요구할 것이다. 그러나 헨리 조지가 주장했듯이, 그것은 미래 불로소득의 상실에 대한 보상이 될 수밖에 없다. 보상 없이 토지를 국유화한다고 하더라도, 사실상 지주들에게는 가벼운 처벌이 될 것이다. 그들이 그때까지 전유해온 불로소득을 지킬 수 있기 때문이다. 이는 다른 사람들의 집을 계속해서 털어온 사람더러 지금 중단한다면 과거에 잘못 취득한 이익을 그냥 가지도록 허용해주겠다고 하는 것과 마찬가지다. 다른 불로소득 취득자에게도 같은 말을 할 수 있겠다. 하지만 정치적 관점에서 보면, 어떤 행동을 해야 하는지는 정치적·경제적 권력의 현재 균형 상태(물론 불로소득자의 이해에 매우 유리한 상태겠지만)에서 정치적으로 어떤 일이 가능한가 하는 문제이기도 하다.

162 그들은 종종 사실에서 가치판단을 도출할 수는 없으며 그렇게 하는 것은 비합리적이고 비과학적이라는 주장을 들먹일 것이다. 그리고 철학 권위자들은 이 문제에 관한 한 자기들 편이라고 생각할 것이다. 그러나 그렇지 않다. Sayer, A. (2011) *Why things matter to people*, Cambridge: Cambridge University Press.

163 이 책 3장 주 5를 보라.

164 다음을 보라. Mirowski, P. (2013) *Never let a serious crisis go to waste*, London: Verso.

165 이것이 바로 재화와 서비스의 객관성과 그에 대한 주관적 가치 평가를 포함하는 합리적 가치론이 필요한 이유다.

2부 부자들을 제자리에 두기: 무엇이 사람들의 수입을 결정할까?

도입부

1 Hobson, J. A. (2012) [1929] *Wealth and life: A study in values*, Abingdon: Routledge, p. 217.

2 Bamford, L. and Horton, T. (2009) *Understanding attitudes to tackling economic inequality*, York: Joseph Rowntree Foundation. Miller, D. (1999) *Principles of social justice*, Cambridge, MA: Harvard University Press.

9장 우리의 부는 어디서 나올까? 공유부의 중요성

3 Alperovitz, G. and Daly, L. (2008) *Unjust deserts*, New York: The New Press, p. 151. 이 장의 많은 부분은 이 책에 의존한 바가 크다.

4 Alperovitz and Daly (2008).

5 Alperovitz and Daly (2008), p. 1.

6 Williams, R. (2011) *The country and the city*, London: Spokesman, p. 105.

7 Bourdieu, P. and Passeron, J.-C. (1990) *Reproduction in education, society and culture*, London: Sage.

8 Tawney, R. H. (2004) [1920] *The acquisitive society*, Mineola, NY: Harcourt Brace and Howe.

9 Tawney (2004) [1920], p. 57.

10 Sayer, A. (1995) *Radical political economy: A critique*, Oxford: Blackwell.

11 Hayek, F. A. (1988) *The fatal conceit: The errors of socialism*, London: Routledge.

12 그러나 철도나 보건 서비스처럼 속성상 통합된 체계가 필요한 경우 소유권을 쪼개서 자본주의적 기업이나 경쟁적 협동조합에 넘겨줄 필요는 없다.

13 Piketty, T. (2014) *Capital in the 21ˢᵗ century*, Cambridge, MA: Belknap Press, ch 11.

14 Rowlingson, K. and Connor, S. (2011) 'The "deserving" rich? Inequality, morality and social policy', *Journal of Social Policy* 40, pp. 437~452. 상속세에

대한 옹호론과 반대론을 다룬 뛰어난 연구(하지만 결론적으로 상속세를 옹호했다)로 다음을 보라. Murphy, M. and Nagel, T. (2002) *The myth of ownership: Taxes and justice*, Oxford: Oxford University Press.

15 Piketty, T. (2014), p. 440.

16 도덕철학과 정치철학에서 흔히 볼 수 있듯이 단 하나의 판단 기준에 의존하면 종국에는 바람직하지 않거나 터무니없는 결과를 얻게 됨을 우리는 알고 있다. 현실적인 판단을 하려면 자격, 정당한 보상, 필요, 평등, 삶의 질과 지구의 건강에 미치는 영향 등 여러 가지 기준으로 저울질해봐야 한다. 다음을 보라. Appiah, K. A. (2008) *Experiments in ethics*, Cambridge, MA: Harvard University Press; Williams, B. (1985) *Ethics and the limits of philosophy*, Oxford: Oxford University Press. 다음도 보라. Geuss, R. (2008) *Philosophy and real politics*, Princeton, NJ: Princeton University Press; Putnam, H. (2004) *The collapse of the fact－value dichotomy*, Cambridge, MA: Harvard University Press; Dancy, J. (2004) *Ethics without principles*, Oxford: Oxford University Press.

17 Toynbee, P. (2013) 'Jeremy Hunt's smoke and mirrors will not solve the care crisis', *Guardian*, 11 February.

18 Inequality Briefings 14 and 15 (2014), http://inequalitybriefing.org/. 다음도 보라. Hills, J., Bastagli, F., Cowell, F., Glennerster, H., Karagiannaki, E, and McKnight, A. (2013) 'Wealth distribution, accumulation, and policy', Centre for the Analysis of Social Exclusion, CASEbrief 33.

10장 그러니까 무엇이 보수를 결정하는가?

19 좀 더 상세한 논의를 알고 싶다면 다음을 보라. Wright, E. O. (2000) *Class counts*, Cambridge: Cambridge University Press.

20 Orton, M. and Rowlingson, K. (2007) *Public attitudes to inequality*, York: Joseph Rowntree Foundation; Horton, L. and Bamfield, T. (2009)

21 다음을 보라. Robert Jackall (1988) *Moral mazes*, Oxford: Oxford University Press.

22 Gomberg, P. (2007) *How to make opportunity equal*, Oxford: Blackwell; Sayer, A. (2009) 'The injustice of unequal work', Soundings, 43, pp. 102~113.

23 Horton and Bamfield (2009).

24 Gomberg (2007).

25 Gomberg (2007).

26 Smith, A. (1976) [1776], *The wealth of nations*, ed. E. Cannan, Chicago, IL: University of Chicago Press, vol 2, bk V, ch i, pp. 302~303.

27 Murphy, J. B. (1993) *The moral economy of labor*, New Haven, CT: Yale University Press.

28 Smith (1976) [1776], vol 1, bk I, ch ii, pp. 19~20.

29 Feinstein, L. (2003) 'Inequality in the early cognitive development of British children in the 1970 cohort', *Economica*, 70, pp. 73~97. 다음도 보라. Bruenig, M. (2014) 'America's class system across the life cycle', Demos, 25 March, http://www.demos.org/blog/3/25/14/americas-class-system-across-life-cycle.

30 Aldridge, S. (2004) 'Life chances and social mobility: an overview of the evidence', London: Prime Minister's Strategy Unit, Cabinet Office, http://www.cabinetoffice.gov.uk/media/cabinetoffice/strategy/assets/lifechances_socialmobility.pdf; Erikson, R. and Goldthorpe, J. H. (1992) *The constant flux: A study of class mobility in industrial societies*, Oxford: Clarendon Press; Inequality Briefing 39 (2014) 'What people in the UK earn depends on what their parents earned', http://inequalitybriefing.org/graphics/briefing_39_peoples_income_reflects_what_their_parents_earned.pdf.

31 Lareau, A. (2003) *Unequal childhoods: Class, race and family life*, California: University of California Press; Walkerdine, V. and Lucey, H. (1989) *Democracy in the kitchen*, London: Virago; Bourdieu, P. and Passeron, J.-C. (1990) *Reproduction in education, society and culture*, London: Sage; Reay, D. and Ball, S. J. (1997) '"Spoilt for choice": the working classes and educational markets', *Oxford Review of Education*, 23(1), pp. 89~101.

32 20세기 정치철학 분야에서 가장 영향력 있는 저작이라고 할 수 있는 John Rawls, *A theory of justice*[한국어판: 『정의론』, 황경식 옮김, 이학사, 2003]((1971) Oxford: Oxford University Press)는 '정당한 보상'(받을 자격이 있는 것)을 자원 분배의 기준 으로 삼기를 거부한다.

33 잘 알려진 지능의 개념, 즉 IQ와 유전적으로 정해지는 지능에 대한 비판으로는 다음을 보라. Dorling, D. (2010) *Injustice: Why social inequality persists*, Bristol: Policy Press.

34 Sayer, A. and Walker, R. A. (1992) *The new social economy*, Oxford: Blackwell.

35 Tilly, C. (1999) *Durable inequality*, Berkeley, CA: University of California Press.

36 Labour journal Progress, 21 March 2005, http://www.progressonline.org. uk/2005/03/21/weve-got-to-carry-this-on/.

37 사람들은 카운슬링이나 피아노 레슨처럼 만들어지는 과정을 볼 수 있는 생산물이나 서비스를 구매할 때는 자신들이 노동자의 소득에 얼마나 기여하는지 짐작할 수 있고, 그들이 그만큼 받을 자격이 있는지 없는지 따져볼 수 있다. 그럴 때조차 그들은 주로 자기 돈을 얼마나 아낄 수 있는지에 관심을 기울인다.

38 Ruskin, J. (1997) [1862] *Unto this last: And other writings*, London: Penguin, p. 227.

39 사립유치원처럼 서비스에 돈이 지급되는 경우에도 비슷한 현상이 나타난다. 거기서 일하는 노동자는 대부분 여성으로 성차별 때문에 낮은 임금을 받는다.

40 Hayek, F.A. (1976) '"Social" or distributive justice', in *Law, legislation and liberty*, vol. 2, p. 74.

41 필립 미로스키는 신자유주의자들이 사적으로 말하는 것과 공적으로 말하는 것 사이에 괴리가 있다는 것을 두고 신자유주의의 '이중진리'라고 부른다. Mirowski, P. (2013) *Never let a serious crisis go to waste*, London: Verso.

42 깨우친 일부 고용주들은 말투와 행실, 사회적 배경에 따라 지원자들을 차별하지 않으려고 노력하지만, 이미 지원자들은 광범위한 경제적·사회적 불평등이 존재하는 사회 속에서 양육되는 가운데 불평등해져버렸기 때문에 일상적으로 불평등한 지위를 놓고 불평등하게 경쟁한다.

43 Wright (2000).

11장 평평한 운동장의 신화

44 Mills, C. W. (2000) [1956] *The power elite*, new edn, Oxford: Oxford University Press, p. 14.

45 Wilkinson, R. and Pickett, K. (2009) *The spirit level: Why more equal societies almost always do better*, London: Allen Lane.

46 Aldridge, S. (2004) 'Life chances and social mobility: an overview of the evidence', London: Prime Minister's Strategy Unit, Cabinet Office, http://www.cabinetoffice.gov.uk/media/cabinetoffice/strategy/assets/lifechances_socialmobility.pdf.

47 Rawls, J. (1971) *A theory of justice*, Oxford: Oxford University Press, p. 104.

48 예를 들어 다음을 보라. Sher, G. (1987) *Desert*, Princeton, NJ: Princeton University Press.

3부 부자는 어떻게 더 부유해지는가: 위기 발발에서 그들은 어떤 역할을 했을까?

12장 위기의 뿌리

1 지난 40년 동안 위기가 어떻게 전개되었는지 제대로 설명하려면 세계 여러 지역 간 경제적 의존성이 이동한 과정을 분석하는 글로벌 역사·경제 지리학의 작업이 필요할 것이다.

2 Pettifor, A. (2006) *The coming first-world debt crisis*, Houndmills, Basingstoke: Palgrave, p. 21.

3 Haldane, A. (2012) interview on BBC 4, 3 December, http://www.bbc.co.uk/news/business-20585549. 경제위기가 없었다면 무슨 일이 일어났을지는 단정할 수가 없고 조건부 판단이 따르기 마련이어서 위기 비용을 추정하는 일은 극히 어렵지만, 할데인은 경제위기에 따른 영국 경제의 손실을 7.4조 파운드로 추정한다.

4 8장을 보라.

5 5장을 보라.

6 조던 브레넌Jordan Brennan은 캐나다의 경우 전후 초기에 노동조합 가입률의 상승과 국민소득 중 임금과 급여의 형태로 노동자에게 돌아가는 몫의 증가가 강한 상관관계를 보이다가 1980년대부터는 이윤과 상위 1퍼센트 소득의 비중이 증가하면서 두 비율[노동조합 가입률과 노동소득의 비중]이 하락했다는 사실을 밝혔다. Brennan, J. (2012) 'A shrinking universe: how concentrated power is shaping income inequality in Canada', Canadian Centre for Policy Alternatives.
다음도 보라. Oxfam (2014) 'Working for the few: political capture and economic inequality', 178 Oxfam Briefing Paper, 20 January.

7 이런 현상에는 다른 이유도 있다. 예컨대 새롭게 등장한 정보기술의 노동·자본 절약적 특성을 가진다는 것, 그리고 지식재산권과 경제적 지대 추구로 기술혁신의 혜택이 확산하지 못하고 제한되는 경향이 있다는 것 등. 이에 대해서는 다음을 보라.
Shutt, H. (2010) *Beyond the profits system: Possibilities for a postcapitalist era*,

London: Zed Books.

8 이 현상과 함께 미국 총소득에서 이자소득이 차지하는 비중이 1950년 1.4퍼센트에서 1979년 6.5퍼센트로 올라가고 1986년에는 10.9퍼센트로 정점에 도달(2005년에는 7.5퍼센트로 하락)하면서 불로소득에 변화가 생겼다는 사실도 중요하다.

Dew-Becker, I. and Gordon, R. J. (2005) 'Where did the productivity growth go?', National Bureau of Economic Research, Working Paper 11842, http://www.nber.org/papers/w11842.

9 Oxfam (2014).

10 Buchanan, J., Dymski, G., Froud, J., Johal, S., Leaver, A. and Williams, K. (2013) 'Unsustainable employment portfolios', *Work, Employment and Society*, 27, pp. 396~413.

11 Piketty, T. (2014) *Capital in the 21st century*, Cambridge, MA: Belknap Press.

12 Resolution Foundation (2012) *Gaining from growth: The final report of the Commission on Living Standards*, http://www.resolutionfoundation.org/media/media/downloads/Gaining_from_growth_-_The_final_report_of_the_Commission_on_Living_Standards.pdf.

13 Peters, J. (2010) 'The rise of finance and the decline of organised labour in the advanced capitalist countries', *New Political Economy*, 16(1), p. 93. 다음도 보라. Perrons, D. (2012) "'Global' financial crisis, earnings inequalities and gender: towards a more sustainable model of development', *Comparative Sociology*, 11, pp. 202~226.

14 Kristal, T. (2010) 'Good times bad times: postwar labor's share of income in 16 capitalist democracies', *American Sociological Review*, 75(5), pp. 729~763. 해리 셔트Harry Shutt에 따르면, '투자' 수익은 산업혁명 이후 어떤 시기보다도 높았는데, 미국과 영국의 경우 그중 75퍼센트가 자산 가치의 상승에서 나왔다(반면 1900~1979년 그 비율은 50퍼센트에 훨씬 미달했다). Shutt, H. (2009) *The trouble with capitalism*, London: Zed Books, p. 124.

15 UNCTAD (2012) *Trade and development report*, p. 52.

16 ILO (2008) *World of work* report.

17 IMF 보고서에서도 대학 졸업생을 많이 채용하는 분야의 노동자들은 자기 몫을 늘렸지만 나머지 노동자의 몫은 감소했다는 사실을 지적하고 있다. IMF (2007) *Spillovers and cycles in the global economy*, p. 168.

18 IMF (2007), p. 168; OECD (2011) *Divided we stand: Why inequality keeps* *rising*, Paris: OECD. 이 보고서들을 봐야 한다고 알려준 다이안 페론스에게 감사드린다. 다음도 보라. Oxfam (2014).

19 Keynes, 다음에서 재인용했다. Ingham, G. (2008) *Capitalism*, Cambridge: Polity, p. 85.

20 이것은 훨씬 더 복잡한 이야기의 한 부분에 지나지 않는다. 좀 더 상세한 내용에 대해서는 다음을 보라. Pettifor (2006).

21 Ingham (2012).

22 *The Economist* (2006) 'Sounding the Retreat', 13 July.

23 Pauly, D. (2004) 'General Motors and Ford won't survive as bankers', *Bloomberg*, 15 October, http://www.bloomberg.com/apps/news?pid=newsarchive&sid=amuO_75ObjIM.

24 Harvey, D. (2007) *A brief history of neoliberalism*, Oxford: Oxford University Press; Crotty, J. (2005) 'The neoliberal paradox: the impact of destructive product market competition and "modern" financial markets on nonfinancial corporation performance in the neoliberal era', in Epstein, G. (ed) *Financialization and the world economy*, Northampton, MA: Edward Elgar, pp. 77~110; Glyn, A. (2007) *Capitalism unleashed: Finance, globalization and welfare*, Oxford: Oxford University Press; Shutt (2010).

25 Pettifor (2006). 미국 금융 부문의 이윤은 1950·60년대 총이윤의 10~15퍼센트에서 1990년대 후반 40퍼센트 이상으로 증가했다.

26 Henwood, D. (1998) *Wall Street*, London: Verso, p. 73.

27 이 과정에 관한 상세한 분석으로는 다음을 보라. Langley, P. (2009) *The everyday life of finance: Saving and borrowing in Anglo-America*, Oxford: Oxford University Press; Martin, R. (2002) *Financialization of everyday life*, Philadelphia, PA: Temple University Press.

28 OECD (2011), ch 9. 지난 20년 동안 독일과 스페인은 예외였다.

29 Chang, H.-J. (2011) *23 things they don't tell you about capitalism*, London: Allen Lane, p. 145.

30 Dumenil, G. and Levy, D. (2001) 'Costs and benefits of neoliberal policies: a class analysis', *Review of International Political Economy*, 8(4), pp. 578~607.

31 Dumenil, G. and Levy, D. (2004) 'Neoliberal income trends: wealth, class and ownership in the USA', *New Left Review*, 30, pp. 105~133.

32 Alternet (2012) '"The Dumbest Idea in the World": Corporate America's

False—and Dangerous—Ideology of Shareholder Value', 29 August, http://www.alternet.org/economy/dumbest-idea-world-corporateamericas-false-and-dangerous-ideology-shareholder-value.

33 *Financial Times* (2009) 12 March, http://www.ft.com/cms/s/0/294ff1f2-0f27-11de-ba10-0000779fd2ac.html#axzz29IJX9vvb.

34 William Lazonick, 다음에서 재인용했다. Chang (2010), p. 20.

35 Tabb, W. J. (2012) *The restructuring of capitalism in our time*, New York: Columbia University Press, p. 49.

36 Mazzucato, M. (2013) 'From bubble to bubble', *Guardian*, 16 January.

37 스튜어트 랜슬리Stuart Lansley에 따르면, 데번햄스Debenhams와 에이에이AA는 사모펀드에 인수된 후 법인세를 내지 않았다. Lansley, S. (nd) 'Do the super-rich matter?', TUC Touchstone Pamphlet No 4.

38 Crotty (2008) and Erturk, I. et al (eds) (2008) *Financialization at work: Key texts and commentary*, London: Routledge.

39 선도적 기업들의 경우 스톡옵션은 경영진 보수의 3분의 2 이상을 차지했다. 한 논평가는 경영진의 이득을 최대화하는 데 이용되는 방법을 '합법적 횡령'이라고 불렀다 (John Plender, 다음에서 재인용했다. Tabb, 2012, p. 44).

40 Engelen, E., Ertürk, I., Froud, J., Johal, S., Leaver, A., Moran, M., Nilsson, A. and Williams, K. (2011) *After the great complacence: Financial crisis and the politics of reform*, Oxford: Oxford University Press, p. 49.

41 Piketty, T. (2014), p. 458.

42 Froud, J., Johal, S., Haslam, C. and Williams, K. (2001) 'Accumulation under conditions of inequality', *Review of International Political Economy*, 8(1), pp. 66~95.

43 Shutt (2009), pp. 128~129.

44 18장을 보라.

45 Lysandrou, P. (2011) 'Global inequality as one of the root causes of the financial crisis: a suggested explanation', *Economy and Society*, 40(3), pp. 323~344.

46 이 책을 집필하고 있는 지금, EU 시민의 은행 예금은 어떤 은행 그룹에서도 10만 유로 (8만 5,000파운드)까지 보호받고 있다.

47 Turner, A. (2009) *The Turner Review: A regulatory response to the global banking crisis*, London: Financial Services Authority, p. 18.

48 부채 디플레이션의 정의에 대해서는 4장을 보라. 20세기 말 월스트리트가 어떻게 자산 인플레이션을 자극해서 채권을 보유한 미국 상위 1퍼센트의 불로소득을 증가시켰는지에 대해서는 다음을 보라. Canterbury, E. R. (2000) *Wall Street capitalism: The theory of the bondholding class*, Singapore: World Scientific Publishing Company.

49 Merryman, J. (2012) *Occupying money*, 17 May, http://source.yeeyan.org/view/430335_f43/Occupying%20Money.%20-%20welcome%20to%20exterminating%20angel%20press. 다음도 보라. Amato, M. and Fantacci, L. (2012) *The end of finance*, Cambridge: Polity, p. 15.

50 Leyshon, A. and Thrift, N. (2007) 'The capitalization of almost everything: the future of finance and capitalism', *Theory Culture Society*, 24, p. 97.

51 Engelen et al (2011), p. 61. 다음도 보라. Turner (2009), ch 1 and Barba, A. and de Vivo, G. (2012) 'An "unproductive labour" view of finance', *Cambridge Journal of Economics*, 36, pp. 1479~1496.

52 맞다. 그는 그렇게 썼다. Marx, K. (1998) [1894] *Capital*, vol III, London: Lawrence and Wishart, p. 547.

53 2007년 붕괴 이후 행해진 조사에서 다수의 CEO는 자기 회사가 판매했던 파생상품에 대해 이해하지 못했다고 인정했다. 다음을 보라. Crotty, J. (2010) 'The bonus-driven "rainmaker" financial firm: how these firms enrich top employees, destroy shareholder value and create systemic financial instability', pp. 74ff, http://people.umass.edu/crotty/RMFC%20paper%20-%20July%202010.pdf.

54 Münchau, W. (2010) 'Time to outlaw naked credit default swaps', *Financial Times*, 28 February.

55 Hildyard, N. (2010) 'From US sub prime to London prime: shadow bankers in London', The Corner House, http://www.thecornerhouse.org.uk/resource/us-subprime-london-prime. 다음도 보라. Münchau (2010).

56 Anrig, G. (2010,) '"Strategic deficit" redux', *The American Prospect*, 26 January, http://prospect.org/article/strategic-deficit-redux-0. 다음도 보라. Dumenil and Levy (2001).

57 Meek, J. (2012) 'Human revenue stream', *London Review of Books*, 5 April. 이 글을 소개해주신 존 알렌에게 감사드린다.

58 영국에서 민영화한 철도 서비스가 여전히 국가 지원을 크게 받고 있고 그 지원금의 상당 부분이 주주들에게 흘러가고 있는 데 대해서는 다음을 보라. Bowman, A. et al

(2013) 'The conceit of enterprise: train operators and trade narrative', http://www.cresc.ac.uk/sites/default/files/The%20Conceit%20of%20Enterprise.pdf.

59 Charles Rowley's Blog, http://charlesrowley.wordpress.com/2012/05/10/bond-market-vigilantes-rule-across-the-eurozone/.

60 Hilferding, R. (2010) *Finance capital*, London: Routledge, ch 7, http://www.marxists.org/archive/hilferding/1910/finkap/ch07.htm.

61 미국에서 채권 보유를 지배하는 상위 0.5퍼센트는 연방정부가 가계에 지급하는 이자의 절반을 차지했다. 다음을 보라. Canterbury (2000).

62 Stevenson, T. (2012) 'Bond market vigilantes turn on Italy', *Telegraph*, 12 November.

63 *Time* (1989) 'Top 10 tax dodgers'. http://content.time.com/time/specials/packages/article/0,28804,1891335_1891333_1891317,00.html.

64 European Central Bank (2014) 'Long-term interest rate statistics for EU Member States', http://www.ecb.europa.eu/stats/money/long/html/index.en.html.

65 *Wall Street Journal* (2011) 30 September, http://online.wsj.com/article/SB10001424053111904332804576538363789127084.html.

66 다음에서 재인용했다. Canterbury (2000).

67 Stevenson (2011).

68 Krugman, P. (2009) 'Invisible bond vigilantes', *New York Times*, 19 November 2009; 다음도 보라. Wolf, M. (2010), 'Why the Balls critique is correct', Financial Times, 2 September, http://www.ft.com/cms/s/0/119c59ac-b6c3-11dfb3dd-00144feabdc0.html.

69 다음에서 재인용했다. Leyshon, A. and French, S. (2010) '"These f@#king guys" (1): the terrible waste of a good crisis', *Environment and Planning A*, 42, pp. 2549~2559. 사실, 영국 국채 보유자는 대부분 영국인이었다.

70 Shifferes, S. (2009) 'Can banking regulation go global?', BBC News, 18 March.

71 이 은행들은 아일랜드의 부동산값 폭등에 기름을 끼얹는 일에 깊이 관여했다. *The Journal* (2012) 'AIB repays €1 billion to unsecured bondholders today', 1 October, http://www.thejournal.ie/aib-bondholder-payment-617526-Oct2012/.

72 http://www.golemxiv.co.uk/2010/10/who-are-the-bond-holders-weare-bailing-out/.

73 *International Viewpoint* (2011) 'Why agreements with the troika are odious', 31 August, http://www.internationalviewpoint.org/spip.php?article2267.

74 채권을 보유한 민간조직은 채무 불이행을 이유로 세계은행의 '투자자 분쟁 해결을 위한 국제센터'에 채무국 정부를 제소할 수 있다. 만약 채무자들이 채무 불이행을 선언할 수 없다면, 그것은 위험이 전적으로 그들의 부담이 된다는 뜻이다.
Real News (2011) 'The tyranny of the bondholders', 29 July, http://therealnews.com/t2/index.php?option=com_content&task=view&id=31&Itemid=74&jumival=7062.

75 Tsipras, A. (2013) 'Austerity is wreaking havoc, but the left can unite to build a better Europe', *Guardian*, 'Comment is free', 27 November, http://www.theguardian.com/commentisfree/2013/nov/27/austerity-left-uniteeurope-alexis-tsipras.

76 Blackburn, R. (2011) *Age shock*, 2nd edn, London Verso, p. xxix.

77 Savage, M. and Williams, K. (2008) *Remembering elites*, Oxford: Blackwell, p. 13.

78 Froud, J., Johal, S., Haslam, C. and Williams, K. (2001) 'Accumulation under conditions of inequality', *Review of International Political Economy*, 8(1), pp. 66~95, at p. 83.

79 Canterbury (2000), pp. 196~197.

80 제프리 잉엄Geoffrey Ingham이 지적하듯이, 기업을 비공개로 전환하는 것은 소유권과 권력이 더 집중된 더 순수한 형태의 자본주의로 회귀하는 것으로 해석할 수 있다(Ingham, 2012, p. 161).

81 http://andersred.blogspot.co.uk/. 어떤 경우에는 차입 매수에 나서는 자들이 피인수 기업의 경영자들이다. 그들은 이윤 기입을 미루거나 비용을 앞당겨 기입하는 방식으로 기업 회계를 조작해서 주가를 낮추기에 유리한 위치에 있다. 그런 방법으로 그들은 더 싸게 기업을 인수할 수 있다. 다음도 보라. Dore, R. (2008) 'Financialization of the global economy', *Industrial and Corporate Change*, 17(6), pp. 1097~1112.

82 Clark, I., Appelbaum, E. and Batt, R. (2011) 'Financial capitalism, breach of trust and collateral damage', www.birmingham.ac.uk/Documents/college.../ian-clark-inaugural.pdf.

83 IUF (2012) 'Kraft and Cadbury: victors and spoils', 31 January, http://www.iufdocuments.org/buyoutwatch/2010/02/kraft_and_cadbury_victors_and.html#more.

84 Wachman, R. (2008) 'Utilities at risk from debt timebomb', *Observer*, 20 April, http://www.theguardian.com/business/2008/apr/20/utilities.creditcrunch.

85 모든 기업 인수가 자산 탈취를 목적으로 한 것은 아니었다. 어떤 기업 인수는 장기적인 혜택을 가져왔을지도 모른다. 하지만 윌리엄 탭이 지적하듯이, "합리적인 안락사와 이익을 노리고 독자 생존이 가능한 기업을 죽이는 것을 구분하기는 힘들다."(Tabb, 2012, p. 121) 다음도 보라. Ferguson, C. (2012) *Inside job*, Oxford: Oneworld, pp. 233 ff.

86 Wolf, M. (2009) 'Why Britain has to curb finance', *Financial Times*, 29 May, http://www.ft.com/cms/s/0/24bfcb30-4636-11de-803f-00144feabdc0. html#axzz26SMfanvo.

13장 핵심 승자들

87 Folkman, P. et al (2006) 'Working for themselves? Capital market intermediaries and contemporary capitalism', CRESC Working Paper No 25.

88 Savage, M. and Williams, K. (2008) 'Elites: remembered in capitalism and forgotten in social science', *The Sociological Review*, 56(s1), pp. 1~24.

89 다음에서 재인용했다. New Economics Foundation (2009) *A bit rich*, p. 26. 반 데어 비어는 2006~2008년 회사는 성과 목표를 달성하지 못했음에도 2008년에 인센티브 계획에 따라 보너스로 135만 유로를 받았고 급여도 58퍼센트 늘어서 1,030만 유로를 받았다는 이유로 비난을 받고 있었다. *Financial Times*, 8 June 2009, http://www.ft.com/cms/s/0/d8ed7afa-5458-11de-a58d-00144feabdc0. html#axzz29IJX9vvb.

90 다음에서 재인용했다. Partnoy, F. (2004) *Infectious greed: How deceit and risk corrupted the markets*, London: Profile Books, p. 83.

91 Peppard, A. (2008) 'Oil in the family', *Vanity Fair*, http://www.vanityfair.com/ politics/features/2008/06/hunt200806.

92 Stanford University Centre on Poverty and Inequality, http://www.stanford. edu/group/scspi/cgi-bin/facts.php.

93 Haldane, A. (2012) 'The doom loop', *London Review of Books*, 34(4), 23 February, pp. 21~22.

94 Smith, E. B. and Kunt, P. (2013) 'CEO pay 1,795-to-1 multiple of wages skirts U.S. law', *Bloomberg News*, 30 April, http://go.bloomberg.com/multimedia/ ceo-pay-ratio/.

95 Tabb, W.J. (2012) *The restructuring of capitalism in our time*, New York: Columbia University Press, p. 45.

96 Froud, J., Johal, S. and Williams, K. (2005) 'Pay for corporate performance or pay as social division', *Competition and Change*, 9(1), pp. 49~74.

97 Tabb (2012), p. 44.

98 Tabb (2012), p. 47.

99 Tabb (2012), p. 50.

100 이 사실은 고급여센터High Pay Centre의 데보라 하그리브스Deborah Hargreaves가 수행한 한 설문조사에서 확인되었다. http://www.highpaycentre.org/blog/it-is-obscene-forbosses-to-continue-to-take-big-bonuses, 24 September 2012.

101 *Guardian* (2012) 'Executive pay up 27% despite backlash', 6 November, http://www.theguardian.com/business/2012/nov/06/executive-pay-up-27-percent.

102 Krugman, P. (2012) *End this depression now!*, New York: W. W. Norton, Ertürk, I. et al (2006) 'Agency, the romance of management pay and an alternative explanation', CRESC Working Paper No 23.

103 Bowman, A., Ertürk, I., Froud, J., Johal, S., Moran, M., Law, J., Leaver, A. and Williams, K. (2012) 'Scapegoats aren't enough: a Leveson for the banks?' CRESC Discussion Paper, p. 8.

104 *New York Times* (2006) '"Bonus heaven" at Goldman Sachs after record year', 13 December, http://www.nytimes.com/2006/12/13/business/worldbusiness/13iht-goldman.3884286.html?_r=1&.

105 *New Statesman* (2011) 'Bank bonuses make a mockery of the Tories' rhetoric', 20 July, http://www.newstatesman.com/blogs/the-staggers/2011/07/unacceptable-bonuses-block.

106 BBC (2011) 7 January, http://www.bbc.co.uk/news/business-12131092.

107 Clark, A. (2011) 'Goldman Sachs in the firing line over predicted $15.4 bn wage bill', *The Observer*, 16 January.

108 다음에서 재인용했다. Crotty, J. (2010) 'The bonus-driven "rainmaker" financial firm: how these firms enrich top employees, destroy shareholder value and create systemic financial instability', pp. 74 ff, http://people.umass.edu/crotty/RMFC%20paper%20-%20July%202010.pdf.

109 *Financial Times* (2012) 'Banks ready to claw back more bonuses', 27 August,

http://www.ft.com/cms/s/0/01ab1656-eadc-11e1-afbb-00144feab49a.
html#axzz28nNe7PiO.

110 Crotty (2010) pp. 74 ff.

111 *Financial Times* (2008) 'Curbing the excess of bankers' pay', 7 March.

112 J.-C. Trichet, 다음에서 재인용했다. Crotty (2010), p. 109.

113 Haldane, A. (2010) 'The £100 billion question', Speech, Bank of England,
March.

114 Wolf, M. (2010) 'The challenge of halting the financial Domesday machine',
Financial Times, 20 April, http://www.ft.com/cms/s/4351118c-4cdc-11df-
9977-00144feab49a.html#axzz37d7uu0nR.

115 *New York Times* (2012) 'Top hedge fund managers earn over $240 Million', 24
April, http://www.nytimes.com/2007/04/24/business/24hedge.html.

116 'Don't lower taxes for billionaires. Double them', http://ourfuture.org/blog-
entry/2012104109/dont-lower-taxes-billionaires-double-them, 9 October
2012.

117 Farrell, G. (2009) 'Blankfein defends pay levels for "more productive"
Goldman staff ', *Financial Times*, 11 November, http://www.ft.com/cms/s/0/
c99bf08e-ce62-11de-a1ea-00144feabdc0.html#axzz34du1m4BI.

118 http://www.wired-gov.net/wg/wg-news-1.nsf/54e6de9e0c383719802572b9
005141ed/97132678f0af3244802572ab004b99f7?OpenDocument.

119 Gieve, J. (2007) 'The City's growth: The crest of a wave or swimming with the
stream?', 런던공인회계사협회London Society of Chartered Accountants를 상대로
잉글랜드 은행에서 행한 연설, http://www.bankofengland.co.uk/publications/
Pages/news/2007/038.aspx.

120 Christophers, B. (2011) 'Making finance productive', *Economy and Society*,
40(1), pp. 112~140.

121 Haldane, A.G. and Madouros, V. (2011) 'What is the contribution
of the financial sector', VOX, http://www.voxeu.org/article/what-
contributionfinancial-sector. 다음도 보라. Christensen, J. and Shaxson, N.
(2013) The finance curse, Tax Justice Network, http://www.taxjustice.net/
cms/front_content.php?idcat=150.

122 "많은 금융혁신의 사회적 가치는 미미하다. 금융혁신이란 금융 부문 가운데 경제적으
로 효율적인 규모를 넘어선 부분이 몰두했던 경제적 지대의 추출과정을 의미할 뿐이

다." Turner, A. (2009) Turner Review press conference speech.

123 CRESC (2012) 'An alternative report on UK banking reform', http://www.studyblue.com/notes/note/n/cresc-report-on-banking-reform1pdf/file/6164790.

124 영국에서 공공지출의 지역적 분배를 측정할 때 일반적으로 잉글랜드 남동부에 집중된 엄청난 국방 부문은 무시한다. 수송에 대한 공공지출 또한 런던과 그 외곽 지역을 선호한다. 다음도 보라. Massey, D. (2007) *World city*, Cambridge: Polity.

125 Wolf, M. (2009) 'Why Britain has to curb finance', *Financial Times*, 29 May.

126 Marx, K. (1998) [1894] *Capital*, vol III, London: Lawrence and Wishart, p. 596.

127 Hudson, M. (2012) *The bubble and beyond*, Dresden: ISLET.

128 Blackburn, R. (2011) *Age shock*, London: Verso.

129 Monbiot, G. (2011) 'The corporate welfare state', blog, 2 November, http://www.monbiot.com/2011/11/21/the-corporate-welfare-state/.

130 구제금융의 규모가 얼마나 되는지는 명확하지 않다. 공공이 비용을 부담했어야 하는데도 금액과 조건에 대한 정보가 거의 없기 때문이다. RBS는 영국의 전체 교육 예산보다 많은 600억 파운드의 보험에 가입해서 2,000억 파운드의 유해 대출과 모기지에 대한 위험 보장을 하고 있으며, 이에 대해 매년 5억 파운드의 보험료를 정부에 내고 있다. 로이즈Lloyds TSB는 200억 파운드의 구제금융을 받았고, 25억 파운드를 상환했다. 직접 구제금융을 받지 않은 다른 은행들도 이 안정화 조치로 혜택을 받았다(New Economics Foundation, 2010).

131 Alessandri, P. and Haldane, A. (2009) 'Banking on the state', London: Bank of England.

132 Haldane, A. (2010) 'The $100 billion question', Bank of England, http://www.bankofengland.co.uk/archive/Documents/historicpubs/news/2010/036.pdf.

133 IMF data, 다음에서 재인용했다. Chang, H.-J. (2011) *23 things they don't tell you about capitalism*, London: Allen Lane, p. 235.

134 Blackburn, R. (2008) 'The sub-prime crisis', *New Left Review* 50.

135 이에 관해 필립 코건은 다음과 같이 논평한다. "악성 부채는 민간 부문 차입자에게서 은행으로, 은행에서 정부로, 약한 정부에서 강한 정부로 옮겨갔다." Coggan, P. (2011) *Paper promises*, London: Allen Lane, p. 209.

136 다음을 보라. http://www.bloomberg.com/apps/news?pid=newsarchive&sid=aAdP3tUMTdVE, 5 September 2010.

137 Leyshon, A. and French, S. (2010) '"These f@#king guys" (1): the terrible waste of a good crisis', *Environment and Planning A*, 42, pp. 2549~2559.

138 Kunkel, B. (2012) 'Forgive us our debts', *London Review of Books*, 34(9), pp. 23~29.

139 다음에서 재인용했다. New Economics Foundation (2010).

14장 요약: 경제위기와 불로소득자의 귀환

140 Reich, R. (2011) *Aftershock*, New York: Vintage Books, p. 141.

141 http://www.youtube.com/watch?v=_mzcbXi1Tkk.

142 Epstein, G. and Jayadev, A. (2005) 'The rise of rentier incomes in OECD countries', in Epstein, G. (ed) *Financialization and the world economy*, Cheltenham: Edward Elgar, pp. 46~75.

143 Engelen, E., Ertürk, I., Froud, J., Johal, S., Leaver, A., Moran, M., Nilsson, A. and Williams, K. (2011) *After the great complacence: Financial crisis and the politics of reform*, Oxford: Oxford University Press, p. 206.

144 New Economics Foundation (2010) *Where did our money go?*, London: NEF.

145 Collinson, P. (2006) 'On reflection', *Guardian*, 26 August, http://www.theguardian.com/money/2006/apr/15/consumernews.moneysupplement2.

146 CRESC (2009) *An alternative report on UK banking reform*, p. 65, http://www.cresc.ac.uk/sites/default/files/Alternative%20report%20on%20banking%20V2.pdf.

147 다음을 보라. Eureka Report, 'G10 debt distribution', http://www.eurekareport.com.au/graphs/2012/2/22/g10-debt-distribution.

148 다음에서 재인용했다. New Economics Foundation (2010).

4부 부자들을 위한 부자들의 지배

도입부

1 브랜다이스는 미국 법관으로 1916~1939년 미국 연방대법원 판사를 지냈다.

2 Smith, A. (1976) [1776] *The wealth of nations*, ed. E. Cannan, Chicago, IL: University of Chicago Press, bk I, ch v, p. 35. 토머스 홉스(1588-1679)는 정치·사회·권력 등을 연구한 근대 초기의 이론가였다.

3 사실 미국에서는 한계 상황으로 내몰려 투표에서 배제되는 사람들이 늘어나고 있으므로 모든 사람이 투표권을 갖고 있다는 이 말은 어폐가 있다.

15장 부자들의 지배는 어떻게 작동하는가?

4 상세한 내용에 대해서는 다음을 보라. Engelen, E., Ertürk, I., Froud, J., Johal, S., Leaver, A., Moran, M., Nilsson, A. and Williams, K. (2011) *After the great complacence: Financial crisis and the politics of reform*, Oxford: Oxford University Press.

5 Williams, H. (2006) *Britain's power elite*, London: Constable.

6 Henwood, D. (1998), *Wall Street*, London: Verso, p. 23.

7 존슨은 런던 시장이며[나중에 영국 수상이 된다], 캐머런과 마찬가지로 배타적인 옥스퍼드 불링던 클럽(다른 말로는 깡패)[Oxford Bullingdon Club: 옥스퍼드 대학 최상류층 학생들의 사교 클럽]의 예전 회원이었다. 이 클럽의 회원들은 술에 취해서 옥스퍼드 시내를 돌아다니며 식당을 때려 부수곤 했지만 처벌받지는 않았다. 다음도 보라. *Huffington Post UK* (2013) 'Is being a banker genetic? Boris Johnson looks to intelligence to explain equality gap', 28 November, http://www.huffingtonpost.co.uk/2013/11/28/iq-intelligence-borisjohnson-_n_4355372.html.

8 Bourdieu, P. (1993) *Sociology in question*, London: Sage, p. 14.

9 Chakrabortty, A. (2013) 'Looking for a party funding scandal: try David Cameron's Conservatives', *Guardian*, 8 July, http://www.guardian.co.uk/commentisfree/2013/jul/08/party-funding-scandal-david-cameronconservatives.

10 Froud, J. et al. (2012) 'Groundhog Day': elite power, democratic disconnects and the failure of financial reform in the UK', CRESC Working Paper No 108, University of Manchester, p 16, http://www.cresc.ac.uk/sites/default/files/Groundhog%20Day%20Elite%20power,%20democratic%20disconnects%20and%20the%20failure%20of%20financial%20reform%20in%20the%20UK%20

CRESC%20WP108%20(Version%202).pdf.

11 The Bureau of Investigative Journalism (2011) 'Tory Party funding from City doubles under Cameron', 8 February, http://www.thebureauinvestigates. com/2011/02/08/city-financing-of-the-conservative-party-doublesundercameron/.

12 The Bureau of Investigative Journalism (2011) 'Hedge funds, financiers and private equity make up 27% of Tory funding', 30 September, http://www. thebureauinvestigates.com/2011/09/30/hedgefunds-financiers-andprivate-equity-tycoons-make-up-27-of-tory-funding/.

13 Hutton, W. (2010) *Them and us*, London: Little, Brown, p. 179.

14 Powerbase (2001) 'New Labour: donors', http://www.powerbase.info/index. php/New_Labour:_Donors.

15 Peston, R. (2008) 'Pointing fingers at the plutocrats', *Telegraph*, 26 January, http://www.telegraph.co.uk/finance/economics/2783334/Pointingfingers-at-the-plutocrats.html.

16 Wintour, P. (2013) 'Labour backer says £1.65m donation was given in shares to avoid tax', *Guardian*, 6 June, http://www.guardian.co.uk/politics/2013/jun/06/labour-party-backer-donation-tax.
주식 기부는 신노동당으로 하여금 확실히 그의 기업을 지원하게 만드는 영리한 방법이기도 했다. 신노동당이 지원하지 않으면 주가가 떨어졌을 테니 말이다.

17 Chakrabortty (2013).

18 그러나 로버트 라이히에 따르면, 수많은 기부자의 정체는 감춰진다. 수억 달러가 자금 출처에 대한 추적 없이 정치적 홍보에 투입된다. 선거 홍보에 자금을 지출하는 그룹 가운데 32퍼센트만이 기부자의 이름을 공개한다.
Reich, R. (2010) 'The perfect storm that threatens American democracy', 18 October, http://inlightofrecentevents.wordpress.com/rule-of-super-richprivileged-plutocracy/. 다음도 보라. Brenner, M. (2013) 'Plutocracy in America', *Counterpunch*, 1 April, http://www.counterpunch.org/2013/04/01/plutocracy-in-america/.

19 Pizzigati, S. (2013) 'Why can't democracy trump inequality?', *Too Much*, 19 August, http://www.toomuchonline.org/tmweekly.html.

20 McGregor, R. (2014) 'US Supreme Court strikes down donation limits', *Financial Times*, 2 April, http://www.ft.com/cms/s/0/70f806b4-ba78-11e3-

aeb0-00144feabdc0.html#axzz34du1m4BI.

21 Monbiot, G. (2010) 'When corporations bankroll politics, we all pay the price', *Guardian*, 29 October, http://www.theguardian.com/commentisfree/2012/oct/29/capitalism-bankrolls-politics-pay-price. 미국 정치에서 골드만삭스가 하는 역할에 대해서는 다음을 보라. http://my.firedoglake.com/fflambeau/2010/04/27/a-list-of-goldman-sachs-people-in-the-obamagovernment-names-attached-to-the-giant-squids-tentacles/.

22 Berners-Lee, M. and Clark, D. (2013) *The burning question*, London: Profile Books, p. 128. 미국 기업의 정당 기부금에 관한 데이터는 다음을 보라. OpenSecrets.org: http://www.opensecrets.org/industries/index.php and http://www.opensecrets.org/industries/background.php?cycle=2012&ind=E01.

23 Monbiot, G. (2012) 'Stop this culture of paying politicians for denying climate change', *Guardian*, 2 August, http://www.theguardian.com/environment/georgemonbiot/2012/aug/02/climate-change-politicalfunding-us. 인호프는 '환경과 공공사업에 관한 상원위원회'의 위원이며, 예전에 위원장을 역임했다.

24 Ferguson, C. (2012) *Inside job*, London: Oneworld.

25 World Economic Forum web pages: http://www.weforum.org/ourmembers.

26 Green Governance (2013) 'To Save The World', 22 January, http://www.bibliotecapleyades.net/sociopolitica/sociopol_globalelite123.htm.

27 미국에서 로비활동은 좀 더 투명해야만 한다.

28 Ferguson (2012), p 298.

29 정치인들과 민간 의료 부문의 연관에 관한 좀 더 상세한 내용은 다음을 보라. http://socialinvestigations.blogspot.com/2012/02/nhs-privatisationcompilation-of.html. 더 최근의 정보는 다음을 보라. http://socialinvestigations.blogspot.co.uk/2014/03/compilation-of-parliamentary-financial.html.

30 Alleyne, R. (2012) 'NHS cuts may not be sustainable, says spending watchdog', Telegraph, 13 December, http://www.telegraph.co.uk/health/healthnews/9741705/NHS-cuts-may-not-be-sustainable-says-spendingwatchdog.html.

31 Macalister, T. (2013) 'Ministers' oil industry ties prop up high-carbon policy, report alleges', *Guardian*, 10 March, http://www.guardian.co.uk/

business/2013/mar/10/oil-industry-links-and-high-carbon-energy-policy?INTCMP=SRCH; World Development Movement (2013) 'Carbon capital handbook', http://www.wdm.org.uk/carbon-capital/web-of-power.

32 Mulgan, G. (2013) *The locust and the bee*, Princeton, NJ: Princeton University Press, and Mendick, R. and Watts, R. (2012) *Telegraph*, 30 June, http://www.telegraph.co.uk/news/politics/tony-blair/9367302/Imnot-one-of-the-super-rich-says-Tony-Blair-despite-being-worth-20ma-year-and-owningsix-homes.html. 다음도 보라. Hall, R. (2012) *Independent*, 18 April, http://www.independent.co.uk/news/world/middle-east/kuwaiti-finance-minister-faces-questions-over-deal-to-pay-millions-totony-blairs-company-for-advising-royal-family-7654711.html; Bennett, A. (2014) 'Tony Blair enjoys "best year yet" with over £13m in bank', *Huffington Post*, 6 January, http://www.huffingtonpost.co.uk/2014/01/06/tony-blair-fortune_n_4547935.html.

33 Cohen, M. (2012) 'Tony Blair's moral decline and fall is now complete', *Observer*, 27 May, http://www.theguardian.com/commentisfree/2012/may/27/nick-cohen-tony-blair-kazakhstan.

34 다음에서 재인용했다. Krugman, P. (2012) *End this depression now!*, New York: W. W. Norton, p. 88

35 Mathiason, N., Newman, M. and McClenaghan, M. (2012) 'Revealed: the £93m City lobby machine', The Bureau of Investigative Journalism, 9 July, http://www.thebureauinvestigates.com/2012/07/09/revealed-the-93mcity-lobby-machine/.

36 *Telegraph* (2013) 'Mervyn King: banks lobbying at highest level against regulator's demands', 25 June, http://www.telegraph.co.uk/finance/newsbysector/banksandfinance/10141142/Mervyn-King-Banks-lobbyingat-highest-level-against-regulators-demands.html.

37 McClenaghan, M. (2010) 'How big four get inside track by loaning staff to government', The Bureau of Investigative Journalism, 10 July, http://www.thebureauinvestigates.com/2012/07/10/how-big-four-get-inside-trackby-loaning-staff-to-government/.
시티의 권력이 커져서 정치를 지배하게 된 과정에 대한 흥미로운 분석은 다음을 보라.
Ertürk, I. et al (2011) 'City state against national settlement', CRESC Working

Paper No 101, http://www.cresc.ac.uk/sites/default/files/City%20State%20 and%20National%20Settlement%20CRESC%20WP101.pdf.

38 Mathiason, N., Newman and McClenaghan, M. (2012) 'Revealed: the £93m City lobby machine', The Bureau of Investigative Journalism, 9 July, http:// www.networkedblogs.com/zS43z.

39 Treanor, J. (2012) 'Bleak day for British banking as Libor arrests follow record fine for HSBC', *Guardian*, 11 December, http://www.theguardian.com/ business/2012/dec/11/banking-libor-fine-hsbc.

40 Ball, J. and Taylor, H. (2013) '"Buddy" scheme to give more multinationals access to ministers', *Guardian*, 18 January, http://www.theguardian.com/ politics/2013/jan/18/buddy-scheme-multinationals-access-ministers.

41 Carrington, D. and Sparrow, A. (2013) 'Gas industry employee seconded to draft UK's energy policy', *Guardian*, 10 November, http://www.theguardian. com/environment/2013/nov/10/gas-industry-employeeenergy-policy.

42 Monbiot, G. (2013), 12 November, http://www.monbiot.com/2013/11/11/ why-politics-fails/.

43 *Washington Monthly*, 다음에서 재인용했다. Shaxson, N. and Christensen, J. (2013) *The finance curse*, Taiwan: Commonwealth Publishing, p. 55.

44 http://www.policyexchange.org.uk/corporate-engagement.

45 스핀워치Spinwatch의 탐사 기자들은 '정책 교류의 미국 친구들'의 또 다른 후원자로 트라이벌Tribal이라는 회사가 있다는 사실을 밝혀냈다. 트라이벌은 일반 개업 의사들을 위해 의료 서비스를 중개하는 사업에 뛰어들고 싶어 한다. 이는 자원하는 의료 서비스 제공업체(공공이든 민간이든)에 공공자금을 배분할 때 수수료를 징수하기 때문에 대형 사업이 될 가능성이 크다(일반 개업 의사들은 의료 서비스에 지출되는 돈의 상당 부분을 통제하기 때문에 자신들이 원하는 제공업체를 마음대로 선택할 수 있지만, 실제로 많은 의사는 그럴 시간이 부족해서 이 배분 작업을 민간기업에 위탁한다. http://www.powerbase.info/index.php/Health_Portal). 스핀워치는 후원자 명단과 후원 금액을 홈페이지에 공개하고 있다. http://www.spinwatch.org/.

46 http://www.sourcewatch.org/index.php?title=State_Policy_Network; http:// stinktanks.org/what-stinks/.

47 Cave, T. and Rowell, A. (2014) *A quiet word: Lobbying, crony capitalism and broken politics in Britain*, Oxford: The Bodley Head.

48 Bartels, L. (2005) 'Economic inequality and political representation', Working

Paper, August, http://www.princeton.edu/~bartels/economic.pdf. 다음도 보라.
Gilens, M. (2014) *Affluence and influence*, Princeton, NJ: Princeton University
Press.

16장 숨기기

49 Hume, D. (1777) *Political discourses*, Co 19, Mil 266, http://www.davidhume.
org/texts/pd.html. 이 인용문을 알려준 존 크리스텐센에게 감사드린다.
50 이 장은 다음에 많이 의존했다. Nicholas Shaxson (2012) *Treasure islands: Tax
havens and the men who stole the world*, London: Vintage. 다음도 보라. Urry, J.
(2014) *Offshoring*, Cambridge: Polity.
51 Actionaid의 연구: 'FTSE 100 tax haven tracker', http://www.actionaid.org.uk/
tax-justice/ftse-100-tax-haven-tracker.
52 Murphy, R. and Christensen, J. (2014) 'Tax us if you can', 2nd edn, London:
Tax Justice Network, http://www.taxjustice.net/cms/front_content.
php?idcatart=134&lang=1.
53 Palan, R., Murphy R. and Chavagneux, C. (2010) *Tax havens: How globalization
really works*, Ithaca, NY: Cornell University Press, pp. 5~6.
54 Channel 4 News, 14 June 2013.
55 다음을 보라. Palan et al (2010), pp. 38~40.
56 Said, S. (2011) 'The 10 biggest tax havens in the world', *The Richest*, 15
September, http://www.therichest.com/expensive-lifestyle/location/the-10-
biggest-tax-havens-in-the-world/.
57 http://www.financialsecrecyindex.com/index.html.
58 The Bureau of Investigative Journalism (2012) 'City of London Corporation
reveals its secret £1.3bn bank account', 20 December, http://www.
thebureauinvestigates.com/2012/12/20/city-of-london-corporationreveals-
its-secret-1-3bn-bank-account/.
59 The Bureau of Investigative Journalism (2012) 'Streets paved with gold', 9 July,
http://www.thebureauinvestigates.com/2012/07/09/streets-pavedwith-gold-
the-local-authority-that-works-for-the-banks/.
60 Shaxson (2012), p 265; Nelson, F. (1996) 'Labour rift over city overhaul',

Independent, 7 April, http://www.independent.co.uk/news/labour-riftover-city-overhaul-1303565.html. 2002년에는 시티 오브 런던 코퍼레이션에 더 많은 기업 투표권을 주는 법률이 통과됐다! 다음을 보라. Froud, J. et al (2011) 'Groundhog Day: elite power, democratic disconnects and the failure of financial reform in the UK', CRESC Working Paper No 108, University of Manchester, http://www.cresc.ac.uk/sites/default/files/Groundhog%20Day%20Elite%20power,%20democratic%20disconnects%20and%20the%20failure%20of%20financial%20reform%20in%20the%20UK%20CRESC%20WP108%20(Version%202).pdf.

61 http://democracy.cityoflondon.gov.uk/mgUserInfo.aspx?UID=136.

62 Neville, S. and Treanor, J. (2012) 'Starbucks to pay £20m in tax over next two years after customer revolt', *Guardian*, 6 December, http://www.theguardian.com/business/2012/dec/06/starbucks-to-pay-10mcorporation-tax.

63 http://www.twnside.org.sg/title2/resurgence/2012/268/cover02.htm. 나는 실효세율을 2013년 7월 시점의 환율(116억 달러=89억 유로)을 기준으로 계산했다. 세금을 피하기 위해 자금을 이동시키는 다른 방법도 있다. 다음을 보라. Palan et al (2010) and Shaxson (2012).

64 http://blogoscoped.com/files/hamburg/large/7.jpg.

65 Murphy and Christensen (2014).

66 Mason, C. (2014) 'Treasury anger over Margaret Hodge "grandstanding"', BBC News, 23 January, http://www.bbc.co.uk/news/uk-politics-25858447.

67 Sikka, P. (2009) 'Shifting profits across borders', *Guardian*, 12 February, http://www.guardian.co.uk/commentisfree/2009/feb/11/taxavoidance-tax.

68 Brown, G. (2005) 영국 산업연맹 연례회의에서 행한 연설: http://www.guardian.co.uk/business/2005/nov/28/economicpolicy.budget2006.

69 Guardian Tax Reporting Team (2009) 'The top gamekeeper', *Guardian*, 6 February, http://www.theguardian.com/business/2009/feb/06/tax-gapgamekeeper-inland-revenue.

70 Provost, C. (2013) '£180m aid to developing countries routed through tax havens last year', *Guardian*, 15 August, http://www.oxfam.org.uk/blogs/2013/05/tax-haven-cash-enough-to-end-extreme-poverty.

71 Kar, D. and Freitas, S. (2012) 'Illicit financial flows from developing countries: 2001–2010', Washington, DC: Global Financial Integrity Unit, http://iff.gfintegrity.org/documents/dec2012Update/Illicit_Financial_Flows_from_

Developing_Countries_2001-2010-WEB.pdf.

72 http://www.oxfam.org.uk/blogs/2013/05/tax-haven-cash-enough-toend-
    extreme-poverty.

73 Forbes (2012) 'Forget the drug dealers and Iran, HSBC is having a great year',
    12 December, http://www.forbes.com/sites/nathanvardi/2012/12/12/forget-
    the-drug-dealers-and-iran-hsbc-is-having-a-great-year/. 다음도 보라.
    http://blog.ourfuture.org/20130628/believe-it-or-not13-mind-blowingfacts-
    about-tax-evading-corporations.

74 Howker, E. and Malik, S. (2012) 'Cameron family fortune made in tax havens',
    Guardian, 20 April, http://www.guardian.co.uk/politics/2012/apr/20/
    cameron-family-tax-havens.

75 http://www.taxresearch.org.uk/Blog/2013/09/10/david-cameron-
    takesleave-of-his-senses-as-he-declares-the-uk-has-no-tax-havens-
    left/#sthash.PMFksAlX.dpuf.

76 Watts, R. and Ungoed-Thomas, J. (2009) 'Minister in charge of offshore
    clampdown ran tax haven firm', Sunday Times, 22 March, http://www.
    thesundaytimes.co.uk/sto/business/article157241.ece.

77 Newman, M. (2012) 'Conservative peer hired as tax haven lobbyist',
    The Bureau of Investigative Journalism, 17 April, http://www.
    thebureauinvestigates.com/2012/04/17/conservative-peer-hired-as-
    taxhaven-lobbyist/.

78 Sayal, R. and Williams, M. (2012) 'Tory treasurer wants UK to become more
    like a tax haven', Guardian, 21 September, http://www.guardian.co.uk/
    business/2012/sep/20/tory-treasurer-make-uk-tax-haven.

79 Mason, R. (2012) 'Britain could prevent the use of tax havens by ending
    "archaic" business rules', Telegraph, 21 September, http://www.telegraph.
    co.uk/news/politics/conservative/9557273/Britain-could-prevent-theuse-
    of-tax-havens-by-ending-archaic-business-rules.html.

80 Drucker, J. (2013) 'Europe eases corporate tax dodge as worker burdens rise',
    Bloomberg News, 13 May, http://www.bloomberg.com/news/2013-05-13/
    europe-eases-corporate-tax-dodge-as-worker-burdens-rise.html.

81 Murphy, R. (2013) 'For a man who says he thinks tax evasion is repugnant
    George Osborne is doing his utmost to promote it', Tax Research UK, 23

March, http://www.taxresearch.org.uk/Blog/2012/03/23/for-a-manwho-says-he-thinks-tax-evasion-is-repugnant-george-osborne-is-doinghis-utmost-to-promote-and-assist-it/.

82 Palan et al (2010), p. 7.

83 Centre for Economics and Business Research (2011) 'The 50p tax—good intentions, bad outcomes: the impact of high rate marginal tax on government revenues in a world with no borders', http://conservativehome.blogs.com/files/cebr-report—final.pdf.

17장 **법의 부패**: 법 위에 군림하든지 아니면 법을 만들든지

84 http://www.nakedcapitalism.com/2012/10/john-kennethgalbraith-on-the-moral-justifications-for-wealth-and-inequality.html#qvYXvQ1HKPM5ihYI.99.

85 Hobbes, T. (2005) [1666] *A dialogue between a philosopher and student of the common laws of England*, Oxford: Oxford University Press.

86 Jessop, B. (2013) 'The complexities of competition and competitiveness: challenges for competition law and economic governance in variegated capitalism', in M. W. Dowdle, J. Gillespie, and I. Maher (eds) *Asian capitalism and the regulation of competition: Towards a regulatory geography of global competition law*, New York: Cambridge University Press, pp. 96~120.

87 Kaufmann, D. (2012) 'Rethinking the fight against corruption', *Huffington Post*, 28 November, http://www.huffingtonpost.com/danielkaufmann/rethinking-the-fight-corruption_b_2204591.html.

88 Hudson, M. (2012) 'Financial conquest or clean slate?', http://michaelhudson.com/2012/09/financial-conquest-or-clean-state/.

89 Engelen, E., Ertürk, I., Froud, J., Johal, S., Leaver, A., Moran, M., Nilsson, A. and Williams, K. (2011) *After the great complacence: Financial crisis and the politics of reform*, Oxford: Oxford University Press.

90 금융 부문을 면밀하게 관찰한 질리언 테트Gillian Tett와 다른 연구자들이 지적했듯이, 모든 것을 금융화하는 것을 정당화하는 데 일상적으로 활용되는 효율적 시장 이론은 일종의 종교가 되고 말았다. "지적 혼란이 있음을 실제로 느끼고 있다. 지난 1년 동안

나는 예전의 진정한 신자들과 대화를 해왔다. 그들은 성경에 대한 믿음이 없어졌는데도 여전히 교회에 가야만 하는 사제와도 같다. 회중은 그곳에 앉아 있지만, 그는 사실 성경이 무엇을 말하는지 모른다……." 아데어 터너는 다음과 같이 덧붙인다. "맞다. 사실 효율적 시장 이론, 워싱턴 컨센서스, 자유시장의 규제 철폐 시스템 등의 지적 체계는 종교처럼 될 수 있다."

Turner, A. (2009) 'How to tame global finance' Prospect, 27 August, http://www.prospectmagazine.co.uk/magazine/how-to-tame-global-finance/.

91 Mirowski, P. (2013), *Never let a serious crisis go to waste*, London: Verso. 기업을 위해 활동하는 경제학자들에게 경종을 울렸던 것은 주요 경제학 저널에서 배제당하던 비주류 경제학자들이었다.

92 이기심의 우선성과 보편성을 이야기하는 경제학자들에게 그것이 진리라고 생각해서 믿는지 아니면 믿는 것이 자신들에게 이익이 되기 때문에 믿는지 질문해볼 필요가 있다. 만약 전자라면 진리를 바탕으로 행동하는 것은 예외적인 경우가 되고, 만약 후자라면 그들의 생각을 인간 동기에 대한 설명으로 진지하게 받아들일 이유가 어디에 있겠는가?

93 Hume, N. (2005) 'PM's attack angers City watchdog', *Guardian*, 6 June, http://www.guardian.co.uk/politics/2005/jun/06/uk.business.

94 Blair, T. (2005) Speech on Risk and the State, University College, London, 26 May, http://www.astrid-online.it/Qualit—de/Studi—ric/Archivio-21/Blair_Risk_State_Speech_26May05.pdf.
전직 형사이자 금융 범죄를 다루는 법률 컨설턴트인 로원 보스워스-데이비스Rowan Bosworth-Davies의 2013년 3월 23일자 블로그 포스팅을 보라(그 내용은 '은행업 기준에 관한 의회 위원회'에 제출되었다). http://rowans-blog.blogspot.ch/2013/03/whybritish-banking-industry-has-become.html.

95 Pickard, J. (2011) 'Miliband's business crusade draws fire', *Financial Times*, 28 September, http://www.ft.com/cms/s/0/e81a446a-e932-11e0-af7b-00144feab49a.html#axzz2ZyHQEJlx.

96 Massey, D. (2007) *World city*, Cambridge: Polity.

97 Hudson (2012).

98 Lanchester, J. (2013) 'Are we having fun yet?', *London Review of Books*, 4 July, 35(13), pp. 3~8.

99 Meacher, M. (2012) 'When are banksters going to be punished?', blog, 23 September, http://www.michaelmeacher.info/weblog/tag/hsbcmoneylaundered-for-iran-mexico-drug-cartels/.

100 Smith, G. (2012) 'Why I am leaving Goldman Sachs', *New York Times*, 14 March, http://www.nytimes.com/2012/03/14/opinion/why-i-amleaving-goldman-sachs.html?pagewanted=2&_r=2&hp.

101 다음을 보라. Shaxson, N. and Christensen, J. (2014) *Finance curse*, Taiwan: Commonwealth Publishing, for examples and elaboration.

102 Wallace, C. (2012) 'Keep taking the testosterone', *Financial Times*, 9 February, http://www.ft.com/cms/s/0/68015bb2-51b8-11e1-a99d-00144feabdc0.html#axzz34du1m4BI.

103 Marx, K. and Engels, F. (1848) *The Communist Manifesto*.

104 그들은 평범한 사람들의 삶과 기본적인 사회 현실에 대해 충격적일 정도로 무지하기도 하다. 다음을 보라. Toynbee, P. and Walker, D. (2008), *Unjust deserts*, London: Granta.

105 Smith, A. (1759) *The theory of the moral sentiments*, Indianapolis: Liberty Press, pt VI, sec ii, ch 3.1, p. 235.

106 Hudson (2012).

107 http://www.rollingstone.com/politics/news/the-great-americanbubble-machine-20100405. 다음도 보라. http://my.firedoglake.com/fflambeau/2010/04/27/a-list-of-goldman-sachs-people-in-the-obamagovernment-names-attached-to-the-giant-squids-tentacles/; http://www.salon.com/2009/04/04/summers/.

108 Engelen et al (2011), p 171. 다음도 보라. Johnson, S. (2009) 'The quiet coup', *The Atlantic*, May, http://www.theatlantic.com/magazine/archive/2009/05/the-quiet-coup/307364/2/.

109 Foley, S. (2011) 'What price the new democracy? Goldman Sachs conquers Europe', *Independent*, 18 November, http://www.independent.co.uk/news/business/analysis-and-features/what-price-the-new-democracy-goldmansachs-conquers-europe-6264091.html.

110 Marshall, A. G. (2013) 'Global power project Part V: banking on influence with Goldman Sachs', 15 July, http://truth-out.org/news/item/17563-global-power-project-part-v-banking-on-influence-with-goldman-sachs.

111 http://www.publiceye.ch/en/news/public-eye-awards-2013-naming-andshaming-awards-go-goldman-sachs-and-shell/.

112 다음을 보라. Engelen et al (2011), chs 6 and 7.

113 Ferguson, C. (2012) *Inside job*, London: Oneworld, pp. 248~253.

114 Bloomberg (2009) 'Harvard swaps are so toxic even Summers won't explain, (update3)', 18 December, http://www.bloomberg.com/apps/news?pid=news archive&sid=aaZGpGgHsVGw.

115 Murphy, R. and Christensen, J. (2014) 'Tax us if you can', 2nd edn, London: Tax Justice Network, http://www.taxjustice.net/cms/front_content. php?idcatart=134&lang=1.

116 White, A. (2012) 'PwC fined record £1.4m over JP Morgan audit', *Telegraph*, 5 January, http://www.telegraph.co.uk/finance/newsbysector/ supportservices/8995981/PwC-fined-record-1.4m-over-JP-Morgan-audit. html.

117 이 정보를 알려준 존 크리스텐센에게 감사드린다.

118 https://www.gov.uk/government/organisations/hm-revenue-customs/ groups/hmrc-board.

119 http://www.ushistory.org/us/24d.asp.

120 Bowman, A., Ertürk, I., Froud, J., Johal, S., Moran, M., Law, J., Leaver, A. and Williams, K. (2012) 'Scapegoats aren't enough: a Leveson for the banks?', CRESC Discussion Paper, p. 8.

121 Canada, US, Mexico, Peru, Chile, New Zealand, Australia, Brunei, Singapore, Malaysia, Vietnam and Japan.

122 Wikileaks (2013) 'Secret Trans-Pacific Partnership agreement (TPP)', https:// wikileaks.org/tpp/pressrelease.html.

123 Wikileaks (2013).

124 Monbiot, G. (2013) 'The lies behind this transatlantic trade deal', *Guardian*, 2 December, http://www.theguardian.com/commentisfree/2013/dec/02/ transatlantic-free-trade-deal-regulation-by-lawyers-eu-us.

125 Corporate Europe Observatory (2013) 'A transatlantic corporate bill of rights', 3 June, http://corporateeurope.org/trade/2013/06/transatlanticcorporate-bill-rights.

126 McDonagh, T. (2013) 'Unfair, unsustainable and under the radar', San Francisco: Democracy Center, http://democracyctr.org/new-reportunfair-unsustainable-and-under-the-radar/.

127 Blair, T. (2012) Speech to conference on philanthropy, China Philanthropy Forum, Beijing, 28 November.

128 Wikipedia Hélder Cámara, http://en.wikipedia.org/wiki/Hélder_Câmara.

129 바클레이스 은행의 연구에 따르면, 전 세계에서 '고액 순자산을 보유한 개인'의 97퍼센트가 매년 자선단체에 기부한다. 하지만 순자산 가치의 1퍼센트 이상을 기부하는 것은 이들 중 3분의 1뿐이다. *Too Much* (2013) 'A Whistleblower for Philanthropy', 5 August, http://toomuchonline.org/weeklies2013/aug052013.html. 다음도 보라. Brennan, P. and Saxton, J. (2007) 'Who gives to charity?', nfpSynergy report, and Rowlingson, K. and McKay, S. (2011) *Wealth and the wealthy*, Bristol: Policy Press, pp. 136 ff.

130 Buffett, P. (2013) 'The charitable-industrial complex', *New York Times*, 27 July, http://www.nytimes.com/2013/07/27/opinion/the-charitableindustrial-complex.html?_r=1&.

131 Blair, T. (2012) Speech to the Global Philanthropy Forum in Washington, DC, 16 April, http://www.tonyblairoffice.org/news/entry/tony-blairglobal-philanthropy/.

132 2004년 9월 28일 노동당 회의에서 행한 연설. http://news.bbc.co.uk/1/hi/uk_politics/3697434.stm.

133 과학적이고 전문가적인 조언에 따라 자금을 분배하는 재단에 기부하는 경우는 예외일 수 있지만, 그 경우에도 기부자의 재산이 합법적인지 아닌지 따져봐야 한다. 자선에 대해 조언을 해주신 마이클 에드워즈에게 감사드리며, 이 장의 이 부분과 다른 부분에 대해 의견을 주신 발리하르 상게라에게도 감사를 드린다.

134 Buffett, P. (2013). 글로벌 자선사업 포럼에서 토니 블레어가 행한 연설은 이런 자산 식민주의의 사례를 여실히 보여준다(각주 131을 보라).

135 Edwards, M. (2010) Small change: Why business won't save the world, San Francisco, CA: Berrett-Koelher.

136 http://www.toomuchonline.org/tmweekly.html.

137 Edwards (2010), p. 13.

138 Edwards (2010), pp. 40~43.

139 Edwards, M. (2013) 'From love to money: can philanthropy ever foster social transformation?', Paper for international symposium: New Philanthropy, Social

Justice, and Social Protection Policy, University of Bradford, 25 – 26 March.

140 Piller, C. and Smith, D. (2007) 'Unintended victims of Gates Foundation generosity', *Los Angeles Times*, December 16, http://fairfoundation.org/news_letter/2008/01march/criticism_of_gates_foundation.pdf.

141 Edwards, M. (2011) 'The role and limitations of philanthropy', Institute of Development Studies, University of Sussex, UK, http://opendocs.ids.ac.uk/opendocs/bitstream/handle/123456789/3717/The%20Role%20and%20Limitations%20of%20Philanthropy_summary.pdf?sequence=2.

142 다음을 보라. Graeber, D. (2012) *Debt: The first 5000 years*, New York: Melville House Publishing.

19장 **계급: 전쟁을 말하지 말라!**

143 이 보고서는 다음 사이트에서 다운로드받을 수 있다. http://pissedoffwoman.wordpress.com/2012/04/12/the-plutonomy-reports-download/.

144 Citigroup (2006) Plutonomy Report Part 2, 5 March.

145 *Chattanooga Times Free Press*, http://2.bp.blogspot.com/-Xq6TMq8_X70/Tn6mxnjj8vI/AAAAAAAANtY/84rDSYW2EBw/s1600/Class_War_t618.jpg.

146 논쟁적인 부록까지 들어 있는 그 계획의 내용은 다음 사이트에서 찾아볼 수 있다. http://www.margaretthatcher.org/archive/displaydocument.asp?docid=110795. 니콜라스 리들리는 맷 리들리의 아버지로서, 도산했으나 구제금융을 받은 노던 록의 의장이었다. 우리는 그를 13장에서 만난 바 있다.

147 Milne, S. (2014) 'Who's to blame for the crisis, bankers or benefits claimants?', *Guardian*, 16 January, http://www.theguardian.com/commentisfree/2014/jan/16/crisis-bankers-benefit-claimants-class.

148 현재 이에 관해 탐구한 저작이 많이 나와 있다. 예를 들면 다음과 같다. Sayer, A. (2005) *The moral significance of class*, Cambridge: Cambridge University Press; Jones, O. (2011) Chavs, London: Verso; Skeggs, B. (1997) *Formations of class and gender*, London: Sage; Tyler, I. (2012) *Revolting subjects: Social abjection and resistance in neoliberal Britain*, London: Zed.

149 예를 들어 다음을 보라. Sveinsson, K.P. (ed) (2009) 'Who cares about the white working class?', Runnymede Trust; Skeggs, B. (2004) *Class, self, culture*,

London: Routledge.

150 Baumberg, B., Bell K. and Gaffney, D. with Deacon, R., Hood, C. and Sage, D. (2012) *Benefit Stigma Report*, Turn2Us, http://www.turn2us.org.uk/PDF/Benefits%20stigma%20Draft%20report%20v9.pdf.

151 가난한 사람들을 비난하는 문화가 널리 퍼져 있고 '가난하다'는 말의 의미가 모호하다는 것도 가난한 사람들이 자신들을 그 범주에 넣지 않으려는 경향을 보이게 만드는 원인이다. 다음을 보라. Shildrick, T, and McDonald, R. (2013) 'Poverty talk: how people experiencing poverty deny their poverty and why they blame the poor', *The Sociological Review*, 61, pp. 285~303; Unwin, J. (2013), *Why fight poverty*, London: London Publishing Group.

152 Tax Research UK (2013) 'Benefit errors cost £1 million a day. Tax avoidance and evasion cost £260 million a day', 13 September, http://www.taxresearch.org.uk/Blog/2013/09/13/benefit-errors-cost-1-milliona-day-tax-avoidance-and-evasion-cost-260-million-a-day/.

153 외국인 독자들에게 알려드릴 것은 영국의 '공립학교'는 국가가 설립한 학교가 아니라 사실상 사립학교라는 점이다. 단, 부잣집 자녀들을 교육하는 이 학교들은 기부 대상 단체의 지위를 부여받아서 간접적으로 공공의 지원을 받고 있다.

154 Lamont, M. (1990) *Money, morals and manners: The culture of the French and American upper-middle class*, Chicago, IL: Chicago University Press.

155 Jones, O. (2013) 'The truth about class', Royal Television Society Lecture, 18 November, http://www.bbc.co.uk/programmes/p01lqx74.

156 다음을 보라. Skeggs, B. and Wood, H. (2011) *Reality television and class*, London: Palgrave; Mirowski, P. (2013) Never let a good crisis go to waste, London: Verso.

5부 나쁘게 벌어서 나쁘게 쓴다: 소비에서 이산화탄소로

도입부

1 2010년 기준의 세계은행 추정치다. http://www.worldbank.org/en/news/press-release/2013/10/10/report-finds-400-million-children-livingextreme-poverty.

2 Sunday Times Rich List, 2013.

3 http://www.bornrich.com/.

4 *Mail Online* (2007) 'World's most expensive cocktail launched at £35,000 a glass', 8 December, http://www.dailymail.co.uk/news/article-500581/Worlds-expensive-cocktail-launched-35-000-glass.html.

5 Peppard, A. (2008) 'Oil in the family', *Vanity Fair*, http://www.vanityfair.com/politics/features/2008/06/hunt200806.

6 2013년 영국 정부가 새로운 주택 거품에 기름을 끼얹은 이후 런던에서 행해진 부자들의 주택 매입은 대부분 순전히 투기적이다.

7 http://medberths.com/mbm-apr2013/?utm_source=DP+All&utm_medium=email&utm_campaign=MedBerths+April+2013.

8 Williams, R. (2011) *The country and the city*, London: Spokesman Books.

9 Gorz, A. (1983) *Critique of economic rationality*, London: Verso.

10 Cox, R. (2006) *The servant problem: Domestic employment in a global economy*, London: I. B. Tauris; Ehrenreich, B. and Hochschild, A. R. (eds) (2002) *Global woman: Nannies, maids and sex workers in the new economy*, London: Granta; Tronto, J. (2002) 'The nanny question in feminism', *Hypatia*, 17, pp. 34~51; Gregson, N. and Crewe, L. (1994) *Servicing the middle classes: Class, gender and waged domestic labour in contemporary Britain*, London: Routledge.

11 Veblen, T. (1994) [1899] *The theory of the leisure class*, Dover Thrift Editions.

12 Frank, T. (2012) *Pity the billionaire*, New York: Harvill Secker, Random House, p. 30.

13 Jackson, T. (2010) 'Re-imagining investment for the whole human', video lecture, http://www.ted.com/talks/tim_jackson_s_economic_reality_check.html/.

14 Schor, J. (2010) *Plenitude*, New York: The Penguin Press, p. 26.

15 Schor (2010), p. 29.

16 http://england.lovefoodhatewaste.com/node/2163.

17 Tawney, R. H. (2004) [1920] *The acquisitive society*, Mineola, NY: Harcourt Brace and Howe, p. 41.

18 Smith, A. (1759) *The theory of moral sentiments*, Indianapolis: Liberty Fund, I,iii,2,III, p. 61.

19 Layard, R. (2005) *Happiness: Lessons from a new science*, London: Allen Lane.

20 Schor, J (2010), p. 177, 레이어드가 제시한 수치가 업데이트되어 있다.

21 Skidelsky, R. and Skidelsky, E. (2012) *How much is enough?*, London: Penguin, p. 103.

22 Wilkinson, R. and Pickett, K. (2009) *The spirit level: Why more equal societies almost always do better*, London: Allen Lane.

23 Wilkinson and Pickett (2009). 다음도 보라. Lane, R.E. (1991) *The market experience*, Cambridge: Cambridge University Press.

24 Layard, R. (n.d.) 'Action for happiness', www.actionforhappiness.org/whyhappiness.

25 Layard (2005).

26 UNICEF (2007) 'An overview of child well-being in rich countries', http://www.unicef-irc.org/publications/pdf/rc7_eng.pdf; UNICEF (2013) 'Report Card 11: Child well-being in rich countries', http://www.unicefirc.org/publications/pdf/rc11_eng.pdf.

27 Schor (2010), p. 96.

28 Global Footprint Network, http://www.footprintnetwork.org/en/index.php/GFN/.

29 BBC News (2012) 'Electronic waste: EU adopts new WEEE law', 19 January, http://www.bbc.co.uk/news/world-europe-16633940.

30 Spash, C. L. (2013) 'New foundations of ecological economics', presentation at Conference on Kritische Soziologie meets Critical Realism: A Dialogue between Social Research, Social Theory and Philosophy of Science, Jena, Germany, 2 February.

31 피터 만델슨은 신노동당 정부에서 매우 영향력 있는 인물로 부자들과 교제하기를 바란다고 알려져 있다. 그는 신노동당은 "더럽게 부유한 자들에 대해 세금을 내는 한 매우 느슨하게 대했다"라는 악명 높은 말로도 잘 알려진 인물이다.

32 Monbiot, G. (2009) 'Stop blaming the poor. It's the wally yachters who are burning the planet', *Guardian*, 28 September, http://www.theguardian.com/commentisfree/cif-green/2009/sep/28/population-growth-super-rich.

33 Kahn, S. R. (2014) 'The ease of mobility', in Birtchnell, T. and Caletrio, J. (eds) *Elite mobilities*, London: Routledge, pp. 136~148, at p. 136.

34 Jamie Peck (2010), 'Zombie neoliberalism and the ambidextrous state', *Theoretical Criminology*, 14(1), pp. 104~110.

35 UN Intergovernmental Panel on Climate Change (2013), http://www. climatechange2013.org/images/uploads/WGIAR5-SPM_Approved27Sep2013. pdf.

36 메탄가스는 몇 년 안에 이산화탄소와 지표 오존으로 분해된다.

37 Carrington, D. (2103) 'Global carbon dioxide in atmosphere passes milestone level', *Guardian*, 10 May, http://www.theguardian.com/environment/2013/ may/10/carbon-dioxide-highest-level-greenhouse-gas.

38 Global Humanitarian Forum (2009) *The anatomy of a silent crisis*, http:// www.ghf-ge.org/human-impact-report.pdf.

39 Urry, J. (2011) *Climate change and society*, Cambridge: Polity, p. 148.

40 Carbon Dioxide Information Analysis Centre, Oak Ridge National Laboratory, USA. http://cdiac.ornl.gov/trends/emis/overview_2010.html.

41 Pacala, S. (2009) 'Equitable climate solutions', lecture, http://www.youtube. com/watch?v=2X2u7-R3Wrc. 다음도 보라. http://edition.cnn.com/2008/ BUSINESS/02/17/eco.class/.

42 Urry (2011), p. 53. 그는 스티븐 버먼Stephen Burman과 리처드 하인버그Richard Heinberg의 연구를 인용했다.

43 Steinberger, J. K. and Roberts J. T. (2010) 'From constraint to sufficiency: the decoupling of energy and carbon from human needs, 1975—2005', *Ecological Economics*, 70, pp. 425~433; Lamb, W. F. et al (2014) 'Transitions in pathways of human development and carbon emissions', *Environmental Research Letters*, 9, pp. 1~10.

44 Gough, I. et al (2012) 'The distribution of total greenhouse gas emissions by households in the UK, and some implications for social policy', Centre for Analysis of Social Exclusion, London School of Economics; Jones, C. M. and Kammen, D. M. (2011) 'Quantifying carbon footprint reduction opportunities for U.S. households and communities', *Environmental Science* and Technology, 45(9), pp. 4088~4095. In their book, *A climate of injustice: global inequality, North-South politics, and climate policy* (Cambridge MA: MIT Press, 2006),

45 Global Commons Institute, 'Contraction and convergence (C&C). Climate justice without vengeance', http://www.gci.org.uk/.

46 Global Commons Institute, http://www.gci.org.uk/.

47 Jackson, T. (2007) *Prosperity without growth*, London: Earthscan, pp. 68 ff.

48 소비를 줄이기 위해 에너지 가격을 인상한다면, 부자들보다 가난한 사람들이 훨씬 더 큰 타격을 받을 것이다. 여기서 문제는 높은 에너지 가격이 아니라 불평등이다. 우리는 여러 가지 이유로 재분배를 통해 불평등을 줄일 필요가 있지만, 그 경우 하나의 이점은 에너지 가격 상승이 초래할 부담을 좀 더 공평하게 분배할 수 있다는 사실이다.

49 Urry (2011), p. 78.

50 Interview with Natalie Bennett (2013) *Soundings*, 53, pp. 33~43.

51 아마도 '수평적 분업'(상이한 활동 사이의 분업)은 증가하는 반면, 활동 내 또는 부문 내에서 이뤄지는 수직적(불평등한) 분업은 줄어들 것이다. 생산 규모가 축소되어 수직적 분업과 같은 전문화의 필요성이 줄어들 것이기 때문이다.

52 Berners-Lee, M. (2010) *How bad are bananas? The carbon footprint of everything*, London: Profile Books, p. 86.

53 Berners-Lee (2010), p. 95.

54 이 현상은 그것을 처음 발견한 경제학자 윌리엄 스탠리 제본스William Stanley Jevons의 이름을 따서 '제본스의 역설'이라고 부른다.

55 예를 들어 다음을 보라.
http://carboncalculator.direct.gov.uk/index.html http://www.nature.org/greenliving/carboncalculator/index.htm http://www.carbonfootprint.com/calculator1.html http://www.carbonstory.org/?ref=google_footprint&gclid=CMy0x5velroCFZMdtAod8iAAzw. 환경 발자국 계산기도 있는데, 그것으로는 당신이 더 넓게 지구에 끼치는 영향을 계산할 수 있다. http://footprint.wwf.org.uk/home/calculator_complete http://www.earthday.org/footprint-calculator?gclid=CPK0tuXdlroCFXMbtAodrGYAtg

56 Marriot, J. (2008) 'BP and the fuelling of Heathrow', *Soundings*, 39, pp. 56~66; http://www.thisismoney.co.uk/money/pensions/article-1695211/Pension-funds-sunk-by-BP-oil-spill-chaos.html

57 흥미롭게도 BP 웹사이트에서 이 계산기에 대한 홍보는 과거보다 눈에 덜 띈다.

http://www.bp.com/en/global/corporate/sustainability/bpenergy-lab.html.

58 Marriot (2008).

59 Jones, J. (2013) 'How can we live with it?', *London Review of Books*, 35(10) 23 May, pp. 3~7.

60 Berners-Lee, M. and Clark, D. (2013) *The burning question*, London: Profile Books, p. 43.

61 예를 들어 다음을 보라. Goldenberg, S. (2013) 'Secret funding helped build vast network of climate denial thinktanks', *Guardian*, 14 February, http://www. theguardian.com/environment/2013/feb/14/funding-climate-changedenial-thinktanks-network.

62 Mirowski, P. (2013) *Never let a serious crisis go to waste*, London: Verso.

63 Will Hutton (2010) *Them and us*, London: Little, Brown, ch 9.

64 다음에서 재인용했다. 미로스키 외 (2009) 그리고 데이비드 로버츠David Roberts 의 구두 대응 'Why Branson and SuperFreakonomics are wrong, in pictures', 17 October, http://grist.org/article/2009-10-16-why-richard-branson-andsuperfreakonomics-are-wrong-in-pictures/. 코펜하겐 회의란 2009년 그 도시에서 개최된 기후변화회의Climate Change talks를 가리킨다.

65 Pettifor, A. (2014) *Just money*, Taiwan: Commonwealth Publishing.

66 Kempf, H. (2008) *How the rich are destroying the earth*, Totnes, Devon: Green Books, p. 74.

22장 **결론: 이제 무엇을 할 것인가?**

1 케인스는 이와 비슷한 관점을 보이며, 돈을 '즐겁게 살기 위한 수단'이 아니라 '소유물'로 사랑하는 것은 떨면서 정신질환 전문가에게 맡겨야 할 '반半범죄적이고 반半병리적인 성향 가운데 하나'라고 썼다. Keynes, 다음에서 재인용했다. Skidelsky, R. and Skidelsky, E. (2012) *How much is enough?* London: Penguin, p. 91.

2 Sen, A. (1999) *Development as freedom*, Oxford: Oxford University Press; Nussbaum, M. (2012) *Creating capabilities*, Cambridge, MA: Harvard University Press.

3 어떤 고통, 예를 들면 가족의 사망 같은 것은 피할 수가 없다.

4 Tawney, R. H. (1952) [1931] *Equality*, 4th edn, London: George Allen and

Unwin, p. 291.

5   마사 누스바움의 책 *Political emotions* (Cambridge, MA: Belknap, Harvard University Press, 2014)는 정치를 좁은 경제적 관점으로 바라보는 것에 대해 훌륭한 해결책을 제시한다. 이 책은 연민, 기쁨, 사랑을 포함하는 행복의 중요성을 강조한다.

6   Friedman, M. (1978) 'An interview with Milton Friedman', *Human Events* 38(46), p. 14. 다음도 보라. Hudson, M. (2005) *Global fracture: The new international economic order*, 2nd edn, London: Pluto Press.

7   New Economics Foundation (2010) *Where did our money go?*, London: NEF.

8   예컨대 다음을 보라. 'Investing in Community Shares', Co-operatives UK, Development Trusts Association, http://www.communityshares.org.uk/sites/default/files/resources/investing_in_community_shares.pdf; Murray, R. (2011) 'The co-operative movement: where now?', talk given to Co-operatives UK, http://www.uk.coop/congress/co-operativemovement-where-now-robin-murray.

9   Davis, J. and Tallis, R. (eds) (2013) *NHS SOS*, London: Oneworld.

10   Chang, H.-J. (2013) 'Irresponsible and beyond blame: the new fat cats', *Guardian*, 10 July; Green New Deal Group (2013) 'A national plan for the UK: from austerity to the age of the Green New Deal', http://www.greennewdealgroup.org/wp-content/uploads/2013/09/Green-New-Deal-5th-Anniversary.pdf. 다음도 보라. The interview with Adair Turner, Chair of the UK's Financial Services Authority, in Prospect, 27 August 2009: http://www.prospectmagazine.co.uk/magazine/how-to-tame-global-finance/; Murphy, R. (2010) 'Why is country-by-country financial reporting by multinational companies so important?', Tax Justice Network, UK, http://www.taxresearch.org.uk/Documents/CountrybyCountryReporting.pdf.

11   이것이 아르헨티나나 바이마르 공화국에서 그랬던 것처럼 초인플레이션을 초래할 수밖에 없다고 생각하는 사람들에게는 다음을 읽어보라고 권하고 싶다. Mellor, M. (2010) *The future of money*, London: Pluto, and (forthcoming) *Debt or democracy?*, and to Turner, A. (2014) 'Creating money—for what purpose?', lecture, London School of Economics, 24 March, http://www.lse.ac.uk/newsAndMedia/videoAndAudio/channels/publicLecturesAndEvents/player.aspx?id=2356. 다음도 보라. Wolf, M. (2014) 'Strip private banks of their power to create money', *Financial Times*, 25 April, http://www.ft.com/cms/

Dolphin, T. (2010) 'Financial sector taxes', Institute of Public Policy Research,
http://www.ippr.org/images/media/files/publication/2011/05/Financial%20
sector%20taxes_1779.pdf, p. 4.

다음에서 재인용했다. Chang, H.-J. (2010) *23 things they don't tell you about
capitalism*, London: Allen Lane, p. 241.

Dolphin (2010), p. 18.

조세에 관한 심층적인 분석과 제안에 대해서는 다음을 참고하라. Tax Justice
Network. http://www.taxjustice.net/.

Hume, D. (1777) *Political discourses*, http://www.davidhume.org/texts/
pd.html.

Piketty, T. (2014) *Capital in the 21ˢᵗ century*, Cambridge, MA: Belknap Press,
chs 15 and 16. 이 책은 자본주의의 긴 역사 속에서 부와 소득의 변화를 분석했다는
점만으로도 놀랍고도 필수적인 연구 성과지만, 기록을 남기기 위해 나는 이 책의 몇
가지 기본 개념(예를 들어 부와 자본을 동일시한다든지 소유권이 그 자체로 소득을
발생시킬 자격이 있다고 보는 것)에 동의하지 않는다는 점을 밝혀둔다. 특히 피케티
는 부유한 나라들에서 성장이 계속되어야 한다는 매우 의심스러운 가설을 세워놓고
있지만, 나는 기후변화에 훨씬 더 많은 관심을 기울일 필요가 있다고 주장하고 싶다.

Inequality Briefing 26 (2014) 'Almost one third of wealth in the UK is
inherited, not earned', 11 April, http://inequalitybriefing.org/brief/briefing-
26-almost-one-third-of-wealth-in-the-uk-is-inherited-not-earned.

Tax Research UK (2013) 'Benefit errors cost £1 million a day. Tax avoidance
and evasion cost £260 million a day', 13 September, http://www.taxresearch.
org.uk/Blog/2013/09/13/benefit-errors-cost-1-milliona-day-tax-
avoidance-and-evasion-cost-260-million-a-day/.

Indiviglio, D. (2011) 'In Norway everyone's income is public—and so is
tax paid', *The Atlantic*, 23 July, http://www.theatlantic.com/business/
archive/2011/07/in-norway-everyones-income-is-public-and-so-istax-
paid/242386/; Tax Justice Network (2011) 'Finland publishes all tax receipts
in public', 2 November, http://taxjustice.blogspot.co.uk/2011/11/finland-
publishes-all-personal-tax.html.

뇌조 사냥터 지주들에게 지급되는 보조금(헥타르당 56파운드)을 비롯해 부자들에
게 혜택을 주는 좀 작은 규모의 보조금들도 있는데, 이것들도 삭감 대상이 될 수 있

다. 이 보조금들은 실제로 토탄을 손상하고, 야생화를 태워서 이산화탄소를 배출하고, 생물 다양성을 제한하는 등의 행위를 유발함으로써 환경을 훼손한다. 다음을 보라. Monbiot, G. (2014) 'This cash for grouse scandal shows how Britain became a plutocrats' paradise', *Guardian*, 29 April, http://www.theguardian.com/commentisfree/2014/apr/28/britain-plutocrats-landed-gentry-shotgun-owners.

22 Smith, A. (1976) [1776] *The wealth of nations*, ed. E. Cannan, Chicago, IL: University of Chicago Press, vol 1, bk I, ch IX, p. 110.
이는 예컨대 애플사에 꼭 들어맞는 이야기다.

23 2014년 1월 영국의 생활임금 재단Living Wage Foundation은 생활비에 맞춘 생활임금을 시간당 7.65파운드(런던은 8.80파운드)로 설정했지만, 영국 정부가 발표한 최저임금은 6.31파운드였다. http://www.livingwage.org.uk/what-living-wage.

24 리처드 던컨Richard Duncan은 시간당 임금을 3달러에서 4달러로 인상하면 수요가 3분의 1 증가하면서도 수출품 가격은 훨씬 적게(2~3퍼센트) 상승할 것이라고 주장한다(in Blackburn, R. (2011) *Age shock*, London: Verso). 다음도 보라. van Staveren, I., Elson, D., Grown, C. and Cagatay, N. (eds) (2007) *The feminist economics of trade*, London: Routledge.

25 이는 에릭 올린 라이트가 제안해준 내용이다.

26 Royal Society (2012) *People and the planet report*, London: Royal Society, http://royalsociety.org/uploadedFiles/Royal_Society_Content/policy/projects/people-planet/2012-04-25-PeoplePlanet.pdf.

27 Morgan, K. J. (2014) 'The new urban foodscape', in Bohn, K. and Viljoen, A. (eds) *Second nature urban agriculture: Designing productive cities*, London: Routledge. 좀 더 자세한 내용에 대해서는 다음을 보라. http://www.esrc.ac.uk/news-andevents/videos/celebrating-impact-prize-winners-2013.aspx?mediacomponent=tcm:8-26076&type=video.

28 Pizzigati, S. (2012) *The rich don't always win*, New York: Seven Stories Press.

29 Marquand, D. (2014) *Mammon's kingdom: An essay on Britain*, now, London: Allen Lane.

30 *Huffington Post* (2012) 'Rupert Murdoch pushed Tony Blair over Iraq war, claims Alastair Campbell', 16 June, http://www.huffingtonpost.co.uk/2012/06/16/rupert-murdoch-pushed-tony-blair-over-iraq-warclaims-alastair-campbell_n_1602091.html.

31 Aitchison, G. (2012) 'How capitalism is turning the internet against democracy and how to turn it back', *Open Democracy*, http://www.opendemocracy.net/guy-aitchison/how-capitalism-is-turning-internetagainst-democracy-and-how-to-turn-it-back.

후기

1 World Economic Forum (2015) *World Economic Forum Annual Meeting 2015: The New Global Context*, http://www3.weforum.org/docs/WEF_AM15_Report.pdf; WEF, 'Inequality and climate change: 2015's challenges', https://agenda.weforum.org/2015/01/inequality-and-climate-changetwin-challenges-of-2015/.

2 IMF (2015) 'All will benefit from steps to cut excessive inequality—Lagarde', *IMF Survey Magazine*, 17 June, http://www.imf.org/external/pubs/ft/survey/so/2015/NEW061715A.htm; http://www.imf.org/external/pubs/ft/sdn/2015/sdn1513.pdf.

3 OECD (2015) *In it together: Why less inequality benefits us all*, OECD Publishing, Paris, http://www.keepeek.com/Digital-Asset-Management/oecd/employment/in-it-together-why-less-inequality-benefitsall_9789264235120-en#page1.

4 이 회칙은 다음 사이트에서 다운로드 받을 수 있다. http://liberationtheology.org/pope-francissencyclical-on-ecology-june-2015/.

5 Touissant, E. (2011) 'The debt in the north: some alternative paths', *Latin America in Movement online*, 1 January, http://www.alainet.org/en/active/44773.

6 Wikipedia entry: https://en.wikipedia.org/wiki/Tax_evasion_and_corruption_in_Greece; C. Koulovatianos and J. Tsoukalas (2015) 'Why debt sustains curruption in Greece and vice versa', Vox, 20 July, http://www.voxeu.org/article/why-debt-sustains-corruption-greece-and-viceversa; Smith, H. (2014) 'Corruption still alive and well in post-bailout Greece', *Guardian*, http://www.theguardian.com/world/2014/dec/03/greece-corruption-alive-and-well; Robinson, A. (2013) 'Political corruption and media retribution in Spain and Greece', *The Nation*, 21 February, http://www.thenation. com/article/political-corruption-and-mediaretribution-spain-and-greece/; Armitstead, L. (2012) 'Debt crisis: Greek government signs €330m settlement with Siemens', *The Telegraph*, http://www.telegraph.co.uk/finance/financialcrisis/9502146/Debt-crisis-Greekgovernment-signs-330m-settlement-with-Siemens.html.

7   Jubilee Debt Campaign (2015) 'ECB to make between €10 billion and €22 billion profit out of loans to Greece', 10 July, http://jubileedebt.org.uk/blog/ecb-to-make-between-e10-billion-and-e22-billion-out-of-loansto-greece; Jubilee Debt Campaign (2015) 'IMF has made €2.5 billion profit out of Greece loans', 8 April, http://jubileedebt.org.uk/news/imf-madee2-5-billion-profit-greece-loans.

8   Müller, J. W. (2015) 'Rule breaking', *London Review of Books* 37(16), pp. 3~7, http://www.lrb.co.uk/v37/n16/jan-werner-muller/rule-breaking. 'According to the Stockholm International Peace Research Institute, Greece continued to buy large quantities of weaponry from the two countries between 2010 to 2014, some of the worst years of its economic depression. During this time, Athens bought $US551 million worth of military equipment from Germany and $US136 million of equipment from France': see Bender, J. (2015) 'Here's why Greece's military budget is projected to grow in 2015 – despite the country's economic mayhem', *Business Insider*, 30 June, http://www.businessinsider.com.au/why-greecesmilitary-budget-is-so-high-2015-6.

9   *Financial Times* (2015) 'Greek bakers rise to reform challenge', 15 July, http://www.ft.com/cms/s/0/832f1e24-2af9-11e5-8613-e7aedbb7bdb7.html#axzz3lErxkLDb.

10 http://ourfuture.org/20150713/reaction-to-greece-austerity-dealthisisacoup.

11 http://www.lse.ac.uk/researchAndExpertise/researchImpact/PDFs/germany-hypocrisy-eurozone-debt-crisis.pdf.

12 Provost, C. (2013) 'Susan George on the secret capitalist cabal behind European austerity', *Guardian*, http://www.theguardian.com/globaldevelopment/2013/dec/30/susan-george-secret-capitalist-cabal-behindeuropean-austerity.

13 Murphy, R. (2015) 'The tragedy of Greek debt', Tax Research UK, http://www.

taxresearch.org.uk/Blog/2015/06/20/the-tragedy-of-greek-debt/.

14 Grist (2011) 'Obama administration announces massive coal mining expansion', *Guardian*, 24 March, http://www.theguardian.com/environment/2011/mar/24/obama-coal-mining-expansion.

15 McKibben, B. (2013) 'Obama and climate change: The real story', *Rolling Stone*, 17 December, http://www.rollingstone.com/politics/news/obamaand-climate-change-the-real-story-20131217#ixzz3lFgtwuG8.

16 https://www.whitehouse.gov/climate-change.

17 Vaughan, A. and Macalister, T. (2015) 'The nine green policies killed off by Tory government', *Guardian*, 24 July, http://www.theguardian.com/environment/2015/jul/24/the-9-green-policies-killed-off-by-torygovernment; Ecotricity (2015) 'Husky-hugging Conservatives show their true colours', https://www.ecotricity.co.uk/news/news-archive/2015/husky-hugging-conservatives-show-their-true-colours.

18 다음을 보라. Klein, N. (2014) *This changes everything: Capitalism vs the climate*, London: Allen and Lane.

19 Capgemini and RBC Wealth Management, *World Wealth Report 2015*, https://www.worldwealthreport.com/.

20 Monbiot, G. (2015) 'The City's stranglehold makes Britain look like an oh-so-civilized mafia state', *Guardian*, http://www.theguardian.com/commentisfree/2015/sep/08/britain-civilised-mafia-state

21 *Private Eye* (2015) 'How to speak Corbyn: A headline-writer's guide to twisting a politician's words', 16 September, http://i.imgur.com/UZlDEuP.jpg.

22 Media Reform Coalition (2014) 'The elephant in the room: a survey of media ownership and plurality in the United Kingdom', http://www.mediareform.org.uk/wp-content/uploads/2014/04/ElephantintheroomFinalfinal.pdf.

ㄱ

가격 조작 행위 377, 379

가계부채 109

가난한 사람(들) 52, 54, 71, 79, 80, 102,
    107, 108, 110, 114, 129, 181, 197,
    199, 201, 246, 334, 414, 421, 428,
    432, 446, 476, 494, 510, 514, 515,
    525, 527, 532

『가련한 억만장자』 449

가치 절도 83, 159, 160, 179, 189, 272,
    277, 284, 316, 320, 343, 407, 507

감축과 수렴 470, 471, 476, 489

개발도상국 281, 381, 382, 412, 420,
    462, 511, 527

거래세 509

건강보험 36, 41, 77, 113, 188, 494

검은 수요일 179

게으름뱅이 79, 81, 430

게이츠, 빌 19, 37, 192, 214, 224, 292, 485

경기침체 28, 43, 178, 283, 315, 336, 531

경제경영연구센터(영국) 87

경제성장(률) 23, 26, 105, 115, 141, 151,
    156, 197, 198, 205, 276, 279, 282,
    283, 304, 342, 452, 473, 474, 518 →
    수요도 볼 것

경쟁시장 40, 88, 255, 317

경제위기 42, 43, 55, 70, 129, 139, 165,
    267~269, 307~310, 336, 337, 341,
    343~345, 350, 353, 362, 365, 383,
    393, 405, 426, 462, 463, 473, 489,
    516, 534

경제정책 303, 358, 404, 508

계급전쟁(투쟁) 17, 37, 281, 429, 430,
    432, 433

고리대 514, 528~530

골드만삭스 177, 297, 307, 310, 317,
    323, 329, 355, 357, 368, 376, 397,
    401~404, 406, 407

공공 부문 40, 58, 74, 114, 187, 188, 281,
    299, 305, 306, 337, 338, 344, 348,
    361, 362, 369, 370, 405, 420, 478,
    491 → 정부 부채, 민영화도 볼 것

공공 서비스의 민영화 299, 300, 314,

345, 381, 487, 503, 532

공공부채 302, 309, 327, 344, 353, 402, 511

공공임대주택 154

공공지출 293, 386, 513

공매도 173, 174, 178, 179

공유부 211, 213~230, 256, 257, 263, 411, 500, 522

공정 33, 46, 47, 78, 98, 104, 116, 129, 148, 165, 196, 208, 227, 235, 255, 361, 384, 390, 416, 421, 470, 471, 476, 488, 490, 498, 517, 520

공정무역 운동 247

과두정치 340, 349

과세 378, 424, 428, 442, 472, 496, 509~511

교환가치 72, 74, 344

구글 192, 357, 379, 386

구성의 오류 232, 236

구제금융 295, 298, 307, 308, 313, 323, 324, 331, 334~339, 345, 353, 373, 529~532

국가 부채 → 정부 부채를 볼 것

국가 소유 219 → 민영화도 볼 것

국가 정책 네트워크 369

국가보험 36, 80, 530

국가연금 74, 158, 285, 291, 515

국민보건서비스NHS 362, 505, 506, 513

『국부론』 237

국부펀드 290

국제노동기구ILO 279

국제통화기금IMF 107, 125, 279, 300, 309, 462, 526, 529, 532

굿윈, 프레드 396

권력 → 부자들의 지배를 볼 것

규제 완화 42, 283, 290, 292, 295, 390, 403, 409

그레이버, 데이비드 101

그리스 18, 108, 124, 303, 305, 308~310, 401~403, 454, 516, 528~532

그리피스, 브라이언 경 403

그린, 스티븐 367

글로벌 금융 청렴성 단체GFIU 382

글로벌 생태 발자국 네트워크 456

글로벌 인도주의 포럼 465

글로벌코먼스연구소 470

글로벌화 275, 427, 428

금권경제 426~428

『금권경제 심포지엄: 밀물은 배를 띄운다』 426

금권체제 349~353, 356, 359, 360, 364, 365, 370, 372, 380, 383, 387, 390, 425, 426, 429, 432, 502, 508, 510, 511, 521, 528, 536 → 부자들의 지배 도 볼 것

금융시장 387, 392, 397, 399, 507, 509

금융위기 28, 29, 32, 39, 42~44, 50, 53, 57, 58, 127, 278, 290, 318, 330, 331, 334, 342, 355, 374, 393, 398, 401, 402, 404, 408, 412, 473, 475, 510

금융투기 101, 167

금융투자 35, 68, 126, 130, 143, 151,
    159, 177, 182, 284, 289, 290, 301,
    362, 393, 440

금융혁신 93, 268, 427

금융화 44, 68, 127, 267, 268, 280, 285,
    289, 294, 311, 315, 316, 326, 353,
    484

기브, 존 330, 333

기업 이윤 139, 376, 499

기업가 정신 57, 62, 141, 189

기여적 불의 230, 232, 234, 242, 447

기여적 정의 237

기후변화 31, 32, 55, 357, 369, 405, 459,
    460, 463, 466, 469, 482, 483, 525~
    527, 534

긴축정책 17, 23, 306, 337, 432, 473,
    529, 530, 532, 535

ㄴ

나이지리아 105, 213

낙수효과(론) 19, 62, 184, 194, 444

낙인 18, 41, 154, 350, 492, 525

노던 록 은행 179, 335, 336, 373

노동→임금과 급여를 볼 것

노동 계급 240, 241, 252, 253, 260, 355,
    430~432, 434

노동당 39, 51, 245, 344, 350, 355, 356,
    363, 377, 459, 536

노동시간 212, 262, 491, 515

노동시장 40, 41, 112, 134, 241, 254,
    258, 284, 493

노동조합 274, 276, 281, 352, 355, 356,
    530

노력소득 56, 57, 62, 73, 74, 76, 79, 80,
    82, 85, 86, 93, 108, 136, 147, 159,
    162, 202, 225, 312, 343, 500 →임금
    과 급여도 볼 것

노르웨이 20, 38, 195, 213, 278, 454,
    513, 534

노턴, 마이클 33

녹색성장 473, 475, 488

녹색당 498, 507, 517

누스바움, 마사 492

『뉴요커』(에너지 회사 관련 삽화) 480

뉴턴, 아이작 214

능력주의 57, 232, 258, 262, 434

닉슨, 리처드 280

ㄷ

다이슨, 제임스 190~193

달링, 앨리스터 330, 334

담배 회사 363, 364, 370, 412, 484

닷컴 거품 167, 176

대공황 28, 42, 267, 393, 473, 531

대처, 마거릿 39, 130, 146, 154, 250, 258,

281, 307, 403, 430
도덕경제(학) 42, 44, 47
『도덕적 노동경제』 238
도덕적 해이 338
독일 20, 27, 100, 103, 111, 279, 291,
    308, 310, 321, 342, 374, 403, 412,
    454, 466, 530~532
독점 40, 88, 90~92, 119, 184, 203, 224,
    246, 273, 300, 314, 357, 391, 424,
    447, 500, 505
독점권 89, 118, 188
드라기, 마리오 402
디지털 공유부 522
딜로이트 투셰 토마츠 406

ㄹ

라가르드, 크리스틴 526
라이히, 로버트 341, 431
라자라토, 마우리지오 100, 114
러스킨, 존 71, 248
런던 37, 39, 87, 160, 200, 201, 221, 258,
    330, 333, 355, 358, 366, 374, 396,
    407, 441, 447 →시티도 볼 것
레드우드, 존 193, 194
레버리지(레버리징) 174~176, 178, 292,
    325, 507
레이건, 로널드 39, 281
레이들로, 어바인 경 354

레이어드, 리처드 452
레인메이커 324~326, 391
로비 54, 89, 92, 338, 352, 354, 360~368,
    370, 376, 385, 389, 406, 522
로비스트 363~367, 377, 391, 401, 411
로빈후드세 509
로열메일 민영화 179
로울리, 찰스 301
로이드TSB 342
롤스, 존 260
롬니, 미트 357, 440
루빈, 로버트 402
룩셈부르크EFG 은행 309
리들리, 니콜라스 430
리들리, 매트 335
리카도, 데이비드 137
리플로어, 엘리자베스 358

ㅁ

마두로스, 바실리오스 331
마르크스, 카를 50, 51, 136, 137, 185,
    213, 218~222, 296, 333, 351, 399
마셜 플랜 531
마이너스, 폴 385
마이크로소프트 192, 214, 221, 289, 357
마추카토, 마리아나 289
만델슨, 피터 371, 460
매카트니, 폴 38, 93

매킨타이어, 알래스데어 46

맥밀란, 해럴드 274

맥콜, 마이클 357

맥클렌던, 오브리 320

맨체스터 유나이티드 313

머독, 루퍼트 37, 358, 418, 522

머피, 리처드 373, 386, 532, 535

멀컨, 조프 364

메르켈, 앙겔라 310, 403

메리먼, 존 293

메릴린치 324, 404

멜러, 메리 117

몬티, 마리오 402

몽비오, 조지 12, 335, 368, 459

무역협정 409~411

무임승차 47, 86, 87, 92, 151, 209, 219,
    227~231, 233, 257, 378, 386, 513

물자 제공 45, 49, 61, 75

뮌차우, 볼프강 297

미디어 95, 198, 200, 353, 368, 391, 522

미로스키, 필립 392, 434, 483

미르조에프, 니콜라스 99

미에르트, 카렐 판 403

미처, 마이클 396

미크, 제임스 91, 154, 299, 314

민간 의료 기업 362, 363, 370

민간연금 41, 291, 494, 515, 521

민영화 37, 38, 40, 90, 91, 113, 146, 154,
    179, 299, 300, 306, 362~364, 403,
    404, 462, 478, 483, 500, 506, 507,

532 → 민간 의료 기업도 볼 것

민주주의 18, 40, 69, 301, 305, 349, 358,
    361, 387, 390, 410, 423, 427, 429,
    487, 495, 503, 521, 522, 528, 532 →
    부자들의 지배도 볼 것

밀, 존 스튜어트 86, 161

밀번, 앨런 363

밀스, C. 라이트 258

밀스, 존(노동당 기부자) 355

ㅂ

바닥을 향한 경쟁 381, 409, 491, 519

바스티아, 프레데릭 388

반 데어 비어, 예룬 318

반유대주의와 고리대 103, 104

배당금 18, 37, 139, 140, 144, 147, 161,
    256, 278, 286, 288, 294, 301, 315,
    319

배분 효율성 199, 200

뱀포드, 앤서니 경 354

버냉키, 벤 198

버너스리, 마이크 466, 482

버너스리, 팀 411

버핏, 워런 17, 37, 214, 292, 381, 417,
    424, 429

버핏, 피터 417, 419, 420

법의 부패 388~390

법인세 289, 367, 375, 381, 385, 386,

405, 428

벌이 56, 62~64, 86

베블런, 소스타인 448, 451

보너스 163, 164, 292, 317, 320, 322~
327, 345, 395, 399, 403, 506

보르게스, 안토니오 403

보몰, 윌리엄 J. 189

보수당 39, 52, 79, 80, 193, 223, 306,
354, 356, 362, 364, 366, 371, 385,
430, 535, 536 → 연립정부도 볼 것

보호주의 508

복리 이자 105~108, 110, 113, 116, 124,
129, 458, 464

복지 31, 36, 53, 54, 78~80, 85, 116, 231,
232, 300, 331, 337, 344, 350, 381,
412, 431~433, 451, 455, 516, 523

복지국가 41, 77, 142, 281, 299, 338,
432, 433, 489, 495, 505, 516, 535

부 → 부의 추출을 볼 것

부가가치세VAT 80, 309, 512

부동산 투기 172

부르디외, 피에르 252, 353, 431

부분지급준비제도 117

부시, 조지 W. 223, 299, 418, 488

부의 창출 61, 66, 135, 151, 157, 200,
204, 268, 272, 287, 312, 342, 344

부의 추출 56, 61, 62, 66, 160, 161, 163,
179, 197, 206, 226, 231, 268, 287,
298, 312, 327, 333, 342, 344, 433,
462

부자들의 지배 219, 351, 352, 401, 413,
415 → 신자유주의, 과세도 볼 것

부채 담보부 증권CDO 296~298

부패 350, 362, 381, 382, 388~390, 525,
528 → 도덕적 해이도 볼 것

북미자유무역협정NAFTA 413

분업 57, 204, 229, 235~244, 250, 251,
253, 254, 259, 263, 430, 446, 447,
462, 493, 497, 516

불로소득 → 부의 추출을 볼 것

『불의한 사마』 212

불평등 → 빈곤을 볼 것

브라운, 고든 329, 330, 380

브랜다이스(대법관) 349

브랜슨, 리처드 485

브레턴우즈 협정 279, 280

브리지스, 조지 366

브리티시 아메리칸 토바코BAT 370

블랙 프라이데이 305

블랙번, 로빈 175

블랭크페인, 로이드 329

블레어, 토니 10, 19, 51, 245, 258, 353,
355, 363, 364, 377, 393, 417, 418,
430, 522

블렌카트라, 데이비드 맥린 경 385

비쇼프, 윈프라이드 경 404

빈곤 36, 43, 58, 77, 107, 225, 246, 253,
293, 382, 415, 420, 424, 425, 434,
457, 463, 512, 514, 518, 521

ㅅ

사기 121, 166, 296, 301, 390, 391,
　　393~395, 397, 433, 451
사에즈, 이매뉴얼 35
사용가치 65, 66, 70, 72, 74, 79, 155,
　　158, 162, 344
사회적 이동성 223, 240, 259, 262, 434,
　　453, 454
사회주의 51, 55, 73, 103, 222, 293, 334
사회주택 520
상속 94, 142, 143, 162, 222~226, 245,
　　302, 512
상속세 222, 223, 225, 375, 511, 512
상업용 부동산 거품 342
생산성 134, 135, 185, 199, 200, 212,
　　237, 249, 262, 274~279, 427
생활임금 248, 514, 520
샥슨, 니콜라스 176, 375, 376
서덜랜드, 피터 403
서머스, 래리 392, 405, 406
서브프라임 모기지 121, 153, 292
서브프라임 위기 173
선라이트 재단 368
성차별(주의자) 47, 231, 252~254, 523
세계경제포럼 358, 360, 418
세계사회포럼 360
세계은행 89, 107, 125, 389, 402, 405,
　　462, 532
센, 아마르티아 492

소기업 37, 188, 189, 221, 389, 406, 409
소득 → 임금과 급여를 볼 것
소득 불평등 23, 201, 428, 454, 520
소득세 27, 226, 375, 387, 512
소로스, 조지 179, 292
소비 14, 18, 19, 43, 58, 61, 65, 76, 81,
　　86, 107, 112, 115, 119, 122, 166,
　　171, 196, 248, 275, 284, 291, 327,
　　343, 411, 417, 437, 440, 441, 443~
　　445, 448~452, 455, 456, 459, 460,
　　462, 464, 468, 473~477, 479, 480,
　　482, 487, 488, 492, 501, 512, 517,
　　518, 526, 535 → 수요도 볼 것
소비자 부채 344
소액 대출 109, 421
소프트웨어 89, 93
쇼어, 줄리엇 450, 456, 479
수당 46, 164, 165, 231, 434, 495, 514,
　　516
수요 88, 125, 141, 150~154, 164, 171,
　　172, 183~185, 195, 197, 203, 250,
　　274, 275, 284~286, 290, 292, 311,
　　339, 343, 413, 421, 422, 456, 472,
　　473, 481, 519 → 소비도 볼 것
순수 자본가 135~137, 188, 191, 196
숨겨진 이자 100
스미스, 애덤 50, 51, 84, 86, 106, 237~
　　239, 242, 273, 372, 400, 451, 514
스위스 309, 358, 374, 375, 404, 454
스코틀랜드 로열 은행RBS 298, 309, 313,

323, 342, 395, 396, 403, 404

스타벅스 378, 386, 512

스탠더드 라이프 헬스케어 370

스탠더드 앤드 푸어스 305

스톡옵션 164, 191, 277, 288, 290, 320, 321, 395

스티글리츠, 조지프 89, 126

스페인 18, 20, 108, 308, 442, 454, 465, 469, 516, 529

슬림 헬루, 카를로스 37, 90

『시골과 도시』 215, 444

시장 교환 49, 205

시장 근본주의 40

시장 조작 176

시티 160, 330, 332, 333, 350, 355, 362, 375~377, 383, 391, 394, 404

시티 오브 런던 코퍼레이션 366, 367, 376, 377

시티 그룹 198, 324, 404, 426

식량생산(자) 166, 441, 519

신노동당 154, 157, 245, 246, 254, 355, 356, 362, 363, 371, 394, 407

신용 43, 99, 100, 106, 107, 109, 112, 116~120, 124~130, 151~153, 156, 177, 183, 271, 274, 280, 305~307, 317, 331, 334, 337~339, 343, 344, 398, 421, 501, 507, 514, 518, 520

신용 부도 스와프CDS 177, 297, 298, 310, 335

신용카드 97, 98, 100, 105, 106, 109,

111, 112, 122, 284, 294, 344, 520

신용평가기관 296, 305, 306, 325

신자유주의 39~42, 77, 79, 80, 90, 98, 112~114, 120, 125, 138, 150, 154, 157, 159, 162, 165, 185, 203, 220, 221, 231, 232, 250, 251, 254, 282, 291, 293, 299, 300, 356, 358, 362, 369, 375, 393, 397, 421, 451, 462, 463, 472, 482~486, 494~497, 500, 502, 505, 507, 508

실물경제 145, 158, 269, 270, 290, 293, 294, 336, 399

실물투자 66, 120, 125~128, 140, 143, 145, 166, 182, 206, 280, 285, 315, 320, 362, 404, 502, 504, 509, 535

실업 18, 58, 80, 81, 138, 186, 281, 337, 493, 516

싱크탱크 350, 360, 368~370, 423, 483

ㅇ

아리스토텔레스 50, 71, 490

아마존 378, 386, 512

아브라모비치, 로만 38

아인슈타인, 알베르트 106

아일랜드 20, 39, 108, 279, 305, 306, 308, 309, 337, 375, 379, 403, 454, 485

알페로비츠, 가 211, 212, 214

애리얼리, 댄 33

애플 93, 190, 192, 193, 386

앵글로 아이리시 은행AIB 308

야후! 182

양적 완화 337, 345, 531, 535, 536

어리, 존 468, 477

어산지, 줄리언 411

억만장자 36, 37, 162, 179, 182, 195, 214, 290, 297, 309, 369, 381, 417, 439, 440, 444, 536

억만장자 골목(런던 비숍 가) 87

언스트 앤드 영E&Y 379, 406

에너지 노예 468

에너지 회사 481, 482, 518, 521

에드워즈, 마이클 419~421, 424

에이그 섬 457

에콰도르 412

연금(기금) 137, 145~148, 151, 158, 167, 179, 180, 270, 274, 285, 286, 291, 298, 301, 302, 304, 308, 309, 312, 314, 317, 319, 334, 335, 367, 388, 394, 396, 480, 494, 495, 515, 521

연립정부 79, 80, 155, 344, 364

영국 금융 서비스 당국FSA 332

영국령 버진 아일랜드 374, 376, 485

영연방개발공사 382

『영혼의 수준』 14, 453

오바마, 버락 121, 357, 405, 406, 533, 534

오바산조, 올루세군 105

오스본, 조지 81, 306, 366, 386

오염자 부담 원칙 457, 472

옥스팜 26, 36, 279, 359, 382, 415

옥시덴털 페트롤리엄 412

옵션 68, 169

와일드, 오스카 70

운송 235, 477, 512, 519, 520

울프, 마틴 116, 315, 328, 333

『유한계급론』 448

워런, 엘리자베스 112, 431

월트 디즈니와 저작권 92

윙가 109

웨스트민스터 공작 39, 86

웰쉬먼, 존 79

웰스파고 은행 383

웰치, 잭 287

웹, 베아트리스 340

위글리, 봅 404

위키리크스 411

위험 → 도덕적 해이를 볼 것

윌리엄스, 레이먼드 215, 444

윌리엄스, 하이웰 351

윌킨슨, 리처드 15, 453

유니세프UNICEF 455

유동성 144, 188, 200, 289

유럽 부채위기 310

유럽중앙은행 309, 327, 402, 529~531

유엔무역개발회의UNCTAD 278, 279

유연한 노동시장 40, 284

윤리 110, 130, 172, 248, 255, 262, 323,

394, 396, 398, 406, 502

은행 구제 309

의존성 133, 134, 136, 323, 486, 495

이글레시아스, 매튜 365

이라크 전쟁 359, 522

이매뉴얼, 람 341

이산화탄소 배출 31, 441, 464, 478, 483,
    484, 518, 520 →지구 온난화도 볼 것

이슬람(이자 관련) 101, 125, 128

이자→부채를 볼 것

이자율 53, 54, 101, 102, 105~109, 113,
    114, 116, 119~121, 124, 130, 141,
    143, 152, 153, 159, 167, 168, 173,
    174, 273, 274, 280, 299, 301, 303~
    305, 337, 339, 389, 399, 502, 515

이전소득 22, 76, 78, 165, 257, 262, 500

이탈리아 20, 279, 401, 402, 442, 454

이해 상충 355, 364

인수(합병) 38, 114, 126, 160, 177, 178,
    182, 196, 205, 206, 219, 271, 287~
    289, 292, 311~314, 317, 323, 363,
    388, 402, 408

인종 104, 235, 250~252, 254, 399, 420,
    431, 432

인종차별 213, 252~254, 432, 523

인터넷 192, 411, 478, 479, 485, 500,
    521, 522

인플레이션 87, 98, 102, 108, 111, 116,
    119, 141, 147, 150~152, 154, 155,
    159, 163, 180, 186, 200, 274, 280~

282, 293, 302, 304, 340, 353, 450,
    502, 503, 531

일본 20, 105, 173, 243, 322, 342, 426,
    447, 453, 454, 467, 469

일자리 창출 57, 182, 183, 186, 194, 516

일하는 자본가('일하는 부자') 135, 136,
    161, 188, 196, 224, 268, 277, 317,
    341, 503

임금과 급여 213, 274, 275, 282, 284,
    445, 472, 474

ㅈ

자금 세탁 54, 367, 388, 395

자본 탈출 508

자본이득 18, 37, 39, 42, 83, 147, 148,
    150, 151, 153, 158, 159, 161, 162,
    176, 179, 196, 279, 329, 511

자본이득세 375

자본주의 → 주류 경제학, 신자유주의를
    볼 것

자사주 매입 288, 289

자산 가격 151, 325

자산 담보부 증권 295, 296

자산 인플레이션 119, 150~152, 155,
    157, 159, 163, 200, 274, 503, 531

자산 탈취 67, 182, 313

자선사업 414~425, 440

자연(환경) 13, 28, 29, 43, 54, 55, 115,

123, 172, 173, 215~217, 404, 409,
412, 436, 456, 457, 459, 462, 463,
467, 475~479, 481, 487~490, 497,
498, 501, 502, 509, 511, 512, 517,
518, 523, 526, 534~536

자유무역 508

잡스, 스티브 92, 190~193

장하준 507

재분배 91, 111, 130, 159, 184, 204, 330,
453, 473, 494, 499, 512

재생 에너지 517~519

재정 적자 299, 302, 306

잭슨, 앤드류 408

잭슨, 팀 450, 474

저소득층 17, 18, 23, 52, 54, 88, 102,
121, 124, 154~157, 184, 200, 246,
286, 298, 344, 416, 431, 432, 441,
451, 453, 473, 487, 509, 512, 530

저축(금) 46, 66~68, 98~101, 110~112,
117~119, 128, 130, 132, 141, 143~
147, 158, 167, 180, 184, 195, 199,
270, 271, 274, 285, 291, 298, 302,
308, 334, 394, 469, 502, 515

전후 호황(기) 20, 21, 26, 30, 139, 183,
262, 274, 279, 318, 319, 332, 424,
473, 512

절제(력) 100, 122, 123, 475

점령하라 운동 30, 99, 429, 430

정보의 비대칭 121, 125, 126, 296, 317

정부 → 공공 부문을 볼 것

정부 부채 111, 337, 528

정의 43, 46, 51~53, 56, 57, 63, 161,
208~210, 227, 230, 233, 237, 242,
245, 246, 251, 255, 261, 361, 362,
415, 416, 467, 475, 486, 487, 503,
505, 507

정책 교류 싱크탱크 368, 369

정크본드 292, 312

제3세계 102, 281, 532 → 개발도상국도
볼 것

제너럴 모터스 284, 288

제약 192, 363, 368

제조업 186, 249, 281, 332, 391, 392

젠더 235, 248, 250~254

조세정의네트워크 373, 375, 407

조세회피 87, 231, 317, 332, 386, 397,
433, 508

조세회피처 18, 53, 57, 87, 194, 200, 294,
350, 353, 373~377, 380~386, 390,
397, 407, 508

『조용한 위기의 해부』 465

조지, 수전 532

조지, 헨리 85, 137, 499, 500

존스, 토머스 481

존슨, 보리스 258, 353, 355

종교 101, 104, 110, 254, 351

주가 상승 140, 145, 176

주류 경제학(자) 45, 49, 63, 98, 134, 173,
181, 198, 200~205, 221, 315, 330,
343, 389, 392, 402, 441, 489, 494,

502 → 신자유주의도 볼 것

주식 보유 83, 139, 145, 179

주식시장 139, 141, 144, 147, 172, 301, 319, 322, 504

주주가치 187, 286~288, 314, 321, 343, 381, 397, 515

주택 가격 54, 82, 100, 113, 145, 152, 154~157, 441, 501, 520

주택 건설 154

중개인 57, 160, 316, 317

중국 20, 172, 193, 216, 290, 443, 456, 466, 467, 471, 479

중산층 17, 133, 145, 156, 225, 226, 240, 241, 245, 253, 259, 260, 296, 298, 371, 430~434, 441, 475, 512, 526

증권 111, 127, 140, 160, 285, 292, 294~298, 407, 535

증권화 294, 296, 297, 315, 507

지구 온난화 55, 58, 244, 359, 437, 438, 459, 461, 463~466, 470, 473, 475, 476, 482~484, 486, 488, 489, 511, 518, 525, 526, 533

지구공학 475, 483, 485, 486

지급준비금 127, 373

지대 추구 89, 91, 146, 161, 180, 189, 202, 268, 277, 291, 330, 332, 358

지속 가능성 14, 456, 507, 519, 520 → 지구 온난화도 볼 것

지식재산권 91, 93, 220, 409, 411, 500

지역화 476, 477

지주 48, 49, 84~86, 95, 132, 137, 154, 200, 263, 444, 445, 461, 474

집중 35, 63, 148, 164, 177, 180, 218, 219, 252, 275, 295, 312, 317, 326, 333, 349, 390, 424

ㅊ

차크라보르티, 아디트야 356

채권 35, 124, 140, 168, 178, 200, 271, 272, 280, 291, 301~312, 314, 345, 511, 531, 535

채권시장 301, 302, 304~308

채무 노예 108, 310, 530

채무 불이행 117, 121, 124, 294, 295, 298, 303, 304, 306, 308, 310, 335

채무 속박 107

책임성 120, 507

처칠, 윈스턴 85

청년 실업(률) 18, 310

촘스키, 노엄 359

총수요 183~185, 197, 232, 337, 343, 474

최고경영자CEO 17, 48, 57, 139, 177, 182, 190, 317~322, 329, 391, 399, 445

최저임금 205, 248, 255, 309, 514

ㅋ

카니, 마크 404

카마라, 엘더 414

카빌, 제임스 305

카우프만, 다니엘 389

카푸르, 아자이 426, 427

칸, 사머스 461

캐나다 20, 39, 404, 426, 454, 464, 480, 534

캐드버리 313, 314

캐리 트레이드 173

캐머런, 데이비드 223, 258, 353, 355, 363, 364, 384, 434, 534

캐머런, 이안 384

캠벨, 알라스테어 522

케이맨제도 375, 376, 382, 385, 442

케인스, 존 메이너드 50, 142, 143, 184, 185, 280, 289, 445, 504

켐프, 에르베 487

코크 형제 357, 369

쿠오모, 앤드류 324

쿤켈, 벤저민 340

퀼러 366

크로스비, 린턴 363, 364

크로이츠, 헬무트 100, 111

크로티, 제임스 324, 326

크루그먼, 폴 162, 190, 305, 327

클라크, 던컨 466

킹, 머빈 308, 366

ㅌ

탄소 발자국 18, 19, 31, 55, 467~470, 475, 478~480, 515

탄소 배출(량) 13, 466~471, 476, 478~480, 484, 508, 512, 519

탄소세 512

탄소시장 483, 484

탈세 194, 302, 389, 394, 451, 503, 512, 513, 536

탭, 윌리엄 151, 288, 321

터너, 아데어 116, 345

테이비, 매트 401

토니, 리처드 H. 50

토리당 354~356, 366, 385

토빈, 제임스 509

토인비, 폴리 226

토지 국유화 499

토지 소유(자) 88, 104, 158, 201, 499

토지가치세 499, 500

톰슨, 스콧 182

투명성 419, 510

투자은행 160, 176~178, 273, 297, 314, 318, 398, 401, 406, 534

트리셰, 장 클로드 327

특수 목적 회사SPV 294

특허(권) 88~93, 411, 427, 485, 500

티파티 121, 181, 184, 256, 257, 357, 432

ㅍ

파생상품 93, 168, 169, 177, 178, 202, 294, 295, 305, 317, 325, 342, 397, 402, 405, 484, 528, 535

파업 282, 283, 344, 429, 430

『파이낸셜 타임스』 297, 315, 327, 328, 333

파칼라, 스티븐 13, 467, 468

파파데모스, 루크 402

퍼거슨, 찰스 358, 362, 405, 406

페니, J. C. 319

페이데이 대출 109, 111

페이퍼 컴퍼니 372, 374

페인, 토머스 84, 86

페티포, 앤 98, 118, 124, 184, 270

평범한 사람 69, 82, 98~100, 108, 145, 146, 180, 183, 271, 282, 441, 472, 528

포획 334, 370, 383, 390, 393, 397

폭스콘 193

폴슨, 존 178, 297, 298

폴슨, 행크 402

프라우드, 줄리 291, 320

프라이스워터하우스쿠퍼스PwC 406

프란치스코 교황 526, 527

프랑스 20, 27, 31, 195, 218, 222, 224, 277~279, 286, 291, 308, 388, 442, 454, 469, 530

프랭크, 토머스 449

프루덴셜 370

프리드먼, 밀턴 500

프릴랜드, 크리스티아 90, 161

피고용인 73, 74, 96, 132, 134~136, 144~ 146, 148, 164, 168, 180, 191, 196, 221, 228, 291, 314, 320, 323, 376, 461, 503, 507, 513 → 임금과 급여, '일하는 부자'도 볼 것

피케티, 토마 162, 224, 277, 510~512

피켓, 케이트 453

핑크, 스탠리 경 385, 386

ㅎ

하비, 데이비드 285

하이에크, 프리드리히 폰 220~222, 250, 251

하인 184, 446, 447

학생 대출 97

한계소비성향 184, 197

할데인, 앤드류 271, 327, 331, 336, 337

해나우어, 닉 182, 184

해외신탁 372, 376, 386

핸즈, 그레그 366

행복 13, 14, 55, 58, 80, 225, 250, 260, 436, 451~455, 468, 469, 490, 492, 493, 498, 510, 517, 519, 520

허드슨, 마이클 82, 85, 86, 103, 126, 160, 333, 390

헌트, H. L. 318, 440

헤지펀드 160, 177~179, 313, 328, 329, 335, 355, 385, 406, 509, 513, 535

헤지펀드 매니저 177, 297, 328, 329

헤징 168~170, 175, 178, 325, 327, 507

헨우드, 더그 143, 285, 353

헴슬리, 리오나 302

혁신 62, 92, 93, 134, 137, 186~193, 198, 215, 268, 298, 367, 410, 418, 427, 449, 485, 491, 505

협동조합 500, 504, 506, 519

호주 20, 31, 278, 410, 412, 426, 454, 522

호지, 마거릿 379

홉스, 토머스 249, 388

홉슨, J. A. 78, 208

화폐 창조 201, 280, 502

환경 → 자연, 지구 온난화를 볼 것

환대서양무역·투자동반자협정TTIP 409~411

환태평양동반자협정TPP 409~411

황금시대 20, 283, 514

회계법인 32, 366, 379, 407, 408

회전문 369, 392, 407

효율성 57, 106, 160, 198~200, 204~206, 219, 237, 242~244, 247, 272, 286, 330, 491, 504, 505

효율적 시장 이론 392

휘트, 앨런 318

휴위트, 패트리샤 363

흄, 데이비드 372, 510

힐리, 데니스 389

힐퍼딩, 루돌프 301

숫자, 영문

2차 시장 140, 144, 303, 304

AIGAmerican International Group Inc. 298

BP 221, 287, 480, 482

BUPA(민간 의료보험 회사) 363

GDP 32, 119, 277, 283, 310, 336, 342, 344, 427, 456, 474, 492, 530 → 경제 성장도 볼 것

HSBC 은행 367, 382

JP 모건 체이스 106, 364, 368, 407

KPMG 406~408

UNITE(노동조합) 356

불로소득 시대 부자들의 정체

우리는 왜 부자들을 감당할 수 없는가?

2024년 5월 31일 초판 1쇄 발행

지은이 | 앤드류 세이어
옮긴이 | 전강수
펴낸곳 | 여문책
펴낸이 | 소은주
등록 | 제406-251002014000042호
주소 | (10911) 경기도 파주시 운정역길 116-3, 101동 401호
전화 | (070) 8808-0750
팩스 | (031) 946-0750
전자우편 | yeomoonchaek@gmail.com
페이스북 | www.facebook.com/yeomoonchaek

ISBN 979-11-87700-05-0 (03320)

여문책은 잘 익은 가을벼처럼 속이 알찬 책을 만듭니다.